L'HISTOIRE MÉDIÉVALE EN FRANCE

AUTEURS

Françoise Autrand - Pierre-Yves Badel - Michel Balard
Marianne Barrucand - Dominique Barthélemy
Robert-Henri Bautier - Guy Beaujouan
Irène Beldiceanu-Steinherr - Nicoară Beldiceanu
Jacques Berlioz - Thierry Bianquis - Monique Bourin
Henri Bresc - Élisabeth Carpentier
Bernard Chevalier - Jacques Chiffoleau - Philippe Contamine
Gilbert Dagron - Gilbert Dahan - André Debord
Jean Devisse - Georges Duby - Alain Ducellier
Françoise Dumas - Anne-Marie Eddé - Robert Favreau
Lucie Fossier - Robert Fossier - Jean-Claude Garcin
Jean-Philippe Genet - Claude Gilliot - Gérard Giordanengo
Anita Guerreau-Jalabert - Pierre Guichard - Bernard Guillemain
Olivier Guyotjeannin - Claire Hardy-Guilbert - Geneviève Hasenohr
Jean Jolivet - Michel Kaplan - Jacques Le Goff
Michel Le Mené - Peter Lewis - Marie-Thérèse Lorcin
Françoise Micheau - Hélène Millet - Marianne Mulon
Denis Muzerelle - Élisabeth Nortier - Marcel Pacaut
Michel Parisse - Michel Pastoureau - Jean-Charles Picard
Léon Pressouyre - Pierre Racine - Yusuf Ragib
Mohamed Rekaya - Jean Richard - Pierre Riché
Bernard Rosenberger - Michel Rouche - Adeline Rucquoi
Michel Sot - Jacqueline Sublet - Pierre Toubert
Abdel-Magid Turki - André Vauchez - Jacques Verger
Adriaan Verhulst - Michel Zink

SOCIÉTÉ DES HISTORIENS MÉDIÉVISTES
DE L'ENSEIGNEMENT SUPÉRIEUR

L'HISTOIRE MÉDIÉVALE EN FRANCE

BILAN ET PERSPECTIVES

PRÉFACE DE
GEORGES DUBY

TEXTES RÉUNIS PAR
MICHEL BALARD

ÉDITIONS DU SEUIL
27, rue Jacob, Paris VIe

CE LIVRE EST PUBLIÉ DANS LA COLLECTION
L'UNIVERS HISTORIQUE

ISBN 2-02-012561-7

Préface

Quand, en 1969, sous l'impulsion d'Edouard Perroy, nous avons fondé la Société des historiens médiévistes, c'était, si je puis dire, le bon temps. L'argent coulait ; on entrait dans le CNRS comme dans un moulin ; quantité de postes se trouvaient vacants dans l'université, à l'Ecole des hautes études ; il n'était pas utopique de rêver — c'était le projet de Jean Schneider — d'instituer dans Paris une maison des médiévistes ; les citadelles les mieux défendues désormais conquises, l'esprit des *Annales* triomphait partout ; l'idée qu'il serait utile et peut-être possible d'écrire l'histoire des mentalités ne paraissait plus farfelue, et l'école historique française, sûre d'elle-même, affirmait de toutes parts son excellence, sous les ricanements dépités des Anglo-Saxons et de quelques Allemands. Depuis lors, l'horizon s'est assombri et les conditions de travail fortement détériorées, l'université peinant encore à se remettre du choc brutal qui l'avait à moitié brisée, les crédits ne cessant de s'amenuiser, les portes de se fermer, les charges de l'enseignement de s'alourdir, tandis que l'on s'accoutumait peu à peu à ne plus juger scandaleux de voir des normaliens rejoindre les PEGC au CES de Fouilly-les-Oies. Pourtant, l'élan de vitalité allègre ne fléchissait pas, et le mouvement put se poursuivre au même rythme, dans un progrès continu dont on découvre aujourd'hui la trajectoire jalonnée par trente, quarante de ces grandes thèses de doctorat d'Etat, ces monuments dont notre pays doit s'honorer et que la ténacité de quelques-uns continua d'édifier en dépit de l'incohérence des dispositions administratives, du blocage des carrières et des difficultés croissantes du labeur. Critique, objectif, mesuré, cette sorte de bilan dont on lira le détail dans les pages qui suivent fournit de cette remarquable fertilité la preuve éclatante.

A le considérer de près, j'ai cependant le sentiment d'un changement. Un déplacement s'est opéré sans que nous y prenions garde. La nouveauté n'est pas où l'on attendait qu'elle fût. Si brillantes soient ces thèses, si pertinentes les questions qu'elles posent, si aventureuse leur approche, si hardis, si charmeurs parfois soient les essais qui, prenant appui sur leurs conclusions, les ont prolongées, la nouveauté ne semble plus être pendant cette période, comme c'était le cas durant les années quarante, cinquante, soixante de ce siècle, dans les débats d'idées, dans l'émulation entre diverses écoles, elle ne semble plus être dans le renouvellement, dans l'élargissement de la problématique : le progrès s'est poursuivi, je le répète, mais le long d'avenues déjà clairement tracées. Je constate, non sans surprise, que la vigueur, l'audace, l'innovation se sont insensiblement transportées au cours de ces vingt ans vers les parties les plus discrètes du chantier, du côté du laboratoire où les matériaux que nous utilisons sont traités. La vivacité se remarque particulièrement dans trois secteurs de la recherche. En premier lieu dans le champ de ce que l'on appelle encore les « sciences auxiliaires de l'histoire », de ces disciplines austères que l'on enseigne à l'Ecole des chartes. A mon avis, en effet, depuis une dizaine d'années, les réussites les plus spectaculaires, celles qui valent aux chercheurs français une considération unanime dans les rencontres internationales, ont eu lieu dans le domaine de la codicologie, de la sigillographie, de l'héraldique, de l'épigraphie. Il faut toutefois noter que ce succès tient pour beaucoup à l'influence de l'esprit des *Annales,* à la volonté nouvelle de conduire l'exploration dans les perspectives d'une histoire de la culture, d'une histoire des attitudes mentales, donc d'une histoire des sociétés.

La fécondité me semble d'autre part résider dans le souci nouveau de traiter les textes pour ce qu'ils sont, ne les torturant plus comme le faisait l'histoire positiviste afin de discerner si ce qu'ils disent est vrai ou faux, mais en considérant que la vérité, celle que l'historien a mission d'interpréter, n'est pas extérieure au témoignage, qu'elle est dans ce qu'il dit, vrai ou faux, et aussi dans ce qu'il ne dit pas, dans ses silences, dans ce que, consciemment ou non, il dissimule. Voici qui explique l'intérêt récent pour l'historiographie, pour la manière dont on écrivait l'histoire au Moyen Age. Enfin, c'est dans un troisième secteur, en archéologie, que de toute évidence les progrès durant ces vingt dernières années se montrent les plus spectaculaires. Je parle d'une archéologie de la vie quotidienne, où les découvertes sont parfois si bouleversantes qu'elles obligent à reconsidérer des hypothèses et des modèles construits à partir des seuls documents écrits.

Ce retour du balancier dont profite aujourd'hui l'érudition apparaît éminemment salutaire. Il vient au bon moment étayer les superbes constructions que, dans les effervescences de l'invention, l'histoire-problème édifie depuis l'avant-guerre. Il prépare les bases solides pour de nouvelles envolées et nous prémunit contre les accusations de légèreté, d'« impressionnisme » qui nous sont quelquefois lancées d'outre-Manche, d'outre-Rhin, et parfois d'outre-Atlantique.

Georges Duby
de l'Académie française

Avant-propos

En 1969, sous l'impulsion d'Edouard Perroy, naissait la Société des historiens médiévistes de l'enseignement supérieur public. Comprenant à l'origine soixante-dix membres, dont une quarantaine participèrent au premier congrès tenu à Nice en juin 1969, notre Société allait se développer très vite, parallèlement à la croissance universitaire, qui créait des postes d'assistants, de maîtres de conférences et de professeurs.

Vingt ans plus tard, le chemin parcouru impressionne. Trois cent quarante membres, vingt congrès organisés, dont les actes sont presque tous parus ou sous presse, une représentativité reconnue auprès des instances ministérielles.

Le moment semblait venu de faire le point. En 1965, le Comité français des sciences historiques avait publié un bilan de la recherche médiévale en France. A l'occasion du vingtième anniversaire de notre Société, il nous a paru nécessaire de renouveler l'expérience et de mesurer l'œuvre accomplie. Non pour en tirer une vaine gloriole, mais pour souligner les domaines ayant profité des recherches les plus fécondes et ceux au contraire qui ont paru être délaissés par la curiosité des chercheurs.

Placée sous le patronage de Georges Duby, l'entreprise n'a été possible que grâce à la coopération enthousiaste d'un comité d'organisation, présidé par Robert-Henri Bautier, grâce aussi à l'accueil et à l'aide de l'Institut de France, de la Ville de Paris, des Archives nationales, du Centre national de la recherche scientifique (CNRS), des universités et grands établissements parisiens où est enseignée l'histoire du Moyen Age. Que les uns et les autres soient assurés de notre entière gratitude.

On ne trouvera dans cet ouvrage qu'un état des problèmes traités par les médiévistes français : non pas une bibliographie exhaustive, mais un choix des travaux qui ont paru les plus significatifs à chacun des rapporteurs et à l'équipe que ceux-ci ont animée.

Le sillon est tracé, des perspectives sont ouvertes. Puisse le lecteur trouver dans ces pages des éléments de réflexion et le reflet de la production foisonnante de tous ceux qui, à travers l'étude du Moyen Age, découvrent les racines profondes de notre civilisation !

Michel Balard
président de la Société
des historiens médiévistes
de l'enseignement supérieur public

Histoire des campagnes médiévales en France

Robert Fossier
avec la collaboration de
Monique Bourin, Michel Le Mené
Marie-Thérèse Lorcin

Un quart de siècle s'est écoulé depuis qu'est parue la belle synthèse de G. Duby sur *L'Economie rurale et la Vie des campagnes.* Si l'ouvrage demeure une base solide d'étude et de réflexion, les travaux d'histoire rurale ont très largement enrichi ce bagage de départ. Les progrès sont même si amples et si évidents qu'il a fallu sévèrement élaguer la recension qui accompagne ce tableau général.

Déjà émancipée du pesant contrôle de l'histoire urbaine depuis que M. Bloch lui a donné son envol il y a presque soixante ans, l'histoire des campagnes, celle des paysages et des techniques, celle des hommes qui les animent et en usent, a conquis une place au premier rang des acteurs du monde médiéval, et pourquoi s'en étonner puisqu'elle touche alors neuf hommes sur dix ? C'est même l'indigestion qui la guette ; car, conçue avec ampleur, elle peut toucher à tout, et où l'arrêter ? La religion populaire ? mais ce sont les rites liés aux cultes agraires, les jeux et les fêtes champêtres. Les hôpitaux ruraux ? mais les problèmes de santé, de piété, d'économie s'y mêlent. L'habitat qu'on exhume ou la motte castrale ? qui n'y verra une image et un cadre de la vie sociale ? C'est la raison pour laquelle, avant tout, on a voulu ici se placer au niveau du général.

La diversité des voies d'approche témoigne d'ailleurs de cette fécondité. Comme en bien d'autres secteurs, les progrès de ces vingt dernières années reposent en premier lieu sur les thèses de doctorat d'Etat, qu'on citera en nombre. Hélas ! le cartel des médiocres, qui y ont renoncé, et la cohorte des maniaques de l'outre-Rhin ou de l'outre-Atlantique l'ont emporté ; voilà ces « chefs-d'œuvre » défunts, ou plutôt émasculés ; puissent, dans vingt ans, de prochains recenseurs ne pas avoir à regretter amèrement cette défaite de l'école historique française. On trouvera une consolation, modeste mais sûre, dans la vogue des colloques et des congrès, tels les nôtres ou ceux des sociétés savantes, les réunions annuelles de Flaran, du CUERMA ou des fédérations régionales, sans compter ceux, occasionnels, que suscite un thème rural ou un anniversaire. La campagne y tient une large place, et les publications sont régulières. Les revues savantes ont été, pour l'essentiel, reprises en main par les universités les plus actives, depuis vingt ans. Les citer toutes serait difficile ; mais les *Annales du Midi,* de *Bourgogne* ou de *Normandie,* la *Provence historique* ou la *Revue du Nord,* les *Cahiers d'histoire* ou ceux de *Civilisation médiévale* n'ont guère de livraison sans un apport rural. Curieusement, ce sont les revues d'audience nationale qui sont les moins « médiévales » : *Etudes rurales* a divergé, *Le Moyen Age,* au reste franco-belge, tend vers un *Speculum* français ; *Revue historique* et *Bibliothèque de l'Ecole des chartes* sont les plus avares ; quant aux *Annales,* que M. Bloch tint sur les fonts, la trahison y est patente. Un secteur, enfin, est de riche apport. Il y a vingt ans, il n'existait à peu près aucun « manuel » qui traitât des campagnes pour elles-mêmes ; depuis, l'étudiant certes et à divers niveaux de science, mais le chercheur plus confirmé aussi disposent de collections, souvent armées de bibliographies, où puiser. Armand Colin a lancé la série médiévale de la collection « U » que dirige G. Duby (Histoire économique, Histoire sociale) ; les Presses universitaires ont couvert avec la « Nouvelle Clio » tout le millénaire médiéval d'Occident ; la maison Privat, sous l'impulsion de Ph. Wolff, a presque achevé cet « Univers francophone » où chaque province a son histoire rurale médiévale. Et, symbole éclatant, l'*Histoire de la France rurale,* éditée par le Seuil sous la houlette de G. Duby, vient, voici douze ans, de nous doter d'une synthèse qui a ses qualités [1].

I. Les progrès de la méthode

Avec quelque recul, et somme toute en regard des décennies plus lointaines, ce qui frappe l'observateur, c'est l'extraordinaire diversification des voies d'approche de la campagne médiévale.

1. Les textes

Longtemps les seuls à nourrir le chercheur, les documents écrits pouvaient passer pour bien connus, recensés, dominés. Or, en vingt ans, en dix presque, trois bouleversements viennent de modifier complètement notre vieux paysage érudit. D'abord la formidable éclosion de la documentation méridionale, si longtemps laissée en sommeil ; Provence, Languedoc, Auvergne, Gascogne se sont brusquement éclairés [2], notamment pour les xe-xiie siècles, tandis qu'au terme du millénaire les documents sériels, testaments, contrats, textes fiscaux, inondaient thèses et articles. La vision de tradition pour ces deux phases capitales ne s'en est pas relevée. En second lieu les textes narratifs, jusqu'alors aux griffes des linguistes ou des littérateurs, leur ont été arrachés : on en scrute le vocabulaire au premier ou au deuxième degré, le sexe des mots, leurs occurrences, l'arrière-plan mental qu'ils voilent ou dénoncent. Dans la recherche du statut des hommes, de leur comportement social, de leurs relations mutuelles, de vastes pans d'ombre se sont illuminés. Encore ne mentionnerons-nous que pour mémoire l'onomastique et la prosopographie. Enfin, troisième voie et non des moindres : le chiffre a fait son entrée en force dans l'histoire rurale ; M. Bloch lui-même n'y croyait guère ; mais on a pu avancer, parfois bien plus que des probabilités, sur le nombre des hommes, le rendement du blé, le budget d'un fermier, le salaire d'un journalier. La période finale du Moyen Age a même pu faire large place à l'économétrie, ce qui a permis une meilleure approche de la conjoncture.

Il y a toujours de l'ombre dans un tableau : beaucoup de sources à déchiffrer encore, par exemple en hagiographie, en poétique ; beaucoup de textes à diffuser au moment où l'étranglement de l'édition savante se poursuit ; beaucoup d'insuffisances chez certains dans la maîtrise des concepts du droit ; beaucoup, enfin, de lenteurs dans l'ordination systématique des données où rivalisent la répulsion du littéraire pour les techniques « dures », et le mépris du scientifique pour des usages qu'il ne saisit pas. Alors l'étude des mesures, de la rentabilité, des densités, des fortunes laisse encore à désirer.

2. *L'archéologie rurale*

Certes, un rapport spécial sera consacré à ce secteur historique aujourd'hui si prometteur. Mais comment l'historien des campagnes pourrait-il ne pas en tirer un peu à lui quelques arpents ? Un éclairage puissant et neuf, et presque pour tous les siècles médiévaux, vient d'être porté sur l'habitat des campagnes, l'outillage, l'alimentation, l'environnement animal ou végétal. La prospection aérienne, la fouille au sol, la palynologie, l'anthracologie, l'examen des haies ou des crêtes de labour nous concernent par leur enseignement, ou par leurs méthodes. A peu près inexistante en France avant 1975, cette arme est aujourd'hui bien fourbie : on en use dans de nombreux ressorts académiques, à Aix, à Caen, à Grenoble, à Lyon, à Reims, à Toulouse, et même à Paris ; les fouilles célèbres des Alpes, de Bretagne, du Massif central, de Normandie, de Picardie, de Provence pour n'en citer que quelques-unes piquent notre sol d'exemples frappants[3].

Tout est-il fait ? certes non. Nous sommes en retard sur l'Angleterre, sur l'Allemagne, sur les Pays-Bas ; nous manquons de crédits, de laboratoires, d'équipes ; nous avons à peine quelques manuels ou revues, en tout cas pas en ostéologie, en céramologie, en dendrologie ; les « pouvoirs » publics restent dramatiquement indifférents à la disparition des témoins que révèle l'avion ou la fouille en catastrophe. Ce n'est pas là le pire : c'est qu'en vérité les noces de l'histoire et de l'archéologie ne sont pas célébrées ; que trop d'esprits, en principe distingués, ne s'intéressent pas à la stratigraphie ; que trop d'hommes des textes obscurs ne savent pas que la clé en est, souvent, dans le sol.

3. L'écologie rétrospective

Quoi de plus important pour l'historien des campagnes que de connaître l'environnement où se meuvent les hommes qu'il traque, la nature des sols qu'ils travaillent, les caprices du climat qu'ils subissent, les arbres et les bêtes qui les encerclent mais les nourrissent ? Cette fois, ce type de recherche n'a pas dix ans d'âge, cinq peut-être, et les spécialistes français du climat, de la faune, de la flore sont quelques-uns, tous pionniers[4].

La tâche est vaste pourtant : il faut analyser les sols fossiles, comme à Rougiers, multiplier les sondages palynologiques sur les essences végétales, relever les indications météorologiques ou les observations climatiques, niveaux marins, glaciaires, dates de vendanges, cataclysmes, voire questionner le folklore ou les mercuriales. Cela se fait, oui, mais hors de France le plus souvent. Pis encore : les relations entre l'homme et la bête, plus prégnantes peut-être que celles qui opposent l'homme à l'arbre, sont absolument dans l'enfance : des ossements, le folklore, la chasse ou l'élevage certes, mais est-ce suffisant ?

4. L'ethnohistoire

L'ethnohistoire ou l'anthropologie historique, elle aussi, mérite un rapport spécial ; au reste elle ne concerne pas que la campagne et éclaire plutôt les rites, les tabous, les contraintes, les aliénations. Mais la famille, le poids du symbole, la peur ou la violence sont choses du monde rural aussi, et nous ne pouvons l'ignorer dans ce qu'elle apporte à l'historien sur les structures conviviales de tous ordres, le rapport entre l'homme et l'outil, la répartition des tâches agraires entre les sexes, pour ne pas parler évidemment des rites vassaliques ou de ceux du servage.

Ce domaine est fort à la mode. Et beaucoup d'imprudents s'y fourvoient. De surcroît, l'un des effets de telles études étant de ramener l'homme de ces temps très en deçà des nôtres, bien des chercheurs frileux craignent de voir assimiler le chevalier courtois au « sauvage » de la forêt tropicale, quand ce n'est pas simplement une réserve du chrétien devant cette invasion d'usages païens. D'ailleurs, aujourd'hui encore, ce secteur est surtout arpenté par les ethnologues et les sociologues, espèce utile mais sans perspective « historique ».

II. De nouveaux cadrages

La multiplication des travaux régionaux est à l'origine de synthèses, naturellement toujours perfectibles, mais qui autorisent une révision certaine des cadres de temps et d'espace jusqu'alors de tradition.

1. Problèmes de périodisation

Ouvertes par M. Bloch en 1939 à partir de ses observations sur la société rurale, les querelles sur les « deux âges féodaux » sont dépassées ; l'ouvrage de R. Boutruche paru en 1968 en est comme le dernier écho. Naturellement, en fonction de ses curiosités personnelles, vie religieuse, étude des techniques, évolution du droit, mise en place des cadres aristocratiques, un auteur valorisera telle « fourchette », mais aucun, ou presque, ne songe plus à y voir une articulation première. Tous, presque tous, admettent que la flexure capitale se place, pour la France du moins, entre 920/950 et 1020/1050, phase de mise en place des structures durables de la seigneurie rurale où les hommes vont vivre jusqu'à la fin de l'Ancien Régime. Sur ce plan peu de querelles ; en revanche — et notamment si l'on adjoint à ce critère ceux de la volonté extérieure, du niveau de l'économie, notamment agraire, ou de la population —, on débouche aisément sur le problème du rôle des temps carolingiens ; parenthèse, illusion ou prémisses ? En tout état de cause, et sur le plan qui est ici le nôtre, il paraît inadmissible qu'il y ait eu quelque chose de définitif avant l'an Mil. Date toute symbolique d'ailleurs, et qu'on déplacerait ici et là, la précision n'étant guère avérée qu'en certaines régions spécialement scrutées : Provence, Languedoc, pays de Charente, Berry, Picardie[5].

Les problèmes soulevés par la « fin » du Moyen Age, ou par la

« crise » si l'on veut, sont à la fois plus clairs mais plus complexes. Trois éléments semblent acquis depuis vingt ans : les signes d'évolution accélérée du monde rural sont discernables dès « le temps de Monseigneur Saint Louis » et non de la Peste, trois quarts de siècle plus tard. Ensuite la phase en question déborde jusque vers 1520-1540 tant au point de vue démographique qu'économique à la campagne, et les travaux les plus récents y tendent. Enfin la trilogie épidémie-guerres-disette n'apparaît plus comme une cause déterminante, mais comme un accélérateur et un effet. En revanche, on voit beaucoup moins clair sur les traits les plus marquants : « défaillance » de la seigneurie ? mais elle reste très vigoureuse dans l'Ouest et le Sud de la France, et il n'est pas sûr que la classe dominante faiblisse. Renforcement de la petite exploitation paysanne ? oui, l'archéologie et d'autres sources montrent un niveau de vie correct, une consommation en essor ; les salaires augmentent, les baux faiblissent, mais les prix de vente stagnent, les bras manquent, les dangers croissent. Fléchissement de la production ? jusqu'à 60 % ici, mais là 20 % et ailleurs une reconversion. Evolution de la fonction « féodale » ? la fiscalité royale, avec ses effets en chaîne, s'envole, mais les révoltes sont surtout celles des nantis. Bref, les oppositions locales triomphent. Et pour les dates, l'accord n'est pas meilleur : glissement qui s'accélère de 1280 à 1350, mais pas partout si tôt ; « crises », 1350-1375 et 1425-1450, encadrées de « reconstructions », certaines décisives dès 1400, « redressement » 1450-1480 avant les prémisses d'une nouvelle plongée. On voit que l'âge de la synthèse n'est point advenu, et qu'il nous faut encore creuser.

Au terme de ce long développement, on notera la tendance, qui a, hélas, plus de vingt ans, à loucher vers la pénombre grisante des Xᵉ-XIᵉ siècles, ou à se ruer sur les modestes chiffres des XIVᵉ et XVᵉ siècles. Entre les deux, de 1100 à 1350, gît le « vrai » Moyen Age. S'en occupe-t-on ?

2. Problèmes de régionalisation

C'est la rançon de la multiplication des travaux monographiques, une spécialité française, que de voir se développer les nuances locales. Déjà perçue depuis longtemps, l'opposition France du Nord du triennal, de la charrue, du cheval, du 10 pour 1, et France du Sud du biennal, de l'araire, du bœuf et du 5 pour 1, s'est beaucoup compliquée. La mosaïque médiévale s'est enrichie certes, mais la synthèse est encore bien floue : on a présenté des « modèles » de développement — qui ne prétend être « l'autre France » ! —, mais les certitudes manquent. Deux éléments paraissent acquis, aux deux extrémités de la période. Pour les xe-xiie siècles, les schémas traditionnels, sociaux ou économiques, de F.L. Ganshof, de Ch.-E. Perrin, voire de M. Bloch, ont lâché prise au Sud de la Loire, et surtout aux bords de la Méditerranée : la conception du « domaine », celles de la « féodalité », de l'habitat volent en éclats ; et même, plus au nord, ces idées reçues sont remises à l'étude[6].

Pour les xive et xve siècles, la confusion est plus grande encore, tant en ce qui touche les dates dans l'évolution, le sort du binôme pauvres seigneurs-pauvres paysans, l'opposition locale entre groupes spéculant sur le marché et groupes recroquevillés dans leur autarcie. D'ailleurs, ici, la ligne de clivage serait plutôt Bordeaux-Reims. Encore ne voit-on pas du même œil Caux, Cambrésis, Anjou, ou Lyonnais, Auvergne et Quercy[7]. Enfin, on prend peu à peu conscience de la spécificité des sociétés originales : les groupements de pasteurs, la société montagnarde. Mais ici il ne s'agit encore que de petits pas.

3. *Problèmes d'éclairage*

Les conditions d'approche des phénomènes ruraux ont naturellement subi, comme ailleurs, l'effet des évolutions de la pensée historique en général. Il en est ainsi, au premier chef, de l'influence des schémas marxistes. Certes ils ont plus de vingt ans d'âge, mais leur pénétration dans les études rurales médiévales est, somme toute, assez récente. On peut critiquer le mot « féodalisme » pour caractériser la nature des rapports humains de ces temps, mais le principe n'est plus guère discuté : ceux même des historiens qui rejettent ce « système » dans sa globalité ou ne se reconnaissent pas dans cette démarche intellectuelle, conviennent des liens étroits entre l'économique et le social, se penchent sur la fluctuation de la ponction seigneuriale ou le « féodalisme d'Etat », autant que sur les ravages des compagnies ou le désarroi religieux. Sans généraliser avec quelque abus, on notera qu'on se rapprochera davantage de la vision marxiste lorsqu'on étudie la phase chronologique haute plutôt que la phase basse ; peut-être parce que les phénomènes sociaux de domination guerrière ou d'aliénation des faibles y sont plus nets et plus déterminants. Même la « féodalité », au sens étroit, apparaît aujourd'hui comme un élément d'action primordial sur la société et non plus comme une construction juridique. A cet égard, le droit est le grand perdant de ces vingt dernières années.

On ajoutera, comme il apparaît d'ailleurs dans les développements qui précèdent, que c'est l'homme bien plus que la structure ou la forme qui est le centre de l'intérêt pour tout médiéviste. Naturellement, voici cinquante ans que M. Bloch l'a dit, mais l'avait-on vraiment lu avant 1960 ? L'homme dans son cadre social, certes, mais dans sa personne aussi : sa santé, son aspect physique, son alimentation, son vêtement[8]. Anthropologie historique ? sans doute, mais cet homme, c'est presque toujours un paysan. Sur cette voie nous n'avançons que lentement : les textes sont laconiques, l'archéologie piétine, l'iconographie ment. Assez curieusement certains secteurs sont largement débroussaillés : question de mode ? ainsi les domaines de la marginalité, de la prostitution, de la criminalité ; et pour la France du Sud-Est surtout, ce qui est bizarre, et pour les XIVe et XVe siècles, ce qui l'est bien moins[9].

III. Quelques grands chantiers

1. Le problème de l'implantation humaine

Le problème de l'implantation humaine, dans la phase Xe-XIIe siècle, est celui où les bouleversements sont les plus évidents. Comme on sait, l'étincelle est venue de Catalogne et du Latium ; même si ces « modèles » n'ont pu exactement s'appliquer au Languedoc, à la Provence, à la Gascogne ou à l'Auvergne, l'effet en a été décisif depuis dix ans[10]. Il a contraint à réviser complètement les schémas et les doctrines de la continuité, surtout en France du Nord où, malgré les évidences anglaises et germaniques, on ne s'était guère soucié de ces questions. La saisie des hommes et des terres, le regroupement des habitats, la mise en place des cadres seigneuriaux, entre 950 et 1050, se perçoit à présent bien. Cet encellulement connaît des figures diverses : l'*incastellamento* méditerranéen n'est pas le castelnau gascon, le bourg charentais ou normand, les meix bourguignons ou le village picard. Les problèmes qu'il soulève demandent encore beaucoup de recherches : les dates et les modalités qui sont chose locale ? l'ampleur et les étapes, probablement aussi variables ? les rôles respectifs du cimetière, de l'église, du château ? Quel fut le sort de l'habitat ancien, de l'habitat dispersé, de la centuriation ? et les toponymes anciens ? Nous sommes loin d'une synthèse satisfaisante, mais les perspectives sont amples[11].

2. *Le problème des travaux agraires*

Comme on l'aura remarqué, la vie agraire proprement dite n'a guère été évoquée. C'est justement qu'elle apparaît comme la parente pauvre de ces vingt ans. Ni dans le domaine du parcellaire, ni dans celui des cycles ruraux, ni dans ceux de la production ou des techniques les progrès n'ont été marquants. Les travaux des mois, l'outillage, les rendements ont été prospectés[12], certaines pratiques d'élevage ou de coupe dans les bois[13] ; mais rien de révolutionnaire depuis la synthèse de G. Duby. D'ailleurs, sur ce plan, l'archéologie est anémique : les restes sont rares, grains, matériel vinaire, restes d'outils, peu de chose en somme. Seul le secteur de la mine, de la métallurgie, de la carrière a été fortement labouré[14]. C'est encore trop peu : le bois lui-même, âme du Moyen Age, attend ses historiens.

3. *Villes et campagnes*

La vogue de l'histoire urbaine — elle a bien cent ans — a rejeté celle de la campagne voisine dans le secteur subalterne de

« l'arrière-plan » : fournir de la main-d'œuvre et des matières premières, permettre l'exploitation et même le pillage du plat pays. La vision s'est nuancée. L'emprise « bourgeoise » n'est pas oubliée, mais on s'efforce de mieux en saisir les voies, celle de l'argent par exemple, mais aussi celle de certains types urbains qui vivent immergés dans le monde rural, le maquignon, le petit prêteur, le notaire, le revendeur. Beaucoup de chercheurs ont compris que la symbiose des deux cadres de vie est, au Moyen Age, un maillon primordial : on l'a vu pour Aix, pour Arles, pour Chartres, pour Périgueux, pour Poitiers, pour Reims, pour Saint-Omer, pour Tours, ailleurs aussi [15]. Malheureusement il arrive souvent que ces études, qui devraient être embrassées dans tous leurs aspects, se bloquent sur des secteurs de détail, un ordre religieux (cisterciens ou mendiants), une institution (hôpitaux, tables de prêt), un groupe social (juifs). Ici les possibilités sont grandes, mais les amateurs encore rares.

4. Les formes de regroupement

Les formes de regroupement des hommes ont le vent en poupe. La famille est à la mode et la femme encore plus. On commence à s'en lasser pourtant, faute de nouveautés [16]. D'ailleurs, ce secteur tend à devenir un champ clos pour champions spécialisés ; au reste, ici, rien de spécifiquement paysan. Evidemment, sur la structure du groupe de sang, le clan et le couple, le rôle des grégoriens ou celui de l'économie, le droit des personnes et des biens, on écrit, chaque année, livres et articles. Mais il ne s'agit à peu près toujours que du groupe dominant ; pour les humbles nous n'avons que la forme juridique, ce qui est maigre. Il est vrai que sur la tenue du sol, les solidarités de voisinage nous progressons ; mais pour le maillage paroissial et son filet d'obligations, les confréries et leurs biens, toutes notions bien rurales, les synthèses sont à venir.

En revanche, on s'est bien intéressé aux communautés de village ou de voisinage : leurs ressorts, leurs fantasmes, leurs contraintes ont été démontés, scrutés, d'ailleurs peut-être davantage en France méridionale (Languedoc, Béarn, Lyonnais, Quercy, Auvergne) qu'en France du Nord (Picardie, Anjou,

Lorraine, Hainaut)[17]. Pourtant les taches d'ombre ne manquent pas · sur l'origine (protohistorique ?) des groupements, sur les tensions internes et la place des dominants. Encore ces recherches doivent-elles s'entendre aux lisières des convivialités spirituelles où se retrouveraient rites et tabous.

5. *Les relations sociales*

Les relations sociales ne sont pas omises. Cependant, il n'y a guère là que le prolongement de recherches entamées depuis bien longtemps. On bute toujours sur certains problèmes dont la solution doit résider dans les nuances régionales ou chronologiques ; en sorte que nombre de jeunes chercheurs s'en détournent, comme de mince intérêt. L'éclairage anthropologique de la vassalité était déjà dans M. Bloch, comme la dimension spirituelle du « contrat » seigneurial ; on se montre plus discret sur la généralisation du « régime féodal » au sens restreint. Le reste prend un peu l'aspect de courtoises joutes de salon : la ponction du maître est-elle « sauvage » ou consentie ? La seigneurie, théâtre d'indiscutables luttes de classes — à l'aune médiévale et non à celle du XIXe siècle évidemment —, en a-t-elle été ébranlée ? Le chevalier, authentique traîneur de sabre à l'origine, est-il un « vassal », tout de suite, plus tard, jamais ? Le « noble » a-t-il des ancêtres carolingiens, ou bien sort-il d'ailleurs, et d'où[18] ? Il n'est pas même jusqu'au servage, encore férocement disputé entre les médiévistes vers 1970, qui n'apparaisse de terne intérêt. On lui préfère l'étude des contrats nouveaux tissés entre les hommes : communautés taisibles, comparsonneries ; et au-delà d'études sur les groupes de « jeunes », sur le don et contre-don ou sur les conduites marginales, le reste, vieux sujet d'excommunication, paraît bien dépassé.

La conclusion de ce survol sera des plus brèves. Il reste, certes, fort à faire. Mais en de nombreux domaines, et fondamentaux, la maison continue de s'élever. Les conditions de la recherche sont très mauvaises, l'édition exsangue, le carcan administratif étouffant, mais les jeunes équipes sont dynamiques et fournies. En outre il est frappant de noter qu'il n'existe pas de rejet du bagage accumulé depuis soixante années. Même si l'« école des *Annales* » n'est plus ce qu'elle a été, nous travaillons là où M. Bloch a œuvré entre 1930 et 1940, ou G. Duby entre 1955 et 1965. Des esprits chagrins pourraient voir là une mentalité d'« héritiers » ; mais l'historien sait bien qu'on ne construit rien de durable sur le sable.

Notes

1. *Histoire de la France rurale,* t. 1, *La Formation des campagnes françaises des origines à 1340 ;* t. 2, *L'Age classique des paysans (1340-1789),* sous la direction de G. Duby et A. Wallon, Paris, Ed. du Seuil, 1975-1977.

2. M. Bourin-Derruau, *Villages médiévaux en bas Languedoc (x^e^-xive siècle),* Paris, L'Harmattan, 1987, 2 vol. P. Charbonnier, *Une autre France : la seigneurie rurale en basse Auvergne du xive au xvie siècle,* Clermont-Ferrand, Institut d'études du Massif central, 1980, 2 vol. B Cursente, *Les Castelnaux de la Gascogne médiévale,* Bordeaux, Fédération historique du Sud-Ouest, 1980.

3. J. Chapelot et R. Fossier, *Le Village et la Maison au Moyen Age,* Paris, Hachette, 1979.

4. R. Delort, *Les animaux ont une histoire,* Paris, Ed. du Seuil, 1980. *Le Monde animal et ses représentations au Moyen Age (xie-xve siècle)* (15e congrès des historiens médiévistes, Toulouse, 1984), Toulouse, Université de Toulouse-Le Mirail, 1985 : articles de C. Beck (ostéologie), synthèse de R. Delort.

5. Cf. *supra,* note 2, et A. Debord, *La Société laïque dans les pays de la Charente (x^e^-xiie siècle),* Paris, Picard, 1984. G. Devailly, *Le Berry du xe siècle au milieu du xiiie siècle,* Paris-La Haye, Mouton-Walter de Gruyter, 1973. Ch. Lauranson-Rosaz, *L'Auvergne et ses marges du viiie au xie siècle,* Le Puy, Les Cahiers de la Haute-Loire, 1987.

6. *Les Structures sociales de l'Aquitaine, du Languedoc et de l'Espagne au premier âge féodal* (colloque de Toulouse, 1968), Paris, CNRS, 1969 : articles de Ch. Higounet (aristocratie de Gascogne), E. Magnou-Nortier (féodalité méridionale), P. Ourliac (pays de la Selve). *Structures féodales et Féodalisme dans l'Occident méditerranéen (x^e^-xiiie siècle). Bilan et perspectives de recherche* (colloque de Rome, 1978), Rome, Ecole française de Rome, 1980 : articles de P. Bonnassie (du Rhône à la Galice), G. Giordanengo (vocabulaire féodal), M. Gramain-Bourin (castra de Biterrois), Ch. Higounet (castra d'Aquitaine), E. Magnou-Nortier (coutumes d'Auvergne en Provence), J.-P. Poly (Midi de la France).

7. Cf. *supra,* note 2, et G. Bois, *La Crise du féodalisme : économie rurale et démographie en Normandie orientale,* Paris, Presses de la FNSP, 1976. J. Lartigaut, *Les Campagnes du Quercy après la guerre de Cent Ans (vers 1440-vers 1500),* Toulouse, Université de Toulouse-Le Mirail, 1978. M. Le Mené, *Les Campagnes angevines à la fin du Moyen Age (vers 1350-vers 1530). Etude économique,* thèse, Paris-X, 1982. M.-Th. Lorcin, *Les Campagnes de la région lyonnaise aux xive et xve siècles,* Lyon, Impr. Bosc frères, 1974. G. Sivery, *Structures agraires et Vie rurale dans le Hainaut à la fin du Moyen Age,* Lille, Presses universitaires de Lille, 1977, 2 vol.

8. M.-Th. Lorcin, *Vivre et Mourir en Lyonnais à la fin du Moyen Age,* Paris,

CNRS, 1981. *Manger et Boire au Moyen Age,* t. 1, *Aliments et Société* (colloque de Nice, 1982), Paris, Les Belles Lettres, 1984. L. Stouff, *Ravitaillement et Alimentation en Provence aux XIVe et XVe siècles,* Paris-La Haye, Mouton, 1970.

9. *Exclus et Systèmes d'exclusion,* Aix-en-Provence, CUERMA, 1978. *Marginalité, Déviance, Pauvreté en France, XIVe-XIXe siècle,* Caen, Annales de Normandie, 1981. J. Rossiaud, *La Prostitution médiévale,* Paris, Flammarion, 1988.

10. Cf. *supra,* note 2, et Ch. Lauranson-Rosaz, *L'Auvergne, op. cit.*

11. *Châteaux et Peuplement en Europe occidentale du Xe au XVIIIe siècle* (Flaran, 1, 1979), Auch, 1980 : articles de M. Bur (Nord et Est de la France), J. Clemens (Agenais), B. Cursente (Gascogne), A. Debord (Ouest de la France), G. Fournier (synthèse), J.-M. Lasure (Gers), E. Zadora-Rio (Anjou). M. Fixot, *Les Fortifications de terre et les Origines féodales dans le Cinglais,* Caen, Centre de recherches archéologiques médiévales, 1969. G. Fournier, *Le Château dans la France médiévale,* Paris, Aubier-Montagne, 1978.

12. G. Comet, *Le Paysan et son outil : essai d'histoire technique des céréales (France, VIIIe-XIIIe siècle),* Aix-en-Provence, Université de Provence, 1987. A. Derville, « Dîmes, rendements du blé et révolution agricole dans le Nord de la France au Moyen Age », *Annales ESC,* 1987, p. 1411-1432. A. Derville, « Le rendement du blé dans la région lilloise (1285-1541) », *Bull. Com. hist. du départ. du Nord,* 1975-1976, p. 23-29. P. Mane, *Calendriers et Techniques agricoles (France-Italie, XIIe-XIIIe siècle),* Paris, Le Sycomore, 1983. H. Neveux, *Vie et Déclin d'une structure économique : les grains du Cambrésis, fin du XIVe-début du XVIIe siècle,* Paris-La Haye, EHESS-Mouton, 1980.

13. R.-H. Bautier, « Les mutations agricoles des XIVe et XVe siècles et les progrès de l'élevage », *Bull. philol. et hist.,* 1969, t. 1, p. 1-27. R. Bechmann, *Des arbres et des hommes. La forêt au Moyen Age,* Paris, Flammarion, 1984. M.-Th. Kaiser-Guyot, *Le Berger en France aux XIVe-XVe siècles,* Paris, Klincksieck, 1974 *Toponymie et Défrichements médiévaux et modernes* (*Flaran,* 8, 1986), Auch, 1988 : articles de P.-H. Billy (toponymie), C. Bockholt (Savoie), J.-A. Cancellieri (Corse), G. Celhay (Béarn), R. Fossier (France du Nord), D. Fournier (Normandie), Ch. Higounet (artigues), S. Lefèvre (Ile-de-France), J. Loubergé (Béarn), J.-B. Orpustan (Pyrénées), X. Ravier (France du Sud-Ouest).

14. *Mines, Carrières et Métallurgie dans la France médiévale* (colloque de Paris, 1980), Paris, CNRS, 1983, sous la direction de P. Benoît et Ph. Braunstein : articles de P. Benoît (Savoie), S. Benoît (Châtillonnais), A. Blanc (la pierre), Ph. Braunstein et O. Chapelot (Bourgogne), J. Chapelot (Charente), P. Gresser (Franche-Comté). S. Lauzanne (France du Nord-Est), A.-Th. Rendu (Jacques Cœur), M. Viré (la pierre à Paris).

15. C. Billot, *Chartres aux XIVe et XVe siècles : une ville et son plat pays,* Paris, EHESS, 1980. A. Chédeville, *Chartres et ses campagnes (XIe-XIIIe siècle),* Paris, Klincksieck, 1973. N. Coulet, *Aix-en-Provence : espaces et relations d'une capitale (milieu XIVe-milieu XVe siècle),* Aix, Université de Provence, 1987. A. Derville, *Saint-Omer des origines au début du XIVe siècle. Essai d'histoire sociale,* Paris, 1971 (dactylogr.). P. Desportes, *Reims et les Rémois aux XIIIe et XIVe siècles,* Paris, Picard, 1979. R. Favreau, *La Ville de Poitiers à la fin du Moyen Age,* Poitiers, Société des antiquaires de l'Ouest, 1978. L. Stouff, *Arles à la fin du Moyen Age,* Aix, Publications de l'université de Provence, 1986.

16. J.-L. Flandrin, *Famille, Parenté, Maison, Sexualité dans l'ancienne société,* Paris, Ed. du Seuil, 1984. A. Guerreau-Jalabert, « Sur les structures de parenté dans

l'Europe médiévale », *Annales ESC,* 1981, p. 1028-1049. *Histoire de la famille,* t. 1, *Mondes lointains, Mondes anciens* (contributions de H. Bresc, R. Fossier), Paris, Colin, 1986. *L'Enfant au Moyen Age* (Colloque d'Aix, 1979), Aix-en-Provence, CUERMA, 1980. « La femme dans les civilisations des Xe-XIIIe siècles » (colloque de Poitiers, 1976), *Cahiers de civilisation médiévale,* 1977 (articles de R. Fossier et de J. Verdon).

17. Cf. *supra,* notes 2, 7, et M. Bourin et R. Durand, *Vivre au village au Moyen Age. Les solidarités paysannes du XIe au XIIIe siècle,* Paris, Temps actuels, 1984. R. Fossier, *Chartes de coutumes en Picardie (XIe-XIIIe siècle),* Paris, Bibliothèque nationale, 1974. *La Charte de Beaumont et les Franchises municipales entre Loire et Rhin* (colloque de Nancy, 1982), Nancy, Presses universitaires de Nancy, 1988 : articles de P. Charbonnier (Auvergne), H. Collin (Lorraine), R. Fossier (Picardie), A. Girardot (Lorraine), A. Gouron (Languedoc), L. Musset (Normandie), J. Richard (Bourgogne), P. Vaillant (Dauphiné). *Le Village de Provence au bas Moyen Age, Cahiers du CESMH,* Aix, 1987 : articles de N. Coulet et L. Stouff. *Les Communautés villageoises en Europe occidentale du Moyen Age aux Temps modernes* (*Flaran,* 4, 1982), Auch, 1984 : articles de P. Charbonnier (Auvergne), A. Derville (Flandre), R. Fossier (France du Nord), Y. Grava (Berre), F. Michaud-Fréjaville (Berry), P. Ourliac (France du Sud), M. Zerner (Comtat). P. Toulgouat, *Voisinage et Solidarité dans l'Europe du Moyen Age : lou besi de Gascogne,* Paris, Maisonneuve et Larose, 1981.

18. J. Flori, *L'Essor de la chevalerie (XIe-XIIe siècle),* Genève, Droz, 1986. —, *L'Idéologie du glaive : préhistoire de la chevalerie,* Genève, Droz, 1983. *La Noblesse au Moyen Age (XIe-XVe siècle),* Paris, PUF, 1976 : articles de G. Bois (revenus), Ph. Contamine (synthèse), G. Duby (versant méditerranéen), R. Fossier (Picardie), Ch. Higounet (Bordelais), L. Musset (Normandie).

Histoire urbaine en France
x^e-xve siècle

Bernard Chevalier

L'histoire des villes en France, au cours des vingt dernières années, n'a pas été laissée à l'abandon. L'on en pourra juger par une simple comparaison. La bibliographie générale de Ph. Dollinger, Ph. Wolff et S. Guenée, parue en 1967, comportait environ 10000 entrées[1]. La collecte systématique des titres concernant l'histoire des villes du Nord et du Pas-de-Calais au Moyen Age et publiés de 1968 à 1988 en a fourni 213. C'est dire qu'à l'échelle de la France entière le chiffre de 10000 serait largement atteint. La recension d'une telle documentation dépasse donc les capacités d'un homme seul. Aussi bien n'aurais-je pas osé tenter d'en donner une vue générale sans l'estimable concours de J.-L. Biget, A. Chédeville, A. Derville et P. Desportes, que je remercie ici chaleureusement de leur excellente collaboration.

Vue générale donc qui fera ressortir d'abord les conditions et les lieux de la recherche : où et comment a-t-on fait progresser l'histoire des villes médiévales en France entre 1968 et 1988 ? Cela fait, il sera temps de présenter les grandes synthèses publiées dans la même période, qui proposent une interprétation générale du phénomène urbain au Moyen Age. Après l'histoire des villes, en somme, il sera bon de voir ce qu'a été celle de l'urbanisation. C'est à la lumière de cette double investigation que pourra prendre place l'examen des principales avancées de la science historique accomplies dans notre domaine en vingt ans. C'est alors aussi que l'on pourra le mieux donner quelques orientations pour la recherche à faire dans les années à venir.

Pour commencer, soulignons donc un fait qui est la rareté des centres spécialisés en la matière, capables d'abriter un travail collectif. L'annuaire du CNRS en 1987 n'en signale que trois, deux à Paris, un à Chambéry, auxquels il faut ajouter le Centre national d'archéologie urbaine à Tours, qui relève du ministère de la Culture. Cet état de fait a eu deux conséquences assez fâcheuses. La première, la plus voyante, même si l'on peut lui trouver aussi d'autres causes, a été la quasi-disparition des éditions de textes et documents (la bibliographie n'en compterait pas dix numéros). La carence est grave et elle n'est pas purement accidentelle. Je n'en veux pour preuve que l'échec bien regrettable de l'opération engagée par M. J. Glénisson et Mme L. Fossier à l'Institut d'histoire et de recherche des textes ; il s'agissait, en effet, de microfilmer tous les anciens comptes communaux conservés, afin d'en rassembler les copies et d'en permettre l'étude d'ensemble. Faute de moyens, l'entreprise a dû être abandonnée.

Du coup apparaît aussi la deuxième conséquence négative de cette faiblesse de la recherche collective. Les problèmes généraux, au cours de ces vingt années, n'ont guère fait l'objet de travaux approfondis. La rareté relative des grands colloques en témoigne et le dernier en date, qui s'est tenu à Bordeaux sur le thème des petites villes, n'a fait qu'une place réduite au Moyen Age[2].

Autant dire que l'histoire urbaine médiévale n'a dû ses progrès pendant les vingt ans écoulés qu'à la recherche individuelle, c'est-à-dire aux thèses de doctorat (thèses d'Etat ou de troisième cycle). Elles ont été nombreuses ; d'après le fichier central tenu à l'université de Parix-X, de 1970 à 1988, pour la période X^e^-XVe siècle, il en a été soutenu 52 dans les universités françaises, dont 16 d'Etat, y compris celles qui ressortissent à l'histoire du droit. Mais 37 d'entre elles (71,2 % du total) sont seulement consacrées aux XIVe et XVe siècles. Singulier paradoxe. La grande phase d'urbanisation proprement médiévale, celle des Xe-XIIIe siècles, est justement celle qui a été négligée par la recherche. Parce qu'elle ne fournit pas grande documentation ? Oui, certes, mais le fait de lui-même mérite considération. On peut, en effet, se demander ce que pouvaient bien être ces communautés urbaines antérieures à 1300 sans archives ou presque. Des corps sans âme sans doute ?

Dans leur grande majorité, les thèses ainsi soutenues de 1970 à 1988 ont pris l'aspect de monographies générales : études exhaustives d'une ville sous tous ses aspects au cours d'une période définie. C'est le cas, avec quelques nuances, des thèses d'Etat (au moins de 12 sur 16) qui ont porté sur Aix, Arles, Besançon, Chambéry, Chartres (2), Montpellier, Poitiers, Reims, Saint-Flour, Saint-Omer et Tours, et de 12 thèses de troisième cycle. C'est donc de monographie en monographie qu'il faut aller, si l'on veut prendre des vues d'ensemble : en matière d'institutions (bien peu étudiées ; le volume même qui devait en faire la synthèse n'est jamais paru), ou bien d'économie (mais non point d'étude conjoncturelle, toujours éludée), ou encore et surtout de sociologie urbaine qui, elle, a massivement retenu l'attention. Ajoutons que, hormis les thèses de doctorat d'Etat, la grande majorité de ces savants travaux est restée inédite, inaccessible donc, sauf dans les bibliothèques universitaires.

De surcroît, l'on peut se demander si le genre ne présente pas aujourd'hui quelques symptômes d'essoufflement. En effet, si 12 thèses d'Etat consacrées à une ville ont été soutenues entre 1972 et 1980, 2 seulement ont été soumises à un jury dans les huit années suivantes, ce qui laisse mal augurer du sort des 19 qui restent en préparation. La monographie de ville risque fort de n'être plus pratiquée que sur l'échelle réduite et quelque peu étriquée des travaux de débutants. En fait, la seule chance qu'il y ait d'en voir la problématique renouvelée, c'est l'apparition toute récente des thèses d'archéologie urbaine (4 ont été soutenues entre 1984 et 1988).

Cela dit, il reste donc que les progrès de nos connaissances sont presque entièrement dus à ces études de cas et c'est ce que l'on retrouve aussi dans les histoires de villes destinées au grand public qui se sont multipliées au cours de ces vingt dernières années. Mettons à part d'abord les grands ouvrages en plusieurs volumes, de conception large et de belle ampleur dans leur développement, spécialement en matière d'histoire médiévale. Bordeaux, Lille, Orléans, Paris ont été ainsi l'objet de ces grandes synthèses[3].

C'est l'exception ; dans leur grande masse, ces histoires de villes couvrent en un seul volume tout l'espace du temps, des origines à nos jours. Depuis la sortie de l'*Histoire de Toulouse* de Ph. Wolff en 1958 aux Editions Privat, cette maison en a publié de cette sorte plus de 80 réparties en deux collections et elle a été imitée par quelques autres tant au Nord qu'au Midi. Au total, cette bibliothèque imaginaire des histoires de villes françaises se compose ainsi d'environ 90 volumes. L'imprécision fâcheuse de ce chiffre tient essentiellement à l'ambiguïté que suscite toujours la définition de la ville ; de ce fait, la sélection des titres retenus est inévitablement quelque peu arbitraire.

Présenter chacun de ces volumes est évidemment impossible ; inutile même de souligner leurs inégalités flagrantes de qualité qui tiennent souvent au poids des contraintes locales. Mieux vaut s'en tenir à quelques observations d'ensemble, les unes favorables, les autres moins. Au crédit du genre il faut mettre en premier lieu le nombre même de ces titres. Voilà donc une centaine de villes françaises dont l'histoire a été refaite à neuf, et c'en est assez pour déclasser la bibliographie de 1967 et renvoyer aux vieilles lunes toutes les réimpressions de monographies du XIXe siècle complaisamment faites depuis vingt ans. Il faut ensuite souligner que, dans la plupart des cas, la direction de la publication et la rédaction des différents chapitres de ces livres ont été confiées à de bons spécialistes universitaires, capables de mettre en œuvre tous les résultats tirés des thèses inédites et aussi de nombreux mémoires de maîtrise d'étudiants souvent utiles, mais non publiés. C'est ainsi que sont vulgarisés, au meilleur sens du mot, les résultats obtenus par la recherche savante.

Toutefois, dans ces monographies destinées au grand public cultivé, le négatif ne manque pas. Relevons d'abord le déséquilibre constant de la composition qui ne laisse guère qu'un quart du total des pages au millénaire couvert par notre Moyen Age. Plus grave encore, le contraste presque général dans chacun de ces volumes entre le renouvellement des contenus et l'archaïsme de la problématique. La répartition des chapitres le montre bien, qui suit scrupuleusement la périodisation la plus traditionnelle de l'histoire politique, comme si, par exemple, le phénomène urbain avait changé complètement entre le Bas-Empire et le haut

Moyen Age, ou comme si le départ de Christophe Colomb pour les Indes en 1492 avait bouleversé les villes françaises. En somme, dans ces volumes, une érudition du XXe siècle est liée trop souvent à une problématique du XIXe.

De là aussi la fausse apparence de parfaite continuité donnée dans ces livres au phénomène urbain. Tout se passe, en effet, comme si la ville dont le destin nous est retracé avait bien conservé la même identité des origines à nos jours. Postulat renforcé encore par l'inévitable introduction géographique placée en tête du volume, qui souligne en quelque sorte cette immobilité prédestinée en mettant en place hors du temps historique les données prétendument immuables de la situation et du site. Ainsi se trouvent masquées et la genèse du paysage urbain avec tous ses aléas et la succession discontinue en un même lieu des types d'urbanisation.

Et nous voilà ainsi passé du foisonnement des cas particuliers aux grands problèmes généraux que pose l'histoire de l'urbanisation. Qu'est-ce donc que la ville « médiévale » ? Quelle définition en a-t-on proposée ? Quelle place exacte lui a-t-on donnée entre le modèle révolu de la cité antique et celui de nos métropoles industrielles ? A ces grandes questions des réponses diverses ont été données dont il faut faire maintenant l'examen.

En 1975 déjà, J. Schneider, au cours d'un colloque dont l'objectif était assez semblable au nôtre, avait consacré une communication aux problèmes généraux de l'histoire urbaine médiévale [4]. Relevons-en seulement quelques points très importants pour notre propos. D'abord, prenant le contre-pied du parti pris de la continuité absolue, il observait qu'une ville ne peut se définir que dans le contexte d'une civilisation donnée. Puis, dans la périodisation qu'il proposait, il plaçait une coupure très forte dans les années 1260-1270, en ajoutant textuellement : « En France et en Angleterre, sans paradoxe, il faut dire que le Moyen Age se prolonge jusqu'en 1600. »

En 1982, R. Fossier, dans son *Enfance de l'Europe,* posait, lui aussi, la question fatidique : « Qu'est-ce que la ville [5] ? », tout en se gardant bien de vouloir lui donner une réponse valable hors de l'Occident d'une part, et de la période considérée par lui, du Xe siècle au début du XIIIe siècle, d'autre part. Et c'est à l'intérieur de ces limites précises qu'il en venait à dire que la ville médiévale avait été « longtemps un kyste négligeable et négligé dans la société seigneuriale ». Tout en observant que de fortes nuances distinguaient alors le Nord du Midi à cet égard, il voyait en définitive dans le phénomène urbain à cette époque, dite aussi féodale, un fait longtemps secondaire et cependant irréversible dans ses données et sa portée lointaine.

Au même moment ou presque sortait le tome 2 de l'*Histoire de la France urbaine* consacrée à la ville médiévale dont J. Le Goff avait dirigé la publication tout en prenant une large part à sa rédaction[6]. L'interprétation qu'il y donne rejoint bien celle de R. Fossier. D'abord par la date retenue comme point de départ (le Xe siècle aussi), qu'il justifie dans son introduction en affirmant qu'entre la cité antique et la ville médiévale il n'y a pas continuité, mais rupture totale. Point de vue que développe ensuite A. Chédeville en montrant la très lente genèse de part et d'autre de l'an Mil d'un modèle nouveau d'urbanisation caractérisé par la primauté des fonctions économiques. Ce qui était en somme un retour aux thèses de M. Weber dont le public francophone découvrait alors la pensée grâce à la traduction de *La Ville,* soixante ans seulement après la sortie du livre[7] ! Et cette ville médiévale, ville de marchands et de fabricants, atteint son apogée, selon nos auteurs, entre 1150 et 1330, brillant de tout son éclat au cours de ce XIIIe siècle que R. Fossier s'était interdit d'envisager. Mais le jugement final de J. Le Goff en définitive ne diffère pas des vues de son collègue, puisque, à son avis, « en tant que telle [la ville médiévale] ne sécrète pas de modèles éthiques pour l'ensemble de la société ». Pour tout dire, l'urbanité paraît avoir connu un singulier retard par rapport à la fougue avec laquelle s'était développée l'urbanisation médiévale. Il faut certainement en rabattre beaucoup sur l'hymne constamment chanté à propos du XIIIe siècle à la gloire de la ville et des valeurs bourgeoises prétendument dominantes.

Le point de vue change au contraire dans la troisième partie du volume dont la rédaction a été confiée à J. Rossiaud et qui couvre la période 1330-1530. S'agit-il d'un déclin après l'apogée ? Non, mais de crises violentes suivies d'une consolidation. Une pure et simple continuité alors ? Pas davantage, car ce qui éclate au contraire aux yeux de l'auteur, c'est le progrès décisif de l'urbanité. La consolidation se fait-elle donc sur le plan culturel ? C'est peu dire, car ce thème de la nouvelle culture urbaine tient, et de manière quasi exclusive, la première place dans le développement, rejetant à l'arrière-plan les aspects institutionnels, économiques et militaires. On voit qu'en ce temps la ville impose ses modèles éthiques à l'ensemble de la société ; elle s'affirme comme état d'âme et non plus comme lieu de production ou d'échange. En dépit de la périodisation choisie ou subie pour délimiter le terme de ce tome 2, il est donc clair qu'une nouvelle page dans l'histoire de l'urbanisation a été tournée au cœur des crises du milieu du XIVe siècle.

C'est dans cette perspective que se placent mes *Bonnes Villes*[8]. Le cadre choisi est celui de J. Schneider, un long Moyen Age tardif s'étendant de 1300 jusqu'à 1600, qui est aussi bien le temps d'une modernité précoce. Sous le vocable de bonne ville, très communément usité à l'époque, se trouve défini un modèle d'urbanisation, très différent de celui de la ville médiévale. Sa caractéristique principale, c'est la prédominance dans la ville devenue chef-lieu des fonctions politiques et administratives et plus encore de son prestige culturel dans la société. S'agit-il alors d'une résurgence de la cité antique ? Non, car la « bonne ville » ne peut être comprise sans l'Etat moderne naissant au sein duquel elle se loge et qu'elle utilise autant qu'elle le subit.

Au total, ces vues diverses de l'histoire de l'urbanisation occidentale convergent sur quelques points que l'on peut tenir provisoirement pour des acquis :

— l'effacement définitif du modèle de la cité antique au début du Xe siècle seulement ;

— pendant deux siècles et demi l'élaboration lente, incertaine et confuse d'un nouveau type de ville, dit médiéval, qui triomphe de 1150 à 1260 tout en restant au deuxième plan dans le système social général ;

— dès la fin du XIIIe siècle une mue, qui devient mutation au milieu du XIVe siècle, donnant naissance à la bonne ville, modèle solidement établi ensuite pour quelques siècles[9].

Voilà donc rompue, définitivement sans doute, la continuité de l'histoire urbaine « médiévale » ; par conséquent cette division chronologique en deux temps s'impose au moment où il convient d'en faire ressortir les progrès.

La première phase, celle de la ville médiévale, n'a pas donné lieu à de nombreux travaux. Au fond, pour l'essentiel, ce qu'ils ont contribué à faire disparaître, c'est le modèle naguère proposé par H. Pirenne, ou tout du moins la schématisation qui en était donnée ; l'on expliquait alors la genèse de la ville à l'aube du XIe siècle par l'apparition auprès de noyaux « préurbains » de *portus,* quartiers entièrement neufs, occupés par des marchands qui étaient aussi des nouveaux venus dans la société ; logiquement aussi la commune était vue comme le pur produit du dynamisme et de l'appétit de liberté de cette classe totalement étrangère au monde féodal. Aujourd'hui, la genèse du paysage urbain paraît avoir été beaucoup plus complexe. Les mots eux-mêmes le prouvent : bourg, *castrum,* port, bastide et surtout ville sont des désignations vagues, apparemment interchangeables, et sans valeur spécifiquement urbaine au XIIIe siècle encore. Les données primitives de la nouvelle urbanisation paraissent diluées à l'extrême dans le mouvement social général ; pour l'essentiel, elles doivent être recherchées paradoxalement dans les grandes monographies consacrées à l'histoire rurale régionale, dont la recension ne nous appartient pas.

Mais pour comprendre, sinon la genèse, du moins la structure de ce phénomène urbain, il est aussi utile de recourir à la topographie historique, celle qu'illustre la belle série des 22 fascicules parus de l'*Atlas historique des villes françaises,* avec leurs précieuses notices, hélas ! trop courtes[10]. L'on y voit sur des exemples précis comment s'est fait le synœcisme qui a englobé pour faire la ville, selon un schéma à nuancer cas par cas, la cité murée, le château, l'abbaye, le marché et le ou les bourgs du *suburbium.* Dans un deuxième temps apparaissent les opérations méditées de lotissement, conduites par exemple à Reims par l'archevêque ou à Chartres par le chapitre[11]. L'urbanisation au XIIe siècle a sans doute été beaucoup moins « sauvage » qu'on ne le croyait.

En ce qui concerne les libertés urbaines, leur naissance aussi, loin d'apparaître comme un fait original et spécifique, prend place également dans un vaste mouvement social ; elles témoignent de cette tendance à la légalisation des rapports sociaux à l'intérieur du cadre seigneurial dont toutes les chartes de coutumes ou de franchises, qui ne sont d'elles-mêmes ni urbaines ni rurales, sont le résultat [12]. Nouvelle dilution du phénomène urbain dans un ensemble plus vaste, que l'on constate en Picardie certes, mais aussi bien dans le Midi des consulats [13]. Quant au mouvement communal lui-même, il plonge ses racines dans les vieilles ghildes carolingiennes, comme à Saint-Omer, ou tout au moins dans les institutions de paix, étant « expérience de pacification interne et de fraternité vécue [14] ». Il n'est certes pas d'abord institutionnel, insurrectionnel encore moins, sauf de rares exceptions qui sont signes alors de sa faiblesse et non de sa force triomphante [15]. Enfin, en matière proprement institutionnelle, il y avait trois critères auxquels l'on recourait pour définir le modèle urbain : le droit de s'assembler pour délibérer *(jus consulendi),* celui de juger avec les échevins ou les consuls seigneuriaux ou bien sans eux, celui de gérer les affaires communes ; or l'on voit qu'ils caractérisent aussi bien de nombreux villages ; la ville médiévale ne saurait donc être réduite à une institution, qu'on la dise communale, consulaire ou prévôtale.

Elle est l'œuvre de ses habitants ou de ses bourgeois, selon une désignation qui se répand au XIIe siècle du Nord au Midi, mais plus encore de son élite dirigeante, qui, loin d'être exclusivement formée de marchands, se recrute plutôt parmi les chevaliers du cru et les officiers seigneuriaux, et là encore au Nord comme au Midi. Faut-il parler de patriciat pour la désigner ? Le terme, maintenant généralement usuel, désigne une aristocratie locale faite de rentiers, de manieurs d'argent, de changeurs, d'entrepreneurs aussi, dans les régions drapantes par exemple ; une ploutocratie en somme qui se distinguerait même dans le Midi par un certain penchant pour l'hérésie [16]. Population de base qui, avec les détenteurs des seigneuries urbaines, attire à elle et fait vivre la masse des marchands, artisans libres et petites gens.

Il faut maintenant revenir sur deux problèmes majeurs de l'urbanisation médiévale qui ont été timidement soulevés au cours de ces vingt ans, mais nullement tranchés : celui de l'existence d'un réseau urbain avant 1300 (ou même après) et celui de la place de la ville médiévale dans le système social féodal. En effet, il ne fait plus de doute que le Moyen Age proprement dit, du xe au XIIIe siècle, ait été marqué par l'apparition de nombreuses villes moyennes entre les vieilles cités épiscopales et la masse des villages en voie de constitution aussi. Il y a donc là tous les éléments d'un réseau hiérarchisé. Pour en faire la description, J. Le Goff a proposé de prendre comme marqueur la répartition des couvents de religieux mendiants qui se fondent à partir du XIIIe siècle. L'enquête, lancée, a été continuée, nuancée dans sa forme et discutée ; c'est dire qu'elle a été féconde[17].

La carte qu'elle permet de dresser donne ainsi l'image d'un réseau urbain formé au total de 226 villes dans les limites du royaume de 1330. C'est un constat, non une explication. L'historien de la démographie J.C. Russell a voulu la donner en utilisant d'une manière à la fois simpliste et compliquée la loi dégagée par les géographes qui établit un rapport fixe entre la taille des villes et leur classement dans un ensemble régional[18]. Sa démonstration par trop abstraite a été rejetée, non sans raison, mais nulle autre n'est venue prendre le relais. Et pourtant, en utilisant la théorie des lieux centraux de W. Christaller, Ch. Higounet, dans l'un de ses derniers travaux, a pu donner l'ébauche intéressante d'un schéma d'organisation globale en forme de ruche, chaque alvéole constitué autour d'une cité ayant environ 36 kilomètres de rayon[19]. Incontestablement les historiens de la ville médiévale au cours de ces vingt ans ont beaucoup trop ignoré les hypothèses élaborées par les sciences voisines. Est-ce parce que la théorie leur fait peur ? Ne serait-ce pas plutôt tout simplement l'effet pervers du recours exclusif à la monographie comme méthode de recherche ?

Le fait est là en tout cas ; il en va de même au sujet de la place de la ville dans le système social féodal. Y. Barel en a proposé une interprétation fondée sur la systémique[20]. Sa vision de sociologue a agacé, ou plutôt même elle a été, elle aussi, très généralement ignorée des historiens. Et pourtant est-il possible de considérer la ville médiévale, qui ne se réduit ni à un fait topographique ou économique ni à une institution, autrement que comme un système de relations ?

La remarque vaudrait bien pour notre seconde phase de

l'histoire de l'urbanisation, celle des bonnes villes. Quand on l'aborde pour faire le point sur l'avancée des connaissances, cependant, l'on est frappé évidemment par l'abondance des travaux et le renouvellement des perspectives qu'ils ont provoqué ; de ce fait il est assez aisé d'en donner une vue schématique. Pour faire court, retenons quatre points centraux : la démographie, la structure sociale, l'articulation systémique avec l'Etat et la culture urbaine que l'on peut aussi nommer l'urbanité.

La démographie urbaine, quant à elle, est véritablement sortie des limbes au cours de ces vingt ans. Les travaux analytiques, au premier rang desquels figure la thèse novatrice de Mme Higounet-Nadal[21], ont même permis, une fois n'est pas coutume, d'en donner une synthèse éclairante. Le modèle « périgourdin » y a beaucoup contribué et l'on voit bien maintenant que le reflux de la population urbaine, qui avait atteint son plus haut niveau vers 1330, a commencé nettement avant la peste de 1348. L'événement ensuite avec ses récurrences provoque une chute verticale, point de départ d'une tendance à la baisse qui ramène la population urbaine autour de 1440 à un étiage grossièrement inférieur des deux tiers au niveau de 1330. Le redressement s'amorce ensuite lentement, puis la remontée se fait foudroyante entre 1470 et 1490, aussi brutale qu'avait été la chute après 1350 ; alors le calme vient, annonciateur d'une longue tendance à la hausse qui ne se dément pas jusqu'à la nouvelle chute amorcée dès 1570. Du fait de ce nouveau coup, il n'est pas sûr que globalement au début du XVIIe siècle la population urbaine en France ait sensiblement dépassé le niveau atteint au début du XIVe siècle.

Mais les variations d'effectif ne sont pas seules dignes d'intérêt. Ce que les travaux accumulés ont aussi bien montré, c'est l'extrême mobilité de cette population rapetissée, sans distinction de milieu social ou presque. Fait considérable dont les conséquences ne peuvent pas être négligées, même sur le plan culturel[22].

Dans le domaine de la structure sociale, les changements ne sont pas moins grands. D'abord sur le plan sémantique. De Reims à Arles en passant par Tarascon, plus tôt ici, plus tard là, le mot bourgeois change de sens. Il devient marqueur d'élite sociale. Changement d'ordre sociologique aussi. Dans toutes les bonnes villes, très précocement dans le Midi, guère avant la fin du XVe siècle en Flandre, l'ancien patriciat est remplacé par une nouvelle élite formée de marchands encore, si leur richesse est ancienne, mais surtout d'officiers royaux ou de leurs lieutenants et de gens de loi. Voyez à cet égard aussi le cas de Reims ou celui de Tours. Plus d'entrepreneurs ni de gros brasseurs d'affaires à la tête des bonnes villes françaises, mais des gens instruits, de plus en plus souvent titulaires d'un grade universitaire, qui exercent une profession « libérale » et qui sont grands amateurs de terre et de seigneuries rurales, si modestes qu'elles puissent être.

La réussite de ces nouveaux sires est étroitement liée aux nouveaux rapports dialectiques qui s'établissent entre la ville qui s'affirme, malgré son déclin démographique, et l'Etat moderne qui se renforce. Ces rapports sont complexes. Le statut ou mieux l'état des bonnes villes, qui ne répond à aucune norme institutionnelle publique, n'a de portée qu'à l'intérieur d'un système de relations ; et ce que l'on voit de mieux en mieux, c'est qu'il n'y a pas de stricte subordination de la bonne ville envers l'Etat, mais une alliance tôt établie qui la dégage de l'étreinte des seigneurs[23]. Ce n'était pas le cas dans la plupart des villes médiévales, en dépit de leurs franchises. L'entente qui s'établit entre l'Etat et les bonnes villes veut dire que les fonctions de celles-ci comme lieux de pouvoir s'affirment toujours plus. Elles sont des chefs-lieux et les plus huppées d'entre elles accèdent au rang nouveau de capitales. Fait si marquant que c'est bien sous ce jour-là qu'ont spécialement été étudiés Poitiers, Tours, Aix et Chambéry[24]. Du coup, le problème déjà posé de la forme prise par un réseau urbain hiérarchisé se trouve grandement renouvelé. Il ne s'agit plus pour le retrouver de faire la carte des couvents de mendiants, mais bien plutôt celle que dessine la nouvelle géographie administrative sur le plan judiciaire et financier. Elle reste à faire, c'est vrai, mais ce n'est pas là tâche insurmontable.

A quelque niveau que ce soit, la bonne ville domine donc le plat pays qui l'entoure ; bien mieux, elle en assume la représentation et prétend bien en avoir l'exclusivité, notamment aux assemblées d'états. Nul mieux qu'A. Rigaudière ne l'a montré, à propos des bonnes villes d'Auvergne d'abord, plus généralement ensuite. La genèse des pays en France va de pair avec celle de ces bonnes villes qui en constituent seules la dimension politique. Ce sont elles en effet, et non point encore un tiers état dont la réalité n'est pas perçue, qui parlent au roi au nom des communautés, à côté ou même à la place de ceux qui, nobles ou prélats, le font à titre personnel.

Cette fonction institutionnelle repose aussi sur la domination d'ordre économique exercée par le chef-lieu sur la campagne environnante. Le fait est d'autant plus marquant que, par l'effet du marasme général des affaires, nombre de villes, très actives au XIIIe siècle encore sur le plan du commerce ou de la production industrielle, ont vu leur horizon d'échanges se rétrécir singulièrement ; l'exemple rémois vient une fois de plus illustrer cette observation, mais on en devine la portée aussi dans le cas d'Aix-en-Provence. Cette emprise de la ville sur la campagne, qui est en somme un fait nouveau, repose sur le crédit, plus ou moins usuraire, et sur les acquisitions foncières de la nouvelle bourgeoisie. Elle n'est pas facile à étudier ni à dater avec précision. Mais l'on voit bien par les exemples de Tours, de Poitiers, des villes bretonnes et mieux encore par ceux d'Arles ou d'Aix, qu'elle se manifeste avec force surtout à partir du milieu du XVe siècle[25]. Cette exploitation, parasitaire, car la bonne ville ne contribue guère aux investissements productifs, se répartit de manière décroissante selon les trois zones concentriques bien relevées autour d'Aix : d'abord les jardins, les vignes et les vergers aux pieds des murs, puis la petite banlieue, enfin la grande, dans un rayon d'environ 30 kilomètres, les 7 lieues de nos contes populaires. Il ne fait pas de doute que cette mainmise sur la terre doive beaucoup au progrès de la nouvelle bourgeoisie liée à l'Etat, avide qu'elle est de prendre rang dans le monde des seigneurs fonciers. L'articulation systémique de toutes ces données est aisément perceptible.

Mais l'emprise culturelle de la ville sur le reste de la société est encore bien plus flagrante. L'urbanité (le mot semble bien avoir été repris au latin par Nicole Oresme à la fin du XIVe siècle) devient signe et marque de civilité. Son étude, qui doit envisager conjointement celle de la religion populaire et celle de la culture folklorique, a beaucoup progressé grâce à J. Rossiaud, à M. Grinberg, à R. Muchembled et à N. Z. Davis, bien que cette historienne américaine se soit limitée au XVIe siècle ; les historiens du théâtre et ceux du charivari ont contribué aussi à cette exploration d'un champ de connaissances plutôt négligé, il y a vingt ans. Or cette culture dite populaire est bien celle de la ville, car celle de la campagne de plus en plus en est l'écho et non la source ; et elle est aussi celle de toute la ville, sans différenciation tangible encore selon les milieux sociaux. Les clivages qui s'y manifesteront et les tensions aussi ne sont guère perceptibles, le plus souvent, avant le milieu du XVIe siècle. Voilà en définitive ce qui distingue fortement la bonne ville de la ville médiévale : elle n'est plus que secondairement un lieu de production, mais elle s'affirme principalement comme un état d'âme et un état dans l'Etat.

Pour finir, en manière de conclusion au terme de cet examen des travaux accomplis en histoire urbaine depuis vingt ans, il reste à donner quelques indications sur les pistes que la recherche aurait profit à suivre. J'en retiendrai trois parmi d'autres : la topographie historique, l'étude renouvelée des institutions et celle de l'économie urbaine.

En ce qui concerne la topographie, la voie est tracée, on l'a dit, par l'*Atlas historique des villes,* mais il faut aller plus loin. A titre de premier exemple des travaux à faire, l'on peut prendre d'abord les dossiers d'évaluation du patrimoine urbain constitués à Angers, Reims, Grenoble et Toulouse sous le patronage du Centre national d'archéologie urbaine à Tours ou en cours de constitution dans cinq autres villes. Leur base en est la cartographie historique et la méthode régressive, qui permettent de donner à différents moments de l'histoire, en partant du solidement connu pour aller à l'incertain, une image fine de l'élaboration du paysage urbain. La procédure, assez sommaire parce que adaptée à ses propres fins, pourrait et devrait être reprise pour étayer d'amples monographies. L'étude de cas, en effet, retrouve ici tous ses droits ; elle doit se fonder sur le dépouillement intégral des fonds d'archives à partir du XVIIIe siècle, sur les rapports de fouilles et sur les investigations menées sur le terrain. La méthode, déjà bien éprouvée en Angleterre, est neuve encore en France. Et pourtant, c'est la seule qui puisse éclairer les cheminements de l'urbanisation, surtout avant le XIIIe siècle. Elle est indispensable aussi pour éclaircir la topographie militaire, beaucoup trop négligée, car en tant que telles les fortifications urbaines, dont l'importance est souvent méconnue, restent encore à étudier.

Ce point nous amène directement au chapitre institutionnel, car l'étude des enceintes fortifiées dans les villes ne relève pas seulement de la topographie historique et de l'archéologie ; elle implique aussi une étude précise de leur coût et du développement des institutions induit par le service militaire qu'elles nécessitent. Or dans son ensemble ce chapitre a été beaucoup trop délaissé depuis vingt ans. Les coutumes et franchises, on l'a dit, méritent d'être fondamentalement reconsidérées. Mais que dire alors des finances urbaines ? Il est indispensable, dans ce domaine, de passer de l'étude des cas particuliers vus selon les propres normes de chacun à la vision d'ensemble. L'établissement d'une grille unique d'enquête est donc nécessaire pour la mise en série des observations isolées. A partir des tableaux généraux ainsi constitués, l'on pourrait mieux comprendre l'imbrication du système des finances municipales dans celles de l'Etat à partir du XIVe siècle. Problème qui n'est pas seulement institutionnel, du reste, mais politique aussi, car les villes semblent bien avoir été les victimes d'un prélèvement fiscal massif au temps de Charles V, et à l'inverse d'une exonération bénéfique à partir du règne de Charles VII.

L'économie urbaine constitue la troisième voie ouverte à la recherche, car elle n'a pas été assez prise en considération en tant que telle. Pour l'aborder sous un jour nouveau, il faut d'abord procéder à une révision des concepts. Celui de « corporation », par exemple, est-il vraiment valable, appliqué sans nuances, comme on le fait du XIIe siècle au XVIIIe ? L'on serait mieux armé pour l'interpréter correctement, si l'analyse des structures de production, commencée naguère par B. Geremek[26], était reprise, afin notamment de mesurer la place exacte tenue par le salariat dans cette économie et son incidence précise sur la dynamique de croissance ou de stagnation ; mais, ce disant, l'on en appelle aussi à une analyse conjoncturelle d'ensemble ; elle doit se fonder sur l'étude des prix « industriels » et de ceux des services, selon une grille qui permette aussi l'établissement de séries interurbaines, à l'échelle régionale au moins. L'entreprise est difficile, sans doute, puisqu'il ne s'agit plus de s'en tenir aux prix du froment et aux salaires du manœuvre du bâtiment, bien peu indicatifs à eux seuls des mouvements de l'économie urbaine, mais elle n'est pas impossible. Elle permettrait de connaître les capacités d'une économie urbaine très décentralisée à s'adapter aux fluctuations de la rente foncière et à celles des marchés lointains dont l'écho lui parvient par l'entremise des foires[27]. Il serait alors possible de replacer ces fluctuations conjoncturelles dans l'étude générale de la formation des prix et de parler ainsi un peu moins à la légère des conditions de la formation du capitalisme à partir de l'économie urbaine dès le XIVe siècle, dans ces premiers temps modernes que l'on continue paresseusement à appeler fin du Moyen Age[28].

Parler ainsi, c'est dire que le maintien des coupures traditionnelles, même lorsque audacieusement ! on les reporte jusqu'en 1520 ou même jusqu'en 1530, ne facilitera pas le progrès des connaissances. Mais faut-il donc conserver très pieusement ce genre de tradition ? L'histoire des villes que je n'ose plus dire tout simplement médiévales a bien progressé en France pendant ces vingt dernières années. Elle ne pourra continuer à le faire qu'à la condition de réviser largement sa problématique, ses méthodes et ses traditions.

Notes

1. Ph. Dollinger, Ph. Wolff et S. Guenée, *Bibliographie des villes de France,* Paris, Klincksieck, 1967.

2. *Les Petites Villes du Moyen Age à nos jours* (actes du colloque CESURB, Bordeaux, 25-26 octobre 1986), sous la direction de J.-P. Poussou et de Ph. Loupès, Paris, CNRS, 1987.

3. Cf. en ce qui concerne la période J. Boussard, *Nouvelle Histoire de Paris, de la fin du siège de 885-886 à la mort de Philippe Auguste,* Paris, Hachette, 1976. R. Cazelles, *Nouvelle Histoire de Paris, de la fin du règne de Philippe Auguste à la mort de Charles V (1223-1380), ibid.,* 1972. J. Favier, *Nouvelle Histoire de Paris au XVe siècle (1380-1500), ibid.,* 1974. *Histoire de Bordeaux,* sous la direction de Ch. Higounet, t. 3 et 4, Bordeaux, Fédération historique du Sud-Ouest, 1966. *Histoire de Lille,* sous la direction de G. Fourquin, t. 1, Lille, Publications de la faculté des lettres et sciences humaines de Lille, 1970. *Histoire d'Orléans et de son terroir,* sous la direction de J. Debal, Le Coteau, Horvath, 1983.

4. J. Schneider, « Problème d'histoire urbaine dans la France médiévale », in *Actes du 100e congrès national des Sociétés savantes,* Paris, Imprimerie nationale, 1975, t. 1, p. 137-162.

5. R. Fossier, *Enfance de l'Europe (Xe-XIIe siècle). Aspects économiques et sociaux,* t. 2, *Structures et problèmes,* Paris, PUF, 1982, p. 980-1043.

6. *Histoire de la France urbaine,* sous la direction de G. Duby, t. 2, *La Ville médiévale, des Carolingiens à la Renaissance,* sous la direction de J. Le Goff, par A. Chédeville, J. Le Goff, J. Rossiaud, Paris, Ed. du Seuil, 1980.

7. M. Weber, *La Ville,* Paris, Aubier, 1982 (trad. française par Ph. Fritsch de *Die Stadt. Begriff und Kategorien,* 1921).

8. B. Chevalier, *Les Bonnes Villes de France du XIVe au XVIe siècle,* Paris, Aubier, 1982.

9. Le modèle urbain de la bonne ville, bien qu'altéré par l'essor de la centralisation étatique, a duré *grosso modo* jusqu'à l'époque étudiée par B. Lepetit, *Les Villes dans la France moderne (1740-1840),* Paris, Albin Michel, 1988.

10. *Atlas historique des villes françaises,* Paris, CNRS, 1982-1986 (en cours). Fascicules parus : Agen, Albi, Auch, Bazas, Bayonne, Bergerac, Brive, Cahors, Figeac, Foix, La Réole, Limoges, Marmande, Montauban, Mont-de-Marsan, Morlaix, Nérac, Pau, Périgueux, Rodez, Saint-Malo, Saint-Sever, Tarbes, Ussel, Villeneuve-sur-Lot.

11. Cf. P. Desportes, *Reims et les Rémois aux XIIIe et XIVe siècles,* Paris, Picard, 1979, notamment p. 67-73, et C. Billot, *Chartres à la fin du Moyen Age,* Paris, EHSS, 1987, p. 90-95.

12. A ce sujet plusieurs colloques locaux ; cf. par exemple *La Charte de Beaumont*

et les Franchises municipales entre Loire et Rhin (actes du colloque de l'université de Nancy-II, 22-25 septembre 1982), Nancy, Presses universitaires de Nancy, 1988.

13. A. Rigaudière, « *Universitas, corpus, communitas* et *consulatum* dans les chartes des villes et des bourgs d'Auvergne du XIIe au XVe siècle », *Rev. hist. dr. fr. et étranger,* 1988, et les travaux d'A. Gouron réunis dans *La Science du droit dans le Midi de la France au Moyen Age,* Londres, Variorum Reprints, 1984, et *Etudes sur la diffusion des doctrines juridiques médiévales,* Londres, Variorum Reprints, 1987.

14. P. Desportes, « Les communes picardes au Moyen Age : une évolution originale », *Revue du Nord,* t. 70, 1988, p. 137. A. Derville, *Saint-Omer, des origines au début du XIVe siècle,* thèse Paris-I, 1970, et *Histoire de Saint-Omer,* Lille, Presses universitaires de Lille, 1981.

15. B. Chevalier, « La cité de Tours et Châteauneuf du Xe au XIIe siècle. Note sur l'échec du mouvement communal dans le centre de la France », *Cahiers d'histoire,* t. 17, 1972, p. 232-247, et sur l'affaire célèbre de Laon, en dernier lieu, J. Foviaux in *La Charte de Beaumont, op. cit.*

16. J.-L. Biget, « L'extinction du catharisme urbain : les points chauds de la répression », *Cahiers de Fanjeaux,* n° 20, Toulouse, Privat, 1985.

17. J. Le Goff, « Ordres mendiants et urbanisation dans la France médiévale. Etat de l'enquête », *Annales ESC,* 1970, p. 924-946, et A. Guerreau, « Analyse factorielle et analyses statistiques : le cas des ordres mendiants dans la France médiévale », *ibid.,* 1981, p. 869-912.

18. J. C. Russell, *Medieval Cities and their Regions,* Newton Abbot, Dav. et Charles, 1972, dont les calculs aventureux, réfutés solidement pour la Toscane (D. Herlihy et Ch. Klapisch-Zuber, *Les Toscans et leurs familles,* Paris, EHESS, 1976), ont été contestés aussi par J. Le Goff, in *Histoire de la France urbaine,* t. 2, *op. cit.,* et plus encore par N. Coulet, *Aix au bas Moyen Age. Espace et relations d'une capitale (milieu XIVe-milieu XVe siècle),* Université d'Aix-en-Provence, 1988, 2 vol. J.-P. Leguay, *Un réseau urbain au Moyen Age. Les villes du duché de Bretagne aux XIVe et XVe siècles,* Paris, Maloine, 1981, en dépit de son titre, n'entre pas dans cette problématique.

19. In *Les Petites Villes, op. cit.,* p. 41-48.

20. Y. Barel, *La Ville médiévale, système social, système urbain,* Grenoble, Presses universitaires de Grenoble, 1977, qui vaut aussi pour la deuxième phase historique d'urbanisation.

21. *Périgueux aux XIVe et XVe siècles. Etude de démographie historique,* Bordeaux, Fédération historique du Sud-Ouest, 1978, vision reprise et élargie dans les pages qu'elle a données dans *Histoire de la population française,* sous la direction de J. Dupâquier, t. 1, Paris, PUF, 1988, p. 267-312 et 367-420 ; cf. aussi celles d'H. Dubois, *ibid.,* p. 313-366.

22. J. Chiffoleau, *La Comptabilité de l'Au-delà,* Rome-Paris, Ecole française de Rome, 1980, en tire argument pour expliquer la profonde transformation de la vision de la mort et des rites funéraires à partir du XIVe siècle.

23. A. Rigaudière, *Saint-Flour, ville d'Auvergne au bas Moyen Age. Etude d'histoire administrative et financière,* Paris, PUF, 1982, 2 vol., et du même, « Qu'est-ce qu'une bonne ville dans la France du Moyen Age ? » in *La Charte de Beaumont, op. cit.* Aussi B. Chevalier, *Bonnes Villes, op. cit.,* et plus récemment leurs contributions dans *La Ville, la Bourgeoisie et la Genèse de l'Etat moderne* (colloque de Bielefeld, 1985), Paris, CNRS, 1988.

24. N. Coulet, *Aix, op. cit.* R. Favreau, *La Ville de Poitiers à la fin du Moyen Age,*

une capitale régionale, Poitiers, Société des antiquaires de l'Ouest, 1978, 2 vol. B. Chevalier, *Tours, ville royale. Origine et développement d'une capitale à la fin du Moyen Age,* Louvain-Paris, Vander-Nauwelaerts, 1975. R. Brondy, *Chambéry. Histoire d'une capitale (v. 1350-1560),* Paris, CNRS, 1988.

25. A ce sujet, cf. particulièrement N. Coulet, *Aix, op. cit.* P. Desportes, *Reims, op. cit.* L. Stouff, *Arles à la fin du Moyen Age,* université d'Aix-en-Provence, 1986, 2 vol. R. Favreau, *Poitiers, op. cit.* B. Chevalier, *Tours, op. cit.* J.-P. Leguay, *Villes du duché de Bretagne, op. cit.*

26. B. Geremek, *Le Salariat dans l'artisanat parisien aux XIIIe-XVe siècles. Etude sur le marché de la main-d'œuvre au Moyen Age,* Paris, Mouton, 1968.

27. Cf. à ce titre H. Dubois, *Les Foires de Chalon et le commerce dans la vallée de la Saône à la fin du Moyen Age (1280-1430),* Paris, Publications de la Sorbonne, 1976.

28. Pour mieux voir l'importance de cette problématique, cf. G. Bois, *Crise du féodalisme,* Paris, EHESS, 1976, qui, étudiant les mouvements d'ensemble de l'économie agricole à la fin du Moyen Age en Normandie, a voulu tenir compte aussi des fluctuations des prix industriels autant qu'il les pouvait connaître.

L'histoire sociale et économique de la France médiévale de l'an Mil à la fin du xve siècle

Robert-Henri Bautier

En 1965, à l'occasion du Congrès international des sciences historiques, le Comité français avait publié, avec le concours du CNRS, un bilan de la recherche historique française depuis la fin de la Seconde Guerre mondiale, accompagné d'une abondante bibliographie dont la préparation avait été coordonnée par J. Glénisson. Depuis lors on peut constater, non seulement un développement considérable des publications des médiévistes français, mais aussi une évolution très importante dans l'orientation générale de leurs travaux et notamment dans les divers domaines de l'histoire économique et sociale. Dresser un nouveau bilan une vingtaine d'années après est donc souhaitable, d'autant plus que, précisément, cela correspond à une véritable relève de générations, une partie notable des médiévistes qui ont contribué à orienter le travail historique au cours de ces années se trouvant aujourd'hui en situation de partir à la retraite d'ici deux ou trois ans, d'autres étant récemment disparus.

Plusieurs constatations d'ordre général doivent, d'abord, être faites. D'abord que l'histoire proprement économique, qui avait été au premier rang des intérêts des médiévistes français, a incontestablement perdu de son prestige et que c'est l'histoire sociale qui désormais l'emporte nettement. Il s'agit d'une histoire aussi profonde que possible de la société, dans ses structures et dans ses composantes, qui insiste sur la formation de la classe nobiliaire, sur les classes pauvres et sur les marginaux, sur les mutations sociales, sur les manifestations de violence et sur les troubles sociaux, sur les divers aspects de la vie quotidienne — la maison comme l'alimentation, la santé et la maladie, le mariage et la sexualité —, aussi bien que sur l'encadrement religieux des fidèles, et, évidemment, sur tous les aspects des mentalités collectives et individuelles ; nous n'aborderons d'ailleurs pas ces dernières questions qui font l'objet d'exposés particuliers. Une place désormais considérable dans la recherche est faite à la prosopographie, qui, par des travaux portant sur des personnes appartenant à un même milieu social, tend à dégager les caractères propres de ce milieu. Bref l'homme en soi ou en société est véritablement devenu le sujet par excellence de l'histoire médiévale.

Les structures économiques en étroite liaison avec les structures sociales ont fait l'objet de nombre de travaux : de là tant de publications qui ont pour titre « Economie et société » dans telle région ou dans telle ville. De là aussi cette extraordinaire floraison d'histoire des provinces et des villes, et la collection à laquelle Ph. Wolff a attaché son nom et qui envisage l'histoire urbaine sous son aspect le plus large ; nous n'en parlerons pas autrement, puisqu'un exposé, là encore, y sera consacré. Un intérêt tout particulier a été accordé à la population, d'où une très large extension de la conception de la démographie, qui s'attache aujourd'hui non seulement au nombre des habitants et à son évolution, ou à l'implantation du peuplement, mais aussi aux répartitions des biens et aux niveaux de fortune, à la structure de la famille et à son évolution, en même temps qu'au droit et à la pratique du mariage, à la situation de la femme et à celle de l'enfant : bien des questions qui avaient souvent été passées sous silence ou traitées fort sommairement. On n'a pas négligé pour autant l'étude des maladies — peste et lèpre surtout — et leurs conséquences économiques et, par là, on s'est appliqué plus que jamais à des recherches sur tout le système hospitalier. Enfin, jamais dans le passé on n'avait consacré autant de travaux aux juifs de France, à leur vie, à leurs activités, à leur culture, mais là aussi nous laisserons la parole à qui doit nous faire l'exposé sur ces secteurs de la recherche.

Dans le domaine plus proprement économique, on a privilégié la production et, plus précisément, les mines et les carrières, la sidérurgie, les sources d'énergie comme le moulin, en reléguant loin derrière l'étude de la draperie qui avait été tant à l'honneur sous les générations précédentes. Beaucoup plus que le commerce proprement dit — sinon l'attrait exercé par certains grands hommes d'affaires —, ce sont les routes terrestres et maritimes qui ont excité l'intérêt : la recherche des itinéraires, la construction des ponts, les voyages et les pèlerinages, les transports, la vie des gens de mer, autrement dit ce qui concerne la communication. Mais il est encore plus frappant de constater, comme nous l'avons déjà dit, l'intérêt passionné pour tout ce qui concerne la vie quotidienne et les conditions de vie aux diverses époques, dans les diverses régions, dans les divers milieux sociaux ; on retrouve là une des causes — mais aussi une des conséquences — de l'engouement actuel pour les recherches de l'archéologie médiévale où une place considérable est faite à l'étude de la consommation et de l'environnement.

Une autre constatation doit encore être faite, qui m'apparaît fondamentale. L'initiative de la recherche est de moins en moins individuelle, de plus en plus coordonnée. Le poids des congrès et des colloques, internationaux, nationaux ou régionaux, est devenu considérable, chacun d'eux étant consacré à un thème donné, souvent préparé par une « orientation », un questionnaire ou un rapport préliminaire ; ainsi un nombre souvent élevé de participants collabore à faire avancer les connaissances sur un sujet, en travaillant sur des aspects divers du thème proposé. Les semaines de Spolète et les journées de Prato, les congrès internationaux d'histoire maritime, ou, dans le cadre des congrès nationaux des Sociétés savantes, les travaux présentés dans les séances des sections d'histoire médiévale et d'archéologie et dans leurs colloques interdisciplinaires, les congrès aussi des grandes fédérations régionales des Sociétés savantes, les colloques du CNRS, ceux de l'Ecole française de Rome ou encore de notre Société des historiens médiévistes de l'enseignement supérieur, les colloques organisés par des universités et même de plus en plus souvent par des villes, les colloques annuels de Fanjeaux ou de Flaran, ou encore ceux du CUERMA de l'université d'Aix — dont les actes, très interdisciplinaires, sont publiés sous le titre de *Sénéfiance* —, d'autres encore organisés à l'occasion de commémorations diverses, tous ont contribué puissamment à développer de façon exceptionnelle l'étude de certains aspects de l'histoire économique et sociale que j'ai soulignés plus haut. Des séminaires universitaires, comme ceux qui se sont tenus sur le thème de la pauvreté ou encore sur celui du sel, ont également une large part dans ce mouvement. Et maintenant des revues sont entrées dans cette voie : après certains numéros des *Annales ESC*, puis des *Annales de démographie historique*, c'est le cas de publications nouvelles, excellentes, comme *Sources* (publié par le groupe de « L'Histoire au présent », qui tient lui-même ses propres colloques), comme *Médiévales* ou encore comme *Razo* du Centre d'études médiévales de Nice. Si l'on pense en outre aux nombreux volumes jubilaires ou d'« hommages » publiés en l'honneur de tel ou tel maître, évidemment dans l'ordre d'études qui est ou fut le sien, sans oublier les propositions qu'en leur temps ils ont faites à leurs élèves en vue de la préparation de mémoires ou de thèses sur des sujets auxquels eux-mêmes s'intéressaient, on comprend parfaitement que les travaux historiques apparaissent aujourd'hui aussi fortement « programmés » et que la recherche purement individuelle tend à s'étioler, d'autant plus qu'il n'est pas rare que les « disciples » continuent à labourer dans le champ de leur « maître ». L'essentiel de la recherche que l'on pourrait qualifier de « libre » est celle que mènent certains historiens « indépendants » qui, fréquemment invités à participer à des congrès ou colloques sur des sujets divers, tiennent à y présenter rapports ou communications en relation avec ceux-ci, sans distinction de secteur géographique ou de domaine méthodologique ; c'est aussi le cas de certains archivistes qui, ayant un contact privilégié avec des documents de nature fort diverse, consacrent à tel ou tel de ceux-ci des recherches qui deviennent le point de départ d'articles ; mais les uns et les autres, il faut le reconnaître, se font aujourd'hui de plus en plus rares...

Une dernière constatation générale, enfin, nous paraît s'imposer. L'existence de certaines collections et les incitations de maisons d'édition — souvent pour répondre à des besoins universitaires — ont contribué à la publication de nombreux volumes de caractère général destinés à faire la synthèse de nos connaissances actuelles dans bon nombre de secteurs. De là, une curieuse dichotomie entre, d'une part, des ouvrages parfois très généraux et, de l'autre, une multitude d'articles souvent brefs et sur des points de détail, rédigés à l'occasion de colloques ou publiés dans des revues. La dispersion — souvent même internationale — de ces articles rend donc la bibliographie historique de plus en plus lourde, alors qu'on constate que, trop souvent, nombre de thèses très importantes et véritablement neuves — thèses de troisième cycle, thèses d'Ecole des chartes et même thèses d'Etat — ne sont pas publiées, en raison du coût d'impression d'ouvrages devenus de plus en plus volumineux.

Une autre conséquence de cette situation est que, si les travaux dans notre domaine n'ont sans doute jamais été aussi nombreux, les éditions documentaires, pourtant fondamentales puisqu'elles fournissent les matériaux de base pour nombre d'études ultérieures, n'ont jamais été aussi rares, faute de moyens financiers pour en assurer l'impression : à peu près seuls le Comité des travaux historiques et scientifiques et l'Académie des inscriptions continuent malaisément à publier régulièrement de tels volumes.

Ces remarques préliminaires devaient être faites au début de cet exposé.

J'ai la faiblesse de penser que le répertoire général des *Sources de l'histoire économique et sociale du Moyen Age,* que j'ai entrepris avec J. Sornay (CNRS, dont la première série a paru de 1968 à 1974) * a suscité dans la zone couverte par ses trois volumes, Provence, Comtat Venaissin, Dauphiné et Etats de la maison de Savoie, un certain nombre de travaux ou, tout au moins, a permis d'y rendre les recherches plus exhaustives. De la seconde série, consacrée aux *Etats de la maison de Bourgogne* (CNRS, 1984), seul est actuellement publié le volume portant sur les archives des principautés septentrionales, Artois et Flandre, Hainaut, Brabant et Luxembourg ; celui qui concernera le duché

* Le lieu d'édition n'est pas mentionné lorsqu'il s'agit de Paris.

lui-même et ses annexes est en cours d'achèvement par J. Sornay, et un autre volume, qui couvrira les archives ecclésiastiques, communales et judiciaires des Etats du Nord, est mené à bien par F. Muret, sous ma direction, tandis qu'une troisième série, portant sur les archives des institutions et des églises du domaine royal, est en préparation.

Dans le domaine d'une histoire sociale largement entendue, qui fournirait les éléments essentiels de l'évolution de toute la société, de ses cadres institutionnels et de l'exercice des pouvoirs, il y a eu, en moins d'une dizaine d'années, floraison de bons ouvrages de base, notamment dans la collection « U » (J.-F. Lemarignier et R. Fossier), dans la « Nouvelle Clio » (B. Guenée, J.-P. Poly et E. Bournazel), dans les « Dossiers de Clio » (F. Autrand et M.-Th. Caron), sans parler de la thèse, chronologiquement limitée, d'E. Bournazel sur *Le Gouvernement capétien au* XVII*e siècle (1108-1180). Structures sociales et mutations institutionnelles* (PUF, 1975) sous les règnes de Louis VI et de Louis VII.

Ce sont plus précisément les ***structures féodales*** qui ont plus encore retenu l'attention, tant sur le plan européen que dans le cadre français. Ce furent en 1968-1970 les deux volumes de R. Boutruche sur *Seigneurie et Féodalité* (Aubier, 1968-1970), puis la *Provence et la Société féodale. Contribution à l'étude des structures dites féodales,* de J.-P. Poly (Bordas, 1976), en 1976 le colloque franco-britannique de Bordeaux *Sociétés et Groupes sociaux en Aquitaine et en Angleterre* (Bordeaux, Fédération historique du Sud-Ouest, 1979) et en 1978 le colloque de l'Ecole française de Rome : *Structures féodales et Féodalisme dans l'Occident méditerranéen (*X*e-*XIII*e siècle). Bilan et perspectives de recherche* (CNRS, 1980). Ce fut aussi, sur un plan régional, le colloque du CNRS sur *Les Structures sociales de l'Aquitaine, du Languedoc et de l'Espagne au premier âge féodal* (CNRS, 1969), tandis qu'E. Magnou-Nortier s'intéressait plus précisément, en 1974, aux problèmes posés par *La Société laïque et l'Eglise dans la province ecclésiastique de Narbonne, de la fin du* VIII*e siècle à la fin du* XI*e siècle* (Toulouse, Association des publications de Toulouse-Le Mirail, 1974), et que divers travaux de détail s'appliquaient aux structures sociales de telle ville ou à des aspects plus particuliers des problèmes du « pouvoir ».

G. Duby a apporté des vues nouvelles sur ces problèmes dans plusieurs volumes qui ont fait date : *Hommes et Structures du Moyen Age* (La Haye, Mouton, 1973), *Guerriers et Paysans (VIIe-XIIe siècle). Premier essor de l'économie européenne* (Gallimard, 1973) — repris en 1988 dans les deux volumes *La Société chevaleresque* (Flammarion, 1988) et *Seigneurs et Paysans* (Flammarion, 1988) —, avant de publier en 1978 *Les Trois Ordres ou l'Imaginaire du féodalisme* (Gallimard, 1978). Ce dernier volume sur la permanence de la trifonctionnalité de la société médiévale (ou de sa « tripartition sociale ») a suscité à son tour de nombreuses études, entre autres celles de M. Rouche et de D. Iogna-Prat sur les origines d'une telle conception et surtout de J.-Y. Batany et de C. Carozzi sur les états du monde et la rhétorique de cet imaginaire social à travers les vues de divers auteurs du Xe au XIIe siècle.

Dans une perspective, au contraire, plus proprement économique, il faut souligner la floraison d'***ouvrages généraux sur l'économie médiévale,*** tantôt faisant la synthèse des connaissances acquises à la fin d'une époque où ce domaine avait été particulièrement cultivé, avec des bibliographies abondantes à l'appui, et tantôt exprimant des vues plus personnelles. Après l'*Histoire économique de l'Occident médiéval* de G. Fourquin dans la collection « U » (Colin, 1969) et la troisième édition de *L'Occident aux XIVe et XVe siècles. Aspects économiques et sociaux* de J. Heers dans la « Nouvelle Clio » (PUF, 1970), cela a été en 1971 mon volume *The Economic Development of Medieval Europe* — qui, en raison d'un contrat très particulier, n'a pu être diffusé que dans les pays anglophones (dans la collection « Library of European Civilization » de Thames and Hudson) mais a été traduit en portugais —, puis en 1977 *L'Economie médiévale* de M. Le Mené dans la collection « L'historien » (PUF, 1977).

Dans des perspectives chronologiques plus restreintes, cela a été le cours de doctorat de R. Besnier, *Les Origines de l'économie médiévale* (VIe-XIe siècle) en 1968-1969, puis *La*

France au XIIIe siècle : économies et société, de M.-Th. Lorcin (Nathan, 1975), et, plus récemment, *L'Economie du royaume de France au siècle de Saint Louis* de G. Sivery (Lille, Presses universitaires de Lille, 1984). Pour l'extrême fin du Moyen Age, avec une orientation plus particulièrement moderniste, il faut citer le tome 1 de F. Braudel, *Civilisation matérielle, Economie et Capitalisme (XVe-XVIIIe siècle)* (Colin, 1979) et, par P. Chaunu, le tome 1 de l'*Histoire économique et sociale de la France* (PUF, 1977) publiée sous la direction de F. Braudel et E. Labrousse. Quelques articles, beaucoup plus limités, ont l'intérêt d'attirer l'attention sur certains problèmes de fond de l'histoire économique médiévale : tels ceux d'A. Derville, « Economic Trends in the 14th Century », à paraître dans *The Economic History Review,* et de Ph. Wolff, « L'économie européenne au bas Moyen Age : récession ou progrès ? », *Annals de la universitat d'estiu, Andorra 1983, La Baixa Edat Mitjana* (Andorre, 1984, p. 9-18), dont le titre a pratiquement été repris pour un colloque des « rencontres de Douai » (septembre 1986), publié par le Centre européen d'études bourguignonnes : *Aspects de la vie économique des pays bourguignons (1384-1559) : dépression ou prospérité ?* J'y ai été personnellement d'autant plus sensible que lors du Congrès international des sciences historiques, à Florence, en 1955, j'avais soutenu la même thèse, en contradiction avec le rapport de M. Postan, et que cela avait été jugé si hétérodoxe que mon texte n'avait pu être publié. J'y ajouterai, dans ce même domaine, et bien que relatif à une région particulière, l'important ouvrage de G. Bois, *Crise du féodalisme. Economie rurale et démographie en Normandie orientale du début du XIVe siècle au milieu du XVIe siècle* (Presses de la Fondation nationale des sciences politiques, 1976). Enfin, bien qu'appartenant à notre période par la date de publication de leur contenu, il faut ici rappeler deux recueils de « reprints » d'articles portant sur des aspects fort divers de l'économie médiévale, les *Etudes sur l'économie et la société de l'Occident médiéval* de M. Mollat (Londres, Variorum Reprints, 1977), et *Automne du Moyen Age ou Printemps des temps nouveaux : l'économie européenne aux XIVe et XVe siècles* de Ph. Wolff (Aubier, 1986).

Dans le cadre traditionnel de l'***histoire régionale,*** qui a été particulièrement travaillé au cours de ces dernières années, les structures économiques et sociales n'ont évidemment pas été négligées. Citons l'Artois à la fin du XIIIe siècle de M. Flament, l'Auvergne et ses marges du VIIIe au XIe siècle de Ch. Lauranson-Rosaz, le Berry du XIe siècle au milieu du XIIIe siècle de G. Devailly, travail que poursuit F. Michaud-Fréjaville pour la fin du Moyen Age, le comté de Bigorre au bas Moyen Age de M. Berthe, le Bourbonnais pendant la guerre de Cent Ans d'A. Leguai, l'Etat breton aux XIVe et XVe siècles de J. Kerhervé, la Catalogne des Xe et XIe siècles de P. Bonnassie, les divers travaux sur la Corse médiévale de J.-A. Cancellieri, les villes et l'économie d'échange en Forez aux XIIIe et XIVe siècles d'E. Fournial, les études sur la Franche-Comté à la même époque de J.-P. Redoutey, l'histoire économique et sociale du Maine par A. Bouton, la thèse sur la société en Navarre du XIIIe au XVe siècle de B. Leroy, la société féodale de Provence jusqu'à la fin du XIIe siècle de J.-P. Poly, la thèse malheureusement encore inédite de B. Demotz sur le comté de Savoie du XIIIe au début du XVe siècle, les études sur les réseaux urbains en Bretagne et en Savoie de J.-P. Leguay, les pages consacrées par M. Le Mené à la conjoncture économique angevine sous le règne de Louis XI. Mais un cadre plus limité permet une étude fouillée en profondeur : la belle thèse de D. Barthélemy, *Les Deux Ages de la seigneurie banale : Coucy, XIe-XIIIe siècle* (Publications de la Sorbonne, 1984) et la thèse d'Ecole des chartes de B. Bedos, *La Châtellenie de Montmorency des origines à 1368. Aspects féodaux, sociaux et économiques* (Pontoise, Société historique et archéologique de Pontoise, du Val d'Oise et du Vexin, 1981).

Il en a été de même dans les nombreuses thèses ou études consacrées à l'***histoire des villes,*** dont les sous-titres (« espace et relations », « aspects de la vie économique et sociale », « étude d'une société », etc.) soulignent fréquemment la place essentielle tenue par la recherche des structures économiques et sociales. Il en sera question dans un autre exposé de notre congrès ; je n'y insiste donc pas ici, en soulignant toutefois le nombre des travaux portant sur les villes provençales, Aix, Antibes, Arles, Avignon, Grasse, Tarascon..., l'intérêt exceptionnel qu'a présenté la thèse monumentale de R. Fiétier sur la cité de Besançon, ou encore l'aspect social prédominant qu'A. Higounet-Nadal a donné à sa thèse sur Périgueux. Citons encore pêle-mêle les thèses ou études sur Bayeux, Châlons, Chartres, Lille, Montbéliard, Poitiers, Reims, Rennes, Saint-Flour, Strasbourg, Tours, ainsi que les thèses d'Ecole des chartes sur Collioure, Gourdon, etc., sans parler des chapitres consacrés à l'histoire médiévale dans les très nombreuses histoires des villes qui ont été publiées dans la collection des Editions Privat. Il faut également signaler des travaux portant sur les « structures sociales » et la « morphologie urbaine », tant sur le plan général et méthodologique avec Ph. Wolff — qui a présenté à ce sujet un volumineux rapport au Congrès international des sciences historiques à San Francisco, en 1975 — que dans des cas particuliers, comme Toulouse ou Périgueux. Et il ne faudrait pas passer sous silence les deux recueils d'études collectives : *Les Petites Villes du Moyen Age à nos jours,* publié sous la direction de J.-P. Poussou et Ph. Loupès, comme colloque international du CNRS (CNRS, 1987), et les *Mélanges offerts à Bernard Chevalier : villes, bonnes villes, cités et capitales* (Tours, Université de Tours, 1989).

Les ***thèses relatives aux campagnes*** ont présenté le même caractère et constituent des travaux souvent fondamentaux englobant tous les aspects de l'histoire économique et sociale : le bas Languedoc de M. Bourin, la basse Auvergne de P. Charbonnier, les pays de la Charente d'A. Debord, l'Anjou de M. Le Mené, la région lyonnaise de M.-Th. Lorcin, le Hainaut de G. Sivery, la Picardie de R. Fossier, et, dans des limites géographiques plus restreintes, les thèses sur la baronnie de Choiseul, la région de Bar-sur-Seine, la vallée de la Vésubie, etc.

Les ***classes sociales*** ont constitué un terrain privilégié de recherche, surtout la noblesse et les classes pauvres. A la ***noblesse*** ont été consacrés, d'une part, sous la direction de Ph. Contamine, un ouvrage : *La Noblesse au Moyen Age (XIe-XVe siècle). Essais dédiés à la mémoire de Robert Boutruche* (PUF, 1976), et un volume de colloque : *L'Etat et les Aristocraties : France, Angleterre, Ecosse (XIIe-XVIIe siècle)* (Presses de l'Ecole normale supérieure, 1989), et, d'autre part, deux thèses importantes : celle de M. Parisse, en 1975, sur *Noblesse et Chevalerie en Lorraine médiévale du XIe au XIIIe siècle* (Nancy, Service des publications de l'université de Nancy-II, 1982) et celle de M.-Th. Caron sur *La Noblesse dans le duché de Bourgogne à la fin du Moyen Age* (Lille, Presses universitaires de Lille, 1987). Mais à la suite des travaux de L. Génicot en Belgique et de G. Duby en France, nombre de médiévistes se sont penchés sur l'origine de la noblesse, sur les relations entre noblesse et chevalerie, sur la question des lignages, sur les débuts de la noblesse de cour, etc. Citons, entre bien d'autres, l'article de G. Duby sur « Lignage, noblesse et chevalerie au XIIe siècle dans la région mâconnaise. Une révision », paru dans les *Annales ESC* en 1972, les travaux de R. Fossier sur la chevalerie et la noblesse en Ponthieu et, plus généralement, en Picardie et en Artois, ceux de Ph. Wolff sur la noblesse toulousaine, de Ch. Higounet sur « La société nobiliaire en Bordelais à la fin du XIIIe siècle. Statistique et topographie » (*Sociétés et Groupes sociaux en Aquitaine et en Angleterre,* Bordeaux, Fédération historique du Sud-Ouest, 1979, p. 9-17), de F. Autrand sur « L'image de la noblesse en France à la fin du Moyen Age » (*Comptes rendus de l'Académie des inscriptions et belles-lettres,* 1979, p. 341-354), et plus encore ceux de Ph. Contamine sur la noblesse et les villes, sur la noblesse de cour, sur la chevalerie à la fin du Moyen Age, etc., sans oublier sa thèse, au titre caractéristique : *Guerre, Etat et Société à la fin du Moyen Age* (La Haye, Mouton, 1972). Evoquons enfin les ouvrages de R. Cazelles qui, après avoir édité sa thèse sur *La Société politique et la Crise de la royauté sous Philippe de Valois* (Librairie d'Argences, 1958), en a publié la suite en 1982 : *Société politique, Noblesse et Couronne sous Jean le Bon et Charles V* (Genève, Droz, 1982).

En revanche, les études centrées sur la ***bourgeoisie urbaine,*** à la différence du quart de siècle précédent, se sont faites fort rares, si l'on excepte les recherches qui, à la lumière des estimes ou des cadastres, se sont portées sur la hiérarchie des fortunes, et, en 1973, la publication du volume de G. de Valous sur *Le Patriciat lyonnais* (Picard, 1973) venant, en fait, mettre un point final à ses divers travaux de détail antérieurs ; mais il faut signaler l'excellente thèse d'Ecole des chartes (malheureusement inédite) de

C. Dhérent : *Histoire sociale de la bourgeoisie de Douai de 1280 à 1350* (1981). Toutefois, une plus grande attention a été portée sur le problème de la mobilité sociale, comme M. Philippe d'après un exemple de Pontailler, ou sur les nobles comme possesseurs de fiefs nobles, comme G. Giordanengo dans le Dauphiné des XIVe et XVe siècles. Mais on s'y est également intéressé sous l'angle de la formation des « élites », problème qui a été le thème d'un colloque italien en 1986 et auquel s'est intéressé spécialement O. Guyotjeannin, également dans le cadre italien. La question de la fréquentation des universités par les nobles et par les bourgeois — objet d'étude de G. Giordanengo encore et de J. Verger — et la carte des universités fréquentées par les gens d'une région donnée — comme F. Rapp l'a fait pour les Alsaciens — ont quelque peu davantage retenu l'intérêt. S'y rattache, en un certain sens, mon propre article sur la question des « clercs mécaniques », c'est-à-dire, en fait, des bourgeois ayant reçu une instruction au moins élémentaire et qui, en raison de cette situation, bénéficiaient d'un privilège de clergie qui fut contrebattu par les autorités municipales et finalement par le pouvoir royal.

Alors que les corporations et l'organisation des métiers avaient fait l'objet de tant de travaux au temps d'H. Hauser et d'E. Coornaert, le domaine a été pratiquement abandonné après le petit volume de J. Heers sur *Le Travail au Moyen Age* (PUF, 1965), si l'on excepte le chapitre que J. Le Goff a écrit en 1972 dans le volume que dirigeait M. François sur *La France et les Français* (Gallimard, 1972) et quelques articles dispersés. Pourtant, B. Geremek avait joué un rôle pionnier par son étude (en polonais en 1962) sur *Le Salariat dans l'artisanat parisien aux XIIIe et XIVe siècles* (en français, La Haye, Mouton, 1968). Mais sans doute y a-t-il maintenant un renouveau d'intérêt, puisque X. Barral i Altet avait intitulé en 1983 son énorme colloque de Rennes *Artistes, Artisans et Production artistique* (Picard, 1986), mais il est évident que là c'était l'aspect artistique qui l'emportait nettement sur les autres considérations. Mais R. Philippe, dans le congrès de Montbrison sur les libertés en 1987, a traité de « La liberté d'entreprendre au XIIIe siècle ». Pratiquement, à notre connaissance, un seul mémoire important a été consacré à une confrérie de métier, celle des merciers de Rennes au XVe siècle, sous la plume de J.-P. Leguay.

En revanche, c'est l'***histoire de la pauvreté,*** sous tous ses aspects, économiques, sociaux, religieux, mentaux, tant sur le plan général que dans le cas de diverses provinces ou villes, qui, en liaison aussi avec les questions d'assistance et d'exercice de la charité, a constitué un des thèmes de recherche les plus productifs des dix dernières années. On le doit en priorité à M. Mollat, à ses publications et au séminaire qu'il a tenu à la Sorbonne et qui a rencontré un succès qui m'a personnellement étonné, ainsi qu'à A. Vauchez, qui, dès 1968, à un colloque de Todi sur « Pauvreté et richesse dans la spiritualité des XIe et XIIe siècles » (*Povertà e ricchezza nella spiritualità dei secoli XI e XII,* Todi, Accademia tudertina, 1969, p. 229-299), avait présenté sur le sujet un premier rapport. A M. Mollat, outre divers articles personnels, est due la réunion des deux volumes de contributions, *Etudes sur l'histoire de la pauvreté (Moyen Age-XVIe siècle)* (Publications de la Sorbonne, 1974), que suivirent en 1978 ses propres ouvrages sur *Les Pauvres au Moyen Age. Etude sociale* (Hachette, 1978) et *Les Pauvres dans la société médiévale* (Hachette, 1978, rééd. Bruxelles, Complexe, 1984), le tout ayant été complété — en dehors d'articles dispersés de divers médiévistes — par un bel ensemble de contributions publiées dans le second volume du recueil d'hommages rendus à M. Mollat, *Mentalités et Sociétés* (Publications de la Sorbonne, 1987).

De là on pouvait passer tout naturellement à l'étude des ***marginaux*** et aussi à celle des esclaves ; celle-ci, après avoir fait l'objet de tant de travaux de notre collègue belge Ch. Verlinden les années précédentes, a fourni la matière du volume de J. Heers, *Esclaves et Domestiques au Moyen Age dans le monde méditerranéen* (Fayard, 1981), mais guère d'autres travaux que ceux de J.-M. Martin, M. Balard et H. Bresc, en ce qui concerne l'Italie, et de P.-L. Malaussena à propos de la Provence. Au contraire, l'histoire de la marginalité a suscité un très vif intérêt et son développement se trouve lié à la conception dite de la « nouvelle histoire ». En 1978, J.-C. Schmitt lui consacrait un rapport, et *Sénéfiance* faisait des *Exclus et Systèmes d'exclusion dans la littérature et la civilisation médiévales* le thème d'un de ses volumes de plus de 400 pages (Aix-en-Provence, CUERMA, 1978), tandis que, l'année suivante, l'université de Paris-VII affectait un de ses « Cahiers Jussieu » aux *Marginaux et Exclus dans l'histoire* (Union générale d'éditions, 1979) et qu'un cahier des « Annales de Normandie » portait sur *Marginalité, Déviance et Pauvreté en France (XIVe-XIXe siècle)* (Caen, « Annales de Normandie », 1981). En 1984, l'université de Pau organisait un colloque diachronique franco-espagnol dont les actes (CNRS, 1986) portaient sur *Minorités et Marginaux en Espagne et dans le Midi de la France (VIIe-XVIIIe siècle)* (lépreux et cagots, juifs et musulmans).

De là aussi tout un courant de travaux portant sur la délinquance ou, pour reprendre le titre d'un important mémoire de J. Chiffoleau, « La violence au quotidien » (*Mélanges de l'Ecole française de Rome,* Rome, 1980, t. 92, n° 2, p. 325-371), qui a précédé son volume sur *Les Justices du pape : délinquance et criminalité dans la région d'Avignon au XIVe siècle* (Publications de la Sorbonne, 1984).

Plus important encore par son ampleur, le courant des travaux consacrés aux ***« commotions sociales »*** — pour user du terme de R. Fossier —, aux révoltes contre le pouvoir seigneurial ou la fiscalité royale, aux « tensions sociales », aux « troubles populaires », à la Jacquerie, au « Tuchinat ». En 1970, M. Mollat et Ph. Wolff leur avaient déjà consacré un beau livre : *Ongles bleus, Jacques et Ciompi : les révolutions populaires en Europe aux XIVe et XVe siècles* (Calmann-Lévy, 1970) ; en 1972, G. Fourquin publiait un travail plus bref sur *Les Soulèvements populaires au Moyen Age* (PUF, 1972). Le 4e colloque d' « Histoire au présent » a porté en 1988 le titre de *Révolte et Société* (Publications de la Sorbonne, 1988) ; les actes viennent d'en être publiés, de même que ceux du congrès des Sociétés savantes de 1989 organisé par la Section d'histoire médiévale du CTHS sur le thème *Contestation et Violence au Moyen Age.*

Mais l'un des éléments les plus importants pour le progrès des études en matière d'histoire sociale, acquis au cours des dernières années, a été le développement extraordinaire de la ***prosopographie.*** On le doit, pour une large part, au recours à l'informatique. F. Autrand — avec ses recherches sur le personnel du Parlement de Paris et le colloque qu'elle a organisé à l'Ecole normale supérieure de Sèvres sous le titre *Prosopographie et Genèse de l'Etat moderne* (Ecole normale supérieure de jeunes filles, 1986) et dont les actes touchent à mainte composante de la société médiévale —, H. Millet — avec son étude pionnière sur le recrutement des chanoines de Laon —, J.-Ph. Genet — par l'intérêt qu'il a porté à l'utilisation de l'ordinateur dans les recherches d'histoire médiévale — ont très notablement contribué à l'essor de ce qu'on peut maintenant considérer comme une nouvelle science auxiliaire de l'histoire. Mais avant même ce recours à l'informatique, A. Lapeyre et R. Scheurer avaient établi une parfaite prosopographie des notaires et secrétaires du roi à la fin du Moyen Age, dont j'ai été appelé à tirer moi-même les conclusions. D'autre part, avec E. Lalou, nous avons repris et complété les formidables dépouillements que R. Fawtier avait entrepris avec la collaboration de F. Maillard en vue de la compilation d'une *Gallia Philippica,* c'est-à-dire la prosopographie générale de tout l'appareil de l'Etat au temps de Philippe le Bel, soit des milliers de fiches établies que l'on met maintenant en ordinateur. B. Guenée a, d'autre part, établi le catalogue des gens de justice du bailliage de Senlis, L. Carolus-Barré et A. Demurger ont fait de même pour les baillis du XIIIe siècle. B. Guillemain et d'autres avec lui ont, par les mêmes voies, étudié le recrutement de l'épiscopat français au Moyen Age et J.-L. Lemaître attiré l'attention sur l'utilisation des obituaires comme source de la prosopographie. On est bien en droit d'estimer que cet extraordinaire développement de la prosopographie — que vient compléter l'essor des travaux généalogiques un peu partout en France — est destiné à faire progresser d'une manière fondamentale, dans les prochaines années, les études d'histoire sociale.

Un domaine particulier de l'histoire sociale a pris un développement extraordinaire : la **« *démographie historique* »**, qui n'est plus simplement un dénombrement des habitants et le décompte de leur évolution numérique, mais qui revêt aujourd'hui un caractère multiforme qui fait de cette discipline, comme il a été dit plus haut, l'histoire de la population sous tous ses aspects. La Société de démographie historique, fondée en 1962, sous la présidence de P. Goubert et M. Reinhard, est aujourd'hui un centre de recherche dont l'audience est rapidement devenue internationale. Outre les propres journées de cette société et sa revue (dont les numéros sont en large partie centrés, depuis 1969, sur un thème), le domaine qu'elle couvre aujourd'hui a fait l'objet dès 1970 d'un des colloques de notre Société des historiens médiévistes, à Nice, sous le titre *La Démographie médiévale. Sources et méthodes;* les colloques de Flaran ont organisé de même plusieurs de leurs rencontres autour de thèmes liés au peuplement. L'Ecole française de Rome a également tenu, en 1974, un colloque sur le thème *Famille et Parenté dans l'Occident médiéval* (Rome, Ecole française de Rome, 1977), et, en 1984, des séminaires sur *Le Modèle familial européen,* réunions dont les communications ont été publiées dans sa collection en 1986. Les problèmes de méthode ont été traités à plusieurs reprises, notamment par R. Fossier et P. Riché (dans les *Annales de démographie historique*), ainsi que par J. Heers et A. Leguai. Je me suis, d'autre part, attaché aux sources de la démographie médiévale dans les volumes des *Sources de l'histoire économique et sociale,* déjà cités. En 1988 a paru un gros volume de synthèse, comme tome 1 de l'*Histoire de la population française,* sous la direction de J. Dupâquier, *Des origines à la Renaissance* (PUF, 1988) ; outre les grands *trends* de cette histoire (« melting pot français » dû aux invasions germaniques, essor médiéval et histoire du peuplement, croissance urbaine, dépression et relèvement), traités respectivement par moi-même, par H. Dubois et A. Higounet-Nadal, J.-N. Biraben y a exposé « L'hygiène, la maladie, la mort » et Ch. Klapisch-Zuber « La famille médiévale ». On voit par là l'extension particulière du domaine de la « démographie », surtout quand on se réfère encore à l'*Histoire de la famille* (Colin, 1987), où P. Toubert a traité de la famille au haut Moyen Age et Ch. Klapisch de la famille à l'époque postérieure, et si l'on pense aussi à la semaine de Spolète consacrée au *Matrimonio nella società alto-medievale* et à des travaux pionniers de G. Duby. Il s'agit sans doute — si l'on y ajoute l'histoire des épidémies, des maladies et des hôpitaux — du territoire qui a été de loin le plus pratiqué par les médiévistes français au cours des vingt dernières années, et je regrette que, lorsqu'on a réparti les rapports dans une séance préparatoire de ce congrès, on n'ait pas pensé immédiatement à lui réserver un bilan propre, comme aux autres secteurs de la recherche ; je m'y efforcerai dans la bibliographie ultérieure, en me contentant ici de quelques publications fondamentales.

Sur la question du ***peuplement,*** qui a déjà été abordée dans le rapport sur l'histoire des campagnes et dans celui sur l'histoire des villes, je rappellerai seulement le colloque de Flaran 1, *Châteaux et Peuplement en Europe occidentale du xe au XVIIIe siècle* (Valence-sur-Baise, Centre culturel de l'abbaye de Flaran, 1980), avec l'« Essai de synthèse » qu'y dressa G. Fournier, et surtout les très nombreuses publications de Ch. Higounet sur les paysages et villages neufs d'Aquitaine, les bastides du Sud-Ouest, les villeneuves des campagnes parisiennes, sans parler, hors de France, de ses contributions à l'histoire du peuplement en Italie du Nord et en Europe centrale. La question des « castelnaux » a provoqué, outre la thèse de B. Cursente, nombre d'articles, tout comme celle des autres peuplements castraux et des bastides dans toutes les régions méridionales, de la Gascogne et du Périgord à la Provence et au Forez. Au Nord, en dehors de Ch. Higounet — dont l'ouvrage de synthèse est sous presse —, R. Fossier et M. Bur y ont consacré plusieurs travaux, de même que L. Musset pour la Normandie, tandis que J.-A. Cancellieri étudiait la colonisation génoise et les défrichements en Corse et que d'excellentes thèses étaient présentées à l'Ecole des chartes, respectivement par H. Hours (*Peuplement et Habitat rural en Bourgogne au Moyen Age, XIIe-XVe siècle : le cas du pays dijonnais,* 1978) et par G. Brunel (*Peuplement rural, Economie et Société dans l'ancien diocèse de Soissons,* 1983).

La récession provoquée par la guerre de Cent Ans et l'endémie de peste ainsi que le ***repeuplement*** et la ***reconstruction*** ont fait l'objet de très nombreux travaux. Outre le 104e congrès des Sociétés savantes de 1979 (*La Reconstruction après la guerre de Cent Ans,* Paris, CTHS, 1980), il faut souligner l'ouvrage fondamental de J. Lartigaut sur *Les Campagnes du Quercy après la guerre de Cent Ans* (Toulouse, Association des publications de

Toulouse-Le Mirail, 1978) et une série d'articles de lui-même et de L. d'Alauzier sur les aspects démographiques et économiques de la reconstruction. D'autres aspects ont été étudiés pour le Périgord (J. Clémens), le Poitou et le Limousin (J. Tricard), le Dauphiné (P. Paravy), la Savoie (P. Duparc), la Champagne (S. Guilbert), le Hainaut (S. Sivery).

Les ***mouvements de population*** dans le Sud-Ouest ont donné lieu à plusieurs études de J. Lartigaut ; les migrations intérieures ont fait l'objet d'articles de C. Billot, et l'immigration à Montpellier, d'un article d'A.-C. Marin.

Mais ce sont plus encore les états et les révisions de feux, les rôles de taille, les estimes, les cadastres qui ont été mis à contribution pour établir les chiffres de population et leur évolution. Un volume d'ensemble est désormais essentiel, celui d'A. Higounet-Nadal sur *Périgueux aux XIVe et XVe siècles. Etude de démographie historique* (Bordeaux, Fédération historique du Sud-Ouest, 1977) ; on y ajoutera les travaux d'A. Rigaudière sur Saint-Flour et sur les révisions de feux en Auvergne, ceux de M. Zerner à propos des cadastres du Comtat Venaissin, les diverses publications d'H. Dubois sur les « serches de feux » de Bourgogne, et aussi la thèse d'Ecole des chartes (et les articles) d'A. Fierro sur la population du Dauphiné et du Faucigny aux XIVe et XVe siècles.

On s'est, d'autre part, appliqué à fournir des instruments de travail fondamentaux. L'inventaire des rôles de fouage et d'aide des paroisses normandes des XIVe et XVe siècles a été publié par M. Nortier dans les *Cahiers Léopold Delisle* de 1970 à 1973 ; J. Favier a édité et étudié des rôles d'imposition parisiens du début du XVe siècle, et l'Institut des textes achève la mise en ordinateur de l'ensemble des rôles de la taille de Paris au temps de Philippe le Bel. Mais, mieux encore, ce sont plus de trente mémoires ou articles, souvent fort importants, qui ont été consacrés à l'exploitation de ce type de sources en Normandie, Bretagne, Ile-de-France, Champagne, Alsace, Savoie-Provence, Languedoc, Gascogne, Corse, etc., sans parler de plusieurs thèses de l'Ecole des chartes, notamment trois thèses exploitant l'admirable ensemble des cadastres du haut et du bas Vivarais en 1464 (C. Souchon, 1970 ; D. Farcis, 1974 ; J. Mourier, 1984) ou celles de B. Suau sur Rodez au XVe siècle (1971) et d'A.-C. Marin sur *Montpellier d'après les compoix de 1390 à 1450* (1980). Rappelons encore les évaluations du nombre des habitants de Reims par P. Desportes et de Strasbourg par Ph. Dollinger, ainsi que les contestations qui ont porté sur le chiffre de la population de Paris au début du XIVe siècle. Bien d'autres recherches ont été entreprises sur les niveaux de fortune et les structures de la société d'après ces estimes ou cadastres. Sur ces derniers et leur exploitation ont finalement paru, en 1989, les très importants actes de la table ronde tenue à Saint-Cloud en 1985 : *Les Cadastres anciens des villes et leur traitement par l'informatique* (éd. par J.-L. Biget, J.-C. Hervé et Y. Thébert, Rome, Ecole française de Rome, 1989).

Un autre thème qui a été particulièrement porteur a été ce que J. Delumeau a appelé ***Les Malheurs des temps.*** *Histoire des fléaux et des calamités en France* (Larousse, 1987), qu'il a exposés avec M. Rouche, R. Fossier, H. Neveux, J. Verger et J.-N. Biraben, avant de s'attaquer à la contrepartie de ces « malheurs » : *Rassurer et Protéger. Le sentiment de sécurité dans l'Occident d'autrefois* (Fayard, 1989), tandis que, de son côté, M. Berthe traitait, d'une manière plus spécifique, des *Famines et Epidémies dans les campagnes navarraises à la fin du Moyen Age* (SFIED, 1984), en deux volumes avec un bel apparat de tableaux et graphiques.

Avant la grande peste de 1348, il y avait eu des ***épidémies :*** Ph. Wolff a parlé de « La mort à Roquemaure (Tarn) de 1337 à 1340 », Y. Dossat de la « Mortalité en bas Quercy à Bioule en 1334 » (*Gaillac et Pays tarnais,* actes du 31e congrès de la Fédération des sociétés académiques et savantes Languedoc-Pyrénées-Gascogne, Albi, Fédération des sociétés savantes Languedoc-Pyrénées-Gascogne, 1977, p. 11-18 et 19-28), et J.-N. Biraben, d'une manière générale, d' « Epidémies, hygiène et santé publique au Moyen Age » (*Colloque international d'histoire de la médecine médiévale,* Orléans, 1985, tome 1, p. 74-82). Et l'ouvrage de base est désormais celui que ce dernier a consacré aux *Hommes et la Peste en France et dans les pays européens et méditerranéens,* en deux volumes d'une importance exceptionnelle (La Haye, Mouton, 1975-1976), J. Glénisson, pour sa part, ayant attiré l'attention sur « La seconde peste :

l'épidémie de 1360-1362 en France et en Europe » (*Annuaire-bulletin de la Société d'histoire de France,* 1968-1969, p. 27-38). Dans une dense série d'articles, plus ou moins étendus, nombreux sont les historiens qui, ces dernières années, se sont appliqués à rechercher l'extension des désastres démographiques et économiques provoqués par la Grande Peste et par celles qui l'ont suivie, ainsi que les réactions des populations et des autorités face à l'épidémie en Bourgogne, Normandie, Flandre, Hainaut, etc. ; mais je me permets d'attirer ici l'attention sur l'importance d'un fonds d'archives dont je viens de publier les premiers résultats : l'enregistrement des décès pour l'ensemble de la ville de Vich en Catalogne et des mas environnants, conservé en une série continue depuis 1348, simultanément avec les extrêmes-onctions et alors que les testaments correspondants nous ont été conservés (Académie des inscriptions et belles lettres, *Comptes rendus,* 1988, p. 432-455).

D'autres travaux ont porté sur les épidémies du XVe siècle, en Poitou et dans le Centre-Ouest (R. Favreau), dans le Comtat (M. Zerner), à Arras (D. Jacquart) et à Châlons-sur-Marne (S. Guilbert).

Fort importantes aussi ont été les recherches sur la ***démographie différentielle*** aux XIVe et XVe siècles, celle des jeunes et celle des pauvres, en Bourbonnais (R. Germain), à Douai (C. Dhérent), à Cambrai (H. Neveux). Et n'oublions pas, sur un plan plus général, le congrès de notre Société en 1975 à Strasbourg sur *La Mort au Moyen Age* (Strasbourg, Istra, 1977).

Un cahier de *Sénéfiance* a porté sur *Vieillesse et Vieillissement au Moyen Age* (Aix-en-Provence, CUERMA, 1987), suscitant diverses études (M.-Th. Lorcin, N. Coulet), et G. Minois a consacré un livre sur ce sujet neuf : *Histoire de la vieillesse en Occident, de l'Antiquité au Moyen Age* (Fayard, 1987) ; cependant que B. Guenée posait la question de « L'âge des personnes 'authentiques' : ceux qui comptent dans la société médiévale sont-ils jeunes ou vieux ? » (*Prosopographie et Genèse de l'Etat moderne,* Ecole normale supérieure de jeunes filles, 1986, p. 249-279), donnant ainsi un écho à la prise de position de G. Duby sur le rôle des jeunes au Moyen Age.

Autre domaine de la recherche qui a donné lieu à de nombreux et importants travaux, celui de l'***histoire de la lèpre,*** de la condition des lépreux et du fonctionnement des maladreries. F. Bériac a consacré sa thèse à *Lèpre et Société en Aquitaine du XIII*^e^ *au XVI*^e^ *siècle* et un volume à l'*Histoire des lépreux au Moyen Age. Une société d'exclus* (Imago, 1988), et F.-O. Touati à la léproserie du Grand-Beaulieu (1980), sans compter une série d'articles et le dossier *Lèpre et Société au Moyen Age,* publié dans la revue *Sources* de « L'Histoire au présent » (1988). Un inventaire complet des maladreries du Pas-de-Calais (Xe-XVIIIe siècle) a été publié par A. Bourgeois (*Lépreux et Maladreries du Pas-de-Calais,* Arras, Commission départementale des monuments historiques du Pas-de-Calais, 1972), et on pourrait citer plusieurs thèses ou mémoires et un certain nombre d'articles sur des réseaux de maladreries, la gestion de telle ou telle maladrerie ou sur l'attitude de la population à l'égard des lépreux et leur isolement.

C'est que l'***histoire des hôpitaux*** et de l'assistance en général a attiré un nombre très élevé de travaux, à cheval sur la démographie historique, l'histoire de la société, l'histoire des mentalités religieuses par l'appel à la charité, celle des pèlerinages par la situation des hospices pour l'aide aux pèlerins, l'histoire médicale aussi. Sous la direction de J. Imbert a paru en 1982 une *Histoire des hôpitaux en France* (Toulouse, Privat), dont la partie médiévale a été rédigée par M. Mollat. La section d'histoire médiévale du CTHS a consacré son congrès national des Sociétés savantes de 1972, à Nantes, à *Assistance et Assistés jusqu'à 1610,* avec un rapport introductif par M. Baudot et M. Mollat, et celui de 1987, à Montpellier, à *Santé, Médecine et Assistance au Moyen Age*. Si la thèse d'A. Saunier, *Les Malades dans les hôpitaux du Nord de la France à la fin du Moyen Age* (1982), n'a pas encore été publiée et a seulement donné lieu à quelques articles, on dispose de l'ouvrage de P. Adam, *Charité et Assistance en Alsace au Moyen Age* (Strasbourg, Istra, 1982), de la thèse d'Ecole des chartes de R. Nougaret, *Hôpitaux, Léproseries et Bodonnies de Rodez, vers 1340-1670,* des thèses d'A. Saint-Denis sur *L'Hôtel-Dieu de Laon* (Nancy, Presses universitaires de Nancy, 1983), et de J. Pourrière sur *Les Hôpitaux d'Aix-en-Provence au Moyen*

Age (Aix-en-Provence, Impr. P. Roubaud, 1969), sans compter les travaux de J. Chiffoleau sur le Comtat, de J. Caille sur Narbonne, de G. Giordanengo sur les hôpitaux arlésiens, et d'autres encore qui ne peuvent être tous cités ici.

Un autre domaine thématique qui, depuis une génération, est devenu un des terrains de recherche privilégiés des médiévistes est l'***histoire de la famille***. G. Duby a certainement exercé dans ce choix une influence évidente, par ses publications et son enseignement, à commencer par son article de 1967 sur « Structures de parenté et noblesse. France du Nord, XIe-XIIe siècle » dans les *Miscellanea J.F. Niermeyer* (Groningue, J. B. Wolters, 1967, p. 149-165), puis, entre autres, par son ouvrage *Le Chevalier, la Femme et le Prêtre : le mariage dans la France médiévale* (Club français du livre, 1981), ainsi que par le colloque de l'Ecole française de Rome qu'il dirigea avec J. Le Goff, *Famille et Parenté dans l'Occident médiéval* (Rome, Ecole française de Rome, 1977). Dès 1972, les *Annales ESC* avaient consacré un numéro spécial à *Famille et Société,* et, en 1986, P. Toubert et Ch. Klapisch (dont on connaît les travaux aussi importants que divers sur les structures familiales toscanes de la fin du Moyen Age) faisaient, d'une façon remarquable, le point sur l'ensemble des recherches de ces vingt années dans l'*Histoire de la famille,* tome 1 (Colin, 1986).

Structures de parenté et conception ou pratique du lignage ont fait l'objet de nombreux travaux. A. Guerreau dans les *Annales ESC* a étudié les modèles culturels issus de la Renaissance carolingienne (1981), puis réexaminé, avec le regard d'un ethnologue, « La parenté dans l'Europe médiévale » (*L'Homme,* t. 110, 1989). De leur côté, Ch. Maurel et B. Barrière ont montré des exemples de solidarité lignagère caractéristiques, l'un à Marseille et l'autre en Limousin, et D. Barthélemy esquissé la pression de « L'Etat contre le lignage » (*Médiévales,* 1986, t. 10, p. 37-50). Mais le travail le plus important en ce domaine est celui que J. Heers a consacré au *Clan familial au Moyen Age* (PUF, 1974), en étudiant « Les structures politiques et sociales des milieux urbains », tandis que, dans un recueil de travaux sur les communautés rurales corses, F. Pomponi soulignait « Un invariant historique, la structure clanique dans la société corse » (*Pievi e Paesi. Communautés rurales corses,* CNRS, 1978, p. 7-30). Après que J. Turlan eut essayé de démontrer la fréquence et le poids des interventions des « Amis et amis charnels » dans la pratique judiciaire médiévale (*Revue historique de droit français et étranger,* 1969, n° 4), J.-P. Boudet vient de montrer, dans un important article du *Journal des savants* (1988), la puissance des solidarités qui, sous Louis XI, dans l'ombre d'un Olivier Le Dain, se créèrent pour la conquête du pouvoir et le maintien de la faveur royale, comme je l'ai fait moi-même pour le « clan-pieuvre » des Briçonnet et Semblançay à la fin du XVᵉ et au début du XVIᵉ siècle, dans le *Journal des savants* (1987, p. 79-88). En milieu rural, c'est le phénomène des frérèches, comparsonneries, pareries ou paréages, qui a été, en Dauphiné, en Languedoc, en Auvergne, et en Limousin, étudié respectivement par V. Chomel, A. Cazenave, P. Charbonnier et J. Tricard.

Dans cette perspective, on a assisté à un renouveau des travaux sur le ***mariage,*** suscité notamment par de nouvelles publications de J. Gaudemet, notamment son volume sur *Société et Mariage* (Strasbourg, CERDIC-Publications, 1980), et celles, fort importantes, d'autres juristes, notamment J.-G. Dauvillier et J. de Malafosse, dont le volume de synthèse sur *Le Droit familial* (PUF, 1968) constitue une véritable somme. Le mariage-sacrement, la théorie chrétienne du mariage, la place tenue par le mariage dans l'hérésie de l'an Mil, l'idéologie bourgeoise du mariage ont suscité divers articles, notamment de M. Rouche, de P. Toubert, d'H. Taviani, d'A. Tenenti. C'est, au contraire, la pratique du mariage, la situation juridique des époux, les contrats de mariage comme « reflet de la vie d'une société urbaine », les pratiques successorales, l'exercice de la puissance paternelle, le bail des mineurs, etc., qui ont fait l'objet de très nombreuses publications, certaines fort neuves, parmi lesquelles on doit citer le volume de J. Lafon sur *Les Epoux bordelais (1450-1550)* (SEVPEN, 1972), et les articles de G. Laribière sur le mariage à Toulouse, de M. Mestayer pour Douai, de M.-Th. Lorcin pour le Lyonnais, de J. Yver, J.-L. Biget, etc.

Phénomène nouveau, on s'est intéressé à la ***sexualité*** dans et hors le mariage. J.-L. Flandrin, après son article des *Annales ESC* en 1969, a publié à cet égard plusieurs livres pionniers : *L'Eglise et le Contrôle des naissances* (Flammarion, 1970), *Famille, Parenté, Maison, Sexualité dans l'ancienne société* (Hachette, 1976), et surtout *Un temps pour embrasser. Aux origines de la morale sexuelle occidentale,* VIe-XIe s. (Ed. du Seuil, 1981), tandis que D. Jacquart et C. Thomasset étudiaient la question sur le plan médical : *Sexualité et Savoir médical au Moyen Age* (PUF, 1985), et que J.-L. Dufresne s'intéressait à la réalité même des « Comportements amoureux d'après un registre de l'officialité de Cerisy » (*Bulletin philologique et historique,* 1973, p. 131-156), dans la Normandie de la fin du XIVe siècle et du XVe siècle et qu'à propos d'un traité du début du XVe siècle, Nicole Grévy-Pons traitait de *Célibat et Nature. Une controverse médiévale* (CNRS, 1975).

A la suite du mouvement féministe qui prend naissance ou s'amplifie dans les années soixante, l'***histoire de la femme*** au Moyen Age a revêtu une importance toute nouvelle. Dès 1965 avait paru l'*Histoire mondiale de la femme* (Nouvelle Librairie de France, 1965-1967), où, entre autres, Y. Lefèvre publia une importante contribution sur « La Femme au Moyen Age dans la vie littéraire et spirituelle », et R. Metz, en concluant peu après ses « Recherches sur le statut de la femme en droit canonique » (*Année canonique,* 1968, t. 12, p. 85-113) dressait un « Bilan historique et perspectives d'avenir : problèmes et méthodes ». Là-dessus, J. Verdon soutint en 1974 sa thèse de doctorat d'Etat sur *La Femme dans la société en France aux Xe et XIe siècles,* qui, si elle n'a pas été imprimée, a donné lieu à toute une série d'articles sur la femme et la politique, la vie familiale, la vie des moniales, l'obstétrique, etc. ; à la suite de quoi les *Cahiers de civilisation médiévale* de Poitiers consacraient un numéro à *La Femme dans la civilisation des Xe-XIIe siècles* (1977), où l'on trouve notamment un bilan de R. Fossier sur « La femme dans la société occidentale ». Depuis lors, les travaux sur les problèmes féminins n'ont cessé de se multiplier. Ainsi, les *Cahiers de Fanjeaux* consacraient un volume de contributions sur *La Femme dans la vie religieuse du Languedoc (XIIIe-XIVe siècle),* Toulouse, Privat, 1988) et G. Hasenohr un gros mémoire sur « La vie quotidienne de la femme vue par l'Eglise » (*Frau und Spätmittelalterlicher Alltag,* Vienne, Österreichische Akademie der Wissenchaften, 1986, p. 19-101). De leur côté, M.-Th. Lorcin, A. Saunier, M. Vincent-Cassy, D. Iogna-Prat, H. Gilles et M. Salvat, notamment, s'intéressaient les uns et les autres, à certains des aspects de la condition féminine, à la grossesse, à l'accouchement dans la littérature médicale, à la spiritualité féminine, aux « péchés de femme », aux femmes délinquantes, etc., tandis que J.-A. Cancellieri s'appliquait à l'étude des problèmes plus spécifiques de l'émigration et de la domesticité des femmes corses en Italie aux XIIIe et XIVe siècles et que J. Rossiaud publiait son volume tant attendu, neuf et de grand intérêt pour l'histoire sociale du Moyen Age, sur *La Prostitution médiévale* (Flammarion, 1988). Ainsi, sous ses aspects les plus divers, l'histoire de la femme est devenue un thème relativement important de la recherche. Tout récemment encore, sont parus les actes d'un colloque de 1988 *La Femme au Moyen Age* sous la direction de M. Rouche et J. Heuclin (Maubeuge, diffusion Touzot, 1990).

Il en a été de même de l'***enfant***. La société Jean Bodin lui a consacré une de ses rencontres, en 1976, et R. Metz, à cette occasion, a étudié leur place dans le droit canonique. On s'est penché sur leur nombre à l'époque carolingienne avec M. Zerner, sur les enfants abandonnés avec C. Billot, sur le travail des enfants avec F. Michaud-Fréjaville, sur l'enfance dans les œuvres littéraires, avec R.-A. Colliot, et sur bien d'autres aspects encore, avec les travaux de C. Carozzi, de P. Riché, de J. Rossiaud : l'entrée dans la cléricature ou au monastère, les fraternités de jeunes et leurs niveaux de culture, etc. *Sénéfiance* faisait en 1980 de *L'Enfant au Moyen Age* (Aix-en-Provence, CUERMA, 1980) la matière de son volume 9, de 460 pages, et, l'année suivante, notre Société prenait pour thème de son congrès de Nancy les *Entrées dans la vie. Initiations et apprentissages* (Nancy, Presses universitaires de Nancy, 1982).

On voit par là tout le renouvellement de la recherche dans bien des domaines de l'histoire de la société médiévale, et il y a tout lieu de penser que cette tendance s'approfondira encore dans les prochaines années.

Mais il est encore deux domaines de l'histoire sociale qui ont été particulièrement travaillés au cours des vingt dernières années. Cela a été, d'une part, celui de l'encadrement religieux des fidèles dans la paroisse ou dans la confrérie, de la prédication au peuple et de ce qu'on a appelé plus généralement la « ***religion populaire*** » — toutes questions qui, avec les travaux d'A. Vauchez et de H. Martin, ceux aussi de N. Bériou, J. Berlioz, J. Delumeau, J. Longère, J.-Cl. Schmitt et Cl. Vincent, ont connu un extraordinaire regain d'intérêt après une évidente éclipse — et, d'autre part, l'étude d'une composante non négligeable de la population de la France médiévale jusqu'au milieu du XIVe siècle, les ***juifs,*** dont l'histoire a été en large partie renouvelée par la Commission française des archives juives, l'équipe de recherche « Nouvelle Gallia Judaica » du CNRS et la « Collection franco-judaica » dont 12 nouvelles publications ont vu le jour depuis sa création en 1972, grâce à l'activité inlassable de B. Blumenkranz, relayé par G. Dahan et G. Nahon. Mais nous laisserons de côté ces deux champs de recherches — de même que celui de la « violence au quotidien », objet des travaux, notamment de J. Chiffoleau —, car il en sera sans doute largement question dans d'autres exposés qui seront faits au cours de ce congrès.

L'histoire de la ***vie économique*** et de ***ses structures*** — production, circulation, consommation — a été abordée dans nombre des thèses ou des ouvrages d'histoire provinciale ou d'histoire des villes et des campagnes, qui ont été signalés plus haut et dont le titre même comporte bien souvent — nous l'avons dit — les mots « économie et société » ou « structures économiques et sociales ». Toutefois, Ph. Braunstein, qui a bien voulu rédiger à notre intention une mise au point sur le travail qui s'est fait dans ce domaine, a souligné avec force que, dans les publications des médiévistes, la production non agricole n'apparaît pratiquement jamais comme un secteur à part : pour la plupart des auteurs, on en est encore à l'« âge de l'artisanat » et l'on peut à bon droit s'étonner — remarque-t-il — que même la draperie, qui a produit en masse des produits pour les marchés européens et extra-européens, ne figure dans les meilleurs ouvrages ni par la structure des entreprises ni par leur gestion technique et financière : on s'intéresse seulement à la typologie des produits, à leur hiérarchie, à leur commerce, et non pas à la production. Encore en 1977, l'*Histoire économique et sociale de la France* (PUF, 1977), qui d'ailleurs ne commence qu'en 1450, se borne à dresser, à partir des centres commerciaux, un inventaire des marchandises prêtes à l'exportation.

On doit toutefois noter qu'une évolution s'est marquée sous la pression de divers facteurs. C'est surtout la tendance nouvelle de l'historiographie vers l'histoire de la « civilisation matérielle » qui a modifié durablement les perspectives vers une histoire de la production ; on verra plus loin les travaux portant sur l'histoire de la maison, de l'alimentation, du costume..., qui ont contribué à mettre l'accent sur le quotidien et à rapprocher, d'une part, les recherches sur les sources écrites et, de l'autre, les préoccupations archéologiques fondées sur l'analyse de terrain. Ce souci est apparu nettement aussi bien avec les approches économiques de la vie religieuse, telles qu'elles sont apparues au colloque de Flaran sur *L'Economie cistercienne* (Auch, Comité départemental du tourisme du Gers, 1983), que dans les domaines de la guerre et de la vie militaire, avec tels travaux de Ph. Contamine, et plus encore dans le domaine artistique lors du grand colloque de Rennes organisé par X. Barral i Altet, *Artistes, Artisans et Production artistique au Moyen Age* (Picard, 1986), et avec le recueil de même titre portant sur la Bretagne, publié sous la direction du même auteur. Cette évolution a été facilitée également par la publication de diverses ***sources comptables :*** comptes de caractère général comme les *Comptes généraux de l'Etat bourguignon* de M. Mollat (Klincksieck, 1965-1976), ou plus particulier comme les *Comptes du sel... de Francesco di Marco Datini pour sa compagnie d'Avignon (1376-1379),* publiés par Ch. Villain-Gandossi (CTHS, « Coll. de doc. inédits... », 1969), ou bien les deux volumes des *Documents relatifs au Clos des galées de Rouen* édités par A. Merlin-Chazelas (*ibid.*, 1977-1978), ou encore les comptes du garde des mines de Jacques Cœur dont l'édition a été préparée par A.-Th. Rendu, tandis que des travaux se fondaient sur l'étude exhaustive des sources sérielles (comme les comptes de la Monnaie d'argent, par G. Cabourdin) ou, de façon plus ponctuelle, sur des sources inédites (comptabilités de travaux, de péages, d'ateliers...).

L'***histoire des techniques*** a bénéficié des incitations et des perspectives ouvertes par l'admirable activité pionnière de B. Gille et de la revue qu'il animait — *Revue d'histoire de la sidérurgie* — et parallèlement aussi de l'action de M. Daumas qui, dès 1969 — avant même son volume de 1980 sur *L'Archéologie industrielle en France* (Laffont, 1980) —, avait assigné à cette histoire une problématique et une méthodologie propres. La même année voyait la parution de la traduction française de l'ouvrage de L. White, *Technologie médiévale et Transformations sociales* (La Haye, Mouton, 1969) sous l'égide de la 6e section de l'Ecole des hautes études, et en 1975 paraissait l'ouvrage de J. Gimpel, *La Révolution industrielle au Moyen Age* (Ed. du Seuil, 1975).

Dès lors, ce sont plus particulièrement l'***histoire des mines et de la sidérurgie*** et l'***histoire des carrières*** qui sont devenues les secteurs où la recherche française a, sans doute, accompli ses plus grands progrès. De nombreux colloques ont joué un rôle fécond dans cette concentration d'efforts, parfois conjugués avec ceux des archéologues de l'Antiquité : il n'est pas de secteur, en effet, où la longue durée soit plus nécessaire. Ce furent : *Mines et Métallurgie (XIIe-XVIe siècle)* (CTHS, 1975) et *Archéologie minière : Forez et Massif central* (CTHS, 1975), organisés respectivement par les deux sections d'histoire médiévale et d'archéologie au congrès des Sociétés savantes de Saint-Etienne en 1973 ; simultanément, la publication des actes du progrès de notre Société : *La Construction au Moyen Age : histoire et archéologie* (Les Belles Lettres, 1973) ; puis le congrès de la Fédération historique du Languedoc méditerranéen et du Roussillon en 1976, *Mines et Mineurs en Languedoc-Roussillon et régions voisines* (Montpellier, Fédération historique du Languedoc méditerranéen et du Roussillon, 1977) ; le très riche colloque du CNRS, *Mines, Carrières, Métallurgie dans la France médiévale* (CNRS, 1983) tenu à Paris en 1980, dirigé par P. Benoît et

Ph. Braunstein, et suivi en 1982 par le colloque conjoint de l'Ecole des hautes études en sciences sociales et de l'université de Paris-I, *Pierre et Métal dans le bâtiment au Moyen Age* (EHESS, 1985), dont les actes ont été publiés par O. Chapelot et P. Benoît ; enfin les actes du congrès national des Sociétés savantes de Grenoble en 1983 (*Les Ressources minérales et l'Histoire de leur exploitation,* CTHS, 1986), la publication en 1988 de *Hommes et Travail du métal* (Association pour l'édition et la diffusion des études historiques), et la tenue du colloque interdisciplinaire et international sur les mines au congrès des Sociétés savantes de Strasbourg (CTHS, 1988) dont les actes sont à l'impression.

Les acquis ont été extraordinairement nombreux dans ce domaine, non seulement par des communications à ces congrès et colloques, mais par les thèses qui en sont issues, comme celles de M.-Ch. Bailly-Maître, de J. Bruno-Dupraz et d'A.-Th. Rendu sur les mines du Lyonnais et du Dauphiné, ou bien sous la forme de mémoires (M. Arnoux, M. Grandemange, etc.), et par de multiples contributions à l'étude de sites et d'installations et à l'histoire de l'exploitation et de la gestion d'entreprises, où l'archéologie de surface et celle de profondeur, aussi bien que le laboratoire d'analyse, ont eu leur place. Ces travaux complètent, corrigent, corroborent peu à peu les deux synthèses qui, en 1968, ont ouvert en ce domaine la période des vingt dernières années, l'une, celle de R. Sprandel, qui situait la sidérurgie française médiévale dans la perspective européenne, et l'autre, la thèse de droit de P. Hesse, *La Mine et les Mineurs en France de 1300 à 1550* (1968, microfichée), rassemblant dans une perspective institutionnelle des informations très dispersées sur les exploitations minières. Parmi les très nombreux travaux suscités, il faut signaler deux étapes marquées, l'une, au début, en 1969, par l'article de B. Gille, « Les problèmes de la technique minière au Moyen Age » (*Revue d'histoire des mines et de la métallurgie,* 1969, t. 1, n° 2, p. 279-297), et, l'autre, en 1962, par celui de Ph. Braunstein, « L'innovation dans les mines et la métallurgie européennes, XIVe-XVIe siècle » (*Bulletin de l'Association française des historiens économistes,* 1982, n° 15, p. 1-17).

Trois secteurs ont été jusqu'à présent particulièrement favorisés par la recherche : la zone de Sainte-Marie-aux-Mines, où les publications sont encore fragmentaires et tardives pour la période considérée ici ; la zone des monts du Lyonnais, où les recherches (P. Benoît, A.-Th. Rendu) sont maintenant éclairées par des articles et une thèse ; enfin les Alpes (M.-Ch. Bailly-Maître), grâce à la fouille de la mine de plomb argentifère de Brandes-en-Oisans. Mais le Rouergue (avec les travaux de R. Bousquet, Y. Dossat et J.-L. Delmas), le Quercy (J. Lartigaut), la Provence (avec un article de N. Coulet sur la prospection minière), le Beaujolais (avec la mine de vitriol de Valtorte, étudiée par moi-même), la Bourgogne, la Comté et la Lorraine (avec divers travaux d'A. Girardot, Ph. Braunstein, P. Gresser, H. Collin, J. Rigault), la Champagne (avec encore Ph. Braunstein et D. Cailleaux), la Normandie (avec la thèse en cours de M. Arnoux), la Bretagne (avec des travaux en cours), la Navarre (avec B. Leroy), sans parler de plusieurs cahiers de l'Inventaire, sous l'impulsion de J.-F. Belhoste, viennent compléter ce tableau. D'autres aspects de la question ont été récemment éclairés par un colloque sur *Hommes et Travail du métal dans la ville médiévale* (1988), où, par exemple, F. Michaud-Fréjaville a présenté une fort intéressante étude sur « Les fèvres et artisans du fer à Orléans, 1380-1430 », et les fondeurs de cloches et d'artillerie ont donné lieu à divers travaux.

Dans un secteur parallèle de la production, les salines, les carrières, les ardoisières, les tuileries, la poterie, la verrerie ont donné lieu à de nombreuses publications, certaines dans le cadre des colloques déjà signalés à propos des mines ou bien dans d'autres se rapportant au sel et à son commerce — sur lequel on reviendra plus loin — ; mais la plupart en relation avec des fouilles. Cela pour le plus grand profit de l'histoire des techniques (ainsi la thèse de J.-C. Bessac sur l'outillage du tailleur de pierre) et parfois de la lexicographie, comme le rapport de J.-L. Delmas sur « Le vocabulaire latin des techniques au Moyen Age » lors du colloque du CNRS en 1978 sur *La Lexicographie du latin médiéval et ses rapports avec les recherches actuelles sur la civilisation du Moyen Age* (CNRS, 1981). On en rapprochera aussi l'article neuf de F. Bougard et d'E. Hubert sur « *Nivibus concolor, spongiis levior.* La fabrication de la chaux en Italie centrale au Moyen Age » (*Liber Amicorum. Etudes historiques offertes à P. Bougard,* Arras, Commission départementale d'histoire et archéologie du Pas-de-Calais, 1987, p. 57-64).

C'est que la ***construction*** a fourni un autre thème de recherches collectives largement travaillé au cours des années récentes — à la suite de la publication de l'ouvrage de G. Bardet, P. Chaunu et G. Désert, *Le Bâtiment, enquête d'histoire économique (XIVe-XIXe siècle)*, tome 1, *Maisons rurales et urbaines dans la France traditionnelle* (La Haye, Mouton, 1971). Ce secteur a été, en effet, marqué par les colloques, déjà signalés, *La Construction au Moyen Age : histoire et archéologie* (Les Belles Lettres, 1973) et *Pierre et Métal dans le bâtiment au Moyen Age* (EHESS, 1985), par la thèse d'O. Chapelot sur *Les Matériaux de construction en Bourgogne. Aspects techniques et économiques* (1980), et par le colloque de Saint-Omer en 1985 sur les *Terres cuites architecturales* (Arras, Commission départementale d'histoire et d'archéologie du Pas-de-Calais, 1986). Les recherches ont porté sur l'habitat proprement dit, mais, plus souvent encore, sur les matériaux de construction et de couverture et sur leur provenance, comme aussi sur les techniques de la construction, tant d'après les fouilles (G. Demians d'Archimbaud) que d'après les sources d'archives (M. Gonon). Mais l'utilisation renouvelée des sources notariales et comptables a également fait porter l'attention sur les acteurs de l'entreprise, les techniciens, les salariés, les métiers d'appoint, comme les voituriers et, éventuellement, le monde de la forêt. C'est ainsi que M. Baulant a étudié « Le salaire des ouvriers du bâtiment à Paris de 1400 à 1726 » (*Annales ESC,* 1971, n° 2, p. 463-483), ou que, travaillant sur la construction des fortifications de Chambéry, R. Brondy a décrit « Les conditions de travail des ouvriers » (*Métiers et Industrie en Savoie. Actes du congrès des Sociétés savantes de la Savoie, Mémoires et Documents publiés par l'Académie savoisienne,* 1976, tome 86, p. 65-80), et B. Merdrignac, « Les accidents du travail sur les chantiers du haut Moyen Age » (*Artistes, Artisans et Production artistique en Bretagne au Moyen Age,* Rennes, université de Haute-Bretagne, 1983, p. 19-23). Ainsi, les recherches françaises s'inscrivent dans un courant européen renouvelé portant sur l'histoire du travail et dont témoignent plusieurs colloques, notamment en Italie. Les travaux pionniers de B. Geremek sur le salariat et la marginalité, signalés plus haut, s'enrichissent ainsi de ces orientations nouvelles.

Il convient encore de signaler les progrès de nos connaissances en matière d'***histoire des moulins et de l'hydraulique,*** avec les recherches de R. Philippe sur l'énergie dans les pays d'entre Seine et Loire de 1000 à 1500, avec celles de C. Rivals sur *Le Moulin à vent et le Meunier dans la société française traditionnelle* (Berger-Levrault, 1987) — au départ du mémoire antérieur d'A.-M. Bautier (1961) — et avec les travaux sur la technologie du moulin à eau en Bretagne de L. Durand-Vaugaron.

Dans son rapport, Ph. Braunstein souligne les ***champs encore imparfaitement explorés.***

C'est, d'abord, une histoire de l'environnement, et spécialement des rapports entre les industries extractives et la forêt — la forêt sur le rôle de laquelle H. Dubois avait déjà attiré l'attention à propos de l'exploitation des salines comtoises, mais qui est pratiquement une des grandes absentes de la recherche actuelle (sauf, peut-être, sous l'aspect de la chasse).

C'est, d'autre part, une histoire des métiers et des professions, qui renouvellerait la vision que l'on a trop souvent encore sur l'« artisanat ». Depuis 1968, où l'on a réédité l'ouvrage d'E. Coornaert sur les corporations, on ne possède guère pour la France médiévale d'études nouvelles sur ce secteur, autrefois fort travaillé, alors qu'on compte de bonnes analyses sur l'histoire des métiers en Italie et en Allemagne.

Un des secteurs de la recherche qui, en revanche, a le plus progressé a été incontestablement celui des ***routes*** et des ***transports,*** par voie terrestre, fluviale et maritime.

On le doit en partie aux divers colloques qui se sont tenus sur ces sujets, à commencer par le premier congrès qu'ait tenu sur un thème donné la section d'histoire médiévale du Comité des travaux historiques et scientifiques en 1960, puis à celui que notre Société a organisé à Rennes en 1976 sur *Les Transports au Moyen Age* (Rennes, *Annales de Bretagne et des pays de l'Ouest,*

1978), qu'a suivi le 2e colloque de Flaran, en 1980, sur *L'Homme et la Route en Europe occidentale au Moyen Age et aux temps modernes* (Auch, Comité départemental du tourisme du Gers, 1982) ; puis ce fut en 1984 le colloque interdisciplinaire sur *Les Routes du Sud de la France* (CTHS, 1985), tenu à l'occasion du congrès des Sociétés savantes à Montpellier, suivi de celui de Lyon en 1987, *Recherches sur l'économie de la France médiévale. Les voies fluviales et la draperie* (CTHS, 1989), tandis que *Sénéfiance* publiait en 1976 son gros volume intitulé *Voyage, Quête, Pèlerinage dans la littérature et la civilisation médiévales* (Aix-en-Provence, CUERMA, 1976), après que le *Cahier de Fanjeaux* n° 15 eut porté sur *Le Pèlerinage* (Toulouse, Privat, 1980). Enfin M. Mollat, qui avait suscité depuis 1956 toute une série de très importants colloques internationaux d'histoire maritime, voyait récompensés ses efforts par une pléthore de travaux portant sur l'histoire de la mer.

J'ai esquissé moi-même une synthèse sur « La route française et son évolution au cours du Moyen Age » (*Académie royale de Belgique, Bulletin de la classe des lettres et sciences morales et politiques,* 1987, t. 73, p. 70-104), une autre sur « Le voyage au Moyen Age » (*Institut de France, Séance annuelle publique des cinq Académies,* 1982, n° 12, p. 3-14), en attendant la publication intégrale de l'*Itinéraire brugeois,* qui est le guide le plus complet que nous ait laissé la fin du XIVe siècle, et un volume, programmé pour l'an prochain, sur l'histoire de *La Communication au Moyen Age,* au sens le plus large de ce mot. D'autre part, une série de travaux de M. Rouche, J.-M. Desbordes, L. et H. Bousquet ont porté sur la question de l'héritage de la voirie antique par le Moyen Age et sur la chronologie des « vieux itinéraires ». Si J. Mesqui a publié un volume d'ensemble sur *Les Routes dans la Brie et la Champagne occidentale* (*Revue générale des routes et des aérodromes,* 1980), nombreuses ont été les études portant sur les routes principales ou les itinéraires d'une région donnée : le Forez (par E. Fournial et par M. Debout), la Gascogne ou l'Agenais (J. Clémens et G. Loubès), l'Auvergne, le Limousin et le Périgord (par P.-F. Fournier, P.-A. Clément, B. Barrière), la Provence (par N. Coulet), la route de Toulouse en Navarre (par Y. Dossat). J. Richard a fait le point sur les routes de Bourgogne et Ch. Wilsdorf sur celles de la vallée de la Thur en Alsace. P. Duparc a présenté un tableau des « Cols des Alpes occidentales et centrales au Moyen Age » lors d'un colloque sur *Les Cols des Alpes, Antiquité et Moyen Age* (Orléans, Centre régional de documentation pédagogique, 1971, p. 183-196), tandis que R. Chanaud étudiait « Le mouvement du trafic transalpin d'après un journal du péage de Briançon en 1368-1369 » (*Economie et Société dans le Dauphiné médiéval,* 108e congrès national des Sociétés savantes, Grenoble, 1983, CTHS, 1984, p. 105-120). Le péage de Bapaume a fait l'objet d'une thèse de J.-L. Auduc, et celui de Crépy-en-Valois, d'un important article de J. Heers, qui l'étudie dans le cadre du conflit entre les ducs d'Orléans et de Bourgogne.

Si J. Richard a présenté un tableau d'ensemble des *Relations de voyages et de pèlerinages* dans la collection de la « Typologie des sources du Moyen Age » (Turnhout, Brepols, 1981), jamais on n'aura publié autant de travaux sur les voies de pèlerinage et les conditions de ces voyages : P.-A. Sigal nous a présenté ces *Marcheurs de Dieu* (Colin, 1973) ; toute une équipe, autour de R. de La Coste-Messelière, s'est attelée à la reconstitution du réseau des routes des pèlerins de Saint-Jacques, que l'on connaît d'autant mieux que G. Jugnot a rédigé une thèse de droit en deux volumes, *Autour de la « Via Fodiensis » du Guide du pèlerin de Saint-Jacques de Compostelle (xe-xve siècle)* (1979), et que plusieurs expositions ont été consacrées à ces chemins, sans compter, entre autres, des travaux d'E.-R. Labande, qui, en outre, s'est intéressé au pèlerinage du Mont-Saint-Michel, tandis que Ch. Deluz et F. Micheau étudiaient les voies maritimes vers Jérusalem et que P. Cantoni rédigeait sa thèse d'Ecole des chartes sur les conditions matérielles du voyage à Jérusalem et au mont Sinaï (1972).

Alors que naguère j'avais souligné combien une absence quasi totale de travaux sur les ponts médiévaux était une des plus grosses et regrettables lacunes de notre information sur l'économie médiévale, on constate qu'un effort important a été effectué pour la combler. J. Mesqui a entrepris, sous l'égide du ministère des Transports, un *Répertoire des ponts antérieurs à 1750* (SETRA, 1981, 2 vol.), passé une thèse de doctorat ès lettres sur

Le Pont avant l'ère des ingénieurs (1985) et publié divers travaux sur la technique de construction des ponts médiévaux et sur « Les 'œuvres du pont' au Moyen Age » (*Les Routes du Sud de la France,* CTHS, 1985). Vers le même temps, divers travaux recensaient les ponts en Haute-Vienne et en Lozère ou bien étudiaient la construction ou l'activité de certains ponts, à commencer par celui d'Avignon, et notamment ceux d'Albi et de Montauban, ou encore reprenaient l'histoire de l'œuvre d'assistance des frères pontifes. Une grave lacune est ainsi en bonne voie d'être comblée.

D'autres travaux ont porté sur les conditions du voyage, la « révolution des transports continentaux » entre le début du XIe et la fin du XIIIe siècle (A. Derville, 1978), les techniques et les coûts des transports (H. Dubois, 1981), les messageries et les délais de transmission des lettres (R. Favreau, P. Gasnault, J.-M. Pesez, moi-même). Même le grave problème de l'équipement médiéval en auberges routières et en hôtelleries urbaines, sur lequel naguère on avait peu d'information, est en train de s'éclairer, avec les articles de N. Coulet sur les hôtelleries en France et en Italie au bas Moyen Age et, plus spécialement, sur les auberges d'Aix-en-Provence. D'autres études, venant après celle de Ph. Wolff sur Toulouse, ont porté sur l'équipement hôtelier de Dijon et sur les auberges d'Avignon et de Montpellier, mais il s'en faut encore de beaucoup pour que dans ce secteur il soit mis fin à la lacune de notre information.

Mêmes progrès de la recherche en ce qui concerne la ***vie des fleuves.*** J'ai moi-même tenté un essai de mise au point sur le rôle de « la circulation fluviale dans la France médiévale » lors du 112e congrès des Sociétés savantes de Lyon en 1987 (*Recherches sur l'économie de la France médiévale. Les voies fluviales,* Paris, CTHS, 1989, p. 7-36). J. Favier a publié *Le Registre des compagnies françaises, 1449-1467 (Histoire générale de Paris. Le commerce fluvial dans la région parisienne,* Association pour la publication d'une histoire de Paris, I, Paris, 1974) et étudié en conséquence le commerce fluvial dans la région parisienne au XVe siècle, question que L. Musset avait déjà esquissée pour le haut Moyen Age, et moi-même à propos des péages de Mantes et de Meulan. Ch. Higounet a présenté une « Géographie des péages de la Garonne et de ses affluents au Moyen Age » (*Journal des savants,* 1978, n°s 1-2, p. 105-130). F. Denel et D. Le Blévec ont traité de la circulation sur le Rhône, C. Billot de la navigation sur l'Eure et Y. Dossat et moi-même de la création d'un port, respectivement au confluent de la Charente et de la Boutonne et près de Marans, au temps d'Alphonse de Poitiers et de Philippe III.

La ***navigation maritime,*** le commerce par mer, la vie des gens de mer ont constitué de même un des éléments importants de la recherche des médiévistes français qui ont organisé plusieurs colloques ou participé à divers congrès internationaux consacrés aux activités dans la Méditerranée, la mer du Nord ou l'Atlantique. Soulignons d'abord l'importance des actes des congrès internationaux d'histoire maritime dont 18 ont été tenus de 1956 à 1980, et dont 14 volumes ont été publiés entre 1969 et 1981, sous la responsabilité de M. Mollat. Ajoutons-y la richesse d'informations contenues aussi dans le recueil d'articles personnels de M. Mollat, *Etudes d'histoire maritime,* plus de 700 pages (Turin, Bottega d'Erasmo, 1977), ainsi que l'*Histoire des pêches maritimes en France* (Toulouse, Privat, 1987), dont il a dirigé la publication, sans oublier sa grande entreprise du *Nouveau Glossaire nautique de Jal* (CNRS, 1970-1989), dont 6 fascicules (incluant les lettres A à G) ont été imprimés depuis 1970 et qui constitue l'instrument de travail fondamental pour quiconque est concerné par des questions d'histoire maritime. Et il faut aussi signaler le tome 2 intitulé *Marins, Navires et Affaires* des volumes qui en 1987 lui ont été offerts en hommage sous le titre *Horizons marins, Itinéraires spirituels (v^e^-XVIIIe siècle)* (Publications de la Sorbonne, 1987).

Parmi les ouvrages les plus importants de ce domaine de la recherche, il convient évidemment de souligner la thèse de J. Bernard, *Navires et Gens de mer à Bordeaux (vers 1400-vers 1550)* (SEVPEN, 1968, 3 vol.), la thèse d'H. Touchard, *Le Commerce maritime breton à la fin du Moyen Age* (Les Belles Lettres, 1967), celles aussi de S. Lebecq sur le commerce frison au haut Moyen Age, et de J.-C. Hocquet sur l'histoire du commerce du sel en Méditerranée, sur laquelle je vais revenir, ainsi que, plus généralement, les travaux de celui-ci sur le commerce vénitien et la navigation dans l'Adriatique, et aussi sur la métrologie.

Il convient aussi de rappeler les diverses communications présentées par les historiens français aux congrès d'histoire de la couronne d'Aragon, notamment à Palma sur la guerre de course et sur la piraterie, et à Montpellier sur le Languedoc et la couronne d'Aragon ; les congrès aussi des Sociétés savantes organisés successivement à Rennes, à Nantes et à Montpellier, ainsi que les 9e et 17e congrès de notre Société, l'un tenu à Dijon, en 1978, sur *Occident et Orient au xe siècle* (Les Belles Lettres, 1979), et l'autre à Nantes, en 1986, sur *L'Europe et l'Océan au Moyen Age. Contribution à l'histoire de la navigation* (Nantes, Société des historiens médiévistes et CID, 1988). Nombre d'aspects des activités maritimes de notre pays au cours du Moyen Age y ont évidemment été abordés. Mais, comme dans les exposés qui seront faits au cours du présent congrès, un accent particulier sera mis sur les documents et les études en relation avec l'histoire des pays d'Orient, avec l'Italie, l'Espagne, les pays du Nord ; je n'y insisterai pas ici, me contentant de souligner l'intérêt exceptionnel des actes du colloque organisé à Reims en 1987 par M. Balard, *Etat et Colonisation au Moyen Age* (Lyon, La Manufacture, 1989).

En large partie liée avec l'histoire maritime, la recherche sur ***la production et le commerce du sel*** a pris une grande extension après qu'en 1956 — dans le cadre du séminaire d'histoire médiévale alors dirigé à Lille par M. Mollat — J. Le Goff et P. Jeannin eurent publié dans la *Revue du Nord* un « Questionnaire pour une enquête sur le sel dans l'histoire ». J'y avais répondu en organisant en 1958, pour la première fois dans l'histoire du Comité des travaux historiques, une séance portant sur un thème central, le sel, où J. Le Goff présentait une « Orientation de recherches sur le sel médiéval en Méditerranée ». En 1968, M. Mollat publiait sur ce même thème un grand recueil collectif : *Le Rôle du sel dans l'histoire* (PUF, 1968). Depuis lors, les travaux se sont succédé. Ce fut la thèse de J.-C. Hocquet, *Le Sel et la Fortune de Venise. Production et monopole* (Villeneuve-d'Ascq, Publications de l'université de Lille-III, 1978), qui a bénéficié d'une nouvelle édition en 1982 et qui a été accompagnée ou suivie de divers articles sur la métrologie du sel, sur le vocabulaire des techniques des marais salants dans l'Adriatique et dans l'Atlantique, sur les innovations techniques, etc. A son initiative, en 1986, a été tenue une table ronde fort importante dont les actes ont été publiés sous le titre *Le Roi, le Marchand et le Sel* (Villeneuve-d'Ascq, Presses universitaires de Lille, 1987), envisageant notamment les problèmes posés par l'impôt du sel et la fiscalité de la gabelle. De son côté, Ch. Villain-Gandossi publiait et étudiait les comptes du sel de la compagnie de Francesco Datini en 1376-1379 (CTHS, « Coll. de doc. inédits... »), tandis qu'A. Dupont s'appliquait aux origines du salin royal de Carcassonne à la fin du XIIIe siècle. R. Favreau, H. Touchard, C. Bouhier éclairaient largement par divers articles l'importance de la production et du commerce du sel des côtes atlantiques, Poitou et Bretagne.

Les salines continentales n'étaient pas oubliées : H. Dubois traitait en divers articles des problèmes industriels, humains et politiques posés par la saunerie de Salins et le commerce des sels comtois ; P. Pégeot mettait l'accent sur la concurrence des sels « entre Lorraine, Alsace et Franche-Comté » et dans l'ancien évêché de Bâle. Plus récemment, la fiscalité du sel et les origines des fermes de la gabelle donnaient lieu à divers articles d'Y. Grava, de B. Chevalier, d'A. Venturini, de N. Coulet.

Par rapport aux années qui ont précédé et suivi la Seconde Guerre mondiale, l'***histoire du commerce*** a été un peu le parent pauvre de la recherche des médiévistes, si l'on excepte évidemment le commerce maritime auquel il vient d'être fait allusion et, plus spécialement, les relations économiques avec les pays d'Orient, l'Italie et l'Espagne, questions dont il est traité par ailleurs au cours de notre congrès. La reprise en un recueil des *Etudes d'histoire médiévale* d'Y. Renouard (SEVPEN, 1968) a un peu marqué la fin d'une période de la recherche française en ce domaine.

En matière d'histoire du commerce international, il convient toutefois, en dehors des « Réflexions sur l'origine des douanes »

(*Francia,* Munich, 1980, t. 9, p. 497-510) par M. Mollat, de rappeler divers articles, toujours bien documentés, de G. Romestan sur les relations commerciales des marchands languedociens ou roussillonnais avec Valence en Espagne ou avec la Ligurie, ainsi que de G. Sivery sur des importations espagnoles dans le Hainaut et la Flandre, de R. Couffon sur le commerce de la Bretagne avec les pays du Nord, de J. Richard sur la production et le commerce de la laine de Bourgogne, de Ph. Dollinger sur les relations de Strasbourg avec les villes hanséatiques, d'O. Kammerer-Schweyer sur le carrefour alsacien dans le grand commerce des XVe et XVIe siècles et sur les échanges dans la région du Rhin supérieur.

Dans le domaine du commerce intérieur, les travaux ont été plus rares encore, mis à part le grand ouvrage d'E. Fournial sur *Les Villes et l'Economie d'échange en Forez aux XIIIe et XIVe siècles* (Klincksieck, 1967), complété par un article de J.-M. Poisson sur la circulation des produits dans cette même région d'après les documents archéologiques.

En revanche, les ***foires*** ont donné lieu à quelques travaux importants. D'abord, la thèse d'H. Dubois sur *Les Foires de Chalon et le Commerce dans la vallée de la Saône à la fin du Moyen Age* (Publications de la Sorbonne, 1976), complétée par plusieurs articles ; puis des « Recherches sur les foires de Mâcon (XIVe-XVIe siècle) » d'A. Guerreau (*Annales de l'Académie de Mâcon,* 1987, t. 63, p. 131-145, et 1988, t. 64, p. 217-227) ; la thèse d'O. Kammerer-Schweyer sur *La Lorraine des marchands à Saint-Nicolas-de-Port du XIVe au XVIe siècle* (Saint-Nicolas-de-Port, Connaissance et renaissance de la basilique, 1985) ; un article bien documenté de R. Chanaud sur « La foire aux ovins de Briançon. Deux siècles d'échanges avec le Piémont » (*Cahiers d'histoire,* 1980, t. 25, p. 227-255) ; plusieurs articles de M. Bur sur les plus anciens documents concernant les foires de Champagne et sur les petites foires de cette région ; d'autres de L. Musset sur des foires et marchés en Normandie à l'époque ducale, et des travaux de J. Richard sur la foire d'Igornay, de L. Carolus-Barré sur celle de Compiègne, etc.

Par rapport aux décennies précédentes — et en attendant la thèse annoncée de S. Abraham-Thisse sur *Le Commerce des draps de l'Europe du Nord et de l'Est à la fin du Moyen Age* —, la ***draperie*** médiévale n'a donné lieu qu'à un nombre limité de travaux — encore appartiennent-ils pour la plupart au début de la période considérée, et beaucoup sont ou bien de portée très générale ou bien assez ponctuels, bien peu atteignant la vingtaine de pages. Il convient pourtant de souligner l'intérêt de plusieurs d'entre eux, comme ceux de G. Romestan sur la question de la gabelle des draps en Languedoc et son abolition, ou bien l'excellente étude de C. Dhérent sur « L'assise sur le commerce des draps à Douai en 1304 » (*Revue du Nord,* 1983, n° 257, p. 369-397).

Le commerce du ***vin*** a suscité, en revanche, diverses études, non plus des recherches d'ensemble, comme l'exportation du vin de Bordeaux en avait provoqué naguère, mais des travaux sur des aspects de la consommation dans une région donnée : en Hainaut avec G. Sivery, à Rouen avec A. Sadourny, dans les villes du Dauphiné et du Faucigny avec P. Vaillant ; une étude aussi, prolongée vers les temps modernes, de J. Beauroy sur *Vin et Société à Bergerac* (Saratoga, Calif., Stanford French and Italian Studies, 1976), et surtout le très beau travail, parfaitement documenté, d'A. Higounet-Nadal sur *Le Vignoble et le Vin à Périgueux aux XIVe et XVe siècles,* tandis que c'était la fiscalité publique du vin qui attirait l'attention de J. Kerhervé en Bretagne et de R. Brondy à Chambéry.

Quant au marché du ***blé***, généralement négligé, il n'a vraiment suscité qu'un article d'A. Derville sur le marché lillois.

Pour les ***autres objets du commerce,*** en vingt ans, il n'y a eu — en attendant l'ouvrage annoncé de M. Balard sur les épices — qu'un ouvrage dont l'intérêt et la valeur doivent être soulignés, les deux volumes de R. Delort sur *Le Commerce des fourrures en Occident à la fin du Moyen Age* (Rome, Ecole française de Rome, 1978), mais qui touche à tous les aspects de ce commerce. Pour le reste, il s'agit d'aspects ponctuels des trafics : celui des chevaux de guerre aux XIIIe et XIVe siècles par moi-même, des bois de charpente et de menuiserie par J. Boyer, des peignes de buis par Ph. Wolff, du corail sicilien par G. Bresc-Bautier, etc.

En fait, une fois de plus, c'est l'homme qui en ce domaine aussi a, plus que tout autre objet, provoqué l'intérêt des médiévistes, soit le milieu social des ***« hommes d'affaires*** » — sinon leur « mentalité » —, soit des personnalités hors du commun. Ce n'est certes pas une coïncidence si la période que nous passions en revue s'est ouverte dans notre secteur par la réimpression, en 1968, des articles d'Y. Renouard, dont 17 articles étaient regroupés sous le titre « Commerce et hommes d'affaires italiens et français » (*Etudes d'histoire médiévale,* SEVPEN, 1968, t. 2, p. 375-652), et si un article de R. Philippe a pris pour thème « La liberté d'entreprendre au Moyen Age ». Coup sur coup, J. Le Goff publiait *La Bourse et la Vie. Economie et religion au Moyen Age* (Hachette, 1986) — en soulevant le problème fondamental du crédit au Moyen Age —, J. Favier, *De l'or et des épices. Naissance de l'homme d'affaires au Moyen Age* (Fayard, 1987), et M. Mollat, l'ouvrage monumental, annoncé par tant de travaux préparatoires, sur *Jacques Cœur ou l'Esprit d'entreprise au XVe siècle* (Aubier, 1988).

Hommes d'affaires français à l'étranger ? L. Musset s'est posé la question : « Y a-t-il une aristocratie d'affaires commune aux grandes villes de Normandie et d'Angleterre entre 1066 et 1204 ? » (*Etudes normandes,* 1986, n° 3, p. 9-19), et A. Sadourny a poursuivi en parlant des marchands normands en Angleterre après la conquête de 1204. Parallèlement G. Romestan a pris en considération les hommes d'affaires de Perpignan dans le royaume de Naples au XVe siècle, tandis qu'inversement B. Guillemain s'intéressait à nouveau aux « Italiens à Avignon au XIVe siècle » (*Rapporti culturali ed economici fra Italia e Francia nei secoli,* Rome, Giunta centrale per gli studi storici, 1979, p. 59-72), question qui faisait ensuite l'objet de la thèse de J. Hayez. D'autres se sont intéressés au milieu commercial d'une ville donnée : Valenciennes avec G. Sivery, Colmar avec O. Kammerer-Schweyer, Avignon encore avec la thèse d'Ecole des chartes de C. Hayez-Gros, ou bien les « Intermédiaires et affairistes d'une seigneurie foncière corse » avec J. Vidal (*Mélanges Roger Aubenas, Recueil de mémoires et travaux publiés par la Société d'histoire du droit et des institutions des anciens pays de droit écrit,* 1974, fasc. 9), sans compter divers articles consacrés aux activités, à la fortune, à la comptabilité, etc., de marchands ou d'hommes d'affaires de régions diverses.

L'***histoire du change*** n'a guère inspiré les médiévistes depuis la disparition de R. de Roover et la publication en 1963 de l'état des changeurs en France sous le règne de Louis XI par R. Favreau ; il faut toutefois rappeler le court article de B. Chevalier sur « Les changeurs en France dans la première moitié du XIVe siècle (*Mélanges E. Perroy,* Publications de la Sorbonne, 1973, p. 153-160) et un autre de J. Gentil Da Silva (*Bulletin philologique et historique,* 1972, p. 283-297). Il est vrai que deux livres de changeurs ont été publiés : l'un par Ch. de La Roncière, provenant d'un changeur florentin du Trecento, Lippo di Fede del Seta, l'autre d'un changeur de Montolieu en Languedoc, également du XIVe siècle, par M. Bompaire (*Revue numismatique,* 1987, 6e série, n° 29, p. 118-183). Et dans le domaine de l'***assurance,*** un seul article, semble-t-il, peut être signalé, celui de R. Favreau relatif à « Un contrat d'assurance maritime à La Rochelle en 1490 » (*Revue de la Saintonge et de l'Aunis,* 1976, t. 2, p. 79-92).

En revanche, il convient de souligner que ***le crédit et le commerce de l'argent,*** l'usure et l'activité des Lombards et des Cahorsins — outre le volume déjà signalé de J. Le Goff qui en traitait sous l'aspect déontologique — ont suscité un renouveau d'intérêt. J'ai moi-même consacré plusieurs articles aux « Lombards et au problème du crédit en France aux XIIIe et XIVe siècles », (*Rapporti culturali ed economici fra Italia e Francia nei secoli,* Rome, Giunta centrale per gli studi storici, 1979, p. 7-33), ainsi qu'au rôle des banquiers de Plaisance et aux mécanismes des emprunts ; d'autres articles ont porté sur l'activité des prêteurs, les aspects du crédit et le rôle de la monnaie en diverses régions, « dans les pays de l'Ouest », avec A. Chédeville, en Albigeois avec J.-L. Biget, à Rouen avec A. Dubuc, à Nice avec P.-L. Malaussena, etc.

Mais ce sont plus encore les ***problèmes monétaires*** qui, plus que jamais, ont retenu l'attention de nos collègues. E. Fournial a publié une *Histoire monétaire de l'Occident médiéval* (Nathan, 1970) ; et F. Dumas et C. Martin ont apporté d'utiles contributions à l'histoire du monnayage et des monnayeurs. La circulation des monnaies au haut Moyen Age a inspiré divers travaux de J. Lafaurie et de X. Barral i Altet, ainsi qu'une étude de C. Morrisson sur l'importation de monnaies byzantines en Occident. A. Chédeville s'est intéressé à la « Circulation de l'or en Europe occidentale du xᵉ à la fin du xiiᵉ siècle » (*Le Moyen Age,* 1977, t. 83, p. 413-443) et J. Gautier-Dalché à la pénétration des « Monnaies d'outre-Pyrénées dans le Nord-Ouest de la péninsule Ibérique (xiiᵉ-xiiiᵉ siècle) » (*Bulletin philologique et historique,* 1969, 1, p. 75-98). La circulation des monnaies en Bourgogne, en Nivernais, en Auvergne, et cela à diverses époques, a retenu l'attention d'H. Dubois, de J.-M. Poisson, de P. Bonnassie ; celle de la monnaie flamande comme « monnaie internationale » a provoqué plusieurs articles de J. Duplessy, et l'histoire monétaire de l'Aquitaine anglo-gasconne a été renouvelée par P. Capra. Mais il faut insister sur l'importance exceptionnelle qu'a présentée la publication par J. Duplessy des *Trésors monétaires médiévaux et modernes découverts en France* (Bibliothèque nationale, 1985), dont le tome 1 s'étend de l'avènement des Carolingiens à la mort de Philippe Auguste. Pour l'époque postérieure est d'un évident intérêt la présentation par J. Favier de la circulation des monnaies au temps de Marie de Bourgogne d'après un relevé des pièces trouvées dans les troncs des églises entre 1476 et 1480 pour les quêtes du Jubilé.

Une très utile synthèse sur les ***monnaies*** frappées dans le royaume au temps de Philippe Auguste a été établie par F. Dumas, qui, en outre, à propos du *Trésor de Fécamp,* nous a donné l'ouvrage fondamental sur *Le Monnayage en France occidentale pendant la seconde moitié du xᵉ siècle* (CTHS, 1971). Il y a eu, d'ailleurs, au cours de la période considérée, une série de mises au point sur la composition de divers trésors ; comme il en a été traité sous l'angle de la numismatique dans le rapport sur les sciences auxiliaires de l'histoire, je n'y reviendrai pas ici. D'autres travaux ont porté sur des ateliers monétaires : tels celui d'A. Guerreau sur « L'atelier monétaire royal de Mâcon (1239-1421) » (*Annales ESC,* 1974, p. 369-362), et celui de V. Chomel sur « Le dauphin Humbert II et l'atelier monétaire de Visan » (*Provence historique,* 1973, t. 23, p. 135-145).

Comme à la période précédente, les mutations monétaires du temps de Philippe le Bel, de Jean le Bon ou de la fin du Moyen Age ont continué à donner lieu à des réflexions précieuses pour l'histoire économique, de la part de divers auteurs, et spécialement de R. Cazelles, de J. Favier, d'A. Guerreau, et le problème de la fausse monnaie a été, après d'autres, traité d'excellente façon par L. Feller.

Bien qu'orienté plus directement sur le domaine des finances publiques, l'ouvrage de J. Favier, *Finance et Fiscalité au bas Moyen Age,* dans la collection « Regards sur l'histoire. Sciences auxiliaires » (Société d'édition d'enseignement supérieur, 1971), constitue pour tout ce domaine financier une synthèse désormais indispensable.

En revanche, l'***histoire des prix des denrées, loyers et rentes,*** et aussi celle des ***salaires*** qui lui est liée, demeurent pour le Moyen Age un secteur à peu près déserté de la recherche. Il est vrai que celle-ci suppose de bonnes connaissances tant dans le domaine de l'histoire de la monnaie et des conditions économiques générales que de la métrologie, ce qui n'est pas si fréquent. Toutefois on peut se féliciter que précisément un premier congrès international de ***métrologie historique*** ait été tenu en 1975 et qu'une commission internationale pour cette spécialité ait été instituée au sein du Comité international des sciences historiques. De là, plusieurs travaux de J.-C. Hocquet, un autre de C. Bozzolo et le début d'une vaste enquête de G. Darrou sur les pierres de capacité encore conservées. En fait, il n'y a pas à douter que l'histoire des prix conditionne toutes les considérations qu'on peut avoir en matière de niveaux de vie, de leur évolution au cours du Moyen Age et, plus généralement, de l'histoire de la vie quotidienne.

C'est présisément l'***histoire de la vie quotidienne*** qui a attiré de façon presque primordiale l'attention des historiens et la curiosité de tous les publics au cours des dernières années.

En 1972 paraissait, sous la plume de R. Delort, un volume magnifiquement illustré : *Le Moyen Age. Histoire illustrée de la vie quotidienne* (Lausanne, Edita, 1972), et, en 1982, un autre volume sur *La Vie au Moyen Age* (Ed. du Seuil, 1982). J. Le Goff ne s'y intéressait pas moins, et l'on a vu se succéder rapidement la publication d'ouvrages sur *La Vie quotidienne* dans l'Empire carolingien, par P. Riché (Hachette, 1979) ; en France et en Angleterre au temps des chevaliers de la Table ronde, par M. Pastoureau (Hachette, 1976) ; pendant la guerre de Cent Ans, par Ph. Contamine (Hachette, 1976) ; celle des gens de mer du IXe au XVIe siècle, par M. Mollat (Hachette, 1983) ; en Europe médiévale sous domination arabe (Hachette, 1978), ainsi que dans les ports méditerranéens (Hachette, 1975), par Ch.-E. Dufourcq ; et aussi en Lyonnais (Les Belles Lettres, 1968), et en Forez (Les Belles Lettres, 1961), aux XIVe et XVe siècles, d'après les testaments, par M. Gonon. De son côté, J.-P. Leguay décrivait de façon très vivante *La Rue dans les villes françaises de la fin du Moyen Age* (Rennes, Ouest-France, 1984), tandis que R. Fossier portait son attention sur *Le Village et la Maison au Moyen Age* (Hachette, 1980), que notre Société consacrait un de ses congrès au cadre urbain, et qu'enfin les auteurs de bien des ouvrages sur la société étaient amenés à faire eux aussi une place plus ou moins large aux divers aspects de la vie matérielle.

Cela signifie une attention nouvelle portée à la maison et à ses éléments de confort, aux outils et aux instruments de toute nature, au costume et, plus encore, à l'alimentation qui a constitué un des éléments porteurs de la recherhe au cours des récentes années. Dans tous les cas, l'apport de l'archéologie a été essentiel.

Sur la ***maison médiévale,*** on dispose d'un ouvrage d'ensemble de R. Fossier et J. Chapelot, *Le Village et la Maison au Moyen Age* (Hachette, 1980), dans la collection de la « Bibliothèque d'archéologie », qu'est venu compléter un article sur « La vie au village (X^e^-XVe siècle) » (*Historiens et géographes,* 1981, n° 285, p. 1123-1132), et nous avons vu plus haut que la « construction » avait été le sujet de nombre d'articles, et tout particulièrement du colloque *Pierre et Métal dans le bâtiment au Moyen Age* (EHESS, 1985).

Les documents d'archives, en particulier les inventaires mobiliers, viennent souvent à l'appui des témoignages archéologiques. Ainsi le titre même du gros article, « Pour compléter les données de l'archéologie : le rôle du bois dans la maison sicilienne, 1350-1450 » (*Atti del Colloquio internazionale di Archeologia medievale,* Palermo-Erice, 1974, Palerme, Istituto di storia medievale, 1976, p. 435-464), de G. Bresc-Bautier qui a publié aussi, avec H. Bresc, « Nomi e cose del Medioevo : i recipienti siciliani » (*Medioevo romanzo,* 1979, t. 6, p. 135-158), et tous deux, avec P. Herbeth, un autre article sur « L'équipement de la cuisine et de la table en Provence et en Sicile (XIVe-XVe siècle). Etude comparée » (*Manger et Boire au Moyen Age,* Les Belles Lettres, 1984, 2, p. 45-58).

De même, F. Piponnier a publié nombre d'articles fondés sur le même type de sources, notamment « Une maison villageoise au XIVe : le mobilier » (*Rotterdam Papers,* Rotterdam, 1975, t. 2, p. 151-170), auxquels nous joindrons des travaux de G. Fournier, « Usages et techniques de la vie quotidienne : vaisselle de bois » (*Mélanges d'archéologie et d'histoire médiévales en l'honneur du doyen M. de Boüard,* Genève, Droz, 1982, p. 155-169) et de l'abbé G. Loubès, « Inventaires de mobilier et d'outillage gascons au XVe siècle » (*Bulletin philologique et historique,* 1972, p. 583-627).

Mêmes constatations pour le ***costume,*** avec — là encore — les travaux de F. Piponnier, *Costume et Vie sociale. La cour d'Avignon (XIVe-XVe siècle)* (La Haye, Mouton, 1970), et « Le costume dans les inventaires mobiliers » (*Vêtement et Sociétés,* Société des amis du musée de l'Homme, 1981, p. 161-169), notamment en Bourgogne, et ceux de M. Beaulieu et d'autres chercheurs, en attendant le recueil collectif sur *Le Vêtement. Histoire, archéologie et symbolique vestimentaires au Moyen Age* qui doit incessamment constituer le premier numéro d'une nouvelle collection, « Les Cahiers du Léopard d'or ».

Mais c'est surtout l'***alimentation*** qui a fait des progrès considérables depuis les deux congrès successifs des

Sociétés savantes tenus en 1967 et 1968 sur les thèmes de l'élevage et de l'alimentation, publiés respectivement en 1969 et 1971. Au premier, J. Richard et H. Dubled avaient étudié, l'un le cas d'éleveurs du Morvan et de bouchers de Troyes, et l'autre, l'organisation de la boucherie et la consommation de la viande à Carpentras, et R. Delatouche, le problème du vivier et du poisson d'eau douce. Au second congrès, plus d'une vingtaine de communications avaient porté sur les ressources alimentaires et les modes d'alimentation de certaines régions, sur les dépenses alimentaires et l'alimentation quotidienne de tables seigneuriales, monastiques ou hospitalières, sur le marché de la viande et du poisson, sur la consommation de la bière, de la cervoise et du vin, et M. Mulon avait publié deux traités de cuisine inédits. En 1970, les *Cahiers des Annales* n° 28 publiaient « Pour une histoire de l'alimentation. Recueil de travaux présentés par J.-J. Hémardinquer ». En 1975, paraissaient dans les *Annales ESC* tout un ensemble d'articles sur l'alimentation, notamment ceux de B. Bennassar et de P. Charbonnier. En 1982, le Centre d'études médiévales de Nice tenait un colloque sur le thème *Manger et Boire au Moyen Age* (Les Belles Lettres, 1984). Chacun des deux volumes des actes, l'un sous le titre *Aliments et Société,* l'autre sous celui de *Cuisine, Manières de table, Régimes alimentaires,* ne comportait pas moins d'une trentaine de communications sur les différents aliments, le pain, la bière, le gibier et le poisson, les épices, le marché des denrées alimentaires, la table des diverses catégories sociales, le rite et la symbolique alimentaires, d'une part, et de l'autre, les coutumes de table, les cuisines provinciales, la diététique. Cela n'empêcha pas que l'année suivante, en 1983, à Flaran, se tint encore un colloque sur *L'Approvisionnement des villes de l'Europe occidentale au Moyen Age et aux Temps modernes* (Auch, Comité départemental du tourisme du Gers, 1985), et Ph. Wolff y présentait un rapport d'ensemble. Simultanément encore, la revue *Médiévales* consacrait un numéro à ce même thème, *Nourritures,* avec des travaux de J.-L. Flandrin sur les « Brouets, potages et bouillons », de B. Laurioux sur « L'usage des épices dans l'alimentation médiévale », sans parler d'autres articles en matière d'ustensiles de cuisine et de recettes de mets.

A cela il convient d'ajouter la thèse de L. Stouff, *Ravitaillement et Alimentation en Provence aux XIVe et XVe siècles* (La Haye, Mouton, 1970) et celle de F. Desportes, *Le Pain au Moyen Age* (Orban, 1987), celle-ci complétée par l'étude d'A.-M. Bautier, « Pain et pâtisserie dans les textes médiévaux latins antérieurs au XIIIe siècle », présentée au colloque *Manger et Boire au Moyen Age* déjà signalé (p. 33-65). Et l'on ne peut passer sous silence l'article de M. Rouche sur « La faim à l'époque carolingienne » (*Revue historique,* 1973, n° 508, p. 295-320) et la polémique qui s'en est suivie avec J.-C. Hocquet sur la base de considérations métrologiques, de même que la « mise au point » d'H. Neveux sur « L'alimentation du XIVe au XVIIIe siècle », et, plus encore, les importants travaux de J.-L. Flandrin sur la cuisine et ceux de B. Laurioux, qui s'est spécialisé dans l'étude des traités de cuisine et des épices, avant de publier tout récemment — admirablement illustré — *Le Moyen Age à table* (Adam Biro, 1989). De plus, c'est toute une série d'articles sur la consommation alimentaire en divers lieux ou dans divers milieux, ainsi que sur la consommation du vin ou du cidre et surtout de la viande, qu'ont publiés des historiens français tant dans des revues (comme, depuis 1984, *Anthropozoologica* et, depuis 1985, *Food and Foodways*) qu'à l'occasion de congrès, comme le colloque de Liège sur *L'Animal dans l'alimentation humaine,* en 1986, et celui de notre Société à Toulouse en 1984 sur *Le Monde animal* (Toulouse, Association des publications de Toulouse-Le Mirail, 1985). En relation directe avec les fouilles archéologiques, c'est aussi la thèse de F. Audoin-Rouzeau, *Archéozoologie de La Charité-sur-Loire médiévale,* qui lui a valu du Comité français des sciences historiques et de la Fondation de France le prix biennal de la meilleure thèse en 1983 et qui a été publiée sous le titre *Ossements animaux du Moyen Age au monastère de la Charité-sur-Loire* (Publications de la Sorbonne, 1986), de même que l'importante communication qu'elle en avait tirée pour l'Académie des inscriptions : « Conclusions relatives à l'alimentation du XIe au XVIe siècle ».

Tout cela montre à l'évidence à quel point la recherche s'est focalisée, et de plus en plus, sur ces questions de vie matérielle et, plus particulièrement, sur celle de l'alimentation, au cours des années récentes. Encore faudrait-il y ajouter les nombreux travaux sur la ***pisciculture,*** sur la pêche, sur l'exploitation des étangs de la Bresse — thèse de C. Benoît actuellement sous presse par les soins du Comité des travaux historiques et scientifiques —, et d'un autre côté, les travaux sur la ***chasse,*** en particulier la thèse de J.-O. Benoist sur *La Chasse au vol en Europe occidentale du XIe au XIVe siècle* (1971), publiée en microfiches, et le colloque du Centre d'études médiévales de Nice en 1979 sur *La Chasse au Moyen Age* (Les Belles Lettres, 1980) et la consommation du gibier qui en résulte. Cette orientation de la recherche est d'autant plus sensible que la forêt, par elle-même, a suscité fort peu de travaux — sinon éventuellement à propos des défrichements — si ce n'est l'important travail de P. Gresser, « A propos de quelque 1 427 mésusants : problématique de l'étude des délits forestiers, d'après les comptes de gruerie du comté de Bourgogne aux XIVe et XVe siècles » (*Cahiers du Centre universitaire d'études régionales,* 1986, 5, p. 27-151).

De même qu'on s'est attaché à savoir ce qu'on mangeait et comment on le mangeait, un colloque a été organisé en 1985 par le Centre d'études médiévales de Nice sur *Les Soins de beauté* (Nice, Faculté des lettres et sciences humaines, 1987), ou plus précisément sur la conception qu'on avait de la beauté, le soin qu'on en prenait, les produits par lesquels on l'entretenait ou par lesquels on dissimulait rides et cheveux gris. *A fortiori* faut-il souligner la nouveauté et l'intérêt des travaux de J.-M. Mehl, repris dans sa belle thèse sur *Les Jeux au royaume de France* (Fayard, 1990). Tout un Moyen Age dont on ne s'était guère préoccupé précédemment, même dans un passé proche.

De ce rapport il ressort à l'évidence qu'un tournant important a été pris dans la recherche française il y a une vingtaine d'années. Les travaux dans le domaine proprement économique, qui avaient précédemment connu une grande vogue après avoir éclipsé toute forme événementielle de l'histoire, ont été relégués, même sous la forme de l'histoire quantitative, loin derrière l'histoire sociale, à une réserve près — qui est d'importance mais qui se relie aussi à certaines des composantes de la civilisation actuelle — : l'histoire des techniques et de la production des matériaux de base, d'une part, la monnaie et le crédit, de l'autre.

Il s'agit aujourd'hui, et de plus en plus, de rechercher et d'étudier la société dans sa complexité et l'homme dans la société et en lui-même. Par là, on rejoint, par un curieux retour, l'un des secteurs les plus porteurs de l'édition contemporaine, celui de la biographie, dans lequel le grand public cherche à rencontrer un homme donné, le modèle, et de percer sa personnalité. Ce qui prime fondamentalement pour l'historien d'aujourd'hui, c'est — après la recherche du nombre des hommes, de leur évolution et de leur répartition — celle des structures sociales et familiales, de la formation, de la composition et des solidarités des divers milieux sociaux et professionnels, et de leurs réactions à l'égard des autorités. Mais c'est, plus encore, la recherche de l'homme lui-même et en lui-même — insistons bien sur ce point — et cela sous les deux formes d'analyse qui nous font pénétrer et dans son mental et dans sa vie matérielle. On s'efforce désormais, d'une part, de déterminer les idéaux et la manière dont on les met en pratique, les modes de penser et le poids des traditions, les peurs et les attitudes devant la maladie, la mort ou l'enfance, mais, d'autre part, on entend connaître l'environnement de l'homme, sa maison, ses objets et ses outils, ses vêtements, savoir aussi bien ce qui le fait rire ou sourire que ce qu'il mange ou boit, ou encore sa sexualité et comment il aime, bref tout découvrir de son comportement et de sa vie matérielle, préoccupation majeure de l'historien qui, là encore, rejoint ce désir du grand public d'appréhender la vie quotidienne des hommes qui nous ont précédés, ou, si l'on préfère, leur « vie privée », titre, d'ailleurs, d'un colloque récent de l'université d'Aix.

La réponse aux questions qu'on s'est ainsi posées vient de l'exploitation de sources auxquelles on n'avait eu qu'un recours insuffisant et de techniques nouvelles. D'une part, l'outil de la prosopographie — même sous des formes souvent élémentaires et partielles —, de l'autre, les premiers résultats de l'archéologie médiévale ont largement contribué à orienter les curiosités ou à y répondre. D'autre part aussi, l'utilisation plus poussée des archives notariales — et spécialement des inventaires après décès

— et l'exploitation des enquêtes et des sources comptables y ont également contribué.

Mais il faut surtout insister sur le fait indiscutable d'une plus grande coordination des efforts dans une interdisciplinarité nouvelle entre des spécialistes de domaines divers. Dans la plupart des congrès et colloques où se sont traitées ou affinées les questions que nous venons de passer en revue, on constate qu'ont été mises en œuvre simultanément des sources d'archives, des témoignages archéologiques, des textes littéraires et des œuvres religieuses ou intellectuelles, c'est-à-dire des chartes, des contrats et des comptes aussi bien que des prêches, des récits ou des proverbes, ou encore que des images ou des tessons. Mais ces sources si diverses ont été maniées par des historiens de domaines différents, par des spécialistes qui collaborent avec leurs propres documents et leurs propres techniques à une problématique commune. De plus en plus rares sont, en effet, les médiévistes capables d'appréhender des secteurs multiples, thématiques, géographiques ou chronologiques, et d'en manier les sources, les instruments de travail et les techniques. Chacun est de plus en plus cloîtré dans sa spécialité propre, et on doit le regretter à une époque où l'interdisciplinarité de principe et la volonté de dépasser les frontières des Etats et des civilisations sont chaque jour affirmées, et où chacun est conscient de la nécessité de briser toutes les cloisons pour parvenir aux visions larges que réclame aujourd'hui l'Histoire.

Une autre conséquence, directement liée aux sources mises en œuvre, est la coupure qui s'est instaurée de fait entre deux zones de recherche de plus en plus distinctes : d'une part un haut Moyen Age qui s'étend aujourd'hui de l'Antiquité tardive au XIe, sinon au XIIe siècle (période qui, dans notre Congrès, ressortissait à un autre rapport et que je me suis abstenu de traiter ici) ; et, d'autre part, un bas Moyen Age qui, partant du XIIIe siècle — souvent de la fin de ce siècle, sinon du milieu du XIVe —, connaît mal ses limites avec l'époque qui le suit : n'est-il pas caractéristique que tant de travaux importants de médiévistes qui se sont attachés à cette période se prolongent sur tout ou partie du XVIe siècle, sinon sur les débuts du XVIIe, tandis que, de leur côté, les historiens de l'époque moderne n'hésitent pas à faire commencer leurs propres recherches avec le milieu du XVe siècle ?

Le perdant, à vrai dire, tend à être aujourd'hui ce qui a été la période classique du Moyen Age, le XIIIe siècle, pour lequel les sources notariales ou comptables sont pratiquement inexistantes tandis que les fouilles médiévales ont surtout porté jusqu'ici sur les époques précédentes. L'une des préoccupations des médiévistes, dans les années qui viennent, serait, peut-être, de mieux connaître comment, dans les divers domaines, s'est produit ce véritable changement de civilisation qui est intervenu entre la fin du XIIe et le milieu du XIVe, ce grand XIIIe siècle, qui s'étend en France de l'avènement de Philippe Auguste à l'avènement des Valois, ce « temps des mutations » qui, somme toute, a conditionné toutes les évolutions ultérieures sur lesquelles les historiens ont surtout fait porter leurs efforts.

L'espace français : histoire politique du début du XIe siècle à la fin du XVe

Françoise Autrand, Dominique Barthélemy
Philippe Contamine

Introduction

La catégorie historiographique qu'il est convenu d'appeler « histoire politique », relativement acceptable et praticable pour la période contemporaine, se révèle, constatons-le, assez inadéquate pour la période médiévale, et cela non seulement aux temps féodaux mais encore aux XIVe et XVe siècles. Où par exemple placer le « phénomène castral » ? L'un des auteurs du présent rapport n'a-t-il pas voulu étudier la guerre au Moyen Age dans sa globalité, avec toutes ses composantes, techniques, sociales, économiques, religieuses, culturelles et pas seulement politiques[1] ? S'il fallait définir plus précisément l'objet de ce rapport, il faudrait dire qu'il vise à évoquer, à l'intérieur de la période et de l'espace retenus, l'histoire des « pouvoirs publics » — le terme d'Etat étant sans doute trop précis, trop typé, pour subsumer l'immense variété des formes auxquelles correspond alors la notion plus floue de « pouvoir public ».

S'il est une classification qui ne peut en tout cas être retenue, c'est celle qui assimilerait l'histoire politique à l'histoire narrative, événementielle, à l'histoire du « temps court » — ce qu'un temps l'école des *Annales* a appelé l'histoire « historisante ». En fait, non seulement les autres formes d'histoire connaissent elles aussi le « temps court », le récit, mais encore et surtout force est d'admettre que l'histoire dite politique peut être abordée selon les trois temps proposés par F. Braudel. En particulier, la « longue durée » concerne l'histoire politique dans le domaine des concepts, des manifestations symboliques, des institutions... et des dynasties.

Naturellement, il n'est pas question de donner un quelconque statut privilégié à l'histoire des pouvoirs — pratique et mécanisme, conception et représentation — mais de remarquer :

1° que depuis vingt ans, au sein de la recherche médiévale française, c'est encore et toujours, qu'on le veuille ou non, l'histoire économique, sociale et religieuse qui l'emporte, ainsi que le montrent, par exemple, la liste des thèmes retenus pour les congrès annuels de la Société des historiens médiévistes de l'enseignement supérieur public, ou encore la rareté des centres de recherche ayant spécifiquement pour objet l'étude des pouvoirs à l'époque médiévale ;

2° que l'histoire des « pouvoirs publics », à toutes les époques et pas seulement à la nôtre, qui assiste dans l'enthousiasme, la complicité, la résignation ou la désolation à la croissance presque totalitaire de l'Etat, a eu une importance réelle, voire fondamentale, dans la vie des hommes : simplement ne soyons pas dupes des apparences et ne croyons pas à la prédominance absolue de la « société civile » là où l'on ne trouve pas ou guère d'Etat, au sens moderne du mot ;

3° que, si l'histoire politique a été la première à se constituer (depuis les annales, les histoires et les chroniques contemporaines des événements eux-mêmes), cela ne s'explique pas seulement par la volonté des gouvernants, par le statut des chronographes, ni par le fait que les premiers à s'intéresser *professionnellement* à l'histoire furent les gouvernants et les futurs gouvernants, mais aussi par le fait que le récit en forme de chronique ou d'annales traduit, volontairement ou involontairement, la façon dont les gens ont senti et vécu sinon leur temps, du moins ce que leur temps avait de public. Autrement dit, à toutes les époques, l'histoire politique a fourni les « cadres sociaux de la mémoire » : à ce titre, elle a partie liée avec l'histoire des mentalités.

I. Nouvelles approches

1. Anthropologie du pouvoir

Premier aspect du « retour du politique » : en association avec « la société », le « pouvoir » figure plus souvent que l'« économie » dans le libellé de thèses récemment soutenues ou en cours. Pour la période féodale (XIe-XIIe siècle), c'est une consécration de la référence mâconnaise[2] : le phénomène de la seigneurie châtelaine occupe une place centrale dans l'histoire de ce temps, même si l'on doit reconnaître, avec J.-P. Poly et E. Bournazel[3], qu'il n'est pas seulement politique. Sans doute les clivages idéologiques entre historiens ne sont-ils pas étrangers à l'existence de deux tendances :

— L'une considère que l'instauration de la seigneurie châtelaine, à l'aube sinistre du XIe siècle, constitue une importante rupture et tend à maintenir et à renforcer la domination de classe de l'aristocratie : la « contrainte extra-économique » lui permet de recueillir, en bonne logique « féodaliste », la meilleure part des fruits de la croissance[4].

— L'autre met l'accent sur une certaine continuité avec le Xe siècle : les « mauvaises coutumes », en particulier, sont relativisées, et la paix de Dieu devient un terrain d'entente (par redéfinition de l'équilibre) entre seigneurs laïcs et ecclésiastiques pour le bien de tous plutôt qu'une conspiration des puissants ou la récupération d'une résistance paysanne[5].

Un autre débat (qui ne recoupe pas nécessairement le précédent) devrait porter sur la définition de l'Etat du haut Moyen Age, dont la principauté du XIe siècle est l'héritière. « Une chefferie de village étendue à tout l'univers[6] », guerrière et prédatrice ? Ou la continuation majestueuse de l'Empire romain, avec ses titres, ses formulaires et sa fiscalité[7] ? Autant l'on dispose, à partir de 1200 ou 1300, d'un paradigme commode avec cet « Etat moderne » dont il s'agit seulement de dater et de dresser avec exactitude l'acte de naissance, autant l'on peine à définir ce qui l'a précédé. On pourrait toutefois emprunter à Max Weber la notion de « domination traditionnelle » et la définir par les principes de légitimité lignagère et par la relative étroitesse du « domaine public » par rapport à la sphère du privé.

Sur les rapports entre le public et le privé, on se référera à l'introduction du tome 2 de l'*Histoire de la vie privée* par G. Duby[8].

L'attention des historiens se porte en ce moment avec force sur les problèmes lignagers : au hit-parade des titres de recherches, « pouvoirs et parenté » talonne « pouvoirs et société » (tout en jouant la deuxième place avec « espace et pouvoir » !). Mais le contenu des développements n'est pas toujours le même : il peut s'agir aussi bien d'une réflexion sur le lignage comme obstacle au pouvoir de l'Etat[9] que d'une valorisation des liens de parenté entre nobles comme ciment du système politique[10] ou encore comme source et enjeu d'affrontements décisifs — les mariages capétiens ne relèvent-ils pas de la « grande histoire »[11] ? Donc, tantôt la parenté contre le politique, tantôt le politique à travers la parenté, et celle-ci tantôt irénique (par l'effet que produisent les restitutions prosopographiques qui gomment les conflits[12]), tantôt tumultueuse.

Deux questions peuvent être implicitement posées ou discrètement éludées :

— Celle des hiérarchies sociales, qui coïncident étroitement avec les hiérarchies politiques, au moins avant l'« Etat moderne » (cf. la définition même du *miles* par son pouvoir de justice, qui est marque royale[13]) : sont-elles un facteur nécessaire à la dynamique d'une société ou l'entravent-elles ? L'ordre politique qui, incontestablement, tend à les maintenir est-il par conséquent utile ou nuisible ?

— Celle de l'adéquation des représentations du pouvoir et de la préséance sociale à la « réalité ». Indubitablement, le schéma des trois ordres[14] ou le vocabulaire catalan de l'« empouvoirement »[15] ont une importance politique ; mais tirent-ils leur efficacité de leurs relations avec ou de leur disjonction d'avec une hypothétique « réalité » ?

Ces questions sont celles de l'anthropologie la plus contemporaine, qu'elle s'attache à l'Europe ou à d'autres cultures[16]. Leur présence en filigrane de divers travaux montre que l'histoire politique du Moyen Age français n'échappe pas à la modernité.

2. Prosopographie

Pour la première fois en 1986, un bilan de l'histoire politique du Moyen Age français intitulait une de ses rubriques « Prosopographie et histoire de l'Etat ». C'était consacrer l'entrée de la prosopographie dans l'histoire médiévale, c'était désigner son champ d'élection : le politique. Parus la même année, les actes de la table ronde *Prosopographie et Genèse de l'Etat moderne*[17] mettent au point la valeur et les limites de l'outil prosopographique et posent les conditions de sa pertinence par rapport à l'objet de recherche qui a animé l'histoire politique française pendant ces dernières années : la « genèse de l'Etat moderne ». Sociographie des institutions et des pouvoirs, mais aussi étude des groupes avec leurs structures, des réseaux, des clientèles, la prosopographie a pour ambition de démonter les mécanismes des pouvoirs, d'éclairer l'action de l'Etat, « incompréhensible sans l'étude de la société politique[18] ».

La société politique : l'objet et le mot rappellent le livre fondateur de R. Cazelles, *La Société politique et la Crise de la royauté sous Philippe de Valois*[19]. Si l'on ajoute à son nom ceux de B. Guenée[20] et de P.S. Lewis[21], on aura nommé les pères de l'histoire politique récente, dans son approche prosopographique. Leur modèle, leur impulsion, leurs interrogations ont suscité diverses études, prosopographiques en tout ou en partie. Personnel d'une institution royale (chancellerie[22], Parlement[23], bailliages et sénéchaussées[24]), d'une administration princière (gens de finances des ducs de Bretagne[25]), hommes d'Etat aux origines de la décision politique (conseillers du roi[26]), chefs de guerre et capitaines au service du roi[27] ou d'un prince[28], autant de groupes directement liés à l'Etat. D'autres groupes étudiés (nobles d'une région[29], membres d'un chapitre[30], dirigeants des bonnes villes[31]) sont aussi acteurs de l'histoire des pouvoirs, de même que ces rassemblements plus ou moins occasionnels ou organiques que constituent les cours ou les assemblées représentatives[32].

Pour les principes constitutifs des groupes, quelques grands livres, des études régionales, permettent de mieux connaître la noblesse[33], les sociétés urbaines[34], dans leurs liens avec le pouvoir. Mais, sauf exception (le Parlement[35]), l'étude des réseaux reste dans le domaine des vœux et des recommandations, tandis que, parmi les problèmes mis en question, l'anthropologique (les âges[36]) l'emporte sur le juridique (les offices[37]).

Les voies ouvertes il y a une vingtaine d'années ont eu des débouchés nouveaux, voire inattendus. On a cherché la société politique, on a trouvé des sociétés politiques[38]. La prosopographie a fait ressortir les diversités. En 1975, disait B. Guenée, on s'intéressait « aux membres plus qu'à la tête », à la base plus qu'au sommet. On a pourtant étudié les « élites dirigeantes », les « grands corps de l'Etat »... : tant il est vrai que les groupes qui forment la société politique se constituent autour du prince, que l'Etat moderne est monarchique, hiérarchique, aristocratique[39].

Biographie collective, la prosopographie permet d'éliminer l'anecdotique, sinon l'individuel, d'introduire le quantitatif dans l'histoire politique. Mais cela ne doit pas se faire au détriment de la dimension diachronique. L'homme dans le temps qui court : si l'historien était tenté d'oublier que c'est là l'objet de son métier, le public des livres d'histoire se chargerait de le lui rappeler. Le renouveau de la biographie, qui fait revenir sur la scène de l'histoire à la fois l'individu et le récit, est un des aspects marquants de la dernière décennie[40]. Biographies rajeunies où le psychologique cède la place à l'environnement de l'individu, biographies qui placent un homme dans le temps court sans négliger la durée longue et lente, mais biographies d'acteurs du politique plus que d'inconnus de l'histoire. Il paraît à présent de nouveau légitime d'écrire « l'histoire de France » à travers la vie d'un roi[41].

3. *Symbolique des pouvoirs*

On donnerait volontiers à ce développement le titre « insignes des pouvoirs et symbolique d'Etat », ne serait-ce que pour témoigner de l'importance de la dette contractée envers l'œuvre chatoyante et massive de P. E. Schramm[42]. C'est que, pendant trop longtemps, l'Université française, en rupture avec une tradition mémorable remontant à Du Cange, à Montfaucon, à Félibien, à Gaignières, a considéré l'étude de ces thèmes comme frivole, subalterne et pour tout dire réactionnaire. Tout juste des sociétés savantes, comme la Société nationale des antiquaires de France, constituaient-elles le lieu où pouvait encore fleurir ce type de recherche érudite. Les rares historiens qui s'y intéressaient faisaient figure d'outsiders, ou d'amateurs. Sans doute un tournant décisif a-t-il été pris avec la parution, en 1968, du livre de B. Guenée et F. Lehoux, *Les Entrées royales françaises de 1328 à 1515*[43]. La voie était ainsi ouverte, ou rouverte, avec la double caution du CNRS et de la Sorbonne. Il s'agit d'étudier, par tous les moyens possibles, les objets qui expriment, soutiennent, symbolisent le pouvoir, ou du pouvoir : la couronne, le sceptre, l'épée, la main de justice (bref, l'ensemble des *regalia*[44]), les drapeaux (vexillologie[45]), les livrées et les uniformes, tout ce qui ressortit à l'héraldique, au sens large[46]. Naturellement, les insignes du pouvoir ecclésiastique font partie de ce champ de recherche. De plus, à côté des insignes royaux, les insignes des pouvoirs princiers, seigneuriaux, municipaux, et même des pouvoirs à l'intérieur de toute collectivité (ainsi les métiers, les confréries, les universités), ne doivent pas être négligés, encore qu'ils soient moins prestigieux, moins spectaculaires. Ajoutons que, par le biais des sceaux, l'étude de la symbolique des pouvoirs peut déboucher sur l'étude des chancelleries et des cours de justice. Mais il s'agit aussi d'étudier le cérémonial, bref, à côté de la liturgie et du rituel ecclésiastiques, la liturgie et le rituel des pouvoirs temporels. Ici même, il y a une génération, le vide était loin d'être aussi absolu : songeons aux *Rois thaumaturges* de M. Bloch[47], au *Roi très chrétien* de J. de Pange[48], au travail de M. David sur le serment du sacre[49], sans compter l'étude de R. Giesey[50], tout récemment — et tardivement — traduite en français[51]. D'ailleurs un rite au moins avait toujours retenu l'attention des médiévistes patentés : les « foi, hommage et fidélité », fondement du régime féodal, mais non sans risque de contresens, faute d'une claire conscience que le serment féodal s'inscrit à l'intérieur d'un ensemble singulièrement plus vaste, dont il n'est qu'un cas particulier. Il s'agit donc d'étudier l'adoubement[52], les funérailles des chevaliers (mourir noblement[53]), des princes (Jean de Berry[54], les comtes de Foix[55]), aussi bien que la reddition des clés par une bonne ville, les prestations de serments d'allégeance, la levée de l'oriflamme. Thèmes d'autant plus porteurs que sont mis à contribution, sur le mode interdisciplinaire, les textes, les images, les objets, les fouilles (le casque de Charles VI, retrouvé dans les fossés du donjon de Philippe Auguste). Mais on est loin ici d'une curiosité anecdotique, d'un goût du pittoresque facile, de l'exotique. En fait, si ce thème revêt une importance particulière pour l'époque médiévale (car après tout pourquoi ne pas l'étudier aussi pour le XIXe siècle, pour l'époque contemporaine ?), c'est qu'il semble parfaitement en phase avec l'ensemble de la mentalité médiévale (immergée dans le symbolisme) et en liaison organique à la fois avec le sacré, ou le surnaturel, et avec l'information et la propagande politique.

4. Les lieux de pouvoir

Soulignons ici tout ce qu'a fourni, depuis une génération environ, l'archéologie proprement dite, en sus de l'étude, toujours nécessaire, des textes et des monuments. L'archéologie de terrain (prospection et fouilles) a permis de repérer des lieux de pouvoir soit largement ignorés soit imparfaitement datés, en même temps qu'elle s'attachait à leur analyse en profondeur. C'est toute notre conception des châteaux, et du régime féodal, qui s'en est trouvée bouleversée. Songeons, pour la seule Normandie, à la coexistence d'une part des mottes et des enceintes circulaires[56], d'autre part du palais-château de Fécamp[57]. Mais même pour les périodes plus tardives, les fouilles du donjon de Philippe Auguste, du château du duc de Berry à Mehun-sur-Yèvre, bientôt du château de Vincennes, sont susceptibles de remettre en cause nos connaissances.

Une semblable orientation incite les historiens de l'écrit à aller plus loin dans leurs propres investigations. C'est ainsi que, pour la fin du Moyen Age, deux sujets pour le moins mériteraient une étude d'ensemble : 1° le « cadre de vie » des derniers Capétiens et des premiers Valois d'après leurs itinéraires, et, en annexe, les problèmes matériels liés à l'existence de l'Hôtel ; 2° la nature et la typologie des lieux où s'exerçaient alors les pouvoirs, quels qu'ils soient : lieux couverts, en plein air, dans des tentes, dans des bâtiments « banalisés » ou spécifiques, publics ou privés (rôle, par exemple, des hôtelleries), religieux ou profanes.

II. Problèmes et perspectives

1. Principautés et seigneuries avant l'« Etat moderne » (XIe-XIIe siècle)

Les études d'histoire régionale des XIe et XIIe siècles mêlent souvent le politique à d'autres rubriques (économique, sociale, religieuse même) dans une proportion variable. On pourrait distinguer entre des monographies dont le cadre n'est pas politique (mais « naturel » ou ajusté à l'extension d'un fonds d'archives ecclésiastiques particulièrement riche) et celles qui choisissent les frontières d'une mouvance : ce second choix tend à regagner du terrain.

Divergeant sur la nature du pouvoir, les historiens français reconnaissent tous que principautés (dont celle du roi) et grandes seigneuries (les futures « baronnies » et quelques autres) sont des unités homologues malgré leur différence de taille : en d'autres termes, que le système politique est segmentaire. Pour les uns, le baron exerce une « souveraineté », avant même que le XIIIe siècle lui en fournisse la théorie [58] ; pour les autres, le prince et même le roi ne sont au fond que des seigneurs [59] ; pour tous, la relation entre rois et princes, celle entre princes et barons sont moins hiérarchiques qu'égalitaires [60]. La confrontation et la complémentarité entre princes et barons constituent donc, à côté de leurs rapports avec l'Eglise, un thème dominant de l'histoire des principautés, qui se renouvelle rapidement partout.

Puisque le mot même de *regnum* ne reprend un sens large que vers le milieu du XIIe siècle [61], le roi est jusque-là traité à juste titre comme un prince parmi les autres : J. Dhondt a réévalué son aire d'influence, en démontrant l'existence d'un second cercle, outre le couloir Paris-Orléans, ce qui lui confère la même structure qu'aux autres principautés[62] ; A. Graboïs a comparé la paix de Dieu sanctionnée par Louis VII à celle de Bourgogne[63], et les études d'entourage menées par J.-F. Lemarignier et E. Bournazel[64] montrent la profondeur de son implantation régionale. A propos d'Anne de Kiev, R.-H. Bautier évalue le rôle du Valois, tandis que le Vermandois, autre satellite, attend encore l'historien de ses comtes quand évêques et sires du nord de la Seine ont trouvé les leurs[65].

Les desseins du comte palatin ressortent de l'étude de M. Bur sur *La Formation du comté de Champagne*[66], tandis que l'aire blésoise est abordée en deux thèses régionales plurithématiques : par le Berry et par le Chartrain[67].

Le pouvoir ducal normand a un peu souffert des dernières décennies : L. Musset, en une série d'études, l'a plus banalisé (en le privant, au-delà de 1015-1020, de son aura scandinave) que réellement abaissé[68], mais ce sont A. Debord, argumentant en historien-archéologue sur la violence des poussées d'usurpation châtelaine, et G. Louise, magnifiant les Bellême[69], qui lui ont porté de rudes coups ! Pour autant, renoncera-t-on à voir dans la puissance normande du XIIe siècle l'aiguillon du réveil capétien ?

Le comte de Flandre, selon R. Fossier et les historiens belges, mérite mieux que le duc normand la palme d'or des princes maîtres chez eux, du moins en « zone interne »[70].

L'Anjou sort renforcé (au moins jusqu'en 1060) de l'étude d'O. Guillot[71], attentive notamment aux fondements juridiques de la *potestas*.

La Bretagne, elle, sort francisée (au moins à l'est et au sud) des réflexions d'A. Chédeville et N.-Y. Tonnerre[72].

La Gascogne lui ressemble un peu : R. Mussot-Goulard, tout à la fois, la rapproche des modèles carolingiens et lui restitue son éclat propre, encore très vif en l'an Mil, mais terni par les crises du XIe siècle : comme en Bretagne, une zone au caractère ethnique plus marqué se dissocie d'une zone acculturée... et phagocytée par un Franc[73]. Ici le mangeur est le duc d'Aquitaine, sur lequel la thèse d'A. Debord jette une lumière nouvelle, notamment en matière de justice[74], tandis que l'Auvergne resterait à peu près sans prince[75].

La maison de Toulouse trouve une admiratrice en la personne d'E. Magnou-Nortier, qui décèle les traces d'une puissante fiscalité[76], tandis que la maestria barcelonaise en Provence impressionne davantage J.-P. Poly[77]. A aucun titre, les princes d'Occitanie ne sont en retard ou en retrait sur ceux du Nord ; ni plus ni moins « féodaux » qu'eux, croyons-nous : G. Giordanengo ne montre-t-il pas que la distorsion entre Provence et Dauphiné à cet égard (la première évidemment moins « féodale ») est affaire — tardive — de formalisation[78] ? Reste qu'en Languedoc et en Arles les groupes et lignages de noblesse urbaine suscitent plus d'intérêt que les sires rebelles des Baux[79].

La Bourgogne avait vu son histoire profondément renouvelée, dès avant 1969, par J. Richard et G. Duby[80]. Elle s'enrichit encore des apports d'archéologues et de celui d'Y. Sassier, historien des évêques d'Auxerre[81]. La force des prélats rappelle ici, comme en Champagne, que l'Empire n'est pas loin : au-delà des quatre fleuves, n'est-ce pas elle qui rend les principautés plus faibles (Lorraine de M. Parisse[82]) ou au moins plus tardives (Dauphiné, Savoie de B. Demotz[83]) ?

Les nuances régionales ne manquent pas : l'ancienne Neustrie robertienne, l'Occitanie franque, le Nord-Est carolinissime, enfin les périphéries celte ou gasconne ont leur caractère propre, que toutes les études relèvent. D'autre part, la rareté des sources rend très précaires, l'évaluation du rapport de force entre princes et sires comme la chronologie fine des institutions administratives[84]. Enfin, la multiplication des méthodes et des critères d'évaluation peut bouleverser l'appréciation portée sur tel prince : abaisser le Normand, élever le Toulousain, etc. Pourtant, après toutes ces réserves, la France des dix principautés (XIe et XIIe siècle) sort à la fois plus cohérente et plus homogène, quoique nullement unifiée, de vingt années de recherches sur les pouvoirs princiers et baronniaux. La crise du second XIe siècle, le renforcement du XIIe siècle se retrouvent partout, à des rythmes à peine divergents. On attend la disparition des barrières problématiques (déjà bien avancée pour ce qui est de la Belgique et de l'Allemagne[85]) pour affiner la comparaison avec le reste de l'Europe latine.

En France, en tout cas, l'anarchie féodale a vécu : il faut la ranger au rayon des mythes historiographiques désuets, car ni la violence de classe ni la postromanité princière ne conservent l'idée d'un désordre. D'autant qu'à plus d'un titre on peut apercevoir dans les progrès de l'administration et de la juridiction princières au XIIe siècle, de la Flandre à la Catalogne en passant par la Normandie, mais aussi l'Aquitaine, la Bourgogne et même... le domaine royal[86], la première ébauche de l'Etat moderne.

Mais qu'appelle-t-on ainsi ? Quand cela commence-t-il ?

2. *Les origines médiévales de l'Etat moderne*

a) Les trois départs du long XIIIe siècle

Cette problématique majeure — et d'ailleurs classique — a été redéfinie naguère en un petit livre stimulant de J.R. Strayer[87]. Depuis quelques années, avec énergie et savoir-faire, J.-Ph. Genet a puissamment contribué à lui redonner vie et vigueur, en la dépoussiérant, en la ravalant, avec le soutien d'abord du CNRS, ensuite de la Fondation européenne de la science. Cette renaissance d'un thème que l'on pouvait penser élimé, usé jusqu'à la corde, s'est traduite et va se traduire par toute une série de congrès et une impressionnante suite de publications collectives, où l'histoire politique fait bon ménage avec l'historiographie, la prosopographie, l'histoire culturelle, l'histoire du droit, etc.[88].

Mais évidemment, dans cette perspective, il s'agit de préciser ce qu'on entend par Etat moderne : l'Etat qui s'est développé à l'époque moderne, au sens historiographique français du terme (XVe-XVIe siècle d'une part, fin XVIIIe-début XIXe de l'autre), ou bien l'Etat tel que le vivent les sociétés contemporaines, les hommes de notre temps *(Zeitgeschichte) ?* Il semble qu'il n'y ait aucune raison déterminante d'opter pour la première solution. C'est donc de la définition de l'Etat actuel qu'il faut partir. Autrement dit, l'exercice d'un pouvoir reconnu comme essentiellement public, suprême et souverain, sur un territoire donné, ses ressources, ses biens, sa population. Ce pouvoir suprême a la prétention d'agir pour les intérêts communs des gouvernés. Il tire sa légitimité fondamentale de cette prétention et aussi de ce que cette prétention lui est reconnue, au moins en apparence, par les gouvernés (problème du consentement). Ce Pouvoir (utilisons la majuscule), pour remplir son but et exercer ses fonctions, tend à détenir le monopole de la justice, de la guerre et de la paix (la diplomatie), de l'impôt, à contrôler monétairement, économiquement, socialement, culturellement, l'ensemble des activités des gouvernés à l'intérieur du territoire par lui détenu. Ce pouvoir se veut stable, durable, à la limite, perpétuel. Pour remplir l'ensemble de ses tâches, de ses missions et de ses prérogatives, non seulement il a ses ressources propres, mais encore des hommes — civils et militaires — sont engagés à son service. A l'heure présente, l'ensemble de la planète, l'ensemble des hommes qui la peuplent sont pratiquement enserrés dans ce cadre de l'Etat-nation, même en tenant compte des pouvoirs subalternes, subordonnés, parallèles, complémentaires, marginaux, voire des contre-pouvoirs plus ou moins développés, et même si une tendance se manifeste timidement en vue de l'instauration de pouvoirs supranationaux.

On excusera le rappel de ces banalités, destiné, très prosaïquement, à fournir quelques points de repère.

Comme bien l'on pense, il serait aisé de montrer les origines antiques de l'Etat moderne, et comme, pour une école historique de plus en plus conquérante et cohérente, le Moyen Age, avec d'inévitables nuances selon les lieux et selon les temps, dérive directement de l'Antiquité, sans qu'il soit aisé de repérer une authentique solution de continuité entre les deux périodes, il en résulte que, héritier de la pensée politique et des formes de pouvoir propres à l'Antiquité, le Moyen Age est médiatement ou immédiatement aux origines de l'Etat moderne.

Néanmoins, si l'on compare Hugues Capet (ou n'importe quel prince des environs de l'an Mil) à Napoléon, Henri Ier à Louis XV, et même Louis VII à François Ier ou Henri II, on a le sentiment d'une distance telle qu'on est bien obligé d'admettre, à l'intérieur de l'espace français, l'existence de profondes mutations, qu'il s'agit de définir, de situer, d'expliquer.

Ces mutations, on devrait évidemment les étudier au sein de toutes les cellules de pouvoir, petites et grandes. Mais la force de l'habitude, l'étendue des sources aussi bien qu'une vue téléologique des choses amènent inévitablement à concentrer le regard sur le devenir de l'Etat monarchique. Et ici, aux deux bouts du XIIIe siècle, nous bénéficions de travaux tout à fait fondamentaux. Pour la France de Philippe Auguste, il s'agit d'une part du colloque de 1980, dont le maître d'œuvre fut R.-H. Bautier[89], d'autre part de la large synthèse de J.W. Baldwin[90]. Retenons la conclusion du premier : « D'une principauté féodale un peu plus éminente que les autres parce que son chef bénéficiait du titre royal, Philippe Auguste avait fait un Etat, la France, et il lui avait donné définitivement une capitale, Paris. » Quant au second, son grand mérite est d'avoir magistralement et systématiquement utilisé les registres de Philippe Auguste dont il est parallèlement l'éditeur. Cela lui permet de montrer comment le roi transforma la monarchie pérégrinante en un gouvernement stable, à Paris, avec ses organes réguliers, permanents, son personnel de chambellans, de chevaliers et de clercs, bref toute une bureaucratie qui administre et gouverne par l'écrit. Au XVIIIe siècle, Saint-Simon se plaignait que la monarchie administrative de Louis XIV ait donné le pouvoir aux gens de plume et aux gens de robe, au détriment de la noblesse : mais se rendait-il compte que le grief avait déjà été formulé plusieurs siècles avant lui ? Parallèlement, avec Philippe Auguste, l'idéologie royale prend une vigueur nouvelle. Or, cette mutation ne date pas de 1204-1223 (la conquête de la Normandie, la défaite de Jean sans Terre, la victoire de Bouvines et ses suites), mais de la période 1190-1200, celle que J.W. Baldwin appelle la décennie décisive.

Pour l'autre bout du XIIIe siècle et pour le début du XIVe, nous trouvons des publications de documents, de grandes biographies[91], des recherches érudites, le rassemblement inlassable d'un *corpus*[92] — toute une synergie qui amène à penser que la politique royale, et ses organes, changent de dimension, sinon de direction, sous Philippe le Bel et ses fils. Naturellement, semblable constatation n'est pas une découverte absolue, mais plutôt la démonstration plus et mieux argumentée de ce qu'on acceptait traditionnellement — au moins depuis E. Boutaric. Mais il n'est peut-être pas inutile de le rappeler alors que, pour tout un courant historiographique, les défaites militaires et les dramatiques fractures politiques que connut la France des premiers Valois ne s'expliquent ni par les circonstances ni par les événements ni par l'agression extérieure, mais par le fait que l'Etat-nation n'existait pas en France au XIVe siècle et qu'il fut précisément le lent résultat de la guerre de Cent Ans.

Si donc l'on admet le tournant décisif des années 1280-1330 (avec d'ailleurs ses temps faibles et ses temps forts), non seulement c'est l'action de Philippe Auguste qui se trouve dévaluée, mais aussi celle de Saint Louis [93]. Peut-être effectivement Louis IX, avec sa prudence et ses imprudences, était-il trop attaché à un modèle de gouvernement féodal et familial pour faire progresser autant qu'il l'aurait pu les structures étatiques, mais précisément cette impression de modération, de retenue, de réserve, de « prudhomie » que manifestent à la fois bien des épisodes de son règne et ses enseignements à ses enfants a procuré à sa lignée — Capétiens directs et Valois — un capital moral sans lequel ils auraient pu être balayés. L'adversaire Plantagenêt ne s'y trompa pas, lui qui voulut capter à son profit cet héritage que la canonisation de Louis IX avait rendu sacré.

b) La guerre de Cent Ans : mentalités et institutions

Le siècle compris entre 1330-1340 et 1440-1450 est certes massivement dominé par la guerre de Cent Ans, laquelle fait depuis bien longtemps l'objet de nombreux travaux, dans l'ordre de la synthèse [94] comme dans celui de l'analyse ponctuelle [95]. Malgré tout, les recherches de ces vingt dernières années ont permis non seulement d'apporter mainte précision, d'approfondir tel ou tel aspect, mais aussi, en particulier à l'aide d'une documentation sensiblement enrichie, de renouveler les points de vue :

— L'enjeu, ou les enjeux majeurs ou subalternes du conflit et de ses annexes sont mieux compris, d'une part à travers l'étude de plusieurs négociations diplomatiques [96], d'autre part grâce à la publication de traités visant à réfuter, du point de vue des Valois, les prétentions anglaises. Or, cette littérature était jusqu'à présent très peu connue, alors qu'elle va bien au-delà des circonstances précises qui l'ont suscitée et qu'elle ressortit en plein à l'histoire de la pensée et de la culture politique : Jean Juvénal des Ursins [97], Jean de Montreuil [98], le commentaire — en attendant peut-être l'édition — de Jean de Terre Vermeille [99].

— Les composantes, les racines, les manifestations, les limites aussi du « sentiment national » français ont donné lieu à un livre majeur [100], précédé, accompagné ou suivi par tout un cortège d'études écrites par le même auteur ou par d'autres [101]. A la lumière de ces travaux, on comprend mieux tout ce que représentait pour les mentalités du temps le « saint royaume de France », une meilleure approche est possible du phénomène Jeanne d'Arc, lequel bénéficie d'autre part d'un regain d'intérêt, ne serait-ce qu'à travers la publication des cinq volumes du *Procès en nullité de la condamnation* [102].

— On a voulu montrer non seulement que la guerre de Cent Ans, du côté des Valois, suscita une société militaire avec sa cohérence, sa hiérarchie, sa continuité, son organisation et ses multiples facettes (et nécessairement, cette société est une forme, parmi d'autres, de société politique), mais encore que le conflit s'accompagna de la création de tout un ensemble d'institutions militaires [103], d'ailleurs imitées plus ou moins fidèlement en Bourgogne [104], en Bretagne [105], ailleurs encore. Autrement dit, sans doute n'est-ce pas faute de structures institutionnelles que les Valois subirent alors tant de défaites.

— L'histoire de la noblesse comme société politique a constitué un autre champ d'intérêt. On peut penser qu'elle subit une très profonde transformation à l'époque de Philippe le Bel et de ses fils, en même temps d'ailleurs qu'apparaissent les premières lettres d'anoblissement. Pour elle, les premières défaites de la guerre de Cent Ans furent catastrophiques, démographiquement, économiquement, moralement. Son image dans l'opinion se ternit singulièrement, jusqu'à entraîner un jugement totalement négatif. Cependant, après la crise qui culmina avec la Jacquerie, elle retrouva — sous Charles V et sous Charles VI, tous deux ayant mis en œuvre, à cet égard, une même politique, quoique dans un style et avec des moyens différents — toute son importance politique et militaire. Certes, le temps du royaume de Bourges s'accompagna pour elle d'un relatif ou même sensible effacement, mais sans qu'alors aucune force issue de l'intérieur de la société française ne soit franchement en mesure de la supplanter. Jeanne d'Arc ne fut pas le Grand Ferré, encore moins le Jacques Bonhomme du XVe siècle, et l'on ne peut souscrire ici au jugement de Jean Jaurès qui voyait en elle « la douce héritière du mouvement brutal des Jacques ».

— A travers les pires épreuves — la France « frappée au chef » (Froissart) —, des éléments durables, « positifs », peuvent être décelés. Pour le règne de Charles VI, c'est d'abord l'idée qu'une phase importante de la construction de l' « Etat d'offices » se met en place, à la faveur même de la crise ; c'est ensuite l'idée que la rivalité des Armagnacs et des Bourguignons a pu traduire aussi l'opposition entre deux modèles politiques, au-delà des ambitions et des rivalités de clan ; c'est enfin l'idée que ce malheureux règne a eu son importance dans l'élaboration du sentiment national. Il n'est pas indifférent que Charles VI ait été officiellement surnommé « le Bien-Aimé ». Ce souverain, que nous jugerions volontiers, selon nos critères, soit médiocre, soit calamiteux, voire les deux à la fois, a peut-être été, pour reprendre l'intuition de Michelet, l'une des dernières expressions, avant Jeanne d'Arc, du mythe politique et religieux majeur du Moyen Age : de la Passion naît la Rédemption. Charles VI, image christique[106].

— Hommage, ressort, souveraineté : ces concepts capitaux, qui ont commandé pratiquement toute l'action et la diplomatie des Valois, contre l'adversaire d'Angleterre mais aussi contre les princes (Bretagne, Bourgogne, Foix-Béarn, Armagnac), constituent un des aspects de l'« unité nationale » que différents dossiers, naguère exhumés, permettent de mieux saisir.

Au total, la guerre de Cent Ans apparaît certes comme un accident imprévisible — aussi imprévisible que la Peste noire —, dû peut-être avant tout à la déstabilisation provoquée par le changement dynastique. Elle révéla à la monarchie ses failles, ses faiblesses, elle aviva des tensions latentes, mais elle témoigna aussi de la cohérence d'ores et déjà acquise par la construction française.

c) Les fondements de la monarchie d'Ancien Régime

Comment ne pas être frappé par l'étonnante remontée de l'Etat français à partir de 1440, alors même que la société et que l'économie sont loin d'avoir retrouvé leur vitalité ?

Des synthèses importantes, dans des styles fort différents, ont vu le jour, sur Louis XI [107] et sur Charles VIII [108]. On ne saurait dire que Louis XI soit sorti diminué de ces travaux — peut-être même demeurent-ils trop indulgents à l'égard d'un roi souvent maladroitement brutal mais chanceux. En particulier, on ne saurait attribuer à la seule qualité de ses intrigues (l'« universelle araigne » de Jean Molinet) les désastres bourguignons : ce fut en s'enfonçant à corps perdu dans les « Allemagnes » que Charles le Téméraire se perdit ; le duel ne fut pas seulement franco-bourguignon, mais encore et surtout germano-bourguignon. Quant au règne de Charles VIII, sa nature, son importance, le renouvellement des forces sociales ou politiques qui expliquent son déroulement (« Le roy estoit jeune [...] et plein de son vouloir », comme dit Commynes) sont maintenant bien dégagés.

Mais même dans la seconde moitié du xve siècle, le royaume de France, politiquement parlant, est loin de se réduire à la monarchie : parmi les grandes principautés qui persévèrent dans leur être, l'Etat breton est sans doute celui qui a suscité le plus de travaux récents [109].

Un colloque qui s'est déroulé à l'occasion du 500e anniversaire de la mort de Louis XI a cherché à étudier la France de la fin du xve siècle en soi, et non comme une phase de transition : les problèmes politiques y ont été abondamment mais non exclusivement évoqués [110].

Mais au-delà de la personnalité — si contrastée — des souverains, une évidente continuité s'est manifestée au sein de la classe dirigeante comme au sein des institutions. Pour ne retenir que trois exemples : tel est le cas pour l'armée nouvelle, née des réformes de Charles VII, pour l'un des corps les mieux constitués au sein de l'Etat, les notaires et secrétaires du roi, et enfin pour ses conseillers [111]. En cette fin du xve siècle, plus que jamais, l'Etat est fait d'un mélange de traditions et d'innovations, plus que jamais, il est une mémoire vivante. La monarchie française apparaît comme une forme particulièrement typée de l'Etat moderne, servant à la fois de référence et de repoussoir.

Notes

1. Ph. Contamine, *La Guerre au Moyen Age,* Paris, PUF, 1986, 2ᵉ éd.
2. G. Duby, *La Société aux XIᵉ et XIIᵉ siècles dans la région mâconnaise,* Paris, Colin, 1953, 1ʳᵉ éd.
3. *La Mutation féodale,* Paris, PUF, 1980, p. 13.
4. Dans cet esprit, P. Bonnassie, *La Catalogne du milieu du Xᵉ siècle à la fin du XIᵉ siècle. Croissance et mutations d'une société,* Toulouse, Publications de l'université de Toulouse-Le Mirail, 1975-1976, 2 vol.
5. E. Magnou-Nortier, « La terre, la rente et le pouvoir dans les pays du Languedoc pendant le haut Moyen Age », *Francia,* t. 9, 1981, p. 79-115, t. 10, 1982, p. 21-66, t. 12, 1984, p. 53-118 (sur le pouvoir, cf. en particulier cette IIIᵉ partie).
6. G. Duby, « Les sociétés médiévales : une approche d'ensemble », *Hommes et Structures du Moyen Age,* Paris-La Haye, Mouton, 1973, p. 368.
7. Dans ce sens, outre E. Magnou-Nortier (« La terre, la rente et le pouvoir », article cité), cf. K.F. Werner, in *Les Origines* dans l'*Histoire de France,* sous la direction de J. Favier, t. 1, Paris, Fayard, 1984.
8. Paris, Ed. du Seuil, 1985, p. 32-44.
9. D. Barthélemy, « 'L'Etat contre le lignage' : un thème à développer dans l'histoire des pouvoirs en France aux XIᵉ, XIIᵉ et XIIIᵉ siècles », *Médiévales,* t. 10, 1986, p. 37-50.
10. M. Bur, *La Formation du comté de Champagne,* Nancy, université de Nancy-II, 1977, p. 278.
11. A.W. Lewis, *Le Sang royal : la famille capétienne et l'Etat. France, (Xᵉ-XIVᵉ siècle),* trad. française, Paris, Gallimard, 1986.
12. Comme le remarque A. Derville, *in* « Arras au XIIIᵉ siècle » (CR), *Revue du Nord,* t. 44, 1982, p. 193-200.
13. G. Duby, « Les origines de la chevalerie », in *Hommes et Structures, op. cit.,* p. 325-341.
14. G. Duby, *Les Trois Ordres ou l'Imaginaire du féodalisme,* Paris, Gallimard, 1978.
15. M. Zimmermann, « 'Et je t'empouvoirrai' ('*Potestativum te farei*' : à propos des relations entre fidélité et pouvoir en Catalogne au XIᵉ siècle », *Médiévales,* t. 10, 1986, p. 17-36.
16. G. Balandier, *Anthropologie politique,* 1ʳᵉ éd. Paris, PUF, 1967.
17. H. Olland, « La France de la fin du Moyen Age : l'Etat et la Nation. (Bilan de recherches récentes) », *Médiévales,* t. 10, 1986, p. 81-102. *Prosopographie et Genèse de l'Etat moderne* (actes de la table ronde CNRS-ENSJF, 1984), F. Autrand éd., Paris, ENSJF, 1986.
18. B. Guenée, « Les tendances de l'histoire politique », *Tendances, Perspectives*

et Méthodes de l'histoire médiévale (actes du 100e congrès national des Sociétés savantes, Paris, 1975), Paris, Bibliothèque nationale, 1977, t. 1, p. 47. Cf. A. Demurger, « L'apport de la prosopographie à l'étude des mécanismes des pouvoirs (XIIIe-XVe siècle) », in *Prosopographie et Genèse de l'Etat moderne, op. cit.*, p. 289-301. L'article de J.-P. Genet, « Recent Publications in Medieval Prosopography 11th-15th Centuries : Articles in French Language Periodicals 1979-1980 », *Medieval Prosopography,* t. 3-2, 1982, p. 53-73, montre l'abondance des publications relevant de l'approche prosopographique. Ne seront cités ici que quelques titres parmi les plus récents ou les plus significatifs.

19. Paris, Librairie d'Argences, 1958.

20. B. Guenée, *L'Occident aux XIVe et XVe siècles. Les Etats,* 2e éd. Paris, PUF, 1981.

21. P.S. Lewis, *La France à la fin du Moyen Age. La société politique,* Paris, Hachette, 1977.

22. A. Lapeyre et R. Scheurer, *Les Notaires et Secrétaires du roi sous les règnes de Louis XI, Charles VIII et Louis XII (1461-1515). Notices personnelles et généalogies,* Paris, Bibliothèque nationale, 1978, 2 vol. R.-H. Bautier, « Le personnel de la chancellerie royale sous les derniers Capétiens », in *Prosopographie et Genèse de l'Etat moderne, op. cit.,* p. 91-115.

23. F. Autrand, *Naissance d'un grand corps de l'Etat. Les gens du Parlement de Paris,* Paris, Publications de la Sorbonne, 1981.

24. A. Demurger, « Guerre civile et changement de personnel administratif dans le royaume de France de 1400 à 1418 : l'exemple des baillis et sénéchaux », *Francia,* t. 6, 1978, p. 151-298.

25. J. Kerhervé, *L'Etat breton aux XIVe et XVe siècles. Les ducs, l'argent et les hommes,* Paris, Maloine, 1987, 2 vol.

26. P.-R. Gaussin, « Les conseillers de Louis XI (1461-1483) », in *La France de la fin du XVe siècle. Renouveau et apogée* (actes du colloque international du CNRS, Tours, 1983), B. Chevalier et Ph. Contamine éd., Paris, CNRS, 1985, p. 105-134. M. Harsgor, « Maîtres d'un royaume. Le groupe dirigeant français à la fin du XVe siècle », *ibid.,* p. 135-146.

27. Ph. Contamine, *Guerre, Etat et Société à la fin du Moyen Age. Etudes sur les armées des rois de France. 1337-1494,* Paris-La Haye, Mouton, 1972. Pour des études de cas, cf. Ph. Contamine, « Un serviteur de Louis XI dans sa lutte contre Charles le Téméraire : Georges de La Trémoille sire de Craon (v. 1437-1481) », *Annuaire-Bulletin de la Société de l'histoire de France (1976-1977),* 1978, p. 63-80. A. Plaisse, *Un chef de guerre au XVe siècle, Robert de Floques, bailli royal d'Evreux,* Evreux, Société libre de l'Eure, 1984. D. Lalande, « Un Tourangeau méconnu, Jean Ier le Meingre, dit Boucicaut (vers 1310-1368) », *Bulletin de la Société archéologique de Touraine,* t. 42, 1988, p. 177-199.

28. B. Schnerb, *Aspects de l'organisation militaire dans les principautés bourguignonnes (v. 1315-1420),* thèse dact., université de Paris-Sorbonne, 1988.

29. M.-Th. Caron, *La Noblesse dans le duché de Bourgogne 1315-1477,* Lille, Presses universitaires de Lille, 1987.

30. H. Millet, *Les Chanoines du chapitre cathédral de Laon (1271-1412),* Rome, Ecole française de Rome, 1982.

31. G. de Valous, *Le Patriciat lyonnais aux XIIIe-XVe siècles,* Paris, Picard, 1973. B. Chevalier, *Tours, ville royale, (1356-1520). Origine et développement d'une capitale à la fin du Moyen Age,* Louvain-Paris, Vander-Nauwelaerts, 1975. P. Des-

portes, *Reims et les Rémois aux XIII*e *et XIV*e *siècles,* Paris, Picard, 1979. R. Favreau, *La Ville de Poitiers à la fin du Moyen Age. Une capitale régionale,* Poitiers, Société des antiquaires de l'Ouest, 1978, 2 vol.

32. C. Bozzolo et E. Ornato, « Princes, prélats, barons et autres gens notables. A propos de la cour amoureuse dite de Charles VI », in *Prosopographie et Genèse de l'Etat moderne, op. cit.*, p. 159-171. N. Bulst, « L'histoire des Assemblées d'états et la recherche prosopographique (XIVe-XVIIe siècle) », *ibid.*, p. 171-185.

33. R. Cazelles, *Société politique, Noblesse et Couronne sous Jean le Bon et Charles V,* Genève-Paris, Droz, 1982. Ph. Contamine éd., *La Noblesse au Moyen Age (XIe-XVe siècle),* Paris, PUF, 1976. — *L'Etat et les Aristocraties (France, Angleterre, Ecosse). XIIe-XVIIe siècle,* Paris, Presses de l'Ecole normale supérieure, 1989.

34. B. Chevalier, *Les Bonnes Villes de France du XIVe au XVIe siècle,* Paris, Aubier-Montaigne, 1982.

35. F. Autrand, *Naissance d'un grand corps de l'Etat, op. cit.*

36. B. Guenée, « L'âge des personnes authentiques : ceux qui comptent dans la société médiévale sont-ils jeunes ou vieux ? », in *Prosopographie et Genèse de l'Etat moderne, op. cit.*, p. 249-281. F. Autrand, « La force de l'âge : jeunesse et vieillesse au service de l'Etat en France aux XIVe et XVe siècles », *Comptes rendus de l'Académie des inscriptions et belles-lettres,* 1985, p. 206-223. « Naissance illégitime et service de l'Etat », *Revue historique,* t. 267, 1982, p. 289-304.

37. F. Autrand, « Offices et officiers royaux en France sous Charles VI », *Revue historique,* t. 242, 1969, p. 285-338.

38. Voir l'intitulé de la question inscrite au programme de l'agrégation d'histoire pour 1987 et 1988 : « Pouvoirs et sociétés politiques dans les royaumes de France, des îles Britanniques, de l'Italie du Sud et de la péninsule Ibérique, 1300-1450. »

39. *L'Occident aux XIVe et XVe siècles, op. cit.*

40. Cf. l'introduction de B. Guenée, *Entre l'Eglise et l'Etat. Quatre vies de prélats français à la fin du Moyen Age (XIIIe-XVe siècle),* Paris, Gallimard, 1987.

41. J. Favier, *Philippe le Bel,* Paris, Fayard, 1978. J. Richard, *Saint Louis, roi d'une France féodale, soutien de la Terre sainte,* Paris, Fayard, 1983. F. Autrand, *Charles VI. La folie du roi,* Paris, Fayard, 1986. Y. Labande-Mailfert, *Charles VIII. Le vouloir et la destinée,* Paris, Fayard, 1986.

42. P.E. Schramm, *Herrschaftszeichen und Staatssymbolik,* Stuttgart, A. Hiersemann, 1954-1956, 3 vol.

43. Paris, CNRS, 1968.

44. D. Gaborit-Chopin, *Regalia. Les instruments du sacre des rois de France. Les « honneurs de Charlemagne »*, Paris, Ed. de la Réunion des musées nationaux, 1987.

45. Ph. Contamine, « L'oriflamme de Saint-Denis aux XIVe et XVe siècles. Etude de symbolique religieuse et royale », *Annales de l'Est,* t. 25, 1973, p. 179-244.

46. M. Pastoureau, *Traité d'héraldique,* Paris, Picard, 1979.

47. M. Bloch, *Les Rois thaumaturges. Etude sur le caractère surnaturel attribué à la puissance royale particulièrement en France et en Angleterre,* Paris, Gallimard, 1983.

48. J. de Pange, *Le Roi très chrétien,* Paris, Fayard, 1949.

49. M. David, « Le Serment du sacre du IXe au XVe siècle. Contribution à l'étude des limites juridiques de la souveraineté », *Revue du Moyen Age latin,* 1950, t. 6, p. 6-272.

50. R. Giesey, *The Royal Funeral Ceremony in Renaissance France,* Genève, Droz, 1960.

51. R. Giesey, *Le roi ne meurt jamais : les funérailles royales au temps de la Renaissance,* Paris, Flammarion, 1987 (préface de F. Furet).

52. J. Flori, *L'Essor de la chevalerie (XIe-XIIe siècle),* Genève, Droz, 1986.

53. C. Beaune, « Mourir noblement à la fin du Moyen Age », in *La Mort au Moyen Age* (colloque de l'association des historiens médiévistes de l'enseignement supérieur, Strasbourg, 1975), Strasbourg, Istra, 1977, p. 125-143.

54. F. Lehoux, « Mort et funérailles du duc de Berry », *Bibliothèque de l'Ecole des chartes,* t. 104, 1956, p. 76-96.

55. P. Tucoo-Chala, « Les honneurs funèbres d'Archambaud de Foix-Béarn à Orthez en 1414 », *Revue de Pau et du Béarn,* 1977, p. 5-30. —, « Les honneurs funèbres chez les Foix-Béarn au Moyen Age », *Annales du Midi,* t. 90, 1978, p. 331-351.

56. « Les fortifications de terre en Europe occidentale du Xe au XIIe siècle (colloque de Caen, 2-5 octobre 1980) », *Archéologie médiévale,* t. 11, 1981, p. 5-123.

57. A. Renoux, *Fécamp : du palatium ducis au palatium Dei,* thèse de doctorat d'Etat (dact.), université de Paris-I, 1987.

58. Cf. les titulatures de certains sires, « *Dei gratia dominus* ».

59. Guilhem IX d'Aquitaine se dit, dans un célèbre *canso,* détenteur du « *senhoratge de Peitieus* ».

60. On manque de données sur la prestation d'un hommage des princes au roi avant le règne de Louis VI.

61. Sur ce point, cf. T. Wood, « *Regnum Francie,* a Problem in Capetian Administrative Usage », *Traditio,* t. 23, 1967, p. 117-147.

62. J. Dhondt, « Quelques aspects du règne d'Henri Ier, roi de France », in *Mélanges Louis Halphen,* Paris, PUF, 1951, p. 199-208.

63. A. Graboïs, « De la trêve de Dieu à la paix du roi », in *Mélanges René Crozet,* Poitiers, Société d'études médiévales, 1966, t. 1, p. 585-596.

64. J.-F. Lemarignier, *Le Gouvernement royal aux premiers temps capétiens (987-1108),* Paris, Picard, 1965. E. Bournazel, *Le Gouvernement capétien au XIIe siècle. 1108-1180,* Paris, PUF, 1975.

65. R.-H. Bautier, « Anne de Kiev, reine de France et la politique royale au XIe siècle. Etude critique de la documentation », *Revue des études slaves,* t. 57, 1985, p. 539-564. O. Guyotjeannin, « *Episcopus et comes* ». *Affirmation et déclin de la seigneurie épiscopale au nord du royaume de France,* Genève-Paris, Droz, 1987. D. Barthélemy, *Les Deux Ages de la seigneurie banale. Coucy (XIe-XIIIe siècle),* Paris, Publications de la Sorbonne, 1984.

66. Nancy, université de Nancy-II, 1977.

67. G. Devailly, *Le Berry du Xe au milieu du XIIIe siècle. Etude politique, religieuse, sociale et économique,* Paris-La Haye, Mouton, 1973. A. Chédeville, *Chartres et ses campagnes (XIe-XIIIe siècle),* Paris, Klincksieck, 1973.

68. L. Musset, « Origine et nature du pouvoir ducal en Normandie jusqu'au milieu du XIe siècle », in *Les Principautés au Moyen Age* (congrès de la Société des historiens médiévistes de l'enseignement supérieur public, Bordeaux, 1973), Paris, SHMESP, 1979, p. 47-60. —; « L'aristocratie normande au XIe siècle », in *La Noblesse au Moyen Age, op. cit.,* p. 71-96.

69. A. Debord, « Châteaux et pouvoirs de commandement », in *Les Fortifications de terre en Europe occidentale du Xe au XIIe siècle* (*Archéologie médiévale,* t. 11), 1981, p. 72, et G. Louise, *La Seigneurie de Bellême (XIe-XIIe siècle),* thèse inédite, Caen, 1988.

70. R. Fossier, *Enfance de l'Europe,* t. 1, Paris, PUF, 1982, p. 384-385. F. Vercauteren, « La formation des principautés de Liège, Flandre, Hainaut et Brabant (IXe-XIe siècle) », in *L'Europe aux IXe-XIe siècles,* T. Manteuffel et A. Gieysztor éd., Varsovie, Panstwowe wydawnictwo naukowe, 1968, p. 135-158.

71. O. Guillot, *Le Comte d'Anjou et son entourage au XIe siècle,* Paris, Picard, 1972.

72. A. Chédeville et N.-Y. Tonnerre, *La Bretagne féodale (XIe-XIIIe siècle),* Rennes, Ouest-France, 1987.

73. R. Mussot-Goulard, *Les Princes de Gascogne,* Lectoure, CTR, 1982.

74. A. Debord, *La Société laïque dans les pays de la Charente (Xe-XIIe siècle),* Paris, Picard, 1984.

75. C. Lauranson-Rosaz, *L'Auvergne et ses marges (Velay, Gévaudan) du VIIIe au XIe siècle,* Le Puy, Les Cahiers de la Haute-Loire, 1987.

76. E. Magnou-Nortier, « La terre, la rente et le pouvoir », article cité, III.

77. J.-P. Poly, *La Provence et la Société féodale,* Paris, Bordas, 1976.

78. G. Giordanengo, *Le Droit féodal dans les pays de droit écrit. L'exemple de la Provence et du Dauphiné (XIIe-début XIVe siècle),* Rome-Paris, Ecole française de Rome, 1988.

79. Cf. M. Aurell, *Une famille de la noblesse provençale au Moyen Age : les Porcelet,* Avignon, Aubanel, 1986.

80. J. Richard, *Les Ducs de Bourgogne et la Formation du duché du XIe au XIVe siècle,* Paris, Les Belles Lettres, 1954. G. Duby, *La Société, op. cit.*

81. Y. Sassier, *Recherches sur le pouvoir comtal en Auxerrois du Xe au début du XIIIe siècle,* Auxerre, Société des fouilles archéologiques et des monuments historiques de l'Yonne, 1980.

82. M. Parisse, *Noblesse et Chevalerie en Lorraine médiévale. Les familles nobles du XIe au XIIIe siècle,* Nancy, Publications de l'université Nancy-II, 1982.

83. B. Demotz, *Le Comté de Savoie du début du XIIe au début du XVe siècle. Etude du pouvoir dans une principauté réussie,* thèse inédite, Lyon, 1988.

84. Cf. cependant, en relation avec la paix de Dieu, T.N. Bisson, « The Organized Peace in Southern France and Catalonia », *The American Historical Review,* t. 82, 1977, p. 290-311.

85. L. Genicot, *Etudes sur les principautés lotharingiennes,* Louvain, Publications universitaires de Louvain, 1975. K. F. Werner, « La genèse des duchés en France et en Allemagne », in *Vom Frankenreich zur Entfaltung Deutschlands und Frankreichs,* Sigmaringen, J. Thorbecke, 1984, p. 278-310.

86. K.F. Werner, « Königtum und Fürstentum im französischen 12. Jahrhundert », *Vorträge und Forschungen,* t. 12, 1968, p. 177-225.

87. J.R. Strayer, *On the Medieval Origins of the Modern State,* Princeton, Princeton University Press, 1972.

88. *Prosopographie et Genèse de l'Etat moderne, op. cit. La Ville, la Bourgeoisie et la Genèse de l'Etat moderne (XIIe-XVIIIe siècle),* (actes du colloque de Bielefeld, 29 novembre-1er décembre 1985), N. Bulst et J.-Ph. Genet, éd., Paris, CNRS, 1988. *L'Etat et les Aristocrates, op. cit. Culture et Idéologie dans la genèse de l'Etat moderne* (actes de la table ronde organisée par le CNRS et l'Ecole française de Rome, Rome, 15-17 octobre 1984), Rome, Ecole française de Rome, 1985. *Genèse de l'Etat moderne. Prélèvement et redistribution* (actes du colloque de Fontevraud, 1984), J.-Ph. Genet et M. Le Mené éd., Paris, CNRS, 1987. *Etat et Eglise dans la genèse de l'Etat moderne,* J.-Ph. Genet et B. Vincent éd., Paris, CNRS, Madrid, Casa de

Velázquez, 1986. *Renaissance du pouvoir législatif et Genèse de l'Etat,* A. Gouron et A. Rigaudière éd., Montpellier, Société d'histoire du droit et des institutions des anciens pays de droit écrit, 1988.

89. *La France de Philippe Auguste. Le temps des mutations* (actes du colloque international organisé par le CNRS, Paris, 29 septembre-4 octobre 1980), R.-H. Bautier éd., Paris, CNRS, 1982.

90. J.W. Baldwin, *The Government of Philippe Auguste. Foundations of French Royal Power in the Middle Ages,* Berkeley, Los Angeles et Londres, University of California Press, 1986.

91. J. Favier, *Philippe le Bel, op. cit.* J.R. Strayer, *The Reign of Philip the Fair,* Princeton, Princeton University Press, 1980.

92. Le *corpus philippicum,* concernant Philippe le Bel, en cours d'élaboration aux Archives nationales.

93. J. Richard, *Saint Louis, op. cit.*

94. C.T. Allmand, *The Hundred Years War. England and France at War, c. 1300-c. 1450,* Cambridge, Cambridge University Press, 1988. Ph. Contamine, *La Guerre de Cent Ans,* 5e éd., Paris, PUF, 1989. J. Favier, *La Guerre de Cent Ans,* Paris, Fayard, 1980. A. Leguai, *La Guerre de Cent Ans,* Paris, Nathan, 1974. E. Perroy, *La Guerre de Cent Ans,* 2e éd., Paris, Gallimard, 1976.

95. *La « France anglaise » au Moyen Age* (colloque des historiens médiévistes français et britanniques, actes du 111e congrès national des Sociétés savantes [Poitiers, 1986], section d'histoire médiévale et de philologie), t. 1, Paris, CTHS, 1988.

96. I. Le Bis, « Pratique de la diplomatie. Un dossier d'ambassadeurs français sous Charles VI (1400-1403) », *Annuaire-Bulletin de la Société de l'histoire de France, années 1985-1986,* Paris, 1968, p. 97-215.

97. *J. Juvénal des Ursins, Ecrits politiques,* P.S. Lewis éd., avec la collaboration d'A.-M. Hayez, t. 1 et 2, Paris, Klincksieck, 1978 et 1985.

98. *J. de Montreuil, Opera,* E. Ornato, G. Ouy, N. Pons éd., t. 2, 3 et 4, Turin, G. Giopichelli, 1975, Paris, CEMI, 1981 et 1986.

99. J. Barbey, *La Fonction royale : essence et légitimité d'après les Tractatus de Jean de Terrevermeille,* Paris, Nouvelles Editions latines, 1983.

100. C. Beaune, *Naissance de la nation France,* Paris, Gallimard, 1985.

101. Ph. Contamine, « Mourir pour la patrie. xe-xxe siècle », in *Les Lieux de mémoire,* sous la direction de P. Nora, *La Nation* ***, Paris, Gallimard, 1986, p. 11-43.

102. *Procès en nullité de la condamnation de Jeanne d'Arc,* P. Duparc éd., Paris, Klincksieck, 1977-1988, 5 vol.

103. Ph. Contamine, *Guerre, Etat et Société, op. cit.*

104. B. Schnerb, *Aspects de l'organisation militaire, op. cit.*

105. M. Jones, « L'armée bretonne, 1449-1491 : structures et carrières », in *La France de la fin du XVe siècle, op. cit.,* p. 147-165.

106. F. Autrand, *Charles VI, op. cit.*

107. P.M. Kendall, *Louis XI, « l'universelle araigne... »,* Paris, Fayard, 1974. P.-R. Gaussin, *Louis XI. Un roi entre deux mondes,* Paris, Nizet, 1976.

108. Y. Labande-Mailfert, *Charles VIII et son milieu. La jeunesse au pouvoir,* Paris, Klincksieck, 1975. —, *Charles VIII. Le vouloir et la destinée, op. cit.*

109. J. Kerhervé, *L'Etat breton, op. cit.* Cf. aussi le recueil de M. Jones, *The*

Creation of Brittany. A late medieval State, Londres et Ronceverte, Hambledon Press, 1988.

110. *La France de la fin du* XVe *siècle, op. cit.*

111. A. Lapeyre et R. Scheurer, *Les Notaires et Secrétaires du roi, op. cit.* M. Harsgor, *Recherches sur le personnel du Conseil du roi sous Charles VIII et Louis XII,* Lille et Paris, université Lille-III et Champion, 1980, 4 vol.

Histoire de l'Eglise

Marcel Pacaut et Bernard Guillemain *

Observation liminaire

En dépouillant les listes des *livres* reçus par la revue *Le Moyen Age* de 1968 à 1987 et en relevant les ouvrages d'histoire ecclésiastique et religieuse, on aboutit à ces données statistiques :

— Productions allemandes et autrichiennes		31 %
—	françaises	22 %
—	anglaises	19 %
—	américaines et canadiennes	10 %
—	italiennes	8 %
— Divers (Belgique surtout)		10 %

Cette statistique, qui donne un bon rang à la France, est faussée du fait que la revue est francophone, a un bon débouché en Allemagne, mais un moins bon en Italie, etc.

En revanche, en faisant des sondages sérieux dans la *Revue d'histoire ecclésiastique,* par une recension des *livres et articles* indiqués en 1970, 1975, 1980, 1985, on aboutit à la distribution suivante :

— Allemagne-Autriche	24 %
— Angleterre	20 %
— Italie	20 %
— France	17 %
— Etats-Unis-Canada	12 %
— Divers	7 %

Cela a-t-il un sens ?

* La partie I est due à M. Pacaut, II à B. Guillemain.

I. Le clergé séculier

Lorsqu'on prend en considération l'histoire de l'Eglise séculière, c'est-à-dire l'histoire du clergé séculier et de la hiérarchie à la tête de laquelle se trouve le pape, donc à la fois l'histoire des institutions cléricales et des activités des clercs, on constate que le bilan des travaux (livres) publiés en France depuis vingt ans est relativement modeste. Surtout si on le compare à celui des pays étrangers, comme tend à le prouver la statistique ci-jointe, qui met en compte aussi les publications d'histoire religieuse, mais dont il faut souligner qu'elle demeure très grossière.

Toutefois, cette observation sur la relative faiblesse de la production doit être fortement nuancée dès l'abord par le fait qu'il est très difficile de séparer histoire ecclésiastique et histoire religieuse et que de très nombreux ouvrages centrés sur l'histoire religieuse contiennent des exposés de qualité sur l'histoire ecclésiastique. C'est ce qui apparaît aussi dans les ouvrages généraux qui mêlent les deux volets de ce qui est en fait une unique histoire, tels que la *Nouvelle Histoire de l'Eglise* sous la direction de L.-J. Rogier, R. Aubert et M.D. Knowles (tome 2)[1], plus encore le volume de la « Nouvelle Clio » de F. Rapp, et plus récemment le tome 1 de l'*Histoire de la France religieuse,* sous la direction de J. Le Goff et R. Rémond, qui unit dans son sous-titre les croyances (décret) aux institutions (papauté)[2]. En ce livre et en l'autre, une mutation s'observe, qui réduit quantitativement la part concernant la Papauté, les épiscopats et le clergé paroissial et accroît celle dévolue aux moines et aux religieux ainsi qu'à la piété. Il en est un peu de même de l'ouvrage récent de J. Comby, *Pour lire l'histoire de l'Eglise*[3], dont les chapitres, de ce point de vue, sont fort inégaux.

Cette rétraction de l'histoire ecclésiastique, et singulièrement de l'histoire de l'Eglise séculière, qui s'explique par l'évolution générale des préoccupations de la recherche (réserve à l'encontre de l'histoire événementielle sur laquelle on estime n'avoir plus guère à dire, intérêt pour l'histoire des comportements et des idées), est particulièrement vive lorsque l'on considère l'histoire de la Papauté et du gouvernement central, au point que, voyant l'affaire de très haut, on peut se demander s'il n'y a pas là, même si la formule est un peu excessive, un vide — aucun ouvrage majeur, comme, dans les années antérieures, les thèses de M. Pacaut, B. Guillemain et J. Favier[4]. Cela tient certainement à la découverte que font avec raison beaucoup d'historiens de la nécessité de relativiser le rôle de la Papauté (et de la hiérarchie) dans la vie ecclésiastique et religieuse, et donc à la réaction légitime contre la vision traditionaliste d'A. Fliche, pour lequel l'histoire de l'Eglise était presque réductible à celle de l'Eglise de Rome et celle-ci à celle des seuls papes. Car il est vrai que l'on peut s'interroger quant à l'influence des pontifes romains sur la foi vécue, les pratiques et les croyances des fidèles, tant il est difficile de découvrir le fil directeur entre des décisions formulées le plus souvent en termes juridiques et ces croyances et ces pratiques (les papes du Moyen Age n'ont guère laissé d'écrits pastoraux, hormis Grégoire le Grand et quelques autres). Il n'empêche qu'il y a là un danger pour la recherche, car on peut se demander aussi si cette marginalisation ne risque pas de faire échapper à l'historien une partie de la réalité, alors que les décisions et instructions du pape et de la Curie, nonobstant leur sécheresse institutionnelle, correspondent très fréquemment à des situations concrètes. Encore qu'il apparaisse que les croyances et pratiques évoluent, au plus profond, en dehors et à l'écart des interventions pontificales et que celles-ci se produisent seulement lorsque les pontifes prennent conscience de ces évolutions.

Cela dit, l'œuvre accomplie n'est cependant pas négligeable. En ce qui concerne les éditions de documents, l'apport majeur a été celui de l'Ecole française de Rome qui a poursuivi la publication des registres et lettres des papes du XIVe siècle, plus spécialement des *Lettres secrètes et Curiales* d'Innocent VI, t. 3, fasc. 4, et t. 4, fasc. 1[5], et surtout des *Lettres communes* d'Urbain V, pour lequel le travail a été achevé[6], tandis que, parallèlement, paraissait le *Compte inédit des recettes et dépenses de la Chambre apostolique pour la quatrième année du pontificat de Clément V*[7]. Les « Sources chrétiennes », de leur côté, ont fourni une édition très savante d'œuvres de Grégoire le Grand — *Moralia sur Job, Commentaire sur le cantique, Homélies sur Ezéchiel, Dialogus*[8]. Instrument de travail plus que source proprement dite, l'Institut d'histoire et de recherche des textes a publié un *Inventaire des bibliothèques ecclésiastiques au temps de la Papauté d'Avignon,* dont le t. 1 concerne les livres mentionnés aux Archives vaticanes entre 1267 et 1420[9] et le t. 2 les livres des prélats non français.

Quant aux travaux, l'histoire générale de la Papauté médiévale a été présentée, à l'intention du grand public cultivé, en 1970 dans la traduction française de l'ouvrage anglais de G. Barraclough[10], en 1976 dans l'*Histoire de la Papauté de l'origine au concile de Trente* de M. Pacaut[11], l'un et l'autre suivant l'évolution de l'institution et les grandes entreprises des pontifes, le premier avec une vigueur critique quelque peu excessive à l'encontre de ceux-ci. Parallèlement, toujours pour le grand public et avec le souci de rester près des sources, P. Riché a donné une vie de Gerbert d'Aurillac-Sylvestre II, qui s'attache d'ailleurs davantage à la carrière ecclésiastique et archiépiscopale du personnage qu'aux années du gouvernement de l'Eglise romaine[12].

Si l'on en vient aux travaux plus érudits et destinés à des lecteurs plus avertis, il faut, en rappelant que F. Rapp consacre une centaine de pages claires et bien venues à la Papauté sur 250 dans son volume de la « Nouvelle Clio »[13], souligner que J. Paul ne néglige ni le Saint-Siège ni l'Eglise séculière dans le sien, particulièrement pour les temps carolingiens et ceux de la Réforme grégorienne[14]. Ces deux ouvrages, cependant, ne sont encore que de grands manuels qui révèlent de sérieuses connaissances et une excellente réflexion, mais n'ont pas l'originalité d'autres livres, parmi lesquels il m'apparaît nécessaire de placer d'abord celui d'Y. Congar sur *L'Ecclésiologie du haut Moyen Age*[15], qui montre la genèse (VIIe-IXe siècle) de la primauté et du magistère du pape en liaison avec les canons conciliaires (Hincmar) et la transformation de cet ascendant en une autorité prééminente (Jean VIII, Nicolas Ier), cette évolution mettant en place les arguments doctrinaux à partir desquels, en les interprétant et exaltant, on en arrive à la théocratie grégorienne et donc à la mutation fondamentale de l'Eglise médiévale. Cela se retrouve aussi, sous d'autres formes plus ou moins en relation avec la Papauté, dans certains articles de J. Gaudemet et de P. Ourliac insérés dans des volumes regroupant des publications antérieures[16].

Les études plus particulières sur des papes ou sur certaines entreprises pontificales sont peu nombreuses, mais ne manquent pas de valeur. Faut-il rappeler l'intérêt des travaux du colloque de Chantilly, réuni sous les auspices du CNRS et consacré à Grégoire le Grand[17], si ce n'est pour préciser qu'ils visèrent presque uniquement la patristique et la théologie ? En revanche, tout à fait conforme aux préoccupations de la recherche historique, l'ouvrage de L. Caillet sur *La Papauté d'Avignon et l'Eglise de France*[18] éclaire sans doute plus l'histoire de cette dernière (l'épiscopat) que celle du Saint-Siège sous Jean XXII (1316-1334). Attaché à la même époque, le livre de J. Chiffoleau sur *Les Justices du pape*[19] décrit l'institution et la procédure, mais s'intéresse plus à la criminalité, c'est-à-dire à certaines « pratiques » de la vie sociale considérées et jugées par des ecclésiastiques qui ont des préoccupations diverses. Plus large, l'étude de J. Richard sur *La Papauté et les Missions d'Orient*[20] apporte des éléments mal mis en lumière jusqu'ici. Plus ponctuels enfin, mais méritant la lecture, le livre savant et très événementiel de G. Bollenot sur Hugues de Die[21], celui plus alerte et très lyonnais de R. Fédou sur *Les Papes du Moyen Age à Lyon*[22], celui, moins substantiel et peut-être pas nécessairement à retenir, de R.-L. Mouliérac-Lamoureux sur *Le Comtat Venaissin pontifical*[23].

A ce bilan de l'histoire de la Papauté, intéressant et divers mais peu riche, du moins quantitativement, il faut ajouter deux œuvres maîtresses d'une très grande importance, qui le corrigent très favorablement, à savoir les travaux des deux colloques qui se sont tenus, le premier à Lyon et à Paris en 1974 (7e centenaire du concile), le second à Avignon en 1978 (6e centenaire du début du Grand Schisme)[24]. Car, même si dans les deux cas on a pris en considération des horizons qui allaient bien au-delà de la seule Eglise de Rome et de ses évêques, il n'en demeure pas moins que la Papauté et le concile (dans le premier cas) ont été très solidement traités par 16 communications pour 1274 (dont 13 par des Français) et plus de 25 pour 1378. Plus modestement, le troisième concile de Latran a été, lui aussi, l'objet d'études collectives[25]. Avec ces travaux et d'autres (antérieurs), l'histoire des conciles œcuméniques d'Occident et des préoccupations de leurs temps commence à être bien connue.

En revanche, concernant le gouvernement central de l'Eglise, on ne peut s'empêcher de relever dans l'historiographie, même en tenant compte de la production étrangère, des lacunes qui atteignent surtout l'histoire de la Papauté. Il me semble utile, à ce sujet, d'indiquer trois directions vers lesquelles la recherche aurait besoin de se tourner :

— d'une part, vers certaines périodes quelque peu laissées dans l'ombre : sans doute celle qui va de la mort de Jean VIII (882) à l'avènement d'Henri III (1046), pour le moins de la mort de Sylvestre II à cet avènement, dans laquelle la tradition ne veut voir que des pontifes médiocres ; plus certainement les années qui conduisent de la fin d'Innocent IV à Boniface VIII, pour lesquelles il serait bon de suivre au mieux le processus de centralisation (même si l'on connaît déjà bien le concile de 1274) ;

— d'autre part, vers une reconsidération de maints pontificats et de diverses époques (déjà étudiés) à partir des données qu'apportent les recherches d'histoire religieuse et sociale, l'historiographie allemande et italienne tendant là-dessus, pour une part, à s'enliser en privilégiant trop souvent le détail événementiel et l'explication personnalisée (par la seule personnalité du pape) ;

— enfin, intrinsèquement liée à cette reconsidération, vers une analyse, plus large chronologiquement, de la « société pontificale » (Curie, personnel) et du fonctionnement de l'institution par le moyen de cette société et en son sein, comme B. Guillemain l'a fait pour la période avignonnaise, cela pouvant être déjà appréhendé dès le XIIIe siècle.

Cette société ecclésiastique, toutefois, n'est pas toujours absente, fort heureusement. On la découvre indirectement en maintes études, particulièrement dans l'excellent ouvrage de J. Gaudemet sur *Les Elections dans l'Eglise latine*[26], dont il faut souligner qu'il mérite d'être tenu pour un « classique » de l'historiographie et dont le contenu dépasse pour beaucoup la papauté en s'attachant davantage à l'épiscopat et au clergé régulier.

Quant aux diocèses, aux évêques, aux paroisses et au clergé paroissial, il est intéressant de noter au départ qu'A. Vauchez et F. Rapp leur ont accordé une certaine place dans les communications par eux faites au 100e congrès des Sociétés savantes sur les nouvelles orientations de l'histoire religieuse de la France, alors qu'ils n'ont manifesté aucun intérêt pour la Papauté, sans doute parce que pour eux celle-ci ne fait pas partie de l'histoire religieuse de la France (ce qui est soit significatif soit incompréhensible)[27]. La faveur marquée aux structures locales, qui se traduit par un assez grand nombre de livres et surtout d'articles, s'explique en revanche, et fort légitimement, parce que c'est seulement à ce niveau que la religion des fidèles, pour une part en liaison avec les clercs, peut être appréhendée. C'est cette idée aussi qui est sous-jacente à la riche réflexion, de nouveau ecclésiologique, à laquelle se livre, d'un point de vue qui va au-delà du Moyen Age, Y. Congar dans son livre *Ministères et Communion ecclésiale*[28].

L'étude de l'épiscopat et du rôle des évêques est désormais facilitée par la présentation de certaines sources dans la collection « Typologie des sources du Moyen Age occidental » : les *Visites pastorales* par N. Coulet[29], les *Gesta episcoporum. Gesta abbatum,* documents plus délicats à utiliser dont M. Sot présente l'approche[30]. Pour les textes eux-mêmes, O. Pontal, en publiant avec une grande maîtrise les *Statuts synodaux français,* a fourni aux chercheurs un instrument incomparable qu'il serait fructueux d'exploiter, même s'il a déjà été commencé de l'être et de façon heureuse. L'austère et indispensable édition est continuée par l'abbé J. Avril[31]. Le même travail pourra être entrepris grâce à l'édition prochaine par J. Gaudemet des conciles mérovingiens dans la collection des « Sources chrétiennes » (sous presse). Par ailleurs, l'Académie des inscriptions et belles-lettres a édité les pouillés des provinces d'Auch, de Narbonne et de Toulouse, le

CNRS un *Répertoire des visites pastorales dans les anciens diocèses* (4 vol.), et l'Institut d'histoire et de recherche des textes, grâce à H. Bresc, la correspondance de Pierre Ameilh, archevêque de Naples puis d'Embrun[32].

Quant aux travaux sur les évêques eux-mêmes, assez nombreux et conduits à partir de problématiques souvent différentes, et inégaux dans leurs apports, on peut les diviser en deux séries.

La première comporte ce que j'appellerais des études de groupes d'évêques ou d'évêques en groupes informels ou institutionnels, parmi lesquelles il faut d'abord signaler l'article de B. Guillemain sur l'ensemble des évêques français aux XIe et XIIe siècles dans le volume de La Mendola concernant les institutions ecclésiastiques[33]. A partir de là et des méthodes définies dans des études antérieures plus ponctuelles, des ouvrages importants ont vu le jour qui permettent de suivre les églises du Midi de la France presque tout au long du Moyen Age : la thèse d'E. Magnou-Nortier[34], qui souligne l'originalité de l'épiscopat languedocien (en partie) avant la Réforme grégorienne et les mutations (et mutilations) qu'il subit avec celle-ci, et qui est par certains aspects en continuité avec celle de P. Bonnassie, qui s'attache aux structures économiques et sociales de la Catalogne voisine[35] ; le fascicule 7 des *Cahiers de Fanjeaux — Les Evêques, les Clercs et le Roi*[36] —, qui analyse les méthodes de recrutement, la société ecclésiastique, les synodes et certains temporels et présente en même temps les figures marquantes de la seconde moitié du XIIIe siècle ; la thèse de J.-L. Gazzaniga sur *L'Eglise du Midi à la fin du règne de Charles VII*[37], qui montre le maintien d'un particularisme ultramontain. Pour une période plus brève et pour un pays étranger (le royaume de Sicile sous les rois Guillaume), M. Pacaut a éclairé, à propos des relations entre la Papauté et la Royauté, la singularité institutionnelle de l'épiscopat[38]. Selon une autre vision, ce sont les évêques d'Angers que J. Avril suit pendant près d'un siècle (1148-1240) pour en mesurer l'impact religieux[39]. D'une manière plus dispersée, les historiens médiévistes de l'enseignement supérieur public, en leur 14e congrès, sur *L'Eglise et le Siècle de la fin du Xe au début du XIIe,* ont aussi traité de l'épiscopat[40]. L. Boisset, enfin, a su tirer d'un concile provincial du XIIIe siècle, celui qui réunit les évêques de la province de Vienne en 1289, dont il édite les canons, une étude intéressante sur les institutions et la société[41]. Tout cela illustre qu'il y a d'autres recherches à lancer et qu'il serait utile, par exemple, d'étudier l'épiscopat (en groupe) des provinces ecclésiastiques du Nord de la Loire ou de travailler sur le personnel qui entoure les prélats ainsi que sur les dignitaires et chanoines, comme l'a fait H. Millet pour ceux du chapitre cathédral de Laon[42].

La seconde série comporte des travaux sur des personnages pris individuellement. Elle est plus limitée quantitativement, sauf de signaler des articles d'érudition et quelques autres études mineures, au-dessus desquels se place toutefois le volume collectif sur saint Anthelme, évêque de Belley, à l'occasion de son 8e centenaire[43]. Mais elle s'impose à l'attention par la valeur de quelques travaux. La thèse de J. Devisse sur Hincmar[44], à propos de ce personnage éminent qui intervient en tous domaines (le droit, la culture, la politique autant que la direction métropolitaine), témoigne de l'importance de l'épiscopat dans la société carolingienne et éclaire toute l'histoire du milieu du IXe siècle. B. de Vrégille fait de même, à une échelle plus réduite, avec Hugues de Sâlins, grand archevêque impérial de Besançon[45]. Sur un tout autre registre, B. Guenée présente tels qu'ils ont été perçus dans leur physionomie politique, ecclésiastique et culturelle, à la fois serviteurs de l'Eglise et de l'Etat, quatre prélats qu'il sait typer sans les désunir[46]. Il est évident toutefois que la moisson globale reste un peu maigre malgré la qualité de ces travaux et qu'il faudrait encourager la rédaction de monographies savantes sur des personnalités marquantes, plus particulièrement des XIIe et XIIIe siècles, tout en reconnaissant que celles-ci se retrouvent souvent en des ouvrages qui ne sont pas spécifiquement d'histoire ecclésiastique (histoire sociale, politique, économique) et aussi dans ceux qui traitent de l'histoire religieuse proprement dite.

Les études sur les diocèses, dans lesquels s'inscrivent déjà structurellement les paroisses, sont plus nombreuses, mais fort souvent insuffisantes. Une très bonne présentation institutionnelle et juridique en est cependant donnée par J. Gaudemet pour les XIIe-XIVe siècles — *Le Gouvernement de l'Eglise à l'époque classique (1140-1378). Le gouvernement local*[47]. De même, la thèse de M. Aubrun suit depuis les origines la formation du diocèse de Limoges[48] et relève une évolution qui se retrouve sans doute ailleurs — R. Locatelli la retrouve à Besançon[49] —, selon laquelle les structures commencent à s'affermir lorsque (x^e^-xie siècle) les moines interviennent, en accord étroit ou non avec les évêques. Et c'est là justement qu'apparaît le problème majeur de toute étude d'histoire diocésaine, à savoir qu'on découvre difficilement le processus de l'élaboration spatiale (un espace sur lequel des populations sont distribuées) de la circonscription et l'intégration des composantes diverses de cet ensemble en un organisme cohérent et constitué sous l'autorité fonctionnelle de l'évêque. Car l'installation de corps hétérogènes comme les monastères, surtout lorsqu'ils sont exempts, et, par eux, l'établissement d'enclaves institutionnelles et administratives brisent ou empêchent cette élaboration et cette intégration. Au point que l'on pourrait se demander à quelle époque les diocèses ont commencé à exister de façon cohérente et en tant que tels. Si la question a un sens, ne peut-on pas y répondre en avançant une date tardive (xive siècle) ? Et si on ne la pose pas, ne doit-on pas, pour éclairer le sujet, déterminer quelle réalité a été perçue à chaque époque comme « le diocèse » ?

C'est en cette direction, semble-t-il, que devrait être orientée la recherche, pour laquelle beaucoup reste à faire. Cela ne signifie pas, toutefois, que rien n'a été fait, et il est vrai que, avec des traitements très inégaux, les auteurs de l'« Histoire des diocèses de France » ont abordé ou pressenti l'importance de ces arguments. La collection, assez féconde depuis sa fondation en 1967, fournit des informations intéressantes, souvent d'ailleurs sur la vie religieuse plus que sur les données ecclésiastiques. Mais le Moyen Age y est très modestement représenté, les directeurs privilégiant les siècles récents et les maîtres d'œuvre étant rarement des médiévistes : 5 seulement pour 22 volumes parus[50]. Il en est de même des ouvrages qui n'en font pas partie et qui sont consacrés à Agde et à Viviers[51], ou encore des pages assez denses sur Genève et Vienne dans le t. 3 de l'*Helvetia sacra*[52], ainsi que des deux volumes de Dom G.-M. Oury sur la Touraine et sur le Maine, qui ressortissent tout autant à l'histoire religieuse[53].

On rencontre des problèmes analogues avec les paroisses et le clergé paroissial, qui apparaissent clairement dans les chronologies proposées pour la naissance de la paroisse. Celle-ci, en effet, naît-elle aussitôt qu'un évêque établit quelque part un sanctuaire pour le culte, qu'il tient pour sa propriété (la sienne ou celle de l'*episcopatus*), ce qui se produit très tôt ? Ou lorsque les pouvoirs publics décident (VIIIe-IXe siècle) que, dans chaque village *(villa)*, il doit y avoir un prêtre qui chante la messe dominicale ? Ou encore seulement lorsque, prenant vraiment (ou marginalisant) les structures monastiques auxquelles sont intégrées des paroisses et composant avec les puissances laïques, les évêques parviennent à contrôler l'ensemble des églises paroissiales, à définir et faire reconnaître leurs prérogatives (baptême, funérailles, mariage), à déterminer le territoire sur lequel celles-ci s'exercent (XIIe siècle) ? On retrouve ici le diocèse, et il n'est pas étonnant que les deux objets, le diocèse et la paroisse, aient été traités simultanément ces dernières années, comme, d'une façon large et en prenant en considération la pratique, dans le volume du 103e congrès des Sociétés savantes de 1984 consacré à *L'Encadrement religieux des fidèles au Moyen Age et jusqu'au concile de Trente*[54]. Plus encore, et essentiellement selon leur aspect institutionnel, dans la thèse de M. Aubrun, dont une bonne part concerne l'histoire paroissiale, ce qui a permis à son auteur de donner en quelque sorte l'état de la question dans un ouvrage clair et commode sur la paroisse au haut Moyen Age[55]. Et, parallèlement, suivant une autre approche, celle des droits exercés par le clergé local sur les fidèles, dans le livre savant que l'équipe des universitaires bisontins a publié à propos de la Franche-Comté sous la direction de R. Fiétier[56], des recherches analogues étant conduites quant aux ressources paroissiales par d'autres chercheurs[57].

Ces travaux, il faut le souligner, mêlent tous plus ou moins l'histoire religieuse à l'histoire ecclésiastique, au point que le bilan de la recherche sur les paroisses ainsi que sur les diocèses devrait inclure un grand nombre d'ouvrages sur les croyances et les pratiques — et vice versa. Très souvent d'ailleurs, les deux thèmes sont abordés ensemble, comme à Fanjeaux en 1976 où, à propos de la religion populaire en Languedoc, une très bonne mise au point sur « L'encadrement paroissial : rigueur et insuffisance » a été faite par G. Devailly[58]. Il n'en demeure pas moins que, de ces études mixtes, la réalité institutionnelle de la paroisse émerge rarement de façon ferme et qu'il apparaît que ce domaine reste peu fourni par l'historiographie récente. De la même manière, le bas clergé est peu étudié, étant souligné que les lacunes à son sujet tiennent aussi fort souvent à la minceur des sources.

Certaines carences ou interrogations constituent justement la préoccupation de la formation du CNRS UA 1011 sur l'« Institution ecclésiale à la fin du Moyen Age[59] », qui, sous l'égide de l'Ecole française de Rome, s'efforce, en ses diverses sections, d'allier la publication traditionnelle des registres des papes (Urbain V, puis Grégoire XI) au traitement informatique des suppliques, la prosopographie du personnel curial sous Boniface VIII à l'économie des établissements multiples de l'Eglise, l'avancée des enquêtes sur la paroisse[60] aux pouvoirs informels qui se font jour dans l'Eglise, associant la vision d'une institution de caractère universel à une étude fine du monde avignonnais[61].

Il est nécessaire, une fois encore, après la revue des travaux sur la Papauté et le clergé séculier et avant d'en venir aux réguliers, de dire combien apparaissent inséparables aux chercheurs qui se penchent sur l'histoire d'une Eglise particulière des enquêtes croisées sur l'encadrement clérical et la pratique des fidèles, l'impulsion ou la faiblesse de la hiérarchie et l'action pastorale, la qualité des hommes de Dieu et les déviances des croyances. L'Eglise ne peut plus être limitée à ses cadres consacrés ; elle est effectivement « le peuple de Dieu ». Cette conception peut être moins malaisément illustrée à la fin du Moyen Age que dans les premiers siècles grâce à une documentation plus importante. De cette vue totale témoignent, par exemple, les *Recherches sur la vie religieuse en Dauphiné du milieu du XIVe siècle à la Réforme* (thèse de 1988) de P. Paravy, qui analyse tout à la fois les initiatives des évêques, l'état du clergé et des lieux de culte, les désirs et les pratiques des fidèles, et aussi l'identification de la sorcellerie et la tenace fidélité des petites communautés vaudoises des hautes vallées [62]. D'une aussi grande ampleur a été l'enquête de notre collègue suisse, L. Binz, sur le diocèse de Genève de 1378 à 1450 ; mais seule la partie institutionnelle a paru [63]. C'est dans la même perspective que se place la thèse de B. Delmaire sur *Le Diocèse d'Arras du XIe au XIVe siècle* (1988) et, avec la singularité qu'apportent un siège prestigieux et des époques plus anciennes, les sujets annoncés sur l'Eglise de Reims aux Xe-XIIe siècles ainsi que celle de Lyon, par M. Sot, P. Demouy et M. Rubellin [64]. La même méthode qui unit le personnel ecclésiastique, avec ses conservateurs et ses novateurs, à une société laïque, réticente ou enthousiaste, a été illustrée par le travail classique de F. Rapp sur le diocèse de Strasbourg de 1450 à 1525 [65] et récemment par *Le Rouergue flamboyant* de N. Lemaître, dont les conclusions correspondent à celles de P. Paravy sur la conscience qui se fit jour, bien avant la Réforme protestante, qu'il était nécessaire de mieux éduquer les prêtres, de les initier à une culture plus scripturaire et théologique que juridique [66]. La Réforme catholique a commencé bien avant le concile de Trente !

Dans le foisonnement des institutions, tout comme dans l'exubérance de l'art, répondant aux exigences de la piété, les chapellenies occupent une grande place. Des compagnies de prêtres sont constituées, qui les desservent. Parmi eux : des prêtres du purgatoire. Fondations, associations sacerdotales n'attirent pas encore suffisamment l'attention ; on les rencontre dans le Genevois, dans le Rouergue, la Champagne [67], en Toulousain [68], ailleurs certainement.

Mieux étudiées, objets de nombreuses monographies, les institutions caritatives et leurs serviteurs au Moyen Age ont été situés dans la longue durée par l'*Histoire des hôpitaux* [69]. Leur implantation chronologique et géographique est précisée pour le Languedoc [70], pour la France du Nord [71], cependant que F. Bériac retrace l'histoire des lépreux [72].

II. Le clergé régulier

Ordres et congrégations hospitalières introduisent dans le monde des réguliers. L'*Histoire du droit et des institutions de l'Eglise en Occident* leur a consacré un volume[73]. C'est un vaste terroir qui a fait l'objet, outre les études particulières, d'un effort de repérage, d'investigations collectives dont il convient, modestement, de se résigner à donner un aperçu, à défaut d'un bilan complet.

P.-R. Gaussin a fondé, auprès de son université de Saint-Etienne, le Centre européen de recherches sur les congrégations et ordres monastiques (CERCOM), devenu depuis 1987 le CERCOR, en élargissant son intérêt à tous les ordres religieux ; le Centre réunit plus de 1 300 adhérents de toutes nations, dont l'identité, l'adresse et la spécialisation ont été publiées en de petits fascicules. Il veut être un organe de liaison. Il fait paraître un bulletin, qui tient à jour la liste des membres, signale leurs publications, rend compte d'ouvrages importants, annonce les colloques, donne les sommaires des revues. Il a organisé deux rencontres internationales : sur *Naissance et Fonctionnement des réseaux monastiques et canoniaux* (Saint-Etienne, 1985) et sur *Les Religieuses dans le cloître et dans le monde* (Poitiers, 1988), dont on espère la publication. Il lance une collection, « Religieux et société ». Il ne se limite pas au Moyen Age mais, jusqu'à présent, force est de reconnaître que le millénaire médiéval a été privilégié. L'on ne peut que souhaiter le développement de cet utile et ambitieux centre de communication entre tous ceux qui s'intéressent aux religieux[74].

P.-R. Gaussin était tout qualifié pour décrire *L'Europe des ordres monastiques et des congrégations. Des bénédictins aux mendiants (VIe-XVIe siècle)*[75], qui livre des notices, parfois des cartes, sur 237 groupements d'au moins vingt maisons ; leur origine est majoritairement française pour les moines, les moniales, les chanoines réguliers, les hospitaliers ; elle ne laisse la première place à l'Italie que pour les frères mendiants.

Statistique qui pose question, mérite d'être affinée, mais dont l'enseignement ne peut être négligé. Cette énumération, précédée par un rapide résumé historique, peut être accrochée aux toiles de fond dressées par M. Pacaut[76] et Dom J. Dubois[77]. Il est regrettable que la *Gallia monastica* soit limitée depuis 1974 à un seul tome, pour le diocèse de Reims[78]. Le chantier est ouvert.

En revanche, les colloques se succèdent sans défaillance. Leurs actes seront-ils tous édités ? L'on peut nourrir quelques appréhensions et peut-être prendre son parti de celles-ci lorsque l'on observe que les mêmes collaborateurs, mis à contribution ici et là, sont tentés de se répéter, incapables qu'ils sont de toujours produire du neuf ! Les confrontations sont stimulantes mais elles ne doivent pas tarir les recherches personnelles qui ont autorisé, entre autres, l'élaboration de nos grandes thèses de doctorat d'Etat.

Deux recueils importants sont consacrés à l'histoire monastique : l'un sur les structures monastiques en France en regard de la société[79], l'autre sur les prieurés[80]. Ils rejoignent les actes des *Settimane* de La Mendola, suscitées tous les trois ans par l'université catholique de Milan, qui ont étudié tour à tour la vie commune du clergé, l'érémitisme, le monachisme, les laïcs dans la société chrétienne, tout comme la hiérarchie, les *pieve* et les paroisses, toujours pendant les XIe et XIIe siècles, et souvent avec la collaboration de chercheurs français. Pour le XIIIe siècle et le début du XIVe, les rencontres annuelles de Fanjeaux, en Lauragais, fondées par E. Delaruelle et animées dès 1965 par le Père M.-H. Vicaire, passent en revue les aspects de la vie de l'Eglise en Languedoc ; les actes, composant une série de 24 cahiers qui sortent régulièrement un an après le colloque, jettent, entre autres, de vives lueurs sur le clergé séculier, les frères mendiants, les franciscains spirituels, les institutions d'assistance, les moines noirs, les cisterciens, les communautés féminines, les chanoines. La spiritualité, la liturgie, les universités et naturellement les hérétiques ne sont pas oubliés[81].

La citation des colloques provoqués par l'anniversaire d'un établissement, d'un personnage ou d'un événement serait fastidieuse et incomplète. Que l'on me pardonne de signaler deux commémorations monastiques dans le Sud-Ouest de la France :

le millénaire du prieuré de La Réole[82], et celui, au vrai approximatif à quelques années près, de l'abbaye de Saint-Sever[83]. La Société des historiens médiévistes a, elle-même, examiné des aspects de la vie conventuelle aux XIe et XIIe siècles[84] : quelques questions fondamentales ont été alors posées, que l'on retrouve invariablement dans l'histoire des monastères et qui n'ont pas cessé d'alimenter les réponses, voire les controverses : comment un homme devient-il moine ? par libre choix ou sous la contrainte familiale ou matérielle ? Quelle part les moines ont-ils prise dans le ministère paroissial, étant entendu qu'ils n'ont pas le droit de l'exercer eux-mêmes : l'ont-ils stimulé ? n'y ont-ils vu qu'une source de revenus ? Selon les temps et les lieux, les conclusions ne peuvent être que nuancées ; elles ne paraissent pas très favorables aux fils de saint Benoît.

Les ordres, leurs fondateurs, leurs saints, leurs dépendances, leur économie aussi continuent de soulever les curiosités. M. Pacaut a suivi l'ordre de Cluny de sa naissance à sa disparition[85] ; il fait le point sur la crise de 1122-1126, essayant de faire leur part aux difficultés financières, à une mésentente de Pons de Melgueil avec Calixte II, à un sursaut de l'épiscopat mécontent des empiétements de Cluny en matière paroissiale, au conflit entre l'attachement aux traditions et le désir de renouveau, pour éclairer l'éviction de Pons et l'avènement de Pierre de Montboissier, le Vénérable[86]. Bref et significatif épisode de l'histoire du monachisme occidental ; autour des protagonistes, un Pierre le Vénérable, un Bernard de Clairvaux et dans un ordre d'idées différent un Pierre Abélard, colloques, livres, articles gravitent[87] ; les approches « psycho-historiques » ne sont même pas épargnées à saint Bernard[88]. En amont de la crise du XIIe siècle, Maïeul est mieux connu grâce aux recherches sur les sources hagiographiques de sa vie[89] ; en aval, Ph. Racinet mène une enquête attentive sur les établissements clunisiens situés au nord de Paris, à la fin du Moyen Age[90]. Mais l'on ne saurait oublier que c'est dans une perspective européenne que se placent J. Wollasch, de Münster, et son équipe.

Parmi les initiatives de la fin du XIe siècle et du début du XIIe, la Chartreuse a profité d'un important colloque, qui a suivi l'implantation des établissements depuis les « déserts » des origines jusqu'aux approches des villes[91] ; il était juste qu'en ces circonstances B. Bligny publiât une vie de saint Bruno[92]. Fontevraud, dont les majestueux bâtiments restaurés accueillent régulièrement des colloques d'histoire religieuse qui réservent quelques chapitres au Moyen Age tout en insistant plutôt sur les siècles postérieurs, a éveillé un regain d'intérêt : la personnalité du fondateur, Robert d'Arbrissel, les vicissitudes du monastère double, la création d'un ordre à direction féminine ont inspiré les travaux de J.-M. Bienvenu[93] et de J. Dalarun[94]. C'est ici qu'il convient de noter un intérêt, jusqu'alors émoussé, pour le monachisme féminin. M. Parisse a donné le branle[95] ; des travaux sont engagés[96], que domine la thèse de P. Leclercq sur le monastère provençal de La Celle[97].

Les ordres militaires bénéficient de la publication de l'enquête pontificale de 1373 sur les hospitaliers[98], et, au milieu d'une littérature commerciale et fantaisiste, de la solide mise au point d'A. Demurger sur les templiers[99].

Les frères mendiants, on les rencontre dès qu'il s'agit de la pauvreté, de l'inquisition, de la prédication, des missions, de la concurrence avec les séculiers. H. Martin, qui a reconstitué l'installation de leurs couvents en Bretagne[100], les trouve en très forte majorité parmi les professionnels de la parole dont il analyse les méthodes et l'efficacité[101]. Les *Cahiers de Fanjeaux,* placés sous le signe de saint Dominique, leur ont consacré plusieurs volumes et leur animateur, le Père M.-H. Vicaire, a réuni ses études, déjà parues ou inédites, dans *Dominique et ses prêcheurs*[102].

L'Eglise médiévale se trouve aux carrefours des recherches historiques. Il est peu de congrès, de tables rondes, de recueils de mélanges[103], d'ouvrages généraux où elle n'apparaisse point, même si le thème ne la met pas en vedette. S'agissant des premières formes de l'Etat moderne, elle est présente[104]. L'armature de ses institutions encadre ou freine la diffusion du message évangélique[105]. C'est auprès de quelques monastères que l'histoire et la religion royales naissent dans le royaume de

France[106]. Même si l'accent est mis sur le sentiment religieux, comment le premier ordre de la société pourrait-il être oublié[107] ? La politique, l'économie, la culture, l'art le concernent. Et l'archéologie, ne s'occupant pas seulement des monuments prestigieux mais aussi des petits établissements, lui restitue ses cadres de vie.

L'Eglise institutionnelle, à laquelle les médiévistes doivent un grand nombre des archives qu'ils utilisent, a encore de beaux jours devant elle. A juste titre, ses historiens enquêtent sur les hommes qui la composent, qui la font vivre, l'exaltent, la réforment ou l'abaissent. Le recours à l'informatique permet d'engranger les informations et de les exploiter au gré des interrogations à poser. L'entrée en ordinateur des suppliques d'Urbain V, réalisée à Avignon par A.-M. Hayez et sa petite équipe, fournit, à qui les demande, des réponses sérielles ou particulières sur l'origine, la formation universitaire, les protecteurs, les bénéfices détenus ou sollicités de milliers de requérants. N. Lemaître a su manœuvrer l'outil informatique pour son Rouergue flamboyant et H. Millet a donné un modèle de toutes les ressources de cette technique dans son livre sur les chanoines de Laon[108].

D'autres rapports doivent citer encore des recherches de médiévistes français sur l'Eglise dans l'Europe méridionale, centrale ou orientale. Le domaine italien est probablement le plus fréquenté grâce à l'Ecole de Rome ; l'on peut souhaiter que d'autres voies soient ouvertes hors de l'« Hexagone ».

Notes

1. M.D. Knowles et D. Obolensky, *Le Moyen Age,* Paris, Ed. du Seuil, 1968.
2. *L'Eglise et la Vie religieuse en Occident à la fin du Moyen Age,* Paris, PUF, 1971. *Histoire de la France religieuse. Des dieux de la Gaule à la papauté d'Avignon,* Paris, Ed. du Seuil, 1988.
3. T. 1, *Des origines au xve siècle,* Paris, Ed. du Cerf, 1986.
4. M. Pacaut, *Alexandre III. Etude sur la conception du pouvoir pontifical dans sa pensée et dans son œuvre,* Paris, Vrin, 1956. B. Guillemain, *La Cour pontificale d'Avignon (1309-1376). Etude d'une société,* Paris, De Boccard, 1962. J. Favier, *Les Finances pontificales à l'époque du Grand Schisme d'Occident (1378-1409),* Paris, De Boccard, 1966.
5. Innocent VI, *Lettres secrètes et curiales publiées ou analysées d'après les registres des Archives vaticanes,* t. 3, fasc. 4, P. Gasnault et M.-H. Laurent, et t. 4, fasc. 1, par P. Gasnault et N. Gotteri, Rome, Ecole française, « Bibl. des Ecoles françaises d'Athènes et de Rome », 3e série, 1968 et 1976.
6. Urbain V, *Lettres communes,* t. 2 à 12, sous la direction de M. Hayez, *ibid.,* 1967-1989.
7. Edité par B. Guillemain, *ibid.,* 1979.
8. *Moralia,* Paris, Ed. du Cerf, « Sources chrétiennes », n° 212, 1974 ; n° 221, 1975 (le t. 1, publié antérieurement, est en réimpression). *Dialogus,* t. 1, n° 251, 1978 ; t. 2, n° 260, 1979 ; t. 3, n° 265, 1980. *Commentaire sur le cantique,* n° 314, 1984. *Homélies sur Ezéchiel,* t. 1, n° 327, 1986.
9. Publié par D. Willmann, Paris, CNRS, 1980.
10. *La Papauté au Moyen Age,* Paris, Flammarion, 1970 (éd. anglaise de 1968).
11. Paris, Fayard, 1976.
12. *Gerbert d'Aurillac, le pape de l'an Mil,* Paris, Fayard, 1987.
13. Non comprises les pages consacrées aux questions débattues.
14. *L'Eglise et la Culture en Occident,* t. 1, *La Sanctification de l'ordre temporel et spirituel,* Paris, PUF, 1986.
15. *L'Ecclésiologie du haut Moyen Age de saint Grégoire le Grand à la désunion entre Rome et Byzance,* Paris, Ed. du Cerf, 1972. Cf. aussi, du même, *Etudes d'ecclésiologie médiévale,* Londres, Variorum Reprints, 1983.
16. J. Gaudemet, *La Société ecclésiastique dans l'Occident médiéval,* Londres, Variorum Reprints, 1980. P. Ourliac, *Etudes d'histoire du droit médiéval,* Paris, Picard, 1979.
17. Paris, CNRS, 1986.
18. Paris, Publications de l'université de Rouen, 1976.
19. Paris, Publications de la Sorbonne, 1984.

20. *La Papauté et les Missions d'Orient au Moyen Age (XIIIe-XIVe siècle),* Rome-Paris, Ecole française de Rome, 1977.
21. *Un légat pontifical au XIe siècle, Hugues, évêque de Die, primat des Gaules,* Lyon, Publications de l'université de Lyon, 1973.
22. Lyon, Ed. lyonnaises d'art et d'histoire, 1988.
23. *Le Comtat Venaissin pontifical (1229-1791),* Védène, Publications de l'Institut vauclusien d'études rhodaniennes, 1977.
24. *1274, année charnière. Mutations et continuités* (actes du colloque international du CNRS), Paris, CNRS, 1977. *Genèse et Début du Grand Schisme d'Occident* (actes du colloque d'Avignon, 1978), Paris, CNRS, 1980.
25. *Le Troisième Concile de Latran (1179). Sa place dans l'histoire* (actes de la table ronde du CNRS), Paris, Etudes augustiniennes, 1982. On doit aussi noter les données informatisées des conciles publiées par M. Mollat et P. Tombeur ; *Conciles œcuméniques médiévaux,* 1, *Les Conciles Latran I à Latran IV ;* 2, *Les Conciles Lyon I et Lyon III,* Louvain, Cetedoc, 1974.
26. Paris, F. Lanore, 1979.
27. A. Vauchez, « Nouvelles orientations de l'histoire religieuse de la France médiévale. Avant le XIIIe siècle », in *Actes du 100e congrès national des Sociétés savantes* (Paris, 1975), Paris, Bibliothèque nationale, 1977, t. 1, p. 95-112 (cf. p. 103). F. Rapp, « Nouvelles orientations... Du XIVe siècle au milieu du XVIe », *ibid.,* p. 113-136 (cf. surtout p. 115, 117 et 121).
28. Paris, Ed. du Cerf, 1971.
29. « Typologie des sources du Moyen Age occidental », fasc. 23, Turnhout, Brepols, 1977.
30. *Ibid.,* fasc. 37, 1981.
31. « Collection des documents inédits sur l'histoire de France », Paris, CTHS, 1971, 1983 et 1988. L'abbé Avril, qui a publié et traduit les statuts synodaux angevins de la seconde moitié du XIIIe siècle, a édité par ailleurs *Les Conciles de la province de Tours (XIIIe-XVe siècle),* Paris, CNRS, 1987.
32. *La Correspondance de Pierre Ameilh, archevêque de Naples puis d'Embrun (1363-1369),* Paris, CNRS, 1972. *Pouillés* publiés sous la direction de M. François, par Ch.-E. Perrin, J. de Font-Réaulx et O. de Lingua de Saint-Blancat, Paris, Imprimerie nationale, 1972.
33. « Les origines des évêques en France aux XIe et XIIe siècles », in *Le istituzioni ecclesiastiche della « societas christiana » dei sec. XI e XII* (Atti della quinta Settimana internazionale di studio, Mendola, 1971), Milan, 1974.
34. *La Société laïque et l'Eglise dans la province ecclésiastique de Narbonne de la fin du VIIIe siècle à la fin du XIe,* Toulouse, université de Toulouse-Le Mirail, 1974.
35. *La Catalogne du milieu du Xe siècle à la fin du XIe siècle. Croissance et mutations d'une société,* Toulouse, Publications de l'université de Toulouse-Le Mirail, 1975-1976, 2 vol.
36. Toulouse, Privat, 1972.
37. *L'Eglise du Midi à la fin du règne de Charles VII (1444-1461) d'après la jurisprudence du parlement de Toulouse,* Paris, Picard, 1976.
38. « Papauté, royauté et épiscopat dans le royaume de Sicile », in *Potere, società e popolo nell'età dei due Guglielmi,* Univ. degli Studi di Bari, Centro di studi normanno-svevi, Dedalo Libri, 1981, p. 31-62.
39. *Le Gouvernement des évêques et la Vie religieuse dans le diocèse d'Angers (1148-1240),* Paris, Ed. du Cerf, 1985, 2 vol.

40. Tenu à Poitiers, en 1983.

41. *Un concile provincial au* XIIIe *siècle, Vienne, 1289. Eglise locale et société,* Paris, Beauchesne, 1973.

42. *Les Chanoines du chapitre cathédral de Laon (1272-1412),* Rome, Ecole française de Rome, 1982.

43. *Saint Anthelme, chartreux et évêque de Belley. Livre du VIIIe centenaire (1178-1978),* numéro spécial de la revue *Le Bugey,* Belley, 1979.

44. *Hincmar, archevêque de Reims (845-882),* Genève, Droz, 1976, 3 vol.

45. *Hugues de Salins, archevêque de Besançon (1031-1066),* Besançon, Cêtre, 1981, 3 vol.

46. *Entre l'Eglise et l'Etat. Quatre vies de prélats à la fin du Moyen Age (*XIIIe*-*XVe *siècle),* Paris, Gallimard, 1987.

47. T. 8, vol. 2, de l'*Histoire du droit et des institutions de l'Eglise en Occident,* Paris, Cujas, 1979.

48. *L'Ancien Diocèse de Limoges des origines au milieu du* XIe *siècle,* Clermont-Ferrand, Institut d'études du Massif central, 1981.

49. *De la Réforme grégorienne à la monarchie pontificale : le diocèse de Besançon (vers 1060-1220)* (thèse sous presse).

50. Première série éditée par Letouzey : Marseille (1967), Metz (1970), Tarbes, Lourdes (1971), Bourges (1973). Seconde série éditée par Beauchesne : Ajaccio (1974), Bordeaux (1974), Aix (1975), Montpellier (1976), Rouen-Le Havre (1976), Besançon-Saint-Claude (1977), Belley (1978), Cambrai-Lille (1978), Clermont (1979), Rennes (1979), Chambéry-Tarentaise-Maurienne (1979), Grenoble (1979), Angers (1981), Strasbourg (1982), Toulouse (1983), Lyon (1984), Nice et Monaco (1985), Nantes (1985), Genève-Annecy (1986), Paris (1987).

51. A. Castaldo, *L'Eglise d'Adge (*Xe*-*XIIIe *siècle),* Paris, PUF, 1970. J. Charray, *Petite Histoire de l'église diocésaine de Viviers,* Aubenas, Imprimerie Lionhart, 1977.

52. L. Binz, J. Emery et J.-P. Renard, *Helvetia sacra,* t. 3, *Le Diocèse de Genève, l'Archidiocèse de Vienne en Dauphiné,* Berne, Francke, 1980.

53. *Histoire religieuse de la Touraine,* Tours, Normand et Cie, 1975. *Histoire religieuse du Maine,* Tours, Normand et Cie, 1978. Il faut aussi signaler sur le pouvoir ecclésiastique, en général et tout au cours de l'histoire, les travaux du colloque de Strasbourg de 1983, *L'Institution et les Pouvoirs dans les églises de l'Antiquité à nos jours,* publication de la *Revue d'histoire ecclésiastique,* fasc. 72, Louvain, 1987. Ainsi que B. Delmaire, *Le Diocèse d'Arras du* XIe *au* XIVe *siècle,* thèse soutenue en juin 1988 (non publiée). Et V. Tabbagh, *Le Clergé séculier dans le diocèse de Rouen à la fin du Moyen Age (1359-1495),* thèse soutenue en octobre 1988 (non publiée).

54. Paris, CTHS, 1985 (17 communications sur les paroisses dont 2 de caractère général par H. Platelle et F. Rapp).

55. *La Paroisse en France des origines au* XVe *siècle,* Paris, Picard, 1986.

56. *Recherches sur les droits paroissiaux en Franche-Comté au Moyen Age,* Paris, Les Belles Lettres, 1976.

57. Articles de J. Chiffoleau, M. Pacaut, etc.

58. In *La Religion populaire en Languedoc du* XIIIe *siècle à la moitié du* XIVe (*Cahiers de Fanjeaux,* n° 11), Toulouse, Privat, 1976, p. 387-418.

59. Présentation in *Mélanges de l'Ecole française de Rome. Moyen age, Temps modernes,* t. 96, 1, 1984, p. 241-394. Il existe un tiré à part.

60. Il est juste de rappeler que la très complète approche bibliographique de J. Coste, *ibid.,* p. 295-326, a été précédée par les positions des problèmes dues à

J. Gaudemet, « La paroisse au Moyen Age », *Revue d'histoire de l'Eglise de France,* 1973, p. 5-21, et à P. Ourliac, « L'institution paroissiale dans le droit canonique du XVe siècle », *Revue de droit canonique,* 1975, p. 93-112. La paroisse dans le Midi de la France fait l'objet d'une enquête expliquée par M. Fournié et J.-L. Gazzaniga (*Annales du Midi,* 1986, p. 387-411) et est mise à l'ordre du jour de la session de Fanjeaux en 1989.

61. Menée par l'IREBMA (Institut de recherches et d'études du bas Moyen Age avignonnais, fondé en 1981 à l'initiative d'Y. Grava).

62. La publication de cette thèse s'impose.

63. L. Binz, *Vie religieuse et Réforme ecclésiastique dans le diocèse de Genève (1378-1450),* Genève, A. Jullien, 1973, t. 1.

64. M. Sot, *L'Eglise de Reims au Xe siècle,* thèse en cours. P. Demouy, *L'Eglise de Reims aux XIe-XIIe siècles,* thèse en cours. M. Rubellin, *Le Diocèse de Lyon au Moyen Age : institutions et sociétés ecclésiastiques (IXe-XIIIe siècle),* thèse en cours.

65. F. Rapp, *Réformes et Réformation à Strasbourg. Eglise et société dans le diocèse de Strasbourg (1450-1525),* Paris, Ophrys, 1974.

66. N. Lemaître, *Le Rouergue flamboyant. Le clergé et les fidèles du diocèse de Rodez (1418-1563),* Paris, Ed. du Cerf, 1988. Thèse toute récente de V. Tabbagh, *Le Clergé séculier du diocèse de Rouen à la fin du Moyen Age (1359-1495).*

67. N. Bériou, « Les chapellenies dans la province ecclésiastique de Reims au XIVe siècle », *Revue d'histoire de l'Eglise de France,* 1971, p. 227-240.

68. M. Bastard-Fournié, « Le Purgatoire dans la région toulousaine au XIVe et au début du XVe siècle », *Annales du Midi,* 1980, p. 5-34.

69. *Histoire des hôpitaux,* sous la direction de J. Imbert, Toulouse, Privat, 1982.

70. *Assistance et Charité* (*Cahiers de Fanjeaux,* n° 13), Toulouse, Privat, 1978. L'on attend la thèse de D. Le Blevec, *Assistance, Hospitalité, Soins des malades dans les pays du bas Rhône (XIIe-XVe siècle).* Cf. aussi J. Caille, *Hôpitaux et Charité publique à Narbonne au Moyen Age,* Toulouse, Privat, 1978.

71. Thèse inédite d'A. Saunier, *Les Malades dans les hôpitaux du Nord de la France à la fin du Moyen Age (vers 1200-1500),* 1982. L'on peut citer parmi les monographies : A. Saint-Denis, *L'Hôtel-Dieu de Laon (1150-1300). Institution hospitalière et société,* Nancy, Presses universitaires de Nancy, 1983.

72. F. Bériac, *Histoire des lépreux au Moyen Age. Une société d'exclus,* Paris, Imago, 1988. Très souhaitable est la publication de la thèse de l'auteur : *Lèpre et Société en Aquitaine (XIIIe-XVIe siècle),* 1983.

73. Dom. T.X. Hourlier, *Les Religieux,* Paris, Cujas, 1975. Noter *Les Ordres religieux,* sous la direction de G. Le Bras, Paris, Flammarion, 1979-1980, 2 vol.

74. J'espérais que P.-R. Gaussin m'aiderait à dresser le bilan des recherches sur l'histoire des ordres religieux. La maladie l'en a empêché. Je me suis efforcé de le suppléer.

75. Saint-Etienne, CERCOM, 1984. Du même, *Les Cohortes du Christ,* Rennes, Ouest-France, 1985.

76. M. Pacaut, *Les Ordres monastiques et religieux au Moyen Age,* Paris, Nathan, 1970.

77. Dom J. Dubois, *Les Ordres monastiques,* Paris, PUF, 1985.

78. *Gallia Monastica,* t. 1, *Les Abbayes bénédictines du diocèse de Reims,* par F. Poirier-Coutansais, Paris, Picard, 1974.

79. *Sous la règle de saint Benoît. Structures monastiques et société en France du Moyen Age à l'époque moderne,* Genève, Droz, 1982.

80. *Prieurs et Prieurés dans l'Occident médiéval,* sous la direction de J.-L. Lemaître, Genève, Droz, 1987.

81. *Les Cahiers de Fanjeaux,* depuis 1966, sont édités par Privat à Toulouse.

82. *Actes du colloque du millénaire de la fondation du prieuré de La Réole* (La Réole, 1978), Bordeaux, Société des bibliophiles de Guyenne, 1980.

83. *Saint-Sever. Millénaire de l'abbaye* (1985), Mont-de-Marsan, CEHAG, 1986. A ce beau volume fait pendant *Saint-Thierry, une abbaye du VIe au XXe siècle* (colloque de Reims-Saint-Thierry, 1976), Saint-Thierry, Association des amis de l'abbaye de Saint-Thierry, 1979.

84. A Saint-Etienne en 1974. Publication in *Cahiers d'histoire,* Lyon, 1975.

85. M. Pacaut, *L'Ordre de Cluny,* Paris, Fayard, 1986.

86. A. H. Bredero, *Cluny et Cîteaux au XIIe siècle. Histoire d'une controverse monastique,* Amsterdam et Maarssen, Hallard University Press, 1985 (compte rendu par J. Paul, *Revue d'histoire de l'Eglise de France,* t. 74, 1988, p. 316-317).

87. J. Verger et J. Jolivet, *Bernard-Abélard ou le Cloître et l'école,* Paris, Fayard-Mame, 1982.

88. J. Leclercq, *Nouveau Visage de Bernard de Clairvaux. Approches psycho-historiques,* Paris, Ed. du Cerf, 1976.

89. D. Iogna-Prat, *Agni Immaculati. Recherches sur les sources hagiographiques relatives à saint Maïeul de Cluny (954-994),* Paris, Ed. du Cerf, 1988. J. Paul consacre trois excellents chapitres aux moines et aux chanoines réguliers (in *L'Eglise et la Culture en Occident,* t. 1, *op. cit.*).

90. Ph. Racinet, *Les Monastères clunisiens dans les diocèses de Soissons, de Senlis et de Beauvais. Evolution et permanence d'un ancien ordre bénédictin à la fin du Moyen Age et au XVIe siècle (1200-1570),* thèse de troisième cycle, 1983. Cf. articles dans *Le Moyen Age,* t. 90, 1984, p. 5-37, et t. 95, 1989, p. 5-35.

91. *La Naissance des Chartreuses* (colloque à l'occasion du 9e centenaire de la fondation de la Grande Chartreuse, 6e colloque international d'histoire et de spiritualité cartusiennes, 1984), Grenoble, Ed. des Cahiers de l'Alpe, 1986.

92. B. Bligny, *Saint Bruno, le premier chartreux,* Rennes, Ouest-France, 1984.

93. J.-M. Bienvenu, *Les Premiers Temps de Fontevraud (1101-1189) : naissance et évolution d'un ordre religieux,* thèse, 1981. —, *L'Etonnant Fondateur de Fontevraud, Robert d'Arbrissel,* Paris, Nouvelles Editions latines, 1981.

94. J. Dalarun, *Robert d'Arbrissel, fondateur de Fontevraud,* Paris, Albin Michel, 1986. —, *L'Impossible Sainteté. La vie retrouvée de Robert d'Arbrissel (v. 1045-1116), fondateur de Fontevraud,* Paris, Ed. du Cerf.

95. M. Parisse, *Les Nonnes au Moyen Age,* Le Puy, C. Bonneton, 1983.

96. *Les Religieuses en France au XIIIe siècle,* sous la direction de M. Parisse, Paris, PUF, 1985 (y compris les béguines).

97. P. L'Hermite-Leclercq, *Le Monachisme féminin dans la société de son temps. Le monastère de La Celle (XIe-début du XVIe siècle),* Paris, Cujas, 1989.

98. A.-M. Legras, *L'Enquête pontificale de 1373 sur l'ordre des Hospitaliers de Saint-Jean-de-Jérusalem. Edition et commentaire des documents relatifs au grand prieuré de France,* Paris, CNRS, 1987.

99. A. Demurger, *Vie et Mort de l'ordre du Temple,* Paris, Ed. du Seuil, 1985.

100. H. Martin, *Les Ordres mendiants en Bretagne (vers 1230-vers 1530),* Paris, Klincksieck, 1976.

101. H. Martin, *Le Métier de prédicateur à la fin du Moyen Age (1350-1520),* Paris, Ed. du Cerf, 1988.

102. Fribourg, Ed. universitaire, Paris, Ed. du Cerf, 1977.

103. *Horizons marins. Itinéraires spirituels (v^e^-xviiie siècle)*, t. 1, *Mentalités et Sociétés,* Paris, Publications de la Sorbonne, 1987 *(Mélanges Michel Mollat).* Cf. encore le recueil des articles de R. Foreville, *Gouvernement et Vie de l'Eglise au Moyen Age,* Londres, Variorum Reprints, 1975.

104. B. Barbiche, « Le personnel de la chancellerie pontificale aux XIIIe et XIVe siècles », in *Prosopographie et Genèse de l'Etat moderne,* Paris, ENSSF, 1986, p. 117-130. *Etat et Eglise dans la genèse de l'Etat moderne* (actes de la table ronde de Madrid, décembre 1985), Madrid, Casa de Velázquez, 1987.

105. *Faire croire. Modalités de la diffusion et de la réception des messages religieux du XIIe au XVe siècle* (actes de la table ronde de Rome, 1979), Rome, Ecole française de Rome, 1981.

106. C. Beaune, *Naissance de la nation France,* Paris, Gallimard, 1985.

107. *Histoire de la France religieuse,* sous la direction de J. Le Goff et R. Rémond, t. 1, *Des dieux de la Gaule à la papauté d'Avignon ;* t. 2, *Du christianisme flamboyant à l'aube des Lumières,* Paris, Ed. du Seuil, 1988 (nombreux renvois : clergé, chanoine, évêque, moine, ordre religieux, prêtre). P. Chaunu, *Le Temps des réformes. La crise de la chrétienté (1250-1550),* Paris, Fayard, 1975. *Histoire vécue du peuple chrétien,* sous la direction de J. Delumeau, Toulouse, Privat, 1979, t. 1 (exemple de Ch. de La Roncière, « Les communautés chrétiennes et leurs curés », p. 281-314).

108. H. Millet, *Les Chanoines du chapitre cathédral de Laon, op. cit.*

Histoire des mentalités religieuses

André Vauchez
avec la collaboration de
Jacques Chiffoleau
Geneviève Hasenohr et Michel Sot

L'histoire de la vie et des mentalités religieuses au Moyen Age se porte bien dans notre pays depuis une vingtaine d'années, comme en témoignent le grand nombre de travaux publiés en ce domaine par les chercheurs, leur qualité dans l'ensemble très satisfaisante et l'accueil favorable des éditeurs et du public. On en donnera pour preuve le succès qu'ont rencontré les deux premiers tomes de l'*Histoire de la France religieuse,* sous la direction de J. Le Goff et R. Rémond, parus en novembre 1988. Faut-il mettre en relation cet engouement avec un certain « retour du religieux » dont on parle beaucoup depuis quelques années, sans que l'on sache très bien ce que recouvre cette expression ? J'y verrais plutôt pour ma part la conséquence d'une mutation de l'histoire religieuse française qui, depuis un quart de siècle, s'est profondément renouvelée dans ses approches et ses méthodes, après avoir subi et relevé deux grands défis historiographiques.

I. Le triomphe de la sociologie religieuse

La première transformation et peut-être la plus profonde a été la mise en œuvre par les historiens médiévistes des intuitions et des programmes de G. Le Bras, qui, entre les années quarante et soixante, a introduit en France la sociologie religieuse et fait triompher la perspective sociologique dans le domaine de l'histoire du catholicisme. En 1945 déjà, G. Le Bras écrivait : « Les dogmes et les disciplines sont étudiés avec une louable obstination. Autant que les dieux, regardons leurs adorateurs[1] ! » Son souhait a été largement exaucé depuis et, sous son impulsion et celle de ses élèves, l'histoire religieuse est rapidement passée d'une étude des institutions et des doctrines à une *Histoire vécue du peuple chrétien,* pour reprendre le titre d'un ouvrage collectif publié sous la direction de J. Delumeau auquel les médiévistes ont apporté une notable contribution[2]. De fait, au cours des deux dernières décennies, un des points forts de l'historiographie française a été l'achèvement et, dans la plupart des cas, la publication de quelques grandes thèses de doctorat d'Etat relatives à la vie et à la pratique religieuses dans des aires géographiques bien définies, qu'il s'agisse d'un diocèse ou d'une région. A l'étude du contraste entre le prescrit et le vécu chrétien qui marquait le premier en date de ces livres, celui de J. Toussaert sur la Flandre maritime à la fin du Moyen Age, ont fait place des problématiques plus nuancées[3]. Mais surtout les travaux les plus récents ont bénéficié de l'appui d'un certain nombre d'instruments de travail, concernant précisément les sources qui permettent d'accéder à la connaissance de la pratique religieuse concrète : statuts synodaux, actes des conciles provinciaux ou nationaux, visites pastorales surtout minutieusement inventoriées dans un remarquable répertoire sans équivalent dans les autres pays européens[4]. Tous ces ouvrages, ainsi que le goût marqué de beaucoup de médiévistes français pour le dépouillement exhaustif des sources archivistiques et pour la cartographie historique, ont permis de substituer à l'histoire événementielle par épiscopat ou abbatiat, encore fréquente au début des années soixante, et à une démarche souvent apologétique, une approche scientifique et quantifiée — dans la mesure où la documentation le permet — des phénomènes religieux.

Parmi ces travaux, on distinguera ceux qui ont trait à la période de la réforme de l'Eglise sous ses divers aspects, aux XIe

et XIIe siècles, et ceux qui concernent la fin du Moyen Age. Les premiers ont sensiblement renouvelé nos connaissances en mettant en lumière l'existence de types régionaux différents, qui obligent à nuancer les vues traditionnelles d'A. Fliche sur l'unité de la prétendue « Réforme grégorienne »[5]. Ainsi la thèse de R. Locatelli sur la Franche-Comté, comme du reste les travaux de M. Parisse sur la Lorraine, illustre bien le cas de ces Eglises périphériques d'Empire, où le mouvement réformateur est parti souvent des évêques, avec les encouragements du pouvoir, et qui se sont trouvées ensuite tiraillées entre les impulsions venant de la Papauté et le poids des structures de l'Eglise impériale, tandis que le monachisme sous toutes ses formes y connaissait un vif succès et contribuait — surtout dans les parties montagneuses du diocèse de Besançon — à la conquête et à la mise en valeur de régions jusque-là à peu près désertes[6]. A côté de cela, le diocèse d'Arras, étudié par B. Delmaire, constitue un cas de figure assez différent : il s'agit d'un évêché de type « nordique » — dont la situation sur le plan religieux s'apparente à celle de la Flandre — qui est demeuré très marqué par l'influence carolingienne[7]. On y trouve un réseau paroissial déjà achevé à la fin du XIe siècle, une réforme ecclésiastique précoce mais modérée et une forte implantation des chanoines réguliers, qui contraste avec une présence assez réduite des moines. Sans doute est-ce une des raisons pour lesquelles ce diocèse constituera au XIIIe siècle un domaine d'élection pour les ordres mendiants et pour les béguines. Enfin, avec le diocèse d'Angers étudié par J. Avril, nous avons affaire à une région typique du climat religieux de la France de l'Ouest, qui se caractérise à la fois par une forte influence romaine, matérialisée par la présence fréquente de légats pontificaux canalisant et parfois étouffant les expériences originales du début du XIIe siècle, comme celle de Robert d'Arbrissel à Fontevraud, et par la puissance d'un certain nombre de grandes abbayes bénédictines exemptes, comme la Trinité de Vendôme[8]. Les laïcs semblent y avoir joué un rôle particulièrement actif, tant au niveau de la haute aristocratie par la protection accordée à des ordres nouveaux comme ceux de Fontevraud ou de Grandmont, qu'à un niveau plus modeste par la fondation de nombreuses œuvres d'assistance (léproseries, aumôneries, hospices) qui attestent une sensibilité très vive aux besoins des « pauvres du Christ »[9].

Plus nombreuses encore ont été les thèses et les études consacrées à l'histoire d'un ou de plusieurs diocèses à la fin du Moyen Age, depuis les crises de la seconde moitié du XIVe siècle jusqu'à la Réforme protestante. Il y a là une périodisation très féconde qui renouvelle notre vision de l'histoire religieuse du XVIe siècle, en faisant apparaître la Réformation de Luther et Calvin, tout comme la Réforme catholique d'après Trente, comme les aboutissements du renouveau de vitalité matérielle et spirituelle qu'a connu l'Eglise dans tout l'Occident au XVe siècle. Ces travaux sont évidemment mieux documentés et plus précis sur le plan quantitatif que les précédents dans la mesure où ils ont pu bénéficier de sources plus abondantes et plus variées : visites pastorales et statuts synodaux, mais aussi registres de confréries, recueils de sermons effectivement prêchés, procès d'hérésie et de sorcellerie, iconographie, etc. Pour s'en tenir aux ouvrages français les plus marquants, on retiendra les thèses de F. Rapp sur le diocèse de Strasbourg, de N. Lemaître sur le Rouergue et de P. Paravy sur le Dauphiné[10]. Des conclusions convergentes s'en dégagent : la principale a trait à la possibilité de parvenir, pour cette époque, à une histoire religieuse totale, insérant — sans aucune perspective réductrice — l'histoire de l'Eglise dans celle de la société ambiante, mais surtout ne négligeant aucun des champs de la croyance. La thèse de P. Paravy est à cet égard exemplaire puisqu'on y trouve à la fois une étude très approfondie de la vie religieuse des fidèles dans le cadre de la paroisse, un bilan exhaustif sur les croyances et les pratiques des vaudois du haut Dauphiné et une analyse minutieuse des procès de sorcellerie et de l'univers mental qu'ils reflètent tant chez les accusés que chez leurs juges. Enfin, ces ouvrages ont le mérite de mettre en évidence la fausseté de la perspective traditionnelle qui tendait à présenter la fin du Moyen Age comme une période catastrophique, marquée surtout dans le domaine religieux par les crises institutionnelles et par la prolifération des abus. Certes, il est indéniable qu'un peu partout en France les difficultés de la seconde moitié du XIVe siècle et des premières décennies du XVe s'accompagnèrent de destructions matérielles et d'un délabrement général des édifices religieux. Mais, à partir des années 1420-1430, on assiste à une brillante reprise qui va plus loin que la simple reconstruction des dégâts causés par la guerre et le dépeuplement. C'est la grande époque de l'essor des chapelles et des chapellenies, des confréries laïques et sacerdotales, de l'art et du théâtre religieux [11]. Dans cette perspective, la problématique ancienne des abus — que l'on retrouve malheureusement encore dans certains manuels —, qui prétendait expliquer la Réforme par l'incapacité de l'Eglise à mettre fin au cumul des bénéfices et à la non-résidence des curés, se trouve fondamentalement remise en cause. Certes, une assez forte proportion de prêtres — variable du reste selon les diocèses — ne résidaient pas dans leurs paroisses, mais celles-ci, en règle générale, n'étaient pas abandonnées pour autant, car les vicaires qui les remplaçaient n'étaient pas tous, tant s'en faut, des personnages indignes ou incapables et beaucoup d'évêques avaient compris qu'il était nécessaire de mieux les former. Au contraire, le XVe siècle — ou plus exactement la période 1430-1530 — apparaît comme le grand siècle de la chrétienté médiévale et l'âge d'or des églises de France. Cette impression deviendrait probablement une certitude si l'on disposait de travaux équivalents à ceux qui existent pour la Flandre, l'Alsace et pour la moitié sud de la France actuelle [12]. Malheureusement, malgré la parution ces dernières années de remarquables études sur tel ou tel aspect de la vie religieuse, les grands diocèses de la France septentrionale — de la Bretagne à la Bourgogne et de l'Auvergne à la Picardie — demeurent encore pour l'essentiel des *terrae incognitae* à cet égard [13]. Et l'on pourrait presque en dire autant à propos de l'Ile-de-France, malgré la publication récente d'une synthèse méritoire sur l'histoire religieuse du diocèse de Paris [14].

II. L'IMPACT DE L'HISTOIRE DES MENTALITÉS

Si la sociologie religieuse n'a pas encore achevé d'épuiser ses vertus, force est de reconnaître qu'elle ne constitue plus aujourd'hui une nouveauté, étant en quelque sorte passée dans le domaine public, au niveau de la pratique des spécialistes de l'histoire religieuse. Le choc de l'histoire des mentalités, surtout sensible depuis la fin des années soixante, se révèle plus rude, dans la mesure où celle-ci s'abstrait totalement de la problématique institutionnelle pour privilégier une approche exclusivement anthropologique des faits religieux [15]. Dans cette perspective, la notion d'histoire de l'Eglise achève de se dissoudre au profit d'une histoire des conceptions de l'au-delà et des médiations qui ont permis aux hommes et aux femmes d'une époque donnée d'entrer en relation avec lui [16].

1. La mort et l'au-delà

Sous l'influence d'œuvres pionnières comme celles d'A. Tenenti et de Ph. Ariès, mais surtout des travaux de l'école de Münster, on mesure mieux depuis une vingtaine d'années combien était étroit et fondamental, au Moyen Age, le lien entre la vie religieuse et ce que l'on appelle, selon les cas, la commémoration des défunts ou le culte des morts [17].

Cet intérêt nouveau pour les attitudes religieuses vis-à-vis de la mort et de l'au-delà s'est accompagné de la mise en œuvre de sources peu utilisées jusque-là, comme les nécrologes et les obituaires des établissements religieux et surtout les testaments [18]. Il s'agit en effet de documents d'un intérêt exceptionnel, dès lors qu'ils deviennent assez nombreux, au XIVe siècle, pour qu'on puisse en faire une étude sérielle, dans la mesure où ils mettent en évidence l'évolution des comportements à l'approche de la mort, ainsi que les relations de l'individu avec ses proches, sa paroisse, les communautés religieuses (saisies à travers les élections de sépulture) et les pauvres. Ainsi J. Chiffoleau, sur la base des testaments d'Avignon et du Comtat, a-t-il pu élaborer la notion de « piété flamboyante » caractérisée par un usage obsessionnel de la messe à l'intention des défunts et par de nombreuses fondations de chapellenies, qui prennent le pas sur les aumônes à l'intention des indigents ou des établissements d'assistance [19]. Le même historien a souligné aussi à juste titre l'importance fondamentale de l'économie de la mort, cet échange réglé de services qui garantissait des revenus aux établissements religieux en échange de leurs prières, mais qui était également essentiel au niveau de la paroisse, puisque les taxes perçues à l'occasion des funérailles constituaient souvent l'essentiel du casuel dont vivaient les desservants[20]. Cette problématique conduit à considérer les institutions ecclésiastiques elles-mêmes sous un jour nouveau : comme l'ont montré diverses études récentes, il existait à la fin du Moyen Age, dans beaucoup de régions françaises, un double clergé : l'un pour les vivants, l'autre pour les morts. Le premier comprenait les curés ou les vicaires, désignés par le bénéficier et l'évêque pour exercer la *cura animarum ;* l'autre, recruté uniquement parmi les familles du lieu, était constitué par des « prêtres filleuls », comme on les appelle dans la périphérie occidentale du Massif central, voués à la prière pour les défunts et qui vivaient de fondations pieuses ou de legs testamentaires[21]. Dans la même perspective, on s'explique mieux l'essor des confréries laïques, apparues dès le XIIe siècle mais qui ne se généralisèrent qu'au XIVe, en liaison avec la peur de mourir seul et surtout de n'avoir personne à qui s'en remettre pour les funérailles et la sépulture, en raison des catastrophes démographiques[22].

D'autres travaux, non moins importants, ont bien marqué l'importance fondamentale du Moyen Age dans le domaine des représentations de l'au-delà. Pour le haut Moyen Age, tout un important travail de réflexion s'est développé, essentiellement sur des bases archéologiques, autour de l'inhumation chrétienne, des sépultures orientées et des traditions funéraires[23]. A partir du XIIe siècle, les textes sont plus nombreux et plus explicites et l'on commence à étudier moins les tombes et les cimetières que les attitudes vis-à-vis de l'au-delà et leur lien avec la christianisation. C. Carozzi et surtout J. Le Goff ont mis en évidence l'évolution de la géographie de l'au-delà, marquée surtout au XIIe siècle par la naissance du Purgatoire, qui ne se diffusera que lentement dans certaines régions comme la Normandie, et dont l'existence constituera, dans les mains des clercs et surtout des ordres mendiants, un instrument pastoral efficace[24]. Là encore le lien avec la mort est évident, car le Purgatoire permettra à l'Eglise d'en finir avec les conceptions archaïques véhiculées par la culture folklorique, selon lesquelles les âmes des défunts revenaient hanter les églises et les cimetières et perturber le monde des vivants[25]. Dans cette perspective, l'affirmation de la primauté du jugement particulier sur le Jugement dernier ou universel et l'affirmation par l'Eglise de son caractère immédiatement consécutif au décès ont conduit à un développement extrêmement poussé des *artes moriendi* et du thème iconographique de l'Enfer et du Paradis aux dépens de celui de la Parousie, dans le but pédagogique de pousser les fidèles à la conversion[26].

2. *L'Occident médiéval fut-il chrétien ?*

Posée sous cette forme, la question paraît provocatrice ou caricaturale. Il s'agit pourtant d'un débat historiographique très sérieux, qui tend depuis peu à s'apaiser mais qui a connu de beaux jours dans les années soixante-dix. J. Delumeau et J. Le Goff n'hésitèrent pas alors à présenter la chrétienté du XVe siècle comme un « pays de mission »[27], tandis que J.-C. Schmitt, à travers l'étude du *Saint lévrier,* des revenants et de quelques autres thèmes, affirmait l'importance fondamentale de la culture folklorique, ensemble de pratiques et de croyances traditionnelles qui, au Moyen Age, ne furent que superficiellement touchées par le christianisme ambiant, mais qui constituaient en fait une véritable culture alternative, différente de celle des clercs et rejetée pour cela par ces derniers[28]. Ces prises de position se réfèrent, implicitement ou explicitement, au problème de la « religion populaire », lui-même issu de la mise en cause du « mythe » de la chrétienté médiévale par certains historiens, et aux controverses qui en ont résulté au sujet du degré de christianisation atteint par l'Occident aux derniers siècles du Moyen Age. La notion même de religion populaire n'a pas fait l'unanimité parmi les spécialistes : tandis que F. Rapp et A. Vauchez l'acceptaient sous bénéfice d'inventaire[29], E. Delaruelle préférait parler de « piété populaire », concept dont la validité fut vigoureusement contestée par J.-C. Schmitt[30]. Il ne m'appartient pas ici de mettre un terme à ce débat historiographique sur lequel le point a été fait récemment, de façon très équilibrée, par M. Lauwers[31]. Mais il est certain que l'adjectif « populaire » véhicule une certaine ambiguïté et que, d'autre part, beaucoup de croyances que les historiens ont tendance à qualifier de populaires étaient alors largement répandues, bien au-delà en tout cas des couches inférieures de la société. On a souvent l'impression que l'expression de « religion populaire » renvoie en fait aux pratiques religieuses des laïcs[32]. Mais ici encore, il est difficile, sous peine de tomber dans le schématisme, d'opposer terme à terme une religion cléricale, savante et intériorisée, qui aurait été celle des classes dominantes, à une religion des masses populaires qui, sous le couvert d'une apparence chrétienne, aurait assuré la survie — *superstitio* — de pratiques religieuses fort anciennes.

En fait, quel qu'ait pu être l'intérêt de ces débats théoriques, il paraît maintenant évident que le problème — nullement imaginaire — de la religion populaire ne peut être correctement posé que si l'on distingue soigneusement entre les pays et les époques. Il est bien certain, par exemple, qu'on ne peut que difficilement comparer le cas de la Scandinavie, tardivement christianisée, et celui des pays méditerranéens, en particulier de l'Italie, où les croyances avaient été façonnées par l'Eglise depuis de nombreux siècles. D'autre part, cette question doit être abordée dans une perspective évolutive. Ainsi, par exemple, la magie, à l'époque carolingienne, était certes condamnée par les évêques mais traitée par eux avec une sorte d'indulgence méprisante[33], tandis qu'au XIVe siècle la religion des clercs issus des écoles et des universités, entrant en contact avec celle, très pragmatique, des campagnes et des régions de montagne, réagit violemment contre un ensemble de pratiques dans lesquelles elle ne voulut voir qu'un ramassis de superstitions et de rites diaboliques, ce qui explique l'apparition, vers 1400, des procès de sorcellerie, qui se poursuivirent jusqu'à l'époque moderne[34]. Tel fut en effet le prix à payer pour le passage d'un type de christianisme à un autre, plus ecclésial, moral et sacramentel.

Enfin, de nombreux travaux ont mis en lumière ces dernières années l'importance du phénomène de la « religion volontaire » chez les laïcs entre le XIIe et le XVe siècle. Il s'agit de fidèles qui ont cherché à aller au-delà de ce qui leur était strictement prescrit par le clergé, qu'il s'agisse des convers entrés spontanément dans les monastères cisterciens, des ordres de chevalerie, des pénitents, tertiaires, flagellants ou des membres de confréries de dévotion [35]. Parmi les laïcs, il a donc existé une sorte d'élite religieuse, dont la réalité a varié selon les pays et les époques, mais qui est devenue numériquement assez importante à partir du XIVe siècle, comme l'attestent par exemple la diffusion des livres d'heures et la circulation de textes hagiographiques et de manuels de dévotion en langue vulgaire [36]. Entre ces « amis de Dieu » ou ces béguines, dont certaines parvenaient à des degrés très élevés de mysticisme, et les adeptes du culte du « saint chien » Guinefort dans les campagnes de l'Ain, se situait la grande masse des simples fidèles, dont la vie religieuse sans éclat se déroulait dans le cadre de la paroisse rurale ou urbaine, et qui s'adonnaient aux pratiques de dévotion ordinaires : processions, pèlerinages, culte de la Vierge et des saints, recherche des indulgences, vénération du *Corpus Domini* pendant la messe et en dehors d'elle [37]. Mais ces comportements routiniers eux-mêmes attestent l'importance fondamentale du problème du salut et des moyens de l'acquérir aux yeux des hommes de ce temps.

III. Les principales directions de recherche actuelles

Parallèlement à ces débats fondamentaux et parfois en liaison avec eux, les recherches des médiévistes français se sont développées dans diverses directions qu'il convient de présenter maintenant, au moins de façon synthétique.

1. L'encadrement pastoral des fidèles au Moyen Age

Les débats sur la christianisation ont stimulé les recherches sur les différentes étapes de ce processus complexe et jamais totalement achevé. Les spécialistes de l'Antiquité tardive et du haut Moyen Age, formés pour la plupart à l'école d'H.-I. Marrou, ont complètement renouvelé par leurs travaux l'approche du problème de la « conversion des païens »[38]. Bon nombre de ces derniers ont été consacrés au phénomène de la ville chrétienne, prolongement certes de la cité antique, mais sur une superficie réduite et surtout dans un cadre monumental remodelé par le phénomène religieux chrétien, depuis le groupe cathédral jusqu'aux basiliques martyriales et cimétériales[39]. Par ailleurs, toute une série de recherches, portant aussi bien sur le haut Moyen Age que sur l'époque féodale, ont mis en évidence le rôle des ermites et surtout des moines dans la christianisation des campagnes et de l'espace rural[40]. Même des sujets que l'on croyait bien connus, comme le monachisme clunisien, ont été renouvelés par des approches originales, tandis que l'on est en train de découvrir l'importance des moniales et des communautés religieuses féminines, qui étaient demeurées jusqu'ici dans l'ombre[41]. Mais c'est surtout la paroisse, en tant que structure d'encadrement des fidèles, qui a retenu l'attention des médiévistes français au cours des dernières décennies. Les origines et la mise en place du réseau paroissial dans les campagnes françaises ont été traitées de façon magistrale par J.-F. Lemarignier et J. Becquet[42]. Elles ont fait l'objet de recherches récentes portant sur des régions particulières, comme celles du diocèse d'Arras étudiées par B. Delmaire, ainsi que de bilans synthétiques[43]. La paroisse urbaine est moins favorisée, en dépit des articles stimulants que lui a consacrés P. Desportes[44]. En fait, le rôle de cette structure ecclésiastique de base a évolué sensiblement au cours du Moyen Age. De simple circonscription territoriale rassemblant les fidèles autour d'une église baptismale et d'un cimetière, elle est devenue, à partir du XIIIe siècle, la cellule de base de la vie religieuse. On mesure mieux aujourd'hui la portée considérable du célèbre canon 21 du concile de Latran IV et l'importance du tournant pastoral des années 1200-1250[45]. Une des principales conséquences de ce dernier fut de faire du desservant de la paroisse un véritable curé et recteur, c'est-à-dire un prêtre ayant charge d'âme et autorité sur les fidèles de son ressort, désormais obligés de se confesser à lui au moins une fois l'an, ce qui contribua à le transformer en un agent de contrôle de l'orthodoxie et de la moralité de ses ouailles[46]. De fait, le rôle du clergé paroissial ne va cesser de se renforcer jusqu'à la fin du Moyen Age : jusque-là le prêtre, surtout en milieu rural, était avant tout l'homme du sacré, celui qui seul connaissait les rites et les formules indispensables pour se concilier les forces divines et éloigner les puissances maléfiques, par exemple dans l'exorcisme. Cette fonction ne disparut certes pas mais elle tendit à être supplantée par la distribution des sacrements, en particulier de l'eucharistie. Le curé avait en effet la charge — les évêques le lui répètent avec insistance à chaque visite pastorale — de conserver avec soin les saintes espèces et les vases sacrés, de faire vénérer par les fidèles le « corps Dieu » et de leur distribuer la communion, surtout au temps pascal et à l'article de la mort[47]. Entre la valorisation du sacrement de l'autel par l'Eglise et celle du prestige sacerdotal, on peut établir un parallèle qui n'a rien de fortuit.

2. *La prédication*

C'est dans cette perspective qu'il faut situer l'essor de la prédication, qui est un des caractères originaux de la vie religieuse aux derniers siècles du Moyen Age. Il existe en effet un lien étroit entre le sermon et la confession, puisque le premier avait pour but principal d'amener le pécheur à se repentir de ses fautes et à en faire l'aveu à un prêtre, et que les temps forts de la prédication étaient les périodes de l'année, comme le Carême ou l'Avent, qui étaient placées sous le signe de la pénitence. Nul médiéviste n'ignorait bien sûr, il y a vingt ans, qu'on avait beaucoup prêché en Occident à partir du XIIIe siècle, mais le progrès des éditions de textes et des études historiques dans ce domaine a permis d'aller beaucoup plus loin dans la compréhension de ce phénomène et dans la prise de conscience de sa diversité[48]. Les travaux de J. Longère ont en effet attiré l'attention sur la prédication scolaire et universitaire, tandis que ceux de M. Zink et de N. Bériou ont renouvelé la connaissance que l'on pouvait avoir des sermons effectivement prêchés[49]. De toutes ces recherches, qui se développent du reste à l'échelle de l'Europe entière, se dégage l'impression que la prédication a été, pour ainsi dire, le principal sacrement à la fin du Moyen Age, si l'on entend par là un moyen pour les fidèles de se rapprocher de Dieu et d'accueillir sa grâce. Certes on n'avait pas attendu le XIIIe siècle pour faire des sermons dans la chrétienté occidentale, mais l'éloquence sacrée connut alors un essor extraordinaire, en liaison bien sûr avec le tournant pastoral pris par l'Église au concile de Latran IV et avec l'expansion des ordres mendiants. Mais le changement majeur ne se situe pas sur le plan quantitatif. Il s'agit également, selon l'heureuse expression de J. Le Goff et J.-C. Schmitt, d'une « parole nouvelle »[50]. Les recherches menées par ces deux historiens et par leurs collaborateurs sur les *exempla* et sur leur place dans les sermons des XIIIe et XIVe siècles ont bien mis en lumière les « ruses du prêcheur », s'efforçant de capter les ressources de la culture profane et même parfois folklorique pour les mettre au service de la propagation de la foi[51]. Dans la même ligne, on s'est interrogé sur les modalités de la diffusion et de la réception des messages religieux aux derniers siècles du Moyen Age, en cherchant comment, à travers la prédication mais aussi les textes hagiographiques et l'iconographie religieuse, s'était exprimé le désir des clercs de faire croire aux vérités de la foi, ou plutôt d'y faire mieux croire, la masse des laïcs pour lesquels n'existait encore aucun catéchisme[52]. A travers tous ces canaux, s'est opérée une réelle imprégnation religieuse des fidèles, comme l'ont bien montré les travaux d'H. Martin qui soulignent l'importance de la prédication comme phénomène social en milieu urbain à la fin du Moyen Age et son impact sur les foules[53].

3. Les pouvoirs informels : sainteté, thaumaturgie, prophétie

Un certain nombre de travaux récents ont mis en évidence le rôle qu'ont joué, dans la chrétienté médiévale, des pouvoirs que l'on peut qualifier d'informels dans la mesure où ils ne sont pas d'ordre institutionnel ou juridictionnel : ceux qui étaient reconnus aux saints et, surtout à partir du XIVe siècle, aux visionnaires et aux prophètes[54]. Bien qu'elles soient fondamentalement d'ordre charismatique, ces forces ne sont cependant pas sans rapport avec les pouvoirs en place, en particulier la hiérarchie ecclésiastique, qui a très souvent essayé d'en capter le bénéfice à son profit. C'est le cas, par exemple, des reliques des saints, que ce soit en Italie où J.-Ch. Picard a bien montré, pour le haut Moyen Age, tout le parti que les évêques avaient su tirer de la mémoire de leurs illustres prédécesseurs pour renforcer leur emprise sur les villes[55], ou en France où l'on assiste, à partir de l'époque carolingienne, à une multiplication des translations des corps saints[56]. Il y aurait lieu de multiplier les enquêtes sur tous ces déplacements et vols de reliques, qui permettraient de jeter les bases d'une géographie du Sacré, mais aussi de mieux saisir les rapports de force entre les divers établissements religieux et les pouvoirs laïcs en quête de sacralisation[57].

Les saints n'étaient pas seulement des ossements dont on se disputait la propriété. Ils constituaient aussi des modèles à travers lesquels s'exprimaient les valeurs et les aspirations religieuses d'une époque ou d'un milieu donné. Grâce aux nombreuses études qui ont été publiées dans ce domaine depuis une dizaine d'années, on est aujourd'hui en mesure de retracer assez précisément l'évolution des conceptions de la sainteté dans l'Occident médiéval et celle des attitudes de l'Eglise romaine face aux développements spontanés du culte des saints, qu'elle s'est efforcée de canaliser et d'épurer par le biais de la procédure de canonisation, à partir de la fin du XIIe siècle[58].

Cet intérêt nouveau pour l'histoire de la sainteté s'est accompagné d'une redécouverte par les historiens médiévistes des sources hagiographiques que l'historiographie positiviste avait considérées avec méfiance. Un certain nombre de publications de sources et d'études diverses ont permis d'accroître nos connaissances dans ce domaine, tandis que se développait toute une réflexion sur la nature exacte de ces textes, leur finalité et sur les méthodes permettant d'en faire une lecture qui ne soit ni naïve ni superficielle[59]. Parallèlement se sont multipliés les travaux sur les miracles et les recueils de miracles, qui constituent une documentation abondante et essentielle pour comprendre les mentalités religieuses médiévales, en particulier le rôle du corps et des corps saints dans la relation avec l'au-delà[60].

A côté des saints, il convient de faire une place aux visionnaires et aux prophètes, particulièrement nombreux et influents aux derniers siècles du Moyen Age, à partir de sainte Hildegarde de Bingen et de Joachim de Flore, dont les textes sont devenus plus aisément accessibles grâce à l'excellente anthologie publiée par C. et H. Carozzi[61]. Dans ce domaine beaucoup reste à faire, car, en dehors de P. Alphandéry au début de ce siècle, les historiens français se sont peu intéressés à l'eschatologie, comme s'il s'agissait de questions qui n'avaient concerné que des pays comme l'Allemagne et l'Italie, obsédés par le rêve impérial et les visions apocalyptiques. Depuis les travaux de G. Lobrichon sur le XIIe siècle, ceux de J. Bignami-Odier sur le prophète avignonnais Jean de Roquetaillade *(De Rupescissa),* théologien polémiste, alchimiste, et en attendant la publication des recherches de URA 1011 du CNRS sur le prophétisme médiéval, on s'aperçoit chaque jour davantage combien ces vues étaient erronées[62]. Bien mieux, la thèse de C. Beaune a révélé l'existence en France d'un messianisme royal d'une vigueur insoupçonnée, entre la fin du XIIIe et le début du XVIe siècle[63]. Il n'est pas jusqu'à l'histoire politique qui ne subisse le contrecoup de ces progrès de la recherche, tant il est clair que le « phénomène Jeanne d'Arc » ne peut guère être compris que dans cette perspective, ses contemporains l'ayant considérée de son vivant au moins autant comme une prophétesse que comme un chef de guerre, comme l'atteste — entre autres choses — le débat qui se développa à ce sujet entre les meilleurs théologiens français lors du procès en nullité de sa condamnation[64].

4. Les minorités religieuses : hérétiques, dissidents et juifs

On note enfin un grand développement des recherches et des publications ayant trait à tous les groupes religieux dissidents et à l'attitude de l'Eglise à leur égard. Dans ce domaine, il faut évidemment faire une place à part aux études consacrées au judaïsme médiéval et aux relations entre juifs et chrétiens, qui ont beaucoup progressé depuis quelques décennies grâce au regretté B. Blumenkranz et à G. Nahon, ainsi qu'à G. Dahan, et D. Iancu-Agou[65]. On n'aura garde d'oublier dans ce domaine l'important volume *Juifs et Judaïsme en Languedoc* (*Cahiers de*

Fanjeaux, n° 12), bientôt suivi d'un autre volume consacré à *Islam et Chrétiens du Midi* dans la même série (*Cahiers de Fanjeaux*, n° 18)[66]. Dans le domaine de l'histoire des hérésies, notre pays, qui avait connu avant la guerre une brillante production historiographique, tente de reprendre sa place et de se hisser au niveau de l'historiographie allemande, italienne et américaine. Le point de départ de cette renaissance a été l'important colloque *Hérésies et Sociétés dans l'Europe préindustrielle (XIe-XVIIIe siècle)*, organisé et publié par J. Le Goff[67]. Depuis lors, à côté de précieuses éditions de textes et d'études sur l'Inquisition et les inquisiteurs, des travaux de valeur ont été consacrés aux cathares, qui tiennent de loin la première place dans la production historiographique, mais aussi aux vaudois, aux béguins et aux béguines, etc.[68]. Mais il est vrai que le livre récent le plus célèbre sur la question — *Montaillou, village occitan* — est l'œuvre non d'un médiéviste mais d'un spécialiste de l'époque moderne... En tout cas, si, dans le Midi, les passions demeurent vives dès qu'on aborde ces questions, on doit se féliciter de voir prévaloir une approche historique des mouvements hérétiques, comme en témoigne le volume intitulé *Effacement du catharisme?* qui envisage le problème sous tous ses aspects[69]. Il resterait à replacer l'ensemble de ces mouvements dissidents dans le cadre plus vaste de l'anticléricalisme médiéval, réalité très importante dans de larges secteurs de la société et dont l'influence a été jusqu'à présent sous-évaluée.

Conclusion

Le bilan des recherches françaises dans le domaine de l'histoire religieuse du Moyen Age est donc très encourageant dans son foisonnement même. Encore la présente synthèse ne prétend-elle pas à l'exhaustivité et devrait-elle, pour être complète, faire une place à de nombreux travaux méritoires qui n'ont pu être évoqués, du fait de son caractère nécessairement limité[70]. Il ne s'agit d'ailleurs pas, dans mon esprit, d'établir un palmarès mais de dégager quelques orientations prépondérantes dans un champ historiographique aussi vaste que varié. Parmi les aspects positifs de la situation actuelle, il faut se réjouir particulièrement d'une incontestable renaissance de l'érudition, attestée par la publication d'un grand nombre d'éditions de textes, d'inventaires, de répertoires, bref d'instruments de travail sans lesquels les chercheurs les plus talentueux ne peuvent faire progresser la science historique. La jeune génération a redécouvert la nécessité pour l'historien de maîtriser ce qu'on appelait jadis les sciences auxiliaires de l'histoire et semble même parfois prendre plaisir à cultiver leurs joies austères. Mais — et c'est là que le bât blesse — certaines de ces disciplines, indispensables pour le spécialiste de l'histoire religieuse médiévale, ne sont pratiquement plus enseignées dans notre pays : c'est le cas en particulier de l'histoire de la liturgie, du droit canon et même, jusqu'à un certain point, de la théologie et de la philosophie médiévales. Il y a là un contraste entre les besoins ressentis par les historiens et les possibilités de se former dans ces disciplines spécialisées, qui est inquiétant pour l'avenir, si du moins rien n'est fait pour remédier à cette situation. En fait la solution ne pourra guère être trouvée qu'au niveau européen, grâce à l'aide de pays comme l'Allemagne, la Belgique ou l'Italie, qui ont su conserver des chaires universitaires ou des centres de recherche actifs dans ces domaines.

Un autre sujet de satisfaction tient au rapprochement, qui se fait jour depuis peu, entre historiens et historiens de l'art, au moins au niveau de la recherche, car dans l'université le poids des découpages disciplinaires traditionnels y fait plutôt obstacle. A côté des textes, l'iconographie devient pour les spécialistes d'histoire religieuse une source fondamentale, dont ils respectent la spécificité tout en tirant le maximum d'informations. Ainsi, alors que l'histoire de la spiritualité ne constitue pas un secteur très dynamique sous sa forme traditionnelle, qui est l'étude de la littérature de dévotion et des traités ascétiques ou mystiques[71], on est frappé de constater qu'un certain nombre de travaux réalisés ces dernières années dans ce domaine sont fondés sur l'étude d'un ou de plusieurs corpus iconographiques[72]. Il faut espérer que cette tendance se développera dans les années à venir et que notre pays rattrapera le retard qu'il a pris dans le domaine des études d'iconographie chrétienne.

Ma dernière remarque sera un souhait : celui de voir se réunir les deux directions entre lesquelles se partage aujourd'hui l'histoire religieuse du Moyen Age : d'un côté, une histoire des institutions ecclésiastiques, axée sur les textes normatifs et juridiques ; de l'autre, une histoire de la vie religieuse, très marquée par l'histoire des mentalités. Certes il n'est pas facile de tenir simultanément les deux bouts de la chaîne, mais je pense que c'est éminemment souhaitable pour l'avenir de la recherche dans ce domaine. Ce que nous avons dit à propos de la paroisse, pour ne prendre qu'un exemple, montre à quel point il est urgent de sortir à la fois d'une histoire institutionnelle sclérosée et de certaines facilités auxquelles peut conduire une approche purement anthropologique du fait religieux, pour parvenir enfin à une histoire religieuse tout court, assumant et englobant toutes les dimensions de ce phénomène complexe.

Notes

1. Sur l'importance de l'œuvre de G. Le Bras dans le domaine de l'histoire religieuse du Moyen Age, cf. A. Vauchez, « Les nouvelles orientations de l'histoire religieuse de la France médiévale (avant le XIVe siècle) », *Studi Medievali,* 3e s., t. 21, 1980, p. 843-845.

2. *Histoire vécue du peuple chrétien,* sous la direction de J. Delumeau, Toulouse, Privat, 1979, 2 vol.

3. J. Toussaert, *Le Sentiment religieux en Flandre à la fin du Moyen Age,* Paris, Plon, 1963.

4. Citons, par exemple, le *Répertoire des statuts synodaux des diocèses de l'Ancienne France,* d'A. Artonne, L. Guizart et O. Pontal, 2e éd., Paris, CNRS, 1970. O. Pontal, *Les Statuts synodaux français du XIIIe siècle,* Paris, CTHS, 1971-1983, 2 vol. J. Avril, *Les Conciles provinciaux de Tours (XIIIe-XVe siècle),* Paris, CNRS, 1988. *Répertoire des visites pastorales de l'Ancienne France. 1re série : anciens diocèses jusqu'en 1791,* sous la direction de D. Julia et M. Venard, Paris, CNRS, 1977-1985, 4 vol. N. Coulet, *Les Visites pastorales,* Turnhout, université catholique de Louvain, 1977.

5. Sur l'œuvre d'A. Fliche, cf. J.-R. Palanque, *Comptes rendus de l'Académie des inscriptions et belles-lettres,* 1974, p. 239-249.

6. R. Locatelli, *De la réforme grégorienne à la monarchie pontificale : le diocèse de Besançon (v. 1060-1220),* thèse dact., Université de Lyon-II, 1984. M. Parisse, « L'évêque impérial dans son diocèse : l'exemple lorrain aux Xe et XIe siècles », in *Festschrift für Joseph Fleckenstein,* Sigmaringen, J. Thorbecke, 1984, p. 179-183.

7. B. Delmaire, *Le Diocèse d'Arras du XIe au XIVe siècle,* thèse dact., Paris-I, 1988.

8. J. Avril, *Le Gouvernement des évêques et la Vie religieuse dans le diocèse d'Angers (1148-1240),* Paris, Ed. du Cerf, 1985, 2 vol. J.-M. Bienvenu, *Les Premiers Temps de Fontevraud (1101-1189). Naissance et Evolution d'un ordre religieux,* thèse dact., Paris-IV, 1980.

9. J.-M. Bienvenu, « Fondations charitables laïques au XIIe siècle. L'exemple de l'Anjou », in *Etudes sur l'histoire de la pauvreté (Moyen Age-XVIe siècle),* sous la direction de M. Mollat, Paris, Publications de la Sorbonne, 1974, t. 2, p. 563-570. J. Avril, *Le Gouvernement des évêques, op. cit.,* t. 2, p. 752-770.

10. F. Rapp, *Réforme et Réformation à Strasbourg. Eglise et société dans le diocèse de Strasbourg (1450-1525),* Paris, Ophrys, 1974. N. Lemaître, *Le Rouergue flamboyant. Le clergé et les fidèles dans le diocèse de Rodez (1417-1563),* Paris, Ed. du Cerf, 1988. P. Paravy, *Recherches sur la vie religieuse en Dauphiné du milieu du XIVe siècle à la Réforme,* thèse dact., Paris-IV, 1988.

11. Cet aspect a été particulièrement développé par P. Paravy, *op. cit.,* à propos du diocèse d'Embrun. Mais J. Chiffoleau (in *Histoire de la France religieuse,* sous la

direction de J. Le Goff et R. Rémond, Paris, Ed. du Seuil, 1988, t. 1, p. 13-189) étend cette appréciation positive à l'échelle de la France entière.

12. En plus des thèses déjà citées, cf. J.-L. Gazzaniga, *L'Eglise du Midi à la fin du règne de Charles VII (1444-1461) d'après la jurisprudence du parlement de Toulouse,* Paris, Picard, 1976.

13. Ainsi certains aspects de la vie religieuse des fidèles ont été bien étudiés par C. Vincent, *Des charités bien ordonnées. Les charités normandes de la fin du XIIIe au début du XVIe siècle,* Paris, Presses de l'ENSJF, 1988.

14. L. Pietri, J. Longère et F. Autrand, in *Le Diocèse de Paris,* t. 1, sous la direction de B. Plongeron, Paris, Beauchesne, (« Histoire des diocèses de France », 20), 1987.

15. Cf., par exemple, A. Dupront, « La religion : anthropologie religieuse », in *Faire de l'histoire,* sous la direction de J. Le Goff et P. Nora, Paris, Gallimard, 1974, t. 2, p. 105-136.

16. Cf. J.-C. Schmitt, « Les superstitions », in *Histoire de la France religieuse, op. cit.,* t. 1, p. 417-554.

17. P.-A. Février, « La mort chrétienne », in *Segni e riti nella cristianità altomedievale. Settimane di studio del Centro italiano di studi sull'alto Medioevo,* t. 33, Spolète, 1985, p. 881-943. D. Sicard, *La Liturgie de la mort dans l'Eglise latine, des origines à la réforme carolingienne,* Münster, Aschendorff, 1978.

18. J.-L. Lemaître, *L'Eglise et la Mémoire des morts dans la France médiévale,* Paris, Etudes augustiniennes, 1986, et *Mourir à Saint-Martial. La commémoration des morts et les obituaires de Saint-Martial de Limoges du XIe au XIIIe siècle,* Paris, De Boccard, 1989. Le même chercheur a publié un précieux *Répertoire des documents nécrologiques français,* Paris, Institut de France, 1980, 2 vol. Sur les testaments, cf., entre autres études, M.-Th. Lorcin, « Les clauses religieuses des testaments du pays lyonnais aux XIVe et XVe siècles », *Le Moyen Age,* t. 27, 1972, p. 287-327, et *Vivre et Mourir en Lyonnais à la fin du Moyen Age,* Lyon, CNRS, 1981.

19. J. Chiffoleau, *La Comptabilité de l'Au-delà. Les hommes, la mort et la religion dans la région d'Avignon à la fin du Moyen Age (v. 1320-v. 1480),* Rome, Ecole française de Rome, 1980.

20. J. Chiffoleau, « Pour une économie de l'institution ecclésiale à la fin du Moyen Age », *Mélanges de l'Ecole française de Rome. Moyen Age-Temps modernes,* t. 1984, p. 247-279.

21. Sur ce phénomène, cf. N. Lemaître, *Le Rouergue flamboyant, op. cit.,* p. 282-295.

22. A. Vauchez, « Les confréries au Moyen Age. Bilan historiographique », in *id., Les Laïcs au Moyen Age,* Paris, Ed. du Cerf, 1987, p. 113-122. —, *Le Mouvement confraternel au Moyen Age. France, Italie, Suisse,* Rome, Ecole française de Rome, 1987.

23. *L'Inhumation privilégiée du IVe au VIIIe siècle en Occident,* Y. Duval et J.-Ch. Picard éd., Paris, De Boccard, 1987. M. Colardelle, *Sépultures et Traditions funéraires du Ve au XIIIe siècle après J.-C. dans les campagnes des Alpes françaises du Nord,* Grenoble, Société alpine de documentation et de recherche en archéologie historique, 1983.

24. C. Carozzi, « La géographie de l'au-delà et sa signification pendant le haut Moyen Age », in *Popoli e paesi nella cultura altomedievale. Settimane di studio del Centro italiano di studi sull'alto Medioevo,* t. 29, Spolète, 1983, t. 2, p. 423-483. J. Le

Goff, *Naissance du Purgatoire,* Paris, Gallimard, 1982. —, *La Bourse et la Vie,* Paris, Hachette, 1986.

25. J.-C. Schmitt, « Les masques, le diable et la mort dans l'Occident médiéval », *Razo. Cahiers du Centre d'études médiévales de Nice,* t. 6, 1986, p. 87-119. M. Bastard-Fournié, « Le Purgatoire dans la région toulousaine au XIVe et au début du XVe siècle », *Annales du Midi,* 1980, p. 5-34.

26. *La Mort au Moyen Age* (Actes du colloque de l'Association des historiens médiévistes français, Strasbourg, 1975), Strasbourg, Istra, 1977. J. Baschet, *Les Justices de l'Au-delà. Les représentations de l'enfer en France et en Italie (XIIe-XVe siècle),* thèse de l'EHESS, Paris, 1989.

27. J. Delumeau, *Le Catholicisme de Luther à Voltaire,* Paris, PUF, 1971, p. 234-235. J. Le Goff, *Histoire des religions,* Paris, Gallimard, « Encyclopédie de la Pléiade », 1972, t. 2, p. 856 : « La chrétienté, vers 1500, c'est presque un pays de mission. »

28. J.-C. Schmitt, *Le Saint lévrier. Guinefort guérisseur d'enfants depuis le XIIIe siècle,* Paris, Flammarion, 1979. —, « Les revenants dans la société féodale », in *Le Temps de la réflexion,* Paris, Gallimard, t. 3, 1982, p. 285-306.

29. F. Rapp, « Réflexions sur la religion populaire au Moyen Age », in *La Religion populaire. Approches historiques,* sous la direction de B. Plongeron, Paris, Beauchesne, 1976. A. Vauchez, « La religion populaire dans la France méridionale au XIVe siècle », in *id. Religion et Société dans l'Occident médiéval,* Turin, La Bottega d'Erasmo, 1980, p. 345-378.

30. E. Delaruelle, *La Piété populaire au Moyen Age,* Turin, La Bottega d'Erasmo, 1975 (préface de R. Manselli et A. Vauchez). J.-C. Schmitt, « Religion populaire et culture folklorique », *Annales ESC,* t. 31, 1976, p. 941-953.

31. M. Lauwers, « Religion populaire, culture folklorique, mentalités. Notes pour une anthropologie culturelle du Moyen Age », *Revue d'histoire ecclésiastique,* t. 82, 1987, p. 221-258. Cf. aussi l'intéressante mise au point de J. Van Engen, « The Christian Middle Ages as an Historiographical Problem », *The American Historical Review,* t. 91, 1986, p. 519-552.

32. Sur ces dernières, cf. A. Vauchez, *Les Laïcs au Moyen Age. Pratiques et expériences religieuses,* Paris, Ed. du Cerf, 1987.

33. P. Riché, « La magie à l'époque carolingienne », *Comptes rendus de l'Académie des inscriptions et belles-lettres,* 1973, p. 127-138. —, « La pastorale populaire en Occident (IVe-XIe siècle) », in *Histoire vécue du peuple chrétien, op. cit.*, p. 95-224.

34. P. Paravy, « A propos de la genèse médiévale de la chasse aux sorcières. Le traité de Claude Tholosan, juge dauphinois (vers 1436) », *Mélanges de l'Ecole française de Rome. Moyen Age-Temps modernes,* t. 91, 1979, p. 333-379.

35. Les mouvements religieux laïcs ont été particulièrement bien étudiés pour l'Italie centrale par Ch.-M. de La Roncière, « La place des confréries dans l'encadrement religieux du *contado* florentin », *Mélanges de l'Ecole française de Rome. Moyen Age-Temps modernes,* t. 85, 1973, p. 31-77 et 633-677, et, pour la France méridionale, par J. Chiffoleau, « Les confréries, la mort et la religion en Comtat Venaissin à la fin du Moyen Age », *Mélanges de l'Ecole française de Rome. Moyen Age-Temps modernes,* t. 91, 1979, p. 787-825.

36. Ces textes spirituels et moraux en langue vulgaire sont désormais mieux connus, grâce aux travaux de G. Hasenohr, en particulier sa contribution sur « La littérature religieuse des XIVe et XVe siècles », *Grundriss der romanischen Literaturen des Mittelalters,* t. 8, 1, Heidelberg, C. Winter, 1988, p. 266-305.

37. P.-A. Sigal, *Les Marcheurs de Dieu,* Paris, Colin, 1974. *Le Pèlerinage* (*Cahiers de Fanjeaux,* n° 15), Toulouse, Privat, 1980.

38. N. Gauthier, *L'Evangélisation des pays de la Moselle (IIIe-VIIIe siècle),* Paris, Picard, 1980. *La Christianisation des pays entre Loire et Rhin (IVe-VIIe siècle),* (actes du colloque organisé par le Centre de recherches sur l'Antiquité tardive et le haut Moyen Age de l'université Paris-X-Nanterre), *Revue d'histoire de l'Eglise de France,* t. 62, 1976. S. Lebecq, « Les Frisons entre paganisme et christianisme », in *Christianisation et Déchristianisation,* Angers, Presses de l'université d'Angers, 1986, p. 361-377.

39. *Topographie chrétienne des cités de la Gaule, des origines au VIIIe siècle,* sous la direction de N. Gauthier et J.-Ch. Picard, Paris, CNRS, 6 vol. parus depuis 1986. L. Pietri, *La Ville de Tours du IVe au VIe siècle. Naissance d'une cité chrétienne,* Rome, Ecole française de Rome, 1984. Sur les efforts de l'Eglise pour encadrer et former les populations rurales pendant le haut Moyen Age, cf. J. Devailly, « La pastorale en Gaule au IXe siècle », *Revue d'histoire de l'Eglise de France,* t. 59, 1973, et J.-Ch. Picard, « L'ordre carolingien », in *Histoire de la France religieuse, op. cit.,* t. 1, p. 162-282.

40. *Sous la règle de saint Benoît,* sous la direction de J. Dubois, Genève, Droz, 1982. *Prieurs et Prieurés dans l'Occident médiéval,* sous la direction de J.-L. Lemaître, Genève, Droz, 1987. J. Heuclin, *Aux origines monastiques de la Gaule. Ermites et reclus du Ve au XIe siècle,* Lille, Presses universitaires de Lille, 1988. H. Oudart, *L'Erémitisme dans le diocèse de Bourges aux XIe et XIIe siècles,* thèse dact., Paris-IV, 1986.

41. M. Pacaut, *L'Ordre de Cluny,* Paris, Fayard, 1986. D. Iogna-Prat, *Agni Immaculati. Recherches sur les sources hagiographiques relatives à saint Maïeul de Cluny (954-994),* Paris, Ed. du Cerf, 1988. M. Parisse, *Les Nonnes au Moyen Age,* Paris, C. Bonneton, 1983. P. L'Hermite-Leclercq, *Le Monachisme féminin dans la société de son temps. Le monastère de La Celle (XIe-début du XVIe siècle),* Paris, Cujas, 1989.

42. J.-F. Lemarignier, « Le monachisme et l'encadrement religieux des campagnes du royaume de France situées au nord de la Loire, de la fin du Xe à la fin du XIe siècle », in *Le istituzioni ecclesiastiche della « societas christiana » dei secoli XI-XII,* Milan, Vita e Pensiero, 1977, p. 357-398. J. Becquet, « La paroisse en France aux XIe et XIIe siècles », in *ibid.,* p. 199-222. P. Toubert, « Monachisme et encadrement religieux des campagnes en Italie aux Xe-XIIe siècles », in *ibid.,* p. 416-441. Bonne mise au point in *L'Encadrement religieux des fidèles au Moyen Age* (actes du 109e congrès national des Sociétés savantes), Paris, CTHS, 1985, t. 1, en particulier p. 47-282.

43. B. Delmaire, *Le Diocèse d'Arras, op. cit.* M. Fournié et J.-L. Gazzaniga, « La paroisse dans le Midi de la France à la fin du Moyen Age », *Annales du Midi,* t. 98, 1986, p. 387-411. M. Aubrun, *La Paroisse en France des origines au XVe siècle,* Paris, Picard, 1986.

44. P. Desportes, « Villes et paroisses en France du Nord au Moyen Age », in *Histoire, Economie, Société,* p. 163-178. « Réflexions sur la paroisse urbaine en France du Nord au bas Moyen Age », in *Histoire de la paroisse* (actes de la 11e rencontre d'histoire religieuse tenue à Fontevraud en 1987), Angers, Presses de l'université d'Angers, 1988, p. 45-58. Cf. aussi J. Coste, « L'institution paroissiale à la fin du Moyen Age. Approche bibliographique en vue d'enquêtes possibles », *MEFRM,* t. 96, 1984, p. 295-326, et F. Rapp, « La paroisse et l'encadrement

religieux des fidèles du XIVe au XVIe siècle », in *L'Encadrement religieux des fidèles, op. cit.*, p. 27-46.

45. Cf. A. Vauchez, *Les Laïcs au Moyen Age, op. cit.*, p. 133-144.

46. Ce processus a été bien illustré par le volume collectif *Pratiques de la confession,* Paris, Ed. du Cerf, 1983, ainsi que par N. Bériou, P.-M. Gy et R. Rusconi, in *L'Aveu. Antiquité et Moyen Age,* Rome, Ecole française de Rome, 1986, p. 261-313.

47. Cf. D. Rigaux, *A la table du Seigneur,* Paris, Ed. du Cerf, 1989.

48. On trouvera un bon état de la question chez J. Longère, *La Prédication médiévale,* Paris, Etudes augustiniennes, 1983.

49. J. Longère, *Œuvres oratoires des maîtres parisiens du XIIe siècle. Etude historique et doctrinale,* Paris, Etudes augustiniennes, 1975, 2 vol. M. Zink, *La Prédication en langue romane avant 1300,* 2e éd., Paris, Champion, 1988. N. Bériou, *La Prédication de Ranulphe de La Houblonnière. Sermons aux clercs et aux simples gens de Paris au XIIIe siècle,* Paris, Etudes augustiniennes, 1987, 2 vol. —, « La prédication au béguinage de Paris pendant l'année liturgique 1272-1273 », *Recherches augustiniennes,* t. 13, 1978, p. 105-229.

50. J. Le Goff et J.-C. Schmitt, « Une parole nouvelle », in *Histoire vécue du peuple chrétien, op. cit.*, t. 1, p. 257-280.

51. C. Brémond, J. Le Goff et J.-C. Schmitt, *L'Exemplum,* Turnhout, Brepols, 1982. *Prêcher d'exemples. Récits des prédicateurs du Moyen Age,* sous la direction de J.-C. Schmitt, Paris, Stock, 1985.

52. Cf. à ce sujet *Faire croire. Modalités de la diffusion et de la réception des messages religieux du XIIe au XVe siècle,* Rome, Ecole française de Rome, 1981, et les réflexions de T. Tentler, « Seventeen Authors in Search of Two Religious Cultures », *The Catholic Historical Review,* 1983, p. 248-257.

53. H. Martin, *Le Métier de prédicateur à la fin du Moyen Age,* Paris, Ed. du Cerf, 1988.

54. Cf. *La Parole inspirée,* sous la direction d'A. Vauchez, *Mélanges de l'Ecole française de Rome. Moyen Age-Temps modernes,* t. 98, 1986, p. 7-327.

55. J.-Ch. Picard, *Le Souvenir des évêques. Sépultures, listes épiscopales et culte des évêques en Italie du Nord des origines au Xe siècle,* Rome, Ecole française de Rome, 1988.

56. Cf. P. Riché, « Translations de reliques à l'époque carolingienne. Histoire des reliques de saint Malo », *Le Moyen Age,* t. 82, 1976, p. 201-218. M.-M. Gauthier, *Les Routes de la foi. Reliques et reliquaires de Jérusalem à Compostelle,* Fribourg, Office du Livre, 1983.

57. Quelques aperçus à ce sujet chez N. Hermann-Masquart, *Les Reliques des saints. Formation coutumière d'un droit,* Paris, Klincksieck, 1975, et surtout chez P. Geary, *Furta sacra. Thefts of Relics in the Middle Ages,* Princeton University Press, 1978.

58. A. Vauchez, *La Sainteté en Occident aux derniers siècles du Moyen Age,* 2e éd., Rome, Ecole française de Rome, 1988. P. Corbet, *Les Saints ottoniens. Sainteté dynastique, sainteté royale et sainteté féminine autour de l'an Mil,* Sigmaringen, J. Thorbecke, 1986. R. Folz, *Les Saints Rois du Moyen Age (VIe-XIIIe siècle),* Bruxelles, Société des bollandistes, 1984. Ph. Jansen, *La Sainteté dans les Marches et la Romagne aux XIIIe et XIVe siècles. Aspects religieux et sociaux,* thèse dact., Paris-I, 1984. J. Dalarun, *L'Impossible Sainteté. La vie retrouvée de Robert d'Arbrissel (v. 1045-1116), fondateur de Fontevraud,* Paris, Ed. du Cerf, 1986.

59. Cf. *Hagiographies, Culture et Société (IVe-XIIe siècle)* (actes du colloque de Nanterre), sous la direction d'E. Patlagean et P. Riché, Paris, Etudes augustiniennes, 1981. P. Petitmengin *Pélagie la pénitente. Métamorphoses d'une légende,* Paris, 1981, 2 vol. A Boureau, *La Légende dorée. Le système narratif de Jacques de Voragine,* Paris, Ed. du Cerf, 1984.

60. *Les Miracles miroirs des corps,* sous la direction de J. Gelis et O. Redon, Saint-Denis, Publications de l'université de Paris-VIII, 1983. *Les Saints et les Stars. Le texte hagiographique dans la culture populaire,* sous la direction de J.-C. Schmitt, Paris, Beauchesne, 1983. P.-A. Sigal, *L'Homme et le Miracle dans la France médiévale (XIe-XIIe siècle),* Paris, Ed. du Cerf, 1985. *Le Peuple des saints. Croyances et dévotions en Provence et Comtat, des origines à la fin du Moyen Age* (actes de la table ronde organisée par l'Institut de recherches et d'études sur le bas Moyen Age avignonnais en 1984), Avignon, Académie de Vaucluse (« Mémoires » 6), 1985.

61. S. Gougenheim, *L'Eschatologie d'Hildegarde de Bingen,* thèse dact., Paris-X, 1989. C. et H. Carozzi, *La Fin des temps. Textes traduits et commentés,* Paris, Stock, 1982.

62. G. Lobrichon, *L'Apocalypse des théologiens au XIIe siècle,* thèse dact., Paris-X, 1979. J. Bignami-Odier et R. Halleux, « Jean de Roquetaillade, théologien, polémiste, alchimiste », *Histoire littéraire de la France,* Paris, Institut de France, 1981, t. 41, p. 75-284. *La Prophétie et les Textes prophétiques en Occident (XIIe-XVe siècle)* (actes du colloque de Chantilly, 1988), sous la direction d'A. Vauchez, Rome, Ecole française de Rome, 1990.

63. Cette partie de la thèse de C. Beaune, soutenue à Paris-I en 1981, est demeurée inédite.

64. *Procès en nullité de la condamnation de Jeanne d'Arc,* P. Duparc, éd. Paris, Klincksieck, 1981-1988, 5 vol., en particulier t. 4. Cf. Ph. Contamine, « Naissance d'une historiographie. Le souvenir de Jeanne d'Arc en France et hors de France depuis le 'procès de son innocence' (1445-1456) jusqu'au début du XVIe siècle », *Francia,* t. 15, 1987, p. 233-256.

65. B. Blumenkranz, *Histoire des juifs en France,* Toulouse, Privat, 1972. G. Nahon, *Inscriptions hébraïques et juives de la France médiévale,* Paris, Les Belles Lettres, 1986. En attendant la publication de sa thèse, on citera G. Dahan, « Juifs et chrétiens en Occident médiéval. La rencontre autour de la Bible », *Revue de synthèse,* 4e s., t. 110, 1989, p. 3-31. D. Iancu-Agou, *Les Juifs de Provence (1475-1501), de l'insertion à l'exclusion,* Marseille, Institut historique de Provence, 1981.

66. *Juif et Judaïsme en Languedoc,* (*Cahiers de Fanjeaux,* n° 12), Toulouse, Privat, 1977. *Islam et Chrétiens du Midi* (*Cahiers de Fanjeaux,* n° 18), Toulouse, Privat, 1983.

67. *Hérésies et Sociétés dans l'Europe préindustrielle (XIe- XVIIIe siècle),* J. Le Goff éd., Paris-La Haye, Mouton, 1968.

68. Il est impossible d'évoquer dans le détail cette production surabondante. Signalons simplement la parution, depuis quelques années, de la revue *Heresis,* publiée par le Centre national d'études cathares de Carcassonne, et la récente et opportune mise au point d'A. Brenon, *Le Vrai Visage du catharisme,* Portet-sur-Garonne, Loubatières, 1988.

69. *Effacement du catharisme? (XIIIe-XVe siècle)* (*Cahiers de Fanjeaux,* n° 20), Toulouse, Privat 1984. Il faut signaler aussi tout ce que la thèse de P. Paravy sur le Dauphiné apporte à la connaissance du valdéisme alpin entre le XIVe et le début du XVIe siècle.

70. Il convient toutefois de rendre hommage aux travaux de M. Mollat sur l'histoire de la pauvreté, désormais classiques, en particulier *Les Pauvres au Moyen Age. Etude sociale,* Paris, Hachette, 1978, ainsi qu'aux précieux instruments de travail parus dans le domaine de l'histoire religieuse dans la collection « Nouvelle Clio » : F. Rapp, *L'Eglise et la Vie religieuse en Occident à la fin du Moyen Age,* 2e éd., Paris, PUF, 1980, et J. Paul, *L'Eglise et la Culture en Occident (xe-xiie siècle),* Paris, PUF, 1986, 2 vol.

71. A. Vauchez, *La Spiritualité du Moyen Age occidental (viiie-xiie siècle),* Paris, PUF, 1975. G. Hasenohr, *Ecrits moraux et Lectures religieuses à la fin du Moyen Age. Etude et édition de quelques textes vernaculaires,* thèse dact., Paris-IV, 1985.

72. Cf. les thèses de D. Rigaux et J. Baschet citées *supra,* ainsi que celle de D. Russo, *Saint Jérôme en Italie. Etude d'iconographie et de spiritualité (xiiie-xvie siècle),* Paris-Rome, La Découverte, 1987. Sur le plan méthodologique, l'étude fondamentale reste l'article pionnier d'H. Toubert, « Iconographie et histoire de la spiritualité », *Revue d'histoire de la spiritualité,* t. 50, 1974, p. 265-284, repris dans *Un art dirigé. Réforme grégorienne et iconographie,* Paris, Ed. du Cerf, 1990.

Histoire intellectuelle

Jacques Verger
avec la collaboration de
Guy Beaujouan, Gilbert Dahan
Gérard Giordanengo, Jean Jolivet

« Histoire intellectuelle » sera pris ici au sens relativement restreint d'histoire de la « culture savante ». Nous laissons à d'autres chapitres de ce livre le soin d'évoquer l'apport des médiévistes français à l'histoire des autres aspects de la culture médiévale [1], étant entendu qu'il ne s'agit là que d'une distinction commode qui n'implique dans notre esprit aucune solution de continuité réelle, dans la civilisation médiévale, entre « latin » et « vulgaire », « savant » et « populaire », « théorique » et « pratique ».

L'histoire intellectuelle du Moyen Age ainsi comprise est souvent faite, en France plus qu'ailleurs, par des individus ou de petits groupes de chercheurs appartenant au CNRS, à l'Ecole pratique des hautes études ou à des départements universitaires de philosophie, de littérature ou de droit, donc un peu marginaux par rapport à la communauté des « historiens médiévistes » patentés. Cette situation institutionnelle ne nuit pas forcément à la qualité des travaux ni à la réputation scientifique de ces spécialistes, qui est parfois même plus grande à l'étranger qu'en France. Cependant, et surtout si l'on considère que lesdits spécialistes sont généralement, par ailleurs, en tant que « médiévistes », très minoritaires au sein des disciplines et des institutions auxquelles ils appartiennent, on voit qu'il y a là un risque sérieux d'isolement, renforcé par le caractère souvent très « technique » tant de la documentation mise en œuvre dans ce secteur de l'histoire que des travaux des chercheurs eux-mêmes. Cet isolement rend difficile la formation et le recrutement de nouveaux chercheurs ; il rend aussi plus aléatoires les contacts pourtant indispensables entre ces spécialistes maîtrisant des disciplines et des textes bien particuliers et l'ensemble des médiévistes.

L'histoire intellectuelle dont nous parlons ici est, en un sens, l'héritière de la vieille « histoire des idées ». A ce titre, elle s'intéresse d'abord au contenu des œuvres, œuvres majeures ou compilations de seconde main, dans lesquelles s'exprimait la culture savante. Et comme il est clair que ces œuvres ne doivent pas être envisagées, de manière naïve, comme de simples répertoires de notations « vraies » ou de détails piquants mais bien en elles-mêmes, dans la cohérence et l'autonomie de leurs structures, telles que les ont élaborées et comprises les contemporains, on conçoit que le recours à des spécialistes reste indispensable pour aborder des textes de lecture difficile, voire rebutante, du fait de leur caractère très technique et de leur matière même, qui se présente d'abord comme la masse d'un savoir antique indéfiniment commenté et remanié. Et l'historien admet volontiers aujourd'hui qu'il ne saurait rejeter de son champ des œuvres qui remplissaient les bibliothèques médiévales, dont les manuscrits (largement inédits) se comptent encore par milliers et qui ont fourni l'essentiel des programmes scolaires et universitaires médiévaux et, partant, l'essentiel du bagage intellectuel, autrement dit des cadres mentaux de référence et d'analyse, d'une bonne partie des élites intellectuelles et sociales de ce temps.

Mais en même temps, il attend d'une histoire intellectuelle qu'elle se démarque d'une simple généalogie de conceptions théoriques par son souci des hommes — l'histoire intellectuelle, c'est aussi l'histoire des intellectuels —, de leurs conditions concrètes de formation et de travail, des modalités pratiques, voire matérielles, d'élaboration et de diffusion des doctrines, de l'impact enfin de celles-ci sur les mentalités sociales, religieuses et politiques.

En pratique, il est difficile à un seul et même individu d'avoir le temps et les compétences nécessaires pour mener de front l'analyse approfondie des œuvres et celle du contexte social. Du moins faudrait-il éviter que cette division sans doute indispensable du travail n'amène les uns et les autres à s'ignorer, alors qu'elle devrait les inciter à collaborer pour leur plus grand profit réciproque.

Pour ce qui est des historiens proprement dits (faudrait-il dire des médiévistes « généralistes » ?), c'est à une trentaine d'années à peine que remonte leur intérêt pour un domaine jusque-là cantonné du ghetto d'études disciplinaires très spécialisées. Et cet intérêt est d'abord né du désir de constituer ce qu'on pourrait appeler une sociologie des « intellectuels du Moyen Age »[2].

On s'est intéressé en priorité aux plus aisément saisissables de ces populations intellectuelles, à savoir les populations universitaires. Empruntant, pour une part, leur questionnaire à la sociologie de l'éducation, et malgré une documentation très imparfaite, des enquêtes systématiques concernant quelques-unes des universités provinciales françaises (Angers, Orléans, Toulouse, Cahors, Montpellier, Avignon) ont été lancées. A défaut de résultats définitifs, elles ont au moins permis, à travers divers articles et deux tentatives prématurées de synthèse, d'éprouver une problématique (origines sociales et géographiques des étudiants et des maîtres, effectifs, durée des études, pourcentages de réussite, carrières ultérieures) et une méthode où la prosopographie a une place de choix et où la quantification est une exigence permanente[3].

Chemin faisant, les limites de cette démarche purement sociographique sont cependant apparues et l'enquête a été élargie à d'autres types de sources et à d'autres problèmes : vie quotidienne des professeurs et des étudiants, fonctionnement et réformes des institutions universitaires, histoire politique des universités, forme et contenu enfin, nous y reviendrons, des enseignements.

Ces travaux laissent cependant subsister autour d'eux de larges zones d'ombre, qui tiennent moins à l'absence totale de recherches qu'à leur caractère partiel et dispersé, à l'image même de la documentation. Dans quatre directions au moins, des enquêtes systématiques mériteraient d'être entreprises[4].

En ce qui concerne les universités, et bien que l'on dispose désormais d'un guide bibliographique remarquablement sûr[5], beaucoup reste à faire. Parmi les universités provinciales créées au XVe siècle, certaines seulement ont été plus ou moins étudiées dans le cadre de monographies urbaines (Poitiers, Aix-en-Provence)[6]. La lacune la plus criante concerne évidemment Paris, bien qu'une très solide base de départ, le *Chartularium Universitatis Parisiensis* avec son *Auctarium,* soit disponible. Peu a été fait dans les vingt dernières années. De trop rares éditions de documents, de multiples articles de détail, quelques livres plus substantiels[7], ce que l'on peut tirer des nombreux travaux consacrés à l'œuvre de tel ou tel maître parisien, bref, toute cette production où la part des auteurs français est d'ailleurs sans doute moindre que celle des étrangers, ne permet pas de se faire une idée d'ensemble précise de la réalité sociale de l'université de Paris au Moyen Age, de son fonctionnement, du développement de ses collèges, de son rôle enfin et de celui de ses gradués dans l'histoire culturelle, religieuse et politique de l'Occident médiéval.

Autre secteur relativement en friche, le XIIe siècle. Divers travaux récents, dont nous reparlerons, ont partiellement renouvelé notre connaissance de la « Renaissance du XIIe siècle » dans ses aspects proprement intellectuels. Mais les bases concrètes de ceux-ci, et en particulier les institutions scolaires, restent mal connues. Trop souvent, les historiens emploient à ce propos un vocabulaire vague et inapproprié ou se contentent de renvoyer aux ouvrages anciens. La polémique récente sur la réalité même de l'« école de Chartres » montre à quel point on est encore ici dans l'incertitude et la confusion[8]. Il faudrait reprendre la question sur la base de dépouillements minutieux et d'une véritable prosopographie de tous les *magistri* attestés à cette époque.

Plus diffus, plus complexe encore, le monde des écoles non universitaires des XIIIe, XIVe et XVe siècles, s'il a fourni la matière de bonnes monographies locales, n'a pas fait l'objet d'investigations systématiques, en sorte que l'on n'a pas encore une vue d'ensemble valable de la densité de ce réseau, du rythme de sa croissance, des origines du personnel enseignant, du contenu des enseignements, du succès remporté auprès des élèves, bref, de l'efficacité sociale du système. Ecoles cathédrales et monastiques encore actives, *studia* mendiants, « petites écoles » urbaines ou rurales de grammaire, préceptorat privé, enseignements techniques et professionnels sont des réalités qu'on devine plus qu'on ne les connaît vraiment. Et par là on arrive à quelques-unes des marges de notre thème, encore peu explorées mais passionnantes : les rapports entre école et apprentissage, la formation intellectuelle des artisans, techniciens, ingénieurs, architectes, artistes. Ajoutons-y le problème du rôle culturel (sinon directement éducatif) vraisemblablement gardé par les institutions — chapitres et couvents, chancelleries, tribunaux — largement peuplées de gradués dont on peut penser qu'ils ont continué à avoir un certain intérêt pour les choses de l'esprit et une certaine production intellectuelle. Il faut souhaiter que les nombreuses monographies consacrées au personnel de ces institutions n'oublient pas de les envisager sous cet angle [9].

Enfin, à de rares exceptions près, les historiens français ne se sont guère intéressés aux populations scolaires hors de nos frontières, même pas aux étudiants français ayant fréquenté, du XIIe au XVe siècle, les écoles et universités italiennes (Bologne, Padoue). L'absence de telles études se fait pourtant cruellement sentir. Moins que toute autre, l'histoire intellectuelle du Moyen Age ne peut être cantonnée à l'échelle nationale. Même si la circulation internationale des hommes et des manuscrits doit être ramenée à sa juste mesure, la dimension « universaliste » de la culture savante médiévale est une donnée évidente.

La sociologie des populations scolaires et universitaires n'est pas une fin en soi, d'autant que les groupes qu'elle vise n'étaient généralement pas des groupes stables, les études n'occupant normalement que quelques années dans la vie d'un individu. Elle a pour fonction à la fois de renseigner l'histoire sociale sur les conditions de formation des élites et de donner une base concrète à l'histoire des doctrines.

Pour aborder cette dernière, le plus simple est sans doute de partir des classifications du savoir auxquelles se référaient les auteurs médiévaux eux-mêmes et qui commandaient largement la division et la hiérarchie des facultés, l'économie des programmes universitaires et, partant, la production des œuvres écrites qui étaient elles-mêmes, bien souvent, le reflet ou le complément d'un enseignement oral. Ces classifications ne recouvrent cependant pas exactement notre propre perception du champ de la culture savante et, au Moyen Age même, elles ont parfois été ressenties comme un carcan freinant le développement de certaines disciplines.

Au premier rang de ces disciplines au statut épistémologique incertain, non enseignées dans les écoles médiévales, l'histoire a pourtant retenu l'attention des médiévistes français, principalement sous l'impulsion de B. Guenée, et a donné matière à plusieurs volumes collectifs, prolongés par une belle synthèse en 1980 [10] et des recherches encore en cours. Ces travaux envisagent véritablement l'historiographie médiévale en tant que pratique culturelle, avec ses sources, ses méthodes de travail, ses techniques d'écriture, ses stratégies narratives, ses liens avec les genres et les disciplines connexes, théologie, philosophie, science politique ou droit.

Venons-en cependant aux branches classiques du savoir médiéval et commençons, arbitrairement, par ce que l'on peut mettre sous la dénomination d'histoire de la philosophie médiévale. Il s'agit des disciplines qui, au moins à partir du XIIIe siècle, ont constitué l'essentiel des enseignements obligatoires des facultés des arts (logique, philosophie naturelle, philosophie morale), ainsi que de la théologie, envisagée sous l'angle de son contenu philosophique et métaphysique.

L'histoire de la philosophie médiévale est riche, en France, d'une double tradition, celle des dominicains du Saulchoir continuateurs des Pères Mandonnet et Chenu, celle d'un enseignement universitaire assuré par quelques maîtres prestigieux, E. Gilson, P. Vignaux, M. de Gandillac. Il en résulte une production de qualité et assez équilibrée, même si elle est, en pratique, le fait d'un petit nombre.

Négligeons ici, parce que traités ailleurs dans ce livre, le haut Moyen Age ou les sources arabes de la scolastique et leurs traductions. Ne mentionnons que pour mémoire la contribution de quelques clercs français, comme les Pères Bataillon ou Bougerol, à des entreprises éditoriales (le *Spicilegium Bonaven-*

turianum, l'édition léonine de saint Thomas d'Aquin) qui n'ont rien de spécifiquement français.

Sur le XIe siècle, on retiendra surtout diverses publications de qualité sur saint Anselme, y compris une traduction en cours de ses œuvres complètes[11].

Abélard reste, en France et à l'étranger, le philosophe le plus étudié du XIIe siècle. Chez nous, les travaux de J. Jolivet et plusieurs colloques ont permis non seulement de dégager les lignes maîtresses de sa pensée mais de bien le replacer dans les milieux sociaux et culturels — écoles parisiennes et courants monastiques — qui furent les siens[12]. Des intérêts analogues semblent actuellement porter quelques chercheurs vers l'étude de Gilbert de la Porrée[13]. On retiendra encore quelques publications consacrées à Guillaume de Saint-Thierry, sans doute le plus « philosophe » des grands auteurs monastiques du XIIe siècle, la poursuite, malgré la disparition du regretté J. Châtillon, des éditions de textes et des études concernant les victorins[14], enfin les recherches, inédites ou en cours, de G. Lobrichon sur les écoles de Laon et d'Auxerre. En revanche, d'autres pans de la vie intellectuelle du XIIe siècle semblent aujourd'hui un peu négligés, au moins des chercheurs français : saint Bernard, qui intéresse d'ailleurs plutôt l'histoire de la spiritualité, et surtout les maîtres parisiens de la seconde moitié du siècle, de Pierre Lombard à Etienne Langton, sur lesquels a cependant travaillé J. Longère[15]. Leur importance historique est pourtant évidente. Bref, l'histoire intellectuelle du XIIe siècle reste un domaine inégalement exploré.

Le XIIIe, âge d'or de la scolastique, n'occupe plus dans l'histoire de la philosophie médiévale la place centrale qui fut la sienne. Cependant, l'édition achevée de la *Summa aurea* de Guillaume d'Auxerre a révélé une des premières œuvres marquantes de la seconde scolastique[16] ; les travaux d'E.-H. Weber restituent le climat intellectuel de l'université de Paris vers 1260-1270[17] ; les recherches de N. Bériou et quelques autres sur la prédication parisienne au XIIIe siècle permettent de préciser les formes de contact entre la théologie savante et des genres littéraires plus simples, sinon vraiment « populaires »[18]. Beaucoup reste cependant à faire, par exemple sur la littérature quodlibétique jadis répertoriée par P. Glorieux. De manière significative, c'est peut-être, parmi les auteurs du XIIIe siècle, Albert le Grand qui, par la diversité de ses intérêts, suscite aujourd'hui le plus la curiosité des historiens de la philosophie et des sciences. Un important colloque lui a été consacré en 1980[19].

Mais la tendance la plus neuve des vingt dernières années est certainement l'intérêt enfin porté par quelques spécialistes français, à la suite des pionniers que furent A. Combes et P. Vignaux, à la philosophie et à la théologie des XIVe et XVe siècles. Ce faisant, ces spécialistes ne font d'ailleurs que suivre la voie ouverte par les historiens anglo-saxons, allemands et polonais qui ont montré combien étaient injustes les jugements négatifs longtemps portés sur cette époque et souligné au contraire que les œuvres philosophiques de ce temps, même dans leurs aspects les plus théoriques, illustraient parfaitement la grande mutation mentale qui accompagne, sinon provoque, le basculement de la civilisation occidentale du Moyen Age aux Temps modernes. Désormais, on dispose en France de traductions et d'études sérieuses sur maître Eckhart, Duns Scot et ses continuateurs, Ockham, les philosophes et théologiens de Prague et de Cracovie dans leurs rapports avec le Paris de Gerson, etc.[20]. Il faut à la fois souhaiter que se multiplient ce genre de travaux qui réintègrent les spécialistes français dans un grand courant international de recherche et qu'ils soient appuyés, chez les médiévistes « généralistes », par les études institutionnelles et les enquêtes prosopographiques qui les situeraient dans leur contexte social.

Le trait le plus saillant des études françaises de philosophie médiévale au cours des dernières années nous a semblé être, peut-être en réaction contre la tradition « gilsonienne », un désir plus marqué de bien distinguer théologie et philosophie et de retenir dans cette dernière les domaines proprement philosophiques dans lesquels les auteurs médiévaux ont le plus manifesté leur originalité : la logique, l'épistémologie, tous les problèmes du langage, les rapports entre grammaire et philosophie, grammaire et théologie[21]. Sur tous ces thèmes, on imagine bien qu'une connaissance concrète des modalités pédagogiques et un effort pour mesurer l'impact de cette « conscience linguistique » sur les mentalités et les pratiques sociales de l'oral et de l'écrit seraient le complément nécessaire à l'étude des textes théoriques.

On sait assez mal, en effet, ce qu'était, dans les écoles et les universités, l'enseignement effectif des disciplines proprement littéraires du *trivium* (grammaire et rhétorique). Signalons cependant les recherches actuelles de Ch. Vulliez sur les manuels de *dictamen* orléanais du XIIe siècle[22]. Et rappelons aussi à cette occasion les travaux très cohérents menés depuis une vingtaine d'années par l'équipe CNRS animée par G. Ouy et E. Ornato sur l'humanisme français au temps de Charles VI[23]. Dans ce mouvement à la fois universitaire et extra-universitaire, national et italianisant, les préoccupations philologiques, le renouveau de la rhétorique apparaissent en effet comme l'élément central au service d'idéaux politiques et religieux qui restaient, eux, dans la continuité de la tradition médiévale.

Sous le vocable de philosophie, le Moyen Age incluait aussi ce que nous appelons les sciences, réparties entre les quatre branches du *quadrivium*.

Comment et par qui était enseigné le *quadrivium,* qui semble avoir toujours eu une place réelle mais un peu marginale dans les facultés des arts, notamment à Paris ? On le sait mal. Les travaux des historiens français des sciences ont surtout porté sur le contenu même des textes scientifiques. Comme pour les autres secteurs de l'histoire intellectuelle, on remarque que ces spécialistes sont peu nombreux, nettement moins que leurs collègues anglo-saxons, et qu'ils appartiennent presque tous à une mouvance institutionnelle qui passe par l'Ecole des chartes (avec E. Poulle) et la direction d'études occupée par G. Beaujouan à l'Ecole pratique des hautes études depuis 1963.

Etant donné cette tradition chartiste, ont été naturellement privilégiées la recherche des manuscrits et l'édition des œuvres, édition critique accompagnée de substantielles notices historiques et parfois d'une traduction. Malheureusement, certaines de ces éditions sont restées au stade de la thèse dactylographiée et seules les notices historiques et le commentaire scientifique ont été publiés.

Ces éditions et ces études ont porté principalement, ces dernières années, sur l'astronomie, l'astrologie et la géomancie, l'arithmétique et la géométrie [24]. Il faut souhaiter que des travaux synthétiques viennent bientôt faciliter aux médiévistes « généralistes », voire au public cultivé, l'accès à ces remarquables recherches érudites.

A l'histoire des disciplines du *quadrivium* on associera celle de la médecine (comme discipline scientifique), association qui se justifie d'ailleurs assez bien par la conception médiévale même de la médecine comme prolongement de la philosophie naturelle. L'histoire de la médecine est surtout illustrée en France par les travaux de D. Jacquart, qui a le souci de combiner une histoire sociale des médecins et de l'activité médicale (fondée sur la réfection du *Dictionnaire* d'E. Wickersheimer [25]) et une connaissance précise des écrits médicaux. En 1981, D. Jacquart a donné une précieuse synthèse de ses recherches [26]. Resteraient notamment à étudier de plus près les modalités de l'enseignement médical.

En plus des traités savants, souvent liés à un enseignement, les sciences médiévales ont aussi produit des textes plus simples : encyclopédies, latines ou vernaculaires, et ouvrages divers de vulgarisation. Ces compilations, essentiellement livresques mais qui ont eu un réel succès, commencent à intéresser les historiens de la littérature, comme C. Thomasset [27] ; quelques-unes ont été ou devraient être prochainement publiées.

L'histoire des sciences est aussi écrite par des « scientifiques » et des médecins. En fait, peu ont réellement la compétence ou le goût de faire remonter leurs investigations jusqu'au Moyen Age. On peut cependant citer aujourd'hui quelques mathématiciens, physiciens ou médecins qui prennent véritablement en compte la science médiévale. La rencontre de leur culture scientifique avec celle des chartistes et des historiens peut être très féconde. C'est en tout cas l'indice que la vieille idée du vide scientifique médiéval, interminable parenthèse entre la Grèce antique et la Renaissance, a décidément vécu.

Cela dit, l'histoire de la science médiévale est évidemment inséparable de celle des sciences antique, byzantine et surtout arabe, dont le cas est envisagé dans un autre chapitre. L'idéal, parfois réalisé, est d'avoir des chercheurs capables de maîtriser simultanément textes arabes et textes latins.

A côté des éditions de sources et des monographies, deux séries de problèmes nous ont paru retenir actuellement l'attention des historiens français des sciences médiévales.

D'abord, et notamment au sein de la commission internationale « Histoire des sciences et philosophie au Moyen Age » qu'anime G. Beaujouan, les problèmes de philosophie des sciences et d'épistémologie : statut philosophique de disciplines comme l'astrologie ou l'alchimie, rapports entre savoirs scientifiques et règles morales, émergence médiévale de la notion de progrès.

Ensuite, le problème multiforme et complexe des rapports de la science, savoir théorique et, au Moyen Age, largement livresque, et de la pratique. On voit tout ce que cela recouvre et qui est encore très insuffisamment exploré.

Science et arts d'abord. Les musicologues ont consacré quelques études à la théorie musicale. Plus classique, le problème des rapports entre mathématiques et architecture continue à donner le meilleur et le pire[28].

Science et technique ensuite. Sans envisager ici l'histoire des techniques en tant que telles, rappelons que les historiens qui la pratiquent ont nécessairement été amenés à se poser la double question de l'influence du savoir théorique sur les techniciens ou les auteurs de traités techniques (par exemple d'agronomie) — influence généralement réputée faible — et, à l'inverse, du rôle stimulant que l'empirisme des techniciens aurait pu avoir sur le progrès scientifique, malgré les blocages dus au poids des héritages livresques.

Dans cette perspective, il convient de citer aussi les travaux assez nombreux menés, dans le fil d'une tradition historiographique bien établie en France, sur l'histoire de la navigation maritime, autour de M. Mollat, et sur l'histoire de la cartographie et de la géographie (ou, comme on disait alors, de la cosmographie). Les livres récents de Ch. Deluz et P. Gautier-Dalché montrent bien le fonctionnement de représentations spatiales du monde toutes deux fondées, à des niveaux culturels inégaux, sur la mise en œuvre d'un savoir d'origine antique et biblique[29], bien différent de celui qui permit, aux XIVe et XVe siècles, la naissance des premières cartes marines modernes.

Nous passons à un tout autre domaine avec l'histoire du droit. Malgré le caractère apparemment classique du sujet, on est ici aussi amené à constater le petit nombre des chercheurs, leur relatif isolement vis-à-vis tant des autres juristes que des « historiens médiévistes » patentés, la répugnance de ces derniers à s'intéresser à des textes certes un peu rébarbatifs mais qui constituaient, pour une bonne part des élites du temps, l'essentiel de leur culture « professionnelle » et du système dont ils tiraient leurs principes d'administration et de gouvernement. Comme ailleurs enfin, on déplorera la rareté des éditions critiques de sources (pour ne pas parler des traductions), la méconnaissance de celles mêmes qui sont produites à l'étranger, le manque de liaison avec les travaux d'histoire sociale.

Ces regrets ne doivent cependant pas cacher les acquis réalisés en France depuis vingt ans en histoire du droit médiéval, au point qu'on peut parler d'un bouleversement complet des connaissances dans certains domaines, particulièrement pour les pays de droit écrit. Jusque vers 1960-1965, les recherches avaient surtout porté sur le droit pratique, à travers chartes et actes notariés. Désormais, on s'intéresse davantage aux droits savants — droit romain surtout —, aux juristes universitaires, à leurs œuvres, à leurs carrières d'enseignant et/ou de serviteurs influents des princes ou de l'Eglise, bref à la fois à leurs doctrines et à l'impact de celles-ci sur la société de leur temps.

Le résultat le plus spectaculaire a été la véritable découverte de l'école méridionale française de droit du XIIe siècle. C'est tout un pan méconnu de la « Renaissance du XIIe siècle » dans notre pays qui a été ainsi mis à jour. Dans sa dimension de romanité retrouvée, on la rapprocherait volontiers de l'architecture des monuments d'Arles ou de Saint-Gilles-du-Gard.

Ces travaux ont été le fait, par-delà les intuitions pionnières de R. Aubenas, d'A. Gouron, P. Legendre, J.-P. Poly, G. Giordanengo[30].

Il s'est d'abord agi — on peut considérer ce point comme acquis — d'assigner fermement au Midi (Provence et bas Languedoc) un certain nombre de commentaires plus ou moins anonymes du droit romain jadis souvent considérés comme italiens *(Summa Trecensis, Exceptiones Petri, Summa Institutionum)*. La datation de ces textes dans le second tiers du XIIe siècle a permis de les rattacher clairement à l'influence des premiers maîtres bolognais, Irnerius et Martinus. Leur localisation sociale est un peu plus délicate : on devine plus qu'on ne saisit vraiment un milieu mobile de maîtres, autochtones ou italiens, clercs ou laïcs, praticiens ou enseignants selon les moments ; les chanoines de Saint-Ruf semblent y avoir joué un rôle particulièrement actif.

Par-delà ces précisions érudites, c'est toute la dimension culturelle de l'histoire du droit qui se révèle ici, même si, faute d'éditions critiques assez nombreuses, la doctrine même élaborée dans ces œuvres est encore imparfaitement connue. L'intensité des échanges intellectuels entre l'Italie et le Midi (bientôt prolongée par l'influence que ces mêmes textes méridionaux exerceront sur les premiers civilistes et canonistes parisiens) manifeste, tout en le structurant, l'existence d'un véritable « espace culturel » méditerranéen. L'ascension sociale rapide des juristes — accompagnée de critiques aussi virulentes qu'impuissantes — nous montre le vrai rôle de ces hommes : des ambitieux assoiffés de pouvoir et d'argent sans doute, mais aussi les agents d'un nouvel ordre social et politique, les porteurs d'une haute idée de l'ordonnancement du monde. Le droit romain, c'était la *ratio scripta,* garante de la paix, de l'ordre et des droits de chacun.

Tout n'est pas clair dans l'histoire de cette école juridique méridionale dont on constate sans bien l'expliquer le déclin rapide après 1180, d'autant plus paradoxal que le nombre et le rôle social des juristes continuent de croître. Il faudra près d'un siècle de décantation et l'échec de multiples *studia* locaux pour que le réseau des écoles de droit françaises reprenne vigueur, cette fois-ci autour de quatre centres universitaires, Toulouse, Montpellier, Avignon, Orléans.

L'histoire du droit savant français du XIIIe au XVe siècle a été moins étudiée.

L'école parisienne, après des débuts prometteurs, semble déjà en difficulté lorsque la bulle *Super speculam* vient la frapper en

1219, dans des conditions qui n'ont pas encore été vraiment expliquées. Les juristes orléanais ont surtout, en dehors des travaux déjà cités de Ch. Vulliez, retenu l'attention d'historiens belges et néerlandais. Les spécialistes français restent plus tournés vers les productions méridionales. Ils ont marqué un intérêt particulier pour la littérature de consultations juridiques *(responsa, consilia)* : au point de rencontre des théories les plus savantes et de la pratique la plus utilitaire, on a là des exemples quasi parfaits de l'impact que les doctrines universitaires cherchaient à avoir sur la vie sociale du temps[31]. Le succès de ces textes correspond d'ailleurs à l'orientation des universités françaises, plus tournées vers la pratique que celles d'Italie, avec des professeurs que leurs profils de carrière amenaient à terminer leur vie dans de hautes charges laïques ou ecclésiastiques. L'analyse des théories générales de traités moins directement engagés dans des circonstances et pour une cause particulière serait cependant une nécessaire contre-épreuve.

Analogue à celui des rapports entre science et technique, le problème de l'influence du droit savant sur la pratique, des doctrines théoriques sur les courants d'opinion a donné matière à divers travaux. Les recherches récentes tendent plutôt à souligner, avec des nuances, l'importance de ces influences savantes dont la connaissance apparaît indispensable pour saisir, par exemple, les mécanismes du prêt à intérêt, les problèmes du mariage, ceux de la juridiction et du *dominium,* en somme, toute la pratique dite « féodale ».

Les juristes du XVe siècle n'ont pas grande réputation. Cependant P. Ourliac et H. Gilles ont incité à étudier leurs œuvres dont certaines, comme le *Tractatus de nobilitate* de Jean Raynaud (1420), dont G. Giordanengo prépare l'édition, ne sont pas sans intérêt ; bien informés des doctrines bolognaises (Bartole), ils expriment, malgré leur forme pesante, une véritable sensibilité aux débats du temps.

Il convient à ce propos de rappeler que le développement des études sur la science politique médiévale, évoqué ailleurs dans ce livre, doit absolument prendre en compte les sources juridiques (romaines et canoniques) de celle-ci, à côté de ses sources philosophiques et théologiques. Ceci peut s'observer dès le

XIIe siècle. De même, l'excellente édition récente du *Songe du Vergier* a permis de l'attribuer avec beaucoup de vraisemblance à un décrétiste, Evrard de Trémaugon, et de montrer tout ce que celui-ci devait à Jean de Legnano et à Bartole[32].

Il reste beaucoup à faire. Les historiens français du droit pourraient s'intéresser aux pays étrangers, Italie ou Angleterre par exemple. Il y a surtout le secteur du droit canonique qui, en France, apparaît véritablement en déshérence, malgré les travaux pionniers (et même les excellents manuels) de G. Le Bras, P. Ourliac, H. Gilles[33]. Ni Yves de Chartres et les canonistes français de la Réforme grégorienne, ni la décrétistique parisienne du XIIIe siècle, au demeurant d'une surprenante médiocrité, ni les maîtres méridionaux de la fin du Moyen Age n'ont encore été étudiés comme ils le méritent.

Le bilan est donc contrasté : des résultats brillants, dus à quelques chercheurs remarquables, mais reposant sur une base bien trop étroite ; le manque criant d'éditions de sources et même tout simplement de bons manuels et de répertoires bibliographiques accessibles, susceptibles de guider étudiants et historiens non juristes de formation.

L'acquis le plus important semble cependant être que les médiévistes français ont — ou devraient avoir — pris conscience que le droit, savant ou coutumier, n'était pas seulement matière technique, sans intérêt concret, mais dimension culturelle essentielle sans la connaissance de laquelle ni les pratiques sociales quotidiennes, ni les réformes religieuses, ni les comportements de la société politique n'auraient pleinement sens.

Tout au long de ce chapitre nous avons été amenés à souligner l'importance de la recherche et de l'édition critique des manuscrits. Le complément indispensable de cette recherche est celle des inventaires de bibliothèques qui permettent, nonobstant les dispersions et les pertes documentaires, de se faire une idée de la diffusion des œuvres et des conditions réelles de travail des étudiants, des maîtres et des praticiens. La publication de tels inventaires est une pratique ancienne mais qui ne peut porter tous ses fruits que si on rassemble de manière systématique des références extraordinairement dispersées. C'est principalement l'Institut de recherche et d'histoire des textes (IRHT) qui, en

France, se consacre à cette tâche. L'organisation et les résultats de son travail sont présentés en détail par O. Guyotjeannin dans un autre chapitre. Les historiens de la culture souhaitent évidemment que ces recherches soient poursuivies, au même titre que celles relatives à l'« histoire matérielle » du livre et des bibliothèques[34].

Tout en nous excusant de le faire sous la forme d'une sorte d'appendice, il nous a paru nécessaire de dire un mot de l'histoire intellectuelle du judaïsme médiéval (en pays chrétien). Cette historiographie est l'héritière d'une tradition ancienne et, si elle est sans doute plus développée aujourd'hui en Israël ou aux Etats-Unis, elle dispose cependant en France, grâce à l'action de G. Vajda et de B. Blumenkranz, d'une base limitée (présence, insuffisante dans les universités) mais solide : directions d'études à l'Ecole pratique des hautes études, équipe CNRS de la « Nouvelle *Gallia Judaica* », revues *(Revue des études juives, Archives juives)*, colloques, répertoires bibliographiques. Au cours des deux dernières décennies, les recherches ont plus spécialement porté sur :

— les fondements mêmes de l'activité culturelle, grâce à la publication de répertoires de manuscrits et d'inventaires de bibliothèques, complétée par des études sur les enluminures[35] ;

— la philosophie juive, avec, à la fois, des monographies sur des penseurs importants du Midi (Gersonide par Ch. Touati, Moïse de Narbonne par M.-R. Hayoun) et une excellente synthèse due à C. Sirat[36];

— les relations intellectuelles entre juifs et chrétiens, sous leur double aspect d'échange et de polémique; après avoir été, surtout pour le haut Moyen Age, le principal sujet de recherche de B. Blumenkranz, ce thème a été repris par G. Dahan, éditeur des *Guerres du Seigneur* de Guillaume de Bourges[37] et auteur d'une importante thèse (sous presse) sur *Les Intellectuels chrétiens et les Juifs au Moyen Age. Polémiques et relations culturelles entre chrétiens et juifs en Occident du XIIe au XIVe siècle.*

D'autres secteurs restent plus négligés, comme l'histoire de la littérature talmudique, celle de la Kabbale (malgré les origines languedociennes et provençales du mouvement) ou encore celle de l'école exégétique de la France du Nord. Insuffisance aussi des éditions critiques de textes philosophiques juifs du Moyen Age.

Des recherches très diverses ont été évoquées dans les pages qui précèdent. Le lecteur en aura sans doute retenu l'impression de recherches fragmentaires, dispersées, trop souvent menées par de petits groupes de spécialistes isolés dans leur discipline et dont la communauté des historiens médiévistes, dans son ensemble, méconnaît encore les services qu'elle peut attendre d'eux. Pour sortir de cette situation, il faut évidemment souhaiter de meilleures conditions de formation et de recrutement des chercheurs, l'encouragement aux éditions et traductions de sources, la rédaction de manuels et de synthèses, fussent-elles prématurées, la poursuite de la coopération internationale, la multiplication, en France même, des contacts interdisciplinaires ouvrant l'histoire intellectuelle sur tous les domaines de l'histoire sociale, religieuse et politique. C'est le prix d'une conception cohérente et dynamique de l'histoire de la culture médiévale.

Encore faudrait-il qu'il soit admis par tous qu'il n'est décidément plus temps de tenir en lisière l'histoire de la culture savante au Moyen Age, au prétexte fallacieux que la population de cette époque était faite à quatre-vingt-dix pour cent d'analphabètes incapables de comprendre la première ligne des textes dont nous venons de parler. La philosophie, les sciences, la théologie, le droit, les hommes qui les enseignaient et les pratiquaient avaient pour but d'exprimer, avec toute la lucidité dont ils étaient capables, leur vision du monde. Les « intellectuels du Moyen Age » sont, comme l'a dit B. Guenée à propos des historiens de ce temps, « nos lointains camarades, nos dignes collègues [38] ». Pourquoi, intellectuels du XXe siècle, refuserions-nous de lire leurs œuvres, d'écouter leurs voix ?

Notes

1. Ainsi que de la culture du haut Moyen Age, jusqu'à l'an Mil.

2. Pour faire référence au livre pionnier de J. Le Goff, *Les Intellectuels au Moyen Age,* Paris, Ed. du Seuil, 1re éd. 1957, 2e éd. 1985. Un autre jalon important est représenté par J. Paul, *Histoire intellectuelle de l'Occident médiéval,* Paris, Colin, coll. « U », 1973, premier et, à ce jour, seul manuel spécifique en français.

3. J. Verger, *Les Universités au Moyen Age,* Paris, PUF, 1973, et, dirigée par le même, *Histoire des universités en France,* Toulouse, Privat, 1986. Cf. aussi, dans une perspective plus large, M. Rouche, *Des origines à la Renaissance* (t. 1 de l'*Histoire générale de l'enseignement et de l'éducation en France*), Paris, Nouvelle Librairie de France, 1981.

4. Cf. J. Verger, « Tendances actuelles de la recherche sur l'histoire de l'éducation en France au Moyen Age (XIIe-XVe siècle) », *Histoire de l'éducation,* t. 6, INRP, 1980, p. 9-33.

5. S. Guenée, *Bibliographie de l'histoire des universités françaises des origines à la Révolution,* Paris, Picard, 1978-1981, 2 vol. parus.

6. Cf. R. Favreau, *La Ville de Poitiers à la fin du Moyen Age. Une capitale régionale,* Poitiers, Société des antiquaires de l'Ouest, 1978, 2 vol., p. 127-132, 289-298, 379-394, 473-504. N. Coulet, *Aix-en-Provence. Espace et relations d'une capitale (milieu XIVe siècle-milieu XVe siècle),* Aix-en-Provence, Université de Provence, 2 vol., p. 544-577.

7. Parmi lesquels on peut au moins citer M.-M. Dufeil, *Guillaume de Saint-Amour et la Polémique universitaire parisienne (1250-1259),* Paris, Picard, 1972.

8. Polémique qui a d'ailleurs surtout opposé des auteurs anglo-saxons : R.W. Southern, « Humanism and the School of Chartres », in *Medieval Humanism and Other Studies,* Oxford, Blackwell, 1970, p. 61-85, et N. Häring, « Chartres and Paris Revisited », in *Essays in Honour of Anton Charles Pegis,* Toronto, Pontifical Institute of Mediaeval Studies, 1974, p. 268-329.

9. Sur les problèmes évoqués dans ce paragraphe, cf. par exemple les études réunies dans *Les Entrées dans la vie. Initiations et apprentissages,* Nancy, Presses Universitaires de Nancy, 1982.

10. B. Guenée, *Histoire et Culture historique dans l'Occident médiéval,* Paris, Aubier, 1980.

11. *L'Œuvre d'Anselme de Canterbury,* sous la direction de M. Corbin, Paris, Ed. du Cerf, 7 vol. prévus dont 5 parus depuis 1986. Cf. aussi *Les Mutations socio-culturelles au tournant des XIe-XIIe siècles. Etudes anselmiennes (IVe session),* Paris, CNRS, 1984.

12. J. Jolivet, *Arts du langage et Théologie chez Abélard,* Paris, Vrin, 1969. *Pierre Abélard. Pierre le Vénérable. Les courants philosophiques, littéraires et artistiques en*

Occident au milieu du XIIe siècle, sous la direction de J. Jolivet *et al.*, Paris, CNRS, 1975. *Abélard en son temps,* sous la direction de J. Jolivet *et al.*, Paris, Les Belles Lettres, 1981.

13. *Gilbert de la Porrée et ses contemporains. Aux origines de la Logica modernorum* (actes du 7e symposium européen d'histoire de la logique et de la sémantique médiévale, Poitiers, 17-22 juin 1985), J. Jolivet et A. de Libéra éd., Naples, Bibliopolis, 1987.

14. En dernier lieu *L'Abbaye parisienne de Saint-Victor au Moyen Age,* J. Longère éd, Turnhout-Paris, Brépols, 1990 (sous presse).

15. J. Longère, *Œuvres oratoires de maîtres parisiens, au XIIe siècle. Etude historique et doctrinale,* Paris, Etudes augustiniennes, 1975, 2 vol.

16. *Magistri Guillelmi Altissiodorensis Summa aurea,* J. Ribailler éd., Paris-Grottaferrata, CNRS et Ed. Collegii S. Bonaventuræ, 1980-1987, 7 vol.

17. E.-H. Weber, *L'Homme en discussion à l'université de Paris en 1270,* Paris, Vrin, 1970. —, *Dialogue et Dissensions entre saint Bonaventure et saint Thomas d'Aquin à Paris (1252-1273),* Paris, Vrin, 1974.

18. N. Bériou, *La Prédication de Ranulphe de La Houblonnière. Sermons aux clercs et sermons aux simples gens à Paris au XIIIe siècle,* Paris, Etudes augustiniennes, 1987, 2 vol.

19. Les communications présentées à cette table ronde du CNRS semblent malheureusement avoir été publiées de manière dispersée.

20. Citons, par exemple, *Preuve et Raisons à l'université de Paris. Logique, ontologie et théologie au XIVe siècle,* Z. Kaluza et P. Vignaux éd., Paris, Vrin, 1984. A. de Libéra, *Introduction à la mystique rhénane, d'Albert le Grand à maître Eckhart,* Paris, ŒIL, 1984. J. Duns Scot, *Sur la connaissance de Dieu et l'univocité de l'étant,* introd., trad. et commentaires par O. Boulnois, Paris, PUF, 1988. Guillaume d'Ockham, *Somme de logique, 1re partie,* trad., intr. et notes par J. Biard, Mauvezin, TER, 1988. P. Alféri, *Guillaume d'Ockham. Le singulier,* Paris, Ed. de Minuit, 1989. Z. Kaluza, *Les Querelles doctrinales à Paris. Nominalistes et réalistes aux confins du XIVe et du XVe siècle,* Bergame, Pierluigi Lubrina, 1988.

21. Citons au moins I. Rosier, *La Grammaire spéculative des modistes,* Lille, Presses de l'université de Lille, 1983.

22. Ch. Vulliez, « Un nouveau manuscrit 'parisien' de la 'Summa dictaminis' de Bernard de Meung et sa place dans la tradition manuscrite du texte », *Revue d'histoire des textes,* t. 7, 1977, p. 133-151.

23. A défaut d'une véritable synthèse, on trouvera une bonne présentation et une bibliographie des travaux de cette équipe dans D. Cecchetti, *Il primo umanesimo francese,* Turin, Albert Meynier, 1987.

24. Citons en particulier les travaux d'E. Poulle, *Les Instruments de la théorie des planètes selon Ptolémée : équatoires et horlogerie planétaire du XIIIe au XVIe siècle,* Genève, Droz, 1980, 2 vol., et, par le même, l'édition, la traduction et le commentaire d'*Alphonse X, roi de Castille. Les tables alphonsines avec les canons de Jean de Saxe,* Paris, CNRS, 1984, ainsi que d'H. Hugonnard-Roche, *L'Œuvre astronomique de Thémon Juif, maître parisien du XIVe siècle,* Genève, Droz, 1973, de Th. Charmasson, *Recherches sur une technique divinatoire : la géomancie dans l'Occident médiéval,* Genève, Droz, 1980, et d'H. L'Huillier qui a procuré l'édition (introd., texte et notes) de Nicolas Chuquet, *La Géométrie : première géométrie algébrique en langue française,* Paris, Vrin, 1979.

25. E. Wickersheimer, *Dictionnaire biographique des médecins en France au*

Moyen Age, Genève, Droz, 1979, réimpr. en 2 vol. de l'édition de 1936, plus un volume de *Supplément* par D. Jacquart.

26. D. Jacquart, *Le Milieu médical en France du XIIe au XVe siècle,* Genève, Droz, 1981. Citons aussi le volume antérieur de G. Beaujouan, Y. Poulle-Drieux et J.-M. Dureau-Lapeyssonnie, *Médecine humaine et vétérinaire à la fin du Moyen Age,* Genève, Droz, 1966.

27. C. Thomasset, *Une vision du monde à la fin du XIIIe siècle : commentaire du « Dialogue de Placides et Timeo »,* Genève, Droz, 1983.

28. Cf. R. Bechmann, *Villard de Honnecourt : la pensée technique au XIIIe siècle,* Paris, Picard, 1990 (sous presse).

29. Ch. Deluz, *Le Livre de Jehan de Mandeville, une « géographie » au XIVe siècle,* Louvain-la-Neuve, UCL, Publications de l'Institut d'études médiévales, 1988. P. Gautier-Dalché, *La « Descriptio mappe mundi » de Hugues de Saint-Victor. Texte inédit avec introduction et commentaire,* Paris, Etudes augustiniennes, 1988.

30. Citons au moins les recueils d'articles d'A. Gouron, *La Science du droit dans le Midi de la France au Moyen Age,* Londres, Variorum Reprints, 1984, et *Etudes sur la diffusion des doctrines juridiques médiévales,* Londres, Variorum Reprints, 1987, et de P. Legendre, *Ecrits juridiques du Moyen Age occidental,* Londres, Variorum Reprints, 1988 ; les articles de J.-P. Poly, « Les légistes provençaux et la diffusion du droit romain dans le Midi », *Mélanges Roger Aubenas* (« Recueil de mém. et tr. publ. par la Société d'histoire du droit et des institutions des anciens pays de droit écrit », IX), Montpellier, 1974, p. 613-635, et « Les maîtres de Saint-Ruf. Pratiques et enseignement du droit dans la France méridionale au XIIe siècle », *Annales de la faculté de droit de Bordeaux-I,* t. 2, 1978, p. 183-203 ; la thèse de G. Giordanengo, *Le Droit féodal dans les pays de droit écrit : l'exemple de la Provence et du Dauphiné (XIIe-début XIVe siècle),* Rome, Ecole française de Rome, 1988.

31. Cf., par exemple, G. Giordanengo, « Consultations juridiques de la région dauphinoise (XIIIe-XIVe siècle) », *Bibliothèque de l'Ecole des chartes,* t. 129, 1971, p. 49-81, ou H. Gilles, « Les 'doctores Tholosani' et la ville d'Albi », in *Mélanges Roger Aubenas, op. cit.,* p. 313-342.

32. *Le Songe du Vergier,* éd. par M. Schnerb-Lièvre, Paris, CNRS, 1982, 2 vol.

33. G. Le Bras, Ch. Lefebvre et J. Rambaud, *L'Age classique (1140-1378). Sources et théorie du droit* (« Hist. du droit et des institutions de l'Eglise en Occident », 7), Paris, Sirey, 1965. P. Ourliac et H. Gilles, *La Période post-classique (1378-1500),* 1, *La Problématique de l'époque. Les sources* (*ibid.,* 13), Paris, Cujas, 1971. *Etudes d'histoire du droit canonique dédiées à Gabriel Le Bras,* Paris, Sirey, 1965, 2 vol. Deux ouvrages récents peuvent donner une idée de l'intérêt historique des sources canoniques : J. Gaudemet, *Le Mariage en Occident. Les mœurs et le droit,* Paris, Ed. du Cerf, 1987, et P. Legendre, A. Schütz, M. Smith et Y. Thomas, *Le Dossier occidental de la parenté. Textes juridiques indésirables sur la généalogie,* Paris, Fayard, 1988.

34. C. Bozzolo et E. Ornato, *Pour une histoire du livre manuscrit au Moyen Age. Trois essais de codicologie quantitative,* Paris, CNRS, 1983.

35. *La Paléographie hébraïque médiévale,* Paris, CNRS, 1974. C. Sirat (avec M. Beit Arié et M. Glatzer), *Manuscrits médiévaux en caractères hébraïques portant des indications de dates jusqu'en 1540,* Paris-Jérusalem, CNRS-Académie nationale des sciences et des lettres d'Israël, 1972-1986, 3 vol. G. Sed-Rajna, *Iconographical Index of Hebrew Illuminated Mess,* Paris-Jérusalem-Munich-Budapest, 1976-1988, 4 vol.

36. Ch. Touati, *La Pensée philosophique et théologique de Gersonide,* Paris, Ed.

de Minuit, 1973. M.-R. Hayoun, *La Philosophie et la Théologie de Moïse de Narbonne (1300-1362),* Tübingen, J.C.B. Mohr-P. Siebeck, 1989. C. Sirat, *La Philosophie juive au Moyen Age,* Paris, CNRS, 1983.

37. *Guillaume de Bourges, Livre des guerres du Seigneur et deux homélies,* éd. et trad. par G. Dahan, Paris, Ed. du Cerf, 1981.

38. B. Guenée, *Histoire et Culture historique, op. cit.,* p. 367.

Histoire littéraire

Michel Zink *
avec la collaboration de
Pierre-Yves Badel

Les littéraires sont toujours flattés quand les historiens reconnaissent qu'ils existent. Mais le droit à l'existence leur est-il concédé au prix d'un malentendu sur leur essence ? Ils sont également prompts à le soupçonner. C'est pourquoi nous sommes partagés entre la gratitude — celle de voir l'histoire littéraire admise dans ce volume au sein de l'histoire — et la perplexité.

Le rapport qui nous est confié est réputé porter sur l'« histoire littéraire », dénomination inévitable pour justifier son existence au regard de la société et du congrès d'historiens qui ont bien voulu l'accueillir. Mais il ne saurait séparer l'histoire littéraire de la critique littéraire et de la philologie, les trois approches étant elles-mêmes imbriquées et indissociables dans les études littéraires. Son titre est donc de circonstance plus qu'il ne définit, et surtout qu'il n'épuise, son contenu.

Ce titre est d'autant plus ambigu que la notion d'histoire littéraire ne va pas de soi. La période envisagée par ce congrès — les vingt dernières années — est précisément celle de sa remise en cause, suivie, il est vrai, de sa réhabilitation, mais dans une perspective différente, en même temps qu'elle est celle du développement de nouvelles approches critiques. Ces mouvements ne sont pas propres aux études médiévales, mais ils les ont marquées, comme ils ont marqué l'ensemble des études littéraires. Qu'ils nous soit permis, pour donner d'entrée de jeu une idée de leur nature et de leur direction, de faire appel, avant de

* L'introduction et les parties I, II, III, IV, VI sont dues à M. Zink, la partie V à P.-Y. Badel.

nous borner au domaine français, à un exemple étranger. En 1967 — au seuil de la période qui nous intéresse — H.R. Jauss publie sa leçon inaugurale à l'université de Constance sous le titre programmatique : « Die Literaturgeschichte als Provokation der Literaturwissenschaft ». Dans l'édition de poche parue un peu plus tard ce titre est abrégé, mais voit du coup son sens radicalisé et profondément modifié — dans un sens hostile à l'histoire littéraire : *Literaturgeschichte als Provokation* (Francfort-sur-le-Main, Suhrkamp, 1970). Or H.R. Jauss, qui invite ainsi à substituer une « science de la littérature » à l'« histoire de la littérature », est le père de la théorie de la réception, dont on sait l'influence considérable à l'heure actuelle — théorie essentiellement historique. Il est aussi le fondateur du *Grundriss der romanischen Literaturen des Mittelalters* (Heidelberg, C. Winter, 1968-1988), entreprise historique s'il en est. Dans le domaine français — ou au moins francophone — la période est marquée par les travaux de P. Zumthor, sans doute le médiéviste qui a exercé la plus grande influence depuis vingt ans. Or P. Zumthor, qui s'écarte de la perspective historique avec son *Essai de poétique médiévale* (Ed. du Seuil, 1972), y revient dès *Le Masque et la Lumière* (Ed. du Seuil, 1978) et *Parler du Moyen Age* (Ed. de Minuit, 1980). Enfin, et d'une façon qui n'est paradoxale qu'en apparence, le moment où l'histoire littéraire a été au plus bas a aussi été celui où les médiévistes littéraires se sont mis le plus délibérément à l'école des historiens des mentalités.

C'est pourquoi on envisagera ici d'un point de vue global les répercussions sur les études médiévales du débat critique des deux dernières décennies, de manière à mettre en lumière — au moins l'espère-t-on — le renouvellement et la variété méthodologiques de nos études, en même temps que le caractère problématique des notions mises en jeu.

I. Instruments de travail, éditions, collections

Les considérations qui précèdent pourraient laisser croire que les remous de la critique ont ébranlé jusqu'aux soubassements de la philologie et de l'érudition en entraînant une désaffection pour les travaux préparatoires à l'exercice de la spéculation. Il n'en est rien. Les dernières années ont vu un renouvellement considérable des instruments de travail, des éditions, mais aussi des manuels et des collections.

S'agissant des instruments de travail, l'événement majeur a été la publication en 1986, par les soins de F. Vielliard et de J. Monfrin, du premier volume du troisième supplément (1960-1980) du Bossuat, *Manuel bibliographique de la littérature française du Moyen Age* (Paris, Ed. du CNRS, 1986). Fidèles à l'esprit de leur prédécesseur, à l'organisation qu'il avait retenue et qui est si familière à tous les médiévistes, les deux auteurs n'en ont pas moins introduit des innovations et des améliorations considérables, en particulier dans le chapitre préliminaire consacré aux généralités. La publication de cet ouvrage, dont le second volume est attendu avec impatience, a permis de mesurer dans toute son ampleur un phénomène que chacun soupçonnait : la multiplication des publications. Sur les légendes épiques et le roman courtois, objets du premier volume, elles sont presque deux fois plus nombreuses de 1960 à 1980 que des origines de la philologie à 1950. Mais ce phénomène n'est certainement pas propre à notre discipline et inviterait à une réflexion d'ensemble sur le fonctionnement du monde académique.

Les instruments de travail, ce sont aussi les répertoires, comme ceux qui facilitent désormais le dépouillement de la littérature religieuse (P. Rézeau, *Les Prières aux saints en français à la fin du Moyen Age,* Genève, Droz, 1982-1983, 2 vol.), ou comme celui d'A. Moisan (*Répertoire des noms propres de personnes et de lieux cités dans les chansons de geste françaises et les œuvres étrangères,* Genève, Droz, 1986, 5 vol.), ou encore les concordances qu'à Aix, à Limoges, à Nancy des équipes ont multipliées ces dernières années.

Les instruments de travail, ce sont enfin les manuels, grammaticaux et littéraires, dont beaucoup ne se contentent pas de vulgariser ou d'exposer avec une clarté pédagogique des connaissances acquises, mais mettent à profit leur effort de synthèse pour proposer une réflexion nouvelle. La *Grammaire de l'ancien français* de G. Moignet (Klincksieck, 1976), la *Syntaxe de l'ancien français* de Ph. Ménard (Bordeaux, Sobodi, 1973, 3e éd. revue et augmentée, 1988) et la *Syntaxe du moyen français* de R. Martin et M. Wilmet, (Bordeaux, Sobodi, 1980), l'*Histoire de la langue française aux XIVe et XVe siècles* de Ch. Marchello-Nizia (Bordas, 1979), pour ne citer que ces quelques ouvrages, ont tous paru entre 1973 et 1980. On note l'intérêt nouveau pour le moyen français ; il se manifestera avec plus d'éclat encore dans les années à venir, lorsque aboutira le grand projet de *Dictionnaire du moyen français* dirigé par R. Martin, qui utilise les moyens laissés disponibles par l'achèvement du *TLF.* En 1969, l'*Introduction à la vie littéraire du Moyen Age* de P.-Y. Badel (Bordas, 1969) offrait, sous une forme condensée et modeste, une approche limpide et nouvelle de la littérature médiévale, approche très marquée, on le verra, par la leçon des historiens. De nombreux manuels littéraires ont paru depuis. Citons seulement, parce qu'il reflète assez bien les tendances du moment, le *Précis de littérature française du Moyen Age,* ouvrage collectif publié sous la direction de D. Poirion (PUF, 1982). Les bornes nationales de ce rapport nous interdisent malheureusement de nous appesantir sur l'événement dans la trop longue durée que constitue la lente progression du *Grundriss der romanischen Literaturen des Mittelalters,* mais le dernier volume paru, *La Littérature française aux XIVe et XVe siècles,* sous la direction de D. Poirion (Heidelberg, C. Winter, 1988), est entièrement français — ou à peine franco-belge. En revanche — et sans quitter les ouvrages de longue haleine —, il est permis de saluer la parution de deux nouveaux volumes de l'*Histoire littéraire de la France* (Académie des inscriptions et belles-lettres, 1974 et 1981).

Parmi la masse des publications nouvelles, les moins utiles ne sont certainement pas les éditions de textes. Dans ce domaine la France a tenu plus qu'honorablement sa place. La Société des anciens textes français continue à donner, à un rythme un peu lent peut-être, des éditions de très haute tenue. Les Classiques français du Moyen Age, dont le directeur, F. Lecoy, a largement payé de sa personne en éditant lui-même plusieurs textes essentiels, fournissent toujours à nos étudiants des textes sûrs et d'accès commode. Droz a ces dernières années mis à la disposition de ceux que n'effraient pas les devises fortes bien des éditions françaises excellentes. Il n'est pas question d'énumérer ici tous ces travaux. Mais comment passer sous silence l'exploit d'A. Micha qui a, tout seul, publié intégralement le *Lancelot* en neuf volumes (Genève, Droz, 1978-1983)? Il a suscité des émules dans le domaine des grands romans en prose : *Perceforest* (G. Roussineau, à la suite de J. Taylor [Genève, Droz, 1979-1988]), *Tristan* en prose (Ph. Ménard et son équipe [Genève, Droz, 1987], à la suite de R. Curtis [Munich-Leiden-Cambridge, M. Hueber, E.J. Brill, D.S. Brauer, 1963-1985]).

On ne peut enfin clore ce chapitre sans signaler la multiplication des colloques de littérature médiévale que plusieurs universités organisent depuis quinze ans à intervalles réguliers et qui donnent lieu à des séries de publications : Aix-en-Provence, avec son CUERMA, Amiens, Reims, Paris-X, l'ENS de Sèvres ; la Société de langue et de littérature d'oc et d'oïl suscite elle-même une rencontre annuelle dont sa revue, *Perspectives médiévales,* se fait l'écho et entretient désormais des relations régulières avec le Mediävistenverband. Toute cette activité ne porte nullement ombrage aux colloques à caractère « exceptionnel » et aux congrès des grandes sociétés internationales (Sociétés arthurienne, Rencesvals, courtoise, Renart, théâtre — ces trois dernières ayant vu le jour dans les dix dernières années).

Aussi significative est la naissance de plusieurs collections de poche qui ont permis d'étendre la diffusion des œuvres du Moyen Age, soit en traduction (« Stock Plus Moyen Age » de D. Régnier-Bohler) soit avec l'accompagnement du texte original (Garnier-Flammarion, « Bibliothèque médiévale 10/18 » de P. Zumthor, « Lettres gothiques » dans le Livre de Poche Hachette), tandis que les traductions des « Classiques français du Moyen Age » connaissent une activité considérable sous l'impulsion de J. Dufournet. Une publication importante dans la collection « Bouquins » de Robert Laffont, la renaissance des « Classiques Garnier » et des projets dans la « Bibliothèque de la Pléiade » — ces deux derniers programmes sous la direction de D. Poirion — confirment le succès de cette percée éditoriale de la littérature médiévale.

Mais il y a quelque artifice à s'attarder sur ces travaux en eux-mêmes. Ils ne s'élaborent pas en milieu clos et subissent comme les autres l'influence de la réflexion critique, dont on va survoler maintenant les diverses tendances.

II. L'influence de l'histoire des mentalités et les approches socio-historiques

Au seuil de la période qui nous occupe, trois grandes thèses ont, chacune à sa manière, marqué leur dette à l'égard des historiens. En 1965, celle de D. Poirion, *Le Poète et le Prince. L'évolution du lyrisme courtois de Guillaume de Machaut à Charles d'Orléans* (PUF, 1965), tout en évitant les simplifications et le déterminisme en trompe-l'œil de la socio-critique, montrait comment les milieux de cour et leur esprit ont modelé l'esthétique, le style, les modes poétiques et pour finir l'image même du poète. En 1967, celle de J.-Ch. Payen, *Le Motif du repentir dans la littérature française médiévale (des origines à 1230)* (Genève, Droz, 1967), fondait l'analyse du repentir dans les œuvres littéraires sur une histoire de la doctrine, de la pratique et des représentations de la pénitence. En 1969, celle de Ph. Ménard, *Le Rire et le Sourire dans le roman courtois en France au Moyen Age (1150-1250)* (Genève, Droz, 1969), s'attaquait à un problème crucial pour la compréhension des sensibilités et des comportements. A des titres divers, les trois auteurs fondaient leur démarche sur l'enseignement de l'histoire des mentalités, J.-Ch. Payen se voulant le plus proche, au moins dans ses prolégomènes, de l'esprit même des historiens.

C'est sans doute dans les années soixante-dix que la fascination exercée par les historiens sur les littéraires a atteint son point culminant. C'était l'époque où le prestige de l'histoire littéraire était au plus bas et où le bouillonnement des nouvelles méthodes critiques était le plus intense. Il était naturel de chercher du côté de l'histoire des mentalités à la fois un outil herméneutique adaptable aux textes médiévaux et un moyen d'ancrer ces textes dans le réel et d'entretenir la perspective du passé à un moment où l'histoire littéraire traditionnelle semblait frappée d'inconsistance et où le triomphe des méthodes de la critique immanente jetait la suspicion sur tout système référentiel et rendait même difficile de formaliser une pensée dans la diachronie.

On ne peut citer tous les travaux qui se sont placés sur ce terrain. Les plus représentatifs sont sans doute ceux de J.-Ch. Payen, ceux de J.-Y. Batany, le manuel de P.-Y. Badel déjà mentionné, le livre, préfacé par J. Le Goff, de D. Boutet et A. Strubel, *Littérature, Politique et Société dans la France du Moyen Age* (PUF, 1979). Mais il faudrait en évoquer beaucoup d'autres : l'œuvre importante de J. Ribard sur le fonctionnement symbolique de la littérature médiévale ; la contribution de D. Régnier-Bohler à l'*Histoire de la vie privée* dirigée par G. Duby (Ed. du Seuil, 1985, t. 1, p. 311-392) ; les thèses portant directement sur des historiens ou des chroniqueurs médiévaux, comme celle de J. Dufournet sur Commynes et celle de J.-C. Delclos sur Georges Chastellain ; celle de M.-L. Chênerie sur *Le Chevalier errant dans les romans arthuriens en vers des XIIe et XIIIe siècles* (Genève, Droz, 1986) ; le livre, publié récemment mais écrit il y a quelques années, de M. Stanesco, *Jeux d'errance du chevalier médiéval. Aspects ludiques de la fonction guerrière dans la littérature du Moyen Age flamboyant* (Leiden-New York, E.J. Brill, 1988), qui, très polémique à l'égard des historiens, voire iconoclaste, propose cependant, ou grâce à cela, une réflexion sur les interprétations de l'histoire et la validité de ses soupçons. Aux franges de la littérature, les travaux de C. Thomasset sur les textes scientifiques et médicaux, *Une vision du monde à la fin du XIIIe siècle. Commentaire du dialogue de « Placides et Timeo »* (Genève, Droz, 1982), avec D. Jacquart *Sexualité et Savoir médical au Moyen Age* (PUF, 1985), et ceux de G. Hasenohr sur l'écriture religieuse en langue vulgaire à la fin du Moyen Age sont d'une importance considérable pour la compréhension des formes de la pensée, de la connaissance, de la sensibilité. On pourrait ajouter à cette liste mes propres thèses, influencées par J. Le Goff — *La Pastourelle* (Bordas, 1972) et *La Prédication en langue romane avant 1300* (Champion, 1976) — si elles étaient meilleures. L'exemple a souvent été donné par les historiens eux-mêmes qui ont su mettre en évidence les formes de l'imaginaire, les implications des croyances, les représentations des structures de la société ou de la parenté latentes dans les textes littéraires ou paralittéraires : G. Duby, J. Le Goff, J.-C. Schmitt, C. Carozzi, N. Bériou, J. Berlioz, A. Guerreau — et A. Guerreau-Jalabert, devenue il est vrai une « littéraire » —, M.-Th. Lorcin.

Plusieurs de ces noms et des titres qu'ils évoquent témoignent de l'influence de G. Dumézil sur nos études. A cet égard l'ouvrage essentiel est évidemment la thèse de J. Grisward, préfacée par G. Dumézil, *Archéologie de l'épopée médiévale* (Payot, 1981). Mais cet ouvrage, qui a dans son ordre renouvelé notre lecture des œuvres médiévales, se veut, son titre le dit, « archéologique » et se place ainsi, comme la pensée du maître qui l'inspire, en amont de l'approche historique comme de l'approche littéraire. Il en constitue une sorte de synthèse préalable et, plus que de l'histoire ou de la littérature, relève de la mythologie et de la psychologie des profondeurs. Il témoigne à ce titre, comme beaucoup des ouvrages qui viennent d'être cités, d'une vérité d'évidence, mais qu'il faut rappeler car le plan suivi ici pourrait la dissimuler : les diverses méthodes et les diverses lectures ne sont pas exclusives, et ce que j'appelle un peu sottement l'approche historique, loin de rejeter celles dont il va être maintenant question, a été un moyen de les penser et de les appliquer.

III. Approches formalisantes

La fin des années soixante a vu la confluence d'un double courant critique, l'un propre aux études médiévales, l'autre tout à fait général et très symptomatique de l'époque. Depuis le bref essai de R. Guiette intitulé « D'une poésie formelle en France au Moyen Age » (in *Questions de littérature,* Gand, Romanica gandensia, 1960) et, la même année, la thèse de R. Dragonetti sur *La Technique poétique des trouvères dans la chanson courtoise* (Bruges, De Tempel, 1960), qui développait la même approche, chacun était tenu de rappeler que la poésie du Moyen

Age ignore la recherche de l'originalité, la prétention à l'effusion personnelle, la croyance en la personnalité unique et particulière du poète, mais qu'elle fonde ses effets sur le pur jeu rhétorique de la soumission à une expression codée et des variations étroites qu'elle autorise. Ces constatations, qui se voulaient en elles-mêmes limitées au système poétique d'une époque donnée, rejoignaient en réalité un système d'une tout autre ampleur qui gagnait à cette époque tous les domaines de la pensée et qui révélait peu à peu sa cohérence. Le structuralisme, qui fait jaillir le sens des réseaux de relations entre les objets, et non des objets eux-mêmes, aboutissait à dévaloriser ces derniers en interdisant sous peine de naïveté de les prendre pour ce pour quoi ils se donnent. Sa méthode et, si l'on peut dire, ses dispositions d'esprit se retrouvaient partout. Partout le référent se dérobait au profit d'une circulation indéfinie de signes qui ne renvoyaient qu'à d'autres signes : en linguistique, mais aussi dans la vision lacanienne de l'inconscient et plus radicalement encore dans la pensée de M. Foucault, où l'esprit, telle, comme on a pu le dire, une simple feuille de papier marquée par les signes de la culture, prend pour son intériorité et sa production propre ceux d'entre eux qui sont seulement sur la face interne de sa pliure. La critique littéraire, dans cette perspective, s'est assigné d'abord pour mission la mise en évidence des codes : c'était, si l'on peut dire, sa période *S/Z*. Puis la déconstruction, jetant le soupçon de façon systématique sur le critique comme sur l'œuvre, a interdit toute stabilité herméneutique. C'est pourquoi, pour en revenir au Moyen Age, il n'y a pas, quoi qu'on dise, de rupture dans l'œuvre de R. Dragonetti entre *La Technique poétique des trouvères* et ses derniers livres, mais l'évolution cohérente d'un esprit ouvert aux souffles du temps, joueur et retors, vers la méfiance absolue.

On le voit, un mouvement d'une telle ampleur dépasse la particularité d'une démarche critique. S'agissant des études littéraires médiévales, on en trouve l'écho aussi bien dans des approches de type historique que dans des approches de type psychanalytique. Mais pris en lui-même et hors de ses conséquences idéologiques, il a eu pour premier effet de modifier la description de la littérature du Moyen Age, et cela d'abord à travers un livre qui a eu un retentissement considérable, l'*Essai de poétique médiévale* de P. Zumthor (Ed. du Seuil, 1972), exposé de synthèse sur la littérature médiévale selon des voies, un plan, un point de vue nouveaux. Plus du tiers de ce gros ouvrage est consacré à l'étude des problèmes et des méthodes ; la répartition de la littérature en genres, qui finit par retrouver sa place, est intégrée à une réflexion sur les modèles d'« écriture », tandis que quelques points d'histoire littéraire, faute de pouvoir être totalement évacués, sont rejetés en appendice.

Le souci de n'être pas dupe de l'illusion référentielle, l'attention portée aux jeux de l'écriture, la conviction que celle-ci ne désigne que son propre reflet — conviction fondée à la fois sur les idéologies et les méthodes évoquées plus haut et sur le désir de manifester l'autonomie de la « science des textes » au regard de l'histoire —, tout cela a donné naissance à une série de travaux, souvent d'ailleurs importants et de qualité. Dans le domaine de la poésie, ceux de P. Bec tendent à dégager une typologie des formes lyriques dans la perspective tracée par P. Zumthor (*La Lyrique française au Moyen Age, XIIe-XIIIe siècle. Contribution à une typologie des genres poétiques médiévaux,* A. et J. Picard, 1977-1978), tandis que les études de J. Cerquiglini sur le *dit,* couronnées par sa thèse « *Un engin si soutil* ». *Guillaume de Machaut et l'écriture au XIVe siècle* (Champion, 1985), ont véritablement renouvelé la conception de ce genre. Le livre de B. Rey-Flaud sur la farce témoigne, par son titre même (*La Farce ou la Machine à rire. Théorie d'un genre dramatique, 1450-1550,* Genève, Droz, 1984), d'un effort pour mettre en évidence le fonctionnement mécanique des structures. S'agissant de la littérature narrative, on n'en finirait pas de mentionner tous ceux (souvent hors de France, d'ailleurs) qui ont répété de toutes les façons que le roman est la métaphore de l'écriture. Sur beaucoup d'entre eux planent les ombres proches — ne serait-ce que géographiquement — mais aussi bien distinctes de R. Dragonetti et de Ch. Méla. L'un et l'autre ont cependant « un engin trop soutil » pour s'enfermer dans des systèmes, de même que l'un et l'autre ont fait leur miel sans servilité de la leçon lacanienne.

Car la fécondité des réflexions sur le texte et l'écriture s'est souvent fondée, non pas nécessairement sur la critique psychanalytique, mais sur l'analogie avec les démarches de la psychanalyse.

IV. Approches psychanalytiques

La prégnance des notions et des cheminements de la psychanalyse est aujourd'hui telle qu'on les retrouve jusque chez des critiques qui ne s'en réclament pas explicitement et qui n'y ont pas de compétence particulière. J'ai ainsi été d'abord étonné de voir que, dans un état de la question sur « médiévistique et psychanalyse », F. Wolfzettel faisait une place à certains de mes travaux (*La Pastourelle, Roman rose et Rose rouge,* des articles sur Joinville, sur Froissart, sur *Perlesvaus*) et à ceux de collègues que je n'aurais pas *a priori* placés dans la mouvance de la psychanalyse[1]. Mais il a raison, et nous sommes nombreux à faire de la psychanalyse vulgaire, sinon honteuse, ou tout simplement occasionnelle : je pense par exemple à l'article de J. Batany, « L'apologue social des strates libidinales ' Dui chevalier vont chevauchant... '[2] », ou à ceux de D. Régnier-Bohler, de « Figures féminines et imaginaire généalogique » à « Morphologies du clandestin »[3].

En réalité, l'approche psychanalytique des textes médiévaux, absente de l'œuvre de Freud lui-même, dont les intérêts sautent de l'Antiquité à l'époque moderne, comme la *Gradiva* en témoigne de façon emblématique, n'est réellement prise en charge par les médiévistes eux-mêmes qu'à la fin des années soixante. Certains d'entre eux parmi les meilleurs et les plus ouverts à cette approche, comme D. Poirion et P. Zumthor, prennent alors soin de définir les précautions qui doivent l'accompagner et les limites qu'elle doit respecter — en se gardant en particulier de faire bon marché de la profondeur du passé et des mutations de l'histoire mentale. Parmi les travaux importants qui ont les premiers exploré cette direction, les deux articles de J. Györy, « Prolégomènes à une imagerie de Chrétien de Troyes » (*Cahiers de civilisation médiévale,* 1967 et 1968), ont vu leur retentissement un peu étouffé sur le moment par le déferlement de la vague lacanienne, mais on en trouve aujourd'hui l'écho dans les recherches d'inspiration jungienne dont on parlera plus loin.

D'une façon générale, et comme on peut s'y attendre, la mise en œuvre des notions analytiques par tous les auteurs — par des esprits aussi différents, par exemple, que Ch. Méla et P. Gallais — se fonde d'abord sur la mise en évidence, non de la cohérence du texte, mais de ses points de rupture, de ses failles, de ses béances, source même de l'écriture, chargée d'un même mouvement par « le jeu proliférant de la lettre » (J.-Ch. Huchet) de les manifester et de les dissimuler.

En France, H. Rey-Flaud et Ch. Méla ont plus que tous les autres marqué le recours à la psychanalyse. H. Rey-Flaud, dont les premiers, et importants, travaux consacrés au théâtre (*Le Cercle magique,* Gallimard, 1973), *Pour une dramaturgie du Moyen Age,* PUF, 1980) ne laissaient guère prévoir l'évolution ultérieure, a, en particulier, renouvelé l'interprétation de l'amour courtois dans *La Névrose courtoise* (diffusion Ed. du Seuil, 1983), où il établit un parallèle audacieux entre cette « névrose » et celle de l'homme aux rats. Le livre récent de J.-Ch. Huchet, *L'Amour discourtois* (Toulouse, Privat, 1987), lui doit autant qu'à Ch. Méla, auquel il rend hommage. Englobant désormais les témoignages médiévaux dans un ensemble beaucoup plus vaste, H. Rey-Flaud a publié *Le Charivari. Les rituels fondamentaux de la sexualité* (Payot, 1985), ouvrage trop neuf et trop pénétrant peut-être pour avoir reçu l'accueil qu'il méritait, et qui offre une réflexion globale sur l'homme et la loi.

L'usage que fait Ch. Méla de la psychanalyse est aussi essentiel à sa pensée, mais en même temps moins systématique et plus hétérodoxe. Certes, dans *La Reine et le Graal* (Ed. du Seuil, 1984), et déjà auparavant dans *Blanchefleur et le Saint Homme ou la Semblance des reliques* (Ed. du Seuil, 1979), il ne cesse de faire entendre « les résonances de l'inconscient » à travers les romans du Graal, et plus largement à travers l'ensemble des romans arthuriens, *Aucassin et Nicolette,* le *Jeu de la Feuillée.*

Certes, c'est bien la dialectique de la figure féminine et de la loi divine, c'est bien l'effort pour retrouver le royaume — ou l'empire — de la mère, c'est bien la quête du père ou d'un père — est-ce que les pères se valent ? etc. — que l'on retrouve dans les méandres de ses analyses étourdissantes. Mais alors même qu'il montre comment le récit se développe à la place de son sens indicible, comment il prolifère à partir de son manque, comment les romans du Graal n'existent que parce que la figure de Dieu le Père n'est qu'en creux, alors même que ses jeux de mots en cascade, il faut l'avouer, semblent parfois des gammes lacaniennes, il ne se réfugie en fait derrière l'autorité de personne et ne cherche à rejoindre durablement aucun chemin balisé dont la rencontre avec le sien vaudrait confirmation de sa pensée. On ne peut en dire autant de tous ses disciples. A. Leupin, pourtant, a su combiner non sans habileté l'influence de Ch. Méla et celle de R. Dragonetti en associant le fondement chrétien de la mise en récit à la *coulpe* qu'est la *coupure* de l'écriture profane imitant le sacré (*Le Graal et la Littérature,* Lausanne, L'Age d'Homme, 1982). Il est vrai que, dans cette perspective, l'attention portée au « désir de l'écriture » l'emporte sur le traitement proprement psychanalytique des personnages et des intrigues.

Une voie très différente, plus proche de l'anthropologie, est explorée par les critiques d'inspiration jungienne et « durandienne » : J.-C. Aubailly (*La Fée et le Chevalier. Essai de mythanalyse de quelques lais des XIIe et XIIIe siècles,* Champion, 1986), J.-C. Gouttebroze (« L'arrière-plan psychique et mythique de l'itinéraire de Perceval dans le *Conte du Graal* », 1976[4]), P. Gallais (*L'Imaginaire d'un romancier français de la fin du XIIe siècle. Description de la Continuation-Gauvain,* 3 vol. parus, Amsterdam, Rodopi, 1988), G. Chandès (*Le Serpent, la Femme et l'Epée. Recherches sur l'imagination symbolique d'un romancier médiéval. Chrétien de Troyes,* Amsterdam, Rodopi, 1986). Les constantes de l'imaginaire médiéval et de son expression littéraire, la richesse des mythes et leur affleurement immédiat dans la littérature, les rencontres avec les travaux des folkloristes rendent de tels travaux féconds.

Bien entendu, certains abordent les mythes et les structures de l'imaginaire collectif par d'autres voies que celles de la psychanalyse. C'est le cas des duméziliens, entraînés par J. Grisward, et de ceux qui sans se réclamer uniquement de G. Dumézil suivent des démarches analogues : ainsi C. Lecouteux, surtout pour le domaine germanique (*Mélusine et le Chevalier au Cygne,* Payot, 1982, *Fantômes et Revenants au Moyen Age,* Imago, 1986, *Les Nains et les Elfes au Moyen Age,* Imago, 1988), L. Harf-Lancner avec sa thèse (*Les Fées dans la littérature française du Moyen Age. Morgane et Mélusine,* Champion, 1984) et les deux colloques de Sèvres qu'elle a organisés et auxquels les jeunes générations de normaliennes et de normaliens ont contribué de façon intéressante (*Métamorphose et Bestiaire fantastique au Moyen Age,* ENSJF, 1985 et *Pour une mythologie du Moyen Age,* ENSJF, 1988), D. Régnier-Bohler, avec certains des travaux évoqués plus haut, Ph. Walter (*Canicule,* SEDES, 1988, et sa thèse, *La Mémoire du temps,* Champion, 1989, sur le temps calendaire et le temps mythique dans les romans bretons).

Ainsi, dans le vaste champ qui va de la psychanalyse à l'anthropologie, psychologie des profondeurs et étude structurale des mythes et de l'imaginaire se sont combinées et complétées de façon fructueuse.

V. Etude de la langue

Compte tenu du rôle qu'a joué la linguistique dans le renouvellement de la problématique et des méthodes des autres sciences humaines et de l'étude des textes, il aurait été surprenant que les recherches sur la langue médiévale fussent restées à l'écart de ce renouveau. De fait, ces recherches connaissent une seconde jeunesse. R.-L. Wagner, qui avait tant fait pour acclimater la pensée de Saussure et aussi celle de G. Guillaume, avait pressenti ce renouveau. Les voies qu'il frayait dans son livre de 1974 sur *L'Ancien Français* (Klincksieck, 1974) ont été inégalement suivies. C'est dans le domaine de la morphologie que son travail a été prolongé avec le plus de fidélité : je pense au livre de N. Andrieux et E. Baumgartner sur les *Systèmes morphologiques* (Bordeaux, Bière, 1983), un essai plus qu'un manuel ; ouvrage pionnier et discuté, tant il est difficile de se donner l'ancien français en synchronie, fût-ce dans une synchronie « large ». Dans le domaine de la syntaxe, les travaux les plus neufs tournent assez nettement le dos à l'héritage de R.-L. Wagner. C'était un guillaumien, qui avait suscité, parmi d'autres, les thèses guillaumiennes de G. Moignet et de J. Stéfanini. Il serait inexact de dire que le guillaumisme n'a plus de fervents. Au contraire, il a été appliqué par J. Picoche et A. Eskénazi à l'étude du vocabulaire. Dans le domaine de la syntaxe, il a conquis les manuels et fait le fond, cela va sans dire, de la *Grammaire* de G. Moignet. Il a inspiré les travaux de R. Martin et, dans une certaine mesure, d'O. Soutet. Pourtant, d'une part les guillaumiens d'aujourd'hui non seulement ne refusent pas, mais encore recherchent la confrontation avec la réflexion de linguistes d'autres obédiences, avec celle des logiciens et rhétoriciens. D'autre part, c'est surtout dans une mouvance que, pour faire vite, on peut appeler la linguistique de l'énonciation que se situent les travaux les plus provocants d'aujourd'hui, ceux de B. Cerquiglini, de Ch. Marchello-Nizia, de M. Perret, et aussi ceux d'A. Delbey et G. Kleiber. S'inspirant des théories d'A. Culioli et d'O. Ducrot, de la pragmatique, et aussi des travaux d'E. Benvéniste sur la subjectivité dans le langage, ces linguistes ne laissent pas indifférents les « littéraires ». Ils leur rappellent des vérités qui, pour être premières, n'en sont pas moins souvent méconnues : par exemple, que la seule langue médiévale qui nous soit accessible est la langue littéraire ; que tout trait d'oralité est un effet d'écriture ; que tout locuteur n'est pas énonciateur ; que le moindre énoncé, fût-ce une simple assertion, est autant que la transmission d'une information une véritable entreprise de séduction ou de dissuasion.

Plus locale, une autre convergence entre linguistes et littéraires vaut d'être relevée. Il y a eu ces dernières années chez les historiens de la littérature un regain d'intérêt pour la périodisation de leur domaine d'étude. Les XIVᵉ et XVᵉ siècles ont profité de ce retour de l'histoire. Grâce à des travaux comme ceux de D. Poirion, de J. Cerquiglini ou de l'auteur de cette partie de l'exposé, ils sont moins mal connus et leur redécouverte rencontre l'effort sans précédent des linguistes pour décrire le moyen français : j'ai déjà évoqué les ouvrages de Ch. Marchello-Nizia d'une part, de R. Martin et M. Wilmet de l'autre.

VI. Voies nouvelles et tendances actuelles

La convergence des recherches dans l'ordre de la poétique, de l'ethnologie littéraire et de la linguistique a renouvelé en partie ces dernières années l'image du texte et de la « littérature » médiévale, le mot littérature étant encadré de guillemets dans le titre même du dernier livre de P. Zumthor.

Ce livre, *La Lettre et la Voix. De la « littérature » médiévale* (Ed. du Seuil, 1987), se veut une application au champ médiéval de l'*Introduction à la poésie orale* (Ed. du Seuil, 1983). Il ne se contente pas de définir les conditions d'oralité mixte ou seconde, selon les cas, dans lesquelles naît et se développe cette littérature. Il ne rappelle pas seulement que l'œuvre médiévale n'existe qu'en performance, qu'elle suppose un monde de la *théâtralité généralisée,* et que l'écriture n'en conserve qu'une trace incomplète et imparfaite. Il montre aussi que les effets de la voix en font partie intégrante et qu'elle n'existe pas sans eux : non pas seulement la mélodie quand elle existe, mais, dans tous les cas, ce qu'il y a de physique dans la voix, son incarnation, sa qualité, sa hauteur, son timbre, ses inflexions, ses harmonies et ses dissonances. Ce monde si respectueux de la lettre, si attentif à la lettre, vit de la voix : peut-être ce paradoxe d'une vérité fondamentale, vigoureusement mis en évidence au début du livre, est-il un peu gazé, et en définitive affaibli, à la fin par les efforts polémiques de la démonstration pour privilégier l'oralité. D'autre part, la perception historique qu'a P. Zumthor de la place occupée par la voix dans la « littérature » médiévale pourrait s'articuler — plus en complémentarité, contrairement aux apparences, qu'en contradiction — avec les efforts de J. Derrida pour rendre son importance à l'« écriture » et pour briser sa soumission hiérarchique à la voix, comme celle du signifiant au signifié. Mais il faut dire que P. Zumthor ne porte pas le débat sur ce terrain, au moins dans ce livre ; il était plus proche de cette problématique — sans cependant jamais la faire sienne — dans *Le Masque et la Lumière* (Ed. du Seuil, 1978), ouvrage consacré aux « grands rhétoriqueurs ».

Dans un esprit proche de celui de P. Zumthor, l'essai de B. Cerquiglini, *Eloge de la variante. Histoire critique de la philologie* (Ed. du Seuil, 1989), insiste lui aussi sur le caractère récent de la notion de *texte* et sur l'anachronisme de la philologie qui se fonde sur cette notion pour étudier des objets qui lui sont antérieurs. Il cherche à montrer que l'écriture médiévale est essentiellement mouvante, qu'elle jouit de sa perpétuelle *variance,* que l'idée même du définitif, de l'original, de l'authentique, du stable, du texte d'auteur ou du texte unique lui est radicalement étrangère. Et il suggère pour finir un rapprochement, de part et d'autre de l'âge de l'imprimerie traditionnelle qui est en train de s'achever, entre l'euphorie de la variante que connaît le Moyen Age et la mouvance perpétuelle du texte que permet aujourd'hui son traitement informatisé.

Sans doute les conceptions défendues de façon toujours brillante et parfois provocante par P. Zumthor et par B. Cerquiglini ne sont-elles pas toutes en elles-mêmes entièrement nouvelles. Mais l'important est moins leur nouveauté que leur circulation. Grâce à eux, elles imprègnent les esprits, et le jour où elles paraîtront aller de soi sera celui où elles auront modifié définitivement l'idée que nous nous faisons de notre discipline et de son objet.

Mais d'autres approches moins frappantes entraînent des évolutions aussi significatives. Il en est ainsi de la combinaison des notions de style et de mode littéraires avec celle d'intertextualité et avec les applications de la théorie de la réception. A travers les travaux qu'il a animés et à travers les siens propres jusqu'à son dernier livre, *Résurgences* (PUF, 1986), D. Poirion n'a cessé d'approfondir et de conceptualiser la démarche qui était déjà celle de sa thèse autour de l'idée d'art littéraire. Il peut ainsi placer dans la perspective de l'histoire, en fonction des milieux, des goûts et des modes, une analyse de l'écriture qui n'est pas pour autant réductrice ou limitée au débrouillage des influences. Une telle approche trouve ses applications les plus fécondes dans les travaux de plus en plus nombreux qui portent sur la littérature de la fin du Moyen Age. D'une part, en effet, des documents plus nombreux permettent pour cette époque de se faire une idée plus précise des milieux littéraires. D'autre part, la littérature vernaculaire existe alors depuis assez longtemps pour se situer, dans la représentation qu'elle a d'elle-même, par rapport à son propre passé. C'est ce que montrent aussi bien la thèse de F. Suard (*Guillaume d'Orange. Etude du roman en prose,* Champion, 1979) que celle de P.-Y. Badel, dont le sous-titre rend hommage à l'école de Constance (*Le Roman de la Rose au XIVe siècle. Etude de la réception de l'œuvre,* Genève, Droz, 1980). La même perspective se dégage des efforts de J. Cerquiglini pour définir Machaut comme *auteur* ou des recherches sur l'esprit du théâtre de la fin du Moyen Age (M. Accarie, *Le Théâtre sacré de la fin du Moyen Age. Etude sur le sens moral de la Passion de Jean Michel,* Genève, Droz, 1979). L'exploitation dans une perspective historique des notions de réception et d'intertextualité apparaît également, par exemple, dans le beau volume de l'Ecole française de Rome, *Lectures médiévales de Virgile* (Rome, EFR, 1985).

L'enracinement historique — enracinement dans l'histoire et dans l'histoire littéraire — que supposent ces travaux est explicitement revendiqué de toute part depuis le début des années quatre-vingt. Tout en faisant le bilan des acquis de la « modernité », P. Zumthor lui-même y insistait dès 1980 dans *Parler du Moyen Age* (Ed. du Seuil, 1980). Les méthodes nouvelles sont dès lors assez assurées et assez universellement admises pour composer avec l'histoire littéraire et reconnaître sa nécessité. L'influence de H.R. Jauss n'a pu qu'encourager cette tendance. Vers la même époque, la négation du sujet, sa dilution dans le fonctionnement des lois du langage et de l'imprégnation culturelle, les méthodes critiques purement « immanentes », comme dirait R. Girard, qui découlent de ces conceptions, commencent à être battues en brèche. Appliquée au domaine médiéval, cette tendance se reflète, par exemple, dans ma tentative pour rendre sensible l'émergence de la conscience littéraire et pour montrer qu'elle est la condition de l'existence d'une littérature : on ne peut parler de littérature que lorsque les œuvres qui la constituent se reconnaissent comme le produit arbitraire et nécessaire d'une conscience (*La Subjectivité littéraire. Autour du siècle de Saint Louis,* PUF, 1985).

Cependant, malgré les formulations que l'on est amené à employer — retour à l'histoire littéraire, retour au sujet —, tous ces mouvements, qui font en ce moment la vie de notre discipline, se veulent des tentatives de synthèse et non de restauration. Ils ne marquent ni la négation ni le reniement de l'effervescence intellectuelle des années écoulées.

A l'heure actuelle, les études de langue et de littérature médiévales en France ne se portent pas mal. La collaboration avec les disciplines historiques et, d'une façon générale, avec les divers domaines des sciences humaines est à la fois plus intense et plus équilibrée que par le passé. On observe un regain d'intérêt pour la période du moyen français ainsi qu'une tendance heureuse à sortir des grands textes et à aborder des œuvres moins connues. Les conflits ancestraux et insolubles sur la question des origines de la chanson de geste ou du lyrisme courtois s'apaisent et cèdent la place à des approches plus fécondes. Il est cependant des domaines importants où les chercheurs français, à quelques brillantes exceptions près, n'ont guère été présents ces dernières années : la lexicologie — réserve faite du grand projet de dictionnaire du moyen français —, les études d'oc et, dans une moindre mesure, les études médio-latines en ce qui concerne les textes proprement littéraires.

Notes

1. F. Wolfzettel, « Mediävistik und Psychoanalyse : eine Bestandsaufnahme », *in* E. Ruhe et R. Behrens, *Mittelalterbilder aus neuer Perspektive,* Munich, W. Fink, 1985, p. 210-237.

2. In *Le Récit bref au Moyen Age,* Amiens, Centre d'études médiévales, 1980, p. 129-151.

3. In *Le Récit bref au Moyen Age, op. cit.*, p. 73-96, et in *Masques et Déguisements dans la littérature médiévale,* M.-L. Ollier éd., Montréal, Presses de l'université de Montréal, et Paris, Vrin, 1988, p. 141-148.

4. In *Voyage, Quête et Pèlerinage dans la littérature et la civilisation médiévales* (*Sénéfiance,* 2), Aix-en-Provence-Paris, CUERMA-Champion, 1976.

L'archéologie médiévale

André Debord

Les vingt ans de la Société des médiévistes coïncident à peu près avec l'âge de l'archéologie médiévale en France, du moins en tant qu'activité réellement scientifique. Il est donc très difficile, voire proche de la gageure, de prétendre faire le point de ses apports à l'histoire, de ses progrès comme de ses insuffisances... quand on sait l'essor spectaculaire et parfois désordonné qu'elle connaît depuis quelques années.

C'est en 1830 qu'A. de Caumont inaugure à Caen son « cours d'antiquités monumentales », dont le titre indique bien les préoccupations qui animent la Société française des archéologues qu'il fonde en 1834. Certes, les meilleurs esprits du XIXe siècle n'ignorent pas l'existence des fortifications de terre, certes l'infatigable abbé Cochet commence en 1855 ses fouilles de sépultures, mais, pour l'essentiel, jusqu'à une époque récente, l'archéologie (médiévale) est avant tout une archéologie monumentale, une branche de l'histoire de l'art, tournée vers l'analyse des monuments de pierre (églises ou châteaux). Le classique *Manuel d'archéologie française* de C. Enlart (1918-1932), c'est encore cela.

Des hommes comme M. Bloch ou G. Roupnel, si attachés à l'étude concrète des terroirs et à l'histoire des paysages, ne trouvent aucun appui, et pour cause, du côté de l'archéologie de terrain, qui n'existe pas encore.

Et quand J. Hubert fait le point, en 1961, sur « L'archéologie médiévale » dans l'ouvrage collectif *L'Histoire et ses méthodes,* il nous livre encore une excellente synthèse d'archéologie monumentale[1].

Pourtant, à cette date, les choses avaient commencé de bouger, à l'initiative surtout des pays voisins, qui, pour des raisons diverses qui n'ont pas à nous retenir ici, avaient entrepris des travaux de prospection et de fouilles à caractère scientifique, un peu avant 1939, et surtout depuis 1945 : ainsi l'Angleterre (le groupe de recherches sur les villages désertés date de 1952), l'Allemagne, les Pays-Bas, la Pologne (vers 1950, Institut pour la culture matérielle, à Varsovie), la Tchécoslovaquie, l'URSS, etc. Et J. Hubert pouvait conclure son chapitre sur l'archéologie : « Une des tâches [...] est de faire revivre l'histoire de l'habitat et de l'occupation du sol sous toutes ses formes [...] et c'est pourquoi, dans tous les pays de l'Europe, l'archéologie du Moyen Age est aujourd'hui en plein essor. »

Cette déclaration restait très optimiste pour la France où le tournant venait juste d'être pris. Rappelons quelques dates :

— 1955 : création du CRAM à Caen, organisé autour de diverses fouilles, en particulier celle du château de Caen ;

— 1961 : la VIe section de l'EPHE entreprend ses premières enquêtes sur les villages désertés (les premières fouilles eurent lieu en 1964 à Saint-Jean-le-Froid et Montaigut avec l'aide des Polonais) ;

— cette même année 1961, G. d'Archimbaud entamait la fouille du village de Rougiers, et le service des fouilles créait le premier poste de médiéviste ;

— 1962, enfin, paraissait la thèse de G. Fournier, qui est le premier travail universitaire à avoir pris en compte la dimension archéologique ; cette même année, les deux volumes de G. Duby sur la vie des campagnes faisaient leur part aux données archéologiques (palynologie, étude des tourbières, villages désertés anglais...).

Mais le véritable démarrage est beaucoup plus récent : en 1969, quand le doyen de Boüard répondait, dans la *Revue historique,* à la question : « Où en est l'archéologie médiévale ? », il était amené à fixer un programme de recherche plus qu'un bilan de résultats encore très fragmentaires[2].

En pratique, la recherche s'est développée réellement dans les années soixante-dix. On peut prendre comme point de repère la fondation de la revue *Archéologie médiévale* en 1971. Alors commencent les grandes fouilles avec des responsables qui s'étaient formés sur les chantiers initiateurs ou à Doué-la-Fontaine, dont la fouille débute en 1967.

C'est au cours de cette période aussi que la recherche commence à se diversifier : si l'archéologie funéraire s'était développée dès avant la guerre dans la ligne d'E. Salin, c'est dans les années soixante-dix que commencent les grandes fouilles de sites ruraux (fortifications de terre, villages...) mais aussi les premières grandes fouilles urbaines (Lyon, Saint-Just, Avignon, Douai, Tours, Saint-Denis...).

La chronique des fouilles publiée par *Archéologie médiévale* fournit un très bon tableau (quoique incomplet) de l'évolution.

		1970	**1976**	**1980**	**1987**
Edifices religieux		16	14	33	49
Nécropoles	haut M. A.	8	7	16	15[2]
	bas M. A.	3	1	2	2
Châteaux de pierre		8	11	17	21
Mottes et enceintes		6	6	11	10
Manoirs		2	—	5	3
Remparts, inventaires...		—	—	—	7
Fouilles urbaines		2	4	8	10
Sites ruraux du haut M. A.		—	—	8	12
Sites ruraux du bas M. A.		3	1	7	16
Sites artisanaux[1]		2	2	4	15
		50	**46**	**111**	**160**

1. Le chapitre apparaît en 1979.
2. Dont 4 d'utilisation plus longue.

Le tableau montre que l'activité, à peu près stable jusqu'en 1975 (une cinquantaine d'opérations), *a plus que triplé* entre 1975 et 1987 (160 notices), avec une proportion de plus en plus considérable de fouilles urbaines, de fouilles de villages et de sites artisanaux. Encore faut-il remarquer que beaucoup d'opérations ponctuelles ne font pas l'objet de notices dans *Archéologie médiévale,* qui ne prend pas en compte non plus, dans sa chronique, l'activité des archéologues français à l'étranger, en Espagne, en Italie du Sud, en Afrique et dans le Proche-Orient. Cette activité de prospection et de fouille, importante par ses travaux et ses résultats, exporte moins nos techniques, qui ne sont pas différentes de celles des autres chercheurs, que notre esprit et notre manière d'aborder l'archéologie [3].

En effet, un des caractères particuliers de l'archéologie médiévale française jusqu'à ce jour est qu'il s'est agi depuis le début d'un phénomène universitaire (et CNRS), c'est-à-dire que la recherche fondamentale est faite par des historiens médiévistes rompus à l'histoire aussi bien qu'à la fouille, alors qu'ailleurs en Europe les archéologues sont davantage polyvalents sur le plan archéologique. Pourtant l'archéologie médiévale est restée longtemps marginale aux yeux de beaucoup de médiévistes, comme s'il s'agissait d'une discipline extérieure à l'histoire. Grâce aux acquis accumulés depuis vingt ans, l'archéologie médiévale a fini par se faire admettre. Il suffit de rappeler la place qu'elle tient dans le volume de la « Nouvelle Clio » de R. Fossier, paru en 1982, et l'intitulé de la question d'agrégation au programme de 1985 [4].

Notre 20e congrès en fournit une preuve éclatante : il n'est pas un intervenant, de R. Fossier à Ph. Contamine, B. Chevallier, A. Verhulst et R.-H. Bautier, qui n'ait souligné avec force l'apport de premier plan de l'archéologie dans le renouvellement des études historiques, bien au-delà du seul domaine qu'on lui reconnaissait naguère : celui de la culture matérielle.

C'est ce qui fait d'ailleurs la difficulté d'un exposé qui intéresse toutes les périodes du Moyen Age. Pour celles qui me sont moins familières j'ai obtenu l'amicale contribution de P. Périn, C. Lorren, J.-F. Reynaud, M. Fixot, M. Colardelle, F. Piponnier, J.-M. Pesez, J. Burnouf et M. Arnoux. Bien entendu, il ne peut être question de développer ici les aspects monographiques inhérents à la fouille, ni les problèmes techniques qu'elle soulève, ni les techniques de laboratoire, mais seulement d'essayer d'évoquer, en quelques mots, les principaux acquis actuels de la recherche.

I. Le haut Moyen Age

Ce secteur d'études est, je le rappelais tout à l'heure, le plus anciennement développé de manière scientifique avant la Seconde Guerre mondiale, tant à l'étranger (en particulier en Allemagne) qu'en France avec E. Salin (dès 1922) et ses émules. Il s'agissait presque exclusivement de recherches axées sur les fouilles de nécropoles. Le tournant est ici aussi les années soixante-dix : alors paraissent les premières publications importantes de fouilles de nécropoles, publications qui vont se multiplier à partir de 1974-1975 ; c'est à ce moment aussi que l'on commence à s'intéresser à l'anthropologie physique du haut Moyen Age et aux fouilles d'habitat (Brebières, 1972), qui sont devenues une part de plus en plus importante de l'activité archéologique pour le haut Moyen Age.

La vitalité de la recherche est soulignée par la fondation en 1979 de l'Association française d'archéologie mérovingienne (AFAM), qui tient depuis lors un congrès annuel, et, depuis 1980, par la publication de nombreux et très précieux catalogues d'expositions régionales et de plusieurs colloques[5].

Cette recherche, bien équilibrée maintenant entre Nord et Sud du pays, est particulièrement active pour l'époque mérovingienne (v^{e}-viiie siècle), l'époque carolingienne étant beaucoup moins représentée pour des raisons diverses.

Quant aux résultats acquis, il faut d'abord signaler les grands progrès accomplis dans le domaine de la datation des sépultures, en particulier dans les régions où l'on pratiquait l'inhumation habillée. Grâce à l'étude statistique et comparative du mobilier, on peut atteindre une précision de l'ordre d'une quarantaine d'années jusque vers la fin viie-début viiie siècle où disparaît l'inhumation habillée. Dans les secteurs où celle-ci n'était pas pratiquée, l'étude typologique des sépultures donne aussi des datations intéressantes quoique avec des fourchettes moins précises (sillon rhodanien, région alpine).

S'agissant de l'impact des invasions et de ses conséquences ethniques, la recherche de ces dernières années a montré la vanité de certaines affirmations antérieures : il est vain de vouloir mesurer cet impact à l'aide de cartes de répartition d'objets dont le caractère « ethnique » est loin d'être démontré, et les « cimetières en rangée » ne sont pas un signe de colonisation germanique, même si les Francs, en adoptant une coutume née en Gaule du Nord avant le Vᵉ siècle, ont contribué à généraliser son utilisation et les pratiques vestimentaires funéraires des populations indigènes romanisées en les exagérant. On parle plutôt désormais d'influences réciproques et de *modes* (belgo-franque, gallo-franque, belgo-gallo-franque). Il faut admettre que, sauf exception ponctuelle, la trace matérielle des mouvements « barbares » est certainement difficilement mesurable archéologiquement parlant[6].

Il est vrai que le développement des études anthropologiques ouvre de nouveaux horizons ; mais on ne possède pas d'élément de référence (aspect ethnique des populations des bouches du Rhin au IIIᵉ siècle), et les Francs, depuis si longtemps en contact avec les populations de la Gaule romaine, ont fourni à Clovis des troupes qui pour être « franques » ne possédaient pas un type anthropologique unique. Il est donc impossible (sauf dans le cas du cimetière de Vron, dans la Somme) de repérer physiquement l'implantation des nouveaux venus, si ce n'est par des indications négatives : la débrachycéphalisation de la population de Frénouville au VIᵉ siècle montre l'arrivée de quelques étrangers (en eux-mêmes non décelables), venus rompre l'isolat génétique antérieur. Toutes les études en cours tendent à minimiser les apports de peuplement « nordique ».

L'étude démographique est rendue possible par l'anthropologie mais reste très aléatoire, car on n'est jamais sûr de posséder la totalité de la population concernée. Elle apporte cependant des renseignements inestimables sur l'espérance de vie, sur les sexes, la malnutrition, l'état physique des populations... Cette branche de recherches fait des progrès constants, même si elle est encore insuffisamment pratiquée[7].

L'étude des nécropoles a, d'autre part, apporté des renseignements sur la société dont la hiérarchisation apparaît jusque dans la mort : les plus anciens cimetières en rangée possèdent toujours quelques tombes très riches, pourvues d'un mobilier (armes et objets usuels) surabondant et stéréotypé, accompagnées souvent de tombes féminines tout aussi riches, « tombes de chefs » qui manifestent l'existence d'une classe guerrière supérieure dès l'époque de Clovis. Ces tombes exceptionnelles sont entourées d'un grand nombre de tombes de guerriers moyennement armés et de beaucoup de tombes sans aucun mobilier. La hiérarchie est évidente, mais il faut renoncer à y chercher des traces de liberté ou de servitude.

Il convient aussi de renoncer à l'idée que le dépôt d'objets et d'armes dans les tombes est un indice de paganisme, même si des survivances païennes sont longtemps décelables (incinération, obole à Charon, offrandes alimentaires). Inversement, les fouilles de sépultures ont apporté des éléments intéressants quant aux progrès de la christianisation (inhumation *ad sanctos,* épitaphes...), mais d'interprétation parfois délicate (symboles chrétiens) et dont l'absence, bien sûr, ne prouve rien[8].

Un fait extrêmement intéressant est l'existence assez fréquente d'une chapelle ou d'une église (en bois ou en pierre) dans les nécropoles rurales : certaines sont des *memoria,* d'autres accompagnent des tombes très riches (seconde moitié du VIe siècle, Hordain dans le Nord) : on est amené à penser que la christianisation dans les campagnes a sans doute été plus précoce qu'il n'était généralement admis (et on retrouve le rôle de l'aristocratie en la matière).

A côté des nécropoles, une place de plus en plus considérable est tenue dans l'archéologie du haut Moyen Age par l'étude de l'*habitat,* et d'abord de l'*habitat urbain,* du fait du développement considérable des fouilles urbaines ces dernières années. Elles tendent à montrer que le haut Moyen Age n'a pas connu un urbanisme spécifique et que l'habitat urbain de l'Antiquité tardive a survécu dans une large mesure à l'intérieur de la cité « réduite ».

Toutefois, une modification importante est intervenue : l'installation *intra muros* de nombreux édifices religieux chrétiens, ce qui a entraîné la destruction de quartiers bâtis et une modification parfois de la voirie. Les fouilles ont prouvé l'existence de groupes cathédraux (Aix-en-Provence, Lyon, Antibes...) et la précocité de leur apparition au cours du IVe siècle : deux églises et un baptistère (de type variable : carré ou rectangulaire pour les plus anciens).

D'autre part, les études actuelles menées, dans le cadre du GRECO, sur la création du quartier canonial à l'époque carolingienne et l'existence de cloîtres-galeries sont corroborées par la fouille d'un cloître-galerie à Autun et de maisons canoniales à Rouen.

La ville, née au haut Moyen Age, reste très mal connue, mais on peut suivre le processus de formation de la ville de Douai du VIe-VIIe siècle jusqu'au Xe siècle, ainsi que celui de la ville de Saint-Denis.

La grande nouveauté de ces dernières années est certainement, pour le haut Moyen Age, le développement des recherches sur l'habitat rural, et les éléments qui sont ainsi apportés au problème délicat de la genèse du village médiéval[9].

Une discordance entre la distribution de l'habitat antique et celle de l'habitat médiéval est nettement soulignée par la photographie aérienne, comme par l'implantation des cimetières d'époque mérovingienne, dont la plupart ne prennent pas la suite de nécropoles antiques : il n'y a pas continuité, en général, entre la villa antique et le village médiéval.

Mais on s'aperçoit que beaucoup d'habitats du haut Moyen Age succèdent à des habitats antérieurs (Mondeville) ; d'anciens chemins attestent, quoique fluctuants dans le détail, des directions constantes. L'occupation de l'espace a donné lieu, certes, à bien des aménagements et transformations, mais basse Antiquité et haut Moyen Age voient bien la fixation des finages, voire de limites de parcelles qui ont pu durer presque jusqu'à nos jours.

D'autre part, les fouilles de villages, toutes récentes en France, ont commencé de se multiplier, malgré les difficultés de repérage et d'interprétation de sites dont les traces sont souvent fugaces. Il s'agit encore, le plus souvent, de fouilles de sauvetage, alors qu'il faudrait pouvoir pratiquer des fouilles extensives, englobant le village lui-même et son finage. Il n'est pas possible dans le cadre imparti d'analyser en détail les acquis concernant la maison elle-même, la disposition et la nature de ses annexes, acquis qui mériteraient un développement à eux seuls. Sur le plan de l'histoire générale, un des principaux résultats de ces fouilles plus nombreuses et plus complètes touche à la question, si controversée ces dernières années, de la pérennité du village du haut Moyen Age. Devant la médiocrité des vestiges, leur caractère apparemment précaire, on a développé l'idée d'une fixation incertaine au sol et d'une itinérance de l'habitat. Des observations récentes engagent à — au moins — nuancer ces affirmations.

Il est trop tôt pour trancher globalement la question mais, outre les exemples de continuité depuis l'Antiquité, il faut verser au dossier les fouilles d'églises paroissiales, encore trop peu nombreuses en France (sauf Alpes du Nord et vallée du Rhône), ce qui est dommage pour l'étude de l'occupation de sol. En effet, dans la majorité des cas, la fouille d'une église rurale met au jour des édifices du haut Moyen Age, sinon même plus anciens (Saint-Martin-de-Boscherville).

De même, se dégagent l'idée d'un habitat, certes lâche, aux exploitations séparées par de vastes zones apparemment inorganisées, mais constant dans l'ensemble et l'idée d'une réelle pérennité de l'installation, renforcée peu à peu par l'amélioration progressive des conditions politiques et économiques, traduite par l'évolution des habitations, plus solidement construites, mieux aménagées, noyau du regroupement indéniable de l'habitat qui, plus tôt ici, plus tard là, sera à l'origine du village médiéval.

Il y aurait beaucoup à dire, enfin, sur les apports de l'archéologie du haut Moyen Age, pour tout ce qui regarde la culture matérielle (le costume par exemple), la production artisanale et les échanges (fouille, en 1978, d'une épave du début du VIIe siècle au large de Fos), mais c'est impossible dans le cadre étroit de cet exposé.

II. Le Moyen Age « classique » (xe-xve siècle)

Le travail réellement scientifique concernant cette période a démarré beaucoup plus récemment que les recherches sur le haut Moyen Age. Il pose des problèmes différents de ceux qu'affronte le haut médiéviste, car, cette fois-ci, nous disposons de textes variés et de plus en plus nombreux, au fur et à mesure qu'on descend le fil du temps, ce qui ne va pas sans difficultés parfois, car la documentation écrite et la documentation archéologique ne se recouvrent pas exactement, et la recherche traditionnelle a mis plus longtemps à intégrer cette moisson d'éléments nouveaux et de questions nouvelles apportés par l'archéologie médiévale.

J'évoquerai successivement les recherches concernant les châteaux et leur environnement, les villages, l'archéologie religieuse, avant d'aborder dans une troisième partie les directions nouvelles que prend la recherche dans ces toutes dernières années.

1. Châteaux et environnement

L'effort de recherche est ici assez ancien. Son point de départ se situe dans les travaux du xixe siècle, d'A. de Caumont à C. Enlart : ces travaux étaient avant tout des travaux d'*archéologie monumentale*.

On connaît alors, certes, les textes classiques (Ardres, Merckhem), la tapisserie de Bayeux, etc., et donc l'existence des mottes castrales. Mais ces documents sont seulement signalés ou mal interprétés. Parallèlement, pourtant, à travers les statistiques monumentales du xixe siècle, un énorme effort d'inventaire est accompli [10], inventaire monumental, qui enregistre donc aussi châteaux de pierre, voire déjà des mottes et des enceintes de terre, même si ces vestiges sont souvent mal interprétés. Il n'y a d'ailleurs pas de *fouilles,* sauf celles de « tumulus »...

Il faut attendre la fin de la Seconde Guerre mondiale pour que cette période s'achève, et que commence l'ère d'une véritable recherche archéologique en la matière, à l'instar des Anglais ou des Allemands, avec un net décalage chronologique. C'est alors la fouille du château de Caen (à partir de 1956), celle de Doué-la-Fontaine (1967-1970). Le moment décisif se situe, sans doute, en 1968, au colloque de Toulouse, avec l'intervention du doyen de Boüard sur la motte, où il reprenait une série d'articles antérieurs [11].

Ce fut le point de départ d'une série de fouilles en Normandie et ailleurs : Villy-le-Moutier (1968-1970), Vanault-le-Châtel (1970...), Andone (1971...), Essertines (1973...), Grimbosq (1975-1978), etc., et plus généralement d'un vif essor de la recherche sur les fortifications de terre [12]. Très rapidement on ressentit le besoin d'une politique d'*inventaire* national de ce type de vestiges, dont il existait seulement des tentatives régionales (G. Fournier pour l'Auvergne en 1961, M. Bur pour la Champagne en 1972...). Cette politique d'inventaire national, explicitement souhaitée au colloque de Caen de 1980 sur les fortifications de terre, fut mise sur pied en 1983-1984, dans le cadre du programme H 40 de la Sous-Direction de l'Archéologie (coordinateur J.-M. Pesez) : on y mit au point un vocabulaire et une grille de questionnaire communs, qui trouve son application à partir de 1984 dans une ATP du CNRS (inventaire des fortifications de terre)... gigantesque projet, actuellement en sommeil, mais poursuivi ici ou là sur le plan régional [13].

Cet effort considérable de fouille et d'inventaire a eu des conséquences historiques de première importance : la venue dans la documentation de cette masse de fortifications, dont beaucoup n'étaient pas connues par les textes, a obligé de reconsidérer la genèse de la « féodalité », en prenant en compte toutes ces fortifications de terre bien sûr, mais aussi en mettant l'accent sur le rôle du château lui-même, et donc en incitant à reconsidérer la documentation écrite, ne serait-ce qu'en *comptant* les châteaux. En ce sens, le colloque de Caen de 1980 marque un tournant. Il n'est plus possible de s'en tenir à l'analyse traditionnelle, encore si souvent citée, de R. Aubenas.

Sans parler des thèses de ces vingt dernières années, les synthèses récentes sur la question [14] donnent une image beaucoup plus diversifiée et moins juridique de la révolution du

XIe siècle (la « flexure fondamentale », a dit ici R. Fossier) : il n'y a pas de pouvoir sans château. Du coup, l'étude de l'évolution du rapport des forces sociales au début du XIe siècle (droit de fortification, *consuetudines,* mouvement de paix...) prend un éclairage radicalement nouveau, d'autant plus que l'arrivée d'études régionales méridionales apportait en même temps d'autres données.

Plus récemment encore, la réflexion archéologique, née de cette enquête aboutie au colloque de Caen, a trouvé d'autres prolongements :

1) Il est apparu trop partiel de se cantonner aux seuls inventaires de fortifications de terre, qui ne sont qu'un aspect de la question, même pour le XIe siècle, et les recherches régionales actuelles englobent tous les types de fortifications, y compris les châteaux de pierre (travaux en Rhône-Alpes notamment).

2) On a réfléchi plus avant sur le rôle des mottes castrales si nombreuses sur notre territoire : outre la place qu'elles occupent dans la formation des seigneuries châtelaines (elles en restent le symbole caractéristique), il apparaît de plus en plus que leurs fonctions ont été très diversifiées, comme point d'appui des défrichements, des établissements artisanaux...

3) La prospection pour la rédaction des inventaires livre, à côté des mottes et enceintes, une grande quantité de sites fossoyés, analogues aux *moated sites* anglais ; ce type de sites avait donné lieu à des recherches pionnières en Bourgogne (Villy-le-Moutier). La table ronde de Pont-à-Mousson (1984), consacrée à la maison forte, s'est intéressée aux problèmes posés par ces structures fin XIIe-XIVe siècle, tant sur le plan archéologique qu'historique : formes de l'habitat (fortifié et non fortifié) de la petite aristocratie, ultime étape de la dissémination du ban [15].

4) Enfin le château, source et appui du pouvoir, a joué un rôle considérable dans une des formes qu'a prise l'« encellulement » à partir du XIe siècle. Cet aspect, abordé au 1er colloque de Flaran (1979), débouche actuellement sur une recherche collective au sein du GRECO d'Archéologie médiévale et doit aboutir à la publication d'un atlas des bourgs castraux [16].

Il ne fait aucun doute que l'apport de l'archéologie médiévale à l'histoire de l'organisation sociale et de la société aristocratique est considérable et qu'on ne peut plus aborder l'étude de ces questions sans en tenir compte. Il existe cependant des zones d'ombre : l'effort d'inventaire à fournir est considérable et réclame du temps et de l'argent. Il est urgent pour les fortifications de terre, dont beaucoup disparaissent chaque année. Il serait temps d'entreprendre une recherche plus systématique de l'habitat de la petite aristocratie (ni motte, ni maison forte...). On notera enfin que toutes les recherches auxquelles il vient d'être fait allusion concernent les périodes antérieures à 1350 : au-delà, il n'y a que des recherches ponctuelles.

2. *Le village médiéval*

Que le village médiéval « classique » tire ou non son existence du haut Moyen Age (j'ai évoqué au début de cet exposé cette délicate question), le processus d'« encellulement » aux dépens d'autres habitats plus éparpillés et plus instables a été bien mis en lumière par l'historiographie récente, et, pour son compte, l'archéologie médiévale a apporté une moisson considérable de renseignements.

Ici aussi nous avions un certain retard, puisque les archéologues allemands et anglais avaient des chantiers de sites ruraux avant 1939 et qu'ils ont à leur actif des recherches aussi célèbres et aussi remarquables que Wharram Percy, par exemple. Il faut attendre en France les initiatives de l'EPHE, signalées en introduction et concrétisées dans une importante publication, pour voir naître cette branche de recherches [17].

Mais si l'étude des villages a commencé tard chez nous (pour l'époque classique comme pour le haut Moyen Age), les progrès accomplis depuis vingt ans nous mettent à la hauteur de la recherche dans les pays du Nord de l'Europe. Le nombre des sites fouillés concernant le Moyen Age classique a doublé depuis dix ans, à telle enseigne que les expositions consacrées à l'archéologie médiévale ces dernières années (depuis 1981) ont pu faire une place intéressante au village médiéval aussi bien en Bourgogne qu'en Provence, en Rhône-Alpes ou dans le Forez : chacun connaît les noms de Rougiers, Charavines, Essertines ou

Dracy ; mais la recherche actuelle touche toutes les régions et plus seulement le Sud-Est et le Centre-Est [18].

Le village du Moyen Age classique et du bas Moyen Age se différencie nettement de celui de l'époque mérovingienne. Il est d'abord connu par la documentation écrite qui nous renseigne sur son nom, parfois sur certains de ses habitants et leurs activités. Ses vestiges sont assez facilement repérables sur le terrain, car, pour lui comme pour le village du haut Moyen Age, les fouilles pratiquées sont celles de villages désertés, les seules qui permettent une fouille d'une certaine ampleur. Ces désertions se situent en général dans le contexte de la crise agraire des XIVe et XVe siècles, et cette recherche permet d'apporter de précieuses indications à l'histoire des fluctuations du peuplement rural.

Plus compact, mieux bâti, fait pour durer, ce village médiéval est très différent de celui de l'époque mérovingienne. On peut souvent y observer, dès le XIVe siècle, les caractères qui seront ceux des habitations « traditionnelles » des ethnologues : aussi bien à Dracy, en Bourgogne, qu'à Rougiers, en Provence (ou à Trainecourt, en Normandie). On peut pourtant se poser la question de la *représentativité* de ces villages désertés par rapport à la moyenne.

Cette représentativité ne fait aucun doute en ce qui concerne les éléments de la vie matérielle : forme et organisation de la maison, chauffage, éclairage, outillage, déchets alimentaires... On atteint parfois d'assez près la vie paysanne, quand le mobilier n'est pas trop rare (abandon brutal, incendie) ou que des circonstances exceptionnelles l'ont conservé, y compris les matériaux organiques (ainsi à Dracy — incendié —, ou à Charavines, sur les bords du lac de Paladru). Il est clair qu'en ce domaine l'archéologie amène une moisson irremplaçable de renseignements, bien au-delà de ce que peut fournir la documentation écrite (c'est également vrai pour les châteaux d'ailleurs...). Elle aide aussi à jeter un regard neuf sur la documentation écrite : grande est la différence entre le mobilier fourni par les fouilles et celui que livre un inventaire...

Mais si l'on se tourne du côté de l'histoire de l'habitat et du peuplement, il est moins certain que les sites actuellement fouillés ou en cours de fouilles soient réellement représentatifs. Certains de ces habitats disparus peuvent remonter à un passé fort lointain (Mondeville-Trainecourt), mais, souvent, ce sont des fondations tardives, créées sur un territoire ingrat et exigu, et donc fragiles (comme à Dracy ou, dans une certaine mesure, à Rougiers, XIIe siècle), témoins d'efforts excessifs d'expansion plus que des réalités moyennes de l'histoire du peuplement. En outre, jusqu'à ce jour, l'archéologie n'a saisi de ces habitats du plein Moyen Age que ceux qui étaient construits, en tout ou en partie, en pierre, alors que la documentation écrite et l'ethnographie montrent l'existence de maisons de bois, de torchis et de pisé. On ignore aussi les habitats intercalaires, les exploitations isolées, les moulins qui n'ont pas fait l'objet de fouilles (sauf Charny, dans l'Auxois). Il en va de même des fouilles de villages postmédiévaux (sauf Essertines). On pourra aller plus loin grâce à une orientation toute récente de l'archéologie : les études de terroirs, dont nous parlerons plus loin.

Mais, d'ores et déjà, malgré le développement de l'histoire rurale ces vingt dernières années, si le village commence à être connu, c'est bien grâce à l'archéologie.

3. *L'archéologie religieuse*

Dans le domaine de l'archéologie religieuse, pour une période postérieure à l'époque carolingienne, un bilan est difficile à donner. Cela tient principalement au domaine de compétence réciproque de ce que l'on entend par archéologues et historiens de l'art. Les polémiques ne sont pas toujours éteintes, comme le rappelle celle qui eut pour champ clos les colonnes du *Bulletin monumental* entre 1985 et 1986[19].

De moins en moins les archéologues acceptent de n'être que ceux qui étudient des monuments détruits, ou les seuls sols et stratigraphies de ceux qui sont encore en élévation. Cette participation des archéologues à l'archéologie monumentale s'est étendue dans certaines régions, peut-être du fait même d'une sensibilité à l'intervention et à l'archéologie de sauvetage, et certaines Directions des antiquités interviennent efficacement dans les études préliminaires à des programmes de restauration.

Il y a donc une continuité de préoccupations qui fait que les études de l'architecture ou du décor des grands chantiers de construction de la façade de la cathédrale de Reims, ou de Saint-Rémi, des cathédrales de Meaux, Noyon, Sens, Laon, de Saint-Germer-de-Fly ou Saint-Benoît-sur-Loire [20] rejoignent les préoccupations des fouilleurs des abbayes de Vauclair, Marmoutier, la Charité-sur-Loire, Aubazine, des cathédrales de Beauvais, de Thérouanne, d'Alet ou de celle de Fréjus ou d'Aix-en-Provence récemment étudiée *a fundamentis* depuis ses niveaux antiques jusqu'aux modifications d'époque moderne, à la fois par la fouille et le « décroûtage » des enduits. Cette continuité est bien exprimée dans les travaux menés à Saint-Martin-de-Tours [21].

Cette archéologie monumentale prend peu à peu les caractères d'une archéologie de sauvetage, avec ses risques biens connus : pas de problématique d'ensemble, une archéologie au coup par coup ; « même si elle ne réagit pas, la communauté scientifique doit être mise au courant de cette archéologie au jour le jour [22] ».

Cela dit, la recherche fondamentale existe vigoureusement en ce domaine aussi. Des formations de recherche ont tenté de rassembler les données au sein d'une région ou d'une période : l'architecture préromane, parfois sous les deux rubriques simultanément, comme en Bourgogne [23].

Des fouilles très étendues d'ensembles monastiques ont été entreprises. Ce type de chantier, mené sur des sites entièrement ou partiellement détruits, est plus facile à programmer que pour des édifices paroissiaux (Landévennec, Marmoutier, Saint-Jean des Vignes, Aubazine, Vauclair) [24].

Un intérêt particulier s'est développé sur la place que tiennent dans le monastère, et en particulier chez les cisterciens, les installations techniques ou artisanales (Vauclair, Fontenay, Le Thoronet), ou celles liées à l'accueil et à l'hospitalité (Vauclair, Le Thoronet, Silvacane).

Dans un même ordre d'idées, certains chercheurs se sont attachés à comprendre le lieu de culte à l'intérieur de son contexte immédiat qu'ils ont cherché à retrouver, non seulement l'église, mais quelquefois le groupe d'églises, le cimetière, et aussi les habitats qui pouvaient s'y trouver, les lieux d'accueil, de conservation ou d'abri des récoltes, les enclos et enceintes. Les sites étudiés sont ceux de prieurés ruraux (Saint-Victor de Massiac, Saint-Symphorien de Buoux) ou paroissiaux (Lunel-Vieil). Ce type d'apports sera l'objet du 3e colloque de la Société d'archéologie médiévale (28-30 septembre prochain) à Aix-en-Provence, sur le thème, « L'environnement des églises et la topographie religieuse des campagnes médiévales », réunissant les historiens des textes et ceux de l'histoire matérielle.

Comme pour l'Antiquité tardive et le haut Moyen Age, c'est peut-être dans cette direction de l'histoire du paysage bâti et de la topographie que se dégage une problématique originale avec l'étude du devenir des anciens groupes épiscopaux, que ce soit à Lyon, à Rouen, Aix-en-Provence ou Fréjus. Outre les églises proprement dites, c'est toute l'histoire du quartier cathédral qui est l'objet d'étude, par exemple pour tout le Sud-Est de la France à partir des fouilles de Viviers, avec le cloître, et les maisons canoniales, les palais épiscopaux fouillés ou restitués (Albi, Aix-en-Provence, Fréjus) par des travaux non encore publiés[25].

A cette histoire topographique ou à cette histoire du paysage, se rattachent les travaux de longue haleine entrepris autour de l'abbaye de Saint-Denis.

III. Les orientations nouvelles

Outre les directions de recherche qui viennent d'être évoquées, on assiste depuis quelques années au développement de nouvelles préoccupations scientifiques, en même temps que les circonstances extérieures imposent de nouvelles contraintes et de nouvelles structures.

1. Les études de terroir

Depuis quelques années, à l'instar de remarquables exemples étrangers (Wharram Percy ou Carlton en Angleterre, les travaux de W. Janssen dans l'Eifel...), on a entrepris, pour vraiment appréhender les fluctuations du peuplement (mais aussi des activités agricoles), des études d'archéologie extensive, sous la forme de ramassage systématique par prospection de tout un finage, d'études aussi sur le paléo-environnement qui nécessitent l'intervention de scientifiques (naturalistes, botanistes, palynologues, sédimentologues, etc.). Ces recherches sont menées conjointement avec des recherches historiques dans les textes et en liaison avec des géographes.

Cette démarche (chercher les solutions, les ruptures, à la fois des hommes, de la nature et des cultures) est pleine de promesses mais se heurte à de grandes difficultés, d'abord pour mettre en corrélation chronologique des renseignements de natures si différentes. En outre, elle nécessite une programmation à long terme, donc des laboratoires, des hommes et beaucoup d'argent. C'est pourquoi, à l'heure actuelle, on en est encore à la phase pionnière, avec cependant quelques éclatantes réussites, comme les études de terroir réalisées à Saint-Romain, à Rigny-Ussé, à Melrand, à Charavines où les conditions exceptionnelles d'une fouille subaquatique apportent également une gamme complète de renseignements sur la vie des hommes[26].

2. *Archéologie et histoire de la production artisanale et industrielle*

C'est une des dernières-nées de la famille (rubrique dans la chronique des fouilles depuis 1979). Cet intérêt tout récent tient sans doute à la discordance fréquente entre documentation écrite et ressources archéologiques : la céramique par exemple, si abondante sur les sites, et à peu près inconnue des sources écrites.

En outre, les installations de production médiévale (sites de production de fer, carrières de pierre) ont souvent été occupées jusqu'à l'époque moderne : il en résulte une difficulté supplémentaire pour la recherche.

Ces difficultés expliquent sans doute le désintérêt visible de nombreux chercheurs à l'égard de trouvailles, faites sur leurs sites d'installations de production, qui n'ont pas paru justifier une recherche particulière ni une publication exhaustive. Seule la céramique paraît avoir occupé l'attention des archéologues, parfois égarés dans les délices d'une recherche typologique élaborée par l'archéologie classique et le plus souvent inappropriée à l'étude du monde médiéval.

Depuis une dizaine d'années, cependant, la recherche se porte avec beaucoup plus d'intérêt sur l'étude des lieux et des méthodes de production, soit lorsque des trouvailles faites à l'improviste sur un site ecclésiastique (forge fouillée par M. Fixot au Thoronet), seigneurial (four de potier découvert par A. Querrien dans la motte castrale de Moulins-sur-Céphons) ou d'habitat (foyer de travail du métal de Charavines, fouillé par M. Colardelle), permettent d'étendre notre connaissance des techniques et de s'interroger sur les relations entre technique et société, soit par l'ouverture de chantiers sur des sites de production spécifiques. Si la chose n'est pas absolument nouvelle sur les ateliers de production céramique, il n'en va pas de même pour les autres productions, métallurgiques en particulier. L'ouverture de chantiers de fouilles sur des sites de production d'argent, à Brandes-en-Oisans dans les Alpes (M.-Ch. Bailly-Maître et J. Bruno), sur les mines de Jacques Cœur à Pampailly dans le Lyonnais, ou sur les mines du duché de Lorraine à Sainte-Marie et La Croix-aux-Mines dans les Vosges, permet d'apporter des précisions importantes sur des sites, il est vrai, richement documentés dans les sources écrites. De même une archéologie du fer est-elle en train de naître, illustrée par l'étude des vestiges miniers des alentours de l'abbaye de Fontenay (Côte-d'Or) ou la publication récente de la fouille d'un remarquable ensemble de forges carolingiennes à Ludre, en Lorraine[27].

Qu'elle soit due à une découverte de hasard ou à une recherche systématique, cette étude des sites et des techniques de production possède déjà des caractères spécifiques qui permettent d'envisager son développement. Un traitement particulier des sources écrites s'impose, dont on sait qu'elles ne sont guère loquaces sur les contraintes techniques ni très attentives à la marche de l'innovation. Les médiévistes ont également beaucoup à apprendre de leurs collègues modernistes et contemporanéistes spécialisés en archéologie industrielle. Les techniques élaborées pour le recensement et la conservation du patrimoine industriel sont d'autant plus à prendre en compte que les objets, les méthodes de travail sur le terrain et les sites mêmes sont le plus souvent identiques, comme le montrent les recherches menées par des archéologues modernistes sur les forges de Buffon à Montbard ou celles d'Aube (Orne). Il est rare pour un médiéviste de ne pas tomber sur les vestiges d'une exploitation postmédiévale, dont l'étude s'impose au même titre que celle des vestiges plus anciens. Par ailleurs, l'utilisation intensive des techniques de laboratoire est devenue une nécessité, d'autant qu'elles sont le plus souvent les seules à nous donner une véritable description scientifique des techniques utilisées pour produire les objets étudiés. Des recherches récentes menées au laboratoire de paléométallurgie de l'université de technologie de Compiègne sur des outils trouvés dans des sites miniers, ou au laboratoire de céramologie du CRAM pour étudier les conditions d'apparition des poteries de grès en Europe, permettent aux historiens de réexaminer avec plus de rigueur des problèmes autrefois mal posés, faute de connaissances techniques particulières. Indépendamment des informations acquises sur des points précis, de telles recherches, associant historiens et techniciens de laboratoire, permettent de mieux définir les rapports entre les deux domaines scientifiques.

De ces diverses enquêtes, pour la plupart en cours de développement, les résultats obtenus sont encore minces, et parfois mal assurés. On peut cependant en dégager deux idées fortes, dont l'une va à l'encondre des thèses généralement admises à la lecture des seules sources écrites : le monde médiéval possède une culture technique variée et subtile, plus que ne l'enseignent les textes ; l'étude archéologique du haut Moyen Age révèle d'ailleurs une civilisation beaucoup plus diversifiée, et en particulier beaucoup plus riche de métal, qu'on ne l'avait cru auparavant. L'archéologie de la production vient cependant à l'appui des idées reçues par les historiens pour souligner l'importance tant des innovations techniques que de l'évolution des productions elles-mêmes dans la seconde moitié du XVe siècle, mettant ainsi en lumière un aspect important des mutations de la fin du Moyen Age.

3. Archéologie urbaine et archéologie des grands travaux

C'est un des aspects les plus spectaculaires de ces dernières années, lié à l'essor des grands travaux urbains et ruraux (TGV, autoroutes, aéroports...). Cet essor a été, on s'en souvient, la cause d'un certain nombre de scandales archéologiques, en particulier entre 1970 et 1975 (Metz, Strasbourg, Lyon, Poitiers, Orléans...). Ils ont été l'occasion de mouvements d'opinion qui ont amené les municipalités, les conseils généraux... à prendre en compte les problèmes archéologiques dans les POS, non sans réticence, et à créer des emplois d'archéologues locaux. De la même manière, on a assisté à un renforcement des services administratifs de l'archéologie (SDA, 1978), et diverses mesures législatives ont été prises (obligations des préfets...).

Enfin le problème a suscité un effort de réflexion : colloques sur l'archéologie urbaine (Tours, 1980; Reims, 1983), les problèmes d'aménagement (Florence, 1984), les grands travaux (Nice, 1987)[28]. Cet effort s'est concrétisé en France par la création, en 1984, du Centre national d'archéologie urbaine, le CNAU (Tours) : en somme, intégrer dans une problématique réellement scientifique des opérations voulues par des aménageurs en dehors de préoccupations scientifiques.

On connaît les résultats spectaculaires de ces formes nouvelles d'intervention : un renouvellement extraordinaire depuis cinq-dix ans des connaissances en matière d'archéologie urbaine, tant sur la topographie de la ville et son évolution à travers l'histoire, car cette archéologie est forcément diachronique (Tours, Saint-Denis, Lyon, Strasbourg), que sur la culture matérielle (Saint-Denis, Strasbourg, le grand Louvre). On assiste à la naissance d'une archéologie de la ville[29].

Il ne faut pas se dissimuler toutefois que cette transformation spectaculaire présente des contreparties qui ne sont pas sans inconvénients :

1) La SDA, chargée de gérer tout ceci, a transformé la FIAS (Fonds d'intervention pour l'archéologie de sauvetage) en bureau d'archéologie préventive et de sauvetage (1986-1987) et s'efforce de mettre au point des méthodes d'intervention et une politique

de l'archéologie préventive à plus long terme (études d'impact, études de diagnostic...). Du même coup, l'archéologie tend de plus en plus à se professionnaliser, et si les responsables de chantier restent des historiens et des chercheurs, la masse des fouilleurs contractuels sur les chantiers est dépourvue de toute formation (80 % des contractuels employés par l'AFAN sont sans baccalauréat).

2) Or, dans le même temps, la SDA et le conseil supérieur tendent à limiter le nombre de fouilles programmées dans le souci louable de ne pas gaspiller le patrimoine archéologique (et l'argent) ; mais, bien entendu, cela risque de freiner la recherche universitaire (et CNRS), c'est-à-dire une recherche réfléchie et programmée sur une problématique historique : la recherche fondamentale.

3) Le danger d'un divorce de fait entre l'archéologie professionnelle des temps historiques et l'histoire est d'autant plus grand que, comme on le sait, le recours de plus en plus fréquent aux études de laboratoire a amené un développement spectaculaire et remarquable de l'archéométrie, qui tend parfois à se constituer en discipline autonome face à l'archéologie de terrain elle-même.

4) Il nous appartient de réagir, et d'abord en développant un véritable enseignement de l'archéologie à l'université, intégrée à l'histoire pour former des spécialistes de haut niveau, et orientée aussi par des filières plus courtes vers la vie professionnelle. Déjà des initiatives en ce sens ont été prises en plusieurs endroits : DEUG Histoire mention archéologie à Caen (contrat d'établissement en cours), MTS à Tours pour l'archéologie (1988), BTS (Metz).

En somme, l'archéologie est en crise de croissance. La question est la suivante : l'Université (et en particulier l'histoire médiévale) veut-elle participer à la solution de cette crise pour le plus grand bien de la recherche ?

Conclusion

Je ne voudrais pas conclure sur une note qui pourrait paraître pessimiste. En somme, les difficultés conjoncturelles que je viens d'évoquer sont la preuve même de l'éclatante réussite des efforts scientifiques accomplis depuis vingt ans. Il apparaît bien que, dans beaucoup de domaines qui touchent à l'histoire de la société, l'histoire ne peut plus se passer de l'archéologie, comme il apparaît impossible de faire de l'archéologie si on n'est pas historien : c'est l'esprit dans lequel travaille, depuis le début 1986, le GRECO du CNRS qui regroupe, autour de thèmes de recherche communs, universitaires, chercheurs du CNRS, de la SDA et des chercheurs isolés, tant il est vrai (comme il a été dit ici) que la recherche doit de plus en plus être une œuvre collective.

Notes

1. J. Hubert, « L'archéologie médiévale », in *L'Histoire et ses méthodes,* sous la direction de Ch. Samaran, Paris, Gallimard, « Encyclopédie de la Pléiade », 1961.

2. G. Fournier, *Le Peuplement rural de la basse Auvergne durant le haut Moyen Age,* Paris, PUF, 1962. G. Duby, *L'Economie rurale et la vie des campagnes dans l'Occident médiéval (France, Angleterre, Empire, IXe-XVe siècle). Essai de synthèse et perspectives de recherches,* Paris, Aubier-Montaigne, 1962, 2 vol. M. de Boüard, « Où en est l'archéologie médiévale ? » *Revue historique,* janv.-mars 1969. J. Chapelot et G. Démians d'Archimbaud, « Dix ans d'archéologie médiévale en France (1970-1980) », *Archeologia medievale,* Florence, t. 10, 1983.

3. Il faut souligner, en particulier, le rôle de la Casa de Velázquez et de l'Ecole française de Rome et leurs importantes publications archéologiques, soit consacrées à une question particulière, soit à des tables rondes. On citera parmi les ouvrages récents : *Brucato. Histoire et archéologie d'un habitat médiéval en Sicile,* sous la direction de J.-M. Pesez, Rome, Ecole française de Rome, 1984. A. Bazzana, P. Guichard et P. Cressier, *Les Châteaux ruraux d'Al Andalus. Histoire et archéologie des husuns du Sud-Est de l'Espagne,* Madrid, Casa de Velázquez, 1988. *Castrum 3. Guerre, fortification et habitat dans le monde méditerranéen au Moyen Age* (colloque de Madrid, 1985), Madrid-Rome, Casa de Velázquez-Ecole française de Rome, 1988.

4. R. Fossier, *Enfance de l'Europe (Xe-XIIe siècle). Aspects économiques et sociaux,* Paris, PUF, 1982, 2 vol. La question d'agrégation étant « La société et ses cadres de vie dans l'Empire germanique (Italie exclue) et dans les royaumes d'Angleterre et de France du milieu du XIe au milieu du XIIIe siècle ».

5. La bibliographie récente est considérable. L'AFAM a publié, chez divers éditeurs, les actes de ses « Journées mérovingiennes » à partir des 6e (Rennes, 1984), dans des ouvrages parus entre 1987 et 1989. Parmi les catalogues d'expositions on retiendra : *Des Burgondes à Bayard,* Grenoble, 1981 ; *Childéric-Clovis,* Tournai, 1982, et Paris, 1983 ; *Le Nord de la France de Théodose à Charles Martel,* Musées du Nord-Pas-de-Calais, 1984 ; *La Neustrie. Les pays au nord de la Loire de Dagobert à Charles le Chauve,* Rouen, Musées départementaux de la Seine-Maritime, 1985 ; *La Picardie, berceau de la France. Clovis et les derniers Romains,* Amiens, Société archéologique de Picardie, 1986 ; *Premiers Temps chrétiens en Gaule méridionale. Antiquité tardive et haut Moyen Age (IIIe-VIIIe siècle),* Lyon, Association lyonnaise de sauvetage des sites archéologiques médiévaux, 1986 ; *Lorraine mérovingienne (Ve-VIIIe siècle),* Metz, Direction des antiquités historiques de Lorraine, 1988.

6. P. Périn, avec la collaboration de R. Legoux, *La Datation des tombes mérovingiennes. Historique, méthodes, applications,* Genève, Droz, 1980. M. Colardelle, *Sépultures et Traditions funéraires du Ve au VIIIe siècle dans les Alpes françaises*

du Nord, Grenoble, Société alpine de documentation et de recherche en archéologie historique, 1983. L. Buchet et C. Lorren, « Dans quelle mesure la nécropole du haut Moyen Age offre-t-elle une image fidèle de la société des vivants ? », in *La Mort au Moyen Age* (actes du colloque de la Société des historiens médiévistes de l'enseignement supérieur public, Strasbourg, 1975), Strasbourg, Istra, 1977. J. Decaëns, « Un nouveau cimetière du haut Moyen Age en Normandie. Hérouvillette (Calvados) », *Archéologie médiévale,* t. 1, 1971, p. 1-126. H. Gaillard de Semainville, « Les cimetières mérovingiens de la côte chalonnaise et de la côte mâconnaise », Dijon, *Revue archéologique de l'Est,* 1980. J. Guillaume, « Les nécropoles mérovingiennes de Dieue-sur-Meuse (Meuse) » *Acta praehistorica et archaeologica,* t. 5-6, 1974-1975, p. 211-349. R. Joffroy, *Le Cimetière de Lavoye (Meuse). Nécropole mérovingienne,* Paris, Picard, 1974. M. Larrieu et B. Marty, avec la collaboration de P. Périn et E. Crubézy, *La Nécropole mérovingienne de La Turraque, Beaucaire-sur-Baïse (Gers),* Sorrèze, Société de recherches spéléo-archéologiques du Sorezois et Revelois, 1985. J.-P. Lemant *et al., Le Cimetière et la Fortification du Bas-Empire de Vireux-Molhain (Ardennes),* Mayence, Römisch-germanisches Zentralmuseum, 1985. Ch. Pilet, *La Nécropole de Frénouville (Calvados). Etude d'une population de la fin du* IIIe *à la fin du* VIIe *siècle,* Oxford, BAR, 1980. D. Piton, *La Nécropole de Nouvion-en-Ponthieu (Somme), Dossiers archéologiques, historiques et culturels du Nord et du Pas-de-Calais,* n° 120, Groffiers, Société des amis du passé, des sites et de la culture du pays de Montreuil, 1985.

7. *Le Phénomène des grandes « invasions ». Réalité ethnique ou échanges culturels. L'anthropologie au secours de l'histoire* (actes des premières journées anthropologiques de Valbonne, 16-18 avril 1981), Valbonne, Centre de recherches archéologiques, 1983. C. Lorren, « Des Saxons en Basse-Normandie », in *Studien zur Sachsenforschung,* t. 2, 1980, p. 231-259. C. Seillier, « Développement topographique et caractères généraux de la nécropole de Vron (Somme) », *Archéologie médiévale,* t. 16, 1986.

8. B.K. Young, *Merovingian Funeral Rites and the Evolution of Christianity : a Study in the Historical Interpretation of Archeological Material,* université de Philadelphie, 1975 (résumé actualisé dans *Archéologie médiévale,* t. 7, 1977 : « Paganisme, christianisation et rites funéraires mérovingiens », p. 5-81). M. Kazanski, « Deux riches tombes de l'époque des grandes invasions du Nord de la Gaule : Airan et Pouan », *Archéologie médiévale,* t. 12, 1982, p. 17-33. — et P. Périn, « Le mobilier funéraire de la tombe de Childéric Ier. Etat de la question et perspectives », *Revue archéologique de Picardie,* nos 3-4, 1988 (actes des 8e journées internationales d'archéologie mérovingienne de Soissons, 19-22 juin 1986), p. 13-38.

9. P. Demolon, *Le Village mérovingien de Brebières (*Ve-VIIe *siècle),* avec une étude de la faune par T. Poulain-Josien, avant-propos d'E. Will, Arras, commission départementale des Monuments historiques, 1972. B. Florin, *L'Habitat du haut Moyen Age en milieu rural dans le Nord-Pas-de-Calais,* Cambrai, Amis du Cambrésis, 1983. C. Lorren, « Le village de Saint-Martin de Trainecourt à Mondeville (Calvados), de l'Antiquité au haut Moyen Age », in *La Neustrie. Les pays au nord de la Loire de 650 à 850* (colloque historique international), H. Atsma éd., Sigmaringen, J. Thorbecke, 1989, t. 2, p. 439-466.

10. A l'initiative, notamment, du ministère de l'Instruction publique, qui mit au concours des Sociétés savantes en 1859 la rédaction d'inventaires et de statistiques monumentales.

11. M. de Boüard, *Le Château de Caen,* Caen, Centre de recherches archéologi-

ques médiévales, 1979. —, « De l'*aula* au donjon. Les fouilles de la motte de la Chapelle à Doué-la-Fontaine », *Archéologie médiévale,* t. 3-4, 1973-1974. —, « Quelques données archéologiques concernant le premier âge féodal », in *Les Structures sociales de l'Aquitaine, du Languedoc et de l'Espagne au premier âge féodal* (colloque de Toulouse, 1968), Paris, CNRS, 1969.

12. On trouvera les principales orientations bibliographiques dans la synthèse de G. Fournier, *Le Château dans la France médiévale,* Paris, Aubier-Montaigne, 1978. La plupart de ces fouilles ont fait l'objet d'articles dans *Archéologie médiévale,* ou au moins de notices dans la chronique des fouilles de la revue.

13. G. Fournier, « Vestiges de mottes castrales en basse Auvergne. Inventaire provisoire et essai de classement », *Revue d'Auvergne,* Paris, 1961. M. Bur *et al., Inventaire des sites archéologiques non monumentaux de Champagne. Vestiges d'habitat seigneurial fortifié... en Champagne,* édité — avec le concours du CNRS — par l'ARERS (Association régionale des amis de l'université et de l'enseignement supérieur pour la promotion de l'étude et la recherche scientifique), 3 volumes parus (Reims, 1972, 1980, 1987). *Les Fortifications de terre en Europe occidentale du* X^e^ *au* XIIe *siècle* (colloque tenu à Caen, 1980), *Archéologie médiévale,* 1981. J.-M. Pesez, « Approche méthodologique d'un recensement général des fortifications de terre médiévales en France », *Château-Gaillard,* t. 12, Caen, Université de Caen, 1985.

14. Cf. *supra,* note 4, G. Duby, *Le Moyen Age,* t. 1 de l'*Histoire de France,* Paris, Hachette, 1987.

15. J.-M. Pesez et F. Piponnier, « Les maisons fortes bourguignonnes », *Château Gaillard,* t. 5, Caen, université de Caen, 1970 (1972). *La Maison forte au Moyen Age* (table ronde de Pont-à-Mousson, 1984), Paris, CNRS, 1986. A. Debord, « Hébergements, repaires et maisons fortes de l'Angoumois », in *111e Congrès des Sociétés savantes* (Poitiers, 1986), Paris, CTHS, 1987.

16. A. Debord, « Les bourgs castraux dans l'Ouest de la France », in *Châteaux et Peuplements en Europe occidentale du* X^e^ *au* XVIIIe *siècle* (1er colloque de Flaran, 1979), Auch, 1980.

17. *Villages désertés et Histoire économique (*XIe*-*XVIIIe *siècle),* Paris, Sevpen, 1965. *Archéologie du village déserté, Cahier des annales,* t. 27, Paris, 1970. *La Construction au Moyen Age. Histoire et archéologie* (actes du colloque de la Société des historiens médiévistes de l'enseignement supérieur public, Besançon, 1972), Paris, Les Belles Lettres, 1973.

18. Synthèse et bibliographie détaillée *in* J. Chapelot et R. Fossier, *Le Village et la Maison au Moyen Age,* Paris, Hachette, 1980. G. Démians d'Archimbaud, *Les Fouilles de Rougiers. Contribution à l'archéologie de l'habitat rural médiéval en pays méditerranéen,* Paris, CNRS, 1980. M. Colardelle, « L'habitat immergé de Colletières à Charavines (Isère). Village ou château », *Château-Gaillard* (actes du colloque tenu à Najac en 1988), t. 14 (sous presse). Les lignes qui suivent doivent beaucoup à J.-M. Pesez, qui a bien voulu me confier un rapport sur le sujet présenté au Conseil supérieur de l'archéologie.

19. B. Jestaz, « Archéologie et architecture », *Bulletin monumental,* t. 143, 1985, et la réponse de M. Colardelle.

20. P. Kurmann, *La Façade de la cathédrale de Reims : architecture et sculpture des portails. Etude archéologique et stylistique,* Paris-Lausanne, CNRS-Payot, 1987, 2 vol. A Prache, *Saint-Rémi de Reims,* Paris, Arts et Métiers graphiques, 1978. P. Kurmann, *La Cathédrale Saint-Etienne de Meaux,* Genève, Droz, 1971. Ch. Seymour, *La Cathédrale Notre-Dame de Noyon au* XIIe *siècle,* Paris, Arts et Métiers

graphiques, 1975. J. Henriet, « La cathédrale Saint-Etienne de Sens », *Bulletin monumental,* t. 140, 1982, p. 81-174. J. Henriet, « Un édifice de la première génération gothique, l'abbatiale de Saint-Germer-de-Fly », *Bulletin monumental,* t. 143, 1985, p. 93-142. E. Vergnolle, *Saint-Benoît-sur-Loire et la Sculpture du XIe siècle,* Paris, Picard, 1985.

21. Ch. Lelong, « L'abbatiale romane de Marmoutier (1060-1096) », *Bulletin monumental,* t. 145, 1987, p. 173-204. —, « L'abbatiale de Marmoutier au Xe siècle », *Bulletin monumental,* t. 138, 1980, p. 117-171. L. Langouet, *Les Fouilles archéologiques de la zone de la cathédrale d'Alet (Saint-Malo),* Saint-Malo, Centre régional d'archéologie d'Alet, 1987. Ch. Lelong, *La Basilique Saint-Martin de Tours,* Chambray, CLD, 1986. Et toutes les études parues dans les différents numéros du *Bulletin monumental,* (cf., par exemple, t. 131, 1973 ; t. 133, 1975 ; t. 143, 1985).

22. Selon M. Fixot, qui m'a fourni les éléments de cette analyse.

23. Ch. Sapin, *La Bourgogne préromane,* Paris, Picard, 1986.

24. M. Simon *et al., L'Abbaye de Landévennec, de saint Guénolé à nos jours,* Rennes, Ouest-France, 1986. Cf. la chronique des fouilles d'*Archéologie médiévale* pour les autres sites.

25. R. Guild, *La Cathédrale d'Aix-en-Provence. Etude archéologique,* Paris, CNRS, 1987. M. Fixot, J. Guyon, J.-P. Pelletier et L. Rivet, « Des abords du forum au palais archiépiscopal. Etude du centre monumental d'Aix-en-Provence », *Bulletin monumental,* t. 144, 1986, p. 195-290. Y. Esquieu, *Viviers, cité épiscopale,* Région Rhône-Alpes, Direction des antiquités historiques, Lyon, 1988. P.-A. Février, M. Fixot et L. Rivet, *Au cœur d'une ville épiscopale, Fréjus,* Fréjus, 1988.

26. *La Prospection archéologique. Paysage et peuplement* (actes de la table ronde de Paris, 14 et 15 mai 1982). *Documents d'archéologie française (DAF),* n° 3, 1986.

27. M. Leroy, « Un atelier sidérurgique du haut Moyen Age découvert en Lorraine à Ludre », *Annales de l'Est,* n° 2, 1988. *Les Moines et la Métallurgie* (actes du colloque du CNRS), à paraître.

28. *Archéologie et Aménagement* (actes du colloque de Florence, 1984). *Archéologie urbaine* (actes du colloque de Tours, 1980), Paris, AFAN, 1982. *L'Archéologie dans la ville* (colloque interrégional d'archéologie urbaine et d'urbanisme, Reims, 27-28 mai 1982), Reims, Reims histoire archéologie, 1985. *Archéologie et Grands Travaux* (rapport du colloque de Nice, 4-6 novembre 1987), Strasbourg, 1989.

29. O. Meyer *et al., Archéologie urbaine à Saint-Denis,* Saint-Denis, Maison des jeunes et de la culture de Saint-Denis, 1979.

Histoire de l'art et iconographie

Léon Pressouyre

L'intérêt porté à l'art médiéval n'a pas faibli, en France, au cours des vingt années écoulées. Mais la persistance de ce phénomène de mode ne doit pas dissimuler une lente transformation du contenu et des méthodes de la discipline. Même réduite à trois cents titres, une bibliographie critique des travaux publiés par les historiens français dans chaque champ de spécialité, architecture, sculpture, peinture, enluminure, arts précieux, échouerait peut-être à traduire cette évolution, caractérisée essentiellement par la stagnation ou la régression des études stylistiques où se sont complu des générations de « connaisseurs » et, plus récemment, par l'apparition d'une nouvelle histoire de l'art, soucieuse de jeter des ponts en direction d'autres disciplines comme l'archéologie, l'histoire des techniques, l'histoire économique et sociale, l'histoire des mentalités, l'histoire des comportements.

L'héritage des années soixante se laisse assez aisément inventorier. La recherche en histoire de l'art médiéval est alors dominée par une tradition bien ancrée d'études stylistiques. La datation des œuvres d'art et des monuments « majeurs », sélectionnés selon des critères de qualité dont l'objectivité est souvent discutable, leur attribution à des auteurs que leur anonymat, réel ou supposé, conduit à désigner par des périphrases — le maître de saint Chéron, le maître du Cœur d'Amour épris, etc. — paraissent être l'*ultima ratio* d'une discipline autonome volontiers coupée des réalités historiques. Cette situation paradoxale a des origines diverses.

D'une part, la grande tradition chartiste, longtemps incarnée par M. Aubert (disparu en 1962), a fondé sur l'étude analytique attentive de monuments datés une véritable doctrine, celle de la Société française d'archéologie : pour les initiés et les croyants, tout monument, tout objet est datable par rapport à une grille de référence rigoureuse. Le profil d'une moulure, le décor végétal d'un chapiteau, la schématisation d'un œil ou le graphisme d'une mèche peuvent être considérés comme les indicateurs d'une chronologie absolue. Curieusement, ce scientisme péremptoire, dont un grand nombre des notices du *Congrès archéologique de France* illustrent alors les méthodes, ne se soucie que d'établir une typologie de l'architecture et des arts plastiques. Il ignore volontairement la plupart des données de l'archéologie médiévale : la culture matérielle n'intéresse pas vraiment la Société française d'archéologie, toujours attachée à la connaissance et à la conservation des grands monuments du passé. Les fouilles médiévales ont une autre clientèle et l'apparition, en 1971, de la revue *Archéologie médiévale* accuse un peu plus l'immobilisme de la société fondée en 1834 par A. de Caumont. Elle sanctionne une rupture, propre à notre pays, entre l'archéologie de terrain et l'archéologie monumentale.

D'autre part, à la fin des années soixante, la tradition chartiste se conjugue, en France, avec une tradition universitaire dont le discours et les méthodes sont bien différents mais dont les effets ont été, bizarrement, tout à fait comparables. Il faut évoquer ici le rôle décisif de « focilloniens » comme G. Gaillard († 1967) et L. Grodecki († 1982) qui ont prolongé dans leur enseignement le rayonnément du maître disparu en 1944, au cours de son exil forcé à l'université de Yale. Il faut rappeler aussi d'autres manifestations de cette *Nachleben :* les essais de J. Baltrušaitis, leurs succès de librairie et leurs multiples rééditions, les écrits de J. Bony, que sa bibliographie en langue anglaise ne dissuade pas de considérer comme un historien français, au même titre que Ph. Verdier, autre universitaire ayant choisi de faire carrière en Amérique du Nord. Directement ou par disciples interposés, H. Focillon a durablement marqué plusieurs générations d'historiens de l'art médiéval. Les rééditions périodiques de ses grands livres sur l'an Mil, sur l'art des sculpteurs romans ont étendu et continuent d'étendre son influence hors du petit cénacle de ses disciples.

Pour comprendre la véritable fascination exercée par sa doctrine, rien ne vaut une relecture de son traité sur la *Vie des formes*[1]. Comparatiste et évolutionniste, H. Focillon y observe, dans des contextes historiques divers, un même « modèle », comme nous dirions aujourd'hui : un cycle quasi biologique de la production artistique se définissant par une phase d'archaïsme, où l'on peut voir les balbutiements de l'enfance, par l'acquisition progressive d'un langage propre, par une phase classique, par une phase baroque et par une phase de destruction. Ce schéma est évidemment flexible, puisque les hasards de la vie viennent modifier sans cesse un apparent déterminisme, mais l'imprévu, l'exceptionnel, l'inexplicable y prennent le caractère normal de faits biologiques, de maladies ou de monstruosités.

Faute de recul suffisant, il est encore difficile de départager rigoureusement, dans la production des années 1969 à 1989, l'influence exercée par deux systèmes de pensée qui eurent chacun leur vocabulaire (là où une référence au règne de Philippe Auguste relève de l'orthodoxie chartiste, l'expression « baroque roman » trahit un « focillonien »), mais une chose est certaine : les deux écoles, qui s'opposaient par leur traitement de la matière historique, favorisaient également une conception étroite de l'histoire de l'art, discipline autosuffisante repliée sur elle-même, plus préoccupée par l'étude des formes que par le rapport de ces formes à la société qui les a produites. Il est symptomatique de la situation française que, à de rares exceptions près — et la plus notable est illustrée par le séminaire de P. Francastel, ouvert en 1948 —, aucune autre approche de l'histoire de l'art médiéval n'ait été proposée avant la fin des années soixante-dix en milieu universitaire. Cette situation contraste vivement avec celle de pays comme les Etats-Unis d'Amérique, où une différenciation des objectifs, des méthodes et des moyens de l'histoire de l'art médiéval était apparue bien antérieurement, favorisée il est vrai par l'exode de savants de très grande valeur fuyant la persécution nazie. Elle explique dans une large mesure, et cela en dépit d'une production scientifique nationale de qualité, que la France ait été largement « colonisée » par des chercheurs étrangers dont plusieurs sont devenus des spécialistes incontestés de notre art médiéval : les noms de

R. Branner, de M. Meiss, de W. Sauerländer viennent immédiatement à l'esprit ; il y en aurait bien d'autres à citer.

L'évolution de l'histoire de l'art médiéval en France, de 1969 à 1989, s'inscrit dans un contexte très général de mutations politiques, économiques et sociales qu'il est impossible de ne pas évoquer rapidement.

Dans l'ordre politique, ces deux décennies ont connu l'effacement progressif d'un système centralisateur et l'apparition de nouvelles entités territoriales. Dans le domaine qui nous intéresse, cette révolution administrative se traduit de manière spectaculaire et détermine un renouveau des études régionales sans précédent depuis le XIXe siècle : ce n'est pas un des moindres paradoxes de l'histoire que les lois Defferre de 1982-1983 aient eu les mêmes effets que le provincialisme de droite dont M. Barrès fut l'un des porte-parole. Parmi les régions qui ont bénéficié de ce courant porteur, comme l'on dit aujourd'hui, on ne s'étonnera pas de trouver d'anciennes provinces, au sens historique du terme : la Bretagne, avec les travaux de V.-H. Debidour et surtout d'A. Mussat († 1989), l'Alsace avec ceux de V. Beyer, A. Châtelet, H. Haug, Ch. Heck, R. Recht, R. Will, J. Wirth, illustrent un renouveau enraciné dans de fortes traditions culturelles et linguistiques. Pourtant, le rejet du centralisme jacobin n'obéit à aucun déterminisme politique : ni la Corse, ni le Pays basque n'ont connu, dans le même laps de temps, un progrès significatif des études sur leur patrimoine médiéval. L'inégale recrudescence des enquêtes régionales en France se modèle parfois sur une conjoncture économique liée à la nouvelle autonomie des collectivités territoriales, certaines régions favorisées ayant développé une politique culturelle propre dont les effets se font sentir jusque dans des champs rarement explorés : ainsi, en Rhône-Alpes, le recensement des châteaux et maisons fortes[2]. Elle traduit plus généralement les disparités de la carte des universités, des musées, des services culturels et des sociétés savantes.

En ce qui concerne ces dernières, à peine est-il besoin de rappeler que, depuis une vingtaine d'années, nous sommes témoins d'une transformation radicale du système académique hérité du XVIIIe siècle : à l'effacement progressif des sociétés d'émulation laborieusement mises en place dans les départements au XIXe siècle, répond la génération spontanée d'associations et de revues nouvelles, mieux accordées à la société actuelle. Parmi ces dernières, nombreuses sont celles dont l'histoire de l'art médiéval constitue le champ principal : ainsi les *Cahiers de Saint-Michel de Cuxa,* créés en 1971 et dont la contribution à l'étude de l'art roman a été particulièrement importante.

Liée à des facteurs économiques et sociaux, l'apparition de nouveaux publics en France au cours des dernières décennies s'est accompagnée d'une adaptation plus ou moins poussée des sciences historiques à de nouveaux marchés. Le cas, déjà évoqué, des associations est révélateur : plus actives dans les villes nouvelles et les banlieues que dans les zones rurales déjà promises au gel des terres par les planificateurs, elles favorisent souvent une expression plus proche du journalisme que de la littérature scientifique. Plus généralement, toute une série de productions s'échelonnent aujourd'hui entre les deux extrêmes traditionnels que sont l'érudition et la vulgarisation. Dans cette conjoncture, l'histoire de l'art occupe une place particulière, qu'elle doit à la spécificité de ses produits : en raison des coûts incompressibles de l'illustration, c'est une discipline chère, condamnée à une alternative : l'édition limitée à quelques exemplaires numérotés ou le gros tirage.

La confusion entre le livre d'histoire de l'art et le livre d'art, objet précieux exposé aux regards des visiteurs, rarement feuilleté (les Anglais parlent de *coffee table books*), constitue l'une des réponses traditionnelles aux besoins de la discipline. En Italie, où le mécénat d'entreprise et le mécénat bancaire sont plus développés que chez nous, de superbes ouvrages consacrés aux grands monuments du Moyen Age ont été ainsi publiés, concurremment aux monographies concernant les édifices antiques, les églises et les palais de la Renaissance et de l'âge baroque. Ces livres d'art, souvent dus à des spécialistes, sont indispensables à tous les chercheurs. En France, en revanche, à de rares exceptions près, le divorce entre l'érudition et l'édition de luxe est de règle. Pour l'époque médiévale, le meilleur exemple en est fourni par l'absence presque générale de tout appareil critique accompagnant la reproduction intégrale des manuscrits enluminés. C'est à Graz, à Leipzig, à New York et à Londres que sont parues les grandes et coûteuses publications en fac-similé qui dispensent presque de consulter en bibliothèque le Sacramentaire de Drogon, le Psautier de Saint Louis ou les Heures de Rohan. Tout se passe comme si les éditeurs français avaient « ciblé » une clientèle d'amateurs d'où les codicologues seraient soigneusement exclus. Comme, par ailleurs, aux termes d'une logique moins contestable, les livres destinés au grand public et dont les coûts sont amortis par le tirage constituent également, en termes éditoriaux, un *buy product* du livre d'art, le système français n'offre guère de choix entre une érudition triste qui se satisfait d'une typographie désuète accompagnée d'illustrations en noir et blanc tirées en offset et une vulgarisation clinquante où la qualité des planches en couleurs ne compense pas toujours l'indigence du texte.

Notons aussi que la formule du catalogue d'exposition à l'allemande, richement illustré, pourvu d'un appareil critique très développé, d'une bibliographie exhaustive et comportant un nombre impressionnant d'introductions et d'annexes, a du mal à s'implanter en France où les besoins des visiteurs sont jugés très différents de ceux du public anglo-saxon, sans cesse plus exigeant. A la notable exception près de quelques grandes expositions dont, en 1981-1982, celle des *Fastes du gothique* à Paris et, en 1989, celle des *Bâtisseurs des cathédrales* à Strasbourg, les catalogues « lourds » ne sont pas consacrés à l'art du Moyen Age qui n'a pas investi ce créneau : l'art moderne paraît d'un meilleur rapport aux responsables des collections.

Ces quelques données concernant les conditions générales qui ont régi le développement de l'histoire de l'art du Moyen Age en France de 1969 à 1989 peuvent aider à évaluer un développement très inégal selon les régions, les types de production scientifique et, plus paradoxalement peut-être, les champs de spécialité.

L'analyse de la production des historiens de l'art médiévistes est facilitée, en France, par l'existence de bibliographies signalétiques et critiques de grande valeur : sans parler d'instruments de travail tels que la *Bibliographie de la France* et le *Répertoire d'art et d'archéologie,* il faut souligner l'intérêt des informations régulièrement fournies par le *Bulletin monumental,* depuis le XIXe siècle, par les *Cahiers de civilisation médiévale,* depuis 1958, par les *Cahiers archéologiques,* depuis 1971. La consultation de ces périodiques peut être utilement complétée par celle de la revue des professeurs d'archéologie et d'histoire de l'art des universités, qui a connu de graves difficultés : publiée de 1955 à 1978 sous le titre *L'Information d'histoire de l'art,* de 1978 à 1986, et fort irrégulièrement, sous le titre *Formes,* elle réapparaît en 1987 sous le titre *Histoire de l'art,* fidèle à l'une de ses premières missions, qui était de renseigner sur les travaux universitaires, publiés ou non.

La coexistence d'une planification poussée et d'une anarchie presque totale caractérise la production des historiens français de l'art médiéval au cours des vingt dernières années. Le constat serait banal s'il ne s'avérait que, paradoxalement, les efforts les plus soutenus dans le sens d'une programmation de la recherche ont été la conséquence d'initiatives déjà anciennes et ont pris la forme du corpus, chère à nos grands devanciers du XIXe siècle. Un rare exemple de fidélité intellectuelle peut être mis en exergue pour illustrer ce propos : c'est l'entreprise du *Recueil général des monuments sculptés en France pendant le haut Moyen Age.* Le projet de ce corpus avait été formulé par J. Hubert dans les années trente ; c'est entre 1978 et 1987 que les quatre premiers volumes ont été publiés par le ministère de l'Education nationale[3].

L'exemple du *Corpus vitrearum Medii Aevi* est à peine moins pertinent. L'entreprise remonte à 1952. Le premier volume, consacré aux roses de Notre-Dame de Paris et à la vitrerie de la Sainte-Chapelle, parut, il est vrai, dès 1959, mais les trois volumes suivants, ceux de J. Lafond et F. Perrot sur Saint-Ouen de Rouen, de L. Grodecki sur Saint-Denis, de V. Beyer et Ch. Wild-Block sur la cathédrale de Strasbourg ont été publiés entre 1970 et 1986[4]. On rappellera enfin que, si l'entreprise de recensement des émaux lancée par M.-M. Gauthier, alors bibliothécaire à Limoges, est ancienne — le projet ayant pris corps au cours des années cinquante —, c'est en 1987 que le premier volume du *Corpus des émaux méridionaux,* splendidement édité, est sorti des presses du CNRS. A l'âge des banques de données, le corpus imprimé, dans la tradition d'E. Le Blant et d'E.-J. Espérandieu, défend donc chèrement son existence. On peut soit s'en étonner, soit s'en réjouir en constatant les services que rendent aux historiens comme aux historiens de l'art des instruments de travail comme le *Corpus des inscriptions de la France médiévale* que dirige R. Favreau.

L'articulation de ces divers corpus avec l'entreprise de longue haleine qu'est l'inventaire général des monuments et des richesses artistiques de la France, lancé en 1964 par A. Malraux à l'instigation d'A. Chastel, pose à l'heure actuelle plus d'un problème. Celui, d'abord, des domaines de compétence : à l'origine, l'Inventaire avait pour ambition de tout recenser. Mais cet impérialisme scientifique devait compter avec d'autres entreprises, dont certaines avaient une dimension internationale, comme le *Corpus vitrearum,* placé sous l'égide de l'Union académique internationale et du Comité international d'histoire de l'art. La solution retenue, proprement française, passe en ce cas par le lancement d'une seconde collection consacrée aux vitraux, « inventaire léger » ou, si l'on préfère, recensement conçu dans un cadre régional et publié par le CNRS sous le double sceau du *Corpus vitrearum* et de l'Inventaire : trois beaux volumes sont parus, de 1978 à 1986[5]. Plus sérieux sont sans doute les problèmes de méthode et de vocabulaire posés par la volonté normative de l'Inventaire. Faute de concertation préalable suffisante avec les médiévistes — archéologues, historiens de l'art, linguistes, historiens —, certains codes descriptifs élaborés par des spécialistes de l'art classique ou baroque échouent à rendre compte des formes médiévales.

En d'autres cas, des normes exigeantes, comme celles qu'énonce l'abbé F. Garnier pour la description des manuscrits enluminés[6], risquent de rebuter par leur minutie l'utilisateur non spécialiste. En somme, l'inventaire pose en termes explicites aux médiévistes quelques-unes des questions les plus actuelles sur les rapports entre le langage scientifique et le langage informatique. On ne peut que souhaiter l'ouverture d'un débat, dont la revue *Le Médiéviste et l'Ordinateur* pourrait éventuellement prendre l'initiative

On s'attendrait à ce que le respect d'une forme de publication scientifique traditionnelle, qu'illustre la faveur durable des corpus, se soit accompagné chez les historiens de l'art d'une même génération d'une fidélité sans faille à un genre littéraire naguère florissant : celui de la grande synthèse. Le constat doit être ici nuancé. Sans plus insister sur les conditions anormales que la vulgarisation connaît en France, à l'exception notable des Editions Gallimard, où les volumes de la collection « L'Univers » conservent une bonne tenue scientifique[7], on notera que les spécialistes semblent répugner à quitter leur champ de spécialité. Il est caractéristique que les plus brillants essais de synthèse sur l'art du Moyen Age aient pour auteur un historien, G. Duby[8], et que le plus utile manuel scolaire soit dû à une archéologue, G. Démians d'Archimbaud[9]. C'est généralement dans le cadre de périodes limitées et de techniques définies que les historiens de l'art médiéval acceptent, dans notre pays, de partager leur savoir.

Le fractionnement et la multiplication des compétences, qui se traduisent par la disparition des grands généralistes d'antan, ont joué très inégalement en France. Recenser les travaux des vingt dernières années révèle des déséquilibres significatifs, des options plus ou moins délibérées traduisant, sinon les tendances actuelles de la recherche, du moins l'état de la discipline. Une première constatation s'impose : l'intérêt des chercheurs s'est concentré sur les débuts de la durée médiévale, avec un pic très sensible pour les XIe et XIIe siècles. On observe une certaine désaffection à l'endroit de l'art gothique, qui peut-être avait trop exclusivement monopolisé l'attention des générations précédentes. La fin du Moyen Age en France est généralement négligée, exception faite d'enquêtes régionales et de travaux sur l'enluminure et les arts précieux.

On n'insistera pas longuement ici sur les publications concernant le haut Moyen Age, ce champ chronologique étant couvert par P. Riché et M. Rouche. Il serait toutefois impensable de ne pas signaler deux faits : l'influence durable des travaux pionniers de J. Hubert (la première édition de *L'Art préroman,* datant de 1938, a été reprise en 1978 ; c'est en 1977 que le recueil d'études intitulé *Arts et Vie sociale de la fin du monde antique au Moyen*

Age a pris forme) ; le renouvellement des études sur l'architecture religieuse dû à l'enseignement particulièrement fécond de C. Heitz à Poitiers, puis à Paris-X-Nanterre. Je me bornerai à citer, de cet auteur dont la biographie est considérable, *L'Architecture religieuse carolingienne* en 1980 et en 1987 *La France préromane :* ces livres de référence font une large place aux travaux d'une équipe très active, parmi lesquels se distinguent ceux de F. Hébert-Suffrin et ceux de Ch. Sapin. Peut-être les contraintes du cloisonnement disciplinaire, qui tend à isoler les spécialistes des diverses techniques, ont-elles été mieux perçues par les chercheurs travaillant sur le haut Moyen Age : de fructueuses collaborations se sont nouées depuis peu entre archéologues, historiens et historiens de l'art, comme en témoigne, par exemple, en 1985, le catalogue de l'exposition *La Neustrie. Les pays au nord de la Loire de Dagobert à Charles le Chauve,* établi par P. Périn et L.-Ch. Feffer.

Le champ de recherche privilégié des historiens de l'art du Moyen Age en France reste l'époque « romane » : le phénomène de mode, déjà ancien, a de nombreuses connotations esthétiques et morales, parfois même ésotériques ou politiques, mais ce n'est pas le lieu d'en rechercher les racines et d'en suivre les ramifications. Ce phénomène est durable : une preuve indirecte en serait administrée par le succès de la collection « Zodiaque », publiée par les bénédictins de l'abbaye de la Pierre-qui-Vire et qui, après avoir couvert tout l'espace français, s'étend progressivement à l'ensemble de la chrétienté latine, en Orient comme en Occident [10]. D'autres preuves de vitalité sont offertes, en milieu universitaire, par la forte demande des étudiants, qui ne s'est pas ralentie. L'art roman tend à représenter, et pour plus d'une génération, la quintessence du Moyen Age. Faut-il rappeler que l'œuvre de maîtres tels que R. Crozet, disparu en 1972, lui a été tout entière consacrée, ce qui a infléchi durablement la vocation du Centre d'études supérieures de civilisation médiévale de Poitiers où, par tacite accord, les programmes de recherche ne franchissent que rarement la barre du XIIIe siècle ?

De la même manière, l'extraordinaire production scientifique de M. Durliat qui, par sa masse et par sa qualité, domine les deux décennies écoulées, est consacrée de façon prioritaire à l'art roman. Près de cent ouvrages, articles ou comptes rendus critiques traitent de l'art catalan [11], premier objet d'études de l'auteur qui, quatre-vingts ans après J. Puig i Cadafalch, vient de publier, sous le titre « La Catalogne et le premier art roman », une lumineuse synthèse dans le *Bulletin monumental* de 1989. Un nombre à peine inférieur de titres concerne le monde roman, au sens le plus large. Au terme d'une approche pluridisciplinaire, si l'architecture se trouve privilégiée, ce n'est jamais au détriment des arts monumentaux, sculpture et peinture murale essentiellement, considérés dans leurs multiples implications culturelles et liturgiques.

C'est un très vieux projet d'H. Focillon, soutenu par L. Grodecki, qui a déterminé, au sein de l'équipe « Archéologie monumentale du Moyen Age » (CNRS), le programme de recherche portant sur les débuts de la scupture romane en France. Les travaux de J. Mallet, E. Vergnolle, J. Cabanot, M.-Th. Camus, M. Baylé procèdent de cette enquête où chapiteaux, impostes et bases ornées ont été systématiquement étudiés au même titre que les tympans et les linteaux au terme de recensements régionaux exhaustifs. L'apport de cette recherche, sous-tendue par les idéaux du corpus et l'enquête topographique, est inattendu, en ce qu'il bouleverse bien des schémas évolutionnistes tracés par les « focilloniens ». Il est surtout considérable par la révélation qu'il apporte de l'omniprésence d'une architecture religieuse de qualité au XIe siècle, époque pour laquelle nos devanciers privilégiaient de façon hautement fantaisiste quelques régions au détriment des autres.

Depuis la disparition de P. Deschamps en 1974, et en dépit de la publication par la Société française d'archéologie de l'utile ouvrage de J. Wettstein sur la fresque romane en 1978 [12], la peinture murale a été beaucoup plus négligée. Des études monographiques ont fait connaître les grands ensembles dégagés lors des travaux de restauration, à Toulouse, à Vendôme ou ailleurs. Quelques études entreprises dans le cadre régional, par exemple en Franche-Comté ou en Auvergne, ont tenté de recenser l'ensemble d'une production médiévale qui reste méconnue. Une approche plus technique, dont le Laboratoire de recherches des Monuments historiques (château de Champs-sur-Marne) s'est récemment donné les moyens, et un regain d'intérêt pour les études iconographiques, dont témoignent entre autres les recherches d'H. Toubert, caractérisent l'évolution de ce secteur aujourd'hui injustement négligé en France. En revanche, les travaux de L. Grodecki sur le vitrail roman, ceux de X. Barral i Altet sur les mosaïques de pavement ont radicalement renouvelé nos connaissances sur ces techniques du décor monumental, sur leur esthétique et sur leur fonction liturgique et symbolique. A un moindre degré, les articles de M.-N. Delaine sur les pentures et ferronneries romanes [13] ont révélé l'intérêt potentiel d'une enquête portant sur l'ensemble de la serrurerie des XIe et XIIe siècles, pour laquelle on ne dispose que de synthèses très anciennes.

Pôle d'excellence des médiévistes français, l'âge roman a également suscité un grand nombre de recherches fondamentales sur l'enluminure (on les trouvera recensées dans la revue *Scriptorium*), et sur les arts dits précieux : les travaux de F. Avril, D. Gaborit-Chopin, M.-M. Gauthier font autorité en France et hors de France dans un domaine où la concurrence internationale est particulièrement vive : les grandes expositions, faute de pouvoir déplacer cathédrales et abbayes, ne sont-elles pas avant tout prétexte à des regroupements spectaculaires d'objets orfévrés ou émaillés, d'ivoires, de manuscrits somptueusement illustrés et reliés, qui recréent, pour un public façonné par la lecture d'U. Eco, l'illusion du Trésor ou de la Bibliothèque ?

Si, en dépit de disparités régionales sensibles, d'un déséquilibre des études qui favorise traditionnellement l'art religieux aux dépens des arts de la société civile et d'un intérêt inégal pour les techniques, le solde du secteur « roman » est largement positif, le bilan concernant l'âge « gothique », du XIIe au XVe siècle, est loin d'être aussi satisfaisant.

Non que les spécialistes manquent : la vitalité de la tradition française est notamment illustrée par le nombre et la qualité des études de synthèse publiées au cours des vingt dernières années par A. Erlande-Brandenburg [14], J.-R. Gaborit [15], L. Grodecki, ses collaborateurs et ses disciples [16]. Non que les occasions permettant une meilleure circulation de l'information scientifique et une large confrontation d'idées aient fait défaut : la France a célébré successivement la mémoire de Saint Louis en 1970[17], celle de Philippe Auguste en 1980[18]; de plus, le millénaire capétien de 1987 n'a pas été la commémoration attendue de l'accession au trône du fils d'Hugues le Grand, mais bien celle des fastes du royaume de France au Moyen Age.

Pourtant, en dépit des synthèses et des colloques, le phénomène « gothique » a cessé d'être porteur. On n'en voudra pour preuve que le caractère régulièrement dégressif de l'engagement des chercheurs français : leurs travaux, assez nombreux pour le XIIe siècle et le « premier art gothique » (expression héritée de H. Focillon), se font plus rares en ce qui concerne les grandes cathédrales du XIIIe siècle, plus rares encore en ce qui concerne les édifices des XIVe et XVe siècles, à l'exception de l'architecture militaire, de celle des ordres mendiants, qui bénéficie de l'enquête lancée en 1970 par J. Le Goff[19] et de quelques entreprises régionales. Ce qui est vrai de l'architecture l'est aussi, dans une large mesure, de la sculpture, du vitrail et de la peinture murale[20]; seule, parmi les arts monumentaux, la tapisserie a échappé — et pour cause — à cette malédiction avec les travaux de G. Souchal et de F. Joubert, entre autres.

L'art gothique, cet *opus francigenum* qui fut jusqu'au début du siècle un symbole de l'identité culturelle nationale[21], est-il décidément passé de mode, un transfert de valeurs s'opérant en faveur de l'art roman dont un publiciste connu appelait naguère à la rescousse les structures robustes et les formes trapues pour illustrer le concept de force tranquille ?

Les chercheurs étrangers se sont hâtés d'entrer dans la brèche ouverte par le désengagement momentané de nos concitoyens. Les grandes monographies de cathédrales sont dues à R. Branner pour Bourges[22], à J. James pour Chartres[23], à W.W. Clark pour Laon[24], à Ch. Seymour pour Noyon[25], à H. Reinhardt puis à P. Kurmann pour Reims[26], à S. Murray pour Troyes[27]. Si D. Kimpel a renouvelé dans sa thèse nos connaissances sur les sculptures du transept de Notre-Dame de Paris[28], c'est que la sculpture gothique française est principalement étudiée, au cours des deux décennies concernées, à Bonn puis à Munich, dans le séminaire de W. Sauerländer, dont les travaux font autorité[29]. Parallèlement, les entreprises concernant l'enluminure se sont multipliées à l'étranger : l'une des plus ambitieuses a été sans conteste celle de M. Meiss[30] mais il faudrait aussi mentionner celles de R. Branner, O. Pächt, J.J.G. Alexander et de bien d'autres savants.

La défaveur dont fut victime, en France, l'art gothique a été combattue et, dans une certaine mesure, corrigée grâce au succès croissant des études régionales. On doit se réjouir de l'apparition tardive de la collection « Les Monuments de la France gothique », dirigée par A. Prache, et dont le format comme la présentation s'inspirent de la collection « La Nuit des temps » aux Editions Zodiaque[31]. Mais il faut avouer que l'adoption d'un cadre régional calqué sur les entités administratives contemporaines ne favorise pas toujours les recherches sur l'art de la fin du Moyen Age, pour lequel une approche topique ne s'impose pas[32].

En définitive, l'essoufflement des médiévistes français, menacés par la compétition internationale, trahit tout à la fois une profonde mutation des valeurs culturelles de référence, le manque de programmes mobilisateurs qui en découle et aussi l'hésitation salutaire sur les buts fondamentaux de la discipline qui saisit toute une génération formée aux méthodes traditionnelles de l'histoire de l'art. Si, du bilan, nous tentons de passer aux perspectives, nous apercevons en effet, et cela principalement au cours de la dernière décennie, maint signe avant-coureur d'un changement radical des objectifs et des méthodes. Tout se passe comme si l'histoire de l'art médiéval devait être prochainement régénérée par l'apport d'autres disciplines.

L'archéologie, tout d'abord. A l'évidence, il existe, malgré les discours partisans, des domaines communs où archéologie et histoire de l'art sont indissociables : lorsque J.-F. Reynaud fouille Saint-Just de Lyon[33], lorsque P. Périn étudie le mobilier des tombes mérovingiennes[34], lorsque Y. Esquieu analyse l'architecture de la collégiale Saint-Aphrodise de Béziers[35], il est souvent difficile de déceler où commence l'une et où s'achève l'autre. Mais il y a plus : par-delà ces fraternisations frontalières, la rigueur de la démarche archéologique, l'efficacité des procédures d'enregistrement, la sobriété des codes descriptifs réagissent, à terme, sur le propos des historiens de l'art, dépouillé d'un jargon esthétique qui masquait mal le flou de la pensée.

On ne dira jamais assez ce que les études sur les châteaux forts et les enceintes urbaines en pierre doivent aux enquêtes sur les fortifications de terre qui se sont multipliées à la suite des travaux du regretté M. de Boüard, de M. Bur, de J. Burnouf, de M. Fixot, de J.-M. Pesez et de tant d'autres[36] : la démarche rigoureuse de J. Mesqui s'inscrit précisément au point de rencontre de celle des archéologues avec une longue tradition de typologie descriptive héritée des historiens de l'art[37]. L'une des caractéristiques de cette évolution positive est l'attention toute nouvelle portée non seulement à l'implantation et à l'environnement des maisons fortes, châteaux et enceintes urbaines, mais encore à leurs aménagements domestiques : une latrine, désormais, n'est pas moins intéressante qu'une archère, une cheminée qu'un mâchicoulis.

Plus généralement, grâce aux archéologues, l'examen de toute structure bâtie ne se limite plus à un discours sur le plan et l'élévation, mais passe par une étude plus attentive des matériaux de construction, de leur provenance, de leur acheminement et de leur mise en œuvre. A cet égard, l'apport des colloques organisés par la Société des historiens médiévistes de l'enseignement supérieur public, par l'Ecole des hautes études en sciences sociales et par l'université de Paris-I a été considérable[38] : aucun historien digne de ce nom n'oserait désormais faire l'économie d'une recherche dont les virtualités sont largement démontrées. Cette évolution ne touche pas seulement le secteur du bâtiment, lieu de rencontre privilégié des historiens de l'art et des archéologues, mais aussi celui des arts mobiliers : le colloque organisé en 1988 par le CNRS à Orléans constitue une preuve supplémentaire de l'intérêt croissant qui s'attache aux matériaux et aux techniques[39].

Après l'archéologie — ou peut-être avant elle, car nos repères chronologiques n'ont pas une fiabilité absolue —, l'histoire sociale a contribué à régénérer l'histoire de l'art médiéval en France. Il faut rappeler, en ce domaine, le rôle pionnier de P. Francastel, premier titulaire d'une chaire de sociologie de l'art à l'Ecole pratique des hautes études, disparu en 1970, au tout début des vingt années que nous étudions. Dans sa préface à un livre publié en 1976[40], J. Le Goff a parfaitement analysé et mesuré l'apport idéologique de cet enseignement, le premier antidote efficace au « focillonisme » rampant des années soixante. Le passage de la *Kunstgeschichte* à la *Kulturgeschichte,* opéré depuis longtemps dans les universités allemandes, puis américaines, sous l'influence de sociologues marxisants, a emprunté, en France, les voies un peu paradoxales de la pensée de P. Francastel, dont l'influence a été tardive[41] et extrêmement diversifiée. Dans la filiation directe — et bilatérale — de P. et G. Francastel, on situera naturellement les enseignements de J. Le Goff, puis de J.-C. Schmitt et de J.-C. Bonne à l'Ecole des hautes études en sciences sociales : au sein de ce prodigieux laboratoire, où l'anthropologie sociale et le structuralisme font bon ménage, ont été définies quelques-unes des approches les plus novatrices concernant l'art médiéval. Mais il serait injuste de taire ce que d'autres travaux, d'apparence plus traditionnelle, doivent à la doctrine de P. Francastel : en définitive, c'est à cet enfant prodigue et surdoué d'A. Hauser que l'on doit indirectement, en France, toute étude sur les conditions de production de l'œuvre d'art[42].

C'est peut-être dans le champ limité des travaux consacrés à l'iconographie que les nouvelles préoccupations des historiens de l'art médiéval sont les plus évidentes et aussi les plus intéressantes à étudier. La France avait longtemps vécu au rythme des rééditions périodiques et rituelles des ouvrages d'E. Mâle[43]. Cette œuvre colossale, véritable système explicatif comparable aux *Sommes* médiévales, posait le principe d'une iconographie érudite, réductible à quelques modèles et généralement tributaire de sources littéraires, scripturaires, patristiques ou contemporaines ; elle semblait tout intégrer, décourageait les adjonctions et les retouches. Seules des études thématiques portant sur un sujet particulier paraissaient encore possibles[44]. Le salut est venu, une fois encore, des historiens qui, n'éprouvant sans doute pas les mêmes inhibitions, ont entrepris presque simultanément, à Montréal et à Paris, au cours des années soixante-dix, une réflexion sur la culture populaire largement fondée sur des sources iconographiques. Le nombre étonnant de thèmes profanes révélés à l'occasion de colloques sur la fête, l'érotisme, la marginalité, la pauvreté, la mort, etc., a déterminé sans nul doute un changement de cap des études iconographiques, trop exclusivement vouées jusque-là au sacré. Un livre de vulgarisation de C. Gaignebet et J.-D. Lajoux, publié en 1985, marque d'un jalon aisément repérable ce tournant de la recherche [45].

Ce n'est pas seulement la matière des études iconographiques, mais la manière de regarder les images qui a changé et qui s'est diversifiée. A la traduction littéraire d'E. Mâle, à l'analyse formelle d'H. Focillon, ni même aux divers niveaux de lecture d'E. Panofsky, nul n'oserait aujourd'hui borner les virtualités de l'iconographie. L'image est tantôt perçue comme un document archéologique — et les travaux de Th. et M. Metzger, de P. Mane ou de D. Alexandre-Bidon [46] ont démontré les multiples conclusions qu'on peut en tirer —, tantôt appréhendée comme une révélation du non-dit et du non-écrit, un indicateur, ou plutôt un délateur des mentalités. Les recherches sur la gestuelle, sur la représentation de l'espace, sur la perception du corps qui se sont amorcées autour de J.-C. Schmitt et de J.-C. Bonne doivent être citées ici au même titre que les découvertes de M. Pastoureau sur la symbolique des couleurs, qui renouvellent une science plus traditionnelle encore que l'histoire de l'art, l'héraldique [47].

En bref, l'intérêt pour d'autres disciplines et plus simplement la curiosité que manifestent depuis peu les historiens de l'art médiéval en France paraissent garantir à terme une modification des objectifs et un infléchissement des méthodes. Il est permis d'espérer qu'après avoir longuement affirmé leur spécificité et défendu leur différence nos collègues cesseront peu à peu de se comporter en connaisseurs pour devenir des historiens au sens plein du terme. Du moins ce vœu pieux peut-il être formulé à l'issue de notre 20e congrès.

Notes

1. H. Focillon, *Vie des formes,* Paris, Ernest Leroux, 1934. Le livre a été souvent réédité : *Vie des formes,* éd. nouvelle, suivie de *L'Eloge de la main,* Paris, Félix Alcan, 1939 ; *Vie des formes,* 4e éd., suivie de *L'Eloge de la main,* Paris, PUF, 1955 ; *Vie des formes,* suivie de *L'Eloge de la main,* Paris, Club français du livre, 1964 ; *Vie des formes,* suivie de *L'Eloge de la main,* Paris, PUF, 1970.

2. *Château de terre : de la motte à la maison forte. Histoire et archéologie médiévale dans la région Rhône-Alpes,* Lyon, Publications de la Direction des antiquités historiques de la région Rhône-Alpes, 1987 (catalogue de l'exposition du même nom). *Rapports archéologiques préliminaires de la région Rhône-Alpes. Mottes castrales de Dombes. Eléments pour un atlas,* Ministère de la Culture, Direction du patrimoine, Sous-Direction de l'archéologie, Région Rhône-Alpes, Direction régionale des antiquités historiques, Lyon, 1985.

3. *Recueil général des monuments sculptés en France pendant le haut Moyen Age (IVe-Xe siècle),* Comité des travaux historiques et scientifiques, t. 1, *Paris et son département,* par D. Fossard, M. Vieillard-Troiekouroff et E. Chatel, Paris, CTHS, 1978 ; t. 2, *Isère, Haute-Savoie,* par E. Chatel, Paris, CTHS, 1981 ; t. 3, *Val d'Oise et Yvelines,* par J. Sirat, M. Vieillard-Troiekouroff, E. Chatel, Paris, CTHS, 1984 ; t. 4, *Haute-Garonne,* par Ch. Derou, M. Durliat, M. Scelles, Paris, CTHS, 1987.

4. J. Lafond, avec la collaboration de F. Perrot et P. Popesco, *Les Vitraux du chœur de Saint-Ouen de Rouen,* Paris, CNRS, 1970 (*Corpus Vitrearum Medii Aevi,* France IV, 2.1). L. Grodecki, *Les Vitraux de Saint-Denis. Etude sur le vitrail au XIIe siècle,* t. 1, Paris, CNRS-Arts et Métiers graphiques, 1976 (*Corpus Vitrearum Medii Aevi,* France, série « Etudes »). V. Beyer et Ch. Wild-Block, *Les Vitraux de la cathédrale Notre-Dame de Strasbourg,* Paris, CNRS, 1986.

5. *Recensement des vitraux de Paris, de la région parisienne, de la Picardie, du Nord et du Pas-de-Calais* (*Corpus Vitrearum Medii Aevi,* France), L. Grodecki, F. Perrot et J. Taralon (sous la direction de), Paris, CNRS, 1978. *Inventaire général des monuments et des richesses artistiques de la France. Les vitraux du Centre et des pays de Loire,* L. Grodecki, F. Perrot, A. Prache et N. Blondel (sous la direction de), Paris, CNRS, 1981. *Corpus Vitrearum, France. Recensement des vitraux anciens de la France,* t. 3, *Les Vitraux de Bourgogne, Franche-Comté et Rhône-Alpes,* N. Blondel, A. Prache et J. Taralon (sous la direction de), Paris, CNRS, 1986.

6. F. Garnier, *Thésaurus iconographique : système descriptif des représentations,* Paris, Ministère de la Culture-Le Léopard d'or, 1984.

7. J. Hubert, J. Porcher et W.F. Volbach, *L'Europe des invasions,* Paris, Gallimard, 1967. J. Hubert, J. Porcher et W.F. Volbach, *L'Empire carolingien,* Paris, Gallimard, 1968. L. Grodecki, F. Mütherich, J. Taralon et F. Wormald, *Le Siècle de l'an Mil,* Paris, Gallimard, 1973.

8. G. Duby, *Le Temps des cathédrales (l'art et la société, 980-1420),* Paris, Gallimard, 1976, et *Histoire de l'art,* t. 2, *L'Europe du Moyen Age : art roman, art gothique,* sous la direction de J. Babelon, Paris, Gallimard, « Encyclopédie de la Pléiade », 1979.

9. G. Démians d'Archimbaud, *Histoire artistique de l'Occident médiéval,* Paris, Colin, 1968 ; rééd. Paris, Picard, 1983.

10. Editions Zodiaque, collection « La Nuit des temps », 72 volumes, « Introduction à la Nuit des temps », 13 volumes de synthèse en complément à « La Nuit des temps », « Les Points cardinaux » (itinéraires romans), 9 volumes, « Les Travaux des mois », 29 volumes, « Les Formes de la nuit », 5 volumes.

11. M. Durliat, *Un art romanic catala ? Reflexions sobre l'Arquitectura catalana del Segle XI,* Barcelone, EMSA, coll. « Opera minora », 1988 (Bibliographia de Marcel Durliat sobre temes especifics d'art catala i de tiebals de sintesi en el quals es fa referencia directa a les obres d'art de Catalunya, p. 13-17 [92 articles et études]).

12. J. Wettstein, *La Fresque romane. Italie, France, Espagne. Etudes comparatives,* t. 1, Genève, Droz, 1971, et *La Fresque romane. La route de Saint-Jacques, de Tours à Léon. Etudes comparatives,* t. 2, Paris, Arts et Métiers graphiques, 1978.

13. M.-N. Delaine, « Les grilles romanes en France », *Revue des mines et de la métallurgie,* t. 4, n°s 1-2, 1972, p. 117-178. —, « Les grilles médiévales du Centre de la France. Essai d'inventaire », *Revue d'Auvergne,* t. 87, n° 2, 1973, p. 97-150. —, « Les pentures des portes médiévales dans le Centre de la France », *Revue d'Auvergne,* t. 88, n° 2, 1974, p. 1-108, —, *Ferronnerie médiévale du Centre de la France,* Clermont-Ferrand, Volcan, 1975.

14. A. Erlande-Brandenburg, *L'Art gothique,* Paris, Mazenod, 1983. —, *Le Monde gothique. La conquête de l'Europe. 1260-1380,* Paris, Gallimard, 1987. —, *La Cathédrale,* Paris, Fayard, 1989.

15. J.-R. Gaborit, *Art gothique,* Paris, Hachette-Réalités, 1978.

16. L. Grodecki, en collaboration avec A. Prache et R. Recht, *Architettura gotica,* Milan, Electa Editrice, 1976. —, *Architecture gothique,* éd. française revue et corrigée, Paris, Berger-Levrault, 1979. — et C. Brisac, *Le Vitrail gothique du XIIIe siècle,* Fribourg, Office du livre, 1984.

17. *Septième Centenaire de la mort de Saint Louis* (actes du colloque de Royaumont et de Paris, 21-27 mai 1970), sous la direction de L. Carolus-Barré, Paris, Les Belles Lettres, 1976.

18. *La France de Philippe Auguste. Le temps des mutations* (actes du colloque de Paris, 29 sept.-4 octobre 1980), sous la direction de R.-H. Bautier, Paris, CNRS, 1982.

19. J. Le Goff, « Ordres mendiants et urbanisation dans la France médiévale, état de l'enquête », *Annales ESC,* n° 4, 1970, p. 924-946.

20. L'étude de synthèse d'A. Prache, *La Peinture monumentale gothique en Europe hors de l'Italie au XIIIe et au XIVe siècle,* Genève, Famot, 1979, élargit heureusement le champ géographique et chronologique du livre déjà ancien de P. Deschamps et M. Thibout, *La Peinture murale en France au début de l'époque gothique, de Philippe Auguste à la fin du règne de Charles V,* Paris, Picard, 1963. La plupart des études sur la peinture murale des XIVe et XVe siècles ont été entreprises dans un ordre régional, également retenu pour la peinture de chevalet. Cf., à titre d''exemple, M. Laclotte et D. Thiébaut, *L'Ecole d'Avignon,* Paris, Flammarion, 1983. Ch. Sterling, *La Peinture médiévale à Paris (1300-1500),* Paris, Bibliothèque des arts, 1987.

21. Sur la genèse de cette symbolique, cf. le catalogue de l'exposition *Le « Gothique » retrouvé,* Paris, Hôtel de Sully, 1979-1980, et en particulier l'introduction de L. Grodecki (p. 6-15).

22. R. Branner, *La Cathédrale de Bourges et sa place dans l'architecture gothique,* Paris, Tardy, 1962.

23. J. James, *Chartres. Les constructeurs,* Chartres, Société archéologique d'Eure-et-Loir, 1re partie 1977, 2e partie 1979, 3e partie 1982.

24. W.W. Clark et R. King, *Laon Cathedral. Architecture I,* Londres, Harvey Miller, 1983. W.W. Clark, *Laon Cathedral. Architecture II,* Londres, Harvey Miller, 1987.

25. Ch. Seymour, *La Cathédrale de Notre-Dame de Noyon au XIIe siècle,* Paris, Arts et Métiers graphiques, 1975. Il s'agit dans ce cas de la traduction et de la mise à jour d'un ouvrage initialement publié par Yale University Press en 1939.

26. H. Reinhardt, *La Cathédale de Reims,* Paris, PUF, 1963. P. Kurmann, *La Façade de la cathédrale de Reims. Architecture et sculpture des portails : étude archéologique et stylistique,* Lausanne, Payot, Paris, CNRS, 1987, 2 vol.

27. S. Murray, *Building Troyes Cathedral : The Late Gothic Campaign,* Bloomington, Indianapolis, Indiana University Press, 1987.

28. D. Kimpel, *Die Querhausarme von Notre-Dame zu Paris und ihren Skulpturen,* Bonn, Rheinische Friedrich-Wilhelms-Universität, 1971.

29. W. Sauerländer, *Gotische Skulptur in Frankreich. 1140-1270,* Munich, Hirmer, 1970 (trad. française : *La Sculpture gothique en France, 1140-1270,* Paris, Flammarion, 1972).

30. M. Meiss, *French Painting in the Time of Jean de Berry,* New York, Phaidon Press ; volumes parus : t. 1. *The Late Fourteenth Century and the Patronage of the Duke,* 1967 ; t. 2, *The Boucicaut Master,* 1968 ; t. 3, *The Limbourgs and their Contemporaries,* 1974.

31. *Les Monuments de la France gothique ;* volumes parus : t. 1, M. Bidault et C. Lautier, *Ile-de-France gothique,* 1, *Les Eglises de la vallée de l'Oise et du Beauvaisis,* Paris, Picard, 1987 ; t. 2, J. Mesqui, *Ile-de-France gothique,* 2, *Les Demeures seigneuriales,* Paris, Picard, 1988 ; t. 3, M.-C. Burnand, *Lorraine gothique,* Paris, Picard, 1989.

32. Je signale toutefois la recherche méritoire de G. Fréchet, « L'architecture du gothique tardif : le cas du Sud-Ouest de la Lorraine », *Bulletin archéologique du Comité des travaux historiques et scientifiques,* n.s., t. 20-21, années 1984-1985 (1988). Cette étude, portant sur une région limitée, fait ressortir les carences en matière de synthèse sur l'art flamboyant. On se référera au livre de R. Sanfaçon, *L'Architecture flamboyante en France,* Québec, Presses de l'université, Laval, 1971, et au récent ouvrage d'A. Châtelet et R. Recht, *L'Humanisation du sacré (1380-1500),* Paris, Gallimard, 1989.

33. J.-F. Reynaud, « Les fouilles de sauvetage de l'église Saint-Just et le groupe épiscopal de Lyon (églises Saint-Etienne et Sainte-Croix) », *Comptes rendus de l'Académie des inscriptions et belles-lettres,* 1973, p. 346-364.

34. P. Périn, *La Datation des tombes mérovingiennes,* Genève, Droz, 1980.

35. Y. Esquieu, « Une collégiale urbaine en Languedoc : Saint-Aphrodise de Béziers, son site et ses constructions canoniales », *Archéologie médiévale,* t. 9, 1979, p. 39-64. Cf. aussi le catalogue de l'exposition *L'Eglise et son environnement,* Aix-en-Provence, Musée Granet, 1989.

36. Sur ce point, je renvoie à la contribution d'A. Debord, publiée ici même.

37. Je me bornerai ici à citer, à titre d'exemple, J. Mesqui, *Provins. La fortification d'une ville au Moyen Age,* Genève, Droz, 1979. —, « Maison, maisons fortes ou châteaux? Les implantations nobles dans le comté de Valois et les franges occidentales du comté de Champagne aux XIIIe et XIVe siècles », in *La Maison forte au Moyen Age,* Paris, CNRS, 1986, p. 185-214.

38. Cf. *La Construction au Moyen Age : histoire et archéologie* (actes du congrès de la Société des historiens médiévistes de l'enseignement supérieur public, Besançon, 1972), Paris, Les Belles Lettres, 1973. P. Benoît et Ph. Braunstein, *Mines, Carrières et Métallurgie dans la France médiévale* (Paris, 1980), Paris, CNRS, 1983. O. Chapelot et P. Benoît, *Pierre et Métal dans le bâtiment au Moyen Age* (Paris, 1982), Paris, EHESS, 1985.

39. *Pigments et Colorants. Teinture, peinture, enluminure depuis l'Antiquité jusqu'à la fin du XIIe siècle : études historiques et physico-chimiques,* Orléans-La Source, CNRS, 5-7 décembre 1988. Signalons également, pour son intérêt historiographique, le numéro spécial *Objet d'art et Laboratoire* de la très conservatrice *Revue de l'art,* t. 60, 1983.

40. *La Sociologie de l'art et sa vocation interdisciplinaire : l'œuvre et l'influence de Pierre Francastel,* Paris, Denoël, 1976 (préface de J. Le Goff).

41. *L'Humanisme roman, critique de théories sur l'art du XIe siècle en France,* avait été initialement publié à Rodez en 1942 : sa réimpression de 1970 (Paris-La Haye, Mouton) marque le début de la fortune littéraire posthume de l'auteur. Cf. aussi P. Francastel, *Etudes de sociologie de l'art,* Paris, Denoël, 1970, et G. Francastel, *Le Droit au trône : un problème de prééminence dans l'art chrétien d'Occident du IVe au XIIe siècle,* Paris, Klincksieck, 1973.

42. X. Barral i Altet, *Artistes, Artisans et Production artistique au Moyen Age* (colloque international, Rennes, 2-6 mai 1983); trois volumes d'actes sont parus : vol. 1, *Les Hommes,* Paris, Picard, 1986; vol. 2, *Commande et Travail,* Paris, Picard, 1987; vol. 3, *Consommation de l'œuvre,* Paris, Picard, 1988.

43. Le plus connu d'entre eux, *L'Art religieux du XIIIe siècle en France,* remonte, rappelons-le, à 1898. *L'Art religieux de la fin du Moyen Age en France* a été publié en 1908 et *L'Art religieux du XIIe siècle en France* en 1922. On se reportera avec profit à l'article de G. Chazal, « La tétralogie d'Emile Mâle et l'histoire de l'iconographie chrétienne », *Préfaces,* t. 2, 1987, p. 125-130. Ce texte reprend, sous une forme abrégée, la note qui accompagne la réédition de *L'Art religieux du XVIIe siècle,* Paris, Colin, 1986.

44. Le choix des auteurs se portant souvent sur le même « grand » sujet. Ainsi Ph. Verdier, *Le Couronnement de la Vierge. Les origines et les premiers développements d'un thème iconographique,* Montréal, Institut d'études médiévales Albert-le-Grand, Paris, Vrin, 1980, et M.-L. Thérel, *Le Triomphe de la Vierge-Eglise,* Paris, CNRS, 1984.

45. C. Gaignebet et J.-D. Lajoux, *Art profane et Religion populaire au Moyen Age,* Paris, PUF, 1985.

46. Cf., par exemple, Th. et M. Metzger, *La Vie juive au Moyen Age illustrée par les manuscrits hébraïques enluminés, du XIIIe au XVIe siècle,* Fribourg, Office du livre, 1982. P. Mane, *Calendriers et Techniques agricoles (France-Italie), XIIe-XIIIe siècle,* Paris, Le Sycomore, 1983. D. Alexandre-Bidon et M. Closson, *L'Enfant à l'ombre des cathédrales,* Lyon, Presses universitaires de Lyon, Paris, CNRS, 1985.

47. J.-C. Bonne, *L'Art roman de face et de profil. Le tympan de Conques,* Paris, Picard, 1985. M. Pastoureau, « Vogue et perception des couleurs dans l'Occident

médiéval : le témoignage des armoiries », in *Actes du CII^e congrès national des Sociétés savantes* (Limoges, 1977), t. 2, *Etudes sur la sensibilité au Moyen Age,* Paris, Bibliothèque nationale, 1979, p. 81-101. —, *Figures et Couleurs. Etudes sur la symbolique et la sensibilité médiévales,* Paris, Le Léopard d'or, 1986.

Anthropologie et histoire

Jacques Berlioz et Jacques Le Goff
avec la collaboration de
Anita Guerreau-Jalabert

Il est incontestable que s'est nouée entre l'histoire et l'anthropologie, pour la période qui nous préoccupe, disons de 1968 à nos jours, une relation privilégiée. G. Duby, dans la préface qu'il a donnée en 1985 à la traduction française de l'ouvrage de J. Goody, *L'Evolution de la famille et du mariage en Europe,* l'a bien noté : « Depuis une vingtaine d'années, les historiens, de plus en plus nombreux, à commencer par ceux de l'époque médiévale, du XVIe et du XVIIe siècle, se sont mis à lire assidûment les ethnologues. Cette lecture vivifiante, entre autres effets, détermina le renouvellement de leur questionnaire, les porta à étudier dans la longue durée les mythes, la mort et le sexe, les relations de parenté [1]. » Tout est dit, ou presque. Le phénomène n'est d'ailleurs pas propre à la France. Il est européen, sinon mondial. En Italie notamment, certains médiévistes ont été également inspirés par les recherches des anthropologues. La revue *Quaderni storici* a accueilli un grand nombre de leurs travaux. En Allemagne fédérale et aux Etats-Unis, c'est aussi le cas pour les revues *Mediävistik* et *Exemplaria,* et pour *A Journal of Theory in Medieval and Renaissance Studies* (Binghamton, New York).

Il reste qu'en France cette relation a pris un tour particulier, avec l'apparition notable, il y a une quinzaine d'années environ, d'une expression enregistrant une volonté d'interdisciplinarité, celle d'« anthropologie historique ». L'historien faisant l'histoire de sa discipline pourra repérer et replacer dans son contexte l'apparition de cette rubrique. Citons seulement quelques points de repère. C'est en 1976 que le séminaire de J. Le Goff, à l'Ecole des hautes études en sciences sociales (EHESS), perd son intitulé « Histoire et sociologie de l'Occident médiéval » pour celui d'« Anthropologie historique de l'Occident médiéval ». L'article de J. Le Goff « L'historien et l'homme quotidien », consacré à ce que le regard ethnologique a fait découvrir à l'historien, et publié dans les *Mélanges Fernand Braudel* en 1972, est repris dans le volume *Pour un autre Moyen Age,* paru en 1977, dans la partie placée sous le titre programmatique : « Vers une anthropologie historique » ; l'accompagne son intervention à la semaine de Spolète de 1975 sur le symbolisme dans les rites vassaliques. A. Burguière (EHESS) consacre à l'anthropologie historique un important essai dans le recueil collectif *La Nouvelle Histoire,* publié en 1978[2]. La revue les *Annales ESC,* qui avait placé en 1974 un numéro spécial sous le titre *Pour une histoire anthropologique* et en 1976 un autre sous l'intitulé *Anthropologique de la France,* consacre en 1978 un numéro à l'*Anthropologie historique des sociétés andines.* Mais ce n'est qu'en 1986 qu'A. Burguière fournit une — large — définition de l'« anthropologie historique » en la décrivant comme « une histoire des comportements et des habitudes »[3].

Tout ce qui se présente comme un bilan historiographique, même sommaire, doit rendre compte des lieux et des instruments qui ont rendu possible ou privilégié un certain type de recherche. Dans le cas de la rencontre entre ethnologie et histoire durant ces vingt dernières années, la VIe section de l'Ecole pratique des hautes études (EPHE), créée en 1947 et devenue en 1975 l'Ecole des hautes études en sciences sociales (EHESS), a joué un rôle essentiel, ne serait-ce que dans la rencontre journalière, dans cette bien nommée Maison des sciences de l'homme, des historiens et des anthropologues[4]. Il faudrait citer ici d'autres lieux de rencontre, comme le Collège de France et le Laboratoire d'anthropologie sociale, et sa revue *L'Homme,* où des médiévistes ont d'ailleurs parfois publié. Parmi les universités, il est certain que l'université de Paris-VIII-Vincennes — pour ne citer qu'elle — a joué un rôle important : la revue *Médiévales* de création récente s'inspire largement des travaux des anthropologues[5]. A propos des revues, les *Annales ESC* ont été et restent un lieu privilégié pour ce type d'approche. Pour ce qui est de l'ethnologie des sociétés traditionnelles françaises, qui a été également pour les historiens une référence importante — pensons aux travaux d'A. Van Gennep ou de L. Dumont[6] —, les contacts ont été fructueux avec le Musée des arts et traditions populaires et la Société d'ethnologie française (et sa revue *Ethnologie française,* où la place de l'histoire et le rôle des historiens sont dès l'origine — 1971, dans sa forme actuelle — très importants)[7]. De même, le Centre alpin et rhodanien d'ethnologie de Grenoble, fondé par Ch. Joisten, a été un lieu de rencontre entre historiens et ethnologues : la revue du Centre, *Le Monde alpin et rhodanien,* a accueilli de nombreux articles d'histoire médiévale. Et ne parlons pas des contacts privilégiés avec les ethnologues du Sud-Ouest de la France, comme D. Fabre, et les différents groupes de recherches languedociens.

La question se pose alors de savoir si de cette rencontre a surgi un nouveau mode d'approche de la réalité historique dans son ensemble ou un nouveau territoire de l'historien. Dans le premier cas, pour reprendre les termes vibrants d'un article récent d'A. Burguière, « il s'agirait d'une nouvelle étape sur le parcours prédateur de la pensée historique qui puise dans les autres sciences sociales depuis près d'un siècle, les concepts, les méthodes utiles à sa régénération. Après la géographie, la sociologie, l'économie, la démographie..., l'anthropologie[8] ». Dans le second cas, il s'agirait de domaines particuliers couverts par cette histoire doublée de l'anthropologie, et appelée par commodité et dans une intention programmatique « anthropologie historique ». Laissons la question posée, pour revenir sur la rencontre entre l'histoire et l'anthropologie.

Les historiens n'ont certes pas découvert brusquement les travaux des ethnologues sur les « sociétés traditionnelles » voilà une vingtaine d'années. M. Bloch et L. Febvre n'y avaient pas été insensibles. Mais cette attention s'est accrue quand s'est opéré en France, après la Seconde Guerre mondiale, un important renouvellement théorique de l'ethnologie, en particulier sous l'influence de C. Lévi-Strauss. Cela a certainement favorisé une relecture des initiateurs, comme M. Mauss[9]. Il faut souligner également le rôle important de l'anthropologie anglo-saxonne, de la *social anthropology*[10]. Un mot au passage sur les termes : pour les Anglo-Saxons, l'anthropologie sociale et culturelle correspondait à ce qu'en France l'on appelait ethnologie. Le terme d'anthropologie, employé par C. Lévi-Strauss — ses deux volumes d'*Anthropologie structurale* sont célèbres —, a quasiment maintenant remplacé en France celui d'ethnologie, entaché il est vrai d'une certaine forme de colonialisme intellectuel. Cela n'est d'ailleurs pas sans causer parfois quelques troubles car en France, traditionnellement, le terme d'anthropologie était réservé à l'anthropologie physique, qui désigne l'étude des variations des caractères physiques de l'homme dans les diverses sociétés. Pour résumer, l'« anthropologie historique » à laquelle il sera fait référence renvoie donc plus à l'anthropologie selon C. Lévi-Strauss qu'à l'anthropologie physique, même si l'influence de cette dernière est loin d'être négligeable. Cette relation privilégiée ne fut pas d'ailleurs à sens unique : E.E. Evans-Pritchard, par exemple, appelle à la connaissance du passé des sociétés décrites par l'ethnologue[11]. De même, on oublie trop souvent que C. Lévi-Strauss n'a cessé d'appeler à une collaboration entre les deux disciplines. Dans l'introduction de son *Anthropologie structurale,* intitulée « Histoire et ethnologie » (datée de 1949), il se plaît à déclarer : « Aussi tout bon livre d'histoire [...] est-il imprégné d'ethnologie[12]. »

La rencontre entre deux sciences humaines est toujours de nature dialectique. Un certain rapprochement pressenti entre l'objet de sa science propre et celui d'une autre pousse à la confrontation. De celle-ci jaillissent alors des modifications de perspectives, des mises en valeur de certaines structures, ou la réévaluation de certains objets[13]. Cette confrontation a eu lieu dans quatre champs de recherche principaux : I. les systèmes de parenté ; II. l'histoire du corps ; III. les systèmes de représentation ; IV. l'histoire politique.

I. Les systèmes de parenté

L'étude de la parenté représente pour les ethnologues le fil conducteur de leur discipline. Les modes d'organisation sociale qui prévalent dans les sociétés qu'ils étudient les ont contraints en effet, dès la naissance de leur discipline, à placer la parenté au centre de leurs préoccupations. C. Lévi-Strauss ne fut-il pas d'abord l'homme des *Structures élémentaires de la parenté,* ouvrage paru en 1949, avant d'être celui des *Mythologiques*[14] ? Et c'est pourquoi nous insisterons particulièrement dans notre bilan sur cet aspect.

Les historiens de l'Europe médiévale n'ont jamais été totalement indifférents aux faits de la parenté. Mais pendant longtemps, ces derniers n'ont guère été évoqués que par les historiens du droit et les spécialistes de la théologie ou de la liturgie, leurs travaux reflétant assez directement la mention explicite, dans des documents d'origine avant tout ecclésiastique, des aspects normatifs de la parenté, comme la définition du mariage légitime, les réflexions sur la valeur sacramentelle de ce lien, ou encore les relations entre parenté et droit à hériter[15].

Au cours des vingt dernières années, un certain nombre de préoccupations nouvelles se sont ajoutées aux précédentes. Celles qui ont reçu le développement le plus large concernent ce que les auteurs ont coutume d'appeler « famille », mais qui correspond dans la réalité à la notion de « groupe domestique » (ou éventuellement de ménage)[16]. Les historiens modernistes ont probablement précédé les médiévistes dans cette voie et il ne s'agit pas du reste d'un phénomène purement français : les recherches menées par des historiens démographes britanniques, tels P. Laslett et les membres du groupe de Cambridge, sur le *household* ont sans doute ici joué un rôle important[17]. L'histoire sociale réserve donc désormais une place à l'examen de la disposition matérielle des unités domestiques de production et de consommation, tant dans les villes que dans les campagnes, ces unités apparaissant dès les plus anciens documents (polyptyques carolingiens) comme constituées majoritairement d'individus liés par la consanguinité et le mariage. Ce phénomène semblant assez général, la discussion a surtout porté sur la taille et la composition des groupes observés : un couple avec des enfants (soit une « famille conjugale » ou « nucléaire »), ou au contraire des formations plus larges. On citera ici pour mémoire, et parmi bien d'autres, les travaux de R. Fossier, P. Toubert, P. Bonnassie, Ch. Klapisch, E. Le Roy Ladurie, H. Bresc. M. Zerner, Y. Bessmertny[18]. Comme dans les orientations antérieures, on observe dans ces tentatives nouvelles une correspondance claire entre le contenu des documents utilisés et les résultats obtenus : les sources exploitées sont souvent de nature fiscale et reposent par définition sur le découpage du tissu social en unités totalement discrètes, figées comme autant d'instantanés derrière lesquels on ne perçoit ni évolution chronologique ni surtout réseau de relations. Or le groupe domestique ne peut se reproduire biologiquement, matériellement, socialement que par les rapports qu'il entretient avec d'autres groupes domestiques ; les limites des observations ainsi proposées sur la « famille » apparaissent d'elles-mêmes. Des documents d'une autre nature, en particulier les chartes enregistrant des donations ou des échanges de terres, ont bien laissé entrevoir, pour une période limitée (X-XIIe siècle), l'existence de réseaux de parents débordant les groupes de corésidence ; mais, comme l'a montré récemment S.D. White, ces textes ne fournissent pas directement les éléments nécessaires à l'étude de la composition, de l'extension et du rôle de ces groupes[19]. Reposant sur des données caractérisées par des critères autres que ceux de la parenté, cet ensemble de travaux a certes apporté des informations inédites sur le ménage, mais ne dit rien sur la disposition, le fonctionnement et le rôle du système des relations de parenté dans la société médiévale.

Cet aspect, dont M. Bloch avait apparemment pressenti l'intérêt et l'importance[20], est, nous allons le voir, beaucoup plus conforme à une visée anthropologique ; mais seuls quelques rares historiens, en France comme à l'étranger, ont tenté de l'aborder. Nous pensons en particulier aux travaux de G. Duby, à ceux de D. Barthélemy, de P. Guichard, A. Guerreau, A. Guerreau-

Jalabert, S.D. White[21]. Leurs recherches sont marquées par une volonté d'analyse globalisante, synthétique et relativement abstraite tant des groupes de parenté que des formes de l'échange matrimonial ; elles confèrent une place beaucoup plus large à la notion de relation et de réseau ; elles reposent sur l'exploitation de sources de natures diverses (textes de la pratique, normatifs, narratifs, documents figurés), dont aucune ne livre une image photographique du système de parenté ; ce qui nécessite une réflexion préalable et spécifique sur le type d'indications que l'on peut en extraire[22]. Cette démarche est sans doute la plus féconde, mais elle est encore tout à fait minoritaire.

Dans quelle mesure ces travaux récents traduisent-ils véritablement un rapprochement entre deux disciplines qui ont connu, sur ce point tout particulièrement, des développements si différents ? Car — doit-on le rappeler avec M. Augé ? — « avec la parenté nous entrons dans le domaine le plus classique — à la fois le plus mystérieux et le plus divulgué — de l'ethnologie[23] ». De fait, ce champ de recherche a constitué pour les anthropologues, quelles que soient leurs orientations (empiristes, fonctionnalistes, structuralistes, marxistes), le point d'appui des développements méthodologiques, conceptuels, théoriques de leur discipline ; et ceci pour la simple raison que, dans les sociétés qu'ils étudiaient, les relations de parenté apparaissaient comme prépondérantes dans l'organisation globale des rapports sociaux. C'est dire aussi que plus d'un siècle de travaux et de débats a abouti à une codification relativement stricte de ce domaine. Pour les anthropologues, la parenté est un ensemble de phénomènes de nature sociale (et non biologique), observables dans tous les groupes humains, mais sous des formes très diverses. Il s'agit d'étudier « les rapports qui unissent les hommes entre eux par des liens fondés sur la consanguinité et l'affinité ». Cette définition simple proposée par F. Héritier[24] met en évidence deux caractères cardinaux de l'étude anthropologique de la parenté : la parenté est un système de relations (et non une collection d'unités discrètes). Ces relations sont de deux types : celles de la consanguinité unissant des individus se reconnaissant au moins un ancêtre commun (même si cette référence ne repose sur aucun lien biologique effectif) ; celles de l'alliance résultent du processus de l'échange matrimonial, ce dernier engageant des groupes de parents et non les deux seuls individus unis par le mariage. Comme l'ont montré les travaux de C. Lévi-Strauss, consanguinité et alliance sont deux formes complémentaires et inséparables d'un même système, la seconde étant largement aussi importante que la première dans la mesure où c'est là que s'organise, au travers de la circulation des femmes, l'échange indispensable à la reproduction des groupes humains[25]. Dans toute société, les manifestations pratiques et concrètes de la parenté répondent à un certain nombre de régularités tant implicites qu'explicites, qui fournissent à l'observateur les éléments d'une reconstruction abstraite des modalités d'organisation de la consanguinité et de l'affinité, ces « modèles » permettant à leur tour de rendre compte du mode dans lequel se joue, dans une société donnée, l'« exercice de la parenté ». A cette visée théorique correspond, sur le plan de la méthode, l'usage d'un ensemble de concepts assez précisément définis (et donnant lieu à débat) ainsi que deux types principaux d'analyse : celle du vocabulaire ou terminologie de parenté ; celle de vastes corpus généalogiques, qui représentent souvent la première préoccupation de l'anthropologue sur le terrain.

Comme ce résumé schématique suffit sans doute à le suggérer, il est délicat de trouver de larges correspondances entre ces conceptions de la parenté et la plupart des travaux évoqués plus haut. On soulignera la méconnaissance quasi totale, pour la société médiévale, d'éléments qui occupent une place centrale dans l'étude anthropologique de la parenté : les terminologies en usage dans l'espace européen à partir du IVe siècle n'ont encore fait l'objet d'aucune recherche ample et systématique[26] ; le champ de l'alliance est encore presque totalement en friche, alors même que C. Lévi-Strauss a démontré depuis quarante ans son importance déterminante : on ne sait toujours presque rien des pratiques et des stratégies matrimoniales dans l'Europe féodale[27] ; sur la filiation même et sur les groupes de parenté, beaucoup reste à faire, des notions erronées et approximations entravant la réflexion (voir par exemple le problème du « lignage », de la patrilinéarité, de l'agnatisme[28]). Cependant que l'intérêt majoritairement porté au groupe domestique traduit une influence prépondérante non des anthropologues, dont les travaux sont du reste rarement cités, mais de la démographie historique et d'une « sociologie de la famille » dont M. Segalen dénonce à juste titre le caractère peu scientifique (voir les débats à la mode sur la « crise de la famille », sur le « couple », sur l'« amour »)[29].

Et pourtant, les contacts entre anthropologues et médiévistes existent et ont sans conteste inspiré un certain nombre de travaux chez les uns et les autres : outre ceux que l'on a mentionnés plus haut, on fera ici une place, d'une part, au volume *Famille et Parenté,* rendant compte d'un important colloque interdisciplinaire organisé à Paris en 1974 par G. Duby et J. Le Goff, d'autre part, à l'ouvrage de l'anthropologue britannique J. Goody sur *L'Evolution de la famille et du mariage en Europe.* Ces deux ouvrages montrent bien la volonté de rapprochement et de dialogue qui anime certains représentants des deux disciplines (parmi les anthropologues, outre J. Goody, on doit citer F. Héritier, C. Lévi-Strauss, I. Chiva, F. Zonabend, M. Godelier)[30] ; mais on pressent moins clairement toutes les difficultés et toutes les ambiguïtés des rapports entre des chercheurs que l'histoire de leurs disciplines, leur formation, leur pratique scientifique séparent. L'incompréhension naît d'abord de la non-coïncidence du vocabulaire et des concepts (par exemple le « lignage » des médiévistes est une parentèle indifférenciée, celui des africanistes un groupe d'unifiliation ; pour un anthropologue, parenté, famille, groupe domestique ne sont en aucun cas des vocables interchangeables, ce qu'ils sont pour presque tous les médiévistes). Mais l'écart surgit aussi et simultanément de pratiques d'enquêtes totalement différentes : s'il n'est point trop malaisé, quoique fort fastidieux, pour l'anthropologue de construire des généalogies sur le terrain, la difficulté est très souvent insurmontable pour le médiéviste tributaire de sources qui n'ont pas prévu ce cas de figure ; or, comment travailler sur l'alliance sans disposer d'ensembles généalogiques complets qui montrent comment s'organisent l'échange matrimonial et les stratégies auxquelles il donne lieu[31] ? Il en va de même pour l'enquête terminologique. Enfin, la difficulté du dialogue tient sans doute très largement aussi aux différences inscrites dans les sociétés sur lesquelles travaillent les uns et les autres : la société féodale est une société précapitaliste, mais non primitive ; elle fait partie de l'ensemble des sociétés complexes à propos desquelles la question de la parenté est délicate, même pour les anthropologues, dans la mesure où cette forme de rapports sociaux n'occupe pas la place centrale qui est la sienne ailleurs (raison pour laquelle aussi l'intérêt des historiens pour la parenté ne va pas de soi). L'on est donc ici à la recherche de modèles nouveaux. De plus la parenté, dans la société médiévale, se caractérise par le développement tout à fait exceptionnel de modalités spécifiques ; l'on songe à la parenté spirituelle, que J. Le Goff a évoquée à propos des rites de vassalité, mais dont l'omniprésence et le poids (liés à l'Eglise) exigent que l'on parvienne à l'intégrer dans une vision et une explication globales du système de parenté [32]. Or, comme le montre le relatif échec du travail de J. Goody sur ce point, la grille de lecture anthropologique habituelle ne fournit pas les instruments d'analyse nécessaires à cette entreprise. Reste donc aux médiévistes à élaborer la leur, mieux appropriée à la configuration et à la fonction de la parenté dans la société féodale.

Ainsi l'influence de l'anthropologie sur le développement des recherches de certains médiévistes a été, dans le domaine de la parenté, décisive et devrait l'être encore à l'avenir [33]. Mais elle ne s'est exercée, jusqu'à présent, que de manière restreinte et en concurrence avec celle de la démographie historique, qui paraît au total presque plus vive. Il est en revanche un deuxième domaine sur lequel l'influence des anthropologues a été, semble-t-il, plus vivace. C'est celui des études autour du corps, études qui se sont multipliées depuis une vingtaine d'années.

II. Le corps

Là encore, sans exagérer le rôle de l'anthropologie et de l'ethnologie, l'on ne saurait nier que leurs apports ont été essentiels dans l'affirmation de champs précis de recherche, que l'on peut, schématiquement, rapporter à trois : le lien entre l'histoire physique et biologique du corps et les facteurs bioculturels ; les comportements alimentaires et vestimentaires, le corps souffrant et la médecine ; le rapport de l'homme au corps [34].

L'histoire physique et biologique du corps relève d'abord de la stricte anthropologie physique. Et il convient d'évoquer immédiatement les travaux du Laboratoire d'anthropologie de Bordeaux-I, et notamment du Dr E. Crubézy et de J.-C. Hélas [35]. Mais ces recherches tendent actuellement à élargir leur problématique. Ainsi E. Crubézy, étudiant les déformations crâniennes artificielles d'époque mérovingienne dans le Sud-Ouest de la France, déformations dues au port de bandeaux ou de planchettes durant les premiers mois de l'existence, emprunte-t-il tant à l'archéologie qu'à l'anthropologie physique et culturelle [36]. Il y a là une perspective de recherche tout à fait fondamentale.

Un des pôles de la recherche en matière de reproduction physique comme d'attitude culturelle a été l'histoire de l'alimentation et des comportements alimentaires, qui a fait des progrès décisifs depuis une vingtaine d'années. Les aspects culturels y sont prépondérants. Moins sous l'influence des seuls anthropologues que dans la lignée des fondateurs des *Annales,* lignée poursuivie par cette dernière revue (numéro spécial *Histoire de la consommation,* 1975) [37]. Sont à citer ici les travaux de L. Stouff, J.-L. Flandrin, O. Redon et B. Laurioux [38]. Un congrès important, tenu à Nice en 1982, faisant le point sur *Manger et Boire au Moyen Age,* vit certains participants opter pour une optique résolument ethnologique [39]. Ces études se virent également prolongées par des recherches intéressant strictement l'imaginaire de la nourriture et de la boisson [40]. Le vêtement, qui sert à protéger le corps des agressions extérieures comme du froid, mais est également hautement symbolique, a fait l'objet des études de F. Piponnier et de R. Delort [41]. De même ont été étudiés les codes vestimentaire et alimentaire dans les œuvres littéraires, comme dans *Erec et Enide,* ou chez Christine de Pisan [42].

Un autre pôle capital fut l'étude du corps souffrant. Les recherches sur les maladies ou les épidémies se sont multipliées ; et, comme l'ont montré les Dr J.-N. Biraben ou M.D. Grmek, l'histoire naturelle des épidémies ne peut être coupée de l'histoire sociale et de l'étude des mentalités. Si l'histoire de la peste commence à être bien connue, grâce surtout à J.-N. Biraben, celle d'autres épidémies et des famines reste incertaine et il serait essentiel d'engager, sur le modèle des travaux de M.D. Grmek, des recherches sur les endémies et les systèmes pathologiques qui sont à l'histoire de la maladie ce que les structures sont à la conjoncture[43]. Les recherches sur les soins du corps ont débordé la seule histoire de la médecine. Très représentatif de cette tendance qui associe étroitement approches historique et ethnologique est l'ouvrage de M.-Ch. Pouchelle, *Corps et Chirurgie à l'apogée du Moyen Age. Savoir et imaginaire du corps chez Henri de Mondeville, chirurgien de Philippe le Bel,* paru à Paris en 1983[44]. Nous trouvons une même perspective dans le numéro spécial *Le Corps souffrant : maladies et médications* de la revue *Razo. Cahiers d'études médiévales de Nice,* n° 4, 1984. Enfin, de façon plus générale, la place du corps au sein du christianisme a été l'objet d'une sérieuse réévaluation, même si un important travail reste à faire : comment méconnaître la question de l'Incarnation, de l'eucharistie ou des reliques, etc. ? Autrement dit, la rencontre avec l'anthropologie doit être particulièrement féconde sur un terrain aussi favorable[45].

Le deuxième aspect des recherches autour du corps est celui, pour reprendre le titre d'un article célèbre de M. Mauss (1936), des « techniques du corps » qui s'insèrent dans des systèmes sociaux de signification et de communication[46]. Outre l'influence très grande de M. Mauss, il faut citer celle de N. Elias et de son ouvrage fondamental, *Über den Prozess der Zivilisation,* paru en 1938, mais dont le retentissement date en France des années soixante-dix (il ne fut traduit en français qu'en 1969, chez Calmann-Lévy, sous le titre *La Civilisation des mœurs*), ainsi que celle de R. Hertz[47]. Cette étude des techniques du corps a été illustrée par l'enquête de J. Le Goff et de J.-C. Schmitt, lancée en 1976, sur les systèmes d'expression des gestes au Moyen Age. Ainsi J.-C. Schmitt a-t-il pu mettre en valeur, dans la longue durée, de l'Antiquité tardive au XIIIe siècle, deux modèles de gestes, à partir de sources textuelles et iconographiques : 1. un modèle normatif s'articulant sur l'opposition, héritée de la culture antique, des mots *gestus* et *gesticulatio,* et voulant promouvoir une gestualité modérée ; 2. un modèle inspiré davantage de la Bible et fondé sur la relation active de l'homme et du divin : le geste est ici un signe efficace et ritualisé (gestes dc prière, gestes sacramentaux ou miraculeux) [48]. J. Le Goff consacre depuis 1988 son séminaire d'études à « Rire au Moyen Age ». Evoquons ici les études menées par J.-M. Mehl sur les jeux au Moyen Age dans une perspective délibérément anthropologique [49]. Le rôle du corps a été également privilégié dans l'histoire des techniques le faisant intervenir directement, comme dans l'écriture [50]. Pensons également au rôle de la voix dans la littérature médiévale : P. Zumthor a montré comment elle était un facteur constitutif de toute œuvre « littéraire » [51]. Certaines recherches en musicologie médiévale, comme celles de M. Pérès, s'ouvrent à cette perspective « matérielle » [52].

Troisième aspect, enfin, l'histoire de ce que nous appellerons des « rapports au corps », des relations que l'« homme médiéval » entretint avec son propre corps, comme avec celui d'autrui. Les changements d'attitudes de l'homme envers le soin porté à son corps ont fait l'objet d'études pionnières et importantes. Ainsi le Centre d'études médiévales de l'université de Nice a-t-il organisé en 1975 un colloque international à Grasse sur le thème *Les Soins de beauté (Moyen Age-début des temps modernes)* [53]. Le volume de la série *Histoire de la vie privée* consacré au Moyen Age, publié en 1985 sous la direction de G. Duby et que celui-ci présente dans sa préface « comme une exploration pionnière, très tâtonnante, incertaine », trace des pistes stimulantes, riches de perspectives [54]. L'atteinte volontaire au corps, comme le suicide, a été étudiée par J.-C. Schmitt [55]. Les rapports à autrui, au corps de l'autre, sont multiples. Rapports au corps vivant, comme à celui de l'enfant, dans les travaux de P.-A. Sigal ou de D. Alexandre-Bidon [56]. Rapports dans les relations amoureuses, étudiées — pour ne citer qu'eux — par J.-L. Flandrin, D. Jacquart et C. Thomasset [57], ou avec le corps accessible de la prostituée [58]. Rapports dans la violence des corps, comme J. Chiffoleau a pu l'appréhender pour la région d'Avignon à la fin du Moyen Age [59]. Les rituels autour du corps mort ont été abordés par Ph. Ariès, J. Chiffoleau ou M.-Th. Lorcin [60].

Tout autant que les études anthropologiques intéressant les sociétés « primitives », ce sont les recherches ethnologiques autour des sociétés européennes rurales qui ont influencé les travaux cités sur le corps. La place de l'anthropologie physique et surtout celle de l'archéologie ont été également importantes[61]. Les perspectives de recherche restent riches. Ainsi, pour n'en citer qu'une, l'approche de la mémoire au Moyen Age mériterait d'être reconsidérée[62].

III. Les systèmes de représentation

Pour l'anthropologue, repérer les systèmes de représentation est un travail essentiel. Durant ces vingt dernières années, et souvent — à tort ou à raison — sous l'étiquette d'histoire des mentalités, s'est constituée une histoire de ces systèmes. Ces recherches, à les considérer globalement, avaient trois buts : souligner la cohérence de ces représentations ; hiérarchiser leurs niveaux ; les rattacher aux « réalités » historiques. Nombre d'études citées plus haut, à propos du corps, s'intègrent d'ailleurs dans cette optique puisque, en raison de son caractère éminemment « socialisé », il est particulièrement apte à cristalliser les systèmes de représentation d'une société.

L'élément essentiel qui a marqué les recherches a été sans aucun doute la mise en valeur de la diversité culturelle du Moyen Age. Le débat se cristallisa vite autour de la question de la « religion populaire », posée en France par E. Delaruelle ou en Italie par R. Manselli[63]. L'apport essentiel de l'anthropologie est d'avoir contribué à la définition d'une culture considérée comme un système cohérent de valeurs et d'attitudes, dont le sens naissait des relations entre ces éléments. Et au-delà du concept « flou » de « religion populaire », qui faisait grand-place aux termes de « survivances païennes », de « superstitions », d'émotivité ou d'irrationalité, fut proposée une lecture « conflictuelle » de la culture médiévale, qui prenait en compte sa complexité et sa globalité[64]. L'outil premier d'analyse et de mesure fut d'identifier une culture « folklorique », vécue dans le monde rural, mais aussi chez les *milites*[65], puis dans la ville. Culture qui s'opposait à une culture « ecclésiastique », à laquelle les laïcs n'avaient guère accès. C'est J. Le Goff qui remarqua et définit le premier cette altérité, à la fin des années soixante[66]. Croyances « folkloriques » et religion ne s'opposaient plus mais se voyaient appréhendées au sein d'un système propre, articulé, cohérent et logique. Conception que J.-C. Schmitt approfondissait en 1976 dans un article-programme qui eut un grand retentissement[67].

Cette distinction se révéla un instrument de mesure fécond. Du fait d'une certaine virulence polémique qui marque toujours les grands débats historiographiques, elle put paraître à certains de ses contempteurs comme manichéenne. En fait, les études menées — principalement par J. Le Goff et J.-C. Schmitt — montraient au contraire que culture folklorique et culture ecclésiastique n'étaient pas des univers clos, mais s'interpénétraient. Sous l'effet de la christianisation, la culture folklorique médiévale adapte à ses propres structures mentales des modèles ecclésiastiques, comme l'Eglise accueille et consigne par écrit des éléments folkloriques, pour les dénoncer ou pour les normaliser, adoptant, pour reprendre l'expression de J.-C. Schmitt, des « figures de compromis[68] ». Et celui-ci, fort récemment, reprenant en partie les positions de l'historien soviétique A.J. Gourevitch, avançait que la culture médiévale était multipolaire (et non double), interactionnelle (non soumise à des flux univoques), attentive aux médiations et aux médiateurs[69].

Ces positions théoriques permirent d'offrir une base solide à l'exploration de nouveaux champs de recherches ou à la relecture d'anciens thèmes. Nous avons déjà parlé des travaux autour du corps. Il faudrait longuement évoquer les études menées autour des conceptions que les hommes se sont faites de l'espace et du temps, et qui reflètent profondément leur vision du monde. Ainsi, dans la culture folklorique, au temps lié aux transformations et aux rythmes de la nature peut s'opposer — ou au contraire se joindre — le temps dicté par l'Eglise[70]. A propos de la conception de l'espace, s'opposent au Moyen Age, non point ville et campagne, mais ce qui est bâti, cultivé et habité, et ce qui est proprement sauvage, comme la forêt, où l'un de ses habitants, l'ermite, est bien proche de l'homme sauvage[71]. Les relations entre l'ici-bas et l'au-delà ont été étudiées selon une approche anthropologique : dans la culture folklorique, la séparation irrémédiable entre le corps et l'âme est ignorée, d'où la croyance aux apparitions, aux revenants dont la physionomie est semblable à celle des vivants. J.-C. Schmitt a montré comment les revenants furent un enjeu idéologique de première importance au Moyen Age, ce dont témoigne surtout l'attitude ambiguë des clercs à l'égard des récits, des croyances, des rites folkloriques les concernant ; et il a bien souligné que la relation entre les morts et les vivants se moule dans les divers types de rapports sociaux qui sont la base structurelle de la société féodale[72]. J. Le Goff, de son côté, étudiant la « naissance du Purgatoire », en a dégagé les enjeux historiques, mettant en valeur les rapports que ce nouvel imaginaire de l'au-delà entretenait avec les changements sociaux[73]. Lié étroitement aux conceptions de l'au-delà, et par là soumis à l'histoire, le rêve a fait l'objet de récentes recherches[74]. Ainsi, J.-C. Schmitt, étudiant les rêves dans l'autobiographie de Guibert de Nogent (mort vers 1125), a montré comment le rêve était la scène imaginaire des échanges entre les vivants et les morts[75].

Le regard anthropologique a permis d'enrichir considérablement l'approche historique des rituels, longtemps abandonnés aux seuls ethnologues. Evoquons immédiatement ce rite de guérison étudié par J.-C. Schmitt, autour de Guinefort, saint et lévrier, vénéré dans la Dombes et dont le culte est révélé par l'inquisiteur Etienne de Bourbon (mort vers 1261)[76]. L'ethnologue D. Fabre a bien rendu compte des apports respectifs de l'histoire et de l'ethnologie tels qu'ils apparaissent dans cet ouvrage : « [L'histoire] met en place les éléments essentiels de l'évolution sociale locale qui contribue à fixer, en ce lieu, la rencontre [entre la tradition — écrite et orale — du récit, le périple des reliques et du nom de saint Guinefort et les rites de guérison]. Elle caractérise le ' système culturel ' dualiste au sein duquel le culte interdit prend corps et perdure. Mais, à chaque étape, l'ethnologie propose sa lecture. Elle regarde comme autant de variantes d'un unique scénario des versions légendaires et rituelles éloignées. Elle considère que le rapport entre dire et faire qui fonde le culte n'est pas arbitraire. Elle démontre qu'une 'vision du monde' est mise en pratique à cette occasion : liant, selon sa propre logique, la maladie infantile, les maîtres invisibles de la forêt, l'intervention d'un saint caniculaire, des conceptions et des usages du temps et de l'espace [77] ». Les rituels de protection ont été étudiés selon cette perspective. Ainsi l'attention apportée aux dragons processionnels. C'est d'ailleurs dans une étude consacrée en 1970 au dragon de saint Marcel de Paris, et inscrite dans la longue durée, que J. Le Goff développe le premier l'idée d'une « culture folklorique » [78]. D'autres rituels ont été étudiés, comme le charivari, objet d'un colloque international organisé en 1977 par J. Le Goff et J.-C. Schmitt [79]. Le Carnaval et ses enjeux ont été abordés par M. Grinberg et C. Gaignebet, ce dernier dans une perspective plus « mythologique » (et transhistorique) qu'anthropologique [80]. Des territoires nouveaux sont encore à explorer, comme celui de la mythologie médiévale [81].

A ces nouveaux objets de nouvelles sources ont-elles correspondu ? Comme l'on sait, l'essentiel des documents utilisés est d'origine ecclésiastique ou judiciaire [82]. Il a donc fallu approcher cette culture folklorique principalement à travers des sources qui ne lui étaient guère favorables mais qui la laissaient suffisamment entrevoir. C'est ainsi que des documents jusqu'alors délaissés par l'histoire traditionnelle ont été littéralement « redécouverts ». Le cas le plus éclatant est celui des *exempla,* ces courts récits que les prédicateurs glissaient dans leurs sermons, afin de convaincre leur auditoire par une leçon salutaire [83]. C'est en 1967 que J. Le Goff commence à aborder leur étude dans le cadre d'une recherche sur les rapports entre culture savante et culture folklorique dans l'Occident médiéval [84]. Ces recherches, menées collectivement, vont prendre rapidement une grande ampleur [85]. A l'approche anthropologique de ces textes se joint une analyse structuraliste et sémiologique, menée notamment par C. Bremond [86]. Un travail parallèle d'édition de textes et d'indexation des récits est mené, et est toujours en cours, dans le cadre du Groupe d'anthropologie historique de l'Occident médiéval (Centre de recherches historiques, EHESS-CNRS). J.-C. Schmitt a bien exprimé le rapport complexe qui s'instaure entre les *exempla* et le folklore : « Le prédicateur, écrit-il, se trouve [...] contraint en quelque sorte par les nécessités de sa pédagogie 'exemplaire' à s'immiscer dans les réseaux multiples de la narrativité orale — notamment folklorique —, pour y puiser des récits et les y réintroduire sous forme d'*exempla,* dits en langue vulgaire et appuyés par une gestualité propre à assurer leur réception[87]. » Un autre type de source utilisé est le récit hagiographique. J. Le Goff, A. Vauchez, J.-C. Schmitt et A. Boureau — entre autres chercheurs — ont bien montré comment l'hagiographie était un lieu privilégié d'échanges entre les pôles culturels[88]. Ainsi A. Vauchez, dans une contribution récente, montre comment Jacques de Voragine, à propos des Rogations, va dans le sens de la culture folklorique — qu'elle soit urbaine ou rurale — lorsqu'il met l'accent sur la nécessité d'une démarche pénitentielle unanime de la communauté sans laquelle il n'y a pas de fécondité possible ; mais en interprétant le rituel dans un sens spiritualiste, il en modifie passablement le sens[89]. La littérature a été également fort mise à contribution[90]. Un quatrième type de document a également été utilisé par les historiens : les documents judiciaires, comme — pour ne prendre que cet exemple — les lettres de rémission délivrées à des criminels et qui apportent de précieux renseignements sur les fêtes sacrées et profanes, la violence et la vengeance dans différents milieux et groupes d'âges[91].

L'étude des systèmes de représentation est passée également par des recherches sur les systèmes symboliques complexes, comme l'héraldique ou les couleurs, menées principalement par M. Pastoureau[92]. Elle doit considérer l'image médiévale comme un objet historique à part entière, et non plus comme une simple illustration. La prise en compte des conditions de sa production, de sa structure interne et de la logique de la figuration (agencement des couleurs, de l'espace, gestualité)[93] doit déboucher sur les pratiques de l'image : culte, iconoclasme, fonctions politiques, rapports à l'écrit et à l'oralité. Le colloque organisé en octobre 1986, à l'occasion du douzième centenaire du concile de Nicée II, en est un excellent exemple[94]. Les recherches menées par J. Baschet sur les représentations médiévales de l'Enfer également[95]. J. Wirth a replacé voilà peu l'image médiévale dans le système de la logique médiévale, tout en la considérant « comme un rouage essentiel dans le vaste mécanisme d'un système social », et en insistant sur le fait qu'un phénomène historique ne pouvait se comprendre que dans la mesure où l'on saisit la totalité du fonctionnement [96]. Il reste à approfondir le statut anthropologique de la figuration, en posant des questions fondamentales : qu'est-ce qu'une civilisation de l'image ? Comment s'est-elle constituée en Occident, après l'an Mil ? Comment expliquer les choix divergents de grandes cultures voisines (Byzance, judaïsme, islam) ? Quels sont les rapports entre les images matérielles, les images mentales (rêves, visions), les objets cultuels (reliques, hostie, etc.) et la question du corps dans la civilisation médiévale [97] ? Les perspectives de recherche sont immenses pour l'historien, qui peut élargir ainsi son champ documentaire. Au-delà de l'image mais s'appuyant sur elle se développe une histoire de l'imaginaire, qui s'avère particulièrement riche pour l'imaginaire médiéval [98].

Durant ces vingt dernières années, nous avons donc assisté à un élargissement considérable des champs de l'histoire des systèmes de représentation. Il reste que les travaux cités étaient le plus souvent pionniers et devront être prolongés et approfondis, parallèlement à une nécessaire réflexion méthodologique [99].

IV. De larges perspectives de recherche : l'histoire politique et économique

On assiste aujourd'hui au « retour » de l'histoire politique et plusieurs des historiens, notamment les médiévistes, qui s'étaient engagés dans l'anthropologie historique se sont attachés à remplacer la vieille histoire politique périmée par une histoire *du* (et non *de la*) politique, du *pouvoir* et *des* pouvoirs, en intégrant en particulier les aspects matériels, économiques, symboliques et imaginaires qui avaient échappé à la vieille histoire politique.

Comme M. Augé le notait en 1974 : « L'anthropologie politique a mis en valeur depuis longtemps l'imbrication du politique et du sacré[100]. » Mais s'il est vrai que les travaux des anthropologues, depuis Sir J.G. Frazer, ont permis une nouvelle approche du domaine politique, ils ne sont pas les seuls à avoir influencé les travaux des historiens. Sont à citer les travaux de M. Bloch, dont l'ouvrage *Les Rois thaumaturges* parut en 1924, ou ceux d'E. Kantorowicz, dont une traduction de l'ouvrage majeur *The King's Two Bodies* (1957) vient enfin de paraître[101]. Ces deux ouvrages, restés relativement obscurs depuis leur publication, connaissent à la fin des années quatre-vingt un succès significatif. M. Bloch apparaît aujourd'hui avant tout comme l'auteur — pionnier — des *Rois thaumaturges.* De même, pensons aux ouvrages fondamentaux de P.E. Schramm sur la symbolique royale[102]. Du côté des anthropologues, il faut souligner l'influence d'E.E. Evans-Pritchard et de G. Balandier[103]. Il faut également citer l'anthropologue africaniste belge L. de Heusch dont les recherches sur le lien entre sacralisation et dynamique du pouvoir ont été souvent utilisées par les historiens[104].

La reconnaissance du caractère sacré du pouvoir a conduit à l'analyse du pouvoir royal. La question du charisme royal, à travers les rituels monarchiques, a retenu l'attention de B. Guenée et de C. Beaune, mais sans référence explicite à l'ethnologie[105]. Plus influencé par celle-ci, M. Sot, dans un article paru récemment dans les *Annales ESC*[106], reprend l'analyse du pouvoir sacré menée par L. de Heusch autour des pôles du magique et du religieux, et se demande dans quelle mesure la référence chrétienne introduite par le sacré s'inscrit dans le modèle anthropologique, et dans quelle mesure elle le modifie. De même, les travaux menés sur l'emblématique, et en particulier sur l'emblématique royale, ont enrichi l'abord de cet aspect[107]. Les rituels monarchiques français du Moyen Age ont été analysés dans les travaux de l'Américain R. Jackson présentés au congrès de Toronto sur les sacres du Moyen Age et de la Renaissance (1985), en même temps que les recherches de J.-C. Bonne et J. Le Goff sur le manuscrit latin 1246 de la Bibliothèque nationale de Paris renfermant l'*Ordo* de 1250 et les seize miniatures qui l'illustrent[108]. L'« espace royal » a également été l'objet de recherches : les sanctuaires royaux français comme lieux de pouvoir et centres de religion royale ont été étudiés par C. Beaune et J. Le Goff[109]. Tout récemment, A. Lombard-Jourdan, dans une étude liant toponymie, tradition orale, iconographie et archéologie, a proposé une vision renouvelée et originale de la construction de l'espace monarchique français[110]. La mainmise symbolique sur l'espace a été mise en valeur par S. Briffaud, à propos de l'escalade du Mont-Aiguille, en Dauphiné, ordonnée par le roi de France Charles VIII en 1492[111]. Le corps mort du roi et les sépultures royales ont fait l'objet des recherches d'A. Erlande-Brandenburg, E. Brown et J. Le Goff pour Saint-Denis et les Capétiens, de L. Musset pour les souverains normands et de M. Bur pour les comtes de Champagne[112]. Les rapports entre royauté et sainteté ont été abordés dans une perspective qui approfondit le rôle du sacré dans l'histoire politique[113].

Proche de l'anthropologie, la théorie dumézilienne des trois fonctions propres à la pensée indo-européenne qu'on retrouve dans l'Occident médiéval a inspiré de façon féconde plusieurs médiévistes[114].

Les perspectives qui s'ouvrent à cette histoire sont nombreuses, et nous nous permettons de renvoyer à l'article-programme de J. Le Goff, « L'histoire politique est-elle toujours l'épine dorsale de l'histoire ? », paru pour la première fois en anglais il y a près de vingt ans, en 1971, et repris en 1985 dans le volume *L'Imaginaire médiéval,* dans une partie significativement intitulée « Vers l'anthropologie politique »[115].

De même, l'anthropologie peut aider à mieux comprendre la genèse des attitudes économiques et leurs transformations. Les études des ethnologues, comme M. Mauss ou B. Malinowski, sur le don et le contre-don, sur la notion de réciprocité, sont particulièrement utiles aux historiens, comme G. Duby ou J. Le Goff (*La Bourse et la Vie. Economie et religion au Moyen Age,* Paris, 1986). Les études des logiques économiques dans les sociétés primitives — qui sont souvent des logiques non économiques ou même antiéconomiques — ne peuvent que stimuler de nouvelles recherches[116]. L'économiste le plus important pour les historiens dans cette perspective est sans doute K. Polanyi, mais l'anthropologie économique historique en est encore à ses balbutiements[117]. Une des pistes de recherches les plus prometteuses est celle qui met en rapport l'économique et le symbolique. J. Chiffoleau a montré que le signe le plus évident de la mutation du champ religieux à la fin du Moyen Age était la pénétration de la mathématique du chiffre, des logiques comptables et cumulatives dans les pratiques dévotionnelles[118]. Récemment, J. Morsel, dans une étude prometteuse, a souligné, à propos de la prétendue crise de la noblesse allemande de la fin du Moyen Age, qu'on ne pouvait parler de « crise » uniquement en termes économiques, et sans introduire les valeurs symboliques[119].

Nous avons présenté jusque-là des thèmes, des champs de recherche où s'était produite la rencontre entre l'anthropologie et l'histoire. Or, la vocation première de l'anthropologue est d'effectuer l'étude intensive d'un microcosme social dont on vise à connaître les différentes dimensions. Il est clair qu'un seul travail concernant le Moyen Age peut répondre à cette définition de monographie « totale » : c'est *Montaillou, village occitan de 1294 à 1324* d'E. Le Roy Ladurie, publié en 1975. Ouvrage qu'ont manifestement inspiré les travaux des anthropologues tels que J. Goody, M. Godelier ou N. Wachtel.

En conclusion, nous proposerons quatre remarques :

1. L'anthropologie s'est imposée durant ces vingt dernières années comme l'une des sciences humaines ayant le plus marqué l'histoire médiévale. Mais les travaux qui ont été cités sont en grande partie des travaux pionniers qui demandent à être amplifiés, voire corrigés. D'autres champs, comme celui de l'imaginaire social, doivent être ouverts[120]. A condition de préférer au simple décalque la transposition de l'approche anthropologique et son adaptation à la documentation dont ils disposent et aux traits particuliers de la société qu'ils étudient, c'est-à-dire en développant effectivement une « anthropologie historique », les médiévistes sont en droit d'attendre des développements novateurs et féconds de leur discipline, ainsi qu'un

apport original à la théorie générale des systèmes de parenté, qui sera bien accueilli par les anthropologues. De même, les recherches des médiévistes devraient aider à élaborer une approche théorique générale des systèmes de représentations.

2. Si le regard anthropologique n'a en principe pas de domaine propre, il reste que certains champs de recherche, particulièrement couverts par les anthropologues dans les sociétés qu'ils étudient, ont été privilégiés : les systèmes de parenté, le corps, les systèmes de représentations, la politique et le sacré. Il en est de même pour les sources. L'approche anthropologique a permis la relecture de sources telles que les images, la littérature, les récits hagiographiques et les *exempla*, les sceaux, les testaments, les lettres de rémission, etc. Cette relecture devrait se poursuivre.

3. L'anthropologie, que l'on pouvait *a priori* soupçonner d'être antihistorique, fournit au contraire une perspective chronologique nouvelle, fondée sur la longue durée et l'analyse préalable des structures. Elle ne conduit pas à une « histoire immobile ».

4. Il reste que l'anthropologie est une science rigoureuse et qui n'est souvent pas d'un abord facile ; d'où une interrogation sur la formation des historiens en anthropologie. Ne faudrait-il pas concevoir, au-delà des lectures personnelles et de la formation autodidacte, un enseignement systématique de l'anthropologie ou tout au moins une sérieuse initiation à celle-ci, au sein même de l'apprentissage de l'histoire, dans les universités et les grandes écoles [121] ? Nous sommes persuadés que l'histoire médiévale en tirerait un grand profit, tout comme elle tire actuellement profit de l'enseignement de la géographie ou des sciences auxiliaires de l'histoire.

Notes

1. J. Goody, *L'Evolution de la famille et du mariage en Europe,* Paris, Colin, 1985 (1re éd. anglaise 1983), p. 5.

2. A. Burguière, « L'anthropologie historique », in *La Nouvelle Histoire,* sous la direction de J. Le Goff, Bruxelles, Complexes, 1988 (1re éd. Paris, Retz-CEPL, 1978), p. 137-165.

3. A. Burguière, « Anthropologie historique », in *Dictionnaire des sciences historiques,* Paris, PUF, 1986, p. 54.

4. Cf. B. Mazon, *Aux origines de l'Ecole des hautes études en sciences sociales. Le rôle du mécénat américain (1920-1960),* Paris, Ed. du Cerf, 1988.

5. A citer également l'association « Histoire au présent », créée en 1982, qui édite la revue *Sources. Travaux historiques.*

6. Deux ouvrages importants : A. Van Gennep, *Les Rites de passage : étude systématique des rites,* Paris, Picard, 1981 (1re éd. 1909). L. Dumont, *La Tarasque. Essai de description d'un fait local d'un point de vue ethnographique,* Paris, Gallimard, 1951.

7. Sur l'ethnologie du monde rural, cf. l'excellente synthèse de F. Zonabend, « Les mutations dans le monde rural », *Le Courrier du CNRS, Images des sciences de l'homme,* supplément au n° 67, 1987, p. 64-66.

8. « Anthropologie historique », in *Dictionnaire des sciences historiques, op. cit.,* p. 52.

9. Citons le célèbre recueil d'articles (préfacé par C. Lévi-Strauss) : *Sociologie et Anthropologie,* Paris, PUF, 1978 (1re éd. 1950).

10. Rappelons que la première chaire d'anthropologie sociale fut occupée par J. Frazer à Liverpool en 1908. Parmi les chercheurs les plus connus, citons B.K. Malinowski (1884-1942), A.R. Radcliffe-Brown (1881-1955), E.E. Evans-Pritchard (né en 1902).

11. Cf. son essai « Anthropology and History », in *Essays in Social Anthropology,* 1961, trad. française « Anthropologie et histoire », in *Les Anthropologues face à l'histoire et à la religion,* Paris, PUF, 1974, p. 49-72.

12. *Anthropologie structurale,* Paris, Plon, 1977 (1re éd. 1958), p. 31.

13. Dans ce bilan, nous ne pourrons détailler la démarche des médiévistes attirés par l'anthropologie. Se reporter à titre d'exemple à l'introduction de *La Civilisation de l'Occident médiéval* de J. Le Goff, parue en 1964 (Paris, Arthaud), où celui-ci justifie le rapprochement de cette société avec les sociétés primitives, en soulignant notamment que les structures familiales définissaient peut-être autant la société féodale que les rapports de production.

14. Pour aborder ce domaine, cf., parmi quelques manuels de base, L. Dumont, *Introduction à deux théories d'anthropologie sociale,* Paris, Mouton, 1971. R. Fox,

Anthropologie de la parenté. Une analyse de la consanguinité et de l'alliance, Paris, Gallimard, 1972. R. Creswell, « La parenté », in *Eléments d'ethnologie*, Paris, Colin, 1975, t. 1, p. 132-174. *Les Domaines de la parenté. Filiation/Alliance/Résidence*, M. Augé éd., Paris, Maspero, 1975. R. Creswell et M. Godelier, *Outils d'enquête et d'analyse anthropologiques*, Paris, Maspero, 1976. Un ouvrage important, mais d'abord difficile pour le débutant : F. Héritier, *L'Exercice de la parenté*, Paris, Ed. du Seuil, 1981.

15. On trouvera une illustration de la permanence de l'approche juridique (quoique plus ouverte : la pratique y est confrontée à la théorie) chez J. Gaudemet, *Le Mariage en Occident*, Paris, Ed. du Cerf, 1987. L'ouvrage de P. Legendre, *Leçons IV, suite. Le Dossier occidental de la parenté. Textes juridiques indésirables sur la généalogie*, traduits et présentés par A. Schütz, M. Smith et Y. Thomas, Paris, Fayard, 1988, fournissant des textes fondamentaux finement commentés, ressortit à la même inspiration.

16. Sur ces définitions, cf. *Les Domaines de la parenté, op. cit.*

17. Cf. M. Segalen, *Sociologie de la famille*, 2e éd. Paris, Colin, 1987. P. Laslett, « La famille et le ménage : approches historiques », *Annales ESC*, 1972, p. 847-872. — et R. Wall éd., *Household and Family in Past Time*, Cambridge, Cambridge University Press, 1972 (compte rendu de ce volume par A. Collomp, « Ménage et famille : une histoire comparative », *Annales ESC*, 1974, p. 777-786).

18. R. Fossier, *La Terre et les Hommes en Picardie*, Paris-Louvain, Nauwelaerts, 1968. P. Toubert, *Les Structures du Latium médiéval*, Rome, Ecole française de Rome, 1973. P. Bonnassie, *La Catalogne du milieu du xe à la fin du xie siècle*, Toulouse, Presses universitaires de Toulouse, 1975-1976, 2 vol. C. Klapisch-Zuber et D. Herlihy, *Les Toscans et leurs familles. Une étude du « catasto » florentin de 1427*, Paris, Presses de la FNSP, 1978. E. Le Roy Ladurie, *Les Paysans de Languedoc*, Paris, Imprimerie nationale, 1966. H. Bresc, *Un monde méditerranéen : économie et société en Sicile (1300-1450)*, Palerme, Academia di scienze, lettere e arti, Rome, Ecole française de Rome, 1986. M. Zerner-Chardavoine, « Enfants et jeunes au IXe siècle. La démographie du polyptyque de Marseille (813-814) », *Provence historique*, t. 31, 1981, p. 355-384. Y. Bessmertny, « Les structures de la famille paysanne dans les villages de la Francia au IXe siècle », *Le Moyen Age*, 1984, t. 2, p. 165-193. Egalement, *Histoire de la famille*, sous la direction d'A. Burguière, Ch. Klapisch-Zuber, M. Segalen et F. Zonabend, t. 1, *Mondes lointains, Mondes anciens*, Paris, Colin, 1986 (contributions de P. Toubert, R. Fossier, H. Bresc).

19. Ce type de documents a été utilisé par plusieurs des historiens cités ci-dessus. Une critique assez pertinente en a été proposée par S.D. White, *Custom, Kinship and Gifts to Saints*, Chapell Hill, Londres, University of North Carolina Press, 1988.

20. M. Bloch, *La Société féodale*, 5e éd. Paris, Albin Michel, 1968, p. 183-208.

21. G. Duby, *Hommes et Structures du Moyen Age*, Paris-La Haye, Mouton, 1973. —, *Le Chevalier, la Femme et le Prêtre. Le mariage dans la France féodale*, Paris, Hachette, 1981. D. Barthélemy, *Les Deux Ages de la seigneurie banale. Pouvoir et société dans la terre des sires de Coucy (milieu xie-milieu xiiie siècle)*, Paris, Publications de la Sorbonne, 1984. —, « Parenté », in *Histoire de la vie privée*, sous la direction de Ph. Ariès et G. Duby, t. 2, *De l'Europe féodale à la Renaissance*, Paris, Ed. du Seuil, 1985, p. 96-161. —, « L'Etat contre le 'lignage' : un thème à développer dans l'histoire en France aux XIe, XIIe et XIIIe siècles », *Médiévales*, t. 10, 1986, p. 37-50. P. Guichard, *Structures sociales « orientales » et « occidentales » dans l'Espagne musulmane*, Paris-La Haye, Mouton, 1977. A. Guerreau, *Le Féodalisme.*

Un horizon théorique, Paris, Le Sycomore, 1979. A. Guerreau-Jalabert, « Sur les structures de parenté dans l'Europe médiévale », *Annales ESC,* 1981, p. 1028-1049. —, « La parenté dans l'Europe médiévale : à propos d'une synthèse [J. Goody, *L'Evolution de la famille et du mariage en Europe, op. cit.*] », *L'Homme,* t. 29, 1989, p. 69-93.

22. Sur les textes narratifs, cf. A. Guerreau, « Renaud de Bâgé : le Bel Inconnu. Structure symbolique et signification sociale », *Romania,* t. 103, 1982, p. 28-82. A. Guerreau-Jalabert, « Grégoire ou le double inceste. Le rôle de la parenté comme enjeu (XIIe-XIXe siècle) », in *Réception et Identification du conte depuis le Moyen Age* (actes du colloque de Toulouse, janvier 1986), M. Zink et X. Ravier éd., Toulouse, université de Toulouse-Le Mirail, 1987, p. 27-49. —, « Inceste et sainteté. La Vie de saint Grégoire en français (XIIe siècle) », *Annales ESC,* 1988, p. 1291-1319. D. Régnier-Bohler, « La largesse du mort et l'éthique chevaleresque : le motif du mort reconnaissant dans les fictions médiévales du XIIIe au XVe siècle », in *Réception et Identification, op. cit.*, p. 51-63. —, « Béances de la terre et du temps : la dette et le pacte dans le motif du mort reconnaissant au Moyen Age », *L'Homme,* t. 29, 1989, p. 161-178. Pour l'utilisation de l'anthroponymie et de l'emblématique, cf. Ch. Klapisch, « Ruptures de parenté et changement d'identité chez les magnats florentins du XVIe siècle », *Annales ESC,* 1988, p. 1205-1240, et M. Pastoureau, « Stratégies héraldiques et changements d'armoiries chez les magnats florentins du XIVe siècle », *ibid.*, p. 1241-1256. Egalement Ch. Klapisch, « Le nom 'refait'. La transmission des prénoms à Florence (XIVe-XVIe siècle) », *L'Homme,* t. 20, 1980, p. 77-104.

23. M. Augé, *Les Domaines de la parenté, op. cit.*, p. 61.

24. F. Héritier, *L'Exercice de la parenté, op. cit.*, p. 13.

25. C. Lévi-Strauss, *Les Structures élémentaires de la parenté,* Paris-La Haye, Mouton, 1967 (1re éd. Paris, PUF, 1949). —, « Réflexions sur l'atome de parenté », *L'Homme,* t. 13, 3, 1973, p. 5-30, repris dans *Anthropologie structurale deux,* Paris, Plon, 1973, p. 103-135.

26. Des travaux épars sont signalés dans A. Guerreau-Jalabert, « La désignation des relations et des groupes de parenté en latin médiéval », *Archivum Latinitatis Medii Aevi (Bulletin du Cange),* t. 46-47, 1988, p. 65-108.

27. Cf. toutefois G. Duby, *Le Chevalier, la Femme et le Prêtre, op. cit.* J.E. Ruiz Domenec, « Système de parenté et théorie de l'alliance dans la société catalane (environ 1000-1240) », *Revue historique,* t. 262, 1979, p. 305-326. A. Guerreau-Jalabert, « Prohibitions canoniques et stratégies matrimoniales dans l'aristocratie médiévale européenne » (communication présentée à un colloque CNRS-Collège de France sur *Le Mariage dans un degré rapproché,* à paraître dans un volume collectif sous la direction de P. Bonte).

28. Question discutée par J. Goody, *L'Evolution de la famille, op. cit.*, et dans les divers articles d'A. Guerreau-Jalabert (cf. *supra,* notes 21, 22, 26).

29. M. Segalen, *Sociologie de la famille, op. cit.;* critique également présente chez J. Goody.

30. Le colloque *Famille et Parenté* a également mis en valeur tout ce que devaient les chercheurs français aux travaux allemands sur la parenté (cf. les interventions de K. Hauck et K. Schmidt).

31. En France, très peu d'ensembles généalogiques ont été publiés (à l'exception de la thèse de M. Parisse, *Noblesse et Chevalerie en Lorraine médiévale,* Nancy, Publications de l'université de Nancy-II, 1982). De plus, ces recherches, faute de cadre anthropologique, n'ont pas débouché sur des analyses de l'alliance.

32. J. Le Goff, « Le rituel symbolique de la vassalité », in *Simboli e simbologia nell'alto Medioevo. Settimane di studio del Centro italiano di studi sull'alto Medioevo,* t. 23, Spolète, 1976, p. 679-788 (repris dans *Pour un autre Moyen Age. Temps, travail et culture en Occident,* Paris, Gallimard, 1977, p. 348-420). Sur le modèle familial dans les structures ecclésiastiques, cf. M. Sot, « Historiographie épiscopale et modèle familial en Occident au IXe siècle », *Annales ESC,* 1978, p. 433-449.

33. Signalons que les anthropologues ont déjà trouvé dans les travaux des médiévistes des éléments de comparaison précieux. Ainsi, pour ne prendre qu'un seul exemple, C. Lévi-Strauss, dans une contribution aux *Mélanges Charles Morazé,* en 1979 — reprise et complétée en 1988 dans la version de poche de la *Voie des masques* (Paris, Plon, p. 141-164) —, rapporte l'existence chez les Indiens de l'île Vancouver, les Kwakiutl, d'une ligne successorale allant du grand-père aux petits-enfants, par l'intermédiaire de la fille et de l'époux de celui-ci, ce qui a alimenté les discussions, dit-il, entre les ethnologues. Or, ce type de succession semble avoir été fréquent en Europe au Moyen Age, où, en maintes occasions, s'est posée la question de savoir si les femmes peuvent « faire le pont et la planche », c'est-à-dire si elles ont un fils à qui transmettre des droits qu'elles n'ont pas la capacité d'exercer elles-mêmes. De même renvoie-t-il aux travaux de K. Schmidt sur le concept de « maison », comme à ceux de D. Herlihy sur les noms propres, tout en soulignant le rôle capital de l'établissement de généalogies !

34. Cf., en guise d'introduction, A. Rousselle, « Corps », in *Dictionnaire des sciences historiques, op. cit.,* p. 156-161. —, *Porneia. De la maîtrise du corps à la privation sensorielle (IIe-IVe siècle de l'ère chrétienne),* Paris, PUF, 1983.

35. E. Crubézy (en collaboration avec J.-C. Hélas), « Archéologie funéraire et anthropologie. Application de l'étude ostéologique *in situ* à l'interprétation de tombes rupestres adjacentes du cimetière médiéval de Saint-Côme-et-Damien (Montpellier, Hérault) », *Notes et Monographies techniques,* t. 19, 1986, p. 31-46. Il faut également mentionner les intéressantes recherches et hypothèses de Mme A. Pereira da Silva (UA 49 du CNRS, Laboratoire d'anthropologie du Muséum national d'histoire naturelle de Paris, Musée de l'homme), qui cherche à établir un lien entre l'anthropologie physique et l'histoire des mentalités et de l'imaginaire. Cf. également ci-dessus le rapport d'A. Debord.

36. E. Crubézy, « Les déformations crâniennes d'époque mérovingienne dans le Sud-Ouest de la France », in *From the Baltic to the Black Sea,* sous la direction de P.L. Alcock (sous presse).

37. Est à souligner le rôle pionnier que joua l'ouvrage collectif *La France et les Français,* sous la direction de M. François, Paris, Gallimard, 1972.

38. L. Stouff, *Ravitaillement et Alimentation en Provence au XVe siècle,* Paris-La Haye, Mouton, 1970. J.-L. Flandrin, « Le goût et la nécessité : sur l'usage des graisses dans les cuisines d'Europe occidentale (XIVe-XVIIIe siècle) », *Annales ESC,* 1983, p. 369-401 ; *Nourritures,* n° spécial de *Médiévales,* t. 5, 1983. *Tables florentines. Ecrire et manger avec Franco Sacchetti,* trad. et présentation sous la direction de J. Brunet et O. Redon, Paris, Stock/Moyen Age, 1984 (travail réalisé avec un groupe d'étudiants des départements d'histoire et d'italien de l'université de Paris-VIII-Vincennes à Saint-Denis). B. Laurioux, « Entre savoir et pratiques : le livre de cuisine à la fin du Moyen Age », *Médiévales,* t. 14, 1988, p. 59-71.

39. *Manger et Boire au Moyen Age* (actes du colloque de Nice, Centres d'études médiévales, 15-17 octobre 1982), Paris, Les Belles Lettres, 1984. Les archéologues ont fait beaucoup progresser les connaissances de l'alimentation au Moyen Age par le

recours à l'ostéologie animale : F. Audoin, « L'animal et ses représentations sur le site clunisien de la Charité-sur-Loire du XIe au XVIIe siècle », in *Le Monde animal et ses représentations au Moyen Age (XIe-XVe siècle)* (actes du 15e congrès de la Société des historiens médiévistes de l'enseignement supérieur public, Toulouse, 25-26 mai 1984), Toulouse, université de Toulouse-Le Mirail, 1985, p. 96-102. C. Beck, « Animal et vie quotidienne en France et en Italie d'après les vestiges ostéologiques (XIe-XVe siècle) », *ibid.*, p. 103-120 (bibliographie, p. 120).

40. *L'Imaginaire du vin* (colloque pluridisciplinaire, Dijon, 15-17 octobre 1981), actes publiés par M. Milner et M. Châtelain, Marseille, J. Laffitte, 1983.

41. F. Piponnier, *Costume et Vie sociale. La cour d'Anjou (XIVe-XVe siècle),* Paris-La Haye, Mouton, 1970. M. Closson, F. Piponnier et P. Mane, « Le costume paysan au Moyen Age : sources et méthodes », in *Vêtement et Société* (colloque, Paris, 1983), *Ethnographie,* t. 80, 1984, p. 291-308. R. Delort, *Le Commerce des fourrures en Occident à la fin du Moyen Age,* Rome, Ecole française de Rome, 1978. Egalement D. Alexandre-Bidon, « Le vêtement de la prime enfance à la fin du Moyen Age : usages, façons, doctrines », *Ethnologie française,* nouvelle série, t. 18, 1986, p. 249-260.

42. J. Le Goff, « Quelques remarques sur les codes vestimentaire et alimentaire dans *Erec et Enide* », in *La Chanson de geste et le Mythe carolingien. Mélanges René Louis* (Argenteuil), Saint-Père-sous-Vézelay, Musée archéologique régional, 1982, t. 2, p. 1243-1258, repris dans *L'Imaginaire médiéval. Essais,* Paris, Gallimard, 1985, p. 188-207. M.-Th. Lorcin, « Les échos de la mode dans *Le Livre des Trois Vertus* de Christine de Pisan », *Razo, Cahiers du Centre d'études médiévales de Nice,* t. 7, 1987. Ch. Marchello-Nizia, « Codes vestimentaires et langage amoureux au XVe siècle », *Europe,* n° 654, 1983, p. 36-42.

43. J.-N. Biraben, *Les Hommes et la Peste en France et dans les pays européens et méditerranéens des origines à 1850,* Paris-La Haye, Mouton-EHESS, 1975-1976. M.D. Grmek, *Les Maladies à l'aube de la civilisation occidentale. Recherches sur la réalité pathologique dans le monde grec préhistorique, archaïque et classique,* Paris, Payot, 1983. —, « Préliminaires d'une étude historique des maladies », *Annales ESC,* 1989, p. 1437-1483 (sur le concept de pathocénose). J.-C. Schmitt, « Religion et guérison dans l'Occident médiéval », in *Historiens et Sociologues aujourd'hui* (journées d'études annuelles de la Société française de sociologie, université de Lille-I, 14-15 juin 1984), Paris, CNRS, 1988, p. 135-150. Sur la question des famines, cf. E. Carpentier, « Autour de la Peste noire : famines et épidémies dans l'histoire du XIVe siècle », *Annales ESC,* 1982, p. 1062-1082.

44. Flammarion, cf. également, du même auteur, « Représentation du corps dans la *Légende dorée* », *Ethnologie française,* t. 8, 1976, p. 293-308.

45. Cf. le numéro spécial de la revue *Médiévales,* printemps 1985 (et en particulier J. Dalarun, « Eve, Marie ou Madeleine ? La dignité du corps féminin dans l'hagiographie médiévale », p. 18-32). O. Redon et J. Gélis, *Les Miracles, miroirs des corps,* Saint-Denis, Publications de l'université de Paris-VIII, 1983. L'article fondamental de J. Moingt, « Polymorphisme du corps du Christ », *Le Temps de la réflexion,* t. 7, 1986, p. 47-62. M. Lauwers, « La mort et le corps des saints. La scène de la mort dans les *Vitae* du haut Moyen Age », *Le Moyen Age, Revue d'histoire et de philologie,* t. 94, 1988, p. 21-50.

46. M. Mauss, « Les techniques du corps », *Journal de psychologie,* t. 3-4, 1936, repris dans *Sociologie et Anthropologie, op. cit.,* p. 365-386.

47. R. Hertz, « La prééminence de la main droite. Etude sur la polarité

religieuse » (étude écrite en 1909), in *Sociologie religieuse et Folklore,* Paris, PUF, p. 84-109. A compléter par S. Tcherkîzoff, *Le Roi Nyamwezi, la Droite et la Gauche,* Cambridge, Cambridge University Press, Paris, Ed. de la Maison des sciences de l'homme, 1983.

48. J.-C. Schmitt, « Le geste, la cathédrale et le roi », *L'Arc,* t. 72, 1978, p. 9-12. —, « Gestes », in *Dictionnaire des sciences historiques, op. cit.,* p. 300-305 (riche bibliographie). *Gestures,* J.-C. Schmitt éd., n° spécial de la revue *History and Anthropology,* I, 1, 1984. —, « Entre le texte et l'image : les gestes de la prière de saint Dominique », in *Persons in Group. Social Behaviour as Identity Formation in Medieval and Renaissance Europe,* R.C. Trexler ed., *Medieval and Renaissance Studies,* t. 36, 1985, p. 195-220. — « La morale des gestes », *Communications,* n° 46, 1987, p. 31-47. —, *La Raison des gestes dans l'Occident médiéval,* Paris, Gallimard, 1990.

49. J.-M. Mehl, *Les Jeux au royaume de France (XIIIe-début du XVIe siècle). Etude d'anthropologie historique,* thèse d'Etat inédite, 1988 (sous presse, Fayard).

50. Cf. J. Stiennon et G. Hasenohr, *Paléographie du Moyen Age,* Paris, Colin, 1973. F. Gasparri, « Enseignement et technique de l'écriture du Moyen Age à la fin du XVIe siècle », *Scrittura e civilità,* t. 7, 1983, p. 201-222. Les travaux français demeurent toutefois en retrait des recherches effectuées en Italie, par exemple par A. Petrucci (*La Scrittura, Ideologia e rappresentazione,* Turin, Einaudi, 1986, et « Storia a geografia delle culture scritte [dal secolo XI al secolo XVIII] », *Letteratura italiana. Storia e geografia,* t. 2, 2, 1988, p. 1195-1292), ou aux Etats-Unis, sur la lecture, par P. Saenger (« Silent Reading : its Impacts on Late Medieval Script and Society », *Viator,* t. 13, 1982, p. 367-414 ; « Physiologie de la lecture et séparation des mots », *Annales ESC,* 1989, p. 939-952). Il faut rappeler R. Marichal, « L'écriture latine et la civilisation occidentale du Ier au XVIe siècle », in *L'Ecriture et la Psychologie des peuples* (Centre international de Synthèse, XXIIe semaine), Paris, Colin, 1963, p. 199-247.

51. P. Zumthor, *La Lettre et la Voix. De la « littérature » médiévale,* Paris, Ed. du Seuil, 1987.

52. Travaux en cours au sein de l'Association pour la recherche et l'interprétation des musiques médiévales (ARIM), à l'abbaye de Royaumont (95270, Asnières-sur-Oise). Il n'existe pas pour l'instant de synthèse de ces travaux. Pour une lecture historique de la musique médiévale, cf. A. Seay, *La Musique au Moyen Age,* Le Méjan, Actes Sud, 1988 (éd. américaine, 1975).

53. Nice, faculté des lettres et des sciences humaines, 1987 (par exemple : F. Piponnier et D. Alexandre-Bidon, « Gestes et objets de la toilette », p. 211-214 ; M.-A. Polo de Beaulieu, « La condamnation des soins de beauté par les prédicateurs du Moyen Age (XIIIe-XVe siècle) », p. 297-309).

54. *Histoire de la vie privée,* t. 2, *De L'Europe féodale à la Renaissance,* Paris, Ed. du Seuil, 1985, particulièrement la partie « Problèmes » (D. Barthélemy, Ph. Contamine, G. Duby, Ph. Braunstein), p. 395-819. Sur le corps dans la littérature, cf. D. Régnier-Bohler, « Fictions », *ibid.,* p. 357-391. Autre ouvrage concernant en partie le Moyen Age : G. Vigarello, *Le Propre et le Sale. L'hygiène du corps depuis le Moyen Age,* Paris, Ed. du Seuil, 1985.

55. J.-C. Schmitt, « Le suicide au Moyen Age », *Annales ESC,* 1976, p. 3-28. A. Murray prépare un ouvrage sur ce thème.

56. P.-A. Sigal, « La grossesse, l'accouchement et l'attitude envers l'enfant mort-né à la fin du Moyen Age d'après les récits de miracles », *Actes du 110e congrès des Sociétés savantes,* Paris, Comité des travaux historiques et scientifiques, 1987, t. 1,

p. 23-41. D. Alexandre-Bidon et M. Closson, *L'Enfant à l'ombre des cathédrales,* Lyon, Presses universitaires de Lyon-CNRS, 1985. S. Laurent, *Naître au Moyen Age. De la conception à la naissance : la grossesse et l'accouchement (XIIe-XVe siècle),* Paris, Le Léopard d'or, 1989.

57. J.-L. Flandrin, *Le Sexe et l'Occident. Evolution des attitudes et des comportements,* Paris, Ed. du Seuil, 1981. —, *Un temps pour embrasser. Aux origines de la morale sexuelle occidentale (XIe-XVe siècle),* Paris, Ed. du Seuil, 1983. D. Jacquart et C. Thomasset, *Sexualité et Savoir médical au Moyen Age,* Paris, PUF, 1985. Cf. également J.-L. Dufresne, « Les comportements amoureux d'après le registre de l'officialité de Cerisy », *Bulletin philologique et historique,* année 1973, Paris, 1976, p. 131-156. M.-C. Deroult-Besson, « 'Inter duos scopulos'. Hypothèse sur la place de la sexualité dans les modèles de la représentation du monde au XIe siècle », *Annales ESC,* 1981, p. 922-945. *Communications,* t. 35, 1982, *Sexualités occidentales,* dirigé par Ph. Ariès et A. Béjin, repris en volume, Paris, Ed. du Seuil, 1984, ainsi que *L'Erotisme au Moyen Age* (études présentées au 3e colloque de l'Institut d'études médiévales, Montréal, 1976), sous la direction de B. Roy, Montréal, L'Aurore. 1977.

58. J. Rossiaud, *La Prostitution médiévale,* Paris, Flammarion, 1988.

59. J. Chiffoleau, *Les Justices du pape. Délinquance et criminalité dans la région d'Avignon au XIVe siècle,* Paris, Publications de la Sorbonne, 1984. Egalement N. Gonthier, « Délinquantes ou victimes. Les femmes dans la société lyonnaise du XIVe siècle », *Revue historique,* t. 249, 1984, p. 25-46. J.-P. Leguay, « Un cas de 'force' au Moyen Age : le viol de Margot Simmonet », in *Mentalités. Histoires des cultures et des sociétés,* t. 3, *Violences sexuelles,* Paris, Imago, 1989, p. 13-33.

60. Ph. Ariès, *L'Homme devant la mort,* Paris, Ed. du Seuil, 1977. —, *Images de l'homme devant la mort,* Paris, Ed. du Seuil, 1983. J. Chiffoleau, *La Comptabilité de l'Au-delà. Les hommes, la mort et la religion dans la région d'Avignon à la fin du Moyen Age (vers 1320-vers 1480),* Rome, Ecole française de Rome, 1980. M.-Th. Lorcin, *Vivre et mourir en Lyonnais à la fin du Moyen Age,* Paris, CNRS, 1981. Très riche est le 1er Cahier de Fontevrault (26-28 mai 1988) sur *La Figuration des morts dans la chrétienté médiévale jusqu'à la fin du premier quart du XIVe siècle,* Abbaye royale de Fontevrault, Centre culturel de l'Ouest, 1989.

61. Plusieurs chercheurs cités (F. Piponnier, D. Alexandre-Bidon, P. Mane) appartiennent au Groupe d'archéologie médiévale du Centre de recherches historiques (EHESS, Paris). Nous ne pouvons traiter ici plus longuement de l'archéologie médiévale qui se laisse pénétrer par l'anthropologie : structures d'habitat, civilisation matérielle, alimentation, etc.

62. Cf. J. Le Goff, *Histoire et Mémoire,* Paris, Gallimard, 1988, en particulier, p. 105-177. *Temps, Mémoire, Tradition au Moyen Age* (actes du 13e congrès de la Société des historiens médiévistes de l'enseignement supérieur public, Aix-en-Provence, 4-5 juin 1982), Aix-en-Provence, Université de Provence, 1983. *Jeux de mémoire : aspects de la mnémotechnie médiévale,* B. Roy et P. Zumthor éd., Montréal, Presses de l'université de Montréal, Paris, Vrin, 1985.

63. Cf. E. Fouilloux, « Controverses sur la religion populaire », *L'Histoire,* n° 1, mai 1978, p. 84-86. F.-A. Isambert, *Le Sens du sacré, Fête et religion populaire,* Paris, Ed. de Minuit, 1982, p. 21-77.

64. J.-C. Schmitt, « 'Religion populaire' et culture folklorique », *Annales ESC,* 1976, p. 941-953. —, « Les traditions folkloriques dans la culture médiévale. Quelques réflexions de méthode », *Archives de sciences sociales des religions,* t. 52, 1,

1981, p. 5-20. —, *Religione, folklore e società nell'Occidente medievale,* Rome-Bari, Laterza, 1988 (introduction capitale, p. 1-27, avec réponse à l'article de J. Van Engen, « The Christian Middle Ages as an Historiographical Problem », *The American Historical Review,* t. 91, 1988, p. 519-552). M. Lauwers, « 'Religion populaire', culture folklorique, mentalités. Notes pour une anthropologie culturelle du Moyen Age », *Revue d'histoire ecclésiastique,* t. 82, 2, 1987, p. 221-258.

65. Le recours au folklore servit à expliquer l'origine et à justifier les prétentions féodales : cf. J. Le Goff, « Mélusine maternelle et défricheuse », *Annales ESC,* 1971, p. 587-603, repris dans *Pour un autre Moyen Age, op. cit.,* p. 307-331. Egalement R. Chanaud, « Le chevalier, la fée et l'hérétique. Une ancêtre valentinoise de Mélusine, la dame du château de l'Epervier », *Le Monde alpin et rhodanien,* 1985, p. 31-54.

66. J. Le Goff, « Culture cléricale et traditions folkloriques dans la civilisation mérovingienne », *Annales ESC,* 1971, p. 587-603, repris dans *Pour un autre Moyen Age, op. cit.,* p. 223-235.

67. « 'Religion populaire' et culture folklorique », article cité.

68. J.-C. Schmitt, « Les 'superstitions' », in *Histoire de la France religieuse,* sous la direction J. Le Goff et R. Rémond, t. 1, *Des dieux de la Gaule à la papauté d'Avignon (des origines au XIVe siècle),* Paris, Ed. du Seuil, 1988, p. 416-551. J. Berlioz, « Pouvoirs et contrôle de la croyance : la question de la procréation démoniaque chez Guillaume d'Auvergne (vers 1180-1249) », *Razo. Cahiers du Centre d'études médiévales de Nice,* t. 9, 1989, p. 5-27.

69. J.-C. Schmitt, *Religione, op. cit.,* p. 10. Cf. A.J. Gourevitch, *Contadini e santi. Problemi della cultura popolare nel Medioevo,* Turin, Einaudi, 1986 (éd. originale, 1981).

70. J. Le Goff, « Le temps de l'*exemplum* (XIIIe siècle) », in *Le Temps chrétien de la fin de l'Antiquité au Moyen Age (IIIe-XIIIe siècle)* (actes du colloque du CNRS, Paris, 9-12 mars 1981), Paris, CNRS, 1984, p. 553-556, repris dans *L'Imaginaire médiéval, op. cit.,* p. 99-102. —, « Calendario », *Enciclopedia,* t. 2, Turin, Einaudi, 1977, p. 501-534. C. Gaignebet et M.-C. Florentin, *Le Carnaval. Essais de mythologie populaire,* Paris, Payot, 1974. P. Mane, *Calendriers et Techniques agricoles (France-Italie, XIIe-XIIIe siècle),* Paris, Le Sycomore, 1983. J.-C. Schmitt, « 'Jeunes' et danse des chevaux de bois. Le folklore méridional dans la littérature des 'exempla' (XIIIe-XIVe siècle) », *Cahiers de Fanjeaux,* n° 11, 1976, p. 127-158. —, « Temps, folklore et politique au XIIe siècle. A propos de deux récits de Walter Map. *De Nugis curialium* I 9 et IV 13 », in *Le Temps chrétien de la fin de l'Antiquité au Moyen Age, op. cit.,* p. 490-515. M-Th. Lorcin, « Le temps chez les humbles : passé, présent et futur dans les testaments foréziens (1300-1450) », *Revue historique,* t. 229, 1988, p. 313-336. Cf. *supra,* note 62.

71. J. Le Goff et P. Vidal-Naquet, « Lévi-Strauss en Brocéliande. Esquisse pour une analyse d'un roman courtois », *Critique,* n° 325, juin 1974, p. 543-571 ; version augmentée dans *Claude Lévi-Strauss,* Paris, Gallimard, 1979, p. 265-319, reprise dans *L'Imaginaire médiéval, op. cit.,* p. 151-187. J. Le Goff, « Le désert-forêt dans l'Occident médiéval », *Traverses,* t. 19, 1980, p. 22-23, repris dans *L'Imaginaire médiéval, op. cit.,* p. 59-75.

72. J.-C. Schmitt, « Les revenants dans la société médiévale », *Le Temps de la réflexion,* t. 3, 1982, p. 285-306. —, « Les morts qui parlent : voix et vision au XIIe siècle », in *La Linguistique fantastique,* S. Auroux, J.-C. Chevalier, N. Jacques-Chaquin et Ch. Marchello-Nizia éd., Paris, Denoël, 1985, p. 95-102. Egalement

H. Bresc, « Culture folklorique et théologique : le revenant de Beaucaire (1211) », *Razo. Cahiers du Centre d'études médiévales de Nice,* t. 8, 1988, p. 65-74.

73. J. Le Goff, *La Naissance du Purgatoire,* Paris, Gallimard, 1981.

74. J. Le Goff, « Le christianisme et les rêves (IIᵉ-VIIᵉ siècle) » in *I sogni nel Medio Evo,* T. Gregory éd., Rome, Ed. dell'Ateneo, 1985, repris dans *L'Imaginaire médiéval, op. cit.,* p. 265-316. J.-C. Schmitt, « L'autobiographie rêvée », *Problèmes et Méthodes de la biographie. Sources. Travaux historiques,* t. 3-4, 1985, p. 291-316.

75. J.-C. Schmitt, « Rêver au XIIᵉ siècle », in *I sogni nel Medio Evo, op. cit.,* p. 291-316.

76. J.-C. Schmitt, *Le Saint lévrier, Guinefort, guérisseur d'enfants depuis le XIIIᵉ siècle,* Paris, Flammarion, 1979.

77. D. Fabre, « Le saint, le chien et l'enfant des faunes », *Critique,* n° 419, avril 1982, p. 310-311.

78. J. Le Goff, « Culture ecclésiastique et culture folklorique au Moyen Age : saint Marcel de Paris et le dragon », in *Ricerche storiche ed economiche in memoria di Corrado Barbagallo,* L. de Rosa éd., Naples, ESI, 1970, t. 2, p. 51-90, repris dans *Pour un autre Moyen Age, op. cit.,* p. 236-279. Egalement M. Grinberg, « Des géants au carnaval de Metz en 1498 : innovation folklorique et politique urbaine », in *Les Géants processionnels en Europe* (actes du colloque d'Ath, 1981), Bruxelles, Ministère de la Communauté française, 1983, p. 319-326.

79. *Le Charivari* (actes de la table ronde organisée par l'EHESS, Paris, 25-27 avril 1977), J. Le Goff et J.-C. Schmitt éd., Paris-La Haye-New York, Mouton, 1981. Egalement C. Gauvard et A. Gokalp, « Les conduites de bruit et leur signification à la fin du Moyen Age : le charivari », *Annales ESC,* 1974, p. 693-704. H. Rey-Flaud, *Le Charivari. Les rituels fondamentaux de la sexualité,* Paris, Payot, 1985 (perspective plutôt psychanalytique). Sur les masques dans l'Occident médiéval, cf. J.-C. Schmitt, « Les masques, le diable, les morts dans l'Occident médiéval », *Razo. Cahiers du Centre d'études médiévales de Nice,* t. 7, 1986, p. 87-119. J. Berlioz, « Masques et croquemitaines. A propos de l'expression 'Faire barbo' au Moyen Age », in *Croyances, Récits et Pratiques de tradition. Mélanges Charles Joisten* (Mélanges d'ethnologie, d'histoire et de linguistique en hommage à Charles Joisten, 1936-1981), *Le Monde alpin et rhodanien,* t. 1-4, 1982, p. 221-234.

80. M. Grinberg, « Carnaval et société urbaine (XIVᵉ-XVIᵉ siècle) : le royaume dans la ville », *Ethnologie française,* t. 4, 1974, p. 215-244. Egalement D. Fabre, « Le monde du Carnaval », *Annales ESC,* 1976, p. 389-406. C. Gaignebet et M.-C. Florentin, *Le Carnaval, op. cit.* C. Gaignebet et J.-D. Lajoux, *Art profane et Religion populaire au Moyen Age,* Paris, PUF, 1985.

81. Les jalons ont été posés par J.-C. Schmitt, « Christianisme et mythologie. Occident médiéval et 'pensée mythique' » in *Dictionnaire des mythologies,* Paris, Flammarion, 1981, t. 1, p. 181-185. —, « Problèmes du mythe dans l'Occident médiéval », *Razo. Cahiers du Centre d'études médiévales de Nice,* t. 8, 1988, p. 3-17. Egalement *Pour une mythologie du Moyen Age,* Paris, ENS, 1988 (études rassemblées par L. Harf-Lancner et D. Boutet). L'édition critique et la traduction française des *Mythographes du Vatican,* manuels de mythologie classique (IXᵉ-XIIIᵉ siècle), sont en préparation par N. Zorzetti (université de Trieste) et J. Berlioz, pour Les Belles Lettres (2 vol.).

82. Cf. P. Boglioni, « Pour l'étude de la religion populaire au Moyen Age : le problème des sources », in *Foi populaire, Foi savante,* Paris, Ed. du Cerf, 1976, p. 93-148.

83. Cf. J. Berlioz, « Les recherches en France sur les *exempla* médiévaux, 1968-1988 », in *Exempel und Exempelsammlungen,* hrsg. v. W. Haug und B. Wachinger, Tübingen, Max Niemeyer Verlag (« Fortuna vitrae, Arbeiten zur literarischen Tradition zwischen dem 13. und 16. Jahrhundert », 2), sous presse.

84. Cf. J. Le Goff, « Une collecte ethnographique en Dauphiné au début du XIIIe siècle », in *Croyances, Récits et Pratiques de tradition, op. cit.*, p. 55-65, repris dans *L'Imaginaire médiéval, op. cit.*, p. 40-56.

85. La bibliographie fournie dans J. Berlioz, « Les recherches... », article cité, repérant l'essentiel de la production des chercheurs français, compte 130 numéros.

86. Cf. C. Bremont, J. Le Goff et J.-C. Schmitt, *L'Exemplum,* Turnhout, Brepols, 1982.

87. Dans *L'Exemplum, op. cit.*, p. 86. Cf. J. Berlioz, « L'effondrement du mont Granier en Savoie (fin 1248). Production, transmission et réception des récits historiques et légendaires (XIIIe-XVIIe siècle) », *Le Monde alpin et rhodanien,* t. 1-2, 1987, p. 7-68. J. Berlioz, Ch. Abry et A. Joisten, « Le dialogue des esprits maléfiques dans la montagne (Savoie, Dauphiné et Valais romand) », *Le Monde alpin et rhodanien,* t. 1-2, 1988, p. 61-86.

88. J. Le Goff, « Culture cléricale », article cité. J.-C. Schmitt, « La parola addomesticata. San Domenico, il gatto e le donne di Fanjeaux », *Quaderni Storici* (Religioni delle classi popolari, a cura di C. Ginzburg), mai-août 1979, p. 416-439. A. Boureau, *La « Légende dorée ». Le système narratif de Jacques de Voragine (†1298),* Paris, Ed. du Cerf, 1984.

89. A. Vauchez, « Liturgie et culture folklorique : les rogations dans la *Légende dorée* de Jacques de Voragine », in *Les Laïcs au Moyen Age. Pratiques et expériences religieuses,* Paris, Ed. du Cerf, 1987, p. 145-155.

90. Cf. par exemple M.-M. Jeay, *Savoir faire. Une analyse des croyances des Evangiles des Quenouilles (XVe siècle),* Montréal, CERES, 1982. M.-Th. Lorcin, « Malheur et présages du malheur dans les Evangiles des Quenouilles », *Le Monde alpin et rhodanien,* 1986, p. 207-218. M. Rousse, « Le jeu de la feuillée et les coutumes du cycle de mai », in *Mélanges de langue et de littérature françaises du Moyen Age et de la Renaissance offerts à Charles Foulon,* Rennes, Institut de français, 1980, t. 1, p. 313-327.

91. P. Braun, « La valeur documentaire des lettres de rémission », in *107e Congrès national des Sociétés savantes* (Brest, 1982), Paris, Comité des travaux historiques et scientifiques, 1985, p. 207-221. Egalement l'ouvrage pionnier de R. Vaultier, *Le Folklore pendant la guerre de Cent Ans d'après les lettres de rémission du Trésor des chartes,* Paris, Librairie Guénégaud, M. Pénau et Cie, 1965. Il faudrait évoquer également les registres des officialités, les registres de la Cour temporelle d'Avignon (étudiés par exemple par J. Chiffoleau, *Les Justices du pape, op. cit.*), les registres d'inquisition (comme ceux de Jacques Fournier, mis en valeur par E. Le Roy Ladurie, *Montaillou, village occitan de 1294 à 1324,* Paris, Gallimard, 1975), etc.

92. M. Pastoureau, *Traité d'héraldique,* Paris, Picard, 1979. —, *L'Hermine et le Sinople. Etudes d'héraldique médiévale,* Paris, Le Léopard d'or, 1982. —, « Du bleu au noir. Ethiques et pratiques de la couleur à la fin du Moyen Age », *Médiévales,* t. 4, 1988, p. 9-22. —, « Et puis vint le bleu », *Europe,* n° 654, 1983, p. 43-50. —, « Formes et couleurs du désordre : le jaune avec le vert », *Médiévales,* t. 4, 1983, p. 62-73. —, « Les couleurs aussi ont une histoire », *L'Histoire,* n° 92, septembre 1986,

p. 46-54. —, *Couleurs, Images, Symboles. Etudes d'histoire et d'anthropologie,* Paris, Le Léopard d'or, 1989.

93. J.-C. Bonne, *L'Art roman de face et de profil. Le tympan de Conques,* Paris, Le Sycomore, 1984.

94. F. Boespflug et N. Lossky éd., *Nicée II (787-1987). Douze siècles d'images religieuses,* Paris, Ed. du Cerf, 1987.

95. J. Baschet, « Images du désordre et de l'ordre : représentations médiévales de l'enfer », *Médiévales,* t. 4, 1983, p. 15-36.

96. J. Wirth, *L'Image médiévale Naissance et développements (VIe-XVe siècle),* Paris, Méridiens-Klincksieck, 1989.

97. J.-C. Schmitt, « Le spectre de Samuel et la sorcière d'En Dor. Avatars historiques d'un récit biblique (*I Rois* 28) », *Etudes rurales,* t. 105-106, 1987, p. 37-64. —, « Le corps des images », in *Dictionnaire de poétique,* sous la direction d'Y. Bonnefoy, Paris, Flammarion (sous presse).

98. Cf. E. Patlagean, « L'histoire de l'imaginaire », in *La Nouvelle Histoire, op. cit,* p. 307-334. J. Le Goff, *L'Imaginaire médiéval, op. cit.*

99. Cf. A. Guerreau, *La Fin du comte. Structure des représentations et de la société dans l'Europe féodale* (à paraître, Armand Colin).

100. In *La Construction du monde. Religion, représentations, idéologie,* Paris, Maspero, 1974, p. 12. Sur les questions théoriques posées par l'anthropologie politique, cf. E. Terray, « Une nouvelle anthropologie politique ? », *L'Homme,* t. 110, n° 29, 1989, p. 5-29.

101. M. Bloch, *Les Rois thaumaturges. Etudes sur le caractère surnaturel attribué à la puissance royale particulièrement en France et en Angleterre,* Paris, Gallimard, 1983 (préface de J. Le Goff). E. Kantorowicz, *Le Double Corps du roi. Essai sur la théologie politique au Moyen Age,* Paris, Gallimard, 1989.

102. P.E. Schramm, *Herrschaftszeichen und Staatsymbolik. Beiträge zu ihrer Geschichte vom dritten bis zum sechzenten Jahrhundert,* Stuttgart, Hiersemann, 1954-1956.

103. E.E. Evans-Pritchard, *Systèmes politiques africains,* Paris, PUF, 1964 (1re éd. Londres, 1940). G. Balandier, *Anthropologie politique,* Paris, PUF, 1969.

104. L. de Heusch, *Pourquoi l'épouser ?,* Paris, Gallimard, 1971. —, *Ecrits sur la royauté sacrée,* Bruxelles, Ed. de l'université de Bruxelles, 1987. Sur l'utilisation des travaux des anthropologues africanistes dans l'analyse de la genèse de l'Etat, cf. J.-C. Schmitt, « Problèmes religieux de la genèse de l'Etat moderne », in *Etat et Eglise dans la genèse de l'Etat moderne,* Madrid, Casa de Velázquez, 1986, p. 55-62.

105. B. Guénée et F. Lehoux, *Les Entrées royales françaises de 1328 à 1515,* Paris, CNRS, 1965. C. Beaune, *Naissance de la nation France,* Paris, Gallimard, 1985.

106. M. Sot, « Hérédité royale et pouvoir sacré avant 987 », *Annales ESC,* mai-juin, 1988, p. 705-733.

107. Ph. Contamine, « L'oriflamme de Saint-Denis aux XIVe et XVe siècles. Etude de symbolique religieuse et royale », *Annales de l'Est,* t. 25, 1973, p. 179-244. M. Pastoureau, cf. *supra,* note 92. H. Pinoteau, *Vingt-cinq Ans d'études dynastiques,* Paris, Ed. Christian, 1982. A. Boureau, *L'Aigle. Chronique politique d'un emblème,* Paris, Ed. du Cerf, 1985. C. de Mérindol, « Essai sur l'emblématique et la thématique de la monarchie française à la fin du Moyen Age d'après le témoignage du château de Vincennes », *Bulletin de la Société nationale des antiquaires de France,* 1986, p. 187-227.

108. Actes sous presse.

109. C. Beaune, « Les sanctuaires royaux », in *Les Lieux de mémoire,* P. Nora éd., 2, *La Nation,* vol. 1, Paris, Gallimard, 1986, p. 57-88. J. Le Goff, « Reims, ville du sacre », *ibid.*, p. 89-184.

110. A. Lombard-Jourdan, « *Montjoie et Saint Denis !* » *Le Centre de la Gaule aux origines de Paris et de Saint-Denis,* Paris, CNRS, 1989.

111. S. Briffaud, « Visions de la montagne et imaginaire politique. L'ascension de 1492 au Mont-Aiguille, et ses traces dans la mémoire collective (1492-1834) », *Le Monde alpin et rhodanien,* t. 1-2, 1988, p. 39-60. E. Lalou (CNRS) termine un important travail sur les voyages de Philippe le Bel.

112. A. Erlande-Brandenburg, *Le roi est mort. Etude sur les funérailles, les sépultures et les tombeaux des rois de France jusqu'à la fin du XIII*e *siècle,* Paris, Arts et Métiers graphiques, 1975. E. Brown, « Burying and Unburying the Kings of France », in *Persons in Groups, op. cit.*, p. 241-266. J. Le Goff, « Saint Louis et les corps royaux », *Le Temps de la réflexion,* t. 3, 1982, p. 255-284. L. Musset, « Les sépultures des souverains normands : un aspect de l'idéologie du pouvoir », in *Autour du pouvoir ducal normand (X*e*-XII*e *siècle),* Caen, Annales de Normandie, (*Cahiers des Annales de Normandie,* t. 17), 1985, p. 19-44. M. Bur, « L'image de la parenté chez les comtes de Champagne », *Annales ESC,* 1983, p. 1016-1039.

113. R. Folz, *Les Saints Rois du Moyen Age en Occident (VI*e*-XIII*e *siècle),* Bruxelles, Société des bollandistes, 1984. J. Le Goff, « Le dossier de la sainteté de Philippe Auguste », *L'Histoire,* n° 100, mai 1987, p. 22-29. —, « La Sainteté de Saint Louis », *in* actes du colloque de l'Ecole française sur *La Sainteté,* 1988 (Ecole française de Rome). —, « La genèse du miracle royal français », in *Actes du colloque Marc Bloch* (Paris, 1986) (sous presse). —, « Le caractère sacré de la monarchie capétienne, d'Hugues Capet à Saint Louis », *in* actes du colloque de Royaumont sur *La Royauté sacrée,* 1989 (à paraître). — « Le *morbus regius* de l'Antiquité au Moyen Age », *Mediävistik,* t. 1, 1989. G. Klaniczay, « Sainteté royale au Moyen Age. Traditions, métamorphoses et discontinuités », *Cahiers du Centre de recherches historiques,* n° 3, avril 1989, p. 69-81.

114. J. Batany, « Des 'trois fonctions' aux 'trois états' », *Annales ESC,* 1963, p. 933-938. J. Le Goff, *La Civilisation de l'Occident médiéval, op. cit.*, p. 319-327. —, « Note sur société tripartite, idéologie monarchique et renouveau économique dans la Chrétienté du IX*e* au XII*e* siècle », in *L'Europe aux IX*e*-XI*e *siècles,* T. Manteuffel et A. Gieysztor éd., Varsovie, Institut d'histoire de l'Académie polonaise des sciences, 1968, p. 63-72, repris dans *Pour un autre Moyen Age, op. cit.*, p. 80-90. G. Duby, *Les Trois Ordres ou l'Imaginaire du féodalisme,* Paris, Gallimard, 1978. J. Le Goff, « Les trois fonctions indo-européennes, l'historien et l'Europe féodale », *Annales ESC,* 1979, p. 1187-1215. J.H. Grisward, *Archéologie de l'épopée médiévale. Structures trifonctionnelles et mythes indo-européens dans le cycle des Narbonnais,* Paris, Payot, 1981.

115. J. Le Goff, « Is Politics still the Backbone of History ? », *Daedalus,* 1971, p. 1-19 (texte original français : « L'histoire politique est-elle toujours l'épine dorsale de l'histoire ? », in *L'Imaginaire médiéval, op. cit.*, p. 333-349).

116. Cf. par exemple M. Godelier, *Rationalité et Irrationalité en économie,* Paris, Maspero, 1971.

117. K. Polanyi et C. Arensberg, *Les Systèmes économiques dans l'histoire et la théorie,* Paris, Larousse, 1975 (éd. américaine 1957). K. Polanyi, *La Grande Transformation : aux origines politiques et économiques de notre temps,* Paris, Gallimard, 1983.

118. J. Chiffoleau, *La Comptabilité de l'Au-delà, op. cit.*

119. J. Morsel, « Crise ? Quelle crise ? Remarques à propos de la prétendue crise de la noblesse allemande à la fin du Moyen Age », *Sources, Travaux historiques,* t. 14, 1988, p. 17-42.

120. Comme celui des « pays de Cocagne » médiévaux. Cf. J. Le Goff, « Età mitiche », *Enciclopedia,* t. 5, Turin, Einaudi, 1978, p. 886-914. —, « L'utopie de Cocagne », in *Mélanges B. Baczko* (sous presse).

121. L'exemple a déjà été donné, mais hélas, à notre connaissance, sans suite notable : une UV de licence (« Anthropologie et histoire ») a été assurée par C. Gaignebet durant quelques années à Paris-I ; une série de conférences (« Archives et ethnologie ») a été donnée en 1980 à l'Ecole des chartes par J.-L. Delmas (Archives départementales de l'Aveyron).

Le haut Moyen Age occidental

Pierre Riché, Elisabeth Nortier
Jean-Charles Picard, Michel Rouche *

L'histoire du haut Moyen Age occidental a fait l'objet de nombreuses publications jusque vers 1950. Elles se sont raréfiées alors en raison de la disparition d'une génération d'historiens représentée surtout par F. Lot et L. Halphen, alors qu'en Europe et même en Amérique cette période de l'histoire était de plus en plus étudiée dans la seconde moitié du XXe siècle.

D'autre part, la place que les historiens français ont tenue dans les colloques consacrés au haut Moyen Age a été assez discrète. Si, dans les *Settimane di studio del centro italiano di studi sull'alto Medioevo* qui se tiennent annuellement à Spolète depuis 1952[1], les Français sont au moins deux et au plus cinq ou six, dans les colloques d'outre-Manche, ils sont de un à trois[2]. Heureusement pour eux, les réunions scientifiques organisées par l'Institut historique allemand, dirigé jusqu'en 1989 par K.F. Werner, sont ouvertes largement aux Français. Le dernier colloque de Rouen consacré à la Neustrie fut marqué par de nombreuses contributions de nos collègues[3].

En France, des centres de recherches spécialisés dans le haut Moyen Age ont été créés et ont organisé des Congrès. Celui de l'université de Paris-X-Nanterre, créé en 1969, a pris comme thème en 1974 *La Christianisation entre Loire et Rhin (IIIe-VIIe siècle)*, en 1979 *Hagiographie, Cultures et Sociétés*... et en 1983, à Metz, *Hildegarde et son temps*[4]. Le Centre de l'université de

* Les parties I, V sont dues à P. Riché, II à J.-Ch. Picard, III à M. Rouche, IV à E. Nortier.

Lille-III a organisé, en 1984, un colloque sur saint Géry de Cambrai[5] et un autre à Maubeuge, en 1988, sur *La Femme au Moyen Age.* Le Centre de recherches sur le monachisme celtique a réuni des chercheurs à Landévennec en 1985 sur *Landévennec et le Monachisme breton dans le haut Moyen Age* et, depuis, organise tous les ans une journée sur les différents thèmes concernant la vie religieuse celte[6]. Pendant l'année 1987, de nombreuses rencontres scientifiques eurent lieu à Paris, Auxerre, Senlis, Orléans, Metz, Amiens, Saint-Riquier mais aussi à Barcelone. Enfin n'oublions pas que notre Société a consacré son congrès de Dijon, en 1978, à *L'Occident et l'Orient au xe siècle*[7].

Congrès et colloques supposent des recherches de plus en plus nombreuses sur le haut Moyen Age occidental. Mais comment définir cette période ? Les variations de la périodisation selon les époques nécessitent une mise au point. Pour le ministère de l'Education nationale, c'est la date de 476, fin de l'Empire romain d'Occident, qui sépare l'Antiquité du Moyen Age. Il faut bien trouver une date mais il est certain que rien n'est plus conventionnel et que, du IVe au VIIe siècle, l'Antiquité tardive et l'époque romano-barbare sont étroitement liées. P. Riché après H.-I. Marrou l'a rappelé récemment dans la préface de la 4e édition du livre classique de F. Lot, *La Fin du monde antique et les Débuts du Moyen Age*[8]. Contrairement à ce que pensait F. Lot, cette période ne peut être considérée comme un temps de décadence et l'époque dite barbare comme une « période historique maudite ». Les historiens de ce qu'on appelait autrefois le Bas-Empire ont beaucoup travaillé à mieux faire connaître le IVe et le Ve siècle pour le plus grand profit des médiévistes.

Pour présenter les travaux concernant le haut Moyen Age, commençons par donner quelques indications générales sur les trois périodes que couvre notre domaine :

1. Epoque romano-barbare du Ve au VIIIe siècle.
2. Epoque carolingienne des VIIIe et IXe siècles.
3. Epoque postcarolingienne, IXe-XIe siècle.

Puis nous parlerons successivement des travaux consacrés à l'histoire de la France, puis à l'histoire des régions, de l'économie et enfin de la culture intellectuelle.

I. Etudes sur les trois périodes

1. Les temps romano-barbares, Ve-VIIIe siècle

Le renouvellement de nos connaissances sur l'époque romano-barbare est dû surtout à une nouvelle exploitation des sources.

a) Sources archéologiques.
Bien que ces sources fassent l'objet d'une présentation dans un autre chapitre, il faut rappeler l'importance des travaux en histoire de l'art et archéologie dont rendent compte les revues *Cahiers archéologiques* depuis 1946, *Archéologie médiévale* depuis 1970, les colloques d'archéologie chrétienne ou mérovingienne. La liste des travaux de J. Hubert est assez éloquente pour juger des progrès de la science française dans ce domaine [9].

b) Sources épigraphiques.
On a longtemps estimé qu'après le VIIe siècle les inscriptions étaient rares puisque la civilisation de l'oral faisait place à celle de l'écrit. Pourtant, après les *Recueils des inscriptions chrétiennes de la Gaule antérieure à la Renaissance carolingienne* [10] qu'H. Marrou a dirigés au début et dont deux volumes sont parus, une équipe poitevine a commencé à publier le *Corpus des inscriptions de la France médiévale* [11]. On s'est alors rendu compte que les inscriptions après le VIIe siècle étaient plus nombreuses qu'on ne le pensait, soit sur les objets d'art et du culte, soit sur les monuments. Lorsque ces monuments avaient disparu, les textes pouvaient donner l'inscription.

c) Sources numismatiques.
Le bouleversement des théories anciennes sur le haut Moyen Age est particulièrement net dans le domaine d'une science qu'il faut désormais ériger en discipline à part entière : la numismatique. Ici, il faut souligner l'importance capitale des travaux de J. Lafaurie. Dès 1954, il s'est attaché à découvrir les

premières monnaies mérovingiennes et à expliquer le triomphe de la monnaie d'argent sur celle en or. Dans les *Mélanges* qui lui furent offerts en 1980[12], figurent notamment plus de 180 titres d'articles concernant notre période. Après ces *Mélanges,* J. Lafaurie a publié au moins 62 articles sur l'époque mérovingienne et 6 sur l'époque carolingienne.

d) Sources juridiques.

Les lois émanant de l'autorité civile romaine, germanique ou celtique ont fait l'objet d'éditions et d'études. Le droit de la Bretagne celtique en particulier a été bien mis en valeur par L. Fleuriot[13]. Pour la législation religieuse, nous avons maintenant l'édition et la traduction des conciles de la Gaule mérovingienne[14], la traduction de pénitentiels, de nouvelles éditions de règles monastiques. L'histoire de l'éducation, de la culture populaire, de la sexualité a été renouvelée par l'utilisation de ces textes[15].

e) Sources diplomatiques.

L'édition des *Chartae latinae* que nos collègues H. Atsma et J. Vezin mènent à bien ou les *Comptes de Saint-Martin de Tours* donnés par J. Vezin et P. Gasnault permettent de montrer que la tradition romaine de l'écrit se poursuit dans l'Occident barbare[16].

f) Enfin l'*hagiographie,* que les historiens considéraient au début du siècle comme « une basse littérature comparable au roman-feuilleton », comme un « odieux fatras », fait l'objet aujourd'hui de colloques et de nombreux travaux[17]. Les Vies des saints sont considérées comme des documents importants pour connaître les croyances et les mentalités de l'époque. Sans les Vies de saints, impossible de faire l'histoire de l'évangélisation dans les pays de la Moselle, de l'aristocratie mérovingienne, de la société bretonne, etc.

Ce renouvellement de l'histoire des temps romano-barbares s'est fait en étroite liaison avec nos collègues allemands, en particulier les deux directeurs de l'Institut historique allemand de Paris, E. Ewig et K.F. Werner. Il s'est fait également en collaboration avec nos collègues philologues qui, de plus en plus, s'intéressent au latin du haut Moyen Age et publient des textes de toutes sortes.

2. *Les temps carolingiens,* VIII*e*-IX*e* *siècle*

Il y a vingt ans, les livres qui faisaient autorité étaient ceux de L. Halphen, de J. Boussard et R. Folz et de F.L. Ganshof, un collègue belge très proche de la France. Nous avons bénéficié des « retombées » de la fameuse exposition d'Aix-la-Chapelle, en 1965, et de la publication des quatre volumes de *Karl der Grosse* auxquels plusieurs Français avaient collaboré. Si nous parcourons la bibliographie de *La Vie quotidienne dans l'Empire carolingien* (1973) ou des *Carolingiens, une famille qui fit l'Europe* (1983), nous trouvons les noms de G. Duby, *Guerriers et Paysans* (1973), de J. Dhondt, *Le Haut Moyen Age,* traduction française d'un livre écrit en allemand (1976), des chapitres de M. Pacaut, dans *L'Histoire générale de l'Europe,* au titre significatif « L'Europe carolingienne ou le temps des illusions » (1980), de M. Rouche, dans *L'Histoire du Moyen Age* dirigée par R. Fossier, « Les premiers frémissements de l'Europe » (1983). Cependant K.F. Werner, dans *Les Origines* dont on parlera plus loin, réagissait contre bien des idées reçues concernant particulièrement la prétendue centralisation carolingienne [18]. Il montrait, dans ce livre et dans d'autres articles, le poids de la tradition romaine dans l'Empire, définissant les concepts de *dux, marchio, princeps,* etc. Les règnes des prédécesseurs et successeurs de Charlemagne ont été mieux éclairés. Le grand règne de Pépin III dit « le Bref » prépare, par ses réformes politiques, monétaires, religieuses et administratives, celui de son fils [19]. Louis le Pieux, mais surtout Charles le Chauve méritent plus d'attention qu'ils n'en avaient eue jusqu'ici [20]. Les grandes familles aristocratiques qui se sont implantées en Europe font l'objet d'études prosopographiques ainsi que le personnel de l'administration [21]. L'évolution des liens personnels chez les Francs est présentée d'une nouvelle façon grâce à une étude lexicographique minutieuse par notre collègue E. Magnou-Nortier [22]. Cette dernière a, d'autre part, entrepris d'étudier sous un nouveau jour la fiscalité carolingienne, comme nous le dirons plus loin. Ses travaux rejoignent ceux de J. Durliat, qui voit dans les polyptyques carolingiens des documents surtout fiscaux. Sur les grands domaines de cette époque, il y a beaucoup de neuf grâce aux recherches belges, allemandes et françaises, voire japonaises[23]. L'économie carolingienne en général fait l'objet de bien des controverses. Y a-t-il stagnation, et même récession, ou croissance ? A. Verhulst souhaite « une reconsidération fondamentale de l'économie carolingienne vis-à-vis des vues catastrophiques d'H. Pirenne, de G. Duby ou de R. Fossier[24] ».

Le nom d'H. Pirenne et ses travaux sont, cinquante ans après, toujours évoqués et objets de débats. Le livre de S. Lebecq sur les Frisons redonne de l'actualité aux problèmes sur le commerce maritime[25]. Les invasions normandes sont étudiées dans leurs conséquences sociales et religieuses. L'exode des moines et les translations de reliques, dont témoignent des dizaines de textes, ouvrent un nouveau champ de recherches[26].

3. Les temps postcarolingiens, x^e-début xie siècle

Les invasions normandes marquent la fin de l'essor carolingien. Commence alors une période considérée trop longtemps comme « un temps de fer et de plomb » qui se terminait par les mythiques « terreurs de l'an Mil »[27].

L'année « Hugues Capet » a permis aux chercheurs des mises au point indispensables. Renvoyons au cahier *xe siècle. Recherches nouvelles* en attendant la publication des actes des différents colloques[28]. L'histoire sociale a été renouvelée par les livres de J.-F. Lemarignier et de ses élèves et par les travaux de G. Duby[29]. Grâce à R. Folz, P. Corbet et M. Parisse, les domaines lotharingien et ottonien nous sont mieux connus[30]. Les études régionales, dont on reparlera plus loin, recouvrent tous les pays d'Occident.

Toutes ces recherches sur le xe siècle ont été facilitées par une nouvelle étude des sources. Déjà G. Duby, dans son petit livre sur *L'An Mil* (1967), avait présenté et utilisé les œuvres de Raoul Glaber, Adhémar de Chabannes, Richer de Saint-Rémi, Helgaud de Fleury, etc. Or depuis, ces auteurs un peu oubliés sont objet d'éditions nouvelles, de traductions et d'études. R.-H. Bautier et ses collaborateurs ont édité la *Vie de Robert le Pieux* d'Helgaud, la *Vie de Gauzlin de Fleury,* les ouvrages d'Odorannus de Sens, la *Chronique de Saint-Pierre-le-Vif,* en attendant les œuvres d'Abbon qui sont inscrites au programme. Le poème d'Adalbéron de Laon est édité et étudié par C. Carozzi, la *Chronique de Mouzon* par M. Bur, la *Vie de saint Maïeul* par D. Iogna-Prat[31]. On annonce une nouvelle édition et traduction des lettres de Gerbert, ce grand savant et homme politique, devenu le pape de l'an Mil, un peu trop oublié en France[32]. L'église de Reims, qu'il a dirigée quelques années, fait aussi l'objet d'études nouvelles à partir de l'œuvre de Flodoard. Tous ces textes intéressent plus particulièrement l'histoire de France dans le haut Moyen Age dont il faut parler maintenant.

II. L'HISTOIRE DE LA FRANCE AU HAUT MOYEN AGE

Il faut bien reconnaître que l'histoire du royaume franc, puis de la Francie occidentale, n'est pas au centre des préoccupations des médiévistes français. Ils ont plus volontiers rédigé des synthèses couvrant l'ensemble du monde occidental, nous l'avons vu plus haut, ou des études sur les régions périphériques du monde franc, nous le verrons ensuite. Il est symptomatique que les « histoires de France » consacrées au haut Moyen Age au cours des vingt dernières années soient principalement l'œuvre de collègues étrangers, E. James et K.F. Werner[33]. Cette dernière œuvre est d'autant plus intéressante qu'elle s'inscrit volontairement dans la tradition de l'histoire de France « à la Lavisse » ; son auteur commence par une description géographique de l'Hexagone et c'est dans ce cadre qu'il situe les premières phases d'une histoire dont la constitution de l'Etat actuel est l'aboutissement. La conscience nationale n'attribue pas un grand rôle aux Francs dans la construction d'un pays qui porte pourtant leur nom ; nos ancêtres, tout le monde le sait, ce sont les Gaulois. K.F. Werner s'est intéressé à ce transfert de paternité dont il a fait l'histoire.

D'autres circonstances ont contribué au désintérêt des médiévistes français pour le royaume franc. Les recherches menées au cours des dernières décennies ont montré l'importance de la « mutation féodale » qui s'opère aux xe-xie siècles. Elles ont suscité la publication d'une série de thèses célèbres, mais elles ont aussi amené une partie des médiévistes à considérer, implicitement ou explicitement, le haut Moyen Age comme un long préambule du « vrai » Moyen Age, voire comme un prolongement de l'Antiquité qui n'était pas vraiment de la compétence des médiévistes[34].

Aussi est-ce, pour une bonne part, à l'existence d'entreprises éditoriales consacrées aux divers aspects de l'histoire de la France que l'on doit une série de synthèses sur la vie rurale, la vie urbaine, l'histoire de la population, les calamités, la vie religieuse — nous ne citons que les contributions qui s'inscrivent explicitement dans un cadre « français ». N'oublions pas les chapitres consacrés au haut Moyen Age dans les histoires de provinces ou les histoires de villes, toujours appréciées du grand public. Il faut enfin signaler le rôle des anniversaires. La victoire de Clovis sur Syagrius a été modestement célébrée par quelques expositions et un colloque de l'Association française d'archéologie mérovingienne ; l'avènement d'Hugues Capet a eu un retentissement national beaucoup plus considérable et a suscité une série de colloques et de publications rappelés plus haut.

C'est principalement l'histoire du royaume mérovingien qui a pâti de ce désintérêt ; ses historiens les plus récents sont allemand ou américain[35]. Chez nous, les Francs sont encore le plus souvent considérés comme des Germains barbares. Certes, les recherches récentes ont montré que les Francs étaient profondément romanisés et que, dans tous les domaines, la continuité avec l'Antiquité l'emportait sur les ruptures. D'ailleurs, l'appellation d'« Antiquité tardive » concurrence celle de haut Moyen Age pour désigner l'époque mérovingienne. Logiquement, on constate que les spécialistes français de cette période sont plus souvent des antiquaires que des médiévistes — d'autant plus que l'étude de la fin de l'Antiquité a connu en France un développement brillant à la suite des recherches menées par H.-I. Marrou. On doit à ces chercheurs la publication des deux premiers volumes du *Recueil des inscriptions chrétiennes de la Gaule (RICE)* et ils jouent un grand rôle dans l'enquête sur la *Topographie chrétienne des cités de la Gaule des origines au milieu du VIII*^e^ *siècle,* dont six fascicules sont actuellement parus.

Parmi les médiévistes, ce sont les archéologues qui ont porté le plus d'intérêt à la période franque. Il existe en France une tradition ancienne d'étude des nécropoles mérovingiennes, dont les bastions se situent plus dans les sociétés locales et dans les revues consacrées aux antiquités nationales qu'à l'université. Elle a connu un renouveau au cours de ces vingt dernières années, en même temps que se développait l'archéologie médiévale en général. Ses résultats ont été présentés au grand public par notre collègue P. Périn. Il faut également mentionner les nombreuses expositions consacrées à la période mérovingienne (et même, récemment, à l'époque carolingienne) dont les catalogues constituent un apport scientifique de première valeur (voir bibliographie). Sans empiéter sur un autre secteur de la recherche, il faut signaler ici tout ce que l'enquête archéologique, menée avec des méthodes renouvelées, apporte à notre connaissance de la composition ethnique de la population « franque » (grâce au développement des études anthropologiques), de la structure sociale du monde franc, de la christianisation et des pratiques funéraires. L'archéologie commence également à nous éclairer sur l'occupation du sol, l'habitat rural aristocratique et paysan et le problème de l'origine du village si débattu actuellement.

L'intérêt suscité par le développement des principautés périphériques a bénéficié aux deux principautés nées au cœur du royaume franc. En 1985, l'Institut historique allemand a consacré à la Neustrie un colloque dont les actes viennent de paraître ; en même temps, les musées de Rouen avaient organisé une exposition dont le catalogue constitue un précieux tableau du royaume franc du VIIe au IXe siècle. F. Cardot s'est intéressée à l'espace austrasien. Comme on l'a vu, les publications consacrées par les médiévistes français à l'époque carolingienne sont beaucoup plus nombreuses, mais elles concernent généralement l'ensemble de l'Empire. Grâce aux efforts de R.-H. Bautier, la publication des diplômes royaux des IXe et Xe siècles est achevée.

Plusieurs textes importants ont été publiés aux « Belles Lettres » ou dans la « Collection bleue » du CNRS ; signalons encore les contributions de nos collègues R.-H. Bautier et E.-R. Labande au volume des *Settimane* de Spolète consacré à l'historiographie[36].

Il faut enfin signaler que certains secteurs de la recherche ont plus mobilisé que d'autres les universitaires français. La majorité des études consacrées au haut Moyen Age concerne l'histoire religieuse et c'est par le biais de l'histoire religieuse que sont abordées d'autres questions, l'histoire urbaine par exemple[37]. En revanche, l'histoire des institutions et l'histoire économique ont suscité moins de vocations, et sont abordées dans le cadre plus général de l'Occident.

III. L'histoire des régions

Ce thème de recherches a longtemps fait figure de parent pauvre, pour ne pas dire d'objet de mépris en France, car il était abandonné aux sociétés d'histoire locale et souvent confondu avec une érudition pointilliste récréative. Cette attitude réductrice fut accentuée par la mort prématurée de L. Auzias, dont la thèse sur l'Aquitaine carolingienne fut une publication posthume, en 1937, et par le fait que ce soit un Belge, J. Dhondt, en 1948, qui ait relancé la problématique avec son *Etude sur la naissance des principautés territoriales en France* du IXe au Xe siècle[38]. Pour lui, le phénomène était essentiellement politique, un refus de l'unité impériale, un refus national latent.

Or, en moins de vingt ans, dix thèses d'Etat sur le haut Moyen Age ont voulu être délibérément régionales en totalité ou en partie. Déjà la thèse de R. Fossier sur la Picardie, en 1968[39], avait consacré, sur un territoire aux contours certes flous, au moins deux cents pages à la naissance de la Picardie, sous l'angle socio-économique, dans la ligne de G. Duby, tandis qu'O. Guillot, en 1972, montrait à son tour combien l'angle politique était important, dans sa thèse sur *Le Comte d'Anjou et son entourage au* XI*e* *siècle*[40], puisqu'il conduit à l'existence d'un état comtal jusqu'en 1060. La même année, K.F. Werner à la vingtième semaine de Spolète relançait la problématique avec son article sur « Les principautés périphériques du monde franc au VIIIe siècle[41] ». Pour lui, des ducs régionaux héréditaires existent simultanément avec un prince des Francs. La diversité n'exclut pas l'unité. Mais ce n'est point sur ce terrain que se plaça, en 1975, P. Toubert lorsqu'il publia *Les Structures du Latium médiéval* dont plus d'un bon tiers concerne notre époque. La capitale religieuse de l'Occident pouvait-elle n'être que la tête d'une région du Latium ? En fait ce fut bien le cas lorsque, vers 1050, la papauté reprit en main l'*incastellamento*. En 1974, et en opposition à cette étude, l'ouvrage d'E. Magnou-Nortier sur *La Société laïque et l'Eglise dans la province de Narbonne de la fin du* VIII*e* *siècle à la fin du* XI*e* *siècle*[42] mit en lumière une société archaïque de droit romain où laïcs et clercs, contrairement à la thèse d'A. Fliche, font bon ménage au point de ne rien comprendre à la réforme grégorienne. C'est une même évolution que nous décrit P. Bonnassie avec la Catalogne, principauté montagnarde à peu près équilibrée jusque vers 1020-1060 dans une tradition d'isolement néo-wisigothique, bien loin du roi de France[43]. M. Parisse trouve en Lotharingie au XIe siècle une série de familles nobles occupant principautés ecclésiastiques et petits comtés et profitant de l'absence du roi germanique dans cette marche. Toujours en 1976, J.-P. Poly, dans *La Provence et la Société féodale (879-1166)*, montre l'originalité d'un pays de droit romain qui s'érige en royaume au Xe siècle et construit un système sans grand rapport avec la féodalité classique[44]. Un autre historien du droit, C. Lauranson-Rosaz, accentue encore cette impression d'archaïsme méridional avec *L'Auvergne et ses marges du* VIII*e* *au* XI*e* *siècle. La fin d'un monde antique,* dans lequel il voit l'arrivée d'un vocabulaire nouveau vers 950-960 et l'importance de sa tradition[45]. Bref, l'ensemble de ces recherches qui tournent autour des IXe-XIe siècles confirme l'hypothèse de J. Dhondt sur l'éclatement en principautés régionales qui suivit l'effondrement de l'Empire carolingien.

Restait à montrer combien cette fragmentation était encore plus ancienne. M. Rouche l'a prouvé dans sa thèse *L'Aquitaine.*

Naissance d'une région[46] en 1979. L'espace entre Loire et Pyrénées fut une des rares zones de l'Occident romain qui ait su résister aux Wisigoths et le premier, lors de la deuxième moitié du VIIe siècle, à devenir une principauté indépendante à partir d'une civilisation originale. S'en détacha bientôt la Gascogne, dont R. Mussot-Goulard a étudié les princes du VIIIe au XIIe siècle en dépit d'une documentation lacunaire et sujette à caution[47]. D'ailleurs, il faut maintenant corriger la datation de J. Dhondt dans l'apparition du phénomène régional. M. Rouche a démontré, dans les *Annales ESC* de 1986, comment la crise de l'Europe dans la deuxième moitié du VIIe siècle correspond à la naissance des régionalismes. Ainsi s'explique que, pour le haut Moyen Age, le cadre régional s'avère de plus en plus pratique pour faire progresser la connaissance historique, que ce soit M. Aubrun en 1981 à propos de *L'Ancien Diocèse de Limoges des origines au XIe siècle*[48], où il étudie le développement de l'implantation paroissiale dans un Limousin qui devint plus tard l'élément le plus dynamique de l'Aquitaine et de l'Occitanie. Que ce soit encore la thèse de S. Lebecq sur les Frisons, autre région encore plus originale dans l'Empire carolingien, par ses commerçants et ses marins[49], ainsi que celle de F. Cardot, en 1987, sur *L'Espace et le Pouvoir. L'Austrasie mérovingienne*[50].

La recherche universitaire ayant ainsi redonné un intérêt capital aux régions, des livres de grande diffusion n'ont pas tardé à développer ce filon. On songe par exemple aux ouvrages de L. Fleuriot sur *Les Origines de la Bretagne* ou de H. Guillotel et A. Chédeville sur la *Bretagne des saints et des rois* qui ont sorti cette région de son isolement par trop injuste, puisque la Bretagne eut des rois[51]. L'élan vers le grand public pour une diffusion de bon aloi avait été donné d'ailleurs, dès 1967, par Ph. Wolff, dirigeant à Toulouse la collection d'histoires régionales « Univers de la France », inaugurée avec l'*Histoire du Languedoc* qui consacre une trentaine de pages à notre époque. Doublé par un volume de documents, chaque ouvrage a fini par aboutir à former un ensemble couvrant toute la France, y compris, en 1973, la *Belgique wallonne*. Signalons aussi, au passage, la collection d'« Histoire des diocèses de France » qui consacre forcément dans chacun de ses volumes au moins une quarantaine de pages aux origines des diocèses, ce qui renouvelle l'histoire de l'évangélisation dans le cadre des anciennes cités gallo-romaines, que ce soit pour Ajaccio, Cambrai, Lille ou Paris entre autres.

Comment a-t-on pu s'apercevoir de l'aspect bénéfique de la recherche sur la notion de régions, cette création mérovingienne au sens politique utilisé à cette époque ? Quelques rares colloques ont su faire deviner et vulgariser ce thème nouveau en historiographie. En 1968, le colloque international *Les Structures sociales de l'Aquitaine, du Languedoc et de l'Espagne au premier âge féodal,* tenu à Toulouse, fut présidé par le doyen J. Schneider[52] qui insista en conclusion sur l'obligation de réviser la notion de premier âge féodal dans le Midi en se lançant dans de nouvelles études de vocabulaire. Mais cela ne concernait que les IXe-XIe siècles, et la notion d'espace régional ou royal mérovingien, parfois géographiquement entrevue, a fini par devenir l'objet d'un grand colloque tenu à Rouen en 1985 sous les auspices de l'Institut historique allemand : *La Neustrie. Les pays au nord de la Loire de 650 à 850*[53]. Sa parution récente en deux gros volumes a eu pour résultat de ressusciter, comme le dit K.F. Werner, « un pays oublié ». Il renouvelle considérablement nos connaissances sur ce royaume et nous révèle des structures politiques, économiques et intellectuelles qui relèguent la notion de barbarie du haut Moyen Age au rang d'oripeaux d'une historiographie défunte.

En même temps, il avait été précédé par un catalogue, avoisinant les 500 pages, publié sur le même sujet sous la direction de P. Périn et L.-C. Feffer, apportant une masse de documents iconographiques et archéologiques souvent inédits. Il faut souligner ici en effet combien le catalogue est devenu, pour la recherche en histoire sur le haut Moyen Age, un instrument idéal de rassemblement de la documentation écrite et non écrite au stade régional proprement dit[54].

Bref, en vingt ans les âges obscurs se sont éclaircis et toutes ces recherches régionales ont remis en question tout ce que nous considérions comme acquis : des royaumes barbares finissant par s'écrouler, un Empire carolingien impuissant sous la poussée de la féodalité. En réalité, nous sommes obligés maintenant de prendre en considération cette époque sous un regard nouveau et positif : la marqueterie Europe chrétienne comme fondation du Moyen Age classique sans laquelle ce dernier est incompréhensible.

IV. Nouvelles recherches sur la fiscalité dans le haut Moyen Age

Les questions d'histoire qui paraissent surgir tout à coup sont bien souvent, à l'origine, le fruit imprévu d'une recherche conduite dans un tout autre but. L'interrogation première est alors suivie d'un long processus d'investigations qui finit par entraîner leur émergence. La question de la fiscalité ancienne, à laquelle on ne croit guère encore, ne contredit en rien cette évolution, très classique d'ailleurs dans n'importe quelle discipline scientifique.

La petite histoire dirait de manière plaisante comment un détour par l'Auvergne, vieux d'une dizaine d'années, a pu conduire à une interrogation neuve sur la nature de la *villa* et du manse et comment le hasard d'une rencontre a permis à deux chercheurs de confronter ponctuellement les résultats de recherches qu'ils tenaient à mener en toute indépendance pour garder plus de distance critique par rapport à eux.

Au bout de ces dix ans, l'histoire tout court enregistre 26 contributions françaises consacrées à la fiscalité « directe » — une expression pour l'instant claire et commode — en Occident pendant le haut Moyen Age. Comme il s'agit d'un sujet neuf, cette production scientifique garde les traces de sa genèse et des débats qui l'accompagnent, nécessairement et heureusement.

Un premier ensemble d'études a été consacré à la *villa* et au manse. On y trouve à la fois un dossier critique et un dossier lexicographique.

Le dossier critique a permis de formuler les questions embarrassantes que toute étude sur la *villa* et le manse conduit à poser : comment concilier système économique et dépeçage systématique d'une *villa ?* Comment diviser ledit système économique en parts arithmétiques, de même que le manse ? Que donne-t-on quand on donne une *villa integra* où subsistent nombre d'alleux ? Comment concilier l'« émiettement » de la *villa* et l'édification concomitante du « grand domaine » ? Et quelle origine assigner à ce dernier ? Comment se fait-il que les redevances et services se ressemblent autant de la Germanie à la Catalogne et de la Bretagne à l'Italie ?

Le dossier lexicographique a posé quelques solides jalons sur l'itinéraire qui mène à une bonne compréhension de la langue administrative. Le manse a été rapproché du *caput* antique et du *casal* languedocien. *Locus, praedium, possessio, res* ont été situés dans leurs contextes et établis synonymes de *villa*. Des expressions telles que *res inquisita, tam quesitum quam ad inquirendum* ont permis de constater qu'elles ne désignaient pas la terre habitée et cultivée mais son produit, la question clé portant alors sur la nature de ce dernier[55]. La définition fiscale du mot *possessio* fournie par Cassiodore n'est peut-être pas suffisante à elle seule pour faire tomber deux objections majeures qu'on ne manque pas d'opposer à l'interprétation fiscale donnée à l'ensemble de ce vocabulaire et qui peuvent se résumer ainsi :

— Qui dit impôt foncier dit charge répartie équitablement entre les contribuables. La disparité flagrante entre les manses observée jadis par Ch.-E. Perrin a ruiné l'hypothèse, malgré l'assentiment de B. Guérard.

— Qui dit impôt dit aussi *res publica*. Or que voit-on ? Les profits des *villae*, fractions de *villae* ou manses accaparés par une foule de personnages laïques et ecclésiastiques, parmi lesquels figurent les rois. Voir de la gestion publique là où il ne s'agit que de profits privés ou privatisés relèverait par conséquent d'une analyse erronée.

Un deuxième ensemble de travaux a pris en compte ces objections. Ainsi l'essai d'histoire quantitative appliqué aux manses du polyptyque d'Irminon vient-il corriger l'ancienne appréciation pessimiste de Ch.-E. Perrin. Il établit en effet que les moyennes définies à partir d'un « mode » de calcul des surfaces font apparaître la proportionnalité des charges par rapport au rendement du manse. Raisonner sur des moyennes est certainement plus satisfaisant que de raisonner sur des extrêmes, d'autant que le nombre de variables intégrées dans l'évaluation d'un manse ne peut plus être repéré exactement aujourd'hui. De plus, le polyptyque lui-même, en tant qu'inventaire rédigé sur ordre du roi dans le but de connaître les contributions en argent, en nature et en services qui lui étaient dues, document faisant foi devant les tribunaux, a fait l'objet d'une étude à la fois diplomatique et comptable. Que les polyptyques aient constitué « des registres essentiels pour les finances publiques » ressort, sans contestation possible, de l'analyse méticuleuse de leur contenu[56].

Mais, objectera-t-on, Irminon est un moine et son abbaye immuniste. Il est donc doublement impossible qu'ils soient impliqués dans une tâche relevant de l'administration publique !

Trancher de la sorte, c'est en premier lieu projeter sur ce lointain passé une conception anachronique de l'Etat : durant le haut Moyen Age comme plus tôt et très tard, les grands, laïques et ecclésiastiques, ont vocation de gouverner *conjointement* avec le prince. On les voit donc investis de fonctions publiques parmi lesquelles figure la gestion des deniers publics, fonctions qu'ils assument en temps que *possessores,* c'est-à-dire en tant que titulaires de *possessiones* dont ils ont soit la propriété, soit la délégation. En second lieu, c'est méconnaître le statut de « droit public » reconnu aux institutions ecclésiastiques et aux dignitaires qui les peuplent. Les terres ecclésiastiques sont d'ailleurs soumises au même régime que les terres fiscales et supportent les impôts ordinaires et extraordinaires dont on peut désormais suivre l'histoire depuis le IVe siècle. En effet, d'une part, l'immunité ne peut pas être assimilée à une exemption totale d'impôt, d'autre part, la « raison d'Etat » a toujours prévalu sur les intérêts matériels immédiats de l'Eglise. Ainsi l'*hostilicium* levé sur les manses dépendant de Saint-Germain, selon la « loi » établie par le polyptyque, l'était-il pour le compte de l'empereur.

Faut-il ajouter un argument décisif en faveur du caractère public de cette gestion ? Les Annales de Xanten rappellent en ces termes les opérations qui ont précédé le partage de Verdun :

« En l'année 843, les trois rois déjà nommés envoyèrent, chacun pour sa part, d'éminents commissaires chargés de procéder à nouveau au partage, par tiers égaux, du *regnum Francorum* en se fondant sur les manses décrites » : « *ut iterum per descriptas mansas aeque tripertirent regnum Francorum* ». Y a-t-il une décision de nature plus publique que celle qui préside au partage égal du royaume ? Et sur quoi se fondait-elle ? Sur la comptabilité par manses pour tout le *regnum.* C'est donc bien que les manses et les *villae,* qu'ils soient gérés par des laïques ou par des ecclésiastiques, regardaient très directement la gestion publique.

Tel est le bilan d'activité sur dix ans. Chemin faisant, il est apparu que l'assiette de l'impôt, ordinaire et extraordinaire, sa levée, la destination du produit fiscal furent des réalités de la vie quotidienne qui ont laissé partout les mêmes traces profondes. L'impôt a affecté aussi bien les terres cultivées, les friches ou les terres défrichées que les personnes. Il a concerné le service militaire, la construction des forteresses, l'entretien des routes et des ponts, le régime des moulins et des fours, le droit de gîte. Il a façonné le statut juridique du contribuable et suscité, en raison du système de l'affermage, un personnel hiérarchisé de fermiers que l'on ne fait aujourd'hui qu'entrevoir. Il a engendré aussi des abus, des fraudes, des malversations dont on ne pouvait jusqu'à présent comprendre l'évocation dans les sources. Le pouvoir, les pouvoirs s'y enracinent[57].

Certes, la rapidité de ce survol ne peut prendre en compte la totalité des analyses, observations et raisonnements déjà exposés. Du moins peut-on espérer qu'il ne sera plus possible désormais d'ignorer l'explication claire et cohérente que la fiscalité apporte à des problèmes réputés insolubles. Cette explication n'a d'ailleurs rien de bien révolutionnaire puisqu'elle était déjà avancée dans les années trente du XVIIIe siècle par l'abbé Du Bos. Des raisons qui n'ont malheureusement rien à voir avec la science historique l'avaient effacée des mémoires. La commémoration du Bicentenaire est particulièrement bien venue pour réparer cette injustice.

V. Histoire de la culture en Occident

Depuis 1962, P. Riché a continué ses recherches sur « Education et culture » en liaison avec les philologues qui ont édité des textes. L. Holtz a donné une importante étude sur *Donat et la Tradition de l'enseignement grammatical*[58], les œuvres de Césaire d'Arles, les Vies des abbés de Lérins et des Pères du Jura sont éditées et traduites dans la collection « Sources chrétiennes »[59]. Dans cette même collection sont parus des livres de Grégoire le Grand, ce premier pape-moine trop longtemps oublié[60]. Un congrès international du CNRS, dont les actes ont été publiés en 1986, a permis de constater l'importance de la personne et de l'œuvre de Grégoire[61]. Le rôle de saint Colomban et de ses disciples dans le renouveau du monachisme et dans la diffusion de la Règle bénédictine a été mis en valeur par A. de Vogüé et G. Moyse[62]. L'activité des *scriptoria* monastiques a été soulignée par J. Vezin. Enfin J. Leclercq, dont le fameux livre, *L'Amour des lettres et le Désir de Dieu,* n'a pas été réédité, mais traduit en bien des langues, continue à montrer comment les moines ont reçu et utilisé les auteurs classiques.

La Renaissance carolingienne se prépare dès la fin du VIIe siècle. Elle trouve dans la cour franque un terrain propice au milieu du VIIIe siècle. Il y a donc plusieurs Renaissances à l'époque carolingienne. Des synthèses ont été publiées par Ph. Wolff, P. Riché, M. Rouche, J. Paul[63]. Elles s'appuient sur de multiples études, des philologues tels L. Holtz, F. Dolbeau, C. Jeudy, des musicologues dont la tête de file est M. Huglo qui a renouvelé la connaissance de la musique carolingienne[64]. La théologie de Ratramne de Corbie et surtout de Jean Scot Erigène, dont les traités et traductions du grec suscitent depuis quelque temps beaucoup d'intérêt, l'école d'Auxerre, qui vient de faire l'objet d'un important colloque en septembre 1989, n'avaient jamais encore été considérées avec autant de sérieux. L'influence de la Bible sur la vie politique, la législation, l'art, etc., est étudiée dans le volume *Le Moyen Age et la Bible*[65]. La vie religieuse des laïcs a fait l'objet en 1974 d'une thèse de J. Chelini actuellement sous presse qui utilise les Miroirs de laïcs, le livre de Jonas d'Orléans, le *Manuel de Dhuoda* qui est réédité[66]. Il faudrait également signaler tous les travaux sur les *scriptoria* monastiques, les bibliothèques et tout ce qui regarde l'histoire de l'art carolingien dont il sera parlé dans un autre chapitre.

Sans doute il s'agit là surtout de la culture savante, et la culture populaire, que l'on appelle quelquefois « folklorique », ne nous est connue qu'indirectement par les textes canoniques ou les Vies et translations des saints. J. Le Goff et d'autres ont ouvert le chantier, il faut continuer en sachant les limites du champ d'action[67].

Avec la crise qui met fin à l'Empire carolingien, la Renaissance semble s'interrompre. En fait elle reprend au milieu du xe siècle. Les œuvres de cette époque, présentées dans un colloque à Heidelberg qui groupe 200 chercheurs dont quelques Français, permettent une nouvelle approche de la culture de cette époque. Quelques secteurs géographiques ont été privilégiés en France : la Catalogne grâce à M. Zimmermann, la région ligérienne avec les travaux de R.-H. Bautier, A. Guerreau-Jalabert et A. Avril, la Bourgogne avec les études sur Auxerre et Cluny données par G. Lobrichon et D. Iogna-Prat[68]. La culture de Reims commence à être étudiée, nous l'avons dit à propos de Gerbert. Pour l'Angleterre, les colloques scolaires d'Aelfric et de son disciple sont redécouverts. Ces colloques sont bilingues, ce qui permet d'apprécier la place de la littérature en anglo-saxon dont M. Larès et A. Crépin se sont faits les spécialistes[69]. Il ne faut pas oublier non plus la littérature germanique et scandinave dont R. Boyer est un des spécialistes[70]. Pour terminer provisoirement cet exposé sur la culture, il ne faut pas négliger le domaine de l'instruction et de l'éducation des enfants, ces mal-aimés du Moyen Age, ou plutôt des historiens français du Moyen Age. A l'exemple de collègues anglo-saxons, nous avons progressé, mais il reste fort à faire pour triompher des idées préconçues. Les *Coutumiers* monastiques que l'on réédite[71], mais aussi d'autres textes, permettent de faire une histoire de l'enfance même dans le haut Moyen Age[72].

Que dire en conclusion sur les recherches en France touchant le haut Moyen Age ? Que la place faite à cette période est encore bien faible, nous le constatons dans ce volume. Que l'absence d'un enseignement spécial de latin médiéval dans nos universités porte préjudice à nos études. Le mal vient de très loin, le latin médiéval étant considéré comme le latin d'église, donc sans intérêt, alors qu'en Allemagne ou en Italie des dizaines de chaires de latin médiéval sont depuis longtemps créées.

Mais, il y a vingt ans, nous n'aurions pas pu réaliser un tel rapport et nous constatons modestement les progrès des recherches sur le haut Moyen Age et l'intérêt qu'elles suscitent de plus en plus, alors que nous approchons de l'an 2000 [73].

Notes

1. Cf. *Il Centro italiano di studi sull'alto Medioevo. Venticinque anni di attività (1952-1977),* Spolète, Centro italiano di studi sull'alto Medioevo, 1977.

2. Signalons deux colloques à Dublin sur le monachisme colombanien (1977) et sur l'Espagne wisigothique (1978), trois en Angleterre sur Charles le Chauve (Londres, 1979), le VIIe siècle (Londres, 1988), le Ve siècle (Londres, 1989).

3. *La Neustrie. Les pays au nord de la Loire de 650 à 850* (colloque historique international avec une introduction par K.F. Werner), H. Atsma éd., Sigmaringen, J. Thorbecke, 1989, 2 vol.

4. *La Christianisation entre Loire et Rhin (IIIe-VIIe siècle),* actes édités dans la *Revue d'histoire de l'Eglise de France,* t. 62, 1976. *Hagiographie, Cultures et Sociétés,* Paris, Etudes augustiniennes, 1981. *Hildegarde et son temps,* actes édités dans le cahier V du Centre de recherches sur l'Antiquité tardive et le haut Moyen Age de l'université de Paris-X-Nanterre, 1987.

5. *Saint Géry et la Christianisation dans le Nord de la Gaule (Ve-IXe siècle),* actes édités par la *Revue du Nord,* 1986.

6. *Landévennec et le Monachisme breton...* (actes du colloque de Landévennec), Landévennec, Association Landévennec 485-1985, 1986. Actes du Centre international de recherches et de documentation sur le monachisme celtique (CIRDOMOC), n° 1, 1990.

7. *L'Occident et l'Orient au Xe siècle,* Paris, Les Belles Lettres, 1979.

8. *La Fin du monde antique et les Débuts du Moyen Age,* préface p. I-XV, Paris, Albin Michel, 1989.

9. Cf. J. Hubert, *Arts et Vie sociale de la fin du monde antique au Moyen Age,* Genève, Droz, 1977, et *Nouveau Recueil d'études d'archéologie et d'histoire. De la fin du monde antique au Moyen Age,* Paris-Genève, Droz, 1985.

10. *Recueil des inscriptions chrétiennes de la Gaule antérieures à la Renaissance carolingienne,* 1, *Première Belgique,* N. Gauthier éd., Paris, CNRS, 1975 ; 15, *Viennoise du Nord,* F. Descombes éd., Paris, CNRS, 1983.

11. *Corpus des inscriptions de la France médiévale,* sous la direction de R. Favreau, Paris, CNRS, depuis 1975, 13 fascicules parus.

12. *Mélanges de numismatique, d'archéologie et d'histoire offerts à Jean Lafaurie,* Paris, Société française de numismatique, 1980.

13. Cf. sa communication dans *Landévennec, op. cit.,* p. 65-84.

14. *Les Canons des conciles mérovingiens (VIe-VIIe siècle),* J. Gaudemet et B. Basdevant éd., Paris, Ed. du Cerf (« Sources chrétiennes », nos 353 et 354), 1989. Cf. aussi O. Pontal, *Histoire des conciles mérovingiens,* Paris, Ed. du Cerf, 1989, et J. Gaudemet, *Les Sources du droit de l'Eglise en Occident,* Paris, Ed. du Cerf-CNRS, 1985.

15. J.-L. Flandrin, *Un temps pour embrasser. Aux origines de la morale sexuelle occidentale (VIe-XIe siècle)*, Paris, Ed. du Seuil, 1983, utilise les pénitentiels dont l'étude a été entreprise par C. Vogel.

16. *Chartae latinae antiquiores*, H. Atsma et J. Vezin éd., Zurich, Urs Graf Verlag, 1981, et P. Gasnault, *Documents comptables de Saint-Martin de Tours à l'époque mérovingienne*, Paris, Bibliothèque nationale, 1975.

17. Cf. *Hagiographie, op. cit.* Les actes du colloque de Rome de 1988, *Fonctions des saints*, sont sous presse.

18. Cf. la liste des travaux de K.F. Werner, *Media in Francia. Recueil de mélanges offert à K.F. Werner*, Paris, Institut historique allemand, 1989, p. 539-552.

19. Cf. les communications du colloque de 1970, *Francia*, 1974.

20. J. Devisse, *Hincmar de Reims (845-882)*, Genève, Droz, 1976, 3 vol. Les travaux d'A. Lapôtre ont été réédités sous le titre *Etudes sur la papauté au IXe siècle*, Turin, Bottega d'Erasmo, 1978.

21. Cf. *Famille et Parenté dans l'Occident médiéval* (actes du colloque de Paris, 1974), sous la direction de G. Duby et J. Le Goff, Rome-Paris, Ecole française de Rome, 1978. R. Hennebicque-Le Jan, « Prosopographica neustrica », in *La Neustrie, op. cit.*, p. 231-270. Sur la chancellerie carolingienne, cf. l'article de R.-H. Bautier, *Bibliothèque de l'Ecole des chartes*, 1984, p. 5-80.

22. E. Magnou-Nortier, *Foi et Fidélité*, Toulouse, Université de Toulouse-Le Mirail, 1976.

23. *Villa-Curtis-Grangia* (16e colloque franco-allemand de Xanten), Munich, Artemis Verlag, 1983 (Publications du Centre belge d'histoire rurale n° 81, 1985). Y. Morimoto, « Etat et perspectives des recherches sur les polyptyques carolingiens », *Annales de l'Est*, 1988, p. 99-149, donne une importante bibliographie.

24. « Histoire rurale de la Belgique jusqu'à la fin de l'Ancien Régime », *Revue historique*, 1984, p. 435.

25. Les livres de M. Lombard sur *Espaces et Réseaux du haut Moyen Age* et *Etudes d'économies médiévales* ont été publiés en 1972 et 1974, Paris-La Haye, Mouton. Sur l'ouvrage de S. Lebecq, cf. *infra*, note 49.

26. A. d'Haenens, *Les Invasions normandes, une catastrophe ?*, Paris, Flammarion, 1970, et « Les invasions normandes dans l'Empire franc au IXe siècle », in *I Normanni e la loro espansione in Europa. Settimane di studio del Centro italiano di studi sull'alto Medioevo*, t. 16, Spolète, 1969, p. 233-298. P. Riché, « Conséquences des invasions normandes sur la culture monastique dans l'Occident franc », *ibid.*, p. 705-723.

27. P. Riché, « Quelques réflexions pour un nouveau 'grand siècle' », *Xe siècle. Recherches nouvelles*, cahier VI du Centre de recherches sur l'Antiquité tardive et le haut Moyen Age de l'université de Paris-X-Nanterre, 1987.

28. A Paris, Auxerre, Barcelone et Metz (CNRS). *Religion et Culture autour de l'an Mil. Royaume capétien et Lotharingie*, Paris, Picard, 1990. En 1984 était paru *L'Avènement d'Hugues Capet* de L. Theis, en 1987 *Hugues Capet* d'Y. Sassier.

29. G. Duby, *Les Trois Ordres ou l'Imaginaire du féodalisme*, Paris, Gallimard, 1978. J. Flori, *L'Idéologie du glaive. Préhistoire de la chevalerie*, Genève, Droz, 1983.

30. R. Folz, « L'interprétation de l'Empire ottonien », *L'Occident et l'Orient, op. cit.* P. Corbet, *Les Saints ottoniens*, Sigmaringen, J. Thorbecke, 1986. M. Parisse, *La Noblesse lorraine*, Lille, université Lille-III, 1976.

31. Dans les « Classiques de l'histoire de France au Moyen Age », *Chronique de Saint-Maixent*, J. Verdon éd., Paris, Les Belles Lettres, 1979 ; *Poème au roi Robert*

d'Adalbéron de Laon, C. Carozzi éd., Paris, Les Belles Lettres, 1979. Dans les « Sources d'histoire médiévale », les autres textes. « Vie de saint Mayeul » dans D. Iogna-Prat, *Agni immaculati. Recherches sur les sources hagiographiques relatives à saint Maïeul de Cluny (954-994)*, Paris, Ed. du Cerf, 1988. M. Bur, *Chronique ou Livre de fondation du monastère de Mouzon*, Paris, CNRS, 1988.

32. P. Riché, *Gerbert d'Aurillac, pape de l'an Mil*, Paris, Fayard, 1987, et « Nouvelles recherches sur les lettres de Gerbert d'Aurillac », *Comptes rendus des séances de l'Académie des inscriptions et belles-lettres*, 1987, p. 575-585.

33. E. James, *Les Origines de la France. De Clovis à Hugues Capet (486 à l'an Mil)*, Paris, Errance, 1986 (éd. originale en anglais, Londres, Macmillan Press, 1982). K.F. Werner, *Histoire de France*, 1, *Les Origines*, Paris, Fayard, 1984. Dans l'*Histoire de France* parue chez Larousse en 1970 et fréquemment réimprimée, le chapitre sur les Mérovingiens est dû à P. Riché ; mais les deux chapitres consacrés à « La construction carolingienne » et aux « Dernières invasions » sont d'A. Verhulst et de J. Dhondt.

34. On peut remarquer par exemple que la dernière *Histoire de la France*, sous la direction de G. Duby, commence en 1987 : t. 1, *Le Moyen Age : de Hugues Capet à Jeanne d'Arc (987-1460)*, Paris, Larousse, 1987.

35. E. Ewig, *Die Merowinger und das Frankenreich*, Stuttgart, Kohlhammer, 1988. P.J. Geary, *Before France and Germany. The Creation and Transformation of the Merovingian World*, Oxford, Oxford University Press, 1988 (trad. française, *Le Monde mérovingien*, Paris, Flammarion, 1989).

36. *La Storiografia altomedievale (10-16 aprile 1969). Settimane di studio del Centro italiano di studi sull'alto Medioevo*, t. 17, Spolète, 1970.

37. Les recherches menées pour la *Topographie religieuse des cités de la Gaule* ont accordé une importance croissante à l'étude globale du cadre urbain.

38. Bruges, De Tempel, 1948.

39. R. Fossier, *La Terre et les Hommes en Picardie*, Paris-Louvain, B. Nauwelaerts, 1968.

40. Paris, Picard, 1972.

41. K.F. Werner, « Les principautés périphériques dans le monde franc du VIIIe siècle », in *Settimane di studio del Centro italiano di studi sull'alto Medioevo*, t. 20, Spolète, 1973, p. 483-514.

42. Toulouse, université Toulouse-Le Mirail, 1974.

43. P. Bonnassie, *La Catalogne du milieu du Xe siècle à la fin du XIe siècle. Croissance et mutation d'une société*, Toulouse, université Toulouse-Le Mirail, 1975-1976, 2 vol.

44. Paris, Bordas, 1976. Du même auteur, en collaboration avec E. Bournazel, *La Mutation féodale*, Paris, PUF, 1980.

45. Le Puy, Les Cahiers de la Haute-Loire, 1987.

46. M. Rouche, *L'Aquitaine des Wisigoths aux Arabes (418-781). Naissance d'une région*, Paris, EHESS, 1979.

47. R. Mussot-Goulard, *Les Princes de Gascogne*, Lectoure, CTR, 1982. Cf. aussi *Les Marches méridionales du royaume aux alentours de l'an Mil*, sous la direction de M. Zimmermann, Nancy, Presses universitaires de Nancy, 1987.

48. Clermont-Ferrand, Institut d'études du Massif central, 1981.

49. S. Lebecq, *Marchands et Navigateurs frisons au haut Moyen Age*, Lille, Presses universitaires de Lille, 1983, 2 vol.

50. F. Cardot, *L'Espace et le Pouvoir. Etudes sur l'Austrasie mérovingienne,* Paris, Publications de la Sorbonne, 1987.

51. L. Fleuriot, *Les Origines de la Bretagne,* Paris, Payot, 1980. H. Guillotel et A. Chédeville, *La Bretagne des saints et des rois,* Rennes, Ouest-France, 1984. Cf. aussi B. Merdrignac, *Recherches sur l'hagiographie armoricaine du VIIe au XVe siècle,* Saint-Malo, Centre régional archéologique d'Alet, 1985-1986, 2 vol.

52. Paris, CNRS, 1969.

53. *La Neustrie, op. cit.*

54. *Paris mérovingien,* Paris, Musée Carnavalet, 1981. *A l'aube de la France, la Gaule de Constantin à Childéric,* Paris, Musée du Luxembourg, Ed. de la Réunion des musées nationaux, 1981. *Des Burgondes à Bayard, mille ans de Moyen Age. Recherches archéologiques et historiques,* Grenoble, Centre d'archéologie des musées de Grenoble et de l'Isère, 1981. *Childéric-Clovis, roi des Francs (482-1982), de Tournai à Paris. Naissance d'une nation,* Tournai, Administration de la ville de Tournai, 1982. *Le Nord de la France de Théodose à Charles Martel. Trésors des musées du Nord de la France,* Lille, Association des conservateurs de la région Nord-Pas-de-Calais, 1983 (exposition présentée en 1984-1985). *Collections mérovingiennes,* sous la direction de P. Périn, Catalogues d'art et d'histoire du musée Carnavalet, 2, Paris, 1985. *La Neustrie. Les pays au nord de la Loire, de Dagobert à Charles le Chauve (VIIe-IXe siècle),* P. Périn et L.-Ch. Feffer éd., Rouen, Musées départementaux de la Seine-Maritime, 1985. *La Picardie, berceau de la France. Clovis et les derniers Romains. 1500e anniversaire de la bataille de Soissons (486-1986),* Association des conservateurs des collections publiques de Picardie, 1986. *Premiers Temps chrétiens en Gaule méridionale. Antiquité tardive et haut Moyen Age (IIIe-VIIIe siècle),* Lyon, Musée de la civilisation gallo-romaine de la ville de Lyon, 1986. *Autun Augustodunum, capitale des Eduens,* Autun, Musée Rolin, 1987. *La Bourgogne médiévale, la mémoire du sol. 20 ans de recherches archéologiques,* s. l., 1987.

55. On se reportera au volume de bibliographie pour retrouver les références à ces travaux. Voici quelques jalons : J. Durliat, « Du *caput* antique au manse médiéval », *Pallas,* 29, 1982, p. 67-77. E. Magnou-Nortier, « La terre, la rente et le pouvoir dans les pays de Languedoc pendant le haut Moyen Age », *Francia,* Bd 9, 1982, p. 79-115 ; Bd 10, 1983, p. 21-66 ; Bd 12, 1984, p. 53-118. —, « Le grand domaine. Des maîtres, des doctrines, des questions », *Francia,* Bd 15, 1987, p. 659-700.

56. J. Durliat, « Qu'est-ce qu'un polyptyque ? », *Media in Francia,* 1989, p. 129-138. —, « Le manse dans le polyptyque d'Irminon », *La Neustrie. Les pays au nord de la Loire de 650 à 850,* Sigmaringen, éd. H. Atsma, 1989, t. 1, p. 467-504. E. Magnou-Nortier, « La gestion publique en Neustrie : les moyens et les hommes », *ibid.* p. 271-318.

57. J. Durliat, *Les Finances publiques de Dioclétien aux Carolingiens (284-888),* Sigmaringen, 1990.

58. L. Holtz, *Donat et la Tradition de l'enseignement grammatical. Etudes sur l'« Ars Donati » et sa diffusion (IVe-IXe siècle) et édition critique,* Paris, CNRS, 1981.

59. Césaire d'Arles, *Sermons,* M.-J. Delage éd. (« Sources chrétiennes », n°s 175, 243, 330), *Œuvres monastiques,* A. de Vogüé et J. Courreau éd. (*ibid.,* n° 345). *Vie des Pères du Jura,* F. Martine éd. (*ibid.,* n° 142). *Vie de saint Honorat,* M. Valentin éd. (*ibid.,* n° 235).

60. *Morales sur Job* (« Sources chrétiennes », n°s 32 *bis,* 212, 221), *Homélies sur Ezechiel* (*ibid.,* n° 327), *Dialogues* (*ibid.,* n°s 251, 260, 265), *Commentaire sur le Cantique* (*ibid.,* n° 314).

61. *Grégoire le Grand,* Paris, CNRS, 1986. Un autre colloque a eu lieu à Rome en 1990.

62. G. Moyse, « Les origines du monachisme dans le diocèse de Besançon (ve-xe siècle) », *Bibliothèque de l'Ecole des chartes,* 1973.

63. Ph. Wolff, *Histoire de la pensée européenne,* t. 1, *L'Eveil intellectuel de l'Europe,* Paris, Ed. du Seuil, 1971. P. Riché, *Ecoles et Enseignement dans le haut Moyen Age,* 2e éd. Paris, Picard, 1989. M. Rouche, *Histoire générale de l'enseignement et de l'éducation en France,* t. 1, *Des origines à la Renaissance,* Paris, G.-V. Labat, 1981. J. Paul, *L'Eglise et la Culture en Occident (IXe-XIIe siècle),* Paris, PUF, 1986.

64. M. Huglo, *Les Tonaires,* Paris, Société française de musicologie, 1971. —, *Les Livres de chant liturgique,* Turnhout, Brepols (« Typologie des sources du Moyen Age occidental », n° 52), 1988.

65. *Le Moyen Age et la Bible,* sous la direction de P. Riché et G. Lobrichon, Paris, Beauchesne, 1984.

66. Dhuoda, *Manuel pour mon fils,* P. Riché éd., Paris, Ed. du Cerf (« Sources chrétiennes », n° 225), 1975 (2e éd. 1990).

67. Cf. P. Riché, « Danses profanes et religieuses dans le haut Moyen Age », in *Mélanges Robert Mandrou,* Paris, PUF, 1985, p. 159-168.

68. Cf. la bibliographie dans P. Riché, *Ecole et Enseignement, op. cit.,* 2e éd.

69. M. Larès, *Bible et Civilisation anglaise. Naissance d'une tradition,* Paris-Bruxelles-Montréal, Didier, 1974. A. Crépin, *Poèmes héroïques en vieil anglais,* Paris, Union générale d'éditions, 1981.

70. Cf. son dernier livre, *Le Christ des Barbares. Le monde nordique (IXe-XIIIe siècle),* Paris, Ed. du Cerf, 1987.

71. *Corpus consuetudinum Monasticarum,* K. Hallinger éd., Siegburg, F. Schmidt, 1963-1984, 9 vol.

72. Cf. entre autres articles de P. Riché, « Les moines bénédictins maîtres d'école (VIIe-XIe siècle) », in *Benedictine Culture (750-1050),* Leuven, University Press, 1983, p. 96-113.

73. Signalons la publication de *Haut Moyen Age, Culture, Education et Société. Etudes offertes à Pierre Riché,* Paris, Publidix, Ed. européennes, 1990.

Byzance, l'Orient chrétien et le monde turc

Michel Balard, Nicoară Beldiceanu
Irène Beldiceanu-Steinherr, Gilbert Dagron
Alain Ducellier, Michel Kaplan, Jean Richard *

I. Byzance du VIe au XIe siècle

1. Histoire politique, administrative, religieuse et culturelle

La présence, même discrète, de byzantinistes et d'orientalistes à ce congrès de médiévistes signifie une appartenance. La complémentarité de l'Orient et de l'Occident apparaît bien aux deux bouts de notre histoire, lorsque Byzance est encore au VIe siècle, puis redevient à la fin du XIe, un morceau du monde méditerranéen, mais elle est moins évidente dans la période intermédiaire, lorsque la société byzantine suit d'autres voies d'évolution et déroge aux schémas explicatifs conçus pour l'Occident. L'Orient s'est souvent trouvé marginalisé, soit par le rejet des occidentalistes trop fermement campés en Europe, soit par la crispation des orientalistes eux-mêmes trop empressés de protéger leur spécificité. Ici comme ailleurs, le comparatisme a montré ses limites. Depuis vingt ans, l'ouverture s'est faite grâce aux historiens des deux bords, mais surtout grâce à l'évolution de l'histoire elle-même, moins généralisatrice, plus expérimentale,

* La partie I, 1 est due à G. Dagron, I, 2 à M. Kaplan, II à A. Ducellier, III à M. Balard, IV à J. Richard, V à N. Beldiceanu et I. Beldiceanu-Steinherr.

plus attentive aux différences. Les problèmes et le langage nous sont devenus très largement communs.

Le nom de Byzance, si peu byzantin, a donc un peu perdu de sa valeur d'épouvantail ou de drapeau. L'Empire a volé en éclats, dans l'espace comme dans le temps. Au lieu de l'unité d'un système centré sur Constantinople, s'exerçant idéalement jusqu'aux frontières, et se prolongeant sur un millénaire, ce sont les ruptures qui ont attiré l'attention, les disjonctions, les différents niveaux de cohérence et de permanence. Vont dans ce sens les études sur des régions largement définies (Macédoine, Italie méridionale). La « géographie historique » a été le fer de lance d'une reconquête de l'espace [1] : impossible d'étudier les terroirs sans évoquer le relief et le climat, le geste qu'ils imposent localement, l'outil qu'ils transmettent ; impossible de parler des relations entre les hommes sans étudier l'originalité des sociétés insulaires et le monde du voyage [2]. Des enquêtes d'épigraphie en Grèce, Turquie, Syrie et Jordanie ont fourni l'ossature d'une histoire régionale dans des pays où les civilisations se sont succédé sans laisser d'autres traces que des pierres inscrites et des habitats ruraux constamment remaniés [3]. On parlera ailleurs de cette archéologie des villages qui, en l'absence de documents écrits, peut seule nous fournir des informations démographiques un peu rigoureuses, très contrastées selon les régions.

Souvent, ces recherches d'histoire économique et sociale bien ciblées dans le temps et dans l'espace se sont greffées sur l'édition de textes ou de corpus documentaires inédits ou mal édités. Ainsi, la publication des Miracles de saint Démétrius [4] s'est accompagnée d'une mise au point sur les invasions slaves dans les Balkans à la fin du VIe et au VIIe siècle, développée un peu plus tard en un colloque franco-yougoslave à l'Ecole française de Rome sur les villes et le peuplement de l'Illyricum à cette époque, et complétée par une thèse sur Thessalonique [5], par des fouilles en Yougoslavie et par la publication de trésors monétaires. Le problème des Balkans aux VIe-IXe siècles n'est peut-être pas épuisé, mais cette activité de recherche systématique et prolongée l'a fait progresser de façon spectaculaire. Dans le même esprit, la réédition d'un texte de polémique antijudaïque du VIIe siècle, la *Doctrina Jacobi,* fournit la base d'un dossier sur les rapports entre juifs et chrétiens en Palestine au VIIe siècle et sur les rapports entre communautés religieuses dans les premières décennies de la conquête islamique[6]. Le *Traité sur la guérilla* de Nicéphore Phocas a permis d'étudier les caractéristiques d'une société en guerre permanente et le mimétisme qui rapproche, de part et d'autre de la frontière orientale au Xe siècle, l'akrite chrétien et le ghâzî musulman. L'histoire d'une autre société frontalière, celle des Pauliciens aux confins de l'Arménie, a été faite à partir des textes de Photius et de Pierre de Sicile qui dénoncent leur « manichéisme »[7]. Le grand tournant du XIe siècle a été analysé sous ses aspects les plus divers, mais, là encore, avec une moisson de documents réédités et analysés : testaments et *typika* de fondation notamment[8]. Une place particulière est à faire ici à l'équipe constituée depuis une vingtaine d'années pour éditer les archives du Mont-Athos, qui a déjà publié quinze volumes (P. Lemerle, J. Lefort, D. Papachryssanthou, N. Svoronos, J. Bompaire...), et qui fonde sur cette documentation unique, complétée par d'autres sources ou récits de voyageurs, des études très rigoureuses sur l'évolution des fortunes monastiques et sur l'histoire du paysage en Macédoine[9]. Ce fonctionnement de notre recherche par édition de textes (matériel archéologique, numismatique, sigillographique), commentaires et dossiers correspond à notre besoin d'accroître ou de renouveler notre base documentaire et favorise le travail d'équipe.

L'histoire institutionnelle n'a pas été abandonnée[10], car l'Etat, ses lois, son administration existent bien, et, faute d'archives suffisantes, l'histoire sociale passe à Byzance par l'étude de tous les textes normatifs qui décrivent des rouages et notent leurs dysfonctionnements. Mais le point de vue et les méthodes, là encore, ont changé. L'étude et le traitement informatique des sceaux ont permis de réaliser des études prosopographiques plus précises et, grâce à elles, de mieux comprendre l'émergence de grandes familles aristocratiques aux Xe-XIIe siècles, leur implantation régionale, leurs stratégies matrimoniales, les commandements traditionnellement réservés à leurs membres : ce jeu complexe des institutions et des ambitions ne se réduit ni à une évolution de type « féodal » ni à une simple opposition entre aristocratie civile et aristocratie militaire[11]. Longtemps, on s'était borné à constater la distance qui séparait les institutions de la réalité sociale. On sait mieux, maintenant, comment mesurer et réduire cette fracture, comment évaluer l'écart qui sépare le droit et les pratiques juridiques[12], la réglementation et les pratiques administratives. Des travaux ont été entrepris sur la tenue et la gestion des registres fiscaux, sur l'organisation des grandes propriétés[13], sur la mathématique des géomètres du cadastre, sur la fabrication et les manipulations de la monnaie[14]. Apparaît ainsi un niveau intermédiaire extrêmement important, celui des procédures, des techniques, des techniciens chargés d'appliquer la loi ou la réglementation, une pratique de ces personnages qui représentent concrètement l'Etat : les gabelous, arpenteurs, percepteurs et employés de bureau.

Du XVIe au début du XXe siècle, les savants se sont intéressés aux sources byzantines pour deux raisons principales : la guerre (comment résister à la pression turque ou exalter l'esprit de croisade occidentale) et la religion (comment réduire les Grecs schismatiques). Ces préjugés tenaces ont à peu près disparu. On ne s'aviserait plus maintenant de comparer à Charles Martel les défenseurs de Constantinople aux sièges arabes de 678 et 718, ainsi que le faisaient G. Schlumberger et plus récemment G. Ostrogorsky. Byzance apparaît comme résolument orientale ; un milieu oriental et non pas grec : l'évolution de sa démographie, de ses institutions, de sa langue ne peut se comprendre que si l'on tient compte des migrations arménienne, géorgienne et syrienne qui repeuplent les terres désertées de Mésopotamie et de Cilicie, structurent l'armée et donnent à l'aristocratie militaire un air de féodalité[15]. En retraçant la carrière et la lignée de grands chefs militaires comme Mleh/Mélias, Tornikios, Pakourianos, Boïlas, Kékauménos, on comprend mieux les phénomènes qui préparent le morcellement du monde oriental au temps des croisades, la transformation de minorités ethniques en majorités régionales, l'apparition de ces potentats locaux, que Kékauménos au XIe siècle nomme de façon suggestive des « toparques », fidèles à l'empereur mais pratiquement indépendants de l'Empire, l'introduction de critères ethniques dans l'appréciation de l'orthodoxie et de l'hérésie.

Pour l'Eglise, le parti pris œcuménique a remplacé la polémique. C'est évidemment une bonne chose, mais je ne suis pas sûr que la science y gagne toujours : une récente célébration anniversaire du concile de Nicée II (787) a tenté de nous faire croire que les chrétiens orthodoxes avaient toujours admis l'image de culte et rares furent les participants qui évoquèrent les ministres autocritiques des iconoclastes « repentis » et la rusticité de la théologie favorable aux images avant que viennent à son secours, au début du IXe siècle, de véritables penseurs comme Théodore Stoudite et Nicéphore le Patriarche [16]. Il y a tout un courant à remonter pour faire apparaître l'iconoclasme comme une « Réforme » avortée. L'Eglise et ses institutions ont toujours été le champ d'exercice de l'artillerie lourde assomptionniste, qui a continué ses tirs de préparation bien que ses canonniers soient maintenant décimés : regestes des actes patriarcaux complétés et révisés, géographie des *Notitiae episcopatuum,* description de l'administration patriarcale, édition de *typika* monastiques : autant d'initiatives qui poursuivent un travail séculaire, depuis longtemps planifié, indispensable [17]. La nouveauté viendrait plutôt d'études d'anthropologie religieuse portant sur des hérésies régionalisées comme celle des pauliciens dont nous avons déjà parlé, sur la permanence de croyances relatives au sommeil des âmes ou à la décomposition des corps après la mort [18], ou bien encore sur des conduites marginales telles que le déguisement de femmes en hommes [19]. C'est justice de souligner ici l'importance de l'œuvre du regretté J. Gouillard, qui a été le principal auteur ou inspirateur de ces travaux, de même qu'il a contribué, avec d'autres, à l'étude de la spiritualité byzantine sous ses formes tolérées ou suspectées par la hiérarchie telles qu'elles apparaissent à la fin du XIe siècle à travers quelques grands procès [20]. Citons encore deux directions de recherche particulièrement fécondes : l'une qui étudie l'hagiographie et la logique du miracle comme une interprétation chrétienne de l'histoire actuelle [21], et celle qui cherche les implications eschatologiques et idéologiques de la détermination de la date de Pâques et du découpage du temps dans les Chroniques [22]. A noter le quasi-achèvement de l'édition de Romain le Mélode avec une thèse magistrale sur cet auteur et l'hymnographie byzantine[23], et la reprise de la recherche sur une époque, les XIIIe-XIVe siècles, marquée par les débats sur l'Union des Eglises[24], l'œuvre de Pachymère[25] et un incontestable renouveau spirituel dont Cabasilas est l'exemple[26].

Les études sur la culture, l'enseignement et la tradition littéraire à Byzance ont été largement renouvelées. A l'initiative de P. Lemerle, une série impressionnante de travaux ont été consacrés à l'éducation scolaire et « universitaire », à l'évolution du *trivium* et du *quadrivium* dans l'Empire même et en Arménie, à l'enseignement du droit, au découpage et à la transmission d'un savoir réputé « encyclopédique »[27]. Les temps forts de cette histoire culturelle sont la « renaissance macédonienne », amorcée en réalité dès l'époque du second iconoclasme, puis le XIe siècle, époque des plus profonds changements et notamment du passage d'un enseignement jusqu'alors laïque sous la tutelle du patriarcat. Ces recherches s'appuient évidemment sur des travaux précis concernant l'écriture, ses supports, les centres de copie, l'histoire des textes et des collections, et elles sont complétées par d'autres recherches sur les rapports entre culture savante et culture populaire, sur l'oralité et l'écriture, sur les niveaux de style, sur le savoir en miettes des recueils de *Patria* et le folklore urbain[28].

Certes, les études byzantines en France laissent apparaître d'inévitables lacunes. Mais les historiens de Byzance se sont attachés à définir et à réaliser quelques grands programmes, pour lesquels ils ont l'exclusivité ou un rôle moteur (archives de l'Athos, documents sur les Occidentaux en Orient, *Regestes* patriarcaux, archéologie de la Syrie du Nord, analyse des composantes monétaires...) ; d'autre part, ils se sont attachés à délimiter des thèmes d'étude qui regroupent les intérêts de plusieurs chercheurs. Nous sommes de plus en plus attentifs aux convergences constatées ou provoquées, ce qui donne à notre recherche un caractère plus solidaire et plus efficace. Cette évolution répond à un choix, mais aussi à la nécessité de coordonner les enseignements de séminaire, de maîtriser (si faire se peut) une bibliographie galopante et des méthodologies hypersophistiquées, de créer des organes propres de publication.

2. *Histoire économique et sociale*

Pour ce qui concerne plus spécialement l'histoire économique et sociale, on notera d'abord la publication de sources importantes : outre les recueils de sceaux préparés par le Révérend Père V. Laurent et le catalogue des monnaies de la Bibliothèque nationale [29], on pense avant tout aux actes athonites et surtout aux dossiers de Lavra, du Prôtaton et d'Iviron [30]. On ajoutera l'édition de deux textes particulièrement importants : pour l'implantation des Slaves, les *Miracula Demetrii,* qui nous renseignent sur l'implantation des Slaves dans les Balkans au VIIe siècle [31], et le *Traité sur la guérilla* de Nicéphore Phocas, qui donne une idée de la société byzantine en état de guerre au Xe siècle [32]. Ces éditions de sources s'accompagnent de commentaires qui sont souvent aussi fondamentaux que l'édition.

L'un des principaux centres d'intérêt porte sur les VIe-VIIe siècles. Cette période, qui est précisément celle des *Miracula Demetrii,* est l'aboutissement d'une thèse de doctorat d'Etat sur la pauvreté économique et la pauvreté sociale [33]. Son auteur, E. Patlagean, invite à se pencher sur les transformations qui, ailleurs, marquent le passage de l'Antiquité au monde médiéval. J. Gascou a d'autre part étudié les rapports entre les grands domaines et le reste de la société en Egypte byzantine [34]. Les villes des Balkans ont fait l'objet de plusieurs études relatives à l'Illyricum protobyzantin [35], tandis que G. Dagron s'intéressait aux bourgades d'Orient [36]. A. Guillou a posé globalement le problème des transformations des structures socio-économiques dans le monde byzantin de cette époque [37], tandis que M. Kaplan concentrait son attention sur l'exploitation paysanne [38].

A l'autre extrémité de la période, le XIe siècle a concentré l'attention des byzantinistes français autour de P. Lemerle. Un colloque tenu au Collège de France donnait lieu à un volume des *Travaux et Mémoires* qui fait le tour de tous les problèmes monétaires, économiques et sociaux, ceci entendu au sens le plus large, y compris administratif et culturel [39]. P. Lemerle paracheva ensuite l'œuvre collective avec ses *Cinq Etudes sur le XIe siècle* [40].

L'histoire économique a regroupé les énergies des byzantinistes français durant deux ans (1985-1987) au sein d'un séminaire du Collège de France et de l'Ecole pratique des hautes études (IVe section) sur le thème « Hommes et richesses de Byzance » ; les travaux de la première année (jusqu'au VIe siècle) viennent de paraître en un volume ; la seconde année a couvert les neuf siècles suivants. Tous les domaines de l'histoire économique ont été abordés ; l'enquête entamée alors sur les prix se poursuit.

L'avancement des publications athonites oriente évidemment l'attention vers l'histoire rurale. On notera d'abord la traduction anglaise, mise à jour par l'auteur, de l'*Esquisse pour une histoire agraire de Byzance* de P. Lemerle[41]. N. Svoronos a réglé de façon définitive la question de la date attribuée au *Code rural* en montrant que celui-ci remonte, pour le fond, à l'époque préjustinienne[42]. E. Patlagean s'est risquée à reprendre le problème de la « féodalité byzantine » en liaison avec l'« économie paysanne »[43] ; la place de l'exploitation paysanne dans l'économie rurale fait également le sujet de plusieurs articles de M. Kaplan. J. Lefort a tiré de sa parfaite connaissance des actes athonites des études importantes qui débordent de notre cadre chronologique, d'une part sur la fortune du monastère d'Iviron et d'autre part sur les villages de Macédoine[44]. M. Kaplan s'est risqué à une synthèse partielle de nos connaissances sur les hommes et la terre à Byzance à cette époque : il y porte une particulière attention à la mise en valeur du sol, aux techniques agraires et aux productions, à l'évolution des structures sociales de production ; ayant dégagé l'importance de la petite exploitation paysanne autosuffisante et ses modalités de fonctionnement, il a tenté d'en ébaucher un modèle économique[45]. S'appuyant notamment sur les travaux de G. Tate et de J.-P. Sodini en Syrie du Nord[46], il s'est également intéressé à l'habitat rural. La forme bien souvent fortifiée de l'habitat a également retenu l'attention de J. Lefort et J.-M. Martin[47]. On notera aussi, fortement liée à l'histoire rurale, l'étude de la fiscalité, notamment autour de la réforme entreprise par Alexis Ier Comnène avec sa Néa Logarikè et expliquée par C. Morrisson[48].

La pauvreté des sources, qui constitue déjà un handicap pour l'histoire rurale, explique le petit nombre d'études sur le commerce et la vie urbaine. On a vu que les villes de l'Illyricum avaient été étudiées à l'époque protobyzantine, où J.-P. Sodini nous livre également des indications sur l'artisanat urbain[49] ; G. Dagron, D. Feissel, J. Durliat et A. Guillou étudient les tarifs douaniers d'Anazarbe et d'Abydos aux Vᵉ-VIᵉ siècles[50]. H. Ahrweiler a donné des directions de recherche sur les ports byzantins aux VIIᵉ-IXᵉ siècles[51]. Le commerce de la mer Egée constitue l'un des points importants de la thèse d'E. Malamut sur les îles de l'Empire byzantin aux VIIᵉ-XIIᵉ siècles, qui étudie celles-ci sous tous leurs aspects économiques et sociaux[52]. Mais l'histoire urbaine et commerciale reste, pour cette période, relativement négligée.

La naissance et l'essor de l'aristocratie, qui triomphe à la fin du XIᵉ siècle, retiennent aussi l'attention. M. Kaplan en souligne les aspects fonciers et notamment l'utilisation des monastères et fondations pieuses[53]. La thèse d'I. Brousselle tente de cerner le renouveau des élites dirigeantes au IXᵉ et au début du Xᵉ siècle[54] et rencontre les préoccupations d'E. Patlagean sur l'importance des liens de parenté dans cette aristocratie[55]. Celle-ci est le personnage principal de la thèse de J.-C. Cheynet sur le pouvoir et sa contestation à Byzance de 963 à 1210[56]. La compréhension de ces luttes passe par l'analyse des moyens d'action de l'aristocratie : implantations provinciales, réseaux familiaux, solidarités militaires ou liens de service. L'étude remet en cause le clivage traditionnel, mais rarement pertinent, entre civils et militaires ; l'essentiel réside dans le poids des clans régionaux, permettant l'alternance gouvernementale de véritables équipes.

Le rôle important joué dans l'essor de cette aristocratie par les fonctions militaires, dont l'exemple le plus fameux est celui de la famille des Phocas, nous conduit à l'étude, entreprise autour de G. Dagron, de l'impact social de la guerre et de la société militaire, notamment sur la frontière orientale contestée avec les Etats arabo-musulmans[57]. G. Dagron a d'ailleurs montré l'importance du modèle islamique dans les conceptions de ce spécialiste de la « tactique » qu'était Léon VI[58]. L'édition du traité de Nicéphore Phocas lui a fourni l'occasion de montrer le rôle de cette guérilla frontalière dans la vie des places fortes et des villages de cette zone et, plus largement, l'essor d'une véritable société militaire et la volonté de Nicéphore Phocas d'une militarisation de la société, qui n'a d'ailleurs pas vraiment réussi à long terme, originalité sans doute de l'Orient byzantin.

Ajoutons enfin l'effort tout particulier accompli autour de l'Italie byzantine. J.-M. Martin en poursuit l'étude de l'habitat rural et urbain[59]. Mais les ouvrages d'A. Guillou permettent déjà d'en dresser un tableau d'ensemble, que ce soit pour la démographie, les villes, l'artisanat urbain et notamment celui de la soie et, plus généralement, l'économie[60].

II. La fin de Byzance, XIIe-XVe siècle

C'est la clairvoyance de P. Lemerle qui, après une impulsion décisive donnée à la publication des archives athonites, assigna à nombre de ses disciples, tentés par l'histoire des derniers siècles de Byzance, la tâche de scruter les archives latines et turques, l'idée initiale étant d'y découvrir de nouveaux documents qui permettraient, même imparfaitement, de suppléer les carences des sources grecques. Quiconque touche aux derniers siècles impériaux ne s'irrite-t-il pas en effet quand il achoppe sur l'imperfection de ses outils propres, qui l'oblige trop souvent à en traiter avec des méthodes qui sont plus proches de celles de l'histoire ancienne que des techniques depuis longtemps éprouvées par les historiens du Moyen Age occidental ?

Orientation essentielle, et apparemment paradoxale, des travaux récents en France : l'extrême richesse des sources vénitiennes, génoises, ragusaines et ottomanes, qui laissent en effet filtrer d'importantes données sur l'histoire de Byzance elle-même, a entraîné beaucoup de chercheurs sur des voies imprévues, qui en font, aux yeux de certains, plutôt des spécialistes des impérialismes vainqueurs que des historiens de l'Empire vaincu, alors que, à quelques notables exceptions près, qui concernent du reste surtout le siècle des Comnènes[61], l'école française a été assez faible productrice, ces vingt dernières années, de travaux de synthèse exclusivement consacrés aux derniers siècles de

Byzance. De telles orientations portent sens : Byzance est, à partir du XIIe siècle, le point d'application des appétits politiques et économiques de ses voisins ; de ce fait bien connu, il revient avant tout aux historiens français, F. Thiriet, N. Beldiceanu, M. Balard, A. Ducellier, suivis de leurs disciples, d'en avoir administré l'abondante démonstration, soulignée d'ailleurs, et sur laquelle nous ne reviendrons pas.

Autre grande orientation nouvelle : la géographie historique, dont H. Ahrweiler est l'initiatrice (en témoignent rapports réguliers et publications récentes[62]), et qui rejoint un intérêt ancien pour l'histoire régionale, dont le pionnier fut sans doute A. Bon[63]. Ces synthèses régionales s'appuient sur des recherches précises, et en particulier sur les récents acquis de l'archéologie : en cela, l'école française rompt nettement avec ses précédentes orientations, qui distinguaient mal archéologie et histoire de l'art et négligeaient par trop le passage au régime ottoman[64]. Mais d'autres synthèses régionales de valeur continuent à s'appuyer essentiellement sur les sources écrites, qui sont bien souvent, ici encore, d'origine latine[65].

Indiscutablement, grâce à l'utilisation croisée de sources très diverses, la recherche française a aussi fait progresser notre connaissance des mouvements de population dans les Balkans byzantins ou péribyzantins : grâce aux travaux de J. Lefort et de son équipe, on peut aujourd'hui, prudemment mais utilement, comparer la courbe démographique de l'Orient et de l'Occident chrétiens ; et d'autres perspectives se sont ouvertes grâce à l'exploitation des fonds d'archives italiens et yougoslaves, qui illustrent un grand fait du XIVe siècle : l'émigration balkanique vers l'Occident, qui permet d'affirmer que les Grecs s'expatrient peu, alors que les départs slaves et albanais sont nombreux bien avant la conquête turque[66]. Autre apport considérable à la démographie historique, les recherches menées par les turcologues aux archives du Sérail, qui illustrent, grâce à l'exploitation des registres de cadastre des premières décennies ottomanes, la bigarrure ethnique de zones réputées comme purement grecques, et permettent de parvenir, dans certains cas, à d'appréciables résultats chiffrés[67].

C'est aussi au contact de l'autre que s'est rajeunie l'histoire religieuse des derniers siècles, qu'il s'agisse des origines de ce qu'on nomme encore trop souvent le « schisme »[68], de la polémique antilatine ou anti-islamique[69], de l'étude, enfin, des zones de contact entre Eglises orthodoxe et romaine[70]. Et on peut verser au même dossier les travaux qui illustrent soit les réactions négatives de l'Eglise et des fidèles face à la religion musulmane (tradition et renouveau de la polémique anti-islamique, recours à l'eschatologie devant la conquête et la *Tourkokratia*)[71], soit au contraire les mouvements, inconscients ou concertés, vers une compréhension ou même une fusion des deux religions[72].

En ce sens, l'histoire de l'art est sans doute, dans notre champ d'étude, plus en harmonie avec l'ensemble des recherches qu'elle ne l'est dans n'importe quel autre domaine : depuis longtemps, ses spécialistes sont sensibles aux contacts et aux influences réciproques, qu'il s'agisse des destins du style byzantin dans les pays balkaniques et orientaux[73] ou, ce qui est plus caractéristique de la dernière période, des rencontres entre l'art byzantino-slave et les courants venus d'Occident[74]. Ils viennent aussi d'apporter d'utiles contributions à notre perception des mutations mentales à la fin du Moyen Age, soit par une étude nouvelle des programmes iconographiques, soit par la prise en considération du souffle eschatologique qui anime le dernier art byzantin[75].

Nous ne voudrions pas être injuste envers les chercheurs qui, depuis vingt ans, suivent des voies plus traditionnelles, évidemment nécessaires à tous les autres. Comment omettre les éditions de documents, à commencer par les fascicules successifs des *Actes de l'Athos,* et sans oublier les grands textes historiques, qui commencent à être disponibles dans des publications critiques et accompagnées de traductions[76] ? L'école française y a apporté une importante contribution, tout comme elle a renouvelé bien des données acquises en histoire économique, grâce à l'étude scientifique des sources numismatiques[77]. Et on ne saurait passer sous silence une autre tradition que conserve l'école française : l'histoire des institutions, qu'elles soient publiques ou ecclésiastiques, qui a fait, ces vingt dernières années, l'objet d'importantes synthèses[78].

Malgré tout, c'est bien l'ouverture sur ce qui n'est pas proprement byzantin qui nous paraît caractériser l'ensemble des travaux de ces dernières années, qui contribuent déjà puissamment à repousser l'idée, trop longtemps reçue, d'une histoire byzantine qui se suffirait à elle-même et n'aurait rien à apprendre aux autres.

III. L'EXPANSION DES OCCIDENTAUX EN ORIENT AU MOYEN AGE

Etant entendu qu'il est traité par ailleurs des croisades et des Etats latins d'Orient, trois pays d'Occident ont été les bases de départ pour une expansion politique, commerciale, militaire et sociale vers le bassin oriental de la Méditerranée : les républiques maritimes italiennes, la Provence et le Languedoc, la Catalogne et les pays de la couronne d'Aragon.

Les recherches des médiévistes français, favorisées par l'appui logistique apporté par l'Ecole française de Rome, se sont surtout intéressées aux Italiens d'outre-mer. De nombreuses publications de sources sont venues éclairer leur histoire. Du côté vénitien, F. Thiriet a livré l'apport essentiel des fonds publics concernant l'Orient byzantin [79]. En 1978, il a complété ses cinq volumes de regestes en publiant la correspondance échangée entre la Seigneurie et ses représentants en Crète [80]. En revanche, les actes de la pratique n'ont fait l'objet d'aucune publication par nos chercheurs, bien que les fonds de la *Cancelleria inferiore* aux Archives d'Etat de Venise soient d'une grande richesse; des séries d'actes notariés de Tana, de Constantinople et de Crète attendent un éditeur [81].

Du côté génois, il y a peu à espérer des sources publiques, toutes disparues, à l'exception des traités, pour la période antérieure à 1340. Tout l'effort de publication a porté sur les actes notariés instrumentés en Orient. Nous avons donné l'édition des actes de Caffa de 1289-1290, de ceux de Kilia de 1360, d'une partie de ceux de Chypre et, récemment, des actes de Chio de 1394, ainsi que les regestes des actes de Péra du XIVe siècle[82]. Il resterait à publier plusieurs séries d'actes de Chio du XIVe siècle et des fragments épars de minutiers « orientaux » du XVe siècle.

Ces publications de sources ont servi de base à des ouvrages de synthèse et à des études particulières. Deux thèses de doctorat d'Etat ont fait le point sur l'expansion vénitienne et génoise dans les pays de la mer Egée et de la mer Noire. *La Romanie vénitienne* de F. Thiriet[83] s'intéresse davantage aux aspects politiques, militaires et institutionnels qu'à la vie interne des colonies vénitiennes d'Orient. En revanche, notre *Romanie génoise* s'attache à décrire les communautés qui peuplent les comptoirs génois d'outre-mer et l'intense mouvement des échanges entre la métropole et l'Orient byzantin. Mais elle laisse de côté l'outre-mer génois au XVe siècle, dont l'étude nécessiterait d'amples dépouillements de sources encore en grande partie inédites[84].

Les deux autres républiques maritimes italiennes ont aussi intéressé nos chercheurs. C. Otten-Froux a consacré sa thèse de troisième cycle aux *Pisans en Orient de la première croisade à 1406*. De ce travail, encore inédit, ont été tirés plusieurs articles portant sur la présence pisane en Chypre, en Egypte et à Acre et, plus récemment, à l'Aïas (Petite-Arménie)[85]. Ce sont là les prémices d'un ouvrage plus ample sur les marchands occidentaux en Chypre et en Petite-Arménie. Le commerce amalfitain aux Xe-XIIe siècles a été étudié par C. Cahen et par nous-même[86]. Seule la découverte de nouveaux documents permettrait de renouveler le sujet.

Certains des territoires colonisés ou fréquentés par les marchands italiens ont fait l'objet d'études précises. Deux recueils d'articles[87] viennent compléter pour Venise et pour Gênes les deux ouvrages de synthèse précédemment cités. A la place des Italiens dans les Balkans, s'intéressent aussi bien la thèse d'A. Bon[88] que les travaux d'A. Ducellier[89]. En revanche, aucune étude récente n'a été consacrée au duché d'Athènes ou à l'expansion angevine au-delà de l'Adriatique. Les travaux de J.-C. Hocquet et d'E. Malamut font référence aux Vénitiens à propos du commerce du sel et des îles égéennes[90].

Relais de la navigation occidentale vers la Petite-Arménie et les côtes syriennes, l'île de Chypre a vu s'établir de nombreuses communautés marchandes sous les Lusignan. J. Richard s'est intéressé aux Vénitiens en Chypre, pour analyser la progressive domination de la Sérénissime sur le royaume des Lusignan ou le destin de familles protégées par les autorités vénitiennes [91]. Nous nous sommes efforcés de reconstruire le paysage urbain de Famagouste et les activités des marchands génois dans l'île au début du XIVe siècle [92], tandis que l'histoire de la communauté pisane était retracée par C. Otten-Froux [93].

Du côté de Byzance et de la mer Noire, R. Delort a illustré le rôle des marchands italiens dans le commerce des fourrures exportées par les villes de Crimée. Le comptoir de Tana, au fond de la mer d'Azov, a fait l'objet de recherches très précises [94], de même que l'organisation des trafics et de la politique économique de Venise dans ces régions [95]. Les actes notariés génois de Kilia nous ont permis de retracer la vie des comptoirs danubiens au XIVe siècle [96].

En revanche, l'histoire des autres communautés occidentales d'outre-mer a été en grande partie négligée. Deux articles ont été consacrés aux marchands du Midi de la France à Alexandrie [97], tandis que, dans son ouvrage sur Jacques Cœur, M. Mollat fait une large place aux affaires de l'Argentier en Orient [98]. Mais il y a sans doute beaucoup à faire encore sur les Marseillais et les Montpelliérains d'outre-mer. Il en est de même pour les Catalans et les Valenciens. Les travaux de C. Carrère [99] et de J. Guiral-Hadziiossif [100] s'intéressent beaucoup plus au bassin occidental de la Méditerranée qu'à l'expansion catalane en Orient.

Bref, les recherches des médiévistes français occupent une place de choix dans les travaux sur l'Orient latin et les échanges en Méditerranée, mais davantage dans une perspective italienne qu'ibérique et surtout française.

Il est à souhaiter que, précédée par la publication de l'ouvrage *Etat et Colonisation au Moyen Age,* la récente création par le CNRS d'un groupement de recherche sur ce thème puisse permettre de coordonner et de promouvoir les études sur les croisades et l'expansion occidentale en Orient et redonner à l'école française la place de choix qu'elle avait en ce domaine au temps de R. Grousset et de P. Deschamps.

IV. Les croisades, les Etats latins et l'Asie médiévale

Si les ouvrages de vulgarisation, et souvent de bonne vulgarisation, n'ont pas négligé l'histoire des croisades, celle-ci n'a pas figuré parmi les domaines de prédilection de la recherche française. Toutefois, la période 1969-1989 s'est ouverte par un excellent petit précis dû à C. Morrisson pour s'achever sur un essai d'interprétation nouvelle signé de M. Balard[101]. Et C. Cahen nous a donné un ouvrage très attendu, *L'Orient et l'Occident au temps des croisades* (Aubier-Montaigne, 1983) qui associe les vues de l'orientaliste à celles du bon connaisseur du monde occidental.

La réunion en un volume des travaux dispersés d'E. Delaruelle sur *L'Idée de croisade au Moyen Age* (Turin, Bottega d'Erasmo, 1980) a rendu plus accessible une perspective qui mérite d'être mise en parallèle avec celle, regardée comme classique, de C. Erdmann. Le petit livre de J. Richard, *L'Esprit de la croisade* (Ed. du Cerf, 1969), s'est attaché à caractériser la spiritualité vécue par les croisés du XIe siècle à la fin du XIIIe siècle.

Les textes historiques ont fait l'objet d'éditions critiques nouvelles, et bien nécessaires, dans la collection des « Documents relatifs à l'histoire des croisades » : Raymond d'Aguilers, Pierre Tudebode, la continuation de Guillaume de Tyr, mais surtout *La Chanson d'Antioche,* par S. Duparc-Quioc (Geuthner, 1977-1978), important ouvrage qui tient bonne place dans le renouveau des études sur le cycle épique des croisades, qui se poursuit en Allemagne et aux Etats-Unis.

Des études particulières sur les diverses expéditions ont figuré dans les actes des colloques consacrés à Philippe Auguste, au 7e centenaire de la mort de Saint Louis ou du concile de Lyon de 1274. Mais c'est surtout en dehors de nos frontières que sont menées des révisions de l'histoire des croisades proprement dites.

En ce qui concerne les Etats latins, la principale publication de texte est le *Cartulaire du Saint-Sépulcre de Jésusalem,* de

G. Bresc-Bautier (Geuthner, 1984). Nous avons enfin une monographie qui manquait sur le plan septentrional de ces Etats : *Le Comté d'Edesse,* par M. Amouroux (Geuthner, 1989) ; la thèse d'A. Fretay, *Edesse et son comté* (1983) reste inédite. Deux brefs articles ont traité du comté de Tripoli au XIIIe siècle [102]. Et le troisième et dernier volume du grand ouvrage de P. Deschamps sur *Les Châteaux des croisés en Terre sainte* (Geuthner, 1973) porte sur la défense de la principauté d'Antioche et de Tripoli.

Nous disposons, enfin, d'un ouvrage solide sur l'ordre du Temple, dû à A. Demurger [103]. Sur celui des Hospitaliers s'annonce une thèse, celle de J.-C. Poutiers, consacrée spécialement à la souveraineté de l'ordre.

Si la contribution française peut paraître réduite en volume au regard de l'abondante production anglaise, israélienne, allemande sur le royaume de Jérusalem, elle est au contraire très importante pour celui de Chypre. Favorisées par l'intérêt que la jeune république porte à son histoire, les éditions de textes ont été nombreuses : le *Livre des remembrances de la secrète,* incomplètement publié par Mas-Latrie, les comptes de la collectorie apostolique dans l'île, les testaments et titres de propriété d'une famille d'origine syrienne, le *prahtico* de la seigneurie du Marethasse... [104]. On doit au comte W.H. Rudt de Collenberg le dépouillement systématique des registres du Vatican, débouchant sur la publication d'abondants regestes et de reconstitutions prosopographiques [105]. G. Grivaud, préparant une thèse sur les villages disparus, a prospecté avec fruit les archives vénitiennes. Aussi n'est-il pas surprenant que la participation française à la grande *Histoire de Chypre* que prépare la Fondation Makarios III s'annonce copieuse [106].

En dehors des travaux concernant les établissements de Gênes et de Venise, dont il est traité ailleurs, l'empire latin de Constantinople a fait l'objet de la publication des *Documents sur le régime des terres dans la principauté de Morée au XIVe siècle,* de J. Longnon et P. Topping (La Haye, Mouton, 1969) et de l'étude posthume du même J. Longnon sur les croisés de 1202-1204 [107].

Les relations avec les Mongols restent un sujet attachant : le panorama présenté dans *1274 : année charnière* doit déjà être modifié du fait de la découverte de documents nouveaux [108]. Ces relations intéressent notamment l'histoire des missions, qui a fait l'objet en 1977 du livre de J. Richard, *La Papauté et les Missions d'Orient au Moyen Age* (Rome, Ecole française de Rome) et d'autres travaux, parmi lesquels la récente édition critique du *Contra legem Saracenorum* de Ricoldo da Monte Croce [109].

Ceci nous amène aux récits de voyages, pour lesquels l'intérêt ne faiblit pas. En dehors du volume de la « Typologie des sources du Moyen Age occidental » consacré aux *Relations de voyages et de pèlerinages* [110], il faut relever la publication de plusieurs récits inédits : l'*Itinéraire d'Anselme Adorno,* par J. Heers et G. de Groer (1978), les relations de Pierre Barbatre et de l'Anonyme de Rennes [111]. Mais des textes bien connus exigent eux aussi d'être repris et critiqués. On doit à Ch. Deluz une édition du texte latin et de la traduction française du fameux *Voyage* de Guillaume de Boldensele, malheureusement encore inédite (1972). Et le même auteur vient de publier sa thèse sur *Le Livre de Jehan de Mandeville : une « géographie » médiévale* (Louvain-la-Neuve, Institut d'études médiévales de l'université catholique de Louvain, 1988), montrant comment a été menée une compilation de récits de voyages pour aboutir à une « description du monde ». C'est surtout la découverte de l'« autre » qui a retenu J.-P. Roux dans la refonte de ses *Explorateurs au Moyen Age* (Fayard, 1985) ; cette perspective n'est pas étrangère au *Voyage dans l'empire mongol de Guillaume de Rubrouck,* de C. et R. Kappler (Payot 1985), qui apporte un très utile commentaire de ce texte célèbre. On n'oubliera pas non plus le *Marco Polo* de J. Heers (1983). La « découverte du monde » suscitée par les conséquences des croisades et de l'ouverture de l'Asie mongole reste une des lignes de force de la recherche française [112].

V. LE MONDE TURC

Avant d'entrer dans le vif du sujet, quelques remarques s'imposent. La nature du congrès limite ce rapport aux recherches historiques, mais un bon nombre de nos collègues turquisants ont à leur actif des travaux importants dans d'autres domaines, tels que la linguistique, la littérature, la religion ou l'art. Nous pensons surtout aux recherches sur le monde hétérodoxe anatolien ou sur les concepts religieux chez les peuples turcs d'Asie centrale, sur la littérature épique ou sur l'ethnographie qui ne trouvent pas ici leur place. En outre, le cadre chronologique nous oblige à laisser de côté les ouvrages de toute une série de turcologues qui ne s'occupent que du présent ou des deux derniers siècles de l'Empire ottoman.

Esquissons d'abord la tendance générale. Chez nous, en France, la recherche dans le domaine turc prend un nouveau souffle après la Seconde Guerre mondiale. On ne se cantonne plus dans l'étude de la langue ou des sources narratives, car on découvre petit à petit toutes les richesses de la documentation d'archives, qu'il s'agisse de firmans émanant des sultans, des actes provenant des fonctionnaires subalternes ou de registres de recensement. La traduction en français des règlements fiscaux ottomans concernant les provinces syriennes en 1951 [113], faite à partir d'une édition en turc moderne, est le premier signe du changement qui s'amorce. Le processus doit cependant son essor à plusieurs impulsions bien précises qui ont non seulement fixé le cadre de la recherche, mais fourni aussi les moyens pour sa réalisation. Il convient de citer en premier lieu P. Lemerle qui a réservé dans son vaste programme une place à l'édition des actes ottomans. Cette initiative avait pour but de découvrir des nouvelles sources destinées à mieux comprendre le règne des Paléologues, dynastie avec laquelle l'Empire byzantin prend fin. Les documents ottomans qui ont été édités depuis montrent qu'il a vu juste.

Relevons aussi le rôle de l'école des Annales. Tournée vers les études socio-économiques, elle a favorisé la recherche sur les règlements ottomans et les registres de recensement qui contiennent des informations précieuses sur la société urbaine et rurale, sur la production, le commerce et la fiscalité, de même que sur les différentes ethnies dont était composé l'Empire ottoman.

La troisième impulsion est due à C. Cahen. Arabisant au départ, il a reconnu l'intérêt que présente le monde turc avant l'apparition de Osmān sur l'échiquier de l'histoire : éblouis par l'ascension fulgurante des Ottomans, les chercheurs avaient en effet tendance à oublier que des dynasties tout aussi prestigieuses les avaient précédés. Ses nombreux travaux, dont le livre récent *La Turquie pré-ottomane*[114] est le couronnement, nous rappellent que l'histoire des Turcs ne commence pas en 1303[115].

Si l'on examine la production scientifique entre 1969 et 1989, on est frappé par un trait, commun à presque toutes les publications. Même s'il existe encore des études qui s'appuient sur les archives européennes[116], c'est le document ottoman qui occupe le premier rang, qu'il s'agisse d'épaisses monographies, de mémoires ou d'articles de quelques pages. Grâce aux traductions, plusieurs centaines d'actes deviennent accessibles à ceux qui ne connaissent pas le turc. Au début, on les puise dans les fonds de manuscrits de la Bibliothèque nationale, mais, au fur et à mesure que les archives de Turquie s'ouvrent aux chercheurs, une documentation nouvelle fait son entrée.

Les archives de Topkapi fournissent le matériel pour l'histoire événementielle, qu'il s'agisse des relations ottomano-safavides[117] ou des tractations entre Bāyezīd II et les puissances étrangères à propos du prince Djem[118]. A ce point de vue, les *mühimme defterleri* — registres qui consignent le double des actes — sont aussi inépuisables et se trouvent à la base d'un livre sur *L'Empire ottoman et les Pays roumains* au milieu du XVIe siècle[119].

Ce sont les registres de recensement, les règlements et lois coutumières qui ont inspiré le plus grand nombre d'études, qu'elles soient consacrées aux institutions, à la population urbaine ou rurale, à la production, à la fiscalité ou au commerce. Parmi les institutions, le *timar* — dotation militaire, mais aussi civile — tient une place de choix puisqu'une monographie et de nombreux articles ont vu le jour[120].

Certaines publications concernent le fonctionnement d'une seule institution[121], d'autres s'étendent sur les multiples facettes d'un problème déterminé : la ville ottomane ou encore les populations jouissant d'un statut particulier[122].

Relevons les travaux sur plusieurs régions, soit en Europe (Smederevo et Vidin, région septentrionale de la mer Noire y compris la Crimée, Morée, îles de la mer Egée, Thessalie,

Macédoine), soit en Asie Mineure (Trébizonde, Anatolie centrale). Selon le caractère de la source, la recherche porte sur le commerce intérieur ou extérieur, sur les taux de prélèvement et la nature des marchandises ou encore sur la population, les cultures et la fiscalité [123].

Certaines études mettent l'accent sur la période antérieure à la conquête ottomane, en particulier celles sur la province de Trébizonde [124] et sur l'Anatolie centrale [125]. Toute une série d'institutions seldjouqides, byzantines, serbes et bulgares ont fait leur entrée dans la législation ottomane et peuvent être repérées par ce biais.

Signalons un développement récent de la recherche dans le domaine de la géographie historique. Grâce aux registres de recensement ottomans, il a été possible de localiser plusieurs toponymes antiques [126].

Le dernier volet que nous évoquerons concerne les problèmes d'ordre monétaire : dévaluation de l'aspre et ses conséquences, frappe de la première pièce d'or dans l'Empire ottoman [127].

Concluons. En ce qui concerne le Moyen Age, la recherche dans le domaine de la turcologie entre 1969 et 1989 se caractérise par l'édition d'une forte proportion de documents. Toutefois, on ne les présente jamais à l'état brut. Ils servent toujours à illustrer un sujet d'ordre historique. Quant à l'avenir, un changement s'amorce. On cherche d'autres sources d'information [128] ou on se détourne du Moyen Age pour s'occuper du présent. Plusieurs facteurs favorisent cet abandon. La multiplication des démarches à accomplir pour accéder aux Archives de Turquie et pour obtenir des microfilms, la difficulté de l'apprentissage des instruments de travail — maîtrise non seulement de l'osmanli, mais de l'arabe, du persan et de la paléographie. Ajoutons à cela l'encouragement des instances gouvernementales à s'occuper de questions plus actuelles, tendance qui ne s'observe pas seulement chez nous mais aussi chez nos voisins.

Notes

1. H. Ahrweiler, *Byzance : les pays et les territoires,* Londres, Variorum Reprints, 1976. *Geographica Byzantina,* sous la direction d'H. Ahrweiler, Paris, Publications de la Sorbonne, 1981. *Philadelphie et Autres Etudes,* sous la direction d'H. Ahrweiler, Paris, Publications de la Sorbonne, 1984. C. Asdracha, *La Région des Rhodopes aux XIIIe et XIVe siècles,* Athènes, Verlag der Byzantinisch-Neugrieschichen Jahrbücher, 1976.

2. E. Malamut, *Les Iles de l'Empire byzantin (VIIIe-XIIe siècle),* Paris, Publications de la Sorbonne, 1988, 2 vol.

3. D. Feissel, *Recueil des inscriptions chrétiennes de Macédoine du IIIe au VIe siècle,* Paris, De Boccard, 1983. D. Feissel et A. Philippidis-Braat, « Inscriptions du Péloponnèse », *Travaux et Mémoires,* t. 9, 1985, p. 267-395. G. Dagron et D. Feissel, « Inscriptions du musée d'Antioche », *ibid.,* t. 9, p. 267. A. Avramea et D. Feissel, « Inscriptions de Thessalie », *ibid.,* t. 10, 1987, p. 357-398. G. Dagron et D. Feissel, *Inscriptions de Cilicie,* Paris, De Boccard, 1987.

4. P. Lemerle, *Les Plus Anciens Recueils des Miracles de saint Démétrius,* t. 1, *Le Texte,* Paris, CNRS, 1979 ; t. 2, *Commentaire,* Paris, CNRS, 1981.

5. J.-M. Spieser, *Thessalonique et les Monuments du IVe au VIe siècle. Contribution à l'étude d'une ville paléochrétienne,* Paris, Ecole française d'Athènes, 1984.

6. L'ensemble du dossier paraîtra dans les *Travaux et Mémoires,* t. 11, 1990 (sous presse) ; l'édition et le commentaire de la *Doctrina Jacobi* sont dus à V. Déroche.

7. Ch. Astruc, W. Wolska-Conus, J. Gouillard, P. Lemerle, D. Papachryssanthou et J. Paramelle, « Les sources grecques pour l'histoire des Pauliciens d'Asie Mineure. Texte critique et traduction », *Travaux et Mémoires,* t. 4, 1970, p. 1-227. P. Lemerle, « L'histoire des Pauliciens d'Asie Mineure d'après les sources grecques », *ibid.,* t. 5, 1973, p. 1-44.

8. P. Gautier, « Le Typikon du Christ sauveur Pantocrator », *Revue des études byzantines,* t. 32, 1974, p. 1-145. « La diataxis d'Attaléiate », *ibid.,* t. 39, 1981, p. 5-143. « Le Typikon de la Theotokos Evergétès », *ibid.,* t. 40, 1982, p. 5-101. « Le Typikon du sébaste Grégoire Pakourianos », *ibid.,* t. 42, 1984, p. 5-145. « Le Typikon de la Theotokos Kécharitôménè », *ibid.,* t. 43, 1985, p. 5-165.

9. J. Lefort, *Villages de Macédoine,* t. 1, *La Chalcidique occidentale* (*Travaux et Mémoires, Monographie,* 1), Paris, De Boccard, 1982. —, « Radolibos : population et paysage », *Travaux et Mémoires,* t. 9, 1985, p. 195-234. — *et al., Paysages de Macédoine,* Paris, De Boccard, 1986.

10. G. Dagron, *Naissance d'une capitale. Constantinople et ses institutions de 380 à 451,* Paris, PUF, 1974.

11. J.-C. Cheynet, « Les Phocas », *in* G. Dagron et H. Mihăescu, *Le Traité sur la guérilla (De Velitatione) de l'empereur Nicéphore Phocas,* Paris, CNRS, 1986, p. 298-

315. —, « Fortune et puissance des grandes familles (x^{e}-xiie siècle) », *Hommes et Richesses dans l'Empire byzantin,* t. 2, Paris, Lethielleux, 1991. J.-F. Vannier, *Familles byzantines. Les Argyroi (xie-xiie siècle),* Paris, Publications de la Sorbonne, 1975. — et J.-C. Cheynet, *Etudes prosopographiques,* Paris, Publications de la Sorbonne, 1986.

12. J. Beaucamp, *Le Statut de la femme à Byzance (ive-viie siècle),* t. 1, *Le Droit impérial,* Paris (sous presse).

13. J. Gascou, *Le Codex fiscal d'Hermopolis (P. Sorb. inv. 2227). Edition, commentaire philosophique et historique,* thèse de doctorat d'Etat soutenue à Strasbourg en décembre 1986 (sous presse). J. Gascou et L.M. Coull, « Le cadastre d'Aphrodite », *Travaux et Mémoires,* t. 10, 1987, p. 103-158.

14. C. Morrisson, « La Logarikè : réforme monétaire et réforme fiscale sous Alexis Ier Comnène », *Travaux et Mémoires,* t. 7, 1979, p. 419-464. —, « La découverte des trésors à l'époque byzantine : théorie et pratique de l'*heurèsis thèsaurou* », *Travaux et Mémoires,* t. 8 *(Mélanges Paul Lemerle),* 1981, p. 321-343.

15. P. Lemerle, *Cinq Etudes sur le xie siècle byzantin,* Paris, CNRS, 1977. G. Dédéyan, *Smbat le Connétable. La Chronique attribuée à Smbat,* Paris, Geuthner, 1980. *Histoire des Arméniens,* sous la direction de G. Dédéyan, Académie des inscriptions et belles-lettres, Toulouse, Privat, 1982.

16. M.-F. Auzépy, « L'iconodoulie : défense de l'image ou de la dévotion à l'image ? », in *Nicée II (787-1987). Douze siècles d'images religieuses,* Paris, Ed. du Cerf, 1987, p. 157-165. — (sous le nom de Rouan), « Une lecture iconoclaste de la Vie d'Etienne le Jeune », *Travaux et Mémoires,* t. 8 *(Mélanges Paul Lemerle),* 1981, p. 415-436. M.-J. Mondzain-Baudinet, *Discours de Nicéphore contre les iconoclastes,* Paris, Klincksieck, 1989.

17. J. Darrouzès, *Georges et Dèmètrios Tornikès. Lettres et discours,* Paris, CNRS, 1970. —, *Recherches sur les Offikia de l'Eglise byzantine,* Paris, Institut français d'études byzantines, 1970. —, *Notitiae episcopatuum Constantinopolitanae. Texte critique, introduction et notes,* Paris, Institut français d'études byzantines, 1981. —, refonte de V. Grumel, *Regestes des Actes du patriarcat de Constantinople,* t. 1, *Les Actes des patriarches,* fasc. 1, Paris, Institut français d'études byzantines, 1972; fasc. 2-3, Paris, Institut français d'études byzantines, 1989.

18. J. Gouillard, « La religion des philosophes », *Travaux et Mémoires,* t. 6, 1976, p. 305-324. —, « Léthargie des âmes et culte des saints : un plaidoyer inédit de Jean diacre et maïstor », *ibid.,* t. 8 *(Mélanges Paul Lemerle),* 1981, p. 171-186. —, « La vie d'Euthyme de Sardes († 831), une œuvre du patriarche Méthode », *ibid.,* t. 10, 1987, p. 1-101.

19. E. Patlagean, « L'histoire de la femme déguisée en moine et l'évolution de la sainteté féminine à Byzance », *Studi Medievali,* t. 17, 1976, p. 597-623.

20. J. Gouillard, « Le procès officiel de Jean l'Italien : les actes et leurs sous-entendus » et « Une lettre de (Jean) l'Italien au patriarche ? », *Travaux et Mémoires,* t. 9, 1985, p. 133-179. —, « Quatre procès de mystiques à Byzance (vers 960-1143) », *Revue des études byzantines,* t. 36, 1978, p. 5-81.

21. B. Flusin, *Miracle et Histoire dans l'œuvre de Cyrille de Scythopolis,* Paris, Institut d'études augustiniennes, 1983. —, « Un fragment inédit de la Vie d'Etienne le patriarche ? », *Travaux et Mémoires,* t. 9, 1985, p. 119-131 ; t. 10, 1987, p. 233-260. —, *Saint Anastase le Perse et la Palestine au viie siècle,* thèse soutenue à Paris en 1988 (sous presse).

22. J. Beaucamp, R.-C. Bondoux, J. Lefort, M.-F. Rouan et I. Sorlin, « Temps et

histoire I. Le prologue de la Chronique pascale », *Travaux et Mémoires,* t. 6, 1979, p. 223-301.

23. J. Grosdidier de Matons, *Romanos le Mélode et les Origines de la poésie religieuse à Byzance,* Paris, Beauchesne, 1977. —, *Romanos le Mélode, Hymnes,* Paris, Ed. du Cerf (« Sources chrétiennes », 5), 1981.

24. *1274 : année charnière. Mutations et continuités* (colloque du CNRS, Lyon-Paris, 1974), Paris, CNRS, 1977. V. Laurent et J. Darrouzès, *Dossier grec de l'Union de Lyon (1273-1277),* Paris, Institut français d'études byzantines, 1976.

25. A. Failler et V. Laurent, *Georges Pachymère. Relations historiques, livres I-VI,* Paris, Les Belles Lettres, 1984, 2 vol.

26. M.-H. Congourdeau, *Nicolas Cabasilas, « La Vie en Christ ». Introduction, texte critique, traduction et annotation,* Paris, Ed. du Cerf, 1989, 2 vol. —, « Frère Simon le Constantinopolitain O.P. (1235?-1325?) », *Revue des études byzantines,* t. 45, 1987, p. 165-174, suivi de « Note sur les dominicains de Constantinople au début du XIVᵉ siècle », p. 175-181.

27. P. Lemerle, *Le Premier Humanisme byzantin. Notes et remarques sur enseignement et culture à Byzance des origines au Xᵉ siècle,* Paris, PUF, 1971. W. Wolska-Conus, « L'école de droit et l'enseignement du droit à Byzance au XIᵉ siècle : Xiphilin et Psellos », *Travaux et Mémoires,* t. 6, 1979, p. 1-107. J.-P. Mahé, « *Quadrivium* et cursus d'études au VIIᵉ siècle en Arménie et dans le monde byzantin d'après le K'nnikon d'Anania Sirakac'i », *ibid.,* t. 10, 1987, p. 159-206.

28. E. Patlagean, « Discours écrit, discours parlé, niveaux de culture à Byzance aux VIIIᵉ-XIᵉ siècles », *Annales ESC,* 1979, p. 264-278. G. Dagron, *Constantinople imaginaire. Etudes sur le recueil des « Patria »,* Paris, PUF, 1984.

29. C. Morrisson, *Catalogue des monnaies byzantines de la Bibliothèque nationale,* Paris, Bibliothèque nationale, 1970, 2 vol.

30. P. Lemerle, A. Guillou, D. Papachryssanthou et N. Svoronos, *Actes de Lavra,* Paris, Lethielleux, 1970-1982, 4 vol. D. Papachryssanthou, *Actes du Prôtaton,* Paris, Lethielleux, 1975. J. Lefort, N. Oikonomidès, D. Papachryssanthou et H. Métrévelli, *Actes d'Iviron,* Paris, Lethielleux, 1985.

31. P. Lemerle, *Les Plus Anciens Recueils, op. cit.*

32. G. Dagron et H. Mihăescu, *Le Traité sur la guérilla, op. cit.*

33. E. Patlagean, *Pauvreté économique et Pauvreté sociale à Byzance (IVᵉ-VIIᵉ siècle),* Paris, Mouton, 1977.

34. J. Gascou, « Les grands domaines, la cité et l'Etat en Egypte byzantine. Recherches d'histoire agraire, fiscale et administrative », *Travaux et Mémoires,* t. 9, 1985, p. 1-89.

35. Cf. les articles de G. Dagron, J.-P. Sodini et J.-M. Spieser dans *Villes et Peuplement dans l'Illyricum protobyzantin,* Rome, Ecole française de Rome, 1984.

36. G. Dagron, « Entre village et cité : la bourgade rurale des IVᵉ-VIIᵉ siècles en Orient », *Koinôneia,* t. 3, 1979, p. 29-52.

37. A. Guillou, « Transformations des structures socio-économiques dans le monde byzantin du VIᵉ au VIIIᵉ siècle », *Zbornik radova vizantoloskog Instituta,* t. 19, 1980, p. 71-78.

38. M. Kaplan, « Remarques sur la place de l'exploitation paysanne dans l'économie rurale byzantine », in *XVI. Internationaler Byzantinisten Kongress, Akten II.2, Jahrbuch der österreichischen Byzantinistik,* t. 32/2, 1982, p. 105-114. —, « Les villageois aux premiers siècles byzantins (VIᵉ-Xᵉ siècle) : une société homogène ? »,

Byzantinoslavica, t. 43, 1982, p. 202-217. —, « L'économie paysanne dans l'Empire byzantin du ve au xe siècle » *Klio,* t. 68, 1986, p. 198-232.

39. *Travaux et Mémoires,* t. 6, 1976.

40. P. Lemerle, *Cinq Etudes sur le XIe siècle, op. cit.*

41. P. Lemerle, *The Agrarian History of Byzantium from the Origins to the Twelfth Century : the Sources and the Problems,* Galway, University Press, 1979.

42. N. Svoronos, « Notes sur l'origine et la date du Code rural », *Travaux et Mémoires,* t. 8, 1981, p. 487-500.

43. E. Patlagean, « Economie paysanne et féodalité byzantine », *Annales ESC,* t. 30, 1975, p. 1371-1396.

44. J. Lefort, « Une grande fortune foncière aux xe-xiiie siècles : les biens du monastère d'Iviron », in *Structures féodales et Féodalisme dans l'Occident méditerranéen (x^e-XIIe siècle),* Rome, Ecole française de Rome, 1980, p. 727-742. —, *Villages de Macédoine,* t. 1, *op. cit.*

45. M. Kaplan, *Les Hommes et la Terre à Byzance : propriété et exploitation du sol (VIe-XIe siècle),* Paris (sous presse).

46. J.-P. Sodini, G. Tate, B. et S. Bavant, J.-L. Biscop et D. Orssaud, « Déhès (Syrie du Nord). Campagnes I-III (1976-1978). Recherches sur l'habitat rural », *Syria,* t. 51, 1980, p. 1-308.

47. J. Lefort, « Habitats fortifiés en Macédoine orientale au Moyen Age », in *Habitats fortifiés et Organisation de l'espace en Méditerranée médiévale,* Lyon, Maison de l'Orient, 1983, p. 197-207. — et J.-M. Martin, « Fortifications et pouvoirs en Méditerranée (x^e-xiiie siècle) », *ibid.,* p. 99-123. Cf. J.-M. Martin, « Note sur l'habitat fortifié en Pouille », *ibid.,* p. 105-108.

48. Cf. *supra,* note 14.

49. J.-P. Sodini, « L'artisanat urbain à l'époque paléochrétienne (v^e-viie siècle) », *Ktèma,* t. 4, 1979, p. 71-119.

50. J. Durliat et A. Guillou, « Le tarif d'Abydos », *Bulletin de correspondance hellénique,* t. 108, 1984, p. 581-598. G. Dagron et D. Feissel, *Inscriptions de Cilicie, op. cit.* (le tarif d'Anazarbe est le n° 108, p. 170-185).

51. H. Ahrweiler, « Les ports byzantins (vi^e-xe siècle) », in *Settimane di studio del Centro italiano di studi sull'alto Medioevo,* t. 15, Spolète, 1977, p. 259-297.

52. E. Malamut, *Les Iles de l'Empire byzantin, op. cit.*

53. M. Kaplan, « Les monastères et le siècle à Byzance : les investissements des laïcs au xie siècle », in *Actes du XIVe congrès de la Société des historiens médiévistes de l'enseignement supérieur public, Cahiers de civilisation médiévale,* t. 27, 1984, p. 71-83.

54. I. Brousselle, *Recherches sur les élites dirigeantes de la société byzantine (IXe-première moitié du xe siècle),* Paris, 1986 (thèse dact.).

55. E. Patlagean, « Les débuts d'une aristocratie byzantine et le témoignage de l'historiographie : système des noms et liens de parenté aux ixe-xe siècles », in *The Byzantine Aristocracy,* Oxford, 1984, p. 23-43.

56. J.-C. Cheynet, *Pouvoir et Contestations dans l'Empire byzantin (963-1210),* Paris (sous presse).

57. G. Dagron, « Guérilla, places fortes et villages ouverts à la frontière orientale de Byzance vers 950 », in *Castrum 3. Guerre, fortification et habitat dans le monde méditerranéen,* Madrid-Rome-Paris, Casa de Velázquez-Ecole française de Rome, 1988, p. 43-48.

58. G. Dagron, « Byzance et le modèle islamique au xe siècle : à propos des

Constitutions tactiques de l'empereur Léon VI », *Comptes rendus de l'Académie des inscriptions et belles-lettres,* 1983, p. 219-243.

59. J.-M. Martin et G. Noyé, « La cité de Montecorvino en Capitanate et sa cathédrale », in *Mélanges de l'Ecole française de Rome. Moyen Age-Temps modernes,* t. 94, 1983, p. 513-549. —, « La conquête normande en Italie : pouvoir et habitat », in *Etat et Colonisation au Moyen Age* (actes du colloque international, Reims, 1987), sous la direction de M. Balard, Lyon, La Manufacture, 1989, p. 347-364. J.-M. Martin, « Modalités d'*incastellamento* et typologie castrale en Italie méridionale (Xe-XIIe siècle) », in *Castelli. Storia e archeologia,* Turin, 1984, p. 89-104. —, « Problèmes de peuplement en Italie du Sud, de Byzance aux Normands », in *Etat et Colonisation au Moyen Age, op. cit.*, p. 89-91.

60. A. Guillou, « L'habitat nell'Italia byzantina : Exarcata, Sicilia, Catepanato (6-11 secolo) », in *Atti del coloquio internazionale di archeologia medievale,* Rome-Erice, 1984, p. 581-598. —, « Production and Profits in the Byzantine province of Italy (X-XIth cent.). An expanding society », *Dumbarton Oaks Papers,* t. 28, 1974, p. 89-110. —, « Des collectivités rurales à la collectivité urbaine en Italie méridionale byzantine (VIe-XIe siècle) », *Bulletin de correspondance hellénique,* t. 100, 1976, p. 315-328. —, « La soie du Catépanat d'Italie », *Travaux et Mémoires,* t. 6, 1976, p. 69-84. —, « L'Economia della Calabria nel Catepanato d'Italia, Calabria Byzantina », in *Atti del terzo Incontro di Studi Byzantini,* Reggio, 1978, p. 13-27.

61. Cf. J.-C. Cheynet, *Pouvoir et Contestations, op. cit.* — et J.-F. Vannier, *Etudes prosopographiques, op. cit.*

62. Fondation européenne de la science. Activité byzantine, *Rapports des missions effectuées en 1983,* Paris, 1987, 2 vol. *Geographica Byzantina, op. cit., et Philadelphie et Autres Etudes, op. cit.*

63. A. Bon, *Le Péloponnèse byzantin jusqu'en 1204,* Paris, PUF, 1951. C. Asdracha, *La Région des Rhodopes, op. cit.* E. Malamut, *Les Iles de l'Empire byzantin, op. cit.*

64. J. Lefort, *Villages de Macédoine, op. cit.*, t. 1. V. Kravari, *Villes et Villages de Macédoine occidentale,* Paris, Lethielleux, 1989. A. Guillou, J.-M. Pesez, N. Beldiceanu, Ph. Braunstein *et al., Sidérokausia en Chalcidique (IXe-XVIIIe siècle),* Paris, 1988.

65. A. Major, *Les Possessions de Venise en Grèce continentale,* thèse inédite, Toulouse, 1989.

66. A. Ducellier, « Démographie, migrations et frontières culturelles dans les Balkans de la fin du Moyen Age à l'époque moderne », *Ta Historika,* t. 3, Athènes, 1986. B. Imhaus, *Les Minorités orientales de Venise aux XIVe et XVe siècles. Du particularisme à l'intégration,* thèse inédite, Toulouse, 1979. A. Ducellier, B. Imhaus, B. Doumerc et J. de Micelli, *Terres ingrates et Sols accueillants,* Paris, 1990, (à paraître).

67. N. Beldiceanu, *Recherches sur la ville ottomane au XVe siècle,* Paris, Maisonneuve, 1973, et, parmi bien d'autres travaux du même et en collaboration avec P. Nasturel, « Les Eglises byzantines et la situation économique de Drama, Serrès et Zichna aux XIVe et XVe siècles », *Jahrbuch der österreichischen Byzantinistik,* t. 27, 1978.

68. J. Darrouzès, « Les documents byzantins du XIIe siècle sur la primauté romaine », *Revue des études byzantines,* t. 23, 1965. —, *Georges et Démètrios Tornikès, op. cit.*

69. A. Argyriou, « Remarques sur quelques listes grecques du XIIIe siècle

énumérant les hérésies latines », *Byzantinische Forschungen,* t. 4, 1972, et son édition d'Anastasios Gordios, *Sur Mahomet et contre les Latins,* Athènes, 1983.

70. A. Ducellier, *L'Albanie entre Byzance et Venise,* Londres, Variorum Reprints, 1987, et en particulier l'étude intitulée « Aux frontières de la Romanité et de l'Orthodoxie au Moyen Age : le cas de l'Albanie ».

71. A. Argyriou, « Les écrits anti-islamiques de Macaire Makrès (XVe siècle) », in *Studi e Testi,* Rome, Biblioteca apostolica Vaticana, 1982, et surtout *Les Exégèses grecques de l'Apocalypse à l'époque turque (1453-1821),* Thessalonique, Hetaireia makedonikôn spoudôn, 1982.

72. M. Balivet, « Deux partisans de la fusion religieuse des chrétiens et des musulmans au XIVe siècle », *Byzantina,* t. 10, 1980. A Ducellier, « L'islam et les musulmans vus de Byzance au XIVe siècle », *ibid.,* t. 12, 1983.

73. S. Dufrenne, « Participation française aux études médiévales de l'actuelle Bulgarie », *Actes du cinquantenaire de la chaire de bulgare de l'INALCO (1933-1983),* Paris, Publications Langues O, 1987. S. Tomeković, « Les particularités du cycle peint de la vie de David Garesdzheli (IXe-X^e^-début XIIIe siècle) », *Revue des études géorgiennes et caucasiennes,* t. 2, Paris, 1986. T. Velmans, « Observations sur la peinture murale médiévale de Syro-Palestine. Problèmes iconographiques », in *XXXV° Corso di cultura sull'arte ravennate e bizantina,* Ravenne, 1988.

74. T. Velmans, « Deux manuscrits enluminés inédits et les influences réciproques entre Byzance et l'Italie au XIVe siècle », *Cahiers archéologiques,* t. 20, 1970.

75. T. Velmans, « Deux églises byzantines du début du XIVe siècle en Eubée », *Cahiers archéologiques,* t. 18, 1968, et « Contribution à l'étude de la peinture post-byzantine en Géorgie. Le XVe siècle et ses prolongements », *Actes du congrès de l'Association internationale des études sud-est européennes,* Sofia, 1989. M. Garidis, « Etudes sur le jugement dernier postbyzantin, du XVe siècle à la fin du XIXe siècle », *Société d'études macédoniennes,* Skoplje, 1987.

76. La contribution française au nouveau *Corpus de Bonn* est surtout marquée par l'édition de l'*Histoire* de Nicéphore Bryennios par P. Gautier, Bruxelles, Ed. de Byzantion, 1975, et par celle de Pachymère par A. Failler, t. I (Livre I à VI), Paris, Les Belles Lettres, 1984.

77. Cf. *supra,* note 14, et C. Morrisson, « Numismatique et histoire byzantines : vingt-cinq ans de recherche et d'études », *Mélanges Nicolas Svoronos,* Rethymo, 1986.

78. L.-P. Raybaud, *Le Gouvernement et l'Administration centrale de l'Empire byzantin sous les premiers Paléologues,* Paris, Sirey, 1968. H. Ahrweiler, *L'Idéologie politique de l'Empire byzantin,* Paris, PUF, 1975. J. Darrouzès, *Recherches sur les Offikia de l'Eglise byzantine, op. cit.*

79. F. Thiriet, *Regestes des délibérations du Sénat de Venise concernant la Romanie,* Paris-La Haye, Mouton, 1958-1961, 3 vol. —, *Délibérations des Assemblées vénitiennes concernant la Romanie,* Paris-La Haye, Mouton, 1966-1971, 2 vol.

80. F. Thiriet, *Duca di Candia. Ducali e lettere ricevute (1358-1360, 1401-1405),* Venise, Comitato per la pubblicazione delle fonti relative alla storia di Venezia, 1978.

81. A signaler toutefois le mémoire de DEA de M. Dupuigrenée-Desrousilles (EHESS, 1978) présentant des actes de Tana que l'auteur utilise dans son article « Vénitiens et Génois à Contantinople et en mer Noire en 1431 », *Cahiers du monde russe et soviétique,* t. 20, 1979.

82. M. Balard, *Gênes et l'Outre-Mer,* t. 1, *Les Actes de Caffa du notaire Lamberto di Sambuceto (1289-1290),* Paris-La Haye, Mouton, 1973 ; t. 2, *Les Actes de Kilia du*

notaire Antonio di Ponzò 1360, Parie-La Haye, Mouton, 1980. —, *Notai genovesi in Oltremare. Atti rogati a Cipro da Lamberto di Sambuceto,* Gênes, Université de Gênes, 1983-1984, 2 vol. —, *Notai genovesi in Oltremare. Atti rogati a Chio da Donato di Chiavari (1394),* Gênes, Université de Gênes, 1988. —, « Péra au XIVe siècle. Documents notariés des archives de Gênes », *in* M. Balard, A. E. Laiou et C. Otten-Froux, *Les Italiens à Byzance,* Paris, Publications de la Sorbonne, 1987, p. 9-78.

83. F. Thiriet, *La Romanie vénitienne au Moyen Age,* Paris, De Boccard, (« Bibliothèque des Ecoles françaises d'Athènes et de Rome », 196), 1959.

84. M. Balard, *La Romanie génoise (XIIe-début du XVe siècle),* Rome-Gênes, Ecole française de Rome, 1978, 2 vol. A noter que la thèse de J. Heers, *Gênes au XVe siècle,* Paris, SEVPEN, 1961, contient d'amples développements sur le commerce génois en Orient au XVe siècle.

85. C. Otten-Froux, « Les Pisans en Egypte et à Acre dans la seconde moitié du XIIIe siècle : documents nouveaux », *Bollettino Storico Pisano,* t. 52, 1983, p. 163-190. —, « Les Pisans en Chypre au Moyen Age », in *Praktika B' Diethnous Kypriologikou Synedriou,* Nicosie, 1986, t. 2, p. 127-143. —, « Documents inédits sur les Pisans en Romanie aux XIIIe-XIVe siècles », *in* M. Balard, A.E. Laiou et C. Otten-Froux, *Les Italiens à Byzance, op. cit.,* p. 153-195. —, « L'Aïas dans le dernier tiers du XIIIe siècle d'après les notaires génois », *Asian and African Studies,* t. 22, nos 1-3, novembre 1988, p. 147-171.

86. C. Cahen, « Le commerce d'Amalfi avant, pendant et après la croisade », *Comptes rendus de l'Académie des inscriptions et belles-lettres,* 1978. M. Balard, « Amalfi et Byzance aux Xe-XIIe siècles », *Travaux et Mémoires,* t. 6, 1976, p. 85-95.

87. F. Thiriet, *Etudes sur la Romanie gréco-vénitienne,* Londres, Variorum Reprints, 1977. M. Balard, *La Mer Noire et la Romanie génoise,* Londres, Variorum Reprints, 1989.

88. A. Bon, *La Morée franque. Recherches historiques, topographiques et archéologiques,* Paris, De Boccard, 1969, 2 vol.

89. A. Ducellier, *La Façade maritime de l'Albanie au Moyen Age. Durazzo et Valona du XIe au XVe siècle,* Thessalonique, Institut for Balkan Studies, 1981. —, « La place des Toscans et des Italiens du Nord dans le commerce balkanique au XVe siècle : l'apport des sources ragusaines », *Byzantinische Forschungen,* t. 11, 1987, p. 299-314.

90. J.-C. Hocquet, *Le Sel et la fortune de Venise,* Lille, université de Lille-III, 1979, 2 vol. E. Malamut, *Les Iles de l'Empire byzantin, op. cit.*

91. J. Richard, *Orient et Occident au Moyen Age : contacts et relations,* Londres, Variorium Reprints, 1976. —, *Les Relations entre l'Orient et l'Occident au Moyen Age,* Londres, Variorum Reprints, 1977.

92. M. Balard, « Famagouste au début du XIVe siècle », *in* J. Heers, *Fortifications, Portes de villes, Places publiques dans le monde méditerranéen,* Paris, Publications de la Sorbonne, 1985, p. 279-300. —, « L'activité commerciale en Chypre dans les années 1300 », in *Crusade and Settlement* (actes de la 1re conférence de la Société pour l'histoire des Croisades et de l'Orient latin), P.W. Edbury éd., Cardiff, University College Cardiff Press, 1985, p. 251-263.

93. Cf. *supra,* note 85.

94. M. Berindei et G. Veinstein, « La Tana-Azaq de la présence italienne à l'Empire ottoman (fin du XIIIe-milieu du XVIe siècle) », *Turcica,* t. 8, 1976/2, p. 110-201. B. Doumerc, « Les Vénitiens à la Tana au XVe siècle », *Cahiers du monde russe*

et soviétique, t. 24, 1987. —, « La Tana au XVe siècle : comptoir ou colonie », in *Etat et Colonisation au Moyen Age, op. cit.*, p. 251-266.

95. F. Thiriet, « La crise des trafics du Levant dans les premières années du XVe siècle », in *Studi in memoria di F. Melis*, Naples, Giannini, 1978, t. 3, p. 59-72. —, « De l'importance des mers dans le système romaniote de Venise », *Byzantino-Bulgarica*, t. 7, 1981, p. 73-86. —, « Die venezianische Wirtschaftspolitik im Byzantinischen Reich », in *Griechenland-Byzanz-Europa*, Berlin, Akademie Verlag, 1985, p. 107-115.

96. M. Balard, *La Mer Noire, op. cit.*

97. B. Doumerc, « Les marchands du Midi à Alexandrie au XVe siècle », *Annales du Midi*, t. 97, 1985. —, « Documents commerciaux en langue d'oc enregistrés à Alexandrie par les notaires vénitiens (fin XIVe-début du XVe siècle) », *Annales du Midi*, t. 99, 1987.

98. M. Mollat, *Jacques Cœur ou l'Esprit d'entreprise*, Paris, Aubier, 1988.

99. C. Carrère, *Barcelone, centre économique à l'époque des difficultés (1380-1462)*, Paris-La Haye, Mouton, 1967.

100. J. Guiral-Hadziiossif, *Valence, port méditerranéen au XVe siècle*, Paris, Publications de la Sorbonne, 1987.

101. C. Morrisson, *Les Croisades*, Paris, PUF, 1969. M. Balard, *Les Croisades*, Paris, MA, 1989.

102. J. Richard, « Le comté de Tripoli dans les chartes du fonds des Porcellet », *Bibliothèque de l'Ecole des chartes*, t. 130, 1972. —, « Les comtes de Tripoli de la dynastie antiochénienne et leurs vassaux », in *Crusade and Settlement, op. cit.*

103. A. Demurger, *Vie et Mort de l'ordre du Temple*, Paris, Ed. du Seuil, 1985.

104. *Le Livre des remembrances de la secrète du royaume de Chypre pour 1468-1469*, J. Richard éd., Nicosie, Centre de recherches scientifiques, 1983. —, « Les comptes du collecteur apostolique en Chypre (1357-1363) », *Epitiris*, t. 13-16, Nicosie, 1984-1987, et « Une famille de 'Vénitiens blancs' dans le royaume de Chypre », *Rivista di studi bizantini e slavi*, t. 1, 1981. B. Imhaus, « Un document démographique et fiscal concernant le casal du Marethasse », *Meletai Kai Hypomnemata*, t. 1, Nicosie, 1984.

105. « Les dispenses matrimoniales accordées à l'Orient latin (1233-1385) », *Mélanges de l'Ecole française de Rome. Moyen Age-Temps modernes*, t. 89, 1977. « Les grâces papales autres que les dispenses matrimoniales accordées à Chypre de 1305 à 1378 », *Epitiris*, t. 8, 1975-1977. « Etat et origine du haut clergé de Chypre avant le Grand Schisme », *Mélanges de l'Ecole française de Rome. Moyen Age-Temps modernes*, t. 91, 1979. « Le royaume et l'Eglise de Chypre face au Grand Schisme », *ibid.*, t. 94, 1982. « Le royaume et l'Eglise latine de Chypre et la papauté de 1417 à 1471 », *Epitiris*, t. 13-16, 1984-1987. « Les Lusignan de Chypre », *Epitiris*, t. 10, 1979-1980, etc.

106. Cf. aussi l'*History of the Crusades*, dirigée par K.M. Setton, (Madison, Londres, The University of Wisconsin Press, 1955-1985) t. 5 et 6, sur les aspects institutionnels et économiques.

107. J. Longnon, *Les Compagnons de Villehardouin*, Genève, Droz, 1978.

108. Cf. J. Richard, « Une ambassade mongole à Paris en 1262 », *Journal des savants*, 1979, p. 295-303.

109. J.-M. Merigoux, « L'ouvrage d'un frère prêcheur florentin en Orient à la fin du XIIIe siècle », in *Memorie domenicane*, Pistoia, Marinaro, 1986.

110. Par J. Richard, Turnhout, Brepols, 1981, avec mise à jour, 1985.

111. Edités respectivement par P. Tucoo-Chala et N. Pinzuti, *Annuaire-Bulletin de la Société de l'histoire de France,* 1972-1973, et par B. Dansette, *Archivum franciscanum historicum,* 1979.

112. Il convient de rappeler ici les œuvres posthumes de P. Pelliot, *Notes on Marco Polo,* Paris, Imprimerie nationale-A. Maisonneuve, 1959-1973, et *Recherches sur les chrétiens d'Asie centrale et d'Extrême-Orient,* révisées par J. Dauvillier et L. Hambis, Paris, Imprimerie nationale, 1973.

113. R. Mantran et J. Sauvaget, *Règlements fiscaux ottomans : les provinces syriennes,* Paris-Beyrouth, A. Maisonneuve, 1951.

114. C. Cahen, *La Turquie pré-ottomane,* Istanbul-Paris, Institut français d'études anatoliennes, 1988.

115. Il s'agit de la première mention de 'Os̱mān par Pachymère.

116. M. Lesure, *Lépante. La crise de l'Empire ottoman,* Paris, Julliard, 1972. Exploitation de documents ottomans conservés aux archives de Dubrovnik (Raguse) : B. Bojović, « Dubrovnik et les Ottomans (1430-1472) ; 20 actes de Murād II et de Mehmed II en médio-serbe », *Turcica,* t. 19, 1987, p. 119-173.

117. J.-L. Bacqué-Grammont, *Les Ottomans, les Safavides et leurs voisins,* Istanbul, Publication de l'Institut historique et archéologique néerlandais de Stamboul, 1987.

118. J. Lefort, *Documents grecs dans les archives de Topkapi Sarayi,* Ankara, 1981.

119. M. Berindei et G. Veinstein, *L'Empire ottoman et les Pays roumains (1544-1545),* Paris-Cambridge, Harvard Ukrainian Research Institute-EHESS, 1987.

120. N. Beldiceanu, *Le Timar dans l'Etat ottoman (début XIVe-début XVIe siècle),* Wiesbaden, O. Harras-Sowitz, 1980. Une traduction pirate a été publiée en Turquie sous le titre *XIV. yüzyıldan XVI. yüzyıla Osmanlı devleti'nde timar,* Ankara, 1985. I. Beldiceanu-Steinherr, M. Berindei et G. Veinstein, « Attribution de timar dans la province de Trébizonde (fin du XVe siècle) », *Turcica,* t. 8/1, 1976, p. 279-290 ; t. 9/2-10, 1978, p. 107-154. I. Beldiceanu-Steinherr, « Loi sur la transmission du timar (1536) », *Turcica,* t. 11, 1979, p. 78-102. I. Beldiceanu-Steinherr, M. Berindei et G. Veinstein, « La Crimée ottomane et l'institution du 'timar' », *Annali dell'Istituto orientale di Napoli,* t. 39 (n.s. 39), 1979, p. 523-562. N. Beldiceanu, « Timariotes chrétiens en Thessalie (1454/55) », *Südost-Forschungen,* t. 44, 1985, p. 45-81.

121. N. Beldiceanu et I. Beldiceanu-Steinherr, « Déportation et pêche à Kilia entre 1484 et 1508 », *Bulletin of the School of Oriental and African Studies,* t. 38/1, 1975, p. 40-54. I. Beldiceanu-Steinherr et N. Beldiceanu, « Règlement ottoman concernant le recensement (première moitié du XVIe siècle) », *Südost-Forschungen,* t. 27, 1978, p. 1-40.

122. N. Beldiceanu, *Recherches sur la ville ottomane au XVe siècle. Etudes et actes,* Paris, Maisonneuve, 1973. —, *Le Monde ottoman des Balkans (1402-1566). Institutions, société, économie,* Londres, Variorum Reprints, 1976.

123. M. Berindei, A. Berthier, M. Martin et G. Veinstein, « Code de lois de Murād III concernant la province de Smederevo », *Südost-Forschungen,* t. 31, 1972, p. 140-163. M. Berindei, M. Kalus-Martin et G. Veinstein, « Actes de Murād III sur la région de Vidin et remarques sur les qānūn ottomans », *ibid.,* t. 35, 1976, p. 11-68. M. Berindei et G. Veinstein, « Règlements fiscaux et fiscalité de la province de Bender-Aqkerman, 1570 », *Cahiers du monde russe et soviétique,* t. 22/2-3, 1981, p. 251-328. —, « La présence ottomane au sud de la Crimée et en mer d'Azov dans la première moitié du XVIe siècle », *ibid.,* t. 20/3-4, 1979, p. 389-465. N. Beldiceanu et

I. Beldiceanu-Steinherr, « Recherches sur la Morée (1461-1512) », *Südost-Forschungen,* t. 39, 1980, p. 17-74. M.-M. Lefebvre, « Actes ottomans concernant Gallipoli, la mer Egée et la Grèce au XVIe siècle », *ibid.,* t. 42, 1983, p. 123-167. N. Beldiceanu et P. Nasturel, « La Thessalie entre 1454-1455 et 1506 », *Byzantion,* t. 53/1, 1983, p. 104-156. N. Beldiceanu, « Structures socio-économiques d'un village de Macédoine : Aksilopigadi/Sarmısaqlu (1464-1465) », *ibid.,* t. 54/1, 1984, p. 26-58. — et I. Beldiceanu-Steinherr, « Corinthe et sa région en 1461 d'après le registre TT 10 », *Südost-Forschungen,* t. 45, 1986, p. 36-61.

124. N. Beldiceanu, « Biens monastiques d'après un registre ottoman de Trébizonde (1487). Monastère de la Chrysoképhalos et du Pharos », *Revue des études byzantines,* t. 35, 1977, p. 175-213. —, « Sources ottomanes au service des études byzantines. Bastina et dîme à Trébizonde », *Studien zur Geschichte und Kultur des Vorderen Orients. Festschrift für Bertold Spuler zum Ziebzigsten Geburstag,* Leiden, E.J. Brill, 1981, p. 1.-11. —, « Les biens du monastère d'Aya Sofya à Trébizonde dans la région d'Aqdjaabad avant 1461 », *Hommage à Nicolas Svoronos,* Athènes, 1986, p. 325-334. N. Beldiceanu et P. Nasturel, « Le monastère de la Théosképastos à la lumière d'un recensement ottoman de Trébizonde », *Byzantion,* t. 55, 1986, p. 269-331.

125. I. Beldiceanu-Steinherr et N. Beldiceanu, *Deux Villes de l'Anatolie préottomane : Develü et Qarahiṣār,* Paris, Geuthner, 1971. I. Beldiceanu-Steinherr, « Fiscalité et forme de possession de la terre arable dans l'Anatolie préottomane », *Journal of the Economic and Social History of the Orient,* t. 19/3, p. 233-322. —, « A propos des tribus Atčeken (XVe-XVIe siècle) », *ibid.,* t. 30, 1987, p. 121-195.

126. I. Beldiceanu-Steinherr, « Charsianon Kastron/Qal'e-i Harsanos », *Byzantion,* t. 51/2, 1982, p. 410-429. —, « La géographie historique de l'Anatolie centrale d'après des registres ottomans », *Comptes rendus des séances de l'Académie des inscriptions et belles-lettres,* 1982 (1983), p. 443-503. —, en collaboration avec N. Thierry, « Une tourma révélée par l'inscription de l'église d'Eğri Tas », *Jahrbuch der österreichischen Byzantinistik,* t. 38, 1988, p. 395-420.

127. N. Beldiceanu, « La crise monétaire ottomane au XVIe siècle et son influence sur les principautés roumaines », *Le Monde ottoman des Balkans (1402-1566), op. cit.,* chap. XI. — et I. Beldiceanu-Steinherr, « Les informations les plus anciennes sur les florins ottomans », *A Festschrift Presented to Ibrahim Artuk on the Occasion of the 20th Anniversary of the Turkish Numismatic Society,* Istanbul, 1988, p. 49-64.

128. Programme prévoyant l'étude des stèles funéraires en Turquie dont la première partie vient de sortir : J.-L. Bacqué-Grammont, H. P. Laqueur et N. Vatin, « Stelae Turcicae I », *Istanbuler Mitteilungen,* t. 34, 1984, p. 441-539.

Le monde arabo-musulman au Moyen Age

Françoise Micheau
avec la collaboration de
**Marianne Barrucand, Thierry Bianquis, Anne-Marie Eddé
Jean-Claude Garcin, Claude Gilliot, Pierre Guichard
Claire Hardy-Guilbert, Yusuf Ragib, Mohamed Rekaya
Bernard Rosenberger, Jacqueline Sublet, Abdel-Magid Turki**

LE POIDS DE L'ORIENTALISME

Entre la France et les pays du Levant, une longue histoire commune, où se mêlent relations diplomatiques et conflits armés, échanges commerciaux et influences culturelles, a fait de l'Orient en général, et du monde arabe en particulier, un objet d'études autant que de fascination. Les premières décennies du XIXe siècle ont marqué un essor considérable des travaux consacrés aux cultures et aux mœurs des peuples de l'Asie. Jusqu'à un temps très récent, les recherches sur le monde arabo-musulman étaient l'apanage des spécialistes des langues orientales, de ces savants qu'il est convenu d'appeler des orientalistes. E. Saïd, dans un livre polémique et provocateur, a dénoncé ce savoir accumulé par l'Europe sur les pays d'outre-Méditerranée afin de mieux les dominer[1]. M. Rodinson lui a répondu, rappelant ce qui était devenu une évidence pour beaucoup[2] : il n'y a plus d'orientalistes, mais des sociologues, des historiens, des géographes, qui appliquent à un domaine précis leur méthode, leurs réflexions, leurs investigations.

Cependant, l'héritage de ces temps de l'orientalisme pèse

encore lourd. Certes, des pionniers, J. Sauvaget, M. Canard, M. Lombard et surtout C. Cahen qui, dès 1954, avait appelé à une histoire économique et sociale du monde arabe jusque-là inexistante, ont frayé les voies d'une recherche historique et critique. Malgré un temps d'étiage dans les années soixante, les historiens français sont nombreux à poursuivre leur œuvre, en empruntant les chemins les plus divers. Mais la place de l'histoire du monde arabo-musulman dans le champ des savoirs est aujourd'hui encore précaire. Plusieurs rapports récents ont montré l'hétérogénéité et l'éparpillement de ceux qui se réclament de cette discipline : entre la 40e et la 44e section, entre les UFR d'histoire et celles d'arabe, entre une formation d'historien et une formation de linguiste. Sur quelque 500 spécialistes français du monde arabe et musulman, 160 travaillent dans une perspective historique, dont 62 sur la période médiévale ; mais seulement 40 % d'entre eux ont un diplôme d'histoire [3]. Ces incertitudes institutionnelles montrent que les rapports entre l'école historique française et les études arabes sont aujourd'hui encore peu clairs, et que le risque de marginalisation de l'histoire du monde arabo-musulman est réel.

Des sources nouvelles

L'abondance de la documentation écrite, les conditions de sa conservation et de sa transmission, le nombre modeste des spécialistes capables d'y accéder expliquent qu'un grand nombre de sources reste inaccessible. Une large partie des écrits arabes médiévaux dort encore aujourd'hui dans les bibliothèques d'Orient et d'Occident. Des fonds mal répertoriés ou des collections privées livrent chaque jour des textes nouveaux. Dans ces conditions, on comprend l'effort constant des chercheurs et des institutions en matière de repérage, d'étude, d'édition des sources.

La Bibliothèque nationale de Paris fait depuis plusieurs années un remarquable travail pour renouveler ses catalogues de manuscrits orientaux.

La section arabe de l'Institut de recherche et d'histoire des textes se consacre à la tradition manuscrite :

— étude matérielle des documents pour développer une « archéologie du livre » (depuis 1988, travaux sur les papiers non filigranés) ;

— recherches sur la transmission orale et écrite des textes dans leurs différentes versions et à travers les témoignages inscrits dans les marges des manuscrits ;

— constitution de la base de données *Onomasticon Arabicum* à partir du dépouillement systématique, sur le plan international, des sources biographiques ;

— étude du nom arabe.

La publication et la traduction des sources restent une urgence et un préalable à bien des projets de recherche, car trop de textes sont mal établis ou encore inédits. Néanmoins nombre d'entreprises remarquables par leur intérêt et leur qualité sont à mettre à l'actif des spécialistes français.

L'exploration des documents nouveaux, en particulier des archives, est venue depuis peu enrichir l'apport des sources littéraires. Il faut en finir avec la légende selon laquelle il n'y a pas d'archives en Islam médiéval. Certes, les traditions des chancelleries et l'utilisation du papier n'ont pas permis la conservation de fonds identiques à ceux que l'on possède pour le Moyen Age occidental. Mais archives familiales et administrations des waqfs recèlent des documents de la pratique, dont les plus anciens remontent au XIIe siècle et qu'une heureuse initiative individuelle permet parfois d'exhumer. Mais ce sont surtout les papyrus arabes qui apportent une documentation très neuve sur l'économie et la société de l'Egypte médiévale. A la fin du siècle dernier, les papyrus retirés des monceaux de décombres du site d'Arsinoé furent progressivement vendus par lots à Berlin, à Vienne et au musée du Louvre, qui en possède la plus grande partie. L'identification et le rassemblement de ces papyrus ne commença que récemment grâce à l'activité compétente de Y. Ragib, qui a tiré de cette exceptionnelle documentation une monographie sur les marchands d'étoffe du Fayyoum [4]. Mais les caves du Louvre et les sites d'Egypte n'ont pas fini de livrer leurs trésors. Lors d'un colloque organisé à Paris en mars 1988 par l'ER 06 0320 (UPR 302) et précisément consacré aux « Documents en Islam », les archéologues qui fouillent actuellement au Caire ont montré des papyrus d'époque fatimide récemment exhumés, entre autres le journal de commerce d'un marchand d'esclaves.

Les renouvellements récents

Le point de départ proposé pour l'établissement de ce bilan correspond à la publication des manuels dont les étudiants continuent de se servir : celui de D. et J. Sourdel, celui de R. Mantran, celui de C. Cahen, épuisé mais qui mériterait d'être réédité, car il n'a pas été remplacé par les ouvrages parus ultérieurement. Pourtant, beaucoup d'études, anglaises surtout, françaises et allemandes aussi, imposent de sérieuses retouches au tableau qu'offrent les synthèses existantes. Par exemple, l'histoire politique, économique et sociale de l'époque abbasside, naguère développée par les travaux précurseurs de C. Cahen, est désormais dominée par la production anglo-saxonne : Sha'ban, Bosworth, Bulliett, Mottahedeh, Lassner, Kennedy, Crone et tant d'autres, malgré les contributions de D. Sourdel sur les institutions politiques[5] et les recherches de M. Rekaya sur l'Iran à l'époque d'al-Ma'mun[6]. Tous rejettent le schéma d'un empire abbasside iranisé succédant à un empire omeyyade arabe et s'emploient à analyser les rapports entre forces sociales et construction de l'Etat, entre autorité centrale et pouvoirs périphériques. Ainsi, isoler la recherche hexagonale n'a pas toujours grand sens ; car les spécialistes français participent, dans les domaines et les directions qui sont les leurs et qui sont présentés ci-après, d'une recherche à caractère international, comme le montre leur collaboration à cette large entreprise qu'est la publication de l'*Encyclopédie de l'Islam*.

Villes et sociétés urbaines

La ville occupe une place de choix dans le champ des études sur le monde arabe. D'abord parce que la civilisation de l'Islam est une civilisation urbaine, même si la principale source de richesse est la terre ; elle a laissé une abondante documentation sur les villes et les citadins, que les savants se sont employés depuis longtemps à exploiter. Ensuite parce que la ville arabe traditionnelle n'a jamais connu, jusqu'à une époque très récente, de rupture complète dans ses structures et dans son fonctionnement. Les profonds bouleversements intervenus depuis les années cinquante, liés à l'introduction de nouveaux moyens de transport et d'autres modèles d'habitat ainsi qu'à la brusque augmentation de la population urbaine, ont conduit géographes, sociologues, politologues à interroger les spécialistes de l'Islam médiéval sur le poids des traditions et des modèles hérités du passé.

Archéologues et historiens continuent à s'intéresser à la genèse et à la morphologie de la ville arabe. La vision qui prévalait jusque dans les années cinquante et qui reposait en grande partie sur les publications de J. Sauvaget est aujourd'hui fortement nuancée par les uns, vivement rejetée par les autres. Le schéma élaboré pour Alep et Damas concluait à la désagrégation urbaine à l'époque abbasside, par abandon de l'ordonnance antique pour un plan anarchique. Les travaux sur les villes créées par les Arabes, notamment la thèse sur Kûfâ soutenue par un collègue tunisien, H. Djaït, décrivent un urbanisme volontariste, reflet d'une politique califale, avec division de l'espace et allotissement de territoires aux tribus[7]. Ailleurs, l'absence d'un tracé géométrique n'est plus interprétée comme signe d'anarchie et de désordre, mais comme reflet d'une logique sociale où les rapports entre les différentes communautés et le partage du public et du privé se posent en termes originaux. L'histoire et les monuments des cimetières du Caire, ainsi que les guides à l'usage des pèlerins qui se rendaient sur les tombes, ont été étudiés par Y. Ragib dans une série d'articles.

Ces visions nouvelles sont soutenues par une analyse des rapports entre la ville et la campagne, entre la ville et le territoire contrôlé. La hiérarchie des villes est liée à leur taille, mais aussi à leur rôle commercial, à leur fonction politique et militaire, à l'étendue du territoire qu'elles dominent et protègent. Ainsi, J.-C. Garcin met en rapport la succession des principaux courants d'échange traversant l'Egypte arabe et le développement des métropoles régionales[8]. Sa thèse consacrée à Qûs, qui fut la capitale de la Haute-Egypte à partir du XIe siècle, est un apport de premier ordre à une histoire totale[9] ; l'évolution de cette « ville sans qualités » y est articulée autour de trois termes : le pouvoir central dont le rôle fut déterminant, la campagne dont Qûs a drainé les richesses, le grand commerce des épices. La thèse de T. Bianquis[10], au-delà d'une perspective plus strictement événementielle, s'interroge également sur le rapport entre une ville, Damas, le pouvoir, celui des Fatimides du Caire, et une région, la Syrie, que nombre de princes damascènes tentèrent de dominer.

Enfin on s'intéresse aujourd'hui aux désordres urbains récurrents dans l'Orient arabe, à la suite de l'article fondateur de C. Cahen. Divers aspects retiennent l'attention : le déséquilibre entre la production agricole et la consommation urbaine, la description des milieux populaires et marginaux, les formes de solidarité urbaine et les autonomismes urbains, en temps de désordre comme en temps de guerre.

Ces recherches d'histoire urbaine s'appuient sur une importante activité archéologique. L'archéologie islamique a subi les mêmes inflexions que l'archéologie occidentale, et s'oriente de plus en plus vers des fouilles d'habitat ancien, recherché pour sa banalité et non plus pour sa monumentalité. Dans la double décennie qui nous retient, on peut recenser une trentaine de sites explorés par des archéologues français en Syrie, en Egypte, au Yémen, en Iraq, en Iran, au Maroc, en Tunisie, en Mauritanie, au Bahrayn, au Qatar et dans les Emirats Unis. Sans compter les chantiers d'al-Andalus dont nous reparlerons, quatre zones dont les rapports de fouilles sont publiés de manière accessible méritent d'être signalées :

— Le Caire, où, dans un quartier d'époque préfatimide et

fatimide, un aqueduc et une nécropole ont été mis au jour, qui devraient permettre des réflexions nouvelles sur l'alimentation en eau et les rites funéraires ;

— le Yémen, où la recherche archéologique française, préislamique et islamique, est extrêmement bien placée ;

— l'Iran, où les niveaux islamiques du site de Suse ont livré un important matériel céramique et numismatique, mais aussi un habitat ancien, un quartier artisanal et un hammam, tous datés entre le VIIIe et le Xe siècle ;

— les Etats du Golfe, dans la mesure où les événements d'Iran ont amené les archéologues français à prolonger leur activité sur la rive méridionale du golfe Persique ; ils ont entrepris des fouilles ponctuelles mais importantes au Bahrayn et au Qatar, et participent à des missions internationales, à l'inventaire monumental du Qatar et à diverses prospections. Ces recherches ont mis en évidence, entre autres apports, un commerce maritime intense entre cette région et l'Extrême-Orient.

Publications de relevés épigraphiques, de trésors monétaires, de matériel céramique viennent compléter le travail archéologique. Mais ces informations sont le plus souvent livrées brutes et demandent encore à être exploitées dans une perspective historique. Dans ces domaines le retard des études arabo-musulmanes apparaît criant. Une histoire qui prenne en compte les trouvailles matérielles tout comme une étude du terrain et des objets qui se nourrisse des préoccupations de l'historien sont encore loin devant nous, sauf exceptions comme en al-Andalus ou pour Le Caire mamlouk. Une nouvelle revue consacrée à l'archéologie islamique devrait sensiblement modifier ce constat dans les prochaines années.

En histoire comme en archéologie, seules quelques villes ont surtout retenu l'attention : Qûs, Fustat, Kûfâ, Damas, Alep ; d'autres monographies sont nécessaires. Mais déjà ces travaux ont définitivement détruit le paradigme de la ville arabe ou islamique.

Dans le domaine de l'histoire culturelle, deux thèses ont marqué un tournant décisif; celle de M. Arkoun sur le philosophe et historien Miskawayh [11], celle d'A. Miquel sur les grands géographes arabes [12]. Rompant avec les méthodes philologiques classiques, ils ont cherché à comprendre comment une œuvre est à la fois le produit et le soutien d'une réalité socioculturelle globale; pour eux la littérature du Xe siècle, qu'elle soit philosophique ou géographique, permet de saisir les manifestations d'un humanisme propre non pas à quelques grands penseurs mais à toute une génération intellectuelle [13].

En matière d'islamologie, les travaux les plus marquants sont, à n'en pas douter, ceux de M. Arkoun [14]. Il plaide pour une « islamologie appliquée » qui tienne compte des apports des sciences humaines. Dans ses nombreux articles, il tente d'intégrer dans les études coraniques les apports de l'anthropologie et des recherches sur le mythe et le sacré, pour expliciter les postulats et les catégories sous-jacentes aux systèmes de la pensée islamique. A son tour, C. Gilliot allie les méthodes philologiques classiques, l'attitude épistémologique moderne, l'apport des sciences humaines. Dans le domaine de l'histoire des doctrines, D. Gimaret et G. Monnot s'intéressent aux grandes écoles théologiques et à l'attitude de l'Islam classique à l'égard des autres religions. Leur traduction d'al-Shahrastani [15] est à considérer comme un événement en islamologie, dans la mesure où cet ouvrage est une somme pour l'histoire des doctrines, non seulement religieuses mais aussi philosophiques. Nettement orientés vers l'histoire, les travaux de J. Chabbi apportent un éclairage neuf sur les débuts du soufisme [16]. En France, l'enseignement et l'étude du droit musulman héritent d'une belle tradition : Schacht, Brunschvig, Linant de Bellefonds, Tyan, Chehata, etc. Depuis une vingtaine d'années, A.-M. Turki mène des recherches sur cette discipline typiquement islamique qu'est la méthodologie juridique [17] et livre aussi périodiquement des éditions de textes.

La littérature arabe est d'une richesse que chacun connaît. Aussi le nombre des traductions nouvelles, des études ponctuelles, des analyses marquées par la linguistique et le structuralisme est tel qu'il n'est pas possible de les évoquer ici, ne serait-ce que dans leurs grandes orientations. Trois exemples seront seulement cités dans la mesure où ils peuvent tout particulièrement intéresser l'historien :

— les *Mille et Une Nuits,* dont plusieurs ouvrages, entre autres d'A. Miquel et de J.E. Bencheikh, offrent une approche renouvelée par les techniques modernes d'analyse des textes, entrouvrant les portes de l'imaginaire arabe médiéval [18] ;

— les Mémoires d'Usâma ibn Munqidh, ce chevalier syrien qui combattit les Francs aux côtés des grands princes du XIIe siècle et laissa un tableau vivant et pittoresque de la vie de son temps ; A. Miquel en a proposé une nouvelle traduction et s'est ainsi employé à faire surgir de l'ombre cet « inconnu de l'histoire » [19] ;

— le roman de Baybars est l'une des plus riches productions de la littérature populaire ; cette œuvre de fiction, récemment traduite dans un langage très vert [20], repose sur un substrat réel, le règne du sultan mamlouk Baybars, et mériterait d'être exploitée pour une histoire sociale et culturelle des milieux populaires.

En ce qui concerne les sciences proprement dites, l'astronomie arabe est dominée par les chercheurs d'outre-Atlantique, malgré les belles éditions et traductions des traités d'al-Biruni par M.-T. Debarnot [21] et de Thabit ibn Qurra par R. Morelon [22]. En revanche, dans le domaine des mathématiques arabes, deux chercheurs français s'illustrent concurremment : R. Rashed, dont les importantes contributions offrent une approche renouvelée des mathématiques arabes qui cherche à en définir les rationalités propres [23], A. Djebbar dont l'étude sur les mathématiques au Maghreb représente bien les efforts actuels pour comprendre les milieux qui ont permis l'innovation scientifique [24]. Les articles de F. Micheau sur la formation des médecins et sur les hommes de science s'insèrent dans cette réflexion générale, en France et ailleurs, sur les rapports entre savoir et société. Tous ces travaux refusent de considérer la science arabe comme le simple reflet, atténué ou brillant, de la science grecque et de ne l'étudier que pour son rôle d'intermédiaire entre la période antique et la science moderne occidentale[25]. La transmission au monde latin reste un sujet volontiers étudié. Ici comme ailleurs les publications de textes sont indispensables; dans le domaine de la médecine, G. Troupeau et D. Jacquart s'y emploient excellemment[26]. Mais au-delà, les chercheurs s'interrogent sur les raisons, les conditions, la portée de ce large mouvement de transfert. Le livre que D. Jacquart et F. Micheau viennent de consacrer à la médecine arabe dans l'Occident médiéval[27] est significatif des progrès qui ont été accomplis ainsi que des interrogations qui demeurent.

L'Espagne musulmane

La recherche française sur l'Espagne musulmane est marquée par une tradition solide : H. Terrasse, E. Lévi-Provençal, H. Pérès, R. Arnaldez. Encore aujourd'hui, les Espagnols eux-mêmes s'adressent volontiers à des historiens français pour traiter certains des chapitres musulmans de leur histoire nationale[28]. Parmi les travaux publiés dans les années soixante-dix, on citera la thèse de doctorat de R. Arié sur le royaume nasride de Grenade[29], et la thèse de troisième cycle de D. Urvoy sur les ulémas andaloux, qui utilise une approche originale d'inspiration sociologique[30], ainsi que celle de P. Guichard sur les structures sociales dans l'Espagne musulmane[31]. Dans ce dernier travail, comme dans sa récente thèse de doctorat sur la société musulmane valencienne[32], cet auteur s'efforce, à l'encontre de tout un courant « traditionaliste » du médiévisme et de l'arabisme hispaniques, de mettre en évidence l'ampleur des bouleversements structurels entraînés par les ruptures historiques que constituent la conquête arabe, puis la Reconquête chrétienne. Ses investigations sur les limites entre monde musulman et monde chrétien allient l'étude du terrain à celle des archives et sont associées à l'intense activité archéologique déployée par des chercheurs français dans la péninsule Ibérique. Historiens et archéologues, notamment A. Bazzana, P. Cressier, Ph. Sénac, apportent des éléments neufs sur l'habitat rural et l'irrigation, les sites fortifiés et la frontière à l'époque musulmane ; ils contribuent au développement d'une archéologie largement extensive et tournée vers les problèmes économiques et sociaux[33]. A partir des consultations juridiques *(fatwâs)*, V. Lagardère a éclairé pour sa part de nombreux aspects de l'histoire d'al-Andalus durant l'époque almoravide[34].

Le « bas Moyen Age »

Les orientalistes d'antan s'étaient attachés à cette époque de l'histoire arabo-musulmane qu'ils ont eux-mêmes définie comme « classique ». Ils ont eu tendance à considérer que, après des siècles d'extension politique et de puissance des califats, le monde de l'Islam avait sombré dans un déclin irrémédiable, et que son étude présentait d'autant moins d'intérêt que l'Occident chrétien affirmait alors sa vitalité et sa splendeur. Si le tournant de l'an Mil a bien marqué la fin d'un monde dirigé d'un seul centre, des espaces nouveaux et de brillantes réalisations voient le jour : dynasties berbéro-andalouses, Anatolie des Seldjoukides, Egypte du sultan du Caire, désormais sujets privilégiés de l'investigation et de la réflexion des historiens. Aujourd'hui on s'interroge volontiers sur la place et la signification du « bas Moyen Age », on rejette l'appellation de « classique » accolée au « haut Moyen Age », on désavoue une périodisation créée pour l'histoire de l'Occident, on réfute le schéma simplificateur apogée-déclin. Les recherches sur l'Egypte des Mamlouks et le Maroc des Mérinides illustrent bien cette modification profonde de la lecture de l'histoire arabo-musulmane jusque-là admise et encore en vigueur dans l'enseignement du secondaire.

Pour l'Egypte des Mamlouks, les grands renouvellements sont venus, là encore, de travaux anglo-saxons : la définition de l'Etat mamlouk avec Ayalon, les fondements économiques avec Ashtor, encore qu'une partie de son œuvre soit publiée en français, la crise démographique avec les études de Dols et d'autres sur la Peste noire en Orient. Mais les chercheurs français participent activement à ce mouvement, selon des directions qui leur sont propres ; l'histoire politique et culturelle d'une part[35], l'histoire des villes et des sociétés urbaines d'autre part. La très belle publication collective sur les palais du Caire[36], les nombreux travaux de J.-C. Garcin, les recherches de S. Denoix[37], qui allient l'étude des textes et des documents d'archives à celle des parcellaires et des vestiges architecturaux, nous permettent d'apprécier la splendeur et la puissance de la capitale des Mamlouks.

A l'autre bout de la Méditerranée, le Maroc des Mérinides doit à la recherche récente de sortir de l'ombre où une histoire désuète l'avait relégiée. La thèse d'un universitaire marocain, M. Kably, a ouvert des perspectives passionnantes dont l'intérêt dépasse la seule période mérinide[38]. Cet ouvrage, difficile mais pénétrant, propose une approche renouvelée des chroniques arabes ; dans leur contenu et par leurs silences, elles sont à lire comme l'expression d'un pouvoir qui cherche à affirmer sa légitimité. La politique des souverains mérinides est expliquée de façon globale et cohérente, notamment par les relations que ceux-ci ont entretenues avec le Sud-Sahara et avec l'Espagne chrétienne. Le Maroc est alors regardé comme un pion décisif sur l'échiquier méditerranéen et international ; les travaux ponctuels menés auparavant sur le commerce entre Espagne et Maghreb trouvent ainsi tout leur sens. Le siècle des Mérinides, c'est aussi le siècle d'Ibn Battouta, dont La Découverte vient de publier à nouveau la traduction, et d'Ibn Khaldun, que M. Shatzmiller[39] et plus encore A. Cheddadi[40] s'emploient à faire descendre de son piédestal de génie exceptionnel, plus occidental qu'oriental, pour en comprendre l'œuvre à la lumière du milieu politique, religieux et intellectuel qui fut le sien. Le Maroc, qui n'a pas connu la conquête ottomane, est un terrain privilégié pour réfléchir aux phénomènes de longue durée, trop souvent masqués par les soubresauts de l'histoire dynastique. Telle est la voie nouvelle empruntée par B. Rosenberger avec ses articles sur les problèmes d'alimentation et de disette[41]. Mais, tant que manquera la connaissance des flux démographiques, notre prétention à saisir les évolutions économiques et sociales restera vaine.

Quatre réflexions en guise de conclusion

Définir et caractériser la recherche française dans le domaine de l'histoire arabo-musulmane apparaît comme une gageure. Car les grands renouvellements sont souvent venus d'outre-Manche et les travaux français en sont pénétrés. Comment les isoler ? Et qu'est-ce que la recherche française ? La vitalité des universités du Maghreb, la présence d'un grand nombre d'étudiants venus des pays arabes pour faire une thèse en France, l'activité des écoles françaises du Caire et de Damas, sans parler des chercheurs qui, du Canada jusqu'au Japon, écrivent en français, rendent malaisée et arbitraire toute définition hexagonale.

Cette synthèse se limite aux pays arabo-musulmans ; d'autres espaces du monde de l'Islam, l'Afrique noire ou la Turquie, sont évoqués ailleurs dans ce livre ; mais d'autres encore en sont absents, l'Empire mongol, l'Inde, l'Indonésie, la Malaisie, qui ont pourtant été des zones d'expansion de l'Islam après le XIe siècle. Au-delà de la nécessaire délimitation de tout sujet, se pose ici un problème de vocabulaire et de définition. Le mot « Islam » est souvent et commodément utilisé dans un sens géopolitique ; mais ce tout englobant, qui tend à caractériser un monde par sa religion et sa culture, est lourd d'ambiguïtés et d'imprécisions. Dans notre vocabulaire et notre pratique d'historien, ayons les mêmes exigences ici qu'ailleurs. Et appliquons-nous à circonscrire d'abord des espaces et des temps, pour être à même d'en étudier les structures et les composantes, avant d'en venir aux nécessaires généralisations et comparaisons.

L'attrait des voies nouvelles empruntées par les historiens occidentalistes s'exerce très fortement sur les spécialistes du monde arabo-musulman. Mais plus d'un signale aussi les dangers d'une histoire sensible aux phénomènes de longue durée, aux mentalités, au populaire, à l'imaginaire, à l'anthropologie, alors que les bases événementielles, textuelles, factuelles manquent encore. Ces distorsions aboutissent à des travaux séduisants, mais qui, peut-être, résisteront mal à l'épreuve des recherches ultérieures.

L'histoire des pays arabo-musulmans au Moyen Age apparaît, sinon à nous-mêmes, du moins aux étudiants, aux élèves, au public cultivé, comme une histoire maîtrisée. Mais, sous sa forme vulgarisée, cette histoire — qui s'en tient aux généralités et aux continuités sans considérer les phénomènes dans leur durée courte et leur complexité — fige l'Islam dans une civilisation d'antan définie comme brillante ; une telle approche se montre souvent incapable de rendre compte du hiatus apparent entre un passé apprivoisé et un présent qui pose problème, voire fait peur. Les interrogations face au monde de l'Islam, qui assaillent périodiquement la société française, exigent pourtant que nous ne nous dérobions pas à notre responsabilité d'historien et d'intellectuel.

Notes

1. E. Saïd, *L'Orientalisme. L'Orient créé par l'Occident,* trad. française, Paris, Ed. du Seuil, 1978.

2. M. Rodinson, *La Fascination de l'Islam,* Paris, Maspero, 1982.

3. D'après C. Liauzu, « Jalons pour un état des lieux », in *Compte rendu de la réunion des chercheurs sur l'histoire du monde arabe et musulman* (juillet 1987, Aix-en-Provence), *Lettre d'information de l'AFEMAM* (Association française pour l'étude du monde arabe et musulman), n° 2, décembre 1987, p. 9-23.

4. Y. Ragib, *Les Marchands d'étoffes du Fayyoum au IIIe/IXe siècle d'après leurs archives (actes et lettres),* Institut français d'archéologie orientale, Le Caire (Supplément aux *Annales islamologiques,* cahiers nos 2 et 5), 1982-1985, 2 vol.

5. D. Sourdel, *Gouvernement et Administration dans l'Orient islamique jusqu'au milieu du XIe siècle,* in D. Sourdel et J. Bosch Vila, *Regierung und Verwaltung des Vorderen Orients in islamischer Zeit,* Leyde, Brill, 1988, p. 1-70.

6. M. Rekaya, « Mâzyâr : résistance ou intégration d'une province iranienne au monde musulman au milieu du IXe siècle ap. J.-C. », *Studia Iranica,* t. 2, 1973, p. 143-192. —, « Le Kurram-dîn et les mouvements khuramites sous les Abbassides », *Studia Islamica,* t. 60, 1984, p. 5-57. —, « La place des provinces sud-caspiennes dans l'histoire de l'Iran de la conquête arabe à l'avènement des Zaydites (16-250 H/637-864 J.-C.) : particularisme régional ou 'rôle national' ? », *Rivista degli Studi Orientali,* t. 48, 1973-1974, p. 117-152.

7. H. Djaït, *Al-Kufa, naissance de la ville islamique* (thèse, Paris-I, 1981). Paris, Maisonneuve et Larose, 1986.

8. J.-C. Garcin, « Pour un recours à l'histoire de l'espace vécu dans l'étude de l'Egypte arabe », *Annales ESC,* t. 35, 1980, p. 436-451.

9. J.-C. Garcin, *Un centre urbain de la Haute-Egypte médiévale : Qus,* Le Caire. Institut français d'archéologie orientale (Textes arabes et études islamiques, 6), 1976.

10. T. Bianquis, *Damas et la Syrie sous la domination fatimide (359-468/969-1076). Essai d'interprétation de chroniques arabes médiévales,* Damas, Institut français de Damas, 1986-1989, 2 vol.

11. M. Arkoun, *Contribution à l'étude de l'humanisme arabe au IVe-Xe siècle : Miskawayh (320/325-427-932/936-1030), philosophe et historien,* Paris, Vrin, 1970.

12. A. Miquel, *La Géographie humaine du monde musulman jusqu'au milieu du XIe siècle,* Paris-La Haye, Mouton-EHESS, 1967 (trois volumes ont paru ultérieurement, 1975-1988).

13. Sur ce point, ils ont été rejoints par M. Bergé, *Abû Hayyân al-Tawhîdî : essai sur la personnalité morale, intellectuelle et littéraire d'un grand prosateur et humaniste arabe.... au IVe (Xe) siècle,* Damas, Institut français de Damas, 1979.

14. M. Arkoun, *Essais sur la pensée islamique,* Paris, Maisonneuve et Larose, 1973. —, *Lectures du Coran,* Paris, Maisonneuve et Larose, 1982. —, *Pour une critique de la raison islamique,* Paris, Maisonneuve et Larose, 1984.

15. Al-Shahrastani, *Livre des religions et des sectes,* t. 1, trad. avec introduction et notes par D. Gimaret et G. Monnot, Louvain, Pecters, 1986.

16. J. Chabbi, « Remarques sur le développement historique des mouvements ascétiques et mystiques au Khurassan », *Studia Islamica,* t. 46, 1977, p. 5-72.

17. A.-M. Turki, *Théologiens et Juristes de l'Espagne musulmane, Aspects polémiques,* Paris, Maisonneuve et Larose, 1982.

18. A. Miquel, *Sept Contes des « Mille et Une Nuits » ou Il n'y a pas de contes innocents,* Paris, Sindbad, 1981. J.E. Bencheikh, *Les Mille et Une Nuits ou la Parole prisonnière,* Paris, Gallimard, 1988.

19. Usâma ibn Munqidh, *Des enseignements de la vie. Souvenirs d'un gentilhomme syrien du temps des croisades,* présentés, traduits et annotés par A. Miquel, Paris, Imprimerie nationale, 1983. A. Miquel, *Ousama. Un prince syrien face aux Croisés,* Paris, Fayard, 1986.

20. *Roman de Baybars,* traduit de l'arabe et annoté par G. Bohas et J.-P. Guillaume, Paris, Sindbad 1985-1989, 5 vol.

21. Al-Biruni, *Kitab maqalid ilm al-hayah. La trigonométrie sphérique chez les Arabes de l'Est à la fin du x*[e] *siècle,* éd. et trad. par M.-Th. Debarnot, Damas, Institut français de Damas, 1986.

22. Thabit ibn Qurra, *Œuvres d'astronomie,* texte établi et traduit par R. Morelon, Paris, Les Belles Lettres, 1987.

23. R. Rashed, *Entre arithmétique et algèbre. Recherches sur l'histoire des mathématiques arabes,* Paris, Les Belles Lettres, 1984.

24. A. Djebbar, *Enseignement et Recherches mathématiques dans le Maghreb des XIII*[e]*-XIV*[e] *siècles,* Publications mathématiques d'Orsay, n°s 81-82, 1981.

25. P. Benoît et F. Micheau, « L'intermédiaire arabe ? », in *Eléments d'histoire des sciences,* sous la direction de M. Serres. Paris, Bordas, 1989, p. 150-175.

26. Yuhanna ibn Mâsawayh, *Le Livre des axiomes médicaux (Aphorismi),* éd. du texte arabe et des versions latines avec trad. française et lexique par D. Jacquart et G. Troupeau, Genève-Paris, Droz-Champion, 1980.

27. D. Jacquart et F. Micheau, *La Médecine arabe et l'Occident médiéval,* Paris, Maisonneuve et Larose, 1990.

28. R. Arié, *España musulmana (siglos VIII-XV). Historia de España,* t. 3, sous la direction de M. Tunon de Lara, Barcelone, Labor, 1982. P. Guichard, « Los musulmanes andalusies en los siglos XI al XIII », in *Al Andalus ; musulmanes y cristianos (siglos VIII-XIII). Historia de España,* t. 3, sous la direction de A. Dominguez Ortiz, Barcelone, Planeta, 1989, p. 439-583.

29. R. Arié, *L'Espagne musulmane au temps des Nasrides (1232-1492),* Paris, De Boccard, 1973.

30. D. Urvoy, *Le Monde des ulémas andalous du V*[e]*/XI*[e] *siècle au VII*[e]*/XIII*[e] *siècle,* Genève-Paris, Droz-EHESS, 1978.

31. P. Guichard, *Al Andalus : estructura antropologica de una sociedad islamica en Occidente,* Barcelone, Barral, 1976 (éd. française remaniée : *Structures sociales orientales et occidentales dans l'Espagne musulmane,* Paris-La Haye, Mouton, 1977).

32. P. Guichard, *Les Musulmans de Valence et la Reconquête (XI*[e]*-XIII*[e] *s.),* t. 1, Damas, Institut français de Damas, 1990.

33. A. Bazzana, P. Cressier et P. Guichard, *Les Châteaux ruraux d'Al Andalus :*

histoire et archéologie des « husun » du Sud-Est de l'Espagne. Madrid, Casa de Velázquez, 1988.

34. V. Lagardère, *Le Vendredi de Zallāqa, 23 octobre 1086,* Paris, L'Harmattan, 1989.

35. Ibn as-Suqa'i, *Un fonctionnaire chrétien dans l'administration mamlouke,* éd. et trad. par J. Sublet, Damas, Institut français de Damas, 1974.

36. J.-C. Garcin, B. Maury, J. Revault et M. Zakariya, *Palais et Maisons du Caire,* 1, *Epoque mamlouke (XIIIe-XVe siècle),* Paris, CNRS, 1982.

37. S. Denoix, *La Ville de Fustat d'après Ibn Duqmaq et Maqrizi,* Le Caire (sous presse).

38. M. Kably, *Société, Pouvoir et Religion au Maroc à la fin du Moyen Age* (thèse, Paris-I, 1984), Paris, Maisonneuve et Larose, 1986.

39. M. Shatzmiller, *L'Historiographie mérinide. Ibn Khaldûn et ses contemporains,* Leyde, Brill, 1982.

40. Ibn Khaldun, Autobiographie, présentée et traduite par A. Cheddadi, *Le Voyage d'Occident et d'Orient,* Paris, Sindbad, 1980. Extraits des Ibar traduits de l'arabe et présentés par A. Cheddadi, *Peuples et Nations du monde,* Paris, Sindbad, 1986, 2 vol.

41. B. Rosenberger, « Réserves de grains et pouvoir dans le Maroc précolonial », in *Les Techniques de conservation des grains à long terme,* 3, Paris, 1985, vol. 1, p. 237-268. —, « Calamités, sécurité et pouvoir : le cas du Maroc (XVe-XVIIIe siècle) », *Peuples méditerranéens,* t. 27-28, 1984, p. 247-271.

Recherches sur l'Afrique au Moyen Age

Jean Devisse

I. Champs et méthodes de travail

« Moyen Age » est un concept peu adéquat pour l'Afrique. Pour évaluer à leur niveau convenable les adaptations des sociétés africaines à la transformation de leur environnement, il convient de couvrir une période nettement plus longue : entre 2000 av. J.-C. au moins et 1700 au moins. Il faut aussi, en général, travailler sur l'ensemble du continent et parfois très au-delà : comment comprendre l'histoire des Zanğ sans l'intégrer aussi à celles de l'océan Indien et de l'Asie ?

Il y a vingt ans, un très petit nombre de chercheurs français ou francophones consacraient des recherches à la période ci-dessus définie. Il a fallu tisser des réseaux de recherche et de relations et multiplier les enquêtes pour aboutir aux résultats que l'on va trouver ci-après. En France même, la recherche sur l'Afrique « médiévale » est conduite en contact avec des collègues d'autres universités de Paris ou d'Aix, Lille, Lyon-II et -III, Poitiers, Montpellier, Reims, Rouen ; l'axe de concentration des recherches demeure le DEA d'histoire de l'Afrique (Paris-I, Paris-VII). Les relations sont régulières avec une trentaine de pays africains ; des recherches sont organisées avec vingt-quatre établissements universitaires du continent africain. Des chercheurs africains appartenant à quatorze pays différents ont déjà réalisé des recherches sur la période « médiévale ».

II. Thèmes privilégiés par la recherche

1. *Les traversées du Sahara :* je rappellerai ici les travaux d'A. Nègre et V. Lagardère sur les Almoravides, les articles que le Pr C. Cahen a consacrés à l'or d'Afrique occidentale, un travail malheureusement peu connu de J.-A. Cancellieri (université de Corte) sur l'économie génoise et l'or du Soudan (XIIe-XIIIe siècle)[1].

2. *Archéologie et histoire des métaux :* l'or, le cuivre et le fer[2] retiennent également l'attention[3]. Une synthèse importante a été publiée en 1983 sous la direction de N. Echard, sous le titre *Métallurgies africaines* (Paris, Musée de l'Homme, Société des africanistes).

3. *Alimentation, soins du corps, santé :* en plein développement, cette recherche porte surtout sur les modes alimentaires africains, les maladies et leur histoire. Une dizaine de thèses sont en cours d'achèvement.

4. L'histoire des *agglomérations* urbaines et rurales trouve un ancrage important dans la recherche archéologique[4].

5. Les formes diverses de « *monétarisation* » des sociétés africaines ont donné lieu à des recherches et à des publications qu'il n'est toujours pas aisé de classer, chronologiquement, dans la rubrique « Moyen Age ». C'est par exemple le cas de la belle thèse de F. Iroko sur les cauris et de celle de Mlle Rivallain. Les soutenances prochaines de thèses sur l'argent au XIVe siècle et sur les mines du Maroc vont accroître la précision et l'ampleur de nos connaissances. D'une manière générale, l'accent a été mis, surtout depuis sept à huit ans, sur l'histoire économique et sociale ancienne de l'Afrique : ces recherches ne sont pas faciles à conduire, l'archéologie aide beaucoup à leur développement précis. On trouvera, je crois, le bilan de ces recherches « en réseau » dans les volumes de l'*Histoire générale de l'Afrique Unesco*[5].

III. La production française

Elle s'intègre dans les cadres qui viennent d'être décrits, mais en conformité aux normes universitaires françaises.

1. Travaux d'archéologie

L'Afrique occidentale a fourni le plus fort contingent de thèses et articles. Les tomes 1 (1970), 2 (1979), 3 (1983), 4 (1985) et 5 (1990) des études rendant compte des travaux de Tegdaoust ont été publiés[6] ; un article de synthèse, parmi bien d'autres, a été présenté dès 1970 par D. Robert-Chaleix[7]. Le site d'Azugi, en Mauritanie encore, sérieusement sondé[8], est en cours d'exploitation et devrait prochainement faire l'objet d'une étude doctorale (Etat) de M. Saison. Kumbi Saleh, capitale polynucléaire supposée du Ghana, a fourni aussi l'occasion de fouilles nombreuses (restitution d'une importante mosquée remontant au xe siècle par S. Robert) et d'une thèse de Mlle S. Berthier[9]. Un ensemble de travaux a été conduit en laboratoire sur les origines des céramiques venues du monde musulman septentrional découvertes, surtout à Tegdaoust, parfois dans d'autres cas[10]. Il reste beaucoup à publier sur les sites nommés et le matériel qui en a été tiré.

Prospections et sondages ont dégagé, avec le concours de jeunes chercheurs mauritaniens, des informations nouvelles sur les derniers millénaires avant notre ère, riches en changements spectaculaires. Ces recherches contribuent à alimenter le gros dossier, qui concerne des chercheurs de toutes disciplines, du dessèchement sahélien depuis 4 à 5 millénaires ; les travaux des historiens ne peuvent, dans ce domaine comme dans tant d'autres, être disjoints de ceux des géographes, géologues, climatologues, par exemple.

Le Sénégal n'est pas l'objet d'une moindre attention. Chercheurs français et belges y ont publié des travaux importants et y poursuivent leurs recherches : l'étude de B. Chavane sur le site d'Ogo[11] est par bien des côtés exemplaire ; on connaît et on utilise souvent les inventaires de V. Martin et Ch. Becker, qui ont trouvé une concrétisation commode dans l'*Atlas du Sénégal*[12]. Après avoir consacré de très intéressantes recherches à la préhistoire du bas Sénégal, A. Ravisé a participé, aux côtés de G. Thilmans, à l'exploitation de plusieurs sites de rive gauche du fleuve[13].

Poursuivie au Mali depuis plusieurs années, une prospection systématique des sites, en particulier dans la moyenne vallée, doit donner prochainement lieu à publication. Les mêmes travaux ont permis à une équipe de l'université de Paris-VI de présenter un premier essai d'analyse des tertres anciens du delta intérieur du Niger[14].

En dehors des travaux conduits au Burkina Faso par et autour de J.-B. Kiethega, au Niger par et autour de B. Gado, les pays du bas Niger (de Gao à la mer) n'ont pas été, non plus, négligés. L'équipe du CNRS qu'a animée S. Bernus a fourni, sur la région située au sud-ouest de l'Aïr, de nombreuses publications ; on en retiendra ici, surtout, les deux livres intéressants de D. Grebenart[15].

Les travaux d'A. Lebeuf et de J.-P. Lebeuf sur les Sao (*Les Arts des Sao : Cameroun, Tchad, Nigeria,* Chêne, 1977) sont plus connus, en général, des anthropologues que des historiens. Les publications de ces auteurs se rattachent en effet davantage au domaine anthropologique qu'aux exigences contraignantes des historiens. Ils n'en constituent pas moins une contribution réelle à la connaissance de cette région. Depuis quelques années avec la participation de A. Holl, l'exploitation systématique et très rigoureuse des sites de Mdaga et Houlouf apporte un ton nouveau, plus proche de nos préoccupations ; les premiers résultats publiés annoncent des informations très neuves pour l'avenir.

En attendant qu'archéologues et historiens professionnels (!) prennent le relais, on ne peut que se louer des contributions capitales apportées, pour nos siècles « médiévaux », par des collègues officiellement qualifiés dans d'autres disciplines ; c'est le cas, de manière éclatante, pour M. Warnier au Cameroun : ses travaux sont indispensables pour les historiens[16] ; il en va de même pour ceux de Lanfranchi au Gabon, Delobeau au Congo, ou, en France, des colloques de synthèse tenus au CNRS[17].

La moitié orientale de l'Afrique n'a pas, jusqu'à présent, apporté autant de résultats[18]. Madagascar, au contraire, après la modélisation qu'avait tentée A. Mille[19], a fourni de remarquables illustrations des résultats que l'historien peut attendre d'une archéologie très scientifique[20]. A été pris ainsi le relais de travaux qui avaient en leur temps abouti à d'importants articles de P. Vérin, dans la revue *Taloha,* et à la publication de sa thèse de doctorat d'Etat[21].

Dans un domaine proche et dont la mise en perspective historique demeure difficile et même périlleuse, il faut souligner l'effort entrepris pour restaurer la pleine historicité des productions artistiques, dont certaines, assurément, remontent à l'époque dont nous parlons ici.

2. *Les sources orales*

Les travaux de la spécialiste française la plus réputée dans ce domaine, Mme le professeur C.-H. Perrot, appartiennent en très large part à une époque plus récente que celle dont il est ici question. Le « médiéviste » ne peut, pour autant, les ignorer.

Un gros effort a été réalisé pour la publication de certaines sources, en particulier par l'Association SCOA (aujourd'hui ARSAN : Association pour la promotion de la recherche scientifique en Afrique noire)[22] ; en Afrique, l'Unesco et l'OUA ont associé leurs efforts pour développer l'enregistrement et la publication de telles sources, dans les centres spécialisés de Niamey et de Dar es-Salam : le « médiéviste » y trouve souvent matière à recherche et à réflexion[23]. A côté de très beaux travaux consacrés par des chercheurs maliens au traitement critique de ces sources, correspondant à la période « médiévale », on retiendra ici celui de Mlle Rozenstrosch sur Liongo Fumo[24]. Dans ce domaine de l'oralité, même si elle demeure mal adaptée aux besoins des historiens, ces derniers ne peuvent ignorer l'énorme documentation linguistique qu'accumule et publie, sous le sigle Lacito, le Laboratoire de langues et civilisations à tradition orale du CNRS.

Malgré ces efforts, l'« école française » est en retard sur beaucoup d'autres dans le traitement historique des langues africaines, dont l'importance a été maintes fois soulignée par C.A. Diop.

Des travaux d'un exceptionnel intérêt ont été réalisés, à partir des sources orales, par M. Izard ; ils portent assez largement sur la période « médiévale »[25].

3. *Les sources écrites*

L'effort est peut-être moins spectaculaire dans ce domaine ; ces sources, il est vrai, sont rares et moins nouvelles pour l'historien que les sources orales.

L'exemple le plus réputé reste celui de J. Cuoq et de son *Recueil des sources arabes concernant l'Afrique occidentale du VIIIe au XVe siècle*[26]. Réalisées par des auteurs français le plus souvent, certaines traductions d'œuvres capitales, datant de la fin de la période, ont été éditées en général à l'étranger[27]. J. Boulègue a contribué à poursuivre l'effort de publication des sources portugaises[28]. M.-P. Laurent de Tertre a mené à bien, à partir de l'original, en vénitien, une nouvelle traduction en français des voyages d'Alvise da Mosto[29]. D'autre part G. Ducatez achève la rédaction d'une thèse de doctorat d'Etat dont la base est un corpus traduit des sources arabes relatives à l'Afrique orientale[30].

On trouve dans l'hommage rendu à R. Mauny[31] de nombreux articles illustrant les directions de travail dont il vient d'être question. Il faut, cependant, raison garder : l'Afrique n'occupe qu'une bien modeste place, dans les sources occidentales du moins, pour la période « médiévale », comme nous l'a rappelé le beau travail de Ch. Deluz sur Jehan de Mandeville[32].

4. *Quelques foyers de recherche*

L'Afrique occidentale est depuis longtemps l'objet d'études nombreuses largement initiées, pour la période « médiévale », par R. Mauny. Plus récent est l'intérêt porté à l'Afrique équatoriale. Le plus remarquable travail rédigé sur elle demeure, sans conteste, celui de J. Vansina, belge de nationalité et professeur aux Etats-Unis. Les articles d'un médiéviste français, Y.-M. Dufeil[33], et l'incitation à la recherche qu'a constituée son enseignement à Brazzaville puis à Libreville ont contribué à faire admettre que pouvaient et devaient être dépassées les limites chronologiques du XVe siècle par « érosion régressive »[34]. La recherche lui donne entièrement raison aujourd'hui, même si, parfois, ses orientations de recherche ont été discutées avec vigueur, et peut-être quelque malveillance ; le seul très gros problème que pose sa méthode est un certain flottement chronologique, très dangereux aux débuts d'une recherche historique dans une telle région ; mais il est injuste de condamner, pour autant, l'éveil de l'esprit de recherche sur d'autres périodes que contemporaines qu'il a suscité.

L'histoire économique et sociale associe des travaux français à des travaux africains, qu'il s'agisse du commerce du sucre[35] ou de celui des esclaves[36]. Il en va de même dans le domaine des sociétés et de l'histoire des mentalités[37]. Peut-être n'est-il pas inutile de rappeler que, sur ce dernier point, M. Mollat et moi-même avons publié en 1979 deux gros livres illustrés sur *L'Image du Noir dans l'art occidental*[38].

5. *Quelques cas individuels*

D. Lange, aujourd'hui professeur à l'université de Bayreuth, a soutenu à Paris, en 1977, une thèse de doctorat d'Etat qui apporte de grandes nouveautés sur le Tchad entre le XIIe et le XVIe siècle ; auteur de très nombreux articles et ouvrages avant et après cette soutenance, D. Lange est aujourd'hui un spécialiste internationalement reconnu, qui écrit aussi bien en français et en anglais qu'en allemand[39].

Z. Dramani Issifou a eu le mérite de sortir l'Afrique occidentale du XVIe siècle des débats événementiels où elle était enfermée pour l'intégrer à un cohérent réseau d'histoire des relations internationales[40] ; lui aussi, comme F. de Medeiros du reste, a été appelé à contribuer à un volume de l'*Histoire générale de l'Afrique Unesco*[41] ; à son actif aussi, beaucoup d'autres publications depuis sa soutenance de thèse de troisième cycle[42] ; et le proche achèvement d'un doctorat d'Etat.

En Côte-d'Ivoire, après de nombreux articles préparatoires, et une activité importante de direction de recherche archéologique, J. Polet a rédigé une thèse de doctorat d'Etat, qu'il a soutenue en 1988[43] ; cette thèse concerne largement le « Moyen Age ». Il avait auparavant rédigé une solide thèse de troisième cycle, incorporée par lui au tome 4 de la série Tegdaoust. En Côte-d'Ivoire encore, V.T. Diabate est le premier Africain à avoir préparé et soutenu une thèse de doctorat d'Etat en archéologie avec mention Très Honorable, sur Kong.

Au Burkina Faso, J.-B. Kiethega est l'auteur d'un excellent travail sur l'or et, prochainement, d'une thèse, que tout aussi annonce bonne, sur la métallurgie ancienne du fer.

Un détour en Mauritanie me permettra de rappeler l'importance des recherches effectuées dans ce pays par D. Robert-Chaleix[44], S. Robert[45], Mlle C. Vanacker[46], R. Vernet[47].

J'achèverai mon périple au Sénégal, où je retrouverai J. Boulègue et Y.K. Fall.

Le premier, auteur déjà de nombreux articles et contributions à l'histoire de l'Afrique de l'Ouest[48], après sa thèse de troisième cycle, très remarquée[49], a soutenu, brillamment, en 1986, un doctorat d'Etat[50] dont il a déjà assuré la publication partielle[51]. Il vient d'être appelé à ma succession par l'université de Paris-I.

Le second a ouvert, par son troisième cycle, une voie de recherche inédite sur la cartographie ancienne de l'Afrique[52] ; divers articles, nombre de contributions à des colloques ou congrès internationaux lui ont permis de donner pleinement la mesure de son talent. Il achève une thèse de doctorat d'Etat sur la région sénégambienne du XIIe au XVe siècle qui, je le pense, montrera qu'il est un remarquable « médiéviste », maître des langues anciennes, du catalan médiéval, de la paléographie et qui ne recule devant aucun apprentissage, aussi ardu soit-il, lorsque les résultats d'une recherche en dépendent.

Il est bien possible que, pressé par le temps et l'espace,

j'oublie de signaler à l'attention de mes collègues tel ou telle des chercheurs déjà engagés dans le difficile « Moyen Age ». Que les uns et les autres — chercheurs et collègues — me pardonnent. Au moins ai-je essayé de traduire en quelques pages l'effort consenti par tous depuis vingt ans[53].

Notes

1. 1983 (exemplaire dactylographié). — J'ai, moi-même, consacré un certain nombre de travaux à cette question ; les participants au colloque qui le désiraient ont reçu une bibliographie complète des textes que j'ai consacrés à l'Afrique.

2. On ne peut manquer de mettre ici en valeur les beaux travaux de J.-B. Kiethega sur l'or (Burkina Faso), de H. Bocoum sur le fer au Sénégal.

3. Sont concernés par ces recherches : Maroc, Tunisie, Mauritanie, Sénégal, Burkina Faso, Mali, Guinée, Niger, Tchad, RCA, Congo, Cameroun, Gabon, Bénin, Burundi, Zaïre, Madagascar.

4. Bel exemple des résultats acquis et de la relance qu'ils permettent : J.-P. Chrétien et G. Prunier, *Les ethnies ont une histoire,* Paris, Karthala, 1989, qui contribue utilement au débat ouvert par les publications des anthropologues français et étrangers sur les ethnies africaines.

5. Volumes parus : 1, 2, 3, 4, 6, 7 (Paris, Unesco, 1980-1987). Cf. aussi, dans quelques mois, le volume de synthèse que je prépare pour les Editions Albin Michel.

6. *Tegdaoust,* sous la direction générale de J. Devisse, D. et S. Robert (Paris, Arts et Métiers graphiques, « Recherche sur les civilisations », 1970-1990), ces tomes contiennent : 1, Dossier général du site ; 2, Fouille d'un quartier artisanal, par C. Vanacker ; 3, Fouille de 1962 à 1965 ; 4, Fouille d'un quartier d'habitation, par J. Polet ; 5, Fouille d'une concession par D. Robert-Chaleix. Le tome 6 (B. Saison) devrait paraître dans les mois prochains. Les thèses ont été soutenues en 1979 ; elles attendent, depuis, les crédits de publication.

7. *Journal of African History,* p. 471-493.

8. Sur son intérêt et sur les premiers résultats, cf. B. Saison, « Azugi : archéologie et histoire », *Recherche, Pédagogie et Culture,* t. 14, n° 55, 1981, p. 66-74, et le chapitre 14 du tome III de l'*Histoire générale de l'Afrique Unesco* (J. Devisse), *op. cit.*

9. *Fouille d'une maison de Kumbi Saleh,* université de Lyon-II, mention Très Bien. Inédit.

10. A. Louhichi, *La Céramique musulmane d'époque médiévale à Tegdaoust,* université de Paris-I, 1984, mention Très Bien (inédit).

11. Thèse de troisième cycle, Aix-Marseille, 1980, mention Très Bien ; publiée sous le titre *Villages anciens du Tekrour,* Paris, Karthala-CRA, 1985.

12. Paris, Ed. Jeune Afrique, 1980. M. Ch. Becker achève la préparation d'une thèse de doctorat d'Etat sur les sites protohistoriques du Sénégal.

13. G. Thilmans et A. Ravisé, *Protohistoire du Sénégal,* t. 2, *Sintiou-Bara et les Sites du fleuve,* Dakar, Ifan, 1980. Le volume suivant (G. Thilmans et C. Descamps, *Protohistoire du Sénégal,* t. 3, *Sites mégalithiques,* Dakar, Ifan) concerne, malgré son titre, l'époque « médiévale » au moins en partie.

14. J.-F. Fontes, A. Salièges et Y. Person, « Prospection et études analytiques de sites archéologiques dans le delta intérieur du Niger (Mali) », *Comptes rendus de l'Académie des sciences,* 1980, p. 981-984.

15. D. Grebenart, *Le Néolithique final et les Débuts de la métallurgie, Etudes nigériennes,* n° 49, 1985 ; et, plus récemment, *Les Premiers Métallurgistes en Afrique occidentale,* Dakar-Paris, Errance/Les Nouvelles Editions africaines, 1988.

16. J.-P. Warnier, « Histoire du peuplement et genèse des paysages dans l'Ouest camerounais », *Journal of African History,* 1984, p. 395-410. —, *Echanges, Développement et Hiérarchies dans le Bamenda précolonial,* Stuttgart, F. Steiner Verlag Wiesbaden, 1985. —, « Systèmes d'échanges et métallurgies dans les grassfields », in *Actes du 1er colloque international de Yaoundé* (1986), prépublication dactylographiée, s.d., p. 254-270. Est d'autre part en préparation très avancée, en dehors de travaux presque achevés, une thèse de nouveau doctorat de M. Elouga sur des sites probablement « médiévaux ».

17. Par exemple : sous la direction de C. Tardits, *Contribution de la recherche ethnologique à l'histoire des civilisations du Cameroun* (colloque du CNRS, 1973), Paris, CNRS, 1981, 2 vol., et aussi, sous la direction de L. Bouquiaux et L. Hyman, *L'Expansion bantoue,* Paris, CNRS, 1980, 2 vol. Beaucoup d'informations nouvelles ont été apportées, depuis ces deux publications, sur le monde bantouphone : on en trouvera l'exposé assez exhaustif dans la revue *Muntu,* publiée à Libreville par le Centre international des civilisations Bantu.

18. Des enquêtes sont engagées sur la production ancienne du fer et des poteries, en particulier au Burundi ; elles n'ont pas encore fait l'objet de synthèses.

19. *Contribution à l'étude des sites fortifiés de l'Imerina ancien,* thèse de troisième cycle, Clermont-Ferrand (inédit).

20. D. Rasamuel, « Archéologie Madagascar », *Encyclopœdia Universalis, Universalia 1987,* p. 416-417.

21. *Les Echelles anciennes du commerce sur les côtes du Nord de Madagascar,* Lille-III, Presses universitaires de Lille, 1975, 2 vol.

22. *L'Empire du Mali : récits de Wakamissoko de Krina,* enregistrés, transcrits, traduits et annotés par Y.T. Cissé, t. 1, Paris, SCOA, 1975 ; t. 2, Paris, SCOA, 1977. Les mêmes auteurs ont publié en 1988 *La Grande Geste du Mali, des origines à la fondation de l'Empire,* Paris, Karthala-ARSAN. *L'Histoire du Mandé, d'après Jeli Kanku Madi, Jabaté de Kéla,* texte recueilli, traduit et annoté par M. Ly-Tall, S. Camara et B. Diouara, Paris, SCOA, 1987. *La Mémoire senufo : bois sacré, éducation et chefferie,* textes recueillis, transcrits, traduits et annotés par F. T. Ouattara, Paris, ARSAN, 1988. On ne saurait ignorer non plus sans dommage la collection des « Classiques africains » que dirige C. Tardits.

23. Depuis plusieurs années, toutes les thèses portant sur des périodes de l'histoire de l'Afrique antérieures à l'époque coloniale comportent, en annexes, les versions en langue originale et en traduction française des sources orales dont s'est servi l'auteur. Un imposant corpus se constitue ainsi progressivement.

24. Liongo Fumo, *Légende et Signification politique,* thèse de troisième cycle, Paris-VII, 1979, mention Très Bien (inédit) : apporte de très intéressants aperçus sur le développement de la langue Kiswahili, du XIIIe au XIXe siècle.

25. M. Izard, *Introduction à l'histoire des royaumes mossi,* thèse de troisième cycle, 1967, mention Très Bien, Paris, CNRS, 1970. —, *Les Archives orales d'un royaume africain. Recherche sur la formation du Yatenga,* thèse de doctorat d'Etat, 1980, mention Très Honorable.

26. Cet important travail de traduction et de critique historique n'est pas toujours exempt de certains défauts ; il demeure un outil irremplaçable. Thèse à l'origine, il est devenu un ouvrage édité par le CNRS en 1975 et totalement épuisé aujourd'hui. On le comparera, souvent et très utilement, avec les traductions anglaises des mêmes textes.

27. R. Mauny, *Esmeraldo de situ orbis* (côte occidentale d'Afrique, du Sud marocain au Gabon), par Duarte Pacheco Pereira (vers 1506-1508), Bissau, Centro de estudos da Guiné portuguesa, 1956. Th. Monod, R. Mauny et G. Duval, *De la première découverte de la Guinée. Récit de Diogo Gomes* (fin XVe siècle), Bissau, Lisboa Sociedade industrial de tipografia, 1959. L. Bourdon, *Chronique de Guinée de Gomez Eanes Zurara,* Dakar, IFAN, 1960. André Donela, *Description de la Serra Leoa et des rios de Guinée du Cabo Verde (1625),* trad. française de L. Bourdon, Lisbonne, Junta de Investigaçoes Cientificas do Ultra mar, 1977, dans l'édition critique de cette œuvre donnée par A. Texeira da Mota, p. 71-377.

28. Francisco de Andrade (trad. de J. Boulègue), « Relation de Francisco de Andrade sur les îles du Cap-Vert et la côte occidentale d'Afrique (1582) », *Bulletin de l'Institut fondamental d'Afrique noire* (BIFAN), série B, 1967, p. 67-87. Lavanha Joâo Batista (trad. de J. Boulègue), « Relation du port du fleuve Sénégal de Joâo Barbosa faite par Joâo Batista Lavanha (vers 1600) », *BIFAN,* série B, 1967, p. 496-511. J. Rainolds, Richard (trad. J. Boulègue et R. Marquet), « Le voyage de Richard Rainolds en Sénégambie (1591) », *BIFAN,* série B, p. 1-13.

29. M.-P. Laurent de Tertre, *Les Navigations atlantiques du Vénitien Alvise da Mosto et la Navigation du Portugais Pedro de Sintra écrites par Alvise da Mosto* (trad., annotations critiques et commentaire des éditions), thèse de troisième cycle, Paris-I, 1986, mention Très Bien (inédit).

30. Le dossier des traductions est déjà entre les mains du rédacteur de cette note : il comporte plus de 1 000 pages dactylographiées et constitue un monument d'érudition et de traduction critique beaucoup plus impressionnant encore que celui de J. Cuoq.

31. *Le Sol, la Parole et l'Ecrit,* Paris, Société française d'histoire d'outre-mer, 1981.

32. Ch. Deluz, *Le Livre de Jehan de Mandeville, une « géographie » au XVIe siècle,* Louvain-La Neuve, Institut d'études médiévales de l'université catholique de Louvain, 1988.

33. M.-M. Dufeil a été l'un des promoteurs d'une revue utile : les *Cahiers congolais d'anthropologie et d'histoire;* il y a publié plusieurs articles (« Afrique, taxinomie, histoire », *Cahiers,* n° 5, 1980, p. 7-30). Depuis, il a donné à *Muntu* un essai sur « La ville bantu dans l'histoire urbaine de l'Afrique », *Muntu,* t. 2, 1985, p. 121-140.

34. Les travaux célèbres à juste titre de W.G.L. Randles (*L'Empire du Monomotapa du XVe au XIXe siècle,* Paris-La Haye, Mouton, 1975, et surtout *L'Ancien Royaume du Congo des origines à la fin du XIXe siècle,* Paris-La Haye, Mouton, 1968) rendent bien compte de la difficulté rencontrée : dépasser, en amont, le XVe siècle.

35. B. Essomba, *Sucre méditerranéen, Sucre atlantique et Commerce du Nord européen aux XVe et XVIe siècles,* thèse de troisième cycle, université de Paris-I, 1981, mention Très Bien (inédit). L'auteur développe sa recherche sur les îles à sucre de l'Atlantique après le XVe siècle dans une thèse de doctorat d'Etat.

36. Synthèse récente et importante, qui, bien entendu, dépasse largement les XVe et XVIe siècles : *De la traite à l'esclavage du Ve au XVIIIe siècle* (actes du colloque international sur la traite des Noirs, Nantes, 1985) Nantes-Paris 1988, 2 vol.

37. E. Tiando (Bénin), *L'Homme noir vu par les auteurs de l'Antiquité : caractères physiques, physiognomoniques et moraux,* thèse de troisième cycle, université de Paris-I, 1985, mention Très Bien (inédit). B. Diop (Sénégal), *La Politique africaine de l'Etat chrétien romano-byzantin (IVe-VIIIe siècle ap. J.-C.) : héritage hellénistique, regards chrétiens sur les populations africaines,* thèse de troisième cycle, Paris-I, 1981, mention Très Bien (inédit). S. Bakchine-Dumont (France), *Le Thème chamitique dans les sources rabbiniques du Proche-Orient, du début de l'ère chrétienne au XIIIe siècle,* thèse de troisième cycle, université de Paris-I, 1981, mention Très Bien, inédit (concerne l'Afrique noire). A. Courteaux, *L'Africain, le Maure, l'Afrique, l'Islam dans la constitution d'une idéologie castillane au XIIIe siècle,* thèse de troisième cycle, université de Paris-I, 1982, mention Très Bien, inédit (concerne l'Afrique).

38. *L'Image du Noir dans l'art occidental,* II, *Des premiers siècles chrétiens aux « Grandes Découvertes »*, 1, *De la menace démoniaque à l'incarnation de la sainteté ;* 2, *Les Africains dans l'ordonnance chrétienne du monde (XIVe-XVIe siècle),* Fribourg, Office du livre, 1979.

39. Par exemple, en collaboration avec S. Berthoud, « L'intérieur de l'Afrique occidentale d'après G.L. Anania », *Cahiers d'histoire mondiale,* t. 14, 2, 1972, p. 299-351. Et, seul, le chapitre 15 du tome 3 dans l'*Histoire générale de l'Afrique Unesco, op. cit.*

40. Thèse publiée sous le titre *L'Afrique noire dans les relations internationales au XVIe siècle. Analyse de la crise entre le Maroc et le Sonrahaï,* Paris, Karthala-CRA, 1982.

41. Tome 3, chap. 4 : « L'Islam comme système social en Afrique depuis le VIIe siècle ». F. de Medeiros a rédigé le chapitre 5 du même volume.

42. Par exemple, « Islam et société dans l'empire Sonrahaï », *L'Information historique,* 1988, p. 244-252.

43. *Archéologie des îles Eotilé (Lagune Aby, Côte-d'Ivoire),* Paris-I, mention Très Honorable, 1988, 3 vol. (inédit).

44. Mme Robert-Chaleix a, en particulier, totalement organisé les salles d'exposition du musée de Nouakchott, contribué très efficacement à la formation des étudiants mauritaniens à la fois en archéologie et en cartographie. Elle a, d'autre part, depuis une dizaine d'années, réalisé de remarquables tournées de prospection archéologique, en particulier dans le Sud de la Mauritanie.

45. Actuellement maître de conférences à l'université de Toulouse, M. Robert nous promet une thèse de doctorat d'Etat sur les mosquées au sud du Sahara (bon nombre d'entre elles remontent au « Moyen Age »).

46. Mlle Vanacker, après son troisième cycle sur Tegdaoust, rédige une thèse d'Etat sur le verre dans l'Occident musulman médiéval.

47. Actuellement en poste à Niamey, M. Vernet a rédigé plusieurs travaux de grande importance sur la fin de la préhistoire mauritanienne, après la soutenance d'un excellent troisième cycle.

48. Publication toute récente : *Les Luso-Africains de Sénégambie (XVIe-XIXe siècle),* Lisbonne, 1989.

49. *La Sénégambie du milieu du XVe au début du XVIIIe siècle,* université de Paris-I, 1968, mention Très Bien (inédit).

50. *La Traite, l'Etat, l'Islam, les Royaumes Wolof du* XVe *au* XVIIIe *siècle,* université de Paris-I, mention Très Honorable.

51. *Le Grand Jolof,* Paris, Karthala, 1987.

52. Y. Fall, *L'Afrique à la naissance de la cartographie moderne (*XIVe*-*XVe *siècle) : les cartes majorquines,* Paris, CRA-Karthala, 1982. Depuis cette date, Y. Fall est l'auteur de nombreux articles publiés en Europe et en Afrique.

53. Il serait injuste de ne pas citer le beau livre de F. de Medeiros (Bénin), *L'Occident et l'Afrique (*XIIIe*-*XVe *siècle),* CRA-Karthala, 1985.

Histoire de l'Italie médiévale

Pierre Toubert *
avec la collaboration de
Henri Bresc, Pierre Racine

I. Les médiévistes français en Italie

Si l'on tente d'établir un bilan de l'activité de nos médiévistes hors de France depuis vingt ans, un tel bilan ne peut que mettre en lumière un fait frappant : il est en effet évident que l'Italie et l'Espagne arrivent largement en tête des domaines de recherche privilégiés de nos spécialistes. Laissant le monde ibérique à A. Rucquoi, nous avons opté, pour présenter les études italiennes, pour un plan chronologique. Il va de soi que d'autres choix, thématiques ou régionaux, eussent été possibles et peut-être même préférables. Fidèles à l'esprit général de notre colloque, nous avons cru bon de choisir la clarté et la simplicité.

En guise d'introduction, je voudrais dire un mot des conditions générales du travail des médiévistes français en Italie. Ce premier point, en effet, mérite examen : pourquoi l'Italie est-elle devenue un terrain de manœuvre aussi familier et aussi fréquenté depuis — en gros — la fin des années cinquante ? Jusque-là, notons-le en passant, les historiens français avaient surtout vu dans l'Italie soit un prolongement « naturel » de l'histoire de France (histoire de l'Italie méridionale normande puis angevine, histoire des guerres d'Italie, etc.) soit un lieu privilégié pour

* Les parties I, II et V (Conclusion) sont dues à P. Toubert, III à P. Racine et IV à H. Bresc.

l'histoire religieuse et pour l'histoire de l'Eglise en raison, essentiellement, de la présence à Rome des Archives vaticanes. La réponse à une telle question semble, à première vue, aller de soi. Si la floraison des études françaises sur l'Italie et sur l'Espagne médiévales a été aussi intense depuis l'après-guerre, c'est tout simplement parce que nos chercheurs auraient trouvé sur place des bases logistiques dont ils ne disposaient pas ailleurs : l'Ecole française de Rome et la Casa de Velázquez. Sans minimiser l'importance de ces institutions sur lesquelles je vais revenir, il me semble cependant qu'on ne saurait se contenter d'une explication aussi simpliste et aussi réductrice des tendances de notre historiographie.

Remarquons par exemple que, si nous nous plaçons à un poste d'observation commode et relativement significatif, celui des thèses de doctorat d'Etat soutenues depuis une vingtaine d'années, la majorité des thèses portant sur l'Italie médiévale a été élaborée en dehors de l'Ecole française de Rome. Citons, par exemple, les importants travaux sur Venise de J.-C. Hocquet (1978-1979) et d'E. Crouzet-Pavan (1989), ceux de P. Racine sur Plaisance (1979), d'E. Carpentier sur Orvieto (1986), de Ch. de La Roncière (1982) et de Ch. Klapisch-Zuber (1978) sur Florence, d'H. Taviani sur la principauté de Salerne (1988), de J. Day sur la Sardaigne, etc. Ajoutons que la même constatation pourrait être faite pour l'Espagne où les thèses majeures de P. Bonnassie, C. Carrère, A. Rucquoi, etc., ne doivent rien, non plus, aux facilités logistiques offertes aux chercheurs dans la longue durée par la Casa de Velázquez. Ce serait donc une erreur, selon nous, de ne pas mettre d'abord en avant l'engagement personnel des historiens, et l'importance d'autres structures de soutien (CNRS, EHESS, universités).

Ces remarques, comme on s'en doute, valent surtout pour les thèses, qui sont par définition des travaux personnels inscrits dans la longue durée. Pour le reste, il va de soi que l'on aura garde de ne pas minimiser l'importance du rôle joué par nos grands établissements d'Italie et d'Espagne. A trois égards au moins, il nous semble qu'ils ont très heureusement conditionné la recherche et rempli une fonction bénéfique :

1) Ils disposent d'importantes possibilités de publication de

thèses, mémoires, tables rondes. Ils éditent un périodique spécialisé de qualité et une ou plusieurs collections de *Beihefte.*

2) Ils offrent des structures d'accueil particulièrement adaptées à la tenue de colloques et, par les échanges scientifiques qu'ils animent, ils servent bien la diffusion de nos acquis. Rappelons, par exemple, la résonance internationale du colloque romain de 1978 sur *Structures féodales et Féodalisme dans le monde méditerranéen,* celle des différents colloques *Castrum* tenus à Lyon, Paris, Madrid et Erice avec le soutien, entre autres, de l'EFR et de la Casa de Velázquez.

3) Enfin, ils offrent, tant sur le plan financier que sur celui des contacts administratifs avec les autorités locales, des possibilités d'action particulières qui permettent d'engager des fouilles archéologiques médiévales, menées en collaboration avec des chercheurs venus de l'université, du CNRS, de l'EHESS et, naturellement, avec des archéologues italiens.

Cette évocation rapide des conditions générales du succès des études médiévales françaises en Italie a surtout fait intervenir des causes qui sont de l'ordre des structures académiques. Peut-être plus importantes encore sont les causes de caractère historiographique, que l'on ne peut que signaler brièvement ici. Rappelons que, pendant longtemps, les grands problèmes de la médiévistique, tant en histoire rurale qu'en histoire urbaine ou sociale (seigneurie, noblesse, chevalerie, féodalité, etc.), ont été traités à partir de modèles construits par la recherche pour la France du Nord — les fameux pays « d'entre Loire et Rhin » —, pour l'Allemagne ou l'Angleterre. Il pouvait ainsi apparaître, vers les années cinquante-soixante, que l'Italie et l'Espagne offraient à de jeunes chercheurs bien davantage de terres relativement vierges à défricher, bien des modèles à revoir ou à nuancer, etc. Le fait qu'il n'en soit plus de même aujourd'hui et qu'à certains égards (comme par exemple pour le problème des origines de la féodalité) on en vienne à considérer que le centre de gravité s'est déplacé vers le monde méditerranéen est la meilleure preuve de l'intense activité déployée depuis vingt ans par nos médiévistes dans les aires géographiques méridionales, définitivement débarrassées de leur statut de zones périphériques de l'Occident médiéval.

II. Le haut Moyen Age

Avant de donner la parole à P. Racine et à H. Bresc, je voudrais rappeler brièvement les résultats acquis par la recherche française sur le haut Moyen Age italien *stricto sensu*. Il est vrai que, pour l'Italie comme pour les autres domaines géographiques (cf., ici même, le rapport de M. Rouche), le haut Moyen Age demeure un champ de travail relativement négligé, où beaucoup reste encore à faire. Mais si les travaux sont peu nombreux, ils sont souvent d'une remarquable qualité. Retenons ces points notables.

— Dans la foulée des deux *Settimane* du Centre de Spolète sur le haut Moyen Age consacrées à la ville et à la topographie urbaine, il faut citer les travaux de J.-Ch. Picard. A propos du problème apparemment circonscrit des sépultures épiscopales et du culte des évêques en Italie du Nord des origines au xe siècle, J.-Ch. Picard a fait progresser notre compréhension générale de la dynamique de l'évolution urbaine en Italie septentrionale au haut Moyen Age.

— Les travaux conduits, essentiellement à partir des sources écrites, par J.-M. Martin et H. Taviani-Carozzi sur l'Italie méridionale et, en particulier, sur la *Longobardia minor* méritent pareillement mention.

— De même pour les travaux d'A. Guillou sur l'hellénisme en Italie du Sud et sur l'exarchat de Ravenne. On doit aussi à cet auteur l'édition d'importants actes grecs d'Italie du Sud.

— Dans le domaine archéologique, outre les travaux en cours de G. Noyé-Bougard sur l'occupation normande en Calabre, on notera les travaux de celle-ci sur des sites prénormands et, en particulier, sur le site célèbre du Vivarium de Cassiodore. C'est là, à ma connaissance, la seule contribution française à l'archéologie du très haut Moyen Age en Italie.

— En liaison avec l'édition par nos collègues italiens d'un corpus pratiquement exhaustif des polyptyques italiens des ixe-xe siècles (1978), j'ai moi-même étudié divers aspects du « système domanial » en Italie à cette époque (typologie des grands domaines, leur place dans l'économie globale, rapports entre production, échange et monnaie en Italie des VIIIe-Xe siècles).

Enfin, parmi les perspectives prometteuses les plus concrètes de la recherche française en Italie pour le haut Moyen Age, je citerai trois projets qui devraient aboutir à moyen terme :

1) L'achèvement et surtout la publication des fouilles archéologiques concernant des sites précastraux ou, comme Caprignano en Sabine, ayant comporté une phase d'occupation précastrale, donc antérieure au Xe siècle.

2) La publication très attendue d'un cartulaire capital pour l'histoire de l'Italie méridionale du haut Moyen Age, le *Chronicon S. Sophiae* de Bénévent, riche d'importants documents des VIIIe-Xe siècles. Cette édition a été confiée par l'Istituto storico italiano per il Medioevo à J.-M. Martin (CNRS) et elle est actuellement en chantier.

3) Citons enfin le projet, présenté par F. Bougard, de repérage systématique — et éventuellement de fouille ponctuelle — des palais royaux carolingiens du *Regnum Italiae.* Ces *palatia,* rappelons-le, marquent une certaine rupture avec la tradition longobarde des palais urbains et ils coïncident souvent avec des chefs-lieux de complexes domaniaux fiscaux. Une fouille, dans ce cas original, prendrait utilement la relève des fouilles de nécropoles et de sites castraux désertés, où s'est jusqu'à présent cantonnée l'activité des archéologues médiévistes italiens.

III. L'ÉPOQUE COMMUNALE (XIe-XIIIe SIÈCLE)

En 1969, les ouvrages où un lecteur français pouvait prendre connaissance de l'Italie communale étaient peu nombreux. Le regretté Y. Renouard avait donné deux synthèses alertes sur les hommes d'affaires et les villes italiennes, mettant alors à la portée de qui s'intéressait à l'histoire italienne surtout les travaux des historiens italiens. La pauvreté de la production historiographique française tranchait alors avec l'intérêt que portaient à l'histoire italienne les chercheurs allemands, anglais ou américains. Pourtant s'amorçait le redressement, notamment grâce aux travaux suscités dans la décennie 1960 par le même Y. Renouard. Certes, l'histoire économique semblait encore attirer les chercheurs français, mais déjà se faisait jour un mouvement vers l'histoire sociale, que devaient confirmer les thèses, articles de revues, contributions à des colloques ou des Mélanges, par lesquels s'exprime l'essentiel de la production historiographique française.

Face aux historiens allemands attachés à la *Verfassungsgeschichte,* face aux travaux de l'école socio-juridique italienne, l'historiographie française, qui s'est résolument tournée vers l'histoire sociale, a été amenée à transformer la problématique jusqu'alors admise de la supériorité de la ville sur le *contado.* Les travaux de P. Toubert avaient contribué à mettre l'accent sur la réorganisation des campagnes du Latium à partir du mouvement de l'*incastellamento.* La ville, qui était longtemps demeurée le champ d'action des chercheurs, tend désormais à être abandonnée au profit de recherches nouvelles sur les campagnes, même lorsque le milieu urbain reste au cœur des investigations des chercheurs. Du *contado* à la ville, telle est la démarche que les historiens français tentent d'adopter, s'étant rendu compte que la ville avait été investie par les élites venues des campagnes avoisinantes.

Dès lors, cerner le visage des milieux dirigeants des communes avec leurs attaches dans le milieu rural environnant, rappeler que la ville italienne vit en étroite symbiose avec son *contado,* tels sont deux thèmes qui apparaissent très nettement dans les travaux des historiens français. Les groupes dirigeants communaux, à Arezzo, à Padoue, à Plaisance, en Lombardie, en Emilie, se dégagent désormais sous une lumière neuve, où la part de la richesse immobilière et de la fortune mobilière est bien mise en valeur. Commence de sortir de l'ombre une sorte de typologie des communes, à partir de laquelle il est possible de mieux comprendre le poids des grandes communes comme Milan ou Florence. Ce n'est plus dorénavant à partir de ces exemples exceptionnels que peut être tracé un tableau de l'Italie communale.

C'est une société dans ses composantes originales que poursuivent ainsi les chercheurs français. En abolissant la coupure ancienne entre ville et *contado,* en s'efforçant de reconstituer patiemment les mailles d'un filet social complexe, ils ont pu dégager tant les caractéristiques du phénomène communal italien, par exemple à Plaisance, que celles du *contado* où les grands lignages féodaux, en Lombardie comme en Emilie, ont été à l'origine d'importants mouvements de population et d'une évolution économique dans les campagnes, dont commencent de sortir de l'ombre certains traits particuliers. C'est un *féodalisme* propre à l'ambiance communale italienne que les études les plus récentes ont désormais mis en valeur, notamment dans la zone de Bergame-Brescia-Crémone, et que devraient confirmer les prochaines soutenances de thèse, particulièrement pour Padoue.

Les techniques nouvelles sont loin d'être ignorées des médiévistes français. Compter a toujours été une hantise de qui voulait appréhender les réalités démographiques. Un document exceptionnel, le *Catasto* de 1292 à Orvieto, a permis la réalisation, à l'aide de l'outil informatique, d'une des grandes thèses de doctorat. Non seulement E. Carpentier s'est efforcée d'évaluer la population d'Orvieto et de son *contado,* mais surtout le recours à l'ordinateur l'a portée à saisir les patrimoines, les propriétaires et la répartition des propriétés entre ville et *contado.* Certes, même partial et partiel, un tel document reste une exception en cette ère préstatistique, mais les chroniqueurs prennent le goût des chiffres tirés de sources relativement précises, et l'évaluation des populations, par exemple à Milan, en reçoit des lumières nouvelles.

L'occupation du sol, la répartition du peuplement, qui retiennent l'attention des historiens français formés aux études géographiques, ont mené à des fouilles, qui ont permis par ailleurs de jeter des lumières nouvelles sur la vie quotidienne, grâce aux objets exhumés du sol. L'appui logistique fourni par l'Ecole française de Rome aux équipes de fouilles en Capitanate, en Calabre ou en Sicile a été déterminant. Que ce soient les Ségestes médiévales de G. et H. Bresc, les châteaux calabrais de G. Noyé ou, en Apulie, le château de Castel Fiorentino, où mourut Frédéric II, les rapports et articles publiés sont venus le plus souvent compenser la rareté des documents écrits, en des terres où ils ont disparu après la perte malheureuse des archives napolitaines en 1943. Mais si l'Italie méridionale et la Sicile ont été des domaines favorisés, il est regrettable que des équipes françaises n'aient pu se lancer en de pareils travaux dans le Nord. Zone protégée par les *Soprintendenze* italiennes ?

L'histoire sociale apparaît bien comme le domaine de pointe de la recherche française en Italie. Pourtant, l'histoire économique est loin d'être abandonnée. Il était difficile de ne pas suivre l'activité des hommes d'affaires de Plaisance, qui ont tenu une place primordiale dans les trafics commerciaux tant vers l'Orient que vers l'Occident. L'expansion commerciale italienne reste d'ailleurs un aspect privilégié que les chercheurs français continuent d'étudier, aussi bien dans ses principales directions géographiques que dans ses composantes techniques. Après le regretté F. Thiriet qui avait donné ses soins à la Romanie vénitienne, M. Balard s'est tourné vers la Romanie génoise, cependant que J.-C. Hocquet s'efforçait de suivre le trafic du sel, surtout depuis les archives vénitiennes. L'un et l'autre ont contribué au renouvellement de nos connaissances d'histoire maritime. Mais si l'Orient méditerranéen est un des grands domaines de l'expansion italienne, illustrée par la figure célèbre de Marco Polo, renouvelée par J. Heers, l'Occident méditerranéen n'a pas été négligé par G. Jehel qui s'est affairé à suivre la trace des marchands et marins génois vers l'Afrique, l'Espagne, la Provence et le Languedoc. Le trafic commercial entraîne une immigration, l'implantation de *colonies* où ne se retrouvent pas seulement des marchands tant en mer Noire ou Terre sainte qu'en Occident, mais aussi des artisans et des gens venus des campagnes de l'arrière-pays génois et ligure. L'originalité de la colonisation génoise en Corse et en Sardaigne n'a pas manqué d'être soulignée par des recherches récentes.

A bien considérer les secteurs géographiques actuels de recherche, il est manifeste que l'Italie centro-septentrionale est largement favorisée. Il serait cependant erroné de penser que la recherche française est absente de l'Italie méridionale. Le royaume normand de Sicile a fait l'objet depuis de nombreuses années des recherches patientes de L.-R. Ménager, qui a porté surtout son attention sur le pouvoir royal et la colonisation normande du Sud de l'Italie. Les études de J.-M. Martin sur les villes de la Capitanate, l'occupation du sol, l'administration du royaume au temps de Frédéric II ne sauraient être omises, tant elles fourmillent d'informations neuves pour les médiévistes intéressés par un secteur où s'est illustrée autrefois l'historiographie française.

Les travaux d'histoire religieuse n'ont pas été très nombreux. Non que l'attention des chercheurs français ne soit attirée par ce secteur. A. Vauchez n'a pas manqué de se préoccuper de la sainteté de certains marchands, comme de suivre les procès de canonisation de religieux et laïcs de la péninsule. C'est à son impulsion qu'est due la table ronde de 1977 sur *Les Ordres mendiants et la Ville en Italie centrale,* où se sont rencontrés chercheurs français et italiens. Il serait cependant injuste de ne pas mentionner la part que l'histoire religieuse peut prendre en des travaux concernant la ville ou la campagne, ne serait-ce par exemple que pour le Latium.

Ce dernier secteur de la recherche historique rappelle d'ailleurs la part importante que tient l'Ecole française de Rome, tant pour l'élaboration des recherches que pour l'organisation de colloques, tel celui sur *Structures féodales et Féodalisme* en 1978, par lequel s'est trouvée profondément transformée la vision de la féodalité italienne par rapport aux ouvrages classiques de M. Bloch et R. Boutruche. Certes, les thèses préparées dès les années soixante ont souvent été élaborées hors de son sein. Mais la plupart des travaux en cours ont été facilités par le séjour à Rome de chercheurs qui se sont fait connaître dans le monde scientifique par la publication, dans les Mélanges de l'Ecole française, de leur mémoire de première année.

Les médiévistes français sont par ailleurs largement présents dans les grands colloques patronnés par les grandes institutions italiennes, que ce soit les rencontres d'histoire religieuse de La Mendola (même si l'on assiste à l'heure actuelle à un léger déclin) ou dans les rencontres diverses qui sont régulièrement programmées à travers tout le territoire italien. L'Italie est le pays des colloques, aussi serait-il oiseux d'énumérer tous ceux auxquels ont été conviés les médiévistes français au cours des vingt dernières années. A l'occasion, les historiens français se voient ouvrir les revues italiennes, invités qu'ils sont à prendre part à des numéros spéciaux, par exemple des *Quaderni storici* (sur les transports fluviaux ou la famille), ou à exposer directement le point de leurs travaux dans des revues historiques de large rayonnement *(Nuova Rivista Storica)* ou même des revues locales.

La recherche historique française n'a encore suscité aucun grand travail d'anthropologie historique, ce qui ne signifie pas que ce thème soit absent des grands travaux, ne serait-ce que pour *Les Structures du Latium*. Il est vrai que la documentation est moins riche pour ces siècles que pour la période suivante, mais le colloque, là encore réalisé par l'Ecole française de Rome, avec l'appui de l'EHESS, sur *Famille et Parenté dans l'Occident médiéval* a montré tout ce qu'il est permis d'attendre en France à côté des travaux des écoles allemandes de Fribourg et Münster.

Le bilan de l'historiographie française pour cette période du XIe au XIIIe siècle est sans conteste important, surtout comparé aux années d'avant 1969, d'autant que divers travaux en cours sur Padoue ou Arezzo sont proches de la maturité. Il faut cependant déplorer certaines lacunes de la recherche française. La présence des médiévistes français sur l'Italie méridionale est relativement faible, même si c'est sur ce secteur géographique que se sont épanouis les travaux archéologiques. Par ailleurs, si l'on met à part les publications de documents de J.-M. Martin (concernant ici l'Italie méridionale), nul médiéviste français n'est engagé sur ce terrain. Rançon sans doute de l'impréparation des chercheurs français dans les universités, mais il est bon de souligner que les autorités et institutions italiennes seraient prêtes à soutenir les efforts français en ce domaine. L'histoire de l'art demeure un parent pauvre, malgré les beaux travaux d'H. Toubert sur l'enluminure et les fresques romanes. Il faut d'autre part regretter l'absence de chercheurs français dans le champ de l'historiographie et de la critique textuelle, au moment où se met en place un groupe de recherche à Münster.

La richesse des archives italiennes, même si leur abord n'est pas toujours facile pour un jeune chercheur français, ne peut manquer d'attirer de nouvelles vocations historiques. Si un effort certain a été réalisé par l'Ecole française de Rome pour faciliter les séjours, il n'en reste pas moins que toute recherche en Italie appelle un soutien financier relativement important, pour lequel l'aide du CNRS, trop insuffisante actuellement, restera un facteur capital pour l'essor de la production historiographique française sur l'Italie de la période communale.

IV. Les derniers siècles du Moyen Age (xive-xve siècle)

1. Sources et méthodologie

Les historiens français avaient longtemps concentré leur attention sur les problèmes liés à l'expansion française dans l'Italie du Trecento et du Quattrocento (monarchie angevine de Naples, préhistoire des guerres d'Italie), à la Papauté avignonnaise et au Grand Schisme d'Occident et sur les fonds d'archives de Naples et du Vatican. A cette histoire politique, qui débouchait déjà, avec J. Yver et Y. Renouard, sur l'étude des mécanismes économiques du commerce et de la banque liés au pouvoir, les années d'après-guerre ont juxtaposé une histoire de la vie économique (commerce, construction navale, production agricole et artisanale), qui confrontait aux grandes masses d'archives notariales de la péninsule des problématiques nouvelles. Depuis vingt ans, les fonds notariés, particulièrement riches à Florence, à Rome, dans les villes maritimes, en Sicile, les archives judiciaires et les fonds des chancelleries, les comptes publics, les archives privées de la noblesse féodale ou du patriciat ont été appelés à éclairer les rapports sociaux et politiques (clientèles, partis) dans la cité et dans l'État, monarchie ou seigneurie, la vie religieuse et les rapports de parenté (à travers les testaments, les *Ricordanze*).

L'ensemble des fonds italiens n'a pas également retenu l'attention des chercheurs français ; des régions ont été négligées : Piémont, Lombardie, versant adriatique de l'Apennin, royaume napolitain, Sienne, Pise, Ligurie des petits ports et des campagnes. Des thèmes, surtout politiques, ont disparu du champ de la recherche : histoire dynastique, histoire diplomatique des Etats italiens, même autour du Grand Schisme ; on compte peu de biographies, peu d'études d'histoire culturelle. La recherche sur la banque, le grand commerce et les marchands marque maintenant le pas.

La nouveauté réside dans le développement rapide d'une archéologie médiévale française en Italie méridionale et centrale. Placée, selon les régions, en position de dialogue fructueux avec les recherches des historiens (*incastellamento* en Italie continentale, thèmes de l'habitat nomade et de l'Etat démiurge dans l'Italie insulaire), elle s'inscrit naturellement dans une durée plus longue, avec une tendance à remonter des derniers siècles du Moyen Age vers le XIe et le XIIe, au contraire d'une recherche historique qui se déploie souvent à cheval sur Moyen Age et Renaissance.

2. *Les grands thèmes de recherche*

a) Une histoire économique recentrée.

Nous avons noté le recul des études sur le grand commerce, les marchands et les banquiers des capitales économiques de l'Italie du Nord [1] : dans le domaine de l'histoire commerciale, l'intérêt s'est déplacé vers l'étude du marché, des prix et des salaires, aux confins de l'histoire sociale [2], vers celle des routes et de l'approvisionnement, vers la technique de l'assurance, vers l'étude approfondie, à la fois géographique, technique et politique, de la production et du transport du sel, principalement dans l'Adriatique vénitienne [3]. Enfin, en Sicile, le mouvement d'hommes, de capitaux, de navires et de marchandises qui accompagne la mise en place de la dépendance économique et de l'échange inégal, a été étudié comme cause proche de la consolidation du *latifondo* inhabité plus que dans ses relations avec la machine des métropoles économiques [4].

L'histoire maritime s'en est trouvée centrée sur ses aspects techniques : escales génoises sur les routes de l'Orient et équipages génois, statuts et conditions de vie et de travail des gens de mer de Venise[5], itinéraires des vaisseaux vénitiens, *mude* et leur retard chronique. J. Heers, enfin, a prolongé son étude des Génois dans la péninsule Ibérique par celle des précédents atlantiques et des modèles génois de la colonisation américaine et par une biographie de Christophe Colomb[6].

La production artisanale, évoquée dans le prisme des travaux, peu nombreux, sur le marché et la consommation drapière, n'a suscité qu'une étude d'ampleur, celle de Ch. Klapisch-Zuber sur les maîtres du marbre de Carrare[7] ; c'est donc sur la production agricole que se recentre l'intérêt porté à l'histoire économique : analyse du paysage rural trop densément humanisé d'Orvieto à la fin du XIIIe siècle[8], développement de l'élevage transhumant sur le patrimoine de l'Eglise[9], « modernité de la spéculation agro-pastorale dans la Campagne romaine »[10], développement du *latifondo* et de la *massaria* spéculative en Sicile, enfin, dans le cadre d'un compromis durable entre les maîtres du sol et un paysannat urbanisé d'entrepreneurs de culture.

b) Le primat de l'histoire sociale.

Les rapports entre villes et campagnes sont un premier axe autour duquel se rassemblent travaux sur la campagne romaine et recherches siciliennes, et d'abord sur le thème du grand domaine, *casale* ou *feudo.* Il met au premier plan de l'analyse les rapports de production et la domination économique et politique de la cité sur la campagne, même si les problèmes se posent différemment dans l'Italie communale (l'on peut encore parler de « conquête » du *contado*[11]) et dans l'Italie des monarchies, où le poids politique de la ville est à peu près nul et où les municipalités négocient avec le pouvoir royal les extensions éventuelles de leur juridiction. Par l'étude des confréries, des patronages et des clientèles du *contado* florentin, Ch. de La Roncière élargit le champ de la domination et de la pénétration de la cité, en même temps qu'il entreprend l'analyse du tissu social des bourgades[12].

Les mêmes historiens se sont occupés de l'ordre urbain, en particulier de la hiérarchie sociale complexe et menacée à Rome et des relations entre l'implantation des grandes familles et le paysage urbain, du patriciat vénitien. Une contribution systématique à l'étude du symbolique de la société urbaine, de ses rituels, et de ses rapports avec le pouvoir, a été entreprise à partir des archives de justice et de police de Venise : l'étude des mauvaises mœurs, et de l'usage politique de leur répression[13]. On retrouve le souci du symbolique urbain dans les études, trop peu nombreuses, qui portent sur l'espace de la cité[14], sur les fortifications, les portes et les places réunies par J. Heers et qui touchent Gênes, Palerme, Famagouste génoise, et auxquelles répondent d'autres études françaises sur l'espace des cités coloniales[15].

Dans l'étude du tissu social des cités italiennes, une place particulière a été faite aux minorités, religieuses ou linguistiques : juifs de Rome à travers les sources notariées et les rituels carnavalesques, Allemands de Venise, groupes arabophones (dont les juifs) ou hellénophones de Sicile, Albanais de Sicile et du monde vénitien. Leur statut social et politique, leur originalité culturelle sont en effet l'une des richesses de l'Italie de la fin du Moyen Age, dont la tolérance contraste, surtout dans les royaumes méridionaux et insulaires, avec l'impatience grandissante des Ibériques.

Un point remarquable de ce tissu social a été largement oublié des historiens français, peut-être parce que largement et récemment traité par Ch. Verlinden : l'esclavage est l'objet de quelques articles et d'une synthèse de J. Heers sur ses aspects quasi familiaux, domesticité et concubinage[16], mais il manque toujours une recherche sur les fondements et sur les conséquences sur les plans religieux, moral et politique d'une pratique généralisée.

Si l'esclavage, antithèse exacte des relations de parenté, a pu être, en Italie, rapproché d'elles à travers le concept de *familia,* c'est que la parenté, au moins dans certaines régions de l'Italie continentale, occupe un espace très large, à cheval sur l'organisation économique et politique et sur la sphère de la vie privée. Alors que les îles, et en particulier la Sardaigne et la Corse, présentent des modèles peu structurés, égalitaires dans le mariage comme dans la succession, la famille toscane a attiré l'attention par la force des liens, l'importance des matériels symboliques engagés et l'abondance des témoignages qui nous ont été laissés : dans ce domaine, l'apport de Ch. Klapisch-Zuber est fondamental. A côté de la monumentale analyse démographique du *Catasto* florentin de 1427[17], un réseau d'articles cerne le territoire familial, mettant en lumière la plasticité du matériel onomastique, de la généalogie, de la symbolique héraldique, au service de l'entreprise de pouvoir et de solidarité que constitue le groupe familial. Dans le domaine démographique même, il faut enfin signaler particulièrement le « Malthus démenti » de J. Day, qui, à partir de son analyse du cas sarde, a porté un coup sévère aux théories néo-malthusiennes[18].

c) Quelques avant-gardes.

Plusieurs domaines ont ouvert aux historiens français des territoires insoupçonnés il y a vingt ans. On peut citer d'abord l'histoire de l'alimentation, passée en peu d'années du temps pionnier de l'histoire des disponibilités et des consommations, encore illustrée récemment à Flaran, à celui de la connaissance de l'espace, des objets, des gestes de la cuisine et des goûts, des recettes, de la gastronomie. Pour l'Italie médiévale, cette savoureuse mutation a été accomplie par O. Redon : recensement des livres de cuisine italiens de la fin du Moyen Age, analyse de thèmes alimentaires dans les nouvelles toscanes, édition des contes de Franco Sacchetti. Aux marges, en Sicile, quelques études, sur l'équipement de la table, la chasse et la consommation de viande d'après le matériel ostéologique de Brucato.

La publication de la fouille de Brucato[19] couronne une expérience d'archéologie médiévale, conduite en collaboration étroite entre historiens et fouilleurs. Partie de la problématique des « villages abandonnés », elle a vite trouvé son champ véritable, celui de la *kastroktisia,* de l'Etat impérial créateur d'habitats, capable de modeler sans cesse son territoire. Brucato, « terre » fortifiée des époques arabe et normande, réapparaît dans l'histoire autour de la révolution des Vêpres de 1282 ; simple « casal » ouvert, il est inclus, vers 1325, dans le programme grandiose de réorganisation générale des habitats siciliens conçu et réalisé par Frédéric III, pour fermer le golfe d'Himera aux entreprises angevines qui finissent par le détruire en 1338. L'expérience de Brucato en a appelé d'autres en Sicile même : la prospection originale de Gangivecchio, monastère bénédictin du XIVe siècle, dans les Madonies, et la fouille de la « terre » et du château de Calathamet — qui nous renvoient aux Xe-XIIIe siècles. L'essentiel des entreprises françaises d'archéologie médiévale en Italie, qui combinent la problématique de l'*incastellamento* et celle de la *kastroktisia,* porte sur cette période charnière, entre IXe et XIIIe siècle.

Ces nombreuses expériences archéologiques, par-delà les diversités inévitables de géographie et de chronologie, sont coordonnées en plusieurs enquêtes sur la longue durée : prospection et « archéologie extensive » débouchant sur l'étude des structures de l'habitat et de l'occupation des sols en Sicile, Sardaigne et Corse (J.-M. Poisson et J.-A. Cancellieri), étude des fortifications, du territoire et de la dynamique de l'habitat sous la pression militaire (H. Bresc, J.-C. Maire-Vigueur, J.-M. Poisson), étude de la civilisation matérielle combinée avec la publication des inventaires *post mortem.*

Par plusieurs côtés (*kastroktisia,* organisation et défense du territoire, fouille de palais impériaux), la recherche archéologique a rejoint, en Italie, la problématique des recherches contemporaines sur l'Etat et sa symbolique, et en particulier le thème de l'ATP *Genèse de l'Etat moderne* qui a permis de renouveler l'intérêt pour l'histoire politique. L'effacement de cette histoire politique était en effet particulièrement net pour l'Italie : les recherches sur l'expansion catalane en Sicile sont aux frontières de l'histoire sociale, de même que celles de J. Day sur la Sardaigne et ses dominateurs [20] et de S. Pollastri sur la noblesse angevine de Naples, et elles portent toutes sur des conquêtes étrangères dans l'espace méridional ; un chercheur a cependant développé une étude systématique des vicissitudes politiques (et donc féodales) de l'expansion communale en Italie centrale, autour de Spolète et de Pérouse [21]. Les premiers congrès sur la genèse de l'Etat moderne [22] ont donc regroupé, en particulier, D. Arasse (iconologie du *Buon governo*), J.-C. Hocquet (impôt et monopole du sel), J.-C. Maire-Vigueur et Ch. Klapisch-Zuber (rituels publics). Ce dernier thème intègre les recherches sur l'imaginaire politique et social, peu développées encore (E. Crouzet-Pavan).

L'histoire de l'art est un domaine trop vaste pour recenser les recherches françaises sur les œuvres d'art produites en Italie ; les spécialistes de peinture (F. Avril, M. Laclotte, E. Mognetti, D. Thiébaut), d'orfèvrerie et objets d'art (M.-M. Gauthier, D. Gaborit-Chopin, E. Taburet-Delahaye), de sculpture (J.-R. Gaborit, F. de La Moureyre-Gavoty) ont fourni catalogues et études ponctuelles. L'œuvre d'A. Chastel déborde à la fois le Moyen Age et offre une vision synthétique et philosophique des prodromes de la Renaissance. Dans une perspective plus historique qu'esthétique, les domaines nouveaux explorés par les chercheurs français concernent essentiellement l'iconographie, dans la perspective de la spiritualité [23]. L'analyse des documents d'archives conduit d'autre part à une étude sociologique de la production de l'œuvre d'art à Milan et dans la Sicile des XIVe et XVe siècles [24].

V. Conclusion

On ne peut se contenter, en conclusion, d'un brevet de satisfaction décerné au médiévisme français en Italie, si mérité qu'il soit par le nombre, la variété, la qualité des travaux accomplis. Il serait en effet très partiel, et donc injuste, de ne pas faire leur place, dans cet état des lieux, aux perspectives qu'ouvrent, parfois dans le très court terme, parfois à moyen terme, d'importants travaux en cours ou en voie d'achèvement. Citons, du nord au sud et en espérant ne rien oublier : les travaux de G. Rippe sur Padoue et son *contado* aux Xe-XIIIe siècles ; ceux d'O. Guyotjeannin sur Parme à la même époque, de J.-L. Gaulin sur Bologne, de J.-P. Delumeau sur Arezzo et son *contado,* de Ph. Jansen sur les villes des Marches, d'O. Redon sur Sienne, de J.-C. Maire-Vigueur sur les villes d'Ombrie et du Latium aux XIIe-XIVe siècles, de L. Feller sur les Abruzzes, de J.-M. Poisson sur la Sardaigne, de R. Montel sur la société romaine à la fin du Moyen Age, d'E. Hubert sur la topographie et l'urbanisme à Rome au Moyen Age, de J.-M. Martin sur les Pouilles, de G. Noyé-Bougard sur la Calabre. Toutes ces recherches ont naturellement été précédées d'articles importants et suggestifs de la part de leurs auteurs. Dans des *case studies* très variés (une ville, une ville et son *contado,* un groupe de villes, une région à faible taux d'urbanisation, etc.), ces recherches permettent d'espérer un quadrillage serré du terrain et apportent avec elles la certitude de nouveaux enrichissements historiographiques.

Un second point, qui mériterait un plus ample développement, est celui de la position originale qu'occupe la recherche médiévale française en Italie au regard de celle des autres grands instituts de recherche étrangers travaillant dans le même espace avec des supports logistiques somme toute comparables : British School at Rome, Institut historique allemand de Rome (aujourd'hui épaulé avec efficacité par l'Istituto storico italo-germanico de Trente), ainsi que les diverses fondations américaines, éparses à Rome et à Florence, et les instituts danois, belge, hollandais, norvégien de Rome, etc. Pour nous limiter ici aux trois cas majeurs, il me semble que, du côté britannique, les apports les plus remarquables ont été ceux de médiévistes de grande valeur mais travaillant d'une manière très isolée (Ph. J. Jones, Ph. Grierson, D. Abulafia, etc.). Le seul domaine où l'on puisse noter une forte présence britannique en équipe fournie est celui de l'archéologie médiévale où, sur plusieurs chantiers très bien choisis, ils ont obtenu des résultats de premier ordre. L'Institut historique allemand de Rome est caractérisé de son côté par une grande (et peut-être même excessive) fidélité à sa tradition du XIXe siècle, qui ne saurait sans dommage lui tenir lieu de programme. Des entreprises héritées de l'époque wilhelmienne viennent à peine de toucher leur terme, comme l'*Italia Pontificia.* D'autres se traînent interminablement dans les MGH où H. Hoffmann, par exemple, au prix d'un effort surhumain, vient de procurer une édition du *Chronicon* de Léon d'Ostie à peine supérieure à celle de Wattenbach. Quelques entreprises, cependant, méritent d'être saluées : les travaux d'A. Haverkamp sur le gouvernement des premiers Staufen dans la *Reichsitalien,* le beau livre de H. Keller sur la société communale à Milan, de H. Schwartzmaier sur Lucques, d'U. Schwartz sur Amalfi, etc.

Quant aux Américains, ils demeurent obnubilés par l'existence de quelques points de haute concentration archivistique comme Rome, Florence, Venise, Gênes, etc., et restent dans l'ensemble fidèles à l'histoire économique et sociale (aristocraties urbaines, rapports avec l'édilité et l'habitat, sociologie politique). Comme l'indiquent clairement les noms de D. Herlihy, R.C. Trexler, G. Ruggiero, leur intérêt se porte aussi vers l'histoire de la famille, de la vie privée, des déviances religieuses et sexuelles. Après avoir été fort en honneur, la *Women History* de l'Italie médiévale cède naturellement le pas aujourd'hui à sa *Gay History,* à laquelle les sources judiciaires de la fin du Moyen Age permettent d'avoir accès.

Et l'historiographie française dans tout cela ? On n'y observe guère ce type de transferts énergiques vers l'Italie médiévale des problèmes historiques à la mode dans les pays d'origine des chercheurs, me semble-t-il du moins. Si la tradition historiographique française a pesé sur l'orientation des recherches conduites en Italie par plusieurs d'entre nous, c'est d'une manière plus générale. Elle se marque essentiellement par la longue faveur dont ont joui les monographies régionales ou urbaines. Celles-ci ont permis aux médiévistes français de s'imprégner de la riche tradition italienne en matière d'histoire urbaine, d'histoire des rapports entre ville et *contado,* d'histoire de la banque et des affaires, de relations commerciales avec l'outre-mer, etc. Mais, par une sorte de choc en retour, il leur a été donné d'éveiller l'historiographie italienne à des problématiques qui ne lui étaient pas familières, dans les années soixante encore : géohistoire, histoire de l'habitat et du peuplement, des paysages ruraux, des structures féodales dans leur rapport avec la « dislocation du *pagus* », etc.

Un dernier fait mérite d'être évoqué : l'extraordinaire développement de la recherche médiévale italienne depuis la décennie 1970-1980. Certes, le CNR italien, équivalent approximatif de notre CNRS, ignore l'existence de chercheurs permanents et fonctionne essentiellement, comme la DFG allemande, sur la base d'ATP à durée définie. Mais on notera en revanche qu'un effort considérable a été fourni en Italie pour pourvoir les universités de moyens importants, tant sur le plan des dotations qu'en personnel chercheurs. Les chaires spécialisées de même que les centres de recherche universitaires se sont multipliés dans des proportions sans commune mesure avec la situation française. Dans deux domaines clés pour la médiévistique, ceux du latin médiéval et de l'archéologie médiévale, le potentiel de chercheurs à plein temps mis à la disposition des universités est de dix à vingt fois supérieur au nôtre. Cette situation doit être connue en France. Elle pose déjà — et posera encore plus à terme — des problèmes d'insertion thématique judicieuse pour les jeunes chercheurs français débarquant en Italie avec une alacrité parfois naïve et mal perçue par nos collègues italiens.

D'une manière plus générale, ce *boom* de la médiévistique italienne a déjà eu pour résultat bénéfique d'unifier de plus en plus le champ épistémologique des recherches historiques conduites sur le terrain. Il en résulte une conséquence heureuse : si, comme il y a tout lieu de le penser et de l'espérer, les médiévistes français demeureront nombreux à travailler en Italie, on aura de plus en plus de peine à définir les spécificités d'une recherche médiévale proprement française en Italie.

Bibliographie sélective

I. On trouvera la référence aux thèses citées : *infra,* § III et IV. Pour les colloques : *Structures féodales et Féodalisme dans l'Occident méditerranéen (Xᵉ-XIIIᵉ siècle),* sous la direction de P. Toubert, Rome, CNRS, 1980. Sur la série des colloques *Castrum,* cf. le dernier en date paru (avec les références aux précédents) : *Castrum 3. Guerre, fortification et habitat dans le monde méditerranéen au Moyen Age,* A. Bazzana éd., Madrid, Casa de Velázquez, Ecole française de Rome, 1988.

II.

J.-Ch. Picard, *Le Souvenir des évêques. Sépultures, listes épiscopales et culte des évêques en Italie du Nord des origines au Xᵉ siècle,* Rome, Ecole française de Rome, 1988.

III.

1. *Thèses de doctorat*

P. Toubert, *Les Structures du Latium médiéval,* Paris, Ecole française de Rome, coll. « Bibliothèque des Ecoles françaises d'Athènes et de Rome, 221 », 1973, 2 vol.
M. Balard, *La Romanie génoise,* Paris, Ecole française de Rome, « Bibliothèque des Ecoles françaises d'Athènes et de Rome, 235 », 1978, 2 vol.
P. Racine, *Plaisance du Xᵉ à la fin du XIIIᵉ siècle : essai d'histoire urbaine,* Paris-Lille, université de Lille-III (diff. Champion), 1979, 3 vol.
J.-C. Hocquet, *Le Sel et la Fortune de Venise,* Lille, Publications de l'université de Lille-III, 1978-1979, 2 vol.
A. Vauchez, *La Sainteté en Occident aux derniers siècles du Moyen Age, d'après les procès de canonisation et les documents hagiographiques,* Paris, Ecole française de Rome, « Bibliothèque des Ecoles françaises d'Athènes et de Rome, 241 », 1981.
E. Carpentier, *Orvieto à la fin du XIIIᵉ siècle. Ville et campagne dans le cadastre de 1292,* Paris, CNRS, 1986.
G. Jehel, *Les Génois en Méditerranée occidentale (fin XIᵉ-début XIVᵉ siècle),* thèse soutenue en juin 1987 et non encore publiée.
F. Menant, *Les Campagnes lombardes (Xᵉ-XIIIᵉ siècle),* thèse soutenue en juin 1988 et non encore publiée.

2. *Quelques grands colloques ou tables rondes*

Famille et Parenté dans l'Occident médiéval, Paris-Rome, Ecole française de Rome, 1977.

Structures féodales et Féodalisme dans l'Occident méditerranéen, Paris-Rome, CNRS, 1980.

Les Ordres mendiants et la Ville en Italie centrale (v. 1220-v. 1350), extrait des *Mélanges de l'Ecole française de Rome,* t. 89, 1977, 2, p. 557-773.

Habitats fortifiés et Organisation de l'espace en Méditerranée occidentale (table ronde tenue à Lyon), A. Bazzana éd., Lyon, Maison de l'Orient, 1983 (contributions de J.-M. Martin, G. Noyé, J.-M. Poisson et conclusion de P. Toubert).

Structures de l'habitat et Occupation du sol dans les pays méditerranéens, G. Noyé éd., Paris, Ecole française de Rome, Casa de Velázquez, 1989.

3. *Articles de revues et contributions à des colloques*

a) Travaux en cours *(Mélanges de l'Ecole française de Rome. Moyen Age et Temps modernes)*

O. Redon, « Quatre notaires et leurs clientèles à Sienne et dans la campagne siennoise au milieu du XIIIe siècle (1221-1271) », *in* t. 85, 1973, p. 79-141.

G. Rippe, « *Feudum sine fidelitate.* Formes féodales et structure sociale dans la région de Padoue à l'époque de la Commune (1131-1237) », *in* t. 87, 1975, p. 187-239.

F. Menant, « Entre Milan et Bergame : une famille de l'aristocratie rurale au XIIIe siècle », *in* t. 88, 1976, p. 425-469.

J.-M. Poisson, « Bordo Gerbo de Bullin. Les rapports économiques entre Pise et la Sardaigne à la fin du XIIIe siècle vus à travers l'activité d'un homme d'affaires pisan », *in* t. 88, 1976, p. 501-534.

G. Noyé, « La céramique médiévale de Pietra S. Giovanni (Basilicate) », *in* t. 88, 1976, p. 535-580.

J.-P. Delumeau, « L'exercice de la justice dans le comté d'Arezzo (IXe-début XIIIe siècle) » *in* t. 91, 1978, p. 563-605.

J.-A. Cancellieri, « Formes rurales de la colonisation génoise en Corse au XIIIe siècle : un essai de typologie », *in* t. 93, 1981, p. 89-146.

O. Guyotjeannin, « Conflits de juridiction et exercice de la justice à Parme d'après une enquête de 1218 », *in* t. 97, 1985, p. 183-300.

J.-L. Gaulin, « Les terres des Guastavillani : structure et développement d'un grand patrimoine foncier en Emilie au XIIIe siècle », *in* t. 99, 1987, p. 3-60.

b) Travaux archéologiques

H. Bresc et F. d'Angelo, « Structure et évolution de l'habitat dans la région de Termini Imerese », in *Mélanges de l'Ecole française de Rome. Moyen Age, Temps modernes,* t. 84, 1972, p. 361-402. G. et H. Bresc, « Ségestes médiévales : Calathamet, Calatabarbaro, Calatafimi », in *Mélanges de l'Ecole française de Rome. Moyen Age, Temps modernes,* t. 89, 1977, p. 341-370.

G. Noyé, « La céramique peinte, la protomajolique et les sites de production en Capitanate aux XIIe-XIIIe siècles : problèmes de méthodologie et perspectives de recherches », in *Federico II e Fiorentino. Atti del 1° Convegno di Studi medievali della Capitanata (23-24 giugno 1984),* Galatina, Congedo, 1985, p. 79-99.

J.-M. Martin et G. Noyé, « L'évolution d'un habitat de plaine jusqu'au XIVe siècle : l'exemple de S. Lorenzo in Carminiano », in *Fiorentino. Campagne di scavo, 1984-85,* Galatina, Congedo, 1987, p. 63-79.

c) Articles divers

P. Racine, « Milan à la fin du XIIIe siècle : 60 000 ou 200 000 habitants ? » *AEVUM,* t. 58, 1984, p. 245-263.

—, « Poteri medievali e percorsi fluviali nell' Italia padana », *Quaderni storici,* t. 61, avril 1986, p. 9-32.

J.-M. Martin, « L'organisation administrative et militaire du territoire », in *Potere, società e popolo nell'età sveva (1210-1266),* Bari, Ed. Dedalo, 1985, p. 71-121.

R.-H. Bautier, « Les marchands et banquiers de Plaisance dans l'économie internationale du XIIe au XVe siècle », in *Il Registrum Magnum del Comune di Piacenza. Atti del convegno internazionale di studio (Piacenza, 29-30-31 marzo 1985),* Milan, Giuffrè, 1986, p. 182-237.

4. *Recueils d'articles (Londres, Variorum Reprints)*

P. Toubert, *Etudes sur l'histoire de l'Italie médiévale (IXe-XIVe siècle),* 1976.

—, *Histoire du haut Moyen Age et de l'Italie médiévale,* 1987.

F. Thiriet, *Etudes sur la Romanie gréco-vénitienne (X[e]-XVe siècle),* 1977.

L.-R. Ménager, *Hommes et Institutions de l'Italie normande,* 1981.

M. Balard, *La Mer Noire et la Romanie génoise (XIIIe-XIVe siècle),* 1989.

5. *Ouvrages*

J. Heers, *Marco Polo,* Paris, Fayard, 1983.

6. *Publications de textes*

J.-M. Martin, *Les Chartes de Troia. Edition et étude critique des plus anciens documents conservés à l'Archivio Capitolare, 1 (1024-1266),* Bari, Società di Storia patria per la Puglia, « Codice diplomatico pugliese », t. 30, 1 et 2, 1976.

7. *Histoire de l'art*

H. Toubert, « Contribution à l'iconographie des psautiers : le Commentaire des Psaumes d'Odon d'Asti illustré à l'abbaye de Farfa », *Mélanges de l'Ecole française de Rome,* t. 88, 1976.

—, « Rome et le Mont-Cassin : nouvelles remarques sur les fresques de l'église inférieure de Saint-Clément de Rome », *Dumbarton Oaks Papers,* t. 30, 1976, p. 1-33.

IV.

Les numéros de cette bibliographie sélective correspondent aux appels de note de la IVe partie de cette contribution.

1. La biographie intellectuelle des chercheurs souligne cette évolution : l'ouvrage

de Ch. de La Roncière, *Un changeur florentin du Trecento : Lippo di Fede del Sega (1285 env.-1363 env.),* Paris, SEVPEN, 1973, est un ouvrage de jeunesse.

2. Ch. de La Roncière, *Prix et Salaires à Florence au XIVe siècle (1280-1380),* Paris-Rome, Ecole française de Rome, 1982.

3. J.-C. Hocquet, *Le Sel et la Fortune de Venise,* t. 1, *Production et Monopole,* t. 2, *Voiliers et Commerce en Méditerranée,* Lille, Publications de l'université de Lille-III, 1978-1979.

4. H. Bresc, *Un monde méditerranéen : économie et société en Sicile (1300-1460),* Paris-Rome-Palerme, Accademia di scienze, lettere e arti di Palermo, Ecole française de Rome, 1986, 2 vol.

5. M. Balard, « Les équipages des flottes génoises au XIVe siècle », et J.-C. Hocquet, « Gens de mer à Venise : diversité des statuts, conditions de vie et de travail sur les navires », *in* R. Ragosta, *Le Genti del mare mediterraneo,* Naples, t. 1, 1981, p. 511-534 et p. 103-168.

6. J. Heers, *Christophe Colomb,* Paris, Hachette, 1981.

7. C. Klapisch-Zuber, *Les Maîtres du marbre, Carrare (1300-1600),* Paris, SEVPEN, 1969.

8. E. Carpentier, *Orvieto à la fin du XIIIe siècle,* Paris, CNRS, 1986.

9. J.-C. Maire-Vigueur, *Les Pâturages de l'Eglise et la Douane du bétail dans la province du Patrimonio (XIVe-XVe siècle),* Rome, Il Centro di ricerca (Studi per la storia economica e sociale di Roma e dello Stato pontifico nel tardo Medioevo, III), 1981.

10. R. Montel, « Un *Casale* de la Campagne romaine de la fin du XIVe siècle au début du XVIIe : le domaine de Porto d'après les archives du chapitre de Saint-Pierre », in *Mélanges de l'Ecole française de Rome. Moyen Age-Temps modernes,* t. 83, 1971, p. 31-87.

11. Nombreux articles de J.-C. Maire-Vigueur, en particulier « Féodalité montagnarde et expansion communale : le cas de Spolète au XIIIe siècle », in *Structures féodales et Féodalisme dans l'Occident méditerranéen (Xe-XIIIe siècle),* Paris, CNRS, 1980, p. 429-438.

12. Citons, dans l'ensemble convergent des articles de Ch. de La Roncière, « Les cadres de la piété rurale dans les campagnes florentines au XIVe siècle. Jalons pour une enquête », in *Horizons marins, Itinéraires spirituels (Mélanges M. Mollat du Jourdin),* H. Dubois, J.-C. Hocquet et A. Vauchez éd., Paris, Publications de la Sorbonne, 1987, t. 1, p. 69-83.

13. Articles d'E. Crouzet-Pavan, en particulier « Police des mœurs, société et politique à Venise à la fin du Moyen Age », *Revue historique,* 1980, p. 241-288, et sa thèse, soutenue en juin 1989, sur l'espace vénitien.

14. J. Heers, *Espaces publics, Espaces privés dans la ville. Le Liber Terminorum de Bologne (1294),* Paris, CNRS, 1984.

15. *Fortifications, Portes de villes, Places publiques dans le monde méditerranéen,* J. Heers éd., Paris, Presses de l'université Paris-Sorbonne, 1985, p. 255-278.

16. J. Heers, *Esclaves et Domestiques au Moyen Age dans le monde méditerranéen,* Paris, Fayard, 1981.

17. C. Klapisch et D. Herlihy, *Les Toscans et leurs familles. Une analyse du Catasto florentin de 1427,* Paris, FNSP-EHESS, 1978.

18. J. Day, « Malthus démenti ? Sous-peuplement chronique et calamités démographiques en Sardaigne au bas Moyen Age », *Annales ESC,* 30, nº 6, 1975, p. 684-702.

19. *Brucato. Histoire et archéologie d'un habitat médiéval en Sicile,* sous la direction de J.-M. Pesez, Paris-Rome, Ecole française de Rome, 1984.

20. J. Day, « La Sardegna e i suoi dominatori dal secolo XI al secolo XIV », *in* J. Day, B. Anatra et I. Scaraffia, *La Sardegna medievale e moderna,* Turin, UTET, 1984. —, *La Sardegna sotto la dominazione pisano-genovese (dal secolo XI al secolo XIV),* Turin, UTET, 1987, et *Uomini e terre nella Sardegna coloniale (XII-XVIII secolo),* Turin, CELID, 1987.

21. J.-C. Maire-Vigueur, *Comuni e signorie in Umbria, Marche e Lazio,* Turin, UTET, 1987.

22. *Culture et Idéologie dans la genèse de l'Etat moderne,* Paris-Rome, Ecole française de Rome, 1985, et *La Ville, la Bourgeoisie et la Genèse de l'Etat moderne (XIIe-XVIIIe siècle),* Paris, CNRS, 1987.

23. D. Rigaux, *A la table du Seigneur. L'Eucharistie chez les Primitifs italiens (1250-1497),* Paris, Ed. du Cerf, 1989, et D. Russo, *Saint Jérôme en Italie. Etude d'iconographie et spiritualité (vers 1250-vers 1500),* Paris-Rome, La Découverte-Ecole française de Rome, 1987.

24. Ph. Braunstein, « Les débuts d'un chantier : le dôme de Milan sort de terre (1387) », in *Pierre et Métal dans le bâtiment au Moyen Age,* Paris, EHESS, 1985, p. 81-102, et G. Bresc-Bautier, *Artistes, Patriciens et Confrérie. Production et consommation de l'œuvre d'art à Palerme et en Sicile occidentale (1343-1460),* Paris-Rome, Ecole française de Rome, 1979.

La péninsule Ibérique *

Adeline Rucquoi

1. La péninsule Ibérique au Moyen Age

Un temps, un espace : le sujet paraît défini dès l'abord. Or la recherche sur la péninsule Ibérique au Moyen Age se heurte, tôt ou tard, à la nécessité de définir plus précisément ces termes. Et cette définition ou tentative de définition est en même temps une prise de parti dans le cadre d'un débat historiographique qui remonte au siècle dernier.

Par « Moyen Age », l'historien entend généralement le millénaire qui s'étend de la chute de Rome en 476 à la fin du XVe siècle — la prise de Constantinople en 1453 ou la découverte de l'Amérique en 1492. Celui qui se penche sur l'Espagne comprend ainsi sous ce nom la période qui s'étend de l'établissement des Wisigoths dans l'*Hispania* romaine après la bataille de Vouillé de 507, jusqu'au règne des Rois Catholiques et à l'année 1492. Or ces dates ne sont pas communément admises.

Dans les universités espagnoles, par exemple, les deux siècles de domination wisigothique sont généralement étudiés dans les départements d'histoire ancienne. Le maintien d'une culture latine dans un ensemble politique relativement unifié permet effectivement de considérer qu'il s'agit là d'une véritable « Antiquité tardive » dans un monde profondément romanisé dont Isidore de Séville représenterait l'aboutissement. Le « Moyen Age » commencerait alors en 711, année du débarquement des musulmans dans le Sud de l'Espagne, pour s'achever le 2 janvier

1492, jour de l'entrée solennelle des Rois Catholiques dans Grenade enfin « récupérée ».

L'origine de ce point de vue est relativement récente. Les thèses d'A. Castro sur le caractère spécifique espagnol, qu'il attribue à l'influence des juifs et des musulmans, et de C. Sánchez Albornoz, qui trouve ce même caractère spécifique dans la lutte séculaire contre l'Islam et donc dans l'« exclusion » du non-chrétien, impliquent naturellement la coexistence dans la péninsule de chrétiens, de juifs et de musulmans. Ce n'est qu'avec ou contre les non-chrétiens que l'Espagne a pu se faire, elle est essentiellement l'« Espagne des trois religions », elle ne peut donc pas exister en tant que telle avant 711.

Cette thèse va pourtant à l'encontre de l'historiographie et des réalités médiévales puisque, dès l'origine, les Espagnols adoptèrent comme « fondateurs » les Wisigoths et exaltèrent la conversion de l'arianisme au catholicisme du roi Récarède en 587. Les Wisigoths, disent les chroniques, sont les premiers qui ont fait l'Espagne, lui ont donné des lois, ont réuni des conciles, et sont à l'origine de la dynastie royale. L'Espagne que les Espagnols ont entrepris de « reconquérir » est celle des Wisigoths et les limites qu'ils doivent atteindre sont celles que lui attribuait Isidore de Séville en 624, lorsqu'il en faisait la reine des provinces.

De fait, les Wisigoths sont à l'origine de l'idée de « nation » qui se forge aussi bien en Catalogne, ainsi que l'a montré M. Zimmermann, qu'en Castille, comme le prouvent les travaux d'A. Milhou; et c'est à eux que recourent les juristes et canonistes du XIIIe siècle pour affirmer les bases de l'indépendance de l'Espagne vis-à-vis du pouvoir impérial et de la Papauté [1]. Ils sont présents dans le droit et notamment le droit matrimonial et successoral, comme le savent tous ceux qui se sont penchés sur les testaments ou les contrats de mariage. Mais ils sont également à l'origine des « coutumes » qui, sous le nom de *Fuero Viejo de Castilla* ou *Fuero Juzgo,* régissent tous les aspects de la vie d'une grande partie de la péninsule jusqu'au milieu du XIIIe siècle ; ces coutumes seront en partie incorporées aux divers corps de lois élaborés par la suite par les juristes au service de la monarchie. Les Wisigoths jouent un rôle certain, quoique encore peu connu, dans la formation de l'idée même de royauté et des rapports du roi, avec l'Eglise d'une part, le peuple — la *gens* de l'époque wisigothique [2] — de l'autre. Il est difficile enfin de les ignorer dès que l'on aborde le problème des rapports avec les juifs, notamment dans le domaine de la législation, ou celui de la liturgie.

L'histoire de la péninsule Ibérique au Moyen Age est donc autant « déterminée » par les Wisigoths qu'elle l'est par la présence de chrétiens, de juifs et de musulmans et les rapports qui s'établissent entre eux.

Le *terminus ad quem* pose un autre problème, celui des Rois Catholiques Isabelle (1474-1504) et Ferdinand (1479-1516). Sont-ils ou ne sont-ils pas « médiévaux » ? L'historiographie centralisatrice des XIXe et XXe siècles en a fait les fondateurs de l'Espagne moderne, une Espagne enfin « restaurée », l'Espagne d'une seule foi grâce à la victoire sur Grenade, à l'expulsion des juifs puis à celle des musulmans, et l'Espagne de l'« empire » américain. Faisant leur la propagande des chroniqueurs d'Isabelle et Ferdinand, les historiens de l'époque contemporaine se sont ainsi plu à opposer la « noirceur » des règnes des derniers rois du Moyen Age — avec le cortège habituel de guerres civiles, brigandage, plaintes des villes aux Cortès, déclin économique, révoltes, pogroms, etc. — au « brillant » et à l'« ordre » du règne des Rois Catholiques, premiers rois « modernes ».

Face à cette historiographie, indissolublement associée pendant les cinquante dernières années à l'exaltation franquiste de la nation, un courant a vu le jour en Espagne au cours des années soixante-dix qui tend à présenter une image inversée du règne. Loin d'être les fondateurs de l'Espagne moderne, les Rois Catholiques ne sont plus que les derniers fleurons d'une mentalité médiévale — par opposition à « moderne » —, donc « rétrograde », conservatrice et même « involutionniste ». A une époque où l'Europe va découvrir les différences, Isabelle et Ferdinand expulsent les non-chrétiens et créent l'Inquisition. A une époque où les bourgeoisies urbaines entament leur lente marche vers la prospérité et le pouvoir, ces mêmes rois consacrent ou accroissent les privilèges de la noblesse. Alors que le mercantilisme pousse les Etats européens à développer le protectionnisme, la politique économique des rois de Castille et d'Aragon favorise l'exportation de matières premières, la laine en particulier. Et, plus que comme bases du colonialisme moderne, les premières expéditions américaines se présentent comme l'aboutissement d'un courant apocalyptique dont les franciscains s'étaient fait une spécialité au XVe siècle.

Dans un cas comme dans l'autre, le règne des Rois Catholiques ne peut être analysé sans référence à la période antérieure, dont ils sont à la fois le fruit et les continuateurs, tout en « inaugurant » l'époque moderne.

Les problèmes chronologiques ne sont cependant pas les seuls que doive affronter celui qui tente une synthèse de l'histoire de la péninsule Ibérique au Moyen Age. Car peut-on parler de la « péninsule Ibérique » comme s'il s'agissait d'un tout au Moyen Age ? La tendance actuelle, soutenue par l'évolution politique de l'Espagne des dix dernières années, insiste au contraire sur les différences — considérées comme pratiquement irréconciliables — qui existent entre les diverses composantes de cette entité géographique. Face à l'hégémonie proclamée par et attribuée à la Castille — en fait le royaume de Castille et de León, réunis depuis le XIe siècle et définitivement en 1230 —, les royaumes d'Aragon et de Portugal opposent leurs « histoires nationales » et la spécificité de leur évolution, tandis que la Navarre maintient son originalité en jouant le rôle de charnière entre la péninsule et le royaume de France.

Mais l'Aragon lui-même ne constitue pas une unité politique, administrative, linguistique ou culturelle. La Couronne est en fait l'unique lien qui unit le royaume d'Aragon, le comté de Barcelone ou Catalogne, le royaume de Valence reconquis au XIIIe siècle, et le royaume de Majorque, c'est-à-dire les îles Baléares ; chaque élément a conservé, outre sa langue, ses coutumes et une totale autonomie administrative, judiciaire et fiscale. Et il convient de garder présent à l'esprit que la couronne d'Aragon, selon les époques, a également étendu son pouvoir au Languedoc, au Roussillon, à la Sicile, au royaume de Naples et à une partie de la Grèce.

A ces difficultés, propres à l'évolution politique médiévale et accentuées par la situation politique interne de l'Espagne actuelle — qui favorise les recherches à l'échelle locale ou régionale de façon à appuyer et justifier des prises de parti et des revendications politiques —, s'ajoute celle de l'« Espagne musulmane ». Nous nous trouvons ici face à un critère qui ne relève plus entièrement du domaine géographique ou politique.

Car il existe une « Espagne musulmane » au sein de l'Espagne chrétienne : c'est celle que constituent les dizaines et dizaines d'*aljamas,* de communautés musulmanes vivant sous la domination chrétienne, qui conserveront jusqu'au décret d'expulsion de 1502 leurs mosquées, leurs magistrats, leurs écoles et, dans une certaine mesure, leur langue. C'est également celle que forment les maures captifs, les esclaves capturés lors des escarmouches de frontière, des expéditions militaires ou de la piraterie en Berbérie et vendus sur les grandes places commerciales.

Mais si, par « Espagne musulmane », nous nous référons à la partie du territoire péninsulaire occupée par les musulmans à partir de 711, force nous est de reconnaître qu'il s'agit d'un territoire dont les limites varient en fonction des rapports de forces — démographiques, économiques et militaires — qui sous-tendent les relations entre musulmans et chrétiens. *Al Andalus,* cette Espagne dominée par les musulmans, l'Espagne du califat de Cordoue au royaume de Grenade, est-elle encore l'« Espagne » ou doit-elle être rattachée à l'ensemble à la fois religieux, culturel et politique des terres d'Islam ? Cette entité que nous appelons l'« Espagne » s'arrête-t-elle à la frontière — mouvante — Chrétienté/Islam ou occupe-t-elle le territoire — fixe — du temps d'Isidore de Séville ? L'Espagne est-elle toujours l'Espagne sous les musulmans comme sous les chrétiens ?

La question a été posée et s'est posée à plus d'un historien. Et nombre d'entre eux, aux XIXe et XXe siècles, a choisi de privilégier le sol, le territoire, aux dépens des individus et de leur culture. En occupant l'Espagne, les musulmans se seraient « hispanisés » et donc dés-« arabisés » ou dé-musulmanisés. Ce qui fut probablement le cas des musulmans des XIVe et XVe siècles, installés en terre chrétienne depuis des générations et que l'on connaît sous le nom de mudéjares ; le genre littéraire qui leur est propre, ou littérature *aljamiada,* écrite en caractères arabes mais en langue castillane, en témoigne.

P. Guichard s'est élevé contre cette vision « hispano-centriste » de l'histoire en ce qui concerne *Al Andalus* entre 711 et le début du XIIIe siècle. « Les Arabes ont bien envahi l'Espagne », dit-il, avant de montrer la profonde rupture dans les modes d'organisation sociale et les mentalités, qui s'ajoute aux « superstructures » religieuses et linguistiques implantées par les conquérants. Il y a véritablement, écrit-il, une « orientalité » des structures les plus fondamentales de la société dans l'Espagne musulmane.

Dans cette optique, *Al Andalus* ne devrait plus être considérée comme une composante de la « péninsule Ibérique » au Moyen Age, mais comme partie intégrante de l'Islam, l'« Espagne » ne désignant plus que les territoires sous domination chrétienne. J.-P. Molénat, cependant, considère que la spécificité de l'Espagne au Moyen Age réside précisément dans la confrontation de ceux qu'il nomme les « trans-culturels », c'est-à-dire dans l'ensemble et la diversité des relations nouées entre chrétiens, musulmans et juifs dans le cadre péninsulaire.

Dans cet ensemble, néanmoins, il convient, peut-être, de faire une exception : la Catalogne. Non pas l'Aragon en tant que royaume, mais la seule Catalogne. Ses liens avec l'Europe carolingienne, son statut de « marche d'Espagne », sa dépendance de l'Eglise romaine, l'apparition du servage au XIe siècle, tout contribue à faire d'une Catalogne qui se réclame aussi des Wisigoths une entité particulière. P. Bonnassie, dans une thèse fondamentale, a montré les liens étroits qui unissaient le Nord-Est de la péninsule au Languedoc et au Sud de l'Aquitaine. M. Zimmermann, qui s'est également penché sur ces problèmes, signale que « l'incorporation au royaume franc donnait aux Catalans la possibilité de réaliser un projet de Gothie souveraine. Mais en fait, l'incorporation au *regnum* entraînant l'assimilation de la culture franque, la rupture avec l'Espagne et les autres pays de la péninsule ainsi que l'absence de prosélytisme reconquérant condamnaient la Catalogne à exister pour elle-même ».

En abordant, trop brièvement sans doute, les problèmes généraux de délimitation chronologique et spatiale qui s'offrent au chercheur en histoire médiévale de la péninsule, nous avons souligné la contribution des chercheurs français à ces débats qui ne sont pas purement réthoriques. Incorporer les Wisigoths ou les Rois Catholiques à l'histoire médiévale de la péninsule, étudier l'*Al Andalus* au même titre que les divers royaumes chrétiens espagnols, considérer les frontières entre royaumes comme des divisions, ou placer celles-ci ailleurs comme dans le cas de la Catalogne, étudier l'Espagne comme un monde à part ou comme partie intégrante de l'Europe chrétienne sont en réalité des choix idéologiques. Tous les chercheurs français qui se sont intéressés à l'histoire médiévale de la péninsule ont, à un moment ou à un autre, dû prendre parti.

2. Les Français en Espagne médiévale

La recherche dans le domaine de l'Espagne médiévale a longtemps joui de circonstances peu favorables. Il est vrai que les manuels scolaires ne « découvraient » l'Espagne qu'à l'occasion du premier voyage de Christophe Colomb, des guerres d'Italie et du camp du Drap d'or. Fidèle reflet de cet enseignement, la recherche en France a généralement donné la priorité à ce qu'il est convenu d'appeler l'« Espagne du siècle d'Or », en gros celle des XVIe et XVIIe siècles. M. Bataillon, F. Braudel, P. Chaunu, B. Bennassar sont quelques-uns des grands noms dans ce domaine avant 1970.

L'histoire médiévale de la péninsule n'a cependant jamais cessé d'intéresser les chercheurs français, même si ce fut souvent par le biais de la littérature, et si les résultats des recherches ne transcendaient pas les cercles érudits. Des revues comme la *Revue hispanique* et le *Bulletin hispanique,* des noms comme ceux de T. de Puymaigre, R. Dozy, G. Daumet, Fouché-Delbosc, G. Cirot, E. Lévi-Provençal, P. David, M. Desfourneaux, H. Terrasse, G. Beaujouan témoignent de la permanence de cet intérêt.

L'attention croissante portée à l'histoire médiévale à partir des années soixante-soixante-dix a naturellement eu des répercussions dans le domaine espagnol et le nombre des spécialistes de la péninsule Ibérique au Moyen Age a crû parallèlement à celui des médiévistes en France, aussi bien à l'université qu'au CNRS et à l'Ecole des hautes études en sciences sociales.

Si nous nous penchons, non plus sur le nombre des chercheurs, mais sur les domaines qui ont attiré leur attention au cours de ces vingt dernières années, force nous est de reconnaître qu'ici encore l'évolution est parallèle. Les domaines privilégiés par les spécialistes de l'Espagne, comme ceux qu'ils ont négligés, sont ceux de l'historiographie française en général.

L'histoire rurale, par exemple, qui, dans le cas de la péninsule, aborde plus volontiers les problèmes de l'organisation de l'espace que ceux des techniques, a donné lieu, au cours des années soixante-dix, à quelques thèses et recherches fondamentales qui remettaient en cause ou explicitaient la féodalité en Catalogne, les structures villageoises portugaises ou encore la répercussion dans les campagnes des crises de la fin du Moyen Age[3]. Nombre de ces travaux ont finalement abouti à une étude en profondeur des structures politiques et sociales corollaires de l'occupation de l'espace : implantation de structures nettement « orientales » en *Al-Andalus,* modalités du « féodalisme » dans le Nord de la péninsule, structures nobiliaires en Estrémadure à la fin du Moyen Age[4].

A quelques exceptions près, celle de J.-P. Molénat qui poursuit ses recherches sur les conséquences à long terme du repeuplement de la région tolédane, ou encore celle de M.-C. Gerbet qui s'intéresse à l'élevage dans le royaume de Castille, l'histoire rurale de la péninsule ne semble plus avoir joui, auprès des historiens des années quatre-vingt, de la même vogue qu'antérieurement. La relève a été prise ici par les archéologues qui, dans le cadre d'une formation du CNRS, avec le concours de la Casa de Velázquez, de l'EHESS et de l'université de Lyon-II, travaillent sur l'Espagne musulmane. F. Amigues, A. Bazzana, M. Bertrand, P. Cressier, Ph. Sénac, avec lesquels ont collaboré des historiens comme P. Guichard ou J.-P. Molénat, ont abouti, grâce à des prospections, des fouilles et des sondages, à une meilleure connaissance des structures et réseaux de l'habitat, des sites ruraux fortifiés[5], des techniques d'irrigation, du paysage agricole médiéval, des fours de potiers et de certains types de céramiques. Le bilan de ces vingt années de fouilles et de prospections dans l'Espagne musulmane — c'est précisément en 1969 qu'a eu lieu la première d'entre elles — a déjà fait l'objet de travaux de synthèse[6].

La vie économique, la production, les échanges, les transports furent également l'objet de l'attention préférentielle des historiens jusqu'à la fin des années soixante-dix, en particulier dans le domaine méditerranéen : P. Bonnassie, C. Carrère, J.-P. Cuvillier, Ch.-E. Dufourcq, J. Heers, C.-G. Maubert et P. Vilar ont ainsi contribué à une meilleure connaissance du développement économique et commercial de la Catalogne, tandis que J. Guiral-Hadziiossif, H. Lapeyre et G. Romestan s'intéressaient au commerce valencien et que J.-C. Hocquet et G. Romestan abordaient le domaine baléare. Pour leur part, les historiens de la Castille, conditionnés par leurs sources, s'intéressaient plus volontiers aux « instruments » du commerce : la monnaie, longuement étudiée par J. Gautier-Dalché, les voies de communication, les douanes et les péages, analysés par J. Gautier-Dalché, D. Menjot et J.-P. Molénat.

L'argent est le nerf de la guerre et, plus encore, des échanges : la fiscalité, royale ou urbaine, a intéressé plus d'un spécialiste de la couronne d'Aragon, tels Ch. Guilleré ou Ph. Woff, de la couronne de Castille[7], et du royaume de Navarre, comme M. Berthe.

L'intérêt suscité par l'histoire des villes semble en revanche s'être maintenu, tout en évoluant. De l'étude des villes comme centres de production ou de distribution et d'échanges, l'histoire urbaine en est arrivée à inclure l'archéologie et à recourir aux méthodes d'analyse de la sociologie, de la géographie humaine et de l'anthropologie pour mieux cerner les sociétés urbaines dans la complexité de leurs rapports, et le rôle que jouent les villes aussi bien dans l'« imaginaire » médiéval péninsulaire que dans la formation des entités nationales[8].

Cette recherche spécifique a donné lieu à une série d'études monographiques destinées à mettre en valeur les spécificités sociales, économiques ou géographiques de certaines villes, expliquer leur évolution et permettre les travaux d'histoire comparée. Plus rares ont été les recherches consacrées non pas à une ville mais aux villes : en 1971, J. Gautier-Dalché soutenait une thèse intitulée *Recherches sur l'histoire urbaine en León et Castille au Moyen Age,* qui fut publiée en Espagne sous le titre de *Historia urbana de León y Castilla en la Edad Media (siglos IX-XIII)* (2ᵉ éd., Madrid, Siglo XXI España, 1989) ; J. Passini, mettant à profit sa formation d'architecte et ses connaissances en archéologie, a étudié tout particulièrement les villes du chemin de Saint-Jacques : *Villes médiévales du chemin de Saint-Jacques de Compostelle (de Pampelune à Burgos). Villes de fondation et villes d'origine romaine* (Recherche sur les civilisations, 1984).

Longtemps laissée de côté, l'histoire politique et institutionnelle, largement influencée par l'« histoire des mentalités » — qui aborde les sociétés et leur culture d'un point de vue anthropologique —, est devenue à partir des années quatre-vingt le domaine préférentiel de la recherche française en Espagne.

De multiples travaux, souvent publiés sous forme d'articles ou de communications à des congrès, ont ainsi été consacrés à l'étude des individus et des groupes sociaux dans leur vie quotidienne — attitudes face à la mort, contrats de mariage, stratégies et idéologies familiales, hôpitaux et charité, sociabilité urbaine et alimentation, culture et universités, la chasse, le choix d'un nom de baptême, le diable et les miracles, la participation aux mouvements de réforme ecclésiastique, et jusqu'aux « facteurs d'exclusion » : vengeance privée, inimitié, insultes.

D'autres se sont consacrés à l'étude des structures et superstructures qui conforment royaumes et principautés, que subissent ou auxquelles participent tous ceux qui vivent dans un territoire donné. La naissance de l'Etat dans les divers royaumes de la péninsule, ses étapes et modalités constituent ainsi l'axe le plus récent autour duquel s'oriente la recherche sur la péninsule au Moyen Age. M. Zimmermann s'est longuement penché sur le problème des origines de l'identité catalane, sur l'« affirmation nationale » d'une entité qui ne prendra qu'au XIIᵉ siècle le nom de Catalogne[9], tandis que G. Martinez-Gros a travaillé sur la « légitimité » et la « recherche d'une identité » du califat de Cordoue à la même époque (Xᵉ-XIᵉ siècle) et qu'A. Milhou consacrait une grande partie de ses travaux à l'étude de quelques-uns des fondements de l'identité « nationale » espagnole de l'extrême fin du Moyen Age : les Wisigoths et la « destruction » de l'Espagne, le concept de la royauté entre le XIIIe et le XVIIe siècle, le mouvement messianique et presque apocalyptique propre aux XVe et XVIe siècles [10].

La formation d'une « identité nationale » repose en grande partie sur une histoire commune, sur un héritage de récits et de chroniques, mais également sur l'existence d'un « univers mental » et culturel spécifique. C'est là l'un des thèmes préférentiels de la recherche anglo-saxonne, auquel les historiens français ont commencé à s'intéresser au cours des années quatre-vingt en publiant certaines chroniques [11] et en consacrant diverses études aux funérailles royales, à l'imaginaire des villes castillanes, à la culture dans le royaume de Navarre, ou encore à la fermeture de la classe nobiliaire qui va de pair avec l'élaboration du concept de pureté de sang.

En dépit de l'intérêt pour une vision anthropologique de l'histoire politique et institutionnelle, l'histoire de l'Eglise ne semble pas avoir inspiré les chercheurs français, à l'exception de quelques travaux dispersés qui intéressent autant le cartulaire du monastère de Grijó — publié par R. Durand — que les faux de la cathédrale de Coïmbre, les visites pastorales dans le diocèse de Gérone, la naissance du monastère de Saint-Germain de Cuixà, les confréries religieuses de Cáceres, la fondation et l'évolution de la collégiale de Valladolid ou encore l'impact social des réformes monastiques du XVe siècle. Le développement des ordres monastiques et religieux, militaires en particulier, l'organisation des diocèses et l'épiscopat, les relations de l'Eglise et du roi, qui sont autant de sujets que traitent volontiers les chercheurs anglo-saxons, n'ont en revanche pas attiré l'attention des spécialistes français.

Ce désintérêt est à l'image de celui que manifeste en général l'historiographie française des vingt dernières années pour l'histoire de l'Eglise. Une exception doit cependant ici être faite, celle qui concerne les « minorités religieuses » qui vivent en symbiose étroite avec les chrétiens jusqu'à la fin du XVe siècle. La présence de ces communautés juives et musulmanes a suscité, dans l'historiographie contemporaine, d'innombrables polémiques destinées à en exalter ou minimiser l'importance et le rôle, aussi bien dans le domaine économique et social, que politique et culturel. Pour d'aucuns, comme J.-P. Molénat, elle révèle la persistance d'une structure sociale différente, fondée sur les « nations » religieuses, c'est-à-dire sur le modèle islamique renversé.

Les juifs du royaume de Navarre, puis de la diaspora sépharade, ont été longuement analysés par B. Leroy dans de multiples articles et trois livres[12], tandis que dans le domaine aragonais, qui ne dispose malheureusement pas d'une documentation aussi riche, les communautés juive et musulmane, ainsi que les *conversos,* les « convertis » de Valence au XVe siècle, donnaient lieu à quelques études de J. Guiral-Hadziiossif et que J. Gautier-Dalché étudiait les musulmans ruraux d'un monastère galicien dans la seconde moitié du XIIe siècle. Les juifs seuls, les musulmans, ou les juifs et les musulmans de Tolède, Murcie, Valladolid et quelques autres lieux ont également fait l'objet d'études monographiques. M. Zimmermann, de son côté, s'est intéressé à l'« image du musulman » et son utilisation en Catalogne du IXe au XIIe siècle, alors qu'I. Picot tentait de découvrir cette même « image » dans des textes castillans de la première moitié du XIVe siècle.

Les domaines les plus variés de l'histoire médiévale de la péninsule Ibérique ont donc attiré l'attention des chercheurs français de ces vingt dernières années et la liste, même très abrégée, des travaux publiés ou en cours de publication risque vite d'en être fastidieuse. Elle révèle cependant le poids de l'historiographie française : à l'exception du problème des minorités religieuses, la péninsule Ibérique au Moyen Age a fait l'objet de travaux propres aux courants d'intérêt des historiens français et les changements d'orientation se situent également au tournant des années quatre-vingt : abandon relatif de l'histoire économique et sociale pour l'histoire des mentalités, de la culture et de la politique. Parallèlement, l'histoire de l'Eglise, celles de l'éducation et de la formation intellectuelle, de la guerre sous tous ses aspects, des techniques, de la pauvreté et de l'assistance n'ont donné lieu qu'à des études monographiques localisées ou n'ont pas attiré l'attention des chercheurs.

En dépit de ces lacunes, la vitalité de la recherche dans le domaine ibérique médiéval a commencé à porter ses fruits au cours de la dernière décennie, avec la parution d'un certain nombre d'ouvrages qui rassemblent, sur des sujets plus ou moins vastes mais tous relatifs à la péninsule Ibérique, les travaux de chercheurs français et de leurs collègues ibériques et anglo-saxons : *Les Communications dans la péninsule Ibérique au Moyen Age,* actes du colloque de Pau de 1980 organisé par P. Tucoo-Chala et B. Leroy (Paris, CNRS, 1981) ; *Les Espagnes médiévales. Aspects économiques et sociaux,* Mélanges offerts à J. Gautier-Dalché (Les Belles Lettres, 1984) ; *La Construction dans la péninsule Ibérique (XIe-XVe siècle),* nº 31 des *Cahiers de la Méditerranée* dirigé par D. Menjot et A. Rucquoi (Nice, 1985) ; *Pouvoirs et Sociétés politiques dans les royaumes ibériques au bas Moyen Age (fin XIIIe siècle-milieu XVe siècle)* des *Cahiers de la Méditerranée* réuni par D. Menjot (Nice, 1986) ; *Genèse médiévale de l'Etat Moderne : la Castille et la Navarre (1250-1370)* (Valladolid, Ambito, 1987) et *Realidad e imagenes del poder. España a fines de la Edad Media* (Valladolid, Ambito, 1988), dirigés par A. Rucquoi.

Le chercheur qui s'intéresse à l'Espagne médiévale dispose également à l'heure actuelle des actes des colloques réunis à Pau par B. Leroy et P. Tucoo-Chala qui, s'ils ne traitent pas uniquement de l'Espagne, lui laissent cependant la part belle, comme *Minorités et Marginaux en Espagne et dans le Midi de la France (VIIe-XVIIIe siècle)* (Paris, CNRS, 1986) et *Les Sociétés urbaines dans la France méridionale et la péninsule Ibérique au Moyen Age* (à paraître). L'Espagne, enfin, est également présente dans les revues *Mélanges de la Casa de Velázquez* et *Razo. Cahiers du Centre d'études médiévales de Nice,* ainsi que dans les volumes des actes des colloques de Flaran.

Il restait une étape à couvrir, celle des manuels d'histoire de la péninsule Ibérique au Moyen Age. Alors que les anglophones avaient le choix, dès les années soixante-dix, entre divers ouvrages : *A History of Medieval Spain,* de J. O'Callaghan (Ithaca-Londres, Cornell University Press, 1975), *Spain in the Middle Ages : From Frontier to Empire (1000-1500)*, d'A. McKay (Londres, Macmillan, 1977), et *The Reconquest of Spain*, de D.W. Lomax (Londres-New York, Longman, 1978), seule était publiée en France une *Histoire économique et sociale de l'Espagne chrétienne au Moyen Age* de Ch.-E. Dufourcq et J. Gautier-Dalché (Colin, 1977). Cet ouvrage, sous beaucoup d'aspects novateur, n'inscrivait cependant les phénomènes économiques et sociaux que dans un cadre chronologique ample et peu défini, plus facilement accessible aux spécialistes de l'Espagne qu'à l'ensemble des médiévistes, et ne proposait aucune « interprétation » globale de l'histoire de la péninsule.

Ici encore, il a fallu attendre la seconde moitié des années quatre-vingt pour que commencent à voir le jour diverses synthèses. Les deux chapitres consacrés par P. Guichard et M.-C. Gerbet à la période médiévale, inclus dans le premier tome de l'*Histoire des Espagnols* publiée en 1985 par B. Bennassar (Colin), ont ouvert la voie. Et en 1988 a paru une première étude générale, à la fois thématique et événementielle, due à la plume de B. Leroy qui avait travaillé auparavant sur la Navarre médiévale[13].

3. Une tentative de bilan

S'il est relativement facile de passer en revue les domaines vers lesquels s'est orientée la recherche des médiévistes français spécialistes de l'Espagne, en faire le bilan, et par là même en dégager les perspectives futures, s'avère être plus délicat.

Indiscutablement, la recherche sur l'Espagne médiévale des vingt dernières années s'est révélée vivante et féconde, suivant les grandes lignes de la recherche médiévale française, avec une préférence de plus en plus marquée pour l'histoire anthropologique et socioculturelle, selon des méthodes que n'aurait pas désavouées l'auteur de *L'Archéologie du savoir*. Cette nouvelle approche a eu pour conséquence, dans le cas spécifique de la péninsule, d'aller à l'encontre d'un certain nombre de mythes historiographiques.

Dans le cas de la Castille, par exemple, le mythe d'une monarchie faible parce qu'elle ne correspond pas aux « canons » de la royauté française, tels qu'ils furent définis, il y a bien des années, par E. Kantorowicz — sacralisation du pouvoir, cérémonies de couronnement, panthéon royal, funérailles spéciales[14]. Toujours dans le cas de la Castille, l'idée reçue et communément acceptée d'une société militarisée dans laquelle le développement urbain aurait été tardif et incomplet, la « bourgeoisie » inexistante et les techniques artisanales et commerciales très en deçà du reste de l'Europe occidentale. Autre mythe, celui du degré d'« arabisation » des mozarabes, à Tolède en particulier, et leur statut de « minorité opprimée ». De même, la ferme conviction que la Castille s'est maintenue à l'écart de tous les courants culturels européens, conviction qui pousse les uns à nier l'existence de toute vie intellectuelle — en dépit des deux universités créées au XIIIe siècle — et les autres à la réserver aux seuls juifs convertis ; les recherches menées sur la diffusion des études grecques, la connaissance du latin et des humanistes italiens, et les courants messianiques diffusés par les franciscains au XVe siècle témoignent de la complexité du problème.

Dans le cas de la Catalogne, l'historiographie française s'est attaquée notamment au mythe d'un « déclin » démographique à la fin du Moyen Age, dans les villes en particulier, qui expliquerait son incorporation à l'« escarcelle de la Castille » au XVe siècle. Ou encore aux diverses idées préconçues sur la féodalité et ses rites, quand ce n'est à la langue même des documents trop souvent jugée neutre ou indifférente, aux IXe-XIe siècles, par exemple.

Et dans le cas d'*Al Andalus,* l'Espagne sous domination musulmane, les historiens français, en collaboration avec les archéologues, poursuivent leurs recherches sur les structures réelles de l'habitat et de la société de cet « Islam en terre d'Espagne ».

Quoique dans des domaines différents, la recherche française sur la péninsule Ibérique au Moyen Age est parallèle à celle que mènent les historiens anglo-saxons. Influencés par la *Cultural History* plus que par les diverses modalités de l'« histoire des mentalités », ces derniers se sont volontiers penchés sur l'Eglise en Espagne, sur certaines modalités de la guerre — les ordres militaires, les milices urbaines —, et sur l'histoire « intellectuelle » et la formation d'« idéologies ». Les recherches menées par les historiens français et anglo-saxons se présentent ainsi comme complémentaires d'une historiographie espagnole très vivante, quoique encore freinée, soit par l'abondance de la documentation — qui peut constituer un obstacle à une vue d'ensemble —, soit par des considérations idéologiques nées sous le régime franquiste.

L'incorporation de la péninsule Ibérique à la Communauté économique européenne et à l'ensemble des projets universitaires et de recherche européens devrait également favoriser l'intérêt des jeunes historiens pour son histoire en leur offrant les possibilités matérielles que requièrent ces investigations. Car si les archives de la couronne d'Aragon se trouvent à Barcelone, réunies, cataloguées et d'un accès facile, et s'il en va de même pour celles de la couronne de Navarre à Pampelune et pour celles de la couronne du Portugal à Lisbonne [15], celles de la couronne de Castille en revanche sont dispersées et pas toujours, pas encore ou pas entièrement cataloguées.

Beaucoup de domaines s'offrent à la recherche, notamment dans le domaine portugais — largement ignoré par les Français —, qui permettraient tout d'abord de connaître mieux les spécificités de la péninsule dans le cadre de l'Europe occidentale en général et des pays méditerranéens en particulier.

Mais les perspectives futures de l'histoire de la péninsule Ibérique ne se situent pas actuellement au niveau des domaines de recherche, qui sont variés et multiples. Elles se placent au niveau de la diffusion de ces recherches, qui n'est pas toujours à la hauteur de celles-ci. La politique éditoriale ne favorise pas toujours les publications concernant l'Espagne médiévale, et aucune traduction d'ouvrages écrits en Espagne ou dans les pays anglo-saxons n'est parue en France. Les historiens français eux-mêmes voient souvent leurs thèses et leurs travaux publiés en Espagne, en espagnol, ce qui les rend peu accessibles à leurs compatriotes. En dépit de la vitalité de la recherche menée durant les vingt dernières années, les pays de la péninsule Ibérique continuent trop souvent à être absents des manuels d'histoire générale, ou à ne constituer qu'un court paragraphe, souvent dû à la plume d'un non-spécialiste. De même, les ouvrages relatifs à l'histoire de la péninsule Ibérique au Moyen Age sont fréquemment ignorés dans les comptes rendus, entraînant ainsi une certaine méconnaissance de l'historiographie actuelle relative à l'Espagne et au Portugal, que celle-ci soit en langue française, anglaise, allemande, espagnole ou portugaise.

Le développement du culte de l'apôtre saint Jacques à partir de la seconde moitié du XIe siècle amena de nombreux « Français » dans la péninsule, et la route qui menait à Compostelle prit rapidement le nom de « Chemin français », magistralement décrit par un Picard [16]. De nombreux chercheurs français ont également pris la route de la péninsule au cours des vingt dernières années pour tenter d'en comprendre l'histoire. Il ne reste qu'à espérer que beaucoup d'autres suivront la voie ainsi tracée et que leurs travaux jouiront du même intérêt et de la même diffusion que tous ceux qui concernent l'enfance de l'Europe, cette période appelée « le Moyen Age ».

Notes

* Ce rapport n'aurait pas vu le jour sans la collaboration de l'immense majorité de ceux qui sont ici mentionnés. Guy Beaujouan, Maurice Berthe, Yves Bonnaz, Robert Durand, Jean Gautier-Dalché, Marie-Claude Gerbet, Pierre Guichard, Christian Guilleré, Jacqueline Guiral-Hadziiossif, Béatrice Leroy, Gabriel Martinez-Gros, Denis Menjot, Alain Milhou, Jean-Pierre Molénat, Emmanuel Poulle, Gérard Pradalié et Michel Zimmermann ont eu la gentillesse, non seulement de me fournir la liste de leurs travaux, parus ou à paraître, mais encore dans certains cas de m'envoyer les appréciations, comptes rendus de thèses ou de publications, qui me permettaient de les situer à leur juste place dans l'ensemble de la recherche historique. Et André Bazzana, à la Casa de Velázquez, n'a pas hésité à me consacrer plusieurs heures pour faciliter ma tâche dans le domaine archéologique. Qu'ils soient tous remerciés ici et sachent que j'espère ne pas avoir travesti leur pensée ou trahi leur recherche.

1. G. Post, *Studies in Medieval Legal Thought. Public Law and the State* (1100-1322), Princeton, Princeton University Press, 1964, p. 458-467 et 482-493.

2. S. Teillet, *Des Goths à la nation gothique. Les origines de l'idée de nation en Occident du ve au viie siècle,* Paris, Les Belles Lettres, 1984.

3. P. Bonnassie, *La Catalogne du milieu du xe siècle à la fin du xie siècle,* Toulouse, université de Toulouse-Le Mirail, 1975-1976, 2. vol. R. Durand, *Les Campagnes portugaises entre Douro et Tage aux xiie et xiiie siècles,* Paris, Fondation Gulbenkian, 1982. M. Berthe, *Famines et Epidémies dans les campagnes navarraises à la fin du Moyen Age,* Paris, SFIED, 1984, 2 vol.

4. P. Guichard, *Structures sociales « orientales » et « occidentales » dans l'Espagne musulmane,* Paris-La Haye, Mouton, 1977. P. Bonnassie, « Du Rhône à la Galice : genèse et modalités du régime féodal », in *Structures féodales et Féodalisme dans l'Occident méditerranéen,* Paris, CNRS, 1980. M.-C. Gerbet, *La Noblesse dans le royaume de Castille. Etude sur ses structures sociales en Estrémadure de 1454 à 1516,* Paris, Publications de la Sorbonne, 1979.

5. A. Bazzana, P. Cressier et P. Guichard, *Les Châteaux ruraux d'Al Andalus. Histoire et archéologie des « Husun » du Sud-Est de l'Espagne,* Madrid, Casa de Velázquez, 1988. Il faut ajouter à cet ouvrage les actes des quatre colloques intéressant l'apport de l'archéologie à l'histoire des pays méditerranéens, qui ont été publiés par la Maison de l'Orient de Lyon, l'Ecole française de Rome et la Casa de Velázquez sous le nom de *Castrum : Castrum 1. Habitats fortifiés et organisation de l'espace en Méditerranée médiévale,* Lyon, 1983. *Castrum 2. Structures de l'habitat et occupation du sol dans les pays méditerranéens : les méthodes et l'apport de l'archéologie extensive,* Madrid-Rome, 1988. *Castrum 3. Guerre, fortifications et habitat dans le monde méditerranéen au Moyen Age,* Madrid, 1988. *Castrum 4. La frontière* (à paraître).

6. A. Bazzana, « Chronique d'archéologie médiévale et islamique », *Mélanges de la Casa de Velázquez,* t. 19/1, 1983, p. 433-442 ; t. 20, 1984, p. 503-519 ; t. 21, 1985, p. 371-391 ; t. 22, 1986, p. 521-548. Et P. Guichard, « 'Depuis Valence et en allant vers l'Ouest... ' Bilan et propositions pour une équipe », à paraître dans les *Mélanges de la Casa de Velázquez,* t. 26 en 1990 (je remercie A. Bazzana qui m'a permis de prendre connaissance de ce texte à l'avance).

7. D. Menjot, « La fiscalité royale directe en Castille sous les premiers Trastamares. Remarques sur l'évolution d'une pratique financière dans un cadre urbain (1374-début XVe siècle) », in *Actes du 102e congrès national des Sociétés savantes,* Paris, CTHS, 1979. *Fiscalidad y Sociedad. Los murcianos y el impuesto en la baja Edad Media,* Murcie, CSIC, 1986.

8. C. Carrère, *Barcelona, 1380-1462. Un centre econòmic en època de crisis,* Barcelone, Curial, 1977, 2 vol. J. Guiral-Hadziiossif, *Valence, port méditerranéen au XVe siècle (1410-1525),* Paris, Publications de la Sorbonne, 1987. A. Rucquoi, *Valladolid en la Edad Media,* Valladolid, Junta de Castilla y León, 1987, 2 vol. G. Pradalié, *Lisboa, da Reconquista ao fim do século XIII,* Lisbonne, 1975. Pour sa part, D. Menjot a achevé une thèse sur Murcie, ville-frontière située à la périphérie du royaume de Castille, tandis que Ch. Guilleré travaillait sur Gérone.

9. M. Zimmermann, « Aux origines de la Catalogne : géographie politique et affirmation nationale », *Le Moyen Age,* t. 89, 1983, p. 5-40.

10. A. Milhou, « La Chauve-souris, le Nouveau David et le Roi caché (trois images de l'empereur des derniers temps dans le monde ibérique, XIIIe-XVIIe siècle) », *Mélanges de la Casa de Velázquez,* t. 18-1, 1982, p. 61-78. *Colón y su mentalidad mesiánica en el ambiente franciscanista español,* Valladolid, Casa-Museo de Colón, 1983.

11. M. Garcia, *Repertorio de principes de España y obra poética del alcaide Pedro de Escavias,* Jaén, CSIC, 1972. G. Macchi et J. Steunou, *Fernao Lopes. Chronique du roi D. Pedro I,* Paris, CNRS, 1985. *Chroniques asturiennes (fin IXe siècle),* éd., trad. française et commentaires historiques par Y. Bonnaz, Paris, CNRS, 1987.

12. B. Leroy, *The Jews in Navarre in the Late Middle Ages,* Jérusalem, 1985. —, *Une famille sépharade à travers les siècles, les Menir (XIIe-XXe siècle),* Paris, CNRS, 1985. —, *L'Aventure sépharade,* Paris, Albin Michel, 1986.

13. B. Leroy, *L'Espagne au Moyen Age,* Paris, Albin Michel, 1988.

14. La démarche qui consiste à « appliquer » la thèse d'E. Kantorowicz à la monarchie castillane pour « démontrer » que celle-ci possède tous les attributs d'une « vraie monarchie » médiévale n'est que le revers de la même médaille.

15. On peut ainsi consulter, pour la couronne d'Aragon, F. Udina Martorell, *Guia histórica y descriptiva del archivo de la Corona de Aragón,* Madrid, Ministerio de Cultura, 1986, et pour l'histoire du Portugal, A.H. de Oliveira Marques, *Guia do estudante de Història Medieval Portuguesa,* Lisbonne, Editorial Estampa, 1979.

16. J. Vielliard, *Le Guide du pèlerin de Saint-Jacques de Compostelle,* 5e éd. Macon, Impr. Protat frères, 1978. M. Desfourneaux, *Les Français en Espagne aux XIe et XIIe siècles,* Paris, PUF, 1949.

L'Angleterre médiévale

Jean-Philippe Genet

Les médiévistes français ont longtemps occupé sur la scène historique anglaise une place de choix. Les œuvres d'H. Wallon (le « fondateur » de la IIIe République n'est-il pas l'auteur d'une biographie de Richard II [1] ?) et les travaux de Ch. Bémont [2] ou ceux de toute une série de bons connaisseurs des relations franco-anglaises comme E. Déprez, A. Bossuat, J. Calmette ou G. Périnelle [3] figurent encore en bonne place dans les bibliographies érudites ; mieux même, le travail pourtant inachevé d'A. Réville sur la révolte des travailleurs de 1381 [4] et les suppléments à l'ouvrage monumental de Stubbs établis par Ch. Petit-Dutaillis [5] sont encore, chacun dans leur genre, considérés comme des classiques. Le dernier représentant de cette lignée royale d'historiens français, du moins en France, est sans doute le premier président de notre association, E. Perroy, dont la thèse est sans nul doute restée plus appréciée en Angleterre qu'en France [6]. Mais sur le sol anglais continue à œuvrer l'infatigable P. Chaplais, auquel sa connaissance inégalée des arcanes de la diplomatique a permis non seulement de construire une œuvre scientifique admirable [7], mais aussi de faire découvrir à ses nombreux disciples oxoniens le maniement rigoureux de ces sources aussi bien anglaises que françaises [8].

Mais cette gloire est lointaine, chronologiquement ou géographiquement parlant ; et si certains collègues chargés de présenter l'historiographie française des vingt dernières années ont pu parfois prendre des accents triomphalistes, on trouvera plutôt ici les accents mélancoliques de la *deploratio*. Sans doute fallait-il dégarnir les positions les mieux tenues pour avancer sur des fronts nouveaux... Force est de constater que pour l'Angleterre il s'agit d'une véritable désertion : on ne peut guère dénombrer que trois thèses « ancien régime » et, à ma connaissance, une seule thèse « nouveau régime »[9]. Le sinistre a atteint une telle ampleur qu'il me paraît indispensable, tout en passant en revue les rares témoins de l'activité historiographique française, de s'interroger sur les causes et la signification de ce qu'il faut bien appeler un désastre.

Tout d'abord, il y a deux périodes bien distinctes dans l'histoire de l'Angleterre et d'ailleurs des îles Britanniques ; les archives et les problèmes linguistiques sont bien différents pour l'une et pour l'autre. Jusqu'au début du XIIIe siècle, le roi d'Angleterre est avant toute chose le seigneur d'un immense empire féodal, comprenant entre autres un vaste (et variable) ensemble de domaines continentaux ; progressivement, il est ensuite amené, *nolens volens,* à endosser l'habit du monarque national : une évolution dont l'achèvement est marqué par l'éclatante orchestration faite par les deux premiers Tudors (et surtout Henry VIII) des trois thèmes de la restauration d'une monarchie insulaire, de la réalisation de la *Prophetia Merlini* et de la couronne impériale de Grande-Bretagne. Il convient donc d'examiner séparément ces deux périodes, qui ne posent pas les mêmes problèmes.

Dans sa première phase, cette histoire « anglaise » est indissociable de celle de la France de l'Ouest. L'arrivée massive des Français (Normands certes, mais aussi Bretons, Picards, Flamands, Aquitains, Angevins et Poitevins), l'installation magistrale du système féodal et, de façon plus insidieuse mais non moins efficace, de la seigneurie et du servage a brutalement ramené le royaume insulaire au sein d'une civilisation dans laquelle la langue, les coutumes, le droit et les traditions politiques de la France de l'Ouest jouent un rôle capital. C'est précisément ce point que tout un groupe d'historiens français a bien mis en évidence dans une série de travaux qui ont fait date : je pense ici à la thèse de J. Boussard [10], mais aussi aux travaux de M. de Boüard sur Guillaume le Conquérant et les ducs normands [11], de L. Musset sur l'art roman du sud de l'Angleterre [12] et à ceux de R. Foreville sur l'Eglise anglaise du XIIe siècle. Les livres et les articles qu'elle a consacrés aux tumultueuses relations entre l'Eglise et la royauté sous Henri II, ainsi qu'à Thomas Becket et à saint Gilbert de Sempringham [13], méritent d'être signalés de façon toute spéciale, car ils représentent une contribution essentielle, digne en tous points de figurer aux côtés des œuvres des historiens anglais comme C.R. Cheney et C.N.L. Brooke, à l'élucidation d'une phase de l'histoire particulièrement importante non seulement pour l'Angleterre mais aussi pour l'Europe. Tout un ensemble historiographique englobant Angleterre et France de l'Ouest s'est ainsi développé, et on peut y rattacher la publication de sources importantes, qu'il s'agisse d'actes ou de chroniques [14].

Cela étant dit, force est de constater que la plupart de ces ouvrages ont été écrits avant 1969 ! L'acquis majeur de cette école française des années cinquante, cette capacité à englober d'un même coup d'œil la France de l'Ouest et l'Angleterre, a été en fait repris aujourd'hui par l'école historique anglaise, que l'on aurait sans doute pu taxer d'insularité excessive à la génération précédente. Je ne citerai ici que l'exceptionnelle synthèse de J. Le Patourel sur l'Empire normand, dont il faut déplorer avec force qu'elle ne soit toujours pas traduite en français [15]. Les noms de Sir J.C. Holt, que G. Duby a invité à venir professer au Collège de France, de J. Gillingham ou de W. Warren viennent également aux lèvres ; l'histoire de la France de l'Ouest n'est jamais perdue de vue par nos collègues anglais, et les Américains ne sont pas en reste. C'est une Anglaise, M. Chibnall, qui a pris, et de superbe manière, le relais d'A. Le Prévost et de L. Delisle pour rééditer l'œuvre du moine de Saint-Evroul, Orderic Vital [16] ; ce sont les *Records of Social and Economic History* de la British Academy qui ont accueilli les chartes et les coutumiers de la Trinité de Caen [17]. Or, au même moment, un désintérêt presque complet se produit chez les historiens français, désintérêt dont les Anglais ne sont nullement responsables, puisque dans le cadre des conférences de Battle (régulièrement publiées sous le titre d'*Anglo-Norman Studies*) ils se sont efforcés d'associer des historiens français à leurs travaux. En tout cas, plusieurs thèses ou études récentes traitent de régions ou de provinces vassales des comtes ou ducs-rois en faisant comme si celui-ci n'était qu'un banal seigneur français et non le chef d'un immense empire féodal. Une exception notable est la thèse de R. Favreau sur Poitiers à la fin du Moyen Age, qui comporte un dépouillement systématique des sources anglaises, mais il s'agit d'une thèse portant sur la fin du Moyen Age et qui, de ce fait, appartient plutôt à la seconde de nos périodes.

Seul signe encourageant, le développement de ce qu'il est convenu d'appeler l'histoire des mentalités a amené certains de nos collègues, et non des moindres, à se pencher sur certains textes de l'Angleterre angevine. Plusieurs articles ont été ainsi consacrés (mais surtout par nos collègues littéraires ou philosophes) à Jean de Salisbury et à son *Polycraticus*[18], ou à Gautier Map et à son *De nugis curialium*[19]. G. Duby a élaboré, à partir d'une analyse pénétrante de l'*Histoire de Guillaume le Maréchal,* la biographie d'un chevalier modèle[20]. Bien d'autres auteurs et textes de la période ont ainsi fait l'objet de l'attention de nos collègues, comme ceux de Roger Bacon[21] ou de Nicole Bozon, et je ne peux ici tous les signaler, mais je voudrais insister sur une initiative qu'il convient de saluer tout particulièrement : un groupe pluridisciplinaire d'historiens et de littéraires s'est en effet attelé, sur une idée de Ch. Marchello-Nizia, à la réalisation d'un beau dossier de textes sur l'histoire et la légende de Richard Cœur de Lion[22]. Mais cet accès à la culture anglaise par le biais du texte latin ou français fait progressivement défaut au fur et à mesure que l'on avance dans le temps, et, à partir du XIVe siècle, le moyen-anglais prend la place du français. A ce propos, il n'est pas inutile de rappeler que, depuis que l'anglais médiéval a disparu des programmes de l'agrégation d'anglais, sa place dans les programmes d'enseignement des UFR d'anglais ou de langues vivantes s'est considérablement réduite et que le nombre des jeunes chercheurs en anglais médiéval semble restreint[23].

Pour la seconde période, nous sommes en effet confrontés à des problèmes différents. Nous sommes dorénavant dans un environnement plus spécifiquement anglais. Les sources changent donc, avec la prolifération des sources de toutes sortes, de plus en plus rédigées en moyen-anglais, mais surtout la problématique change : et le fantastique renouvellement des études sur la fin du Moyen Age anglais est largement nourri d'une inspiration et d'une réflexion purement insulaires. Pourtant, il faut bien être conscient du fait que notre vision de la fin du Moyen Age européen a été fortement infléchie, ces dernières années, par l'apport de l'école historique anglaise. Dans le domaine de l'histoire rurale, par exemple, les recherches de M. Postan ont exercé une influence profonde dont la thèse d'E. Le Roy Ladurie et la synthèse de G. Duby sur *La Vie des campagnes* portent témoignage ; c'est en Angleterre et chez les marxistes anglais qu'est né le débat sur la « transition » qui a inspiré G. Bois ; et les travaux de R. Hilton sont, grâce à une traduction et à ses visites régulières à Flaran à l'appel du regretté Ch. Higounet, grâce aussi à une série de conférences au Collège de France à l'invitation de G. Duby, bien connus : c'est d'ailleurs avec R. Hilton et le « Cambridge Group on the Study of Populations » que J. Beauroy fait l'essentiel de son travail anglais[24]. Les articles qu'il a publiés sur la société du Norfolk oriental, aux environs de Norwich et de King's Lynn, au tournant du XIIIe siècle, ont déjà mieux fait connaître l'étonnante richesse des sources villageoises anglaises[25]. Mais il est, parmi les historiens français, seul, bien seul...

Toutefois, c'est plus encore dans le domaine de l'histoire politique que l'apport de l'école anglaise a profondément renouvelé l'historiographie européenne. Ce sont ici les travaux de K.B. McFarlane sur le *bastard feudalism,* expression plus légitime, si j'ose dire, dans sa forme anglaise que dans sa traduction française qui est doublement fautive, et qui est d'ailleurs une expression ancienne (elle remonte à Ch. Plummer), qui ont fourni un cadre à la fois théorique et empirique pour repenser les structures socio-politiques de la fin du Moyen Age[26]. En ce qui me concerne, ma propre vision de la genèse de l'Etat moderne en dépend étroitement. Or les travaux anglais ont mis un certain temps à être compris et appréciés à leur juste valeur : les comptes rendus dans les revues (ceux de Ph. Contamine notamment) et surtout la synthèse de B. Guenée sur les Etats d'Occident en 1972 ont cependant fini par familiariser les historiens français avec cette problématique, dont ils ont pu mesurer, avec les travaux de P. Lewis et de K. Fowler, mais aussi avec ceux d'une pléiade de jeunes historiens, Ch. Allmand, M.G.A. Vale, M. Jones, J. Palmer, A. Curry, et bien d'autres encore, la fécondité. Malheureusement, nos collègues n'ont que bien rarement passé la Manche pour aller vérifier les thèses de K.B. McFarlane et de ses émules sur leur terrain d'origine. Certes, les livres de B. Guenée, Ph. Contamine ou A. Leguai[27] montrent que l'on connaît fort bien l'histoire anglaise en France, mais les thèses sur l'Angleterre ou qui, par le biais gascon ou normand, toucheraient directement à l'histoire anglaise, ne sont pas légion : pour l'Aquitaine, le mauvais sort a interrompu le travail de J.-P. Trabut-Cussac[28] et P. Capra[29] n'a pas encore eu l'occasion de publier sa thèse sur le Prince noir ; quant à l'Angleterre proprement dite, j'étais seul à avoir déposé un sujet la concernant jusqu'à ce qu'une élève de Ph. Contamine, F. Lachaud, vienne me délivrer de ce douteux privilège...

Il est grand temps de s'interroger sur cette situation et notre congrès en fournit une bonne occasion. De toute évidence, les deux systèmes universitaires présentent des différences telles qu'il est difficile d'établir entre eux des passerelles. L'Angleterre suit la logique de l'université « fermée » sur elle-même, c'est-à-dire que la voie normale enchaîne la licence (BA) et le doctorat, alors que nos étudiants interrompent le cursus universitaire proprement dit entre la maîtrise et le doctorat pour préparer les concours de recrutement de l'enseignement secondaire. Il est donc relativement difficile de convaincre et un étudiant de partir en interrompant son cursus, et une université anglaise (où les droits d'inscription, ne l'oublions pas, atteignent des montants astronomiques, surtout pour Oxford et Cambridge) de l'accepter à un niveau convenable[30]. De ce point de vue, Erasmus devrait améliorer les choses, mais il est encore un peu tôt pour en juger.

Les deux systèmes sont différents sur un autre plan encore, celui de la formation à la recherche, et cette différence-là est à son tour génératrice d'une différence de comportement scientifique. Les disciplines d'érudition sont en Angleterre enseignées — et brillamment — dans les départements d'histoire des universités, alors qu'en France elles ne le sont que fort parcimonieusement (Poitiers est peut-être à cet égard une exception remarquable) : le doctorant français doit s'adresser, avec souvent bien des difficultés s'il enseigne déjà loin de Paris ou d'une ville universitaire, aux IVe et V^e^ sections de l'Ecole pratique des hautes études ou à l'Ecole des hautes études en sciences sociales, voire à l'Ecole des chartes qui accepte parfois des auditeurs libres. Les équipes du CNRS, souvent en pointe dans des domaines particulièrement novateurs, ne disposent pour le moment d'aucun moyen pour dispenser une formation digne de ce nom. Quant aux chartistes, admirablement formés, les tâches qui les attendent quand ils se retrouvent à la tête d'un dépôt d'archives ou d'une bibliothèque les éloignent trop souvent de tout travail scientifique ; ainsi, l'édition des textes ou des documents d'archives, tout comme la réalisation d'instruments de travail de base (dictionnaires, répertoires), traverse une véritable crise en France, alors qu'en Angleterre cela fait partie du travail normal de l'historien. Inversement, la coupure en Angleterre entre histoire et histoire économique (celle-ci étant en général enseignée dans les départements d'économie) n'est pas moins absurde. Après cela, et tout problème linguistique mis à part, on comprend qu'il faille un certain goût de l'exotisme aux historiens anglais et aux historiens français pour se comprendre..

Troisième cause du désastre, l'absence d'enseignement spécifique. Aucun cours, aucun séminaire n'est offert à qui voudrait s'initier à l'histoire de l'Angleterre médiévale (cela ne va d'ailleurs guère mieux pour les autres périodes de l'histoire, les mêmes causes produisant les mêmes effets). Le contre-exemple de nos collègues philosophes médiévistes suffit à lui seul à démontrer les effets néfastes d'une telle lacune. Il y a de cela longtemps déjà, P. Vignaux mit au programme de son séminaire, après Ockham et Duns Scot, l'étude de Jean de Ripa. De là, il en arriva aux postockhamistes et le séminaire se tourna notamment vers Richard Fitzralph, son commentaire des Sentences et le problème clé des futurs contingents et des modalités temporelles logiques : il apparut alors que Jean de Mirecourt avait emprunté à ces auteurs oxoniens ses propos qui lui valurent une retentissante condamnation. Des textes perdus furent retrouvés ou identifiés [31], les sources anglaises diffusées à Paris repérées [32], des figures jusque-là ignorées redessinées [33]. Les interrelations entre les deux universités d'Oxford et de Paris sont telles que l'observation parallèle des deux milieux intellectuels s'est imposée ; on voit qu'elle a abouti, en l'occurrence, à une série de découvertes majeures. Les interrelations sociales, diplomatiques, politiques sont-elles moindres, et une telle observation parallèle ne s'imposerait-elle pas dans de nombreux domaines ? L'exemple de nos collègues philosophes montre en tout cas les effets fructueux que l'on serait en droit d'attendre d'un enseignement lié à la recherche.

Et enfin, quatrième cause du désastre, la difficulté des contacts. Nos amis anglais n'y sont d'ailleurs pour rien : j'ai déjà mentionné les conférences de Battle ; une « Fifteenth-Century Society », assez informelle sans doute mais efficace, a aussi organisé des conférences auxquelles les historiens français ont été régulièrement conviés ; à Oxford, All Souls College a ouvert ses portes prestigieuses à trois des médiévistes français les plus réputés pour des semestres d'étude fructueux, n'en doutons pas. Mais cela ne suffit pas pour rendre le séjour dans les bibliothèques, les archives ou les universités anglaises facile : il faut être introduit, connu, et l'Angleterre est devenue un pays fort cher pour qui veut y séjourner. Côté français, à part les invitations au Collège de France faites par G. Duby et la présence de Ch. Allmand dans le comité de direction de l'ATP « Genèse de l'Etat moderne » qui a favorisé, certes, une participation satisfaisante de nos collègues à cette activité, bien peu de choses. Relancer la collaboration et les contacts à partir du peu qui existe est très difficile. Il est facile pour certains de jouer au dégoûté à l'égard de telle ou telle illustre institution française à l'étranger : mais lorsqu'on se remémore les dizaines de thèses déposées sur l'Espagne ou l'Italie, ou que l'on fait le bilan de la fructueuse activité d'intermédiaire de nos collègues responsables des études médiévales à Rome, Madrid (et même maintenant à Göttingen), force est de constater qu'il doit bien y avoir un lien entre le marasme que j'ai décrit et l'absence d'une institution française spécialisée en Angleterre. Il en existe, sans doute, et qui ont leurs mérites : la Maison française d'Oxford, par exemple, fonctionne à la fois comme un centre culturel français et comme un mini-collège oxonien, et la Maison de l'Institut de France à Londres atténue quelque peu les coûts d'un séjour à Londres. Surtout, deux jeunes historiens, J.-P. Jourdan et Ch. Giry de Loison, tentent de donner à l'Institut français du Royaume-Uni un rôle actif dans les échanges entre historiens français et anglais : ils ont ainsi pu organiser en 1988 une première rencontre consacrée à la guerre au Moyen Age dont il faut espérer qu'elle sera suivie de beaucoup d'autres. Grâce à eux, c'est sur une lueur d'espoir que se termine cette présentation, mais ce qui précède laisse à penser qu'il faudra un effort d'une tout autre ampleur pour remonter la pente [34]...

Notes

1. H. Wallon, *Richard II. Episodes de la rivalité de la France et de l'Angleterre,* Paris, Hachette, 1864, 2 vol.

2. Dans l'œuvre considérable de Ch. Bémont, signalons son *Simon de Montfort, comte de Leicester,* Paris, Picard, 1884, traduit et réédité en 1930 encore par E.F. Jacob pour les Manchester University Press, et son édition des *Chartes de liberté anglaises (1100-1305),* Paris, « Coll. de Textes pour servir à l'enseignement de l'histoire », Picard, 1892.

3. D'E. Déprez, signalons les *Etudes de diplomatique anglaise (1272-1485),* t. 1, Paris, Champion, 1908. Restent également utiles « Le trésor des chartes de Guyenne sous Edouard II », in *Mélanges d'histoire offerts à Charles Bémont,* Paris, 1913, p. 235-242, et surtout « Les ambassades anglaises pendant la guerre de Cent Ans », écrit en collaboration avec L. Mirot et publié « en feuilleton » dans la *Bibliothèque de l'Ecole des chartes* de 1898 à 1900. J. Calmette et G. Périnelle, *Louis XI et l'Angleterre (1461-1483),* Paris, Picard, 1930.

4. A. Réville, *Le Soulèvement des travailleurs d'Angleterre en 1381,* Paris, 1898 (introd. de Ch. Petit-Dutaillis). Son histoire du droit de sanctuaire, « L'*abiuratio regni;* histoire d'une institution anglaise », *Revue historique,* t. 1, 1892, p. 1-42, fait encore autorité.

5. Ch. Petit-Dutaillis et G. Lefèvre, *Studies and Notes Supplementary to Stubbs' Constitutional History,* Manchester, Manchester University Press, 1908-1929, 3 vol.

6. E. Perroy, *L'Angleterre et le Grand Schisme d'Occident,* Paris, Libr. J. Monnier, 1933, et *The Diplomatic Correspondance of Richard II,* Camden Third Series, t. 48, 1933.

7. Les articles de P. Chaplais ont été regroupés dans *Essays in Medieval Diplomacy and Administration,* Londres, The Hambledon Press, 1981, indispensable pour la connaissance des relations franco-anglaises. Mais son œuvre la plus monumentale est l'*English Medieval Diplomatic Practice,* Londres, Public Record Office, HMSO, 1982, 2 vol. Il se tourne aujourd'hui vers la diplomatique anglo-saxonne à laquelle il a consacré d'importants travaux.

8. Son influence dans les progrès de l'« école anglaise » de l'histoire française a été déterminante : cf. le volume qui lui a été dédié par ses élèves et amis, M. Jones et M.G.A. Vale éd., *England and her Neighbours (1066-1453). Essays in Honour of Pierre Chaplais,* Londres, The Hambledon Press, 1989.

9. L'une d'entre elles a été soutenue à l'université de Lille-III, celle de C. Despretz, *Instabilité et Désordre dans l'Angleterre du XIVe siècle* (je remercie Ph. Desportes qui a bien voulu me communiquer cette information). Les deux autres sont celles de J. Beauroy *(Les Structures sociales dans l'Ouest du Norfolk, 1250-1350)*

et la mienne *(Les Idées sociales et politiques en Angleterre du début du XIVe siècle au milieu du XVIe siècle).*

10. J. Boussard, *Le Gouvernement d'Henri II Plantagenêt,* Paris, Vrin, 1956. Cf. aussi ses « Institutions de l'empire Plantagenêt », *in* F. Lot et R. Fawtier, *Histoire des institutions françaises au Moyen Age,* Paris, PUF, 1958, t. 2, p. 35-69.

11. M. de Boüard, *Guillaume le Conquérant,* Paris, Fayard, 1984.

12. L. Musset, *Angleterre romane : le Sud de l'Angleterre,* Paris, Ed. du Zodiaque, 1983.

13. R. Foreville, *L'Eglise et la Royauté en Angleterre sous Henri II Plantagenêt,* Paris, Bloud et Gay, 1943. —, *Le Jubilé de saint Thomas Becket du XIIIe au XVe siècle,* Paris, SEVPEN, 1958. Ses articles sur Thomas Becket ont été rassemblés dans *Thomas Becket et la Tradition historique et hagiographique,* Londres, Variorum Reprints, 1981. Elle a édité *Thomas Becket. Actes du colloque de Sédières 1973,* Paris, Beauchesne, 1975. Sur Gilbert de Sempringham, *Un procès de canonisation à l'aube du XIIIe siècle (1201-1202) : le Livre de saint Gilbert de Sempringham,* Paris, Bloud et Gay, 1943 et, tout récemment, en collaboration avec G. Keir, *The Book of St. Gilbert,* Oxford, Oxford University Press, 1987, rééd. du texte latin avec traduction anglaise. Sur la place de l'Eglise dans l'Angleterre de la période, cf. aussi J. Beauroy, « La conquête cléricale de l'Angleterre », *Cahiers de civilisation médiévale,* t. 27, 1984, p. 35-44.

14. Par exemple M. Fauroux, *Recueil des actes des ducs de Normandie de 911 à 1066,* Caen, Société des antiquaires de Normandie, 1961, et R. Foreville, *Guillaume de Poitiers. Histoire de Guillaume le Conquérant,* Paris, Les Belles Lettres, 1952.

15. J. Le Patourel, *The Norman Empire,* Oxford, Oxford University Press, 1976. Ses principaux articles sont réédités dans *Feudal Empires, Norman and Plantagenet,* Londres, The Hambledon Press, 1984.

16. M. Chibnall, *The Ecclesiastical History of Orderic Vitalis,* Oxford, Oxford University Press, 1969-1980, 6 vol.

17. M. Chibnall, *Charters and Custumals of the Abbey of the Holy Trinity, Caen,* Londres, Oxford University Press (*Records of Social and Economic History,* t. 5), 1982.

18. Cf. notamment les articles de P. Riché et d'E. Jauneau dans M. Wilks éd., *The World of John of Salisbury,* « Studies in Church History », *Subsidia III,* Oxford, Basil Blackwell, 1984, qui contient une bibliographie à jour jusqu'en 1982. La traduction française faite pour Charles V par D. Foulechat a fait l'objet d'une thèse soutenue à Nancy.

19. E. Turk, *Nugae Curialium. Le règne d'Henri II et l'éthique politique,* Genève, Droz, 1977. Le texte lui-même a fait l'objet d'une traduction française par M. Pérez (thèse dactylographiée, Paris-III, 1983). L. Harf-Lancner, « L'enfer de la cour : la cour d'Henri II Plantagenêt et la Mesnie Hellequin », *in* Ph. Contamine. *L'Etat et les Aristocraties (France, Angleterre, Ecosse), XIIe-XVIIe siècle,* Paris, Presses de l'ENS, 1989, p. 27-50.

20. G. Duby, *Guillaume le Maréchal ou le Meilleur Chevalier du monde,* Paris, Fayard, 1984.

21. P. Bourgain, « Le style de la langue et des langues sous Roger Bacon », à paraître dans *Traducteurs et Traductions au Moyen Age* (sous presse).

22. M. Brossard-Dandre et G. Besson, *Richard Cœur de Lion,* Paris, 10/18, 1989.

23. Les anglicistes médiévistes sont regroupés dans une Association, dont le secrétaire est A. Crépin.

24. Dont la pièce maîtresse est, avec sa thèse, l'édition pour la British Academy, en collaboration avec W.O. Hassall, des *Holkham Records (1250-1350)*, à paraître, Londres, Oxford University Press, *(Records of Social and Economic History)*.

25. J. Beauroy, « Offices manoriaux et stratification sociale à Heacham », *Flaran*, 4, 1982. —, « Family Patterns and Relations of King's Lynn Will-Makers in the Fourteenth Century », in *The World we have Gained*, Oxford, Blackwell, 1986, p. 25-42. —, « Analyse quantitative d'une seigneurie anglaise ; offices manoriaux, activités marchandes et structure sociale dans le Norfolk occidental à la fin du XIIIe siècle », *Histoire et Mesure*, t. 3 (4), 1988, p. 515-525.

26. L'essentiel de l'œuvre de K.B. McFarlane se trouve dans trois ouvrages posthumes : *The Nobility of Later Medieval England*, Oxford, Oxford University Press, 1973 ; *Lancastrian Kings and Lollard Knighst*, Oxford, Oxford University Press, 1972 ; *England in the Fifteenth Century*, Londres, The Hambledon Press, 1981, (*reprint* de ses principaux articles).

27. A. Leguai, *La Guerre de Cent Ans*, Paris, Nathan, 1974.

28. J.-P. Trabut-Cussac, *L'Administration anglaise en Gascogne sous Henri III et Edouard Ier de 1254 à 1307*, Genève, Droz, 1972. Cf. aussi G.P. Cuttino et J.-P. Trabut-Cussac, *Gascon Register A (Series of 1318-1319)*, Londres, Oxford University Press, 1975, 2 vol.

29. P. Capra, *L'Administration anglaise au temps de la lieutenance du Prince noir (1354-1362). Essai sur une mentalité politique*, thèse d'Etat dact., Paris, 1972, 4 vol. Cf. « L'histoire monétaire de l'Aquitaine anglo-gasconne au temps du Prince noir (1354-1378) », *Bulletin et Mém. de la Société archéologique de Bordeaux*, t. 64, p. 93-151. —, « Les bases sociales du pouvoir anglo-gascon au milieu du XVe siècle », *Le Moyen Age*, t. 81, 1975, p. 273-299 et t. 82, 1975, p. 447-473. —, « Pour une histoire monétaire de l'Aquitaine anglo-gasconne », *Annales du Midi*, t. 87, 1975, p. 405-430.

30. Il y a en plus le mirage de l'université anglaise : qui a goûté aux délices d'Oxford et de Cambridge a bien du mal à s'arracher à ces paradis des bibliothèques ; l'une des rares étudiantes françaises à avoir sérieusement entrepris un travail anglais est ainsi restée outre-Manche : cf. L. Simpson, « The King Alfred/St Cuthbert Episode in the *Historia de sancto Cuthberto*. Its Significance for mid-tenth-century English History » *in* G. Bonner, C. Stancliffe et D. Rollason, *St. Cuthbert, his Cult and Community to A.D. 1200*, Woodbridge, Boydell and Brewer, 1989. Espérons que F. Lachaud, à Oxford pour quelques années, repassera la Manche...

31. J.-F. Genest a ainsi redécouvert, dans le manuscrit 505 de la bibliothèque municipale de Troyes, les textes de Bradwardine et de Fitzralph sur les futurs contingents : cf. J.-F. Genest, « Le *De futuris contingentibus* de Thomas Bradwardine », *Recherches augustiniennes*, t. 14, 1979, p. 249-336.

32. A partir de Pierre de Ceffons et de Jean de Mirecourt : J.-F. Genest et P. Vignaux, « La bibliothèque anglaise de Jean de Mirecourt », *in* O. Pluta, *Die Philosophie im 14 und 15. Jahrhundert. In memoriam Konstanti Michalski (1879-1947)*, Amsterdam, B.R. Gruner, 1988, p. 275-301, et Z. Kaluza et P. Vignaux, « Pierre de Ceffons et l'hypothèse du Dieu trompeur », in Z. Kaluza et P. Vignaux éd., *Preuve et Raison à l'Université de Paris. Logique, ontologie et théologie au XIVe siècle*, Paris, Vrin, 1984, p. 197-214. A partir aussi de Thomas de Cracovie et de sa collection de manuscrits : Z. Kaluza, « La prétendue discussion parisienne de Thomas Bradwardine avec Thomas de Buckingham. Témoignage de Thomas de Cracovie », *Recherches de théologie ancienne et médiévale*, t. 43, 1976, p. 219-236.

33. Thomas Felthorpe, Richard Brinkley et Nicholas Aston, « redécouverts » par

Z. Kaluza, Richard Carew, le « Monachus Niger » et Adam of Ely par J.-F. Genest. Cf., sur le versant anglais des recherches de P. Vignaux et de ses élèves, l'utile article de W.J. Courtenay, « Recent Work on Fourteenth-Century Oxford Thought », *History of Education Quarterly,* 1985, p. 227-232.

34. Je tiens à remercier ici R. Foreville et J. Beauroy, avec lesquels j'ai eu d'utiles conversations, et surtout J.-F. Genest : grâce à lui, les historiens défaillants ont pu recevoir le secours, sinon de la philosophie, du moins des philosophes...

L'Empire, l'Europe orientale et septentrionale

Michel Parisse

L'espace que doit couvrir cette investigation est vaste, puisque la France, les îles Britanniques, la péninsule Ibérique et l'Italie étant l'objet de traitements particuliers, il convient de se tourner vers le reste de l'Europe, à l'exception encore des Balkans, partie intégrante du monde byzantin. Certes, dans cette « excursion », on pense d'abord au monde germanique, et c'est pourquoi on s'est adressé au responsable actuel de la Mission historique française en Allemagne, mais il ne faudrait pas considérer que c'est l'objectif unique. Un rapport traitant de la recherche dans un pays étranger se différencie de beaucoup d'autres contenus dans ce volume en ce qu'on se demande d'abord s'il y a des chercheurs français qui font des travaux sur tel et tel pays avant de s'interroger sur les sujets d'étude abordés à propos de tel ou tel espace européen. On part donc à la recherche des hommes avant de se tourner vers les objets de la recherche.

I. Bilan ancien et actuel

La question rituelle posée à l'occasion d'une telle enquête consiste à demander combien de thèses sont en préparation sur un pays donné. C'est ainsi qu'un sondage rapide que j'avais fait il y a une dizaine d'années environ avait permis de dénombrer plus de vingt travaux de doctorat d'Etat en cours sur l'Italie, plus de dix sur l'Espagne et le Portugal, un seul sur l'Angleterre et un seul sur l'Empire. Il n'est donc pas sans intérêt de voir si la réponse est aujourd'hui identique, ou si au contraire l'intérêt des Français pour les recherches sur l'étranger a augmenté ou s'est déplacé[1]. A défaut de pouvoir mener une enquête aussi complète, je vais m'efforcer de passer en revue la liste de ceux qui travaillent sur des sujets concernant l'Europe centrale, septentrionale et orientale.

1. L'Europe septentrionale

L. Musset a été pendant plusieurs décennies celui qui incarnait aux yeux des Français l'histoire normande, celle de Normandie certes, mais aussi et surtout celle des Vikings, de leurs pays d'origine, des runes et de la civilisation runique. Son livre, déjà ancien, sur la Scandinavie au Moyen Age n'a pas été remplacé[2]. Les travaux de L. Musset sont fondamentaux, mais ils ne semblent pas avoir une prolongation. Trois noms de chercheurs français viennent sous la plume.

E. Mornet a choisi d'étudier les rapports entre le savoir et le pouvoir dans le haut clergé scandinave du bas Moyen Age ; le Danemark l'a retenue de façon préférentielle dans le cadre d'une ATP à but prosopographique[3]. Ainsi E. Mornet s'informe-t-elle du destin des étudiants scandinaves dans les universités européennes, de la participation du haut clergé à la culture intellectuelle des XIVe-XVIe siècles, de ses caractéristiques sociales, de ses relations avec le pouvoir politique, du rôle qu'il a joué dans le développement des appareils étatiques. Cette prosopographie du haut clergé est traitée avec l'aide de l'informatique[4].

Deux germanistes apportent leur contribution à notre information. R. Boyer nous aide à entrer dans le secret des sagas et de la religion nordiques[5]. Dans un livre très neuf, il s'est penché sur *Le Christ des Barbares* et a analysé la réception du christianisme dans le monde nordique du IXe au XIIIe siècle[6]. En fait on apprend beaucoup plus sur le paganisme, mais aussi sur sa capacité à accueillir le christianisme. Au total une introduction majeure à la connaissance des mentalités scandinaves, et en cela un complément précieux aux données du livre de L. Musset. J.-M. Maillefer porte son intérêt plus particulièrement sur la Suède. En plusieurs articles, ce germaniste offre à ses lecteurs une sorte de guide de la Suède médiévale, le Norland, l'île de Gotland, la Laponie[7]. A propos du pouvoir royal en Suède, il part à la recherche de l'idéologie des trois fonctions, dont il trouve dans ce pays nordique des traces identiques à celles que plusieurs études ont décelées dans les îles Britanniques, en France, etc.[8]. Par ailleurs il a participé à l'étude de quelques saints personnages, dont on parle aujourd'hui plus que jamais, notamment saint Eric de Suède[9].

Dans l'esprit de ce qui a été dit plus haut, il est important de signaler en outre qu'à l'université de Paris-X-Nanterre, dans le cadre du DEA d'histoire comparative et anthropologie des systèmes de droit, E. Bournazel a inscrit à son programme un cours sur la genèse de l'Etat en Scandinavie médiévale.

2. *L'Europe orientale*

L'enquête doit normalement porter ici sur un vaste espace. En réalité, comme ni la Pologne, ni la Bohême ou la Hongrie ne font l'objet de recherches de la part des historiens français, il faut se limiter à l'espace slave et plus particulièrement à la Russie. V. Vodoff et J.-P. Arrignon se partagent la plus grande partie de la bibliographie des travaux sur les pays slaves. Deux thèmes principaux les retiennent à divers degrés : les études de terminologie, les questions religieuses. Sur le premier point, on retiendra des analyses de la titulature princière de Russie, des mots « tsar » et « kagan ». Ces analyses sont particulièrement appréciées dans le contexte des recherches sur les principautés en Occident médiéval[10].

L'Eglise orthodoxe est toujours à l'honneur. Les deux auteurs précédemment cités y prennent leur part. V. Vodoff a proposé une *Naissance de la chrétienté russe,* particulièrement appréciée en l'absence de bons manuels généraux en langue française sur l'histoire de la Russie[11]. J.-P. Arrignon a achevé une thèse sur

La Chaire métropolitaine de Kiev des origines à 1240, présentée en 1986. N. Ross, qui a présenté sa recherche mais n'a pas poursuivi ses travaux, a étudié *La Conception du monde, l'Image de l'homme et de la nature en Russie à l'époque d'André Roublev* (thèse de troisième cycle, Paris-I, 1973).

L'Ecole des chartes peut s'enorgueillir d'avoir vu un de ses élèves s'engager dans une recherche orientale : P. Gonneau a fait des recherches sur la Trinité-Saint-Serge, et sur sa lancée a donné plusieurs articles inspirés d'aspects annexes de son travail[12]. On fera une place pour terminer aux relations byzantino-russes, qui ont retenu particulièrement I. Sorlin et H. Ahrweiler[13].

3. L'Empire

Le monde de l'Europe centrale comprend prioritairement les pays de langue germanique, c'est-à-dire aujourd'hui les deux Allemagnes, l'Autriche, la Suisse, soit ce que la terminologie française des historiens médiévistes appelle l'« Empire germanique » au lieu de l'« Empire allemand », qui traduirait plus justement *das deutsche Reich.* En utilisant le seul mot d'Empire sans autre précision, on entend tout ce qui à un moment ou à un autre a été placé sous l'autorité de l'empereur, en particulier les territoires francophones. Il convient donc d'incorporer à cette présentation la Bourgogne et la Lotharingie (Lorraine, Belgique, Pays-Bas). Laisser de côté ces régions conduirait à ne les retrouver nulle part. Il ne fait aucun doute par exemple que l'histoire de l'Eglise impériale inclut celle de l'Eglise bourguignonne et lotharingienne, mais cette intégration ne vaut pas nécessairement pour tout le Moyen Age. Ainsi la Franche-Comté, à partir du XIVe siècle, voit-elle ses relations avec l'Empire particulièrement distendues. En revanche, l'histoire de la Lorraine à la fin du Moyen Age n'appartient pas encore à l'histoire de France. Pour en terminer avec l'espace impérial, il faut citer des pays que cette enquête inclut et sur lesquels les médiévistes français ne travaillent guère : ce sont ceux qui correspondent à la Belgique et aux Pays-Bas, pour la raison, entre autres, que des médiévistes éminents assurent en langue française les publications nécessaires concernant ces pays.

Travaux anciens

Même si leurs publications nous conduisent à remonter plus haut que vingt années en arrière, il paraît normal de citer les noms de grands maîtres des études historiques allemandes des dernières décennies, dont l'Université française peut s'enorgueillir et dont les travaux font toujours autorité.

La thèse de Ph. Dollinger sur les classes rurales en Bavière a bénéficié en 1982 d'une traduction en allemand ; ce travail continue d'être fort prisé en Allemagne, tout comme l'est son autre grand ouvrage sur la Hanse, également traduit [14]. A ces deux magistrales synthèses, s'ajoutent ses publications sur l'Alsace médiévale. Le doyen R. Folz avait reçu, avec Ph. Dollinger, la charge du bulletin d'histoire d'Allemagne de la *Revue historique ;* sa connaissance de l'Empire et de ses institutions s'impose, ainsi que ses différents ouvrages sur la canonisation de Charlemagne et sur l'idée d'Empire en Occident [15]. Le doyen J. Schneider, après avoir donné une thèse d'une grande richesse sur la ville de Metz aux XIVe et XVe siècles, en spécialiste d'histoire urbaine, a composé un long article sur « Les villes allemandes au Moyen Age » dans les *Recueils* de la Société Jean Bodin [16] ; tout au long de sa carrière scientifique, il fut un partenaire des historiens allemands. Enfin, il convient de rendre un solennel hommage à un savant trop tôt disparu : Ch. Higounet, responsable d'un jumelage apprécié entre Bordeaux et Hambourg, excellent connaisseur de l'histoire des principautés territoriales allemandes, fut l'auteur, à la fin de sa vie, d'une histoire de la colonisation de l'Est allemand, publiée en allemand avant de l'être en français [17].

Travaux récents

Dans le domaine de l'histoire générale, plusieurs médiévistes ont réalisé ou préparent des publications à l'usage du grand public : J.-P. Cuvillier avec une histoire de l'Allemagne médiévale [18], F. Rapp avec une histoire de l'Empire aux XIVe et XVe siècles, P. Racine avec une biographie de Frédéric II.

Un certain nombre de thèses d'Etat et de thèses de troisième cycle ont été présentées à des jurys universitaires et dans certains cas publiées, partiellement ou intégralement. Pour la frange francophone, la Bourgogne est d'abord concernée : avec R. Fiétier et la cité de Besançon[19], B. de Vrégille et l'évêque Hugues de Salins[20], R. Locatelli et le diocèse de Besançon[21], P. Pégeot et le comté de Montbéliard[22]. Pour la Lorraine, M. Parisse, sous couvert de la noblesse, a analysé les institutions et la société de l'époque féodale (XIe-XIIIe siècle)[23], A. Girardot s'est tourné vers le Verdunois et la seigneurie rurale de cette petite principauté épiscopale à la fin du Moyen Age[24]. En ce qui concerne l'Alsace, trois titres s'imposent : *Réformes et Réformation à Strasbourg* de F. Rapp[25], *Mort d'une hérésie* de J.-C. Schmitt[26], *Gouvernés et Gouvernants en Haute-Alsace* à la fin du Moyen Age de G. Bischoff[27]. Franchissons le Rhin pour signaler deux thèses publiées récemment et très bien accueillies par la critique : la sainteté ottonienne présentée par P. Corbet[28], et l'historiographie bavaroise vue par J.-M. Moeglin[29]. A partir des *Vitae* des saintes reines de la dynastie ottonienne, P. Corbet a dégagé tous les caractères de la sainteté qui illustre un des lignages dynastiques les plus prestigieux d'Occident aux Xe et XIe siècles. J.-M. Moeglin partait, pour sa part, à la recherche des ancêtres du prince et de la tradition historiographique de la maison de Wittelsbach. Dans le domaine religieux, enfin, S. Gougenheim s'est penché sur les visions de sainte Hildegarde de Bingen et a pu de la sorte approcher le milieu des religieuses du pays rhénan au XIIe siècle[30].

Travaux en cours

Ce serait une grave erreur de se contenter de signaler ici les travaux réalisés dans les vingt dernières années, car il est également important de noter l'état de la recherche en cours, tant elle est chargée de promesses. Ceux qui ont déjà fait des recherches sur l'Empire les poursuivent, d'autres jeunes chercheurs se sont engagés dans la même voie. Je voudrais en examiner la liste. Leur nombre a augmenté au cours des dernières années, et en même temps, avec eux, le nombre de ceux qui introduisent volontiers l'histoire des pays de langue allemande dans leurs cours, avec la possibilité ainsi accrue d'attirer davantage d'étudiants dans cette direction. Les moyens d'obtenir des bourses, de poursuivre des études dans une université allemande, d'y résider six mois ou un an pour faire une maîtrise ont augmenté sensiblement. Tout cela explique que le bilan soit assez positif.

En Franche-Comté, R. Locatelli continue de travailler sur l'histoire politique et religieuse de la principauté bisontine du xe au xiiie siècle, P. Pégeot achève sa thèse sur les structures économiques et sociales de la porte de Bourgogne. D'Allemagne je suis sollicité pour apporter ma contribution à l'histoire de l'Empire par le biais de la Lotharingie, soit dans le domaine des réformes monastiques, soit dans le domaine de la vie politique [31]. Une *Histoire de la Lorraine,* publiée par les Editions Privat de Toulouse, a été traduite en allemand [32], permettant pour la première fois aux lecteurs allemands d'avoir à leur disposition une histoire lorraine écrite par des Français. A. Girardot tourne son attention vers les villes de la frontière Champagne/Lorraine et l'économie de la Lorraine [33], tandis que J.-L. Fray se concentre sur la formation du réseau urbain. La part que ce dernier prend aux travaux de recherche trévirois est une illustration des bonnes relations entretenues avec l'université mosellane. M. Arnod a retenu pour thème la principauté épiscopale de Metz à la fin du Moyen Age. En Alsace, outre les travaux poursuivis par F. Rapp qui le conduisent souvent à des exposés intéressant l'Empire dans le domaine religieux, O. Kammerer examine l'économie et la société de la région du Rhin supérieur, Haute-Alsace et Bade, avec la question capitale du Rhin frontalier ou non. G. Bischoff demeure un spécialiste de la Haute-Alsace, mais sur ce terrain un homme a beaucoup apporté, avec une érudition étonnante et une rare perfection, Ch. Wilsdorf, directeur des services d'archives du Haut-Rhin [34]. Dans le domaine de l'archéologie médiévale, B. Metz ajoute sa pierre à une entreprise, à laquelle F. Rapp avait donné une première impulsion avec un gros mémoire consacré aux châteaux alsaciens.

II. TENDANCES ACTUELLES ET PERSPECTIVES

D'abord on ne sera pas étonné de constater que les recherches françaises ne recouvrent pas exactement les préoccupations des historiens allemands, qu'ils font moindre la part de la *Verfassungsgeschichte* et de l'histoire politique, et plus belle celle de l'histoire sociale et des mentalités. Au-delà du Rhin, la société et l'économie représentent les thèmes majeurs de la recherche française :

— L'économie avec Ph. Braunstein : les Allemands à Venise (1380-1500)[35], S. Abraham-Thisse : le commerce des draps dans l'Europe du Nord et de l'Est à la fin du Moyen Age, XIIIe-XVe siècle.

— La société avec P. Corbet : les comportements familiaux et leurs déterminants sociaux et religieux du XIe au XIIIe siècle ; J. Morsel : deux lignages de la petite noblesse franconienne à la fin du Moyen Age[36] ; M. Parisse : les monastères de femmes en Saxe du IXe au XIIe siècle[37].

— Le domaine des mentalités est abordé par J.-M. Moeglin et les fondements symboliques et idéologiques du pouvoir princier dans l'Empire, celui des institutions par G. Bührer-Thierry avec le pouvoir politique et l'épiscopat bavarois aux IXe et Xe siècles, celui de l'Eglise avec M. Staub et les paroisses urbaines à la fin du Moyen Age.

— Un sort particulier doit être réservé au domaine asiatique ; les plafonds peints ont fait l'objet d'une enquête de la part de X. Barral i Altet, qui, en publiant une Belgique romane, a dû empoigner à bras le corps une production architecturale typiquement impériale, celle de la Basse-Lotharingie. Quant à E. Palazzo, il doit réunir trois spécialités : liturgie, paléographie, histoire de l'art, pour venir à bout des sacramentaires de l'école de Fulda ; après une maîtrise qui lui a permis de débroussailler le terrain, il a mené à bien une thèse sur ce sujet, au prix d'un parcours incessant des bibliothèques allemandes, italiennes et françaises qui conservent des œuvres appartenant à ce groupe ou très proches de lui.

— Un autre rapport fait état des recherches sur le haut Moyen Age menées par R. Hennebicque-Le Jan et S. Lebecq sur les sociétés d'Austrasie et de Frise.

Au total, nous sommes en mesure de dénombrer une dizaine de chercheurs susceptibles de présenter, dans un délai plus ou moins lointain, une thèse d'ancien ou de nouveau régime traitant d'un sujet qui concerne l'Allemagne et ses bordures impériales. A ceux-là il convient d'ajouter la douzaine d'enseignants, pour qui les travaux de langue allemande et l'histoire de l'Allemagne ne sont pas *terra incognita,* que l'on rencontre dans les colloques, qui donnent des articles aux publications allemandes et participent à l'élaboration des notices du *Lexikon für Mittelalter.* Cela veut dire que l'histoire d'Allemagne n'est pas ignorée en France, du moins pas autant qu'on le dit volontiers. Quelques perspectives nouvelles sont ouvertes.

Il semble que l'interrogation qui a été conduite ici aurait beaucoup gagné à être élargie à d'autres questions telles que celles-ci :

— Quels médiévistes français s'intéressent à l'histoire de l'Europe au-delà du Rhin ? Qui dépouille les revues spécialisées de ces régions, qui lit à l'occasion un article sur le Danemark, la Pologne, l'Empire ?

— Quels médiévistes français, quelles universités font une place à ces Europes du Nord, de l'Est, du Centre, dans leurs programmes d'enseignement, en dehors de celles où se trouve un spécialiste de ces régions, et en dehors des programmes d'agrégation qui en intègrent une partie ?

— Quels médiévistes tirent profit des méthodes de travail et de recherche en usage au-delà du Rhin pour inspirer ou réorienter leur propre recherche ? Par exemple les archéologues français souhaitent-ils apprendre quelque chose de l'archéologie polonaise, allemande, scandinave ?

— Quel accueil font-ils aux historiens et chercheurs des pays voisins de langue germanique, les invitent-ils à parler devant leurs étudiants, à venir à des réunions de travail ?

Ce sont des questions auxquelles il faudrait répondre pour avoir une vision plus exacte de la place faite dans l'enseignement et la recherche à l'Europe non française. Ne constate-t-on pas à l'occasion une méconnaissance profonde de la bibliographie des travaux publiés en langue allemande dans des publications françaises d'intérêt général qui englobent normalement la recherche allemande ? Ce manque d'information souvent déploré est une conséquence inévitable de la méconnaissance fréquente de la langue allemande, mais il semble que ceux qui ne l'ignorent pas totalement se tournent rarement vers elle.

L'Allemagne attire de plus en plus, parce que, même si la langue demeure un obstacle, surmontable il est vrai, beaucoup ont compris qu'il n'est pas nécessaire de bien parler ou même seulement de parler un peu l'allemand pour aller dans les instituts et les universités s'informer des travaux en cours, proposer des échanges, pour y travailler dans de bonnes conditions et rencontrer d'autres méthodes. Cependant l'Allemagne, et notamment la RFA, n'est pas seule en cause ici. L'espace germanophone comprend encore l'ex-RDA et l'Autriche, désertées par la recherche française. La Pologne amie connaît un courant en sens unique qui conduit les Polonais vers la France. Le monde slave est très délaissé, tout comme les pays scandinaves, on l'a vu.

Les institutions européennes sont venues prendre le relais d'anciens jumelages et d'ententes ponctuelles pour organiser des échanges systématiques d'étudiants et d'enseignants. Des fondations comme l'Alexander von Humboldt Stiftung, des organismes comme le DAAD permettent chaque année à des étudiants et à des chercheurs de passer de six mois à un an en Allemagne pour conduire leur recherche ou achever leur formation. La création d'un *Hochschulkolleg,* l'ouverture du programme Procope du ministère des Affaires étrangères permettent le rapprochement d'institutions des deux pays. Retenons à titre d'exemples les travaux en commun menés à Münster et Dijon, à Montpellier et Ratisbonne, et ceux qui sont prévus entre Tours et Duisburg, entre Paris et Ratisbonne. Ils déboucheront sur des publications communes, favoriseront les échanges avec formation linguistique.

Mais le programme de ce congrès prévoit que l'on fasse aussi état des possibilités de la recherche française :

— Laissons aux historiens allemands la spécificité de leurs

études érudites sur les aspects politiques et institutionnels de l'histoire allemande ; encore faudrait-il que les historiens français et leurs étudiants aient la possibilité d'en prendre connaissance pour nourrir les comparaisons d'un pays à l'autre. Les services qu'ont rendus les cours approfondis donnés à la Sorbonne par Ch. E. Perrin devraient être retrouvés.

— Les aspects sociaux et religieux peuvent être étudiés par des chercheurs français, car les sources qui n'ont pas été totalement exploitées sont nombreuses et le système français d'interrogation des documents complète celui de l'analyse critique où excellent les chercheurs allemands. La fréquentation de sources en moyen haut allemand ne représente pas un obstacle insurmontable, si l'on en juge à l'expérience de médiévistes et modernistes ayant fait ce choix.

— Les aspects artistiques et intellectuels ont un indéniable attrait, mais n'ont pas pour autant suscité beaucoup d'intérêt chez les historiens français. C. Heitz, qui est en mesure de parler avec autant de science de l'architecture ottonienne et de l'architecture clunisienne, n'a pas beaucoup d'émules. Or, pour toutes les formes d'art, la comparaison doit être permanente. Il est pour cela important que le domaine de l'enluminure carolingienne soit repris également du côté français. La collaboration entre historiens et historiens de l'art devrait être plus étroite.

— De nombreux germanistes portent leur attention à l'histoire médiévale de l'Allemagne et se trouvent parfois isolés. Les noms de R. Boyer et de J.-M. Maillefer ont été mentionnés plus haut ; on ne peut que souhaiter l'élargissement de leur audience parmi les historiens.

La Mission historique française en Allemagne se donne, entre autres choses, pour tâche d'informer les enseignants et les chercheurs français sur les institutions, les méthodes de travail, les publications qui doivent leur permettre de ne pas aborder un sujet général dans la complète ignorance de ce qui se fait au-delà du Rhin[38]. Elle couvre dans la mesure de son possible le territoire de la RFA, mais il faut considérer que la même tâche serait souhaitable pour l'Autriche, la Suisse et aussi les pays slaves et scandinaves. Une telle institution, même si elle a peu de moyens, réussit, si elle est immergée dans la recherche étrangère, à susciter un courant continu d'échanges. Des numéros spéciaux d'information devraient être fournis par les grandes revues d'histoire pour introduire les Français à la connaissance de la recherche historique des autres pays. Mais cela ne suffira pas encore si les déplacements des personnes ne viennent pas compléter ces missions d'information. Un effort a été fait, qui doit être poursuivi, des résultats sont d'ores et déjà obtenus qui peuvent être améliorés. Cela se réalisera en particulier si l'effort linguistique est accru, si l'information circule, si les traductions se multiplient, si les responsables gouvernementaux et administratifs facilitent l'octroi de bourses de voyage et de séjour. L'augmentation du nombre des chercheurs sera accompagnée de celle des enseignements. Le bilan actuel, comparé à celui d'il y a dix ans, le prouve amplement.

Notes

1. Mon enquête actuelle a bénéficié de l'aide d'E. Mornet, de V. Vodoff, de F. Rapp et J.-M. Moeglin. J'ai plaisir à les remercier de leur serviabilité et de leur bienveillance.

2. L. Musset, *Les Peuples scandinaves au Moyen Age,* Paris, PUF, 1950.

3. La thèse d'Etat déclarée est *Etudes et Culture du haut clergé scandinave du XIVe siècle aux prodromes de la Réforme.* La recherche prosopographique a porté sur le chapitre cathédral de Roskilde de 1367 à 1493 (N. Bulst et J.-Ph Genet éd., *Medieval Lives and the Historian Studies in Medieval Prosopography,* Kalamazoo, Western Michigan University, Medieval Institute Publications, 1986, p. 139-162).

4. « Les recherches prosopographiques au Danemark : haut clergé et noblesse laïque (XIVe-XVIe siècle) », in *Prosopographie et Genèse de l'Etat moderne* (actes de la table ronde organisée par le CNRS et l'ENSJF, Paris, 22-23 octobre 1984), F. Autrand éd., Paris, ENSJF, 1986, p. 67-76.

5. Il a édité les sagas dans la « Bibliothèque de la Pléiade », Paris, Gallimard, 1987. Il a travaillé aussi dans le domaine proprement historique : « Des 'intellectuels' sans villes ni universités », in *Milieux universitaires et Mentalité urbaine au Moyen Age,* Paris, Presses de la Sorbonne, 1987.

6. R. Boyer, *Le Christ des Barbares. Le monde nordique (IXe-XIIIe siècle),* Paris, Ed. du Cerf, 1987.

7. J.-M. Maillefer, « Un front pionnier aux marges septentrionales de l'Occident médiéval : le Norland suédois au XIVe siècle », *Revue du Nord,* t. 70, 1988, p. 319-332. —, « Notes sur l'Eglise et les Lapons au Moyen Age », *ibid.,* t. 64, 1982, p. 751-757. —, « Guta Saga, histoire des Gotlandais », *Etudes germaniques,* t. 40, 1985, p. 131-140.

8. « Recherche sur l'ancienne royauté suédoise et l'idéologie des trois fonctions », *Etudes germaniques,* t. 36, 1981, p. 377-392.

9. J.-M. Maillefer, « Saint Eric de Suède : une mythologie politique et dynastique. Etude critique d'une hagiographie royale », *Razo,* n° 8, 1988, p. 88-101. Eric de Suède a fait l'objet d'une notice par E. Mornet, dans l'*Histoire des saints et de la sainteté chrétienne,* t. 6, Paris, Hachette, 1986, p. 133-138.

10. V. Vodoff, « La titulature princière en Russie du XIe au début du XVIe siècle », *Jahrbücher für Geschichte Osteuropas,* t. 35, 1987, p. 1-35. J.-P. Arrignon, « Remarques sur le titre de Kagan attribué aux princes russes d'après les sources occidentales et russes des IXe-XIe siècles », *Recueil des travaux de l'Institut d'études byzantines,* t. 23, 1984, p. 63-71.

11. Paris, Fayard, 1988. On peut se reporter à l'ouvrage de M. Laran et J. Saussay, *La Russie ancienne,* Paris, Masson, 1975, qui est une anthologie de textes traduits et commentés.

12. P. Gonneau, *Le Monastère de la Trinité-Saint-Serge, de sa fondation au début du XVIe siècle,* thèse de l'Ecole des chartes, Paris, 1984 (devenue thèse nouveau régime en 1989). —, « La géographie historique de la Russie dans les fonds des bibliothèques parisiennes », *Revue des études slaves,* t. 58, 1986, p. 693-712. —, « Les bibliothèques londoniennes et la géographie historique de la Russie », *ibid.,* t. 70, 1988, p. 877-882.

13. Parmi les études récentes d'I. Sorlin, on retiendra : « La diffusion et la transmission de la littérature chronographique byzantine en Russie prémongole du XIe au XIIIe siècle », *Travaux et Mémoires publiés par le Centre d'études byzantines,* t. 5, 1973, p. 385-408. H. Ahrweiler, « Les relations entre les Byzantins et les Russes au IXe siècle », *Bulletin d'information et de coordination de l'Association internationale des études byzantines,* t. 5, 1971, p. 46-70.

14. Ph. Dollinger, *L'Evolution des classes rurales en Bavière depuis la fin de l'époque carolingienne jusqu'au milieu du XIIIe siècle,* Paris, Les Belles Lettres, 1949. —, *Der bayerische Bauernstand vom 9. bis zum 13. Jahrhundert,* Munich, Beck, 1982. —, *La Hanse (XIIe-XVIIe siècle),* Paris, Montaigne, 1964. —, *Die Hanse,* Stuttgart, Kröner, 1966.

15. R. Folz, *Le Souvenir et la Légende de Charlemagne dans l'Empire germanique médiéval,* Dijon, Les Belles Lettres, 1950. —, *L'Idée d'Empire en Occident du Ve au XIVe siècle,* Paris, Aubier, 1953.

16. J. Schneider, *La Ville de Metz aux XIIIe et XIVe siècles,* Nancy, Impr. G. Thomas, 1950. —, « Les villes allemandes au Moyen Age : les institutions économiques », *Société Jean Bodin. Recueils,* Bruxelles, Ed. La Libre Encyclopédie, 1955, p. 403-481.

17. Ch. Higounet, *Die deutsche Ostsiedlung im Mittelalter,* Berlin, Siedler Verlag, 1986, (*Les Allemands en Europe centrale et orientale au Moyen Age,* Paris, Aubier, 1989).

18. J.-P. Cuvillier, *L'Allemagne médiévale,* t. 1, *Naissance d'un Etat (VIIIe-XIIIe siècle),* Paris, Payot, 1979 ; t. 2, *Echec d'une nation (1272-1525),* Paris, Payot, 1984.

19. R. Fiétier, *La Cité de Besançon de la fin du XIIe siècle au milieu du XIVe siècle,* Paris-Lille, Champion-université de Lille-III, 1978, 3 vol.

20. B. de Vrégille, *Hugues de Salins, archevêque de Besançon (1031-1066),* Besançon, Cêtre, 1981.

21. R. Locatelli, *De la réforme grégorienne à la monarchie pontificale : le diocèse de Besançon (v. 1060-1220),* thèse inédite, Besançon, 1984.

22. P. Pégeot, *Le Pays de Montbéliard et la Région de Porrentruy au Moyen Age. Peuplement et démographie,* thèse de troisième cycle, Nancy, 1982.

23. M. Parisse, *La Noblesse lorraine (XIe-XIIIe siècle),* Paris-Lille, Champion-université de Lille-III, 1976. —, *Noblesse et Chevalerie en Lorraine médiévale,* Nancy, université de Nancy-II, 1982.

24. A. Girardot, *Droit canon et Seigneurie rurale à la fin du Moyen Age. L'exemple du Verdunois,* thèse inédite, Dijon, 1979.

25. F. Rapp, *Réformes et Réformation à Strasbourg. Eglise et société dans le diocèse de Strasbourg (1450-1525),* Strasbourg, Ophrys, 1974.

26. J.-C. Schmitt, *Mort d'une hérésie. L'Eglise et les clercs face aux béguines et aux béghards du Rhin supérieur du XIVe au XVe siècle,* Paris-La Haye, Mouton-EHESS, 1978.

27. G. Bischoff, *Gouvernés et Gouvernants en Haute-Alsace à l'époque autrichienne,* Strasbourg, Istra, 1982.

28. P. Corbet, *Les Saints ottoniens. Sainteté dynastique, sainteté royale et sainteté féminine autour de l'an Mil,* Sigmaringen, J. Thorbecke, 1986.

29. J.-M. Moeglin, *Les Ancêtres du Prince. Propagande politique et construction d'une histoire nationale en Bavière au Moyen Age (1180-1500),* Genève-Paris, Droz-Champion, 1985.

30. S. Gougenheim, *L'Eschatologie dans la vie et les œuvres de Hildegarde de Bingen (1098-1179),* thèse nouveau régime, Paris-X, 1989.

31. « Noblesse et monastères en Lotharingie du IXe au XIe siècle », in *Monastiche Reformen im 9. und 10. Jahrhundert,* R. Kottje et H. Maurer éd. (*Vorträge und Forshungen,* 38), Sigmaringen, J. Thorbecke, 1989. —, « Désintégration et regroupements territoriaux dans les principautés lotharingiennes du XIe au XIIIe siècle », in *Zwischen Gallia und Germania, Frankreich und Deutschland. Konstanz und Wandel raubestimmender Kräfte* (*Trierer Historische Forschungen,* 12), Trèves, Trierer historische Forschungen Selbstverl., 1987, p. 155-180.

32. *Lothringen. Geschichte eines Grenzlandes,* Saarbrücken, Saarbrücker Druckerei u. Verl., 1984. Cette traduction a bénéficié de l'attention érudite de H. W. Herrmann, excellent connaisseur du sujet.

33. Avec une attention particulière portée aux chartes de franchises.

34. Ch. Wilsdorf, « Le *monasterium Scottorum* de Honau et la famille des ducs d'Alsace au VIIIe siècle. Vestiges d'un cartulaire disparu », *Francia,* t. 3, 1975, p. 1-87.

35. « Venezia e la Germania nel Medioevo », in *Venezia e la Germania,* Milan, Electa, 1987, p. 35-49.

36. Les familles concernées sont celles de von Thüngen et von Hutten.

37. « Les femmes au monastère dans le Nord de l'Allemagne du IXe au XIe siècle. Conditions sociales et religieuses », in *Frauen in Spätantike und Frühmittelalter. Lebensbedingungen, Lebensnormen, Lebensformen,* W. Affeldt éd., Sigmaringen, J. Thorbecke, 1989.

38. Un bulletin d'information est publié deux fois par an et adressé gratuitement à qui en fait la demande.

Sciences auxiliaires de l'histoire médiévale

Olivier Guyotjeannin
avec la collaboration de
Denis Muzerelle, Robert Favreau, Françoise Dumas, Michel Pastoureau, Marianne Mulon *

Les diverses disciplines traditionnellement centrées sur le recensement, l'examen critique et la publication des sources, écrites ou figurées, de l'histoire ont mérité à ce travail leur vocable premier de « sciences auxiliaires ». La taxinomie est loin d'être claire, et, devant l'élargissement des sources, de nombreux « rameaux de sciences collaboratrices tendent à se constituer en véritables sciences auxiliaires de l'histoire [1] », tournant par exemple autour d'une géographie historique enfin élargie, ou de la démographie. Le présent rapport n'a pris en compte que les plus traditionnelles d'entre elles.

Pour anciennes qu'elles soient, pour divers que soient leurs objets — diversité qui nous contraindra à une présentation excessivement rapide —, un même mouvement de fond caractérise les disciplines ici évoquées. Indépendamment même de la poursuite, voire de la naissance, de corpus de sources livrées aux enquêtes historiques, les sciences dites auxiliaires ont en effet connu un profond élargissement des curiosités, un remarquable renouvellement des méthodes comme des ambitions : mouvement amorcé en pleine « ère du doute », lancé de fait dès les

* La partie I et générale est due à O. Guyotjeannin, II à D. Muzerelle, III à R. Favreau, IV à Fr. Dumas, V et VI à M. Pastoureau, VII à M. Mulon.

années cinquante-soixante, mais dont les retombées sont manifestes dans les deux dernières décennies. Loin d'être seulement des « auxiliaires », ces disciplines ont fait de leurs objets d'étude des sources pour elles-mêmes, dont la structure, l'agencement, la perception même par les contemporains sont autant de révélateurs des sociétés et des cultures médiévales. Sans même parler du récent renouvellement de la métrologie[2], l'on a vu ainsi l'étude des types monétaires ou de la diffusion des sceaux éclairer l'histoire du pouvoir ; l'anthroponymie quantitative ou l'héraldique appuyer l'histoire de la société et des structures familiales ; la codicologie ou l'épigraphie épauler l'histoire culturelle.

I. Sources d'archives et diplomatique

Le repérage et l'examen critique des sources d'archives sont revendiqués par une nouvelle discipline, très inégalement développée selon les secteurs, où confluent archivistique, histoire des institutions, diplomatique traditionnelle et étude comparative, et que l'on pourra appeler « typologie des sources », à l'instar de nos collègues belges. Elle est illustrée à l'étranger, sans rien d'analogue en France, par divers manuels ou collections, tels les volumes de R.C. Van Caeneghem et F.L. Ganshof (dont une traduction française est enfin en cours) ou G.R. Elton pour l'Angleterre, et la justement célèbre « Typologie des sources du Moyen Age occidental » dirigée par L. Génicot. En dehors même de quelques contributions régionales, la voie vers un nouveau type d'instrument de recherche a été ouverte sous la direction de R.-H. Bautier[3].

La même tendance semble bien se faire jour dans les publications des archives, où l'accent a été mis délibérément sur la couverture complète, à haute altitude, des fonds. Les deux dernières décennies ont bien vu, aux Archives nationales, la poursuite de quelques grandes séries d'inventaires, registres du Trésor des chartes, Parlement civil et criminel, anciens « hommages de France » de la Chambre des comptes, sans même évoquer divers fonds privés (Saint-Fargeau, Rohan-Bouillon, Maison de France, Castries, Uzès, Léran) ; de même, dans les Archives départementales et communales, plusieurs répertoires de séries partiellement médiévales, ecclésiastiques en tête. Ici et là, la grande affaire a été la publication, à un rythme soutenu, de l'*Etat général des fonds* et de l'*Etat des inventaires des Archives nationales,* de l'*Etat des inventaires des Archives départementales, communales et hospitalières,* de nombreux guides, enfin, d'Archives départementales[4].

Le volet du repérage archivistique sera clos par l'évocation d'entreprises assistées par l'informatique et détaillées à ce titre dans un autre rapport : cartulaires et actes originaux antérieurs à 1221, recensés, filmés et indexés par l'IRHT (Paris-Orléans) ; actes originaux antérieurs à 1121, par les soins de l'ARTEM (Nancy).

Vieille tradition au pays des Mauristes, la diplomatique française est bien plus volontiers pratique que théorique ; l'on s'explique ainsi que la part maigre soit faite à la diplomatique générale, et que bien des efforts convergent dans les activités d'édition, où ont été enfin définies, dans un cadre international, des normes... qu'il reste à appliquer et à diffuser[5].

D'une diplomatique « qualitative », influencée par l'école de Vienne et attentive à sa suite aux faits de culture, on peut citer quelques exemples[6], le nouveau départ donné à l'étude de l'acte du haut Moyen Age (J. Vezin aux côtés de H. Atsma), une synthèse sous presse de R.-H. Bautier sur le thème « Chancellerie et culture », les importantes contributions de Ch. Vulliez à l'étude de l'*ars dictaminis,* préalables à une étude quantitative du discours diplomatique, qui doit dépasser l'approche analytique. De même, dans le domaine de la chronologie, les études des styles de datation se doublent d'un intérêt nouveau pour la perception du temps (qui ressortit plutôt à l'anthropologie historique) et pour la mention, faite ou non, du prince dans la date (actes catalans, normands, époque des Robertiens). Et si le *discrimen veri ac falsi* semble toujours relever du particulier, une voie nouvelle — et ardue — a été ouverte par J. Dufour, avec une étude statistique, ventilée par règne et période de falsification, des faux attribués aux carolingiens « français »[7].

La diplomatique spéciale a connu un très inégal développement. Viennent en tête du palmarès, selon des critères variés, les actes royaux, les actes privés, les actes en langue vulgaire [8]. Les actes royaux ont vu, toujours par les soins de l'Académie des inscriptions, l'achèvement de la série des Carolingiens « français » et de Philippe Auguste (sauf index et additions), la poursuite du chantier pour les XIe-XIIe siècles (Louis VI sous presse) et Philippe le Bel : ici, comme en bien d'autres domaines, le XIIIe siècle demeure déshérité. En dehors de la synthèse de R.-H. Bautier sur les Carolingiens, c'est le bas Moyen Age qui s'est attiré les études les plus fournies, dans des directions traditionnelles : mentions hors-teneur, chancellerie et prosopographie de son personnel (A. Lapeyre et R. Scheurer) ; d'autres secteurs, tels les formulaires, sont largement en friches, sauf à signaler un projet animé par Ph. Contamine et Fr. Autrand. Même richesse, non plus des éditions, mais des études, dans le domaine de l'acte privé, dont la diversité française a attiré bien des chercheurs [9]. Quelques études aussi sur la question du recours à la langue vulgaire, mais surtout, en ce domaine, une vigoureuse impulsion donnée à l'édition du corpus des *Documents linguistiques de la France,* dirigé par J. Monfrin.

Les actes pontificaux ont vu la poursuite des publications de l'Ecole française de Rome (Jean XXII, Urbain V, Innocent VI) et un début de participation française à d'autres entreprises internationales [10] ; les études se font ici plus rares, le personnel de la chancellerie ayant fait l'objet de plusieurs articles de B. Barbiche. Le bilan est encore plus mélangé avec les actes princiers, où n'ont guère été publiés que des prééditions lorraines et un catalogue pour l'Anjou du XIe siècle (O. Guillot), d'autres éditions demeurant dactylographiées (comtes de Périgord, Eudes IV de Bourgogne, Humbert II de Viennois ; premiers registres des chancelleries de Bretagne et d'Armagnac — ces derniers à paraître) ; de rares études sur la Bourgogne et le Dauphiné ont été, la plupart du temps, éditées à l'étranger. Il faut donc souhaiter que l'Académie des inscriptions puisse rapidement ouvrir sa nouvelle série d'« Actes princiers », où l'on attend déjà les actes bretons antérieurs à 1148 et ceux de Blois-Champagne jusqu'à 1284. L'on doit de même attendre les fruits du travail du Groupement de recherche animé par M. Parisse, pour voir l'édition des actes épiscopaux sortir de son quasi-néant actuel : Reims, Metz, Toul et Poitiers devraient en profiter les premiers.

Reste, difficile à classer, le domaine des recueils ou éditions thématiques au sens large, où se distinguent quelques lueurs : belles mais rares éditions d'inventaires après décès ; recueils régionaux, de loin dominés par l'achèvement des *Chartes du Forez* jusqu'à 1300 ; vogue, méritée, des chartes de franchises et de coutumes, dont se détachent trois recueils systématiques consacrés à la Picardie, à la Savoie et à l'Agenais.

Si l'on considère les documents en fonction des fonds où ils se trouvent, ce sont, sans surprise, les fonds ecclésiastiques qui se taillent la part du lion. Tout d'abord par quelques beaux instruments d'investigation : la fin du « Cottineau », la poursuite des *Abbayes et prieurés de l'ancienne France,* auxquels dom Becquet fournit à peu près tous les cinq ans un nouveau volume tiré de la *Revue Mabillon* (diocèses actuels d'Arras, Amiens, Soissons, Beauvais), alors que la *Gallia Monastica,* sans doute trop ambitieuse, n'a pas dépassé le premier volume (diocèse de Reims)[11]. Les éditions de cartulaires et chartriers semblent connaître, sans vouloir être trop optimiste, comme un début de reprise après une période très critique. Sans même mentionner les contributions partielles ou préparatoires[12], de très beaux ensembles ont été livrés aux historiens : Saint-Georges de Hesdin et Fontenelle, Remiremont et Bouxières, Sainte-Chapelle de Vincennes et, pour deux volumes, Saint-Magloire de Paris, Saint-Vincent du Mans, Pontigny, Montierneuf de Poitiers, Fontaine-le-Comte et Saint-Amand de Boixe, Obazine, Vabres, Lézat et La Selve, Bonnefont, chapitre d'Agde, Trinquetaille et Montrieux : il est vraisemblable qu'après la grande vague des études d'histoire régionale, pour lesquelles le chercheur parvient à dominer seul la documentation, le nouveau départ des enquêtes « transversales », recourant fréquemment à des études de vocabulaire, rend plus pressant le besoin d'éditions comme de corpus informatisés. Les projets d'éditions sont nombreux et importants (La Sauve-Majeure, La Grasse, Fontevraud, etc.). Il reste que les possibilités financières de l'édition nationale ne suivent pas : Corbie, La Grasse et Saint-Nicaise de Reims à part, rien ne semble prévu pour publier des éditions dactylographiées, comme celles des cartulaires de Saint-Serge d'Angers, Notre-Dame d'Evron, Levroux, Moissac, pour ne citer que quelques noms.

Les autres documents des fonds ecclésiastiques subissent la logique du tout ou rien : certaines catégories disposent de séries, bien programmées, de répertoires, synthèses, éditions, tels les documents nécrologiques (J.-L. Lemaître et quelques autres éditeurs), les visites pastorales (N. Coulet et quatre volumes de répertoire collectif), les statuts synodaux (O. Pontal et J. Avril), les pouillés (pour lesquels la province de Bordeaux doit venir clore la série lancée par l'Académie des inscriptions). Cluny peut encore avancer une belle collection de *Statuts, chapitres généraux et visites;* mais pour le reste, registres d'inquisition, finances pontificales, enquêtes, une pénurie accablante, où l'on ne peut guère avancer à chaque fois qu'une ou deux éditions. Le bilan est encore plus désolant dans le domaine des comptabilités.

Les archives laïques ont moins de succès. Quelques éditions sont éclipsées par deux beaux ensembles méridionaux, maison de Durfort (N. de Peña) et début du trésor des chartes d'Albret (J.-B. Marquette). Editions importantes mais guère moins isolées de documents tirés des archives municipales : les documents fiscaux de Saint-Flour et de Paris, le registre des compagnies françaises de Paris, les comptes de Montréal, les actes de Péronne ne peuvent faire oublier l'inachèvement du *Répertoire des délibérations et comptabilités communales.* Seul point positif, les éditeurs français sont encore épargnés par les cas de conscience que posent à leurs collègues belges les mérites respectifs de l'édition intégrale, du tableau récapitulatif et du microfilmage !

Les documents de gestion domaniale bénéficient aujourd'hui d'une synthèse de R. Fossier et d'éditions, dont le plus grave défaut est moins le faible nombre — encore que je n'en aie recensé qu'une quinzaine — que l'absence totale de coordination dans leur publication. De très beaux textes ont reçu des éditions exemplaires, tels les *Documents comptables de Saint-Martin de Tours* (P. Gasnault) ; les *Enquêtes sur les droits et revenus de Charles I*[er] *en Provence* (E. Baratier) ; des censiers du XIIIe siècle, inventaires méthodiques des profits seigneuriaux, ainsi pour l'évêché de Toul (H. Olland) et Saint-Pierre-aux-Monts de Châlons (A. Saint-Denis) ; ou ce démarquage de cartulaire-chronique, composé au début du XIIe siècle à Marchiennes (B. Delmaire). La situation devient lamentable pour les comptabilités seigneuriales, où les « raisons » de Guillaume de Murol (P. Charbonnier) tranchent par leur volume et leur intérêt, comme pour les documents féodaux, où se signale le *Livre d'hommages* de Gaston Phébus (P. Tucoo-Chala), dont la position périphérique a autorisé une publication à Saragosse !

Les archives des administrations, royale et princières, ont, elles aussi, livré des éditions importantes mais presque aussi isolées : un beau dossier d'ambassadeur en 1400-1403 (I. Le Bis), les registres du conseil ducal de Bretagne en 1459-1463 (A. Lejeune, dact.), les documents du Clos des Galées de Rouen (A. Merlin-Chazelas) ; quelques beaux documents fiscaux, dont une enquête de la Flandre wallonne (A. Derville), des rôles artésiens (P. Bougard et M. Gysseling) et normands (M. Nortier). De même peut-on signaler, pour les documents financiers, par les soins de l'Académie des inscriptions et belles-lettres, l'achèvement des *Comptes généraux de l'Etat bourguignon (1416-1420)* (M. Mollat et R. Favreau), le premier volume du *Catalogue des comptes royaux (1328-1364),* dû au regretté R. Cazelles, le chantier des comptes sur tablettes de cire de l'Hôtel du roi au XIIIe siècle (E. Lalou) ; grâce à la Commission royale belge, l'édition des comptes du receveur d'Artois pour 1303-1304 (B. Delmaire).

En résumé, une diplomatique aussi pratique que peu spéculative, qui nous a fourni quelques synthèses, ouvert des voies stimulantes, rarement ennuyé — ce qui est déjà un acquis —, mais garde encore bien de l'ouvrage et appelle la refonte des manuels classiques; une typologie qui doit encore faire ses preuves ; des éditions qui ont survécu à la tourmente et connaissent peut-être un léger mieux, pour lesquelles se confirme le rôle primordial d'institutions centrales (Académie des inscriptions, CNRS, CTHS), où il faut encore attendre pour juger des effets de la décentralisation, qui remédiera, espérons-le, à la crise des sociétés savantes locales, et surtout où les efforts demeurent extrêmement (excessivement ?) dispersés et individualistes.

II. Paléographie et codicologie

On n'abordera ici — sauf exception — que le domaine des écritures latines médiévales[13]. Mais c'est précisément par une exception qu'il convient de commencer, pour rappeler les travaux de J. Mallon sur l'écriture romaine.

En effet, si l'objet spécifique de ses recherches échappe au cadre de la médiévistique, les principes évolutionnistes énoncés dès 1953 ont largement bouleversé la paléographie médiévale, en lui offrant de nouvelles méthodes et de nouveaux fondements. C'est dans un film, *Ductus*[14], qu'on doit voir l'aboutissement de son œuvre : le dessin animé scientifique s'y révèle le meilleur moyen de rendre compte simultanément du dynamisme du geste graphique et de celui de l'évolution diachronique des tracés. Le recueil de ses principaux articles[15], assorti de nombreux commentaires et mises à jour (voire rétractations), laissait attendre une refonte de son maître traité ; la mort ne la lui laissa pas entreprendre.

Pour la paléographie médiévale proprement dite, il est d'usage de distinguer le domaine des écritures documentaires de celui des écritures livresques. Cette dichotomie assez académique, inégalement justifiée selon les périodes, reflète moins une différence de matériau ou de méthode que le rôle dévolu à l'analyse des écritures selon les domaines : simple élément de critique dans un cas, indispensable technique de datation et de localisation dans l'autre. C'est probablement cette moindre motivation qui explique la relative désaffection pour les écritures documentaires qui s'est toujours manifestée chez les médiévistes français et ne s'est guère démentie au cours des dernières décennies.

Les périodes anciennes suscitent cependant davantage d'intérêt. Pour ces dernières années, le principal apport consiste dans la publication des *Chartae latinae antiquiores*, sous la direction de

R. Marichal. Les fac-similés antérieurs de diplômes mérovingiens et carolingiens se trouvent largement supplantés par les volumes concernant la France[16], et la prise en compte de documents ecclésiastiques et privés, ou non diplomatiques (telles les authentiques de reliques du VIIIe siècle découvertes à Chelles en 1983), élargit notablement la documentation. On attend l'étude paléographique d'ensemble que J. Vezin doit prochainement publier dans un volume d'introduction. Un avant-goût de ce qu'elle pourra apporter nous a été fourni par l'analyse fouillée qu'il a donnée des comptes de Saint-Martin de Tours[17], spécimens exceptionnels d'écriture usuelle au VIIe siècle.

Passé l'époque carolingienne, les travaux se font rarissimes et l'on ne peut guère citer que les recherches de F. Gasparri sur les écritures de la chancellerie royale au XIIe siècle[18]. Ses conclusions ont connu quelques critiques ; mais elles jettent un pont important entre les deux principaux aspects de la paléographie médiévale en révélant le rôle des *scriptoria* des grandes abbayes parisiennes dans la confection des actes. Quelques travaux plus récents[19], mais encore dispersés, laissent peut-être entrevoir un regain d'intérêt pour l'étude des écritures diplomatiques ; l'influence de l'école belge de J. Stiennon y est notable.

C'est encore en matière de paléographie documentaire que la demande en matériau didactique est la plus vive. Un excellent recueil d'initiation aux écritures cursives les plus difficiles nous a été procuré par E. Poulle[20] ; sa récente édition des cédules de l'assemblée de 1398[21] fournit un bel échantillonnage d'écritures personnelles. Pour le reste, les archivistes départementaux, à qui incombe le plus souvent le soin d'initier le public au déchiffrement, tentent en ordre dispersé de pallier le manque d'instruments par des publications d'intérêt local — avec plus ou moins de bonheur[22] ! C'est peut-être ici le lieu de suggérer qu'ils se concertent pour définir les besoins de leur public et élaborer en commun un outil solide et efficace.

Le domaine de la paléographie livresque est beaucoup plus florissant, l'essor actuel correspondant souvent au développement d'initiatives lancées dès les années cinquante, notamment à la suite de la création du Comité international de paléographie (latine) (CIPL). Principale entreprise alors mise en chantier, le « Catalogue des manuscrits datés » (CMD) continue de paraître, pour la France à un rythme soutenu, depuis 1959. Les sept tomes parus[23] couvrent maintenant la majeure partie de nos fonds (à l'exception seulement du Nord de la France et du Fonds français de la Bibliothèque nationale). Ils ont non seulement fourni aux paléographes d'abondants spécimens datés d'écritures variées (environ 3 000 clichés), mais, en accordant plus d'importance que d'autres collections analogues à l'origine géographique des volumes, ils ont jeté un jour nouveau sur les *scriptoria* et bibliothèques du Nord-Est (Reims, Saint-Thierry, Verdun), de Bourgogne (Cîteaux, Clairvaux, Cluny), de Normandie et des pays de Loire (Mont-Saint-Michel, Saint-Wandrille, Fécamp ; Orléans, Angers, Vendôme), voire pratiquement mis au jour des ressources inattendues (fonds de Belval et de Signy à la bibliothèque de Charleville).

L'importance de la collection peut encore se juger aux publications auxquelles elle a servi de modèle. Outre les équivalents nationaux dans la plupart des pays d'Europe, en France même ont été élaborés selon une formule analogue le *Catalogue des manuscrits contenant des notations musicales* (par S. Corbin et M. Bernard, 1964-1972, 3 vol.) et le *Catalogue des manuscrits datés en caractères hébraïques* (1972-1981, 3 vol., en collaboration avec les institutions israéliennes). Peut-on pour autant estimer que cette manne d'échantillons compense la carence totale de notre pays en matière de publication de manuscrits en fac-similé ?

Parmi les autres travaux, les études de *scriptoria* occupent la place d'honneur. Certaines sont plus ou moins étroitement liées aux recensements effectués dans le cadre du CMD. Pour traditionnel que soit le genre, on peut y déceler quelques tendances nouvelles : d'une part, une attention plus soutenue — et parfois neuve — aux éléments « péri-graphiques » et codicologiques (abréviations, ponctuation... ; réglure, mise en page, reliure...)[24] ; d'autre part, le souci de confronter la production livresque aux actes émanés du même établissement[25].

Un autre domaine de prédilection des paléographes est celui des « autographes » médiévaux (manuscrits d'auteur ou de travail, *scriptoria* de savants ou de littérateurs). De fort nombreux articles ont abordé ce sujet depuis une vingtaine d'années, laissant apparaître, là encore, une évolution des préoccupations. L'accent y est désormais moins mis sur la biographie du personnage et la critique textuelle que sur l'analyse des méthodes de travail intellectuel[26].

Mais ce qui a peut-être le plus profondément marqué la paléographie (en France comme ailleurs) au cours de ces dernières années a été l'émergence à ses côtés de la codicologie — dont le nom n'aurait peut-être pas même été mentionné dans un rapport analogue, il y a vingt ou trente ans ou alors dans une acception sensiblement différente (cf. *L'Histoire et ses méthodes,* 1961). Dans ce nouveau cadre méthodologique, on peut distinguer trois courants, ou peut-être trois niveaux correspondant à des implications croissantes dans le domaine historique.

Tout d'abord, une codicologie analytique et descriptive, qui s'efforce de reconstituer exactement l'ensemble des techniques de fabrication du livre médiéval (on a signalé plus haut l'incidence de cette approche dans les travaux paléographiques). Là encore, l'élaboration d'instruments de travail est due à l'initiative du CIPL qui, dès les années soixante, recommandait l'établissement d'un glossaire technique international, dans un souci de clarification et de normalisation peut-être plus que de simple intercompréhension. La base de cet instrument a vu le jour en français[27] et des adaptations nationales, devant mener au répertoire polyglotte, sont en cours dans plusieurs pays.

L'introduction des techniques de laboratoire[28], notamment dans le cadre du Centre de recherche sur la conservation des documents graphiques (créé par le CNRS en 1963), a ouvert de nouveaux horizons. En France, l'effort a principalement porté, ces derniers temps, sur l'identification et l'histoire des encres[29] et des pigments. Les papiers médiévaux (occidental et oriental) ont fait eux aussi l'objet de recherches importantes et novatrices[30].

Sur un autre niveau viennent se placer les recherches visant à la reconstitution des fonds de bibliothèques médiévales, sur la base d'inventaires anciens et de documents d'archives. Si l'orientation n'est pas véritablement neuve, elle a reçu une très vigoureuse impulsion depuis un quart de siècle grâce aux travaux d'A. Vernet[31]. L'énorme documentation relative aux bibliothèques monastiques, qui a été rassemblée par ses soins ou sous sa direction à l'Institut de recherche et d'histoire des textes, constitue en elle-même un acquis capital, et cet effort de recensement des sources vient de voir son aboutissement dans la publication d'un répertoire national des inventaires de bibliothèques[32].

Après une période où ont fleuri les monographies de petites bibliothèques, monastiques ou privées, la recherche est maintenant en mesure d'affronter des fonds plus importants, en volume et en rayonnement. Ceux de Clairvaux[33], de Saint-Victor[34], de Saint-Denis[35] ont été minutieusement reconstitués et analysés ; d'autres établissements cisterciens de premier plan (Cîteaux, Pontigny...) font actuellement l'objet de travaux. Il faut y ajouter, dans un domaine un peu différent, les recherches consacrées aux bibliothèques d'ecclésiastiques, sous la papauté d'Avignon, à partir des archives du droit de dépouille[36].

Une troisième orientation s'emploie enfin à interpréter les particularités archéologiques du manuscrit et de l'incunable en fonction de critères économiques et sociaux autant qu'intellectuels ou technologiques. Etudiant les caractéristiques de vastes ensembles de livres et recourant systématiquement à la statistique pour interpréter les observations, cette « codicologie quantitative » ambitionne d'aboutir à une histoire motivée du livre médiéval, envisagé comme le reflet du contexte humain qui l'a produit.

Dans ce domaine, où la France joue véritablement un rôle pionnier, la recherche est encore en pleine phase expérimentale et la méthodologie se forge au fil des articles et communications. On n'en est donc pas encore à pouvoir renvoyer à un travail de synthèse ; mais les fondements de la démarche ont été solidement exposés[37] et son efficacité a été illustrée de façon convaincante, en particulier dans l'étude de la production manuscrite au cours du Moyen Age[38]. D'autres jalons importants ont été fixés sur d'autres points (notamment ceux qui ont trait à la lisibilité de la page et du texte) par les publications du groupe « Quanticod »[39] — car c'est une autre caractéristique de cette méthodologie que d'exiger un travail collectif, là où la recherche individuelle était de règle jusqu'à présent.

C'est donc, à l'évidence, dans le domaine de la codicologie que la recherche a manifesté le plus de vigueur et qu'on a bénéficié des apports les plus consistants, depuis dix ans tout particulièrement. Cela ne doit cependant pas prêter à confusion, car les deux disciplines restent intimement liées, et reposent bien souvent sur les mêmes chercheurs. Et si la codicologie tente de plus en plus ouvertement de se faire reconnaître comme une discipline à part entière (statut qu'elle a déjà obtenu dans plusieurs pays), c'est moins pour s'affranchir de la paléographie que pour lui ouvrir un horizon renouvelé.

III. Epigraphie

Erudits et amateurs d'histoire se sont de tout temps intéressés aux inscriptions que le médiéviste ne cesse de rencontrer, aussi bien dans les églises romanes ou gothiques que dans les textes. Au cours des vingt dernières années, il est aisé de repérer, grâce à la *Bibliographie annuelle de l'histoire de France,* bon nombre de contributions qui signalent de nouvelles inscriptions ou apportent des compléments sur des épigraphes déjà connues. Le plus souvent, il s'agit d'articles très brefs, dans des revues locales à diffusion restreinte. Ces études sont toujours utiles en raison de la connaissance du terrain qu'ont leurs auteurs, et elles aident à situer un matériel épigraphique très dispersé. Elles intéressent généralement une seule inscription. Plus rarement, elles concernent un monument, une ville, une région, par exemple les inscriptions funéraires et campanaires de la cathédrale de Rouen, les pierres tombales de la cathédrale de Meaux, les inscriptions de l'abbaye de Longpont ou de l'abbatiale Notre-Dame de Mouzon, les vingt-cinq épitaphes carolingiennes de Saint-Outrille-du-Château à Bourges, ou encore les inscriptions romanes d'Alsace, les inscriptions du département du Tarn ou de l'Indre. Parfois elles se regroupent autour d'un thème : les chrismes du Sud-Ouest, les très controversés graffiti templiers de Chinon, ou d'une catégorie particulière, telles les runes étudiées à différentes reprises par L. Musset.

On mettra à part la publication d'inscriptions transmises par les épitaphiers ou par les relevés et dessins de Gaignières (J. Adémar, G. Dordor, J.-B. de Vaivre). L'apport des chroniqueurs peut être d'une très grande importance, tel un André de Fleury (R.-H. Bautier). L'épigraphiste doit encore la plus grande attention aux catalogues d'expositions, inventaires de musées, corpus concernant le Moyen Age, tel celui des émaux médiévaux par M.-M. Gauthier, ou des vitraux, en particulier la grande étude de L. Grodecki sur les vitraux de Saint-Denis.

La publication, en 1986, par G. Nahon des *Inscriptions hébraïques et juives de la France médiévale* a été le point d'aboutissement d'un projet conçu en 1973 par B. Blumenkranz, ainsi que de rapports de mission dans le Sud-Ouest et en Lorraine et Alsace, d'études sur les inscriptions juives d'Arles, de Mantes-la-Jolie, de Dijon, d'une syntèse sur l'épigraphie juive méridionale[40], le tout publié entre 1968 et 1980.

La nouveauté la plus marquante de ces vingt dernières années pour l'épigraphie médiévale en France reste la recension générale et la publication systématique des inscriptions des VIIIe-XIIIe siècles. C'est en 1969 qu'une formation du CNRS a été créée pour dresser un *Corpus des inscriptions de la France médiévale.* Installée à Poitiers auprès du Centre d'études supérieures de civilisation médiévale, cette équipe établit un fichier général des inscriptions — incluant aussi le XIVe et le XVe siècle —, étudie sur place tous les textes des VIIIe-XIIIe siècles, et publie les résultats de l'enquête au rythme d'un volume de 250 à 300 pages chaque année depuis 1974. A ce jour l'enquête sur place couvre 48 départements, et ont été publiées en 14 volumes près de 2000 inscriptions de 29 départements.

La recension assurée par l'équipe de Poitiers est menée de pair avec l'établissement d'instruments de recherche propres à la discipline, l'exploration et l'exploitation des différents champs auxquels l'épigraphie peut apporter une contribution. R. Favreau a publié en 1979 la première synthèse sur les inscriptions médiévales[41] et a présenté plusieurs études générales sur la discipline[42]. Le fichier épigraphique général établi à Poitiers a été traité par l'informatique, et les concordances, par leur exhaustivité et l'apport du contexte de chaque mot, permettent de repérer formules, expressions, emprunts. Ce fichier sera transformé en banque de données en 1989-1990. Une publication d'ensemble sur le formulaire des inscriptions médiévales en France est en chantier, et plusieurs études particulières ont été publiées en ce domaine par R. Favreau. Des recherches sont menées systématiquement sur les sources bibliques, liturgiques, hagiographiques, patristiques, littéraires. On retiendra en particulier une thèse sur les *Inscriptions de consécration d'autels et de dédicace d'églises en France du VIIIe au XIIIe siècle : épigraphie et liturgie* (J. Michaud), une étude des inscriptions de l'église de Saint-Savin-sur-Gartempe — où R. Favreau montre notamment les correspondances entre les inscriptions de consécration des autels du déambulatoire et les peintures murales de la crypte —, une autre thèse sur les inscriptions des prophètes en Occident (F. Gay). L'étude des sources, auteurs païens et chrétiens, peut conduire aussi bien aux *Institutes* de Justinien qu'à Cœlius Sedulius, à Baudri de Bourgueil ou à bien d'autres, le champ de recherche restant largement ouvert et à peine abordé[43].

Le domaine de l'écriture des inscriptions n'a été que fort peu traité en France depuis l'article fondamental publié par P. Deschamps dans le *Bulletin monumental* en 1929. A Poitiers, la mise sur fiches systématique de toutes les lettres des inscriptions photographiées de la France du Sud pourrait déjà permettre, pour ce champ géographique, des travaux solidement étayés. Les larges perspectives de recherche offertes par la langue des inscriptions, évolution du latin médiéval, apparition de la langue vulgaire, niveaux de culture, étude du vocabulaire, etc., n'ont été encore que fort peu exploitées.

Même si les travaux des vingt dernières années y placent la France en très bonne place, les perspectives qui s'ouvrent à ce domaine encore neuf demeurent donc considérables.

IV. Numismatique

La numismatique tient sa spécificité de l'étude des monnaies et des médailles. Elle s'appuie aussi sur les documents écrits et sur les données archéologiques dont elle peut contribuer à compléter ou à confirmer l'enseignement.

Aucun plan d'ensemble n'a suscité un développement coordonné des études, qui sont conduites par des individus plus que par des équipes.

Cette situation a des effets positifs : tout d'abord une grande disponibilité devant les découvertes fortuites et les trouvailles faites au cours des fouilles archéologiques. La multiplication de ces dernières, leur minutie, leur orientation vers des sites peu spectaculaires font que l'accent est mis désormais sur le commun, l'usuel, souvent le plus usé et le plus difficile à identifier. En conséquence, on constate une certaine évolution dans l'étude de la monnaie qui porte plus souvent sur l'obole du pauvre que sur l'écu du riche. Autre effet positif, une certaine souplesse pour accueillir et exploiter les progrès des sciences exactes, en l'occurrence l'analyse métallique par méthodes physiques non destructives qui permet, surtout en l'absence de textes, de connaître les constituants de la monnaie, son titre au premier chef.

Soulignons l'aspect négatif de cette situation : pas de traité, pas de manuel dignes de ce nom, seulement un *remake* du catalogue de J. Lafaurie consacré aux monnaies royales capétiennes, allégé et complété par J. Duplessy[44]. Sachons enfin que ce domaine n'est pas chasse gardée[45] : les numismates anglais, belges, hollandais s'intéressent à la Flandre, à la Guyenne. Un Américain, T. Bisson, a analysé de remarquable manière les mouvements populaires qui tendaient à imposer une stabilité de la monnaie aux XIe et XIIe siècles.

Il est classique, en numismatique française, de distinguer la période du denier de celle du gros. Le denier, pièce d'argent créée à la fin du VIIe siècle, demeure la seule monnaie employée jusque pendant le règne de Louis IX. A partir de 1266, les monnaies de référence sont le gros de douze deniers[46] et les monnaies d'or.

Pour la période du denier, J. Lafaurie a tracé un très bon panorama de la monnaie royale du haut Moyen Age qui peut servir d'introduction à cette première période. La partie carolingienne doit être revue à la lumière des analyses métalliques[47].

Au titre des généralités, indiquons le répertoire des trésors monétaires trouvés en France, enfouis depuis l'époque carolingienne jusqu'à 1180. J. Duplessy y a travaillé pendant plusieurs décennies sous la direction de J. Lafaurie, puis seul. C'est un utile instrument de travail[48].

Si le monnayage de Raoul, roi de France au début du xe siècle, est mieux connu grâce à plusieurs trouvailles récentes[49], c'est surtout la fin de l'époque carolingienne qui a bénéficié d'une découverte exceptionnelle. Le trésor de plusieurs milliers de pièces mis au jour à Fécamp a permis de brosser un tableau de l'ensemble du monnayage de Francie occidentale à la fin de l'époque carolingienne ; l'examen des poids et de quelques titres fait apparaître l'évolution de la monnaie, les affaiblissements, les redressements qu'elle subit, sa diversité suivant les régions, en un mot sa complexité. L'examen des types et des légendes, de leur éloignement progressif ou brutal du modèle royal fournit une contribution importante à la connaissance des manifestations d'indépendance, parfois précoces, qui sont le fait de quelques monastères, de magnats laïcs, d'évêques enfin (F. Dumas).

Le colloque consacré à Philippe Auguste a été l'occasion d'un autre tableau d'ensemble du monnayage dans le royaume, très divers et éparpillé. Les analyses effectuées montrent néanmoins que se dessinent des zones de circulation relativement ordonnées où certains deniers font office de doubles vis-à-vis d'autres qui sont toujours considérés comme l'unité[50].

Parmi les études régionales, celles des monnaies normandes des xe-xiie siècles a attiré l'attention sur ces documents extrêmement frustes dont la dispersion en France et en Europe reflète assez exactement les voies suivies par les Normands dans leurs pèlerinages et leurs conquêtes, à ceci près que l'on ne trouve plus de deniers normands outre-Manche après 1066[51]. Parallèlement, l'emploi des monnaies en Normandie d'après les textes a été étudié par L. Musset[52].

La récente publication d'une monographie consacrée au monnayage des ducs de Bourgogne du XIe au XVe siècle, portant sur le monnayage d'une seigneurie depuis son origine jusqu'à son extinction, fournit une transition vers la période du gros. On rencontre dans cet ouvrage tous les aspects évoqués par d'autres auteurs de façon plus partielle pour d'autres seigneuries : étude de la politique monétaire et de ses profits, des émissions, du numéraire et de la circulation, des procédures administratives, du personnel. On assiste en outre au lent épanouissement du pouvoir ducal capétien, à l'extension de la puissance des Valois finalement mise en échec par l'administration royale en dépit de la faiblesse du souverain[53].

Au XIVe siècle, époque retenue par la plupart des savants[54], les fabrications étaient intermittentes mais souvent très importantes (38 millions de pièces à Dijon en 1303, 4 700 000 pièces blanches et noires à Limoges en 1365-1366) ; les bénéfices en général élevés (14 % en Guyenne), parfois nuls (atelier pontifical de Pont-de-Sorgues) ; les assignations pour paiements rapides, remboursements ou garantie d'emprunts (Dauphiné, Guyenne) fréquentes ; les concessions de frappes mal surveillées (Blois).

La remarquable étude de P. Capra sur la Guyenne anglo-gasconne se veut entièrement textuelle, laissant à un « collectionneur » le soin de mettre en accord les documents avec les monnaies retrouvées, dont le catalogue date d'un demi-siècle.

Des diverses études de M. Bompaire, fouillées et originales, nous retenons ici l'analyse pénétrante d'un livre de changeur du XIVe siècle, occasion d'un tableau des émissions à cette époque[55].

Indiquons, pour terminer, que ces quelques lignes simplificatrices ne prétendent en aucune façon refléter le foisonnement des publications dans ce domaine mais visent à présenter celles qui semblent pouvoir rendre des services plus immédiats aux historiens.

V. Héraldique

Les deux dernières décennies ont été pour les études héraldiques l'occasion de profondes mutations, pour ne pas dire d'une véritable révolution épistémologique[56]. Dans la mise en place de celle-ci, la part des chercheurs français (M. Pastoureau, M. Popoff, H. Pinoteau, P. Bony, Ch. de Mérindol, J.-B. de Vaivre et quelques autres) a été prépondérante. Profitant de l'éclatement des barrières au sein des siences sociales, puis de l'apport de l'anthropologie et de la sémiologie à l'histoire, ces chercheurs sont parvenus à faire des armoiries un objet historique à part entière et non plus seulement une marque de possession ou de commande, dont l'identification pouvait seulement être utile à l'archéologie ou à l'histoire de l'art. Les études nouvelles se sont ainsi développées autour de quatre axes :

1. Tout d'abord celui des rapports entre l'héraldique et la parenté : l'armoirie est avant toute chose un emblème familial et obéit à des lois de port et de transmission qui varient dans le temps et dans l'espace ; elle participe en outre du patrimoine et de la mythologie emblématiques de chaque groupe familial, l'écu armorié renvoyant à la parenté étroite et le cimier qui le surmonte renvoyant à la parenté large.

2. Ensuite l'héraldique statistique et l'étude des phénomènes de fréquence ou de rareté des figures et des couleurs dans les armoiries d'une époque, d'une région, d'une classe ou catégorie sociale. C'est sur ces terrains que l'héraldique médiévale, en dressant cartes, tableaux, graphiques de toutes sortes, a le plus profondément transformé ses enquêtes, renouvelé ses méthodes et étendu ses investigations.

3. Puis l'examen du blason en tant que système de signes rigoureux et performant. Avec peu de données, ce système et la langue qui s'y rattache livrent une foule d'informations et permettent de passer sans difficulté aucune, à six ou huit siècles de distance, du texte à l'image et de l'image au texte, l'armoirie étant les deux à la fois. Parmi tous les langages documentaires

auxquels sont confrontés les historiens, c'est là un cas unique. Il faudrait qu'à présent, sur ces terrains, les linguistes et les sémiologues prennent le relais des héraldistes et des philologues du blason.

4. Enfin l'étude des armoiries et emblèmes attribués à des personnages imaginaires (héros de romans, créatures mythologiques, figures bibliques, saints et personnes divines, vices et vertus personnifiés, etc.). De telles enquêtes, mettant en relation ce que l'on sait ou ce que l'on croit du personnage avec les figures et les couleurs qui lui sont attribuées, permettent de cerner au plus près les procédés de symbolisation et d'emblématisation de la culture médiévale.

Ces approches renouvelées d'une science ancienne ont également permis de repenser le problème des sources et de mettre en chantier une nouvelle et fructueuse politique de publication de documents inédits, armoriaux et sceaux principalement. En ces domaines, rien n'aurait pu se faire sans la généreuse compréhension de plusieurs institutions (les Archives de France, le CNRS) et de quelques éditeurs privés (Editions du Léopard d'or, Editions Picard, Editions Christian). Souhaitons que cette politique se poursuive, malgré les coûts de plus en plus élevés que demandent les publications héraldiques, toujours grandes consommatrices d'images.

VI. Sigillographie

Sans subir une transformation aussi radicale que l'héraldique, la sigillographie a connu elle aussi un essor remarquable au cours des vingt dernières années, et ici encore la part des chercheurs français a été dominante (R.-H. Bautier, Y. Metman, B. Bedos, M. Dalas-Garrigues, M. Pastoureau, R. Gandilhon, J.-L. Chassel, G. Cahen, M. de Framond). Longtemps sous-exploité, le sceau est apparu ces dernières années comme un document d'une richesse multiforme, aussi bien dans le domaine juridique, institutionnel et diplomatique que dans le domaine archéologique et iconographique[57]. Désormais, tous les médiévistes semblent connaître cette richesse documentaire exceptionnelle — ce qui n'était sans doute pas vrai il y a vingt ans — et, malgré les difficultés matérielles que pose sa conservation, le sceau devrait constituer dans les années à venir un des documents « carrefour » des études médiévales. Après la miniature (sur laquelle il présente l'avantage d'une datation beaucoup plus précise), le sceau représente la source d'images quantitativement la plus importante que le Moyen Age nous ait laissée.

Grâce aux Archives de France, la politique de recensement et de publication des sceaux médiévaux, longtemps interrompue, a été relancée, soit sous forme d'inventaires, soit sous forme de corpus[58]. Souhaitons que ce que les Archives nationales et départementales ont entrepris en ce domaine soit poursuivi à grande échelle et imité par les grandes bibliothèques ; notamment par la Bibliothèque nationale qui abrite en son sein plusieurs dizaines de milliers d'empreintes de sceaux médiévaux, la plupart inconnues de tous les répertoires.

VII. Onomastique

L'onomastique (étude des noms de lieux : toponymie, et des noms de personnes : anthroponymie) continue de rencontrer une certaine réserve dans les milieux universitaires, ceux-ci la considérant volontiers comme dépourvue de méthode scientifique. De fait, trop de travaux accomplis par des amateurs sont livrés au grand public, toujours avide d'étymologies. Or les matériaux que traite l'onomasticien sont des mots : ils exigent donc de sa part une double formation, celle d'un linguiste et d'un philologue, mais aussi, parce qu'ils sont les témoignages d'un passé révolu, celle d'un historien. Formation spécifique, qu'il n'est pas facile d'acquérir : dans une enquête menée il y a quelques années[59], P. Fabre a constaté une indifférence quasi générale, de la part des universités françaises, envers cette discipline.

Celle-ci cependant a ses spécialistes, qui se réunissent en congrès internationaux tous les trois ans (16e congrès à Québec, 1987). En France, la Société française d'onomastique, peu nombreuse mais active, organise des colloques régionaux depuis 1978. La *Revue internationale d'onomastique,* fondée par A. Dauzat, disparue après 1977 au décès de l'éditeur, a été remplacée en 1983 par une *Nouvelle Revue d'onomastique* dont personne ne met en doute la qualité scientifique. A Dijon a été créée, voici quelques années, par G. Taverdet, professeur à l'université de Dijon, une Association bourguignonne de dialectologie et d'onomastique (ABDO) qui diffuse des monographies à caractère pédagogique, succinctes, mais de bon niveau.

C'est dire qu'un peu partout du travail sérieux s'accomplit, qu'il faut savoir repérer dans l'abondance des publications[60]. En voici un aperçu :

— Les manuels : les ouvrages traditionnels d'A. Vincent et d'A. Dauzat[61] n'ont pas encore été remplacés. A signaler cependant un utile manuel élaboré par deux professeurs de l'université de Montpellier, manuel qui présente conjointement, de façon claire et pédagogique, états de questions, acquis et problèmes de la toponymie et de l'anthroponymie française[62].

— Les dictionnaires topographiques départementaux : dans la collection officielle, celui de la Seine-Maritime ; hors collection et de moindre valeur, utiles néanmoins, celui de l'Ardèche (P. Charrié) et celui de l'Oise (E. Lambert) ; publications analogues, avec formes anciennes, pour la Manche (F. de Beaurepaire) et la Haute-Vienne (M. Villoutreix) ; en refonte, avec préoccupations étymologiques, ceux de l'Hérault (F.-R. Hamlin) et de la Moselle (H. Hiégel).

— Pour l'ensemble du territoire, le *Dictionnaire étymologique des noms de rivières et de montagnes en France* commencé par A. Dauzat, poursuivi par G. Deslandes, publié enfin par Ch. Rostaing, rendra des services, mais plutôt comme orientation de recherches que comme solutions définitives aux problèmes de l'hydronymie et de l'oronymie.

— Les corpus : avec ses trois volumes de *Noms de personne sur le territoire de la Gaule du VIe au XIIe siècle,* M.-Th. Morlet a fourni une très importante contribution à la connaissance de l'anthroponymie haut-médiévale. L'ouvrage est fondé sur une somme considérable de sources imprimées.

— Les textes : tous documents de l'histoire présentant évidemment quelque intérêt onomastique : pouillés, cartulaires et censiers, livres d'estimes, etc. Il n'y a pas lieu d'y insister ici.

— Le travail universitaire : ont été publiées quelques thèses d'Etat, en toponymie, en hydronymie, en anthroponymie [63].

— La recherche collective, notamment en anthroponymie : on doit à l'équipe de L. Pérouas une étude tout à faire neuve sur les prénoms en Limousin depuis un millénaire. Rendant compte de cette publication, le regrettté J. Herbillon écrivait naguère : « L'étude des prénoms, secteur de l'anthroponymie, a d'abord été du domaine des linguistes qui s'efforçaient d'expliquer philologiquement les formes recueillies. L'évolution des méthodes historiques et les poussées conjointes des recherches démographiques et anthropologiques à partir des années cinquante n'ont pas tardé à convaincre les historiens de l'importance de l'étude systématique des prénoms. Cette importance avait déjà été soulignée par M. Bloch [64]. »

On sait que, nom unique jusqu'à l'orée du deuxième millénaire, le prénom s'est ensuite complété d'un surnom individuel, ancêtre de notre « nom de famille ». A l'université de Tours, un groupe de chercheurs, autour de M. Bourin, a entrepris d'examiner plus précisément où, quand et comment on est passé de ce nom unique au système à deux éléments. La démarche est celle d'historiens attentifs à la nature et à la valeur des sources utilisées, aussi bien qu'aux catégories sociales considérées. Les premiers résultats de l'enquête, parus dans un récent volume [65], sont encore fragmentaires ; mais une méthode de recherche est ainsi élaborée, qui vise à décrire statistiquement les phénomènes observés au lieu d'accumuler les anecdotes. Elle devrait être féconde.

En toponymie, la grande vogue des substrats préindo-européens est passée. L'utilisation des techniques informatiques, qui permettent maintenant de gérer d'énormes masses d'informations, a ramené les chercheurs vers la réalité que représentent les toponymes. A travers la microtoponymie, presque inexplorée jusqu'ici, il va être possible de détecter la survivance et d'étudier la répartition de nombre d'appellatifs, certains d'entre eux donnant, par exemple, de précieuses indications sur l'occupation du sol [66]. La dialectologie prend ici un rôle majeur.

En anthroponymie, l'essor de la recherche généalogique apporte de nouvelles informations sur l'histoire des noms de famille. Mais l'anthroponymie médiévale aurait besoin d'avoir à disposition plus de matériaux datés et localisés, tels ceux qu'a publiés R. Berger[67]. Une familiarité avec le nom médiéval et des traitements « à la main » restent, et pour longtemps encore, indispensables avant tout recours aux techniques informatiques.

Certes, aucun historien ne peut contester l'utilité de l'onomastique bien pratiquée. Le vrai problème, qui est celui de beaucoup d'autres sciences auxiliaires, est celui de la formation de l'onomasticien et les débouchés qui lui sont offerts.

Le tableau qui précède suffit à montrer que les sciences dites auxiliaires ne sont plus, ou plus seulement, des auxiliaires ; mais pas davantage des sciences fondamentales, au sens des *Grundwissenschaften* d'outre-Rhin, en ce qu'elles ne se nourrissent pas de leur propre mouvement, mais visent toujours et immédiatement à servir l'histoire. Si les acquis ont été détaillés, il reste à évoquer les zones d'ombre qui demeurent. En premier lieu, les problèmes d'une édition qui est loin de suivre le mouvement et où, même généralisées, les nouvelles techniques informatiques ne résoudront pas tout : exiguïté du public, problèmes de financement, coût de reproduction des sources figurées. Et si, ici comme ailleurs, les congrès se multiplient, le problème reste entier d'une base trop étroite dans l'enseignement supérieur : l'absence de réédition du *Manuel* de R. Delort, précisément publié en 1969, est particulièrement symptomatique.

En résumé, les progrès des sciences auxiliaires en France dans les vingt dernières années ont associé vitalité et inachèvement, foisonnement et dispersion, voire éclatement et confidentialité. En bien des domaines, le mouvement doit encore faire ses preuves. Le temps des synthèses est loin d'être arrivé et, même si nous sommes parvenus à livrer un instantané point trop flou, il est fort peu probable que le cadre chronologique, 1969-1989, demeure longtemps bien pertinent.

Notes

1. R. Delort, *Introduction aux sciences auxiliaires de l'histoire,* Paris, Colin, 1969, p. 10.

2. B. Garnier, J.-C. Hocquet et D. Woronoff, *Introduction à la métrologie historique,* Paris, Economica, 1989.

3. *Les Sources de l'histoire économique et sociale du Moyen Age,* sous la direction de R.-H. Bautier, Paris, CNRS, 1968- (3 vol. pour le Sud-Est ; 1 vol. paru pour les états de la maison de Bourgogne ; domaine royal en préparation). Y joindre les articles de R. Favreau sur les sources du Poitou, de M. Nortier sur celles de la Normandie, de G. Peyronnet sur les sources anglaises concernant la Bretagne.

4. Il convient d'ajouter que l'*Etat des inventaires des Archives nationales* (Paris, Archives nationales, diff. La Documentation française, 1985-, 2 vol. parus) signale systématiquement les éditions de documents. Les états publiés peuvent être mis à jour au moyen des *Rapports annuels* multigraphiés de la Direction des Archives de France et, pour les seuls instruments de recherche imprimés, grâce à la bibliographie annuelle publiée dans la *Gazette des Archives.* Catalogues d'expositions et dossiers de services éducatifs sont des mines de renseignements, trop souvent méconnues (ceux des Archives nationales ont été recensés dans l'*Etat des inventaires, op. cit.,* t. 4, p. 226-237 ; pour les Archives départementales, cf. la publication de l'Association des archivistes français, *Par les archives, apprendre l'histoire : trente ans d'activité des services éducatifs des Archives de France, bibliographie des travaux...,* Paris, 1982).

5. *Diplomatica et Sigillographica... Normalisation internationale des éditions de documents et... vocabulaire international de la diplomatique et de la sigillographie,* Saragosse (*Folia Caesaraugustana,* 1) [1984], actuellement en cours de refonte pour publication définitive. Une édition partielle et préparatoire concernant les normes de publication a paru dans *Bulletin philologique et historique,* 1976, p. 9-54.

6. A titre d'exemples : M. Zimmermann, « Protocoles et préambules dans les documents catalans du Xe au XIIe siècle... », *Mélanges de la Casa de Velázquez,* t. 10, 1974, p. 41-76, et t. 11, 1975, p. 51-79. M. Rouche, « Les survivances antiques dans trois cartulaires du Sud-Ouest de la France », *Cahiers de civilisation médiévale,* t. 23, 1980, p. 93-108.

7. J. Dufour, « Etat et comparaison des actes faux ou falsifiés intitulés au nom des Carolingiens français (840-987) », in *Fälschungen im Mittelalter,* Hanovre, Hahn, 1988, t. 4, p. 167-210.

8. Pour un bilan d'ensemble, cf. R.-H. Bautier, « Les sources documentaires de l'histoire de France au Moyen Age », in *Tendances, Perspectives et Méthodes de l'histoire médiévale* (100e congrès national des Sociétés savantes, Paris, 1977), Paris, CTHS, 1977, p. 215-248. —, « Les orientations de la diplomatique en Europe depuis la fin de la Seconde Guerre mondiale », in *Cento anni di cammino,* Vatican, Città del

Vaticano, 1986, p. 101-145 (dont la bibliographie devrait paraître à part). Il serait injuste de ne pas évoquer, parmi les collègues étrangers qui ont contribué à l'édition et à l'étude des sources françaises ou concernant la France, seules ici prises en compte, les regrettés J. Benton et W.M. Newman, ainsi que H. Atsma, J. Baldwin, E.A.R. Brown, J.-P. Devroey, M. Jones, R.A. Lodge, D. Lohrmann, R. Mantou, J.H. Pryor, J. Pycke, P. Ruelle, B.-M. Tock, K.-F. Werner, entre autres.

9. R.-H. Bautier, « L'authentification des actes privés dans la France médiévale », sous presse. M. Parisse, « Remarques sur les chirographes et les chartes-parties antérieurs à 1120 », *Archiv für Diplomatik,* t. 32, 1986, p. 546-567.

10. Collaboration française au lancement de la *Gallia Pontificia.* B. Barbiche, *Les Actes pontificaux originaux des Archives nationales (1198-1415),* Vatican, Città del Vaticano, 1975-1982, 3 vol.

11. On pourra y ajouter, entre autres, P. Gérard, « Les sources de l'histoire bénédictine conservées dans les archives du Grand Sud-Ouest », *Cahiers de Fanjeaux,* n° 19, Toulouse, 1984, p. 23-51.

12. A signaler, modèle du genre, l'étude d'H. Flammarion, « Une équipe de scribes au travail au XIIIe siècle : le grand cartulaire du chapitre cathédral de Langres », *Archiv für Diplomatik,* t. 28, 1982, p. 271-305.

13. Pour un panorama chronologiquement plus vaste, mais restreint à la paléographie, cf. D. Muzerelle, « Un siècle de paléographie latine en France », in *Un secolo di paleografia e diplomatica (1887-1986), per il centenario dell'Istituto di paleografia dell'Università di Roma,* Rome, Gela, 1988, p. 130-158.

14. *Ductus, ou la Formation de l'alphabet moderne,* Paris, Les Films verts, 1976. Cf. E. Poulle, « Une histoire de l'écriture », *Bibliothèque de l'Ecole des chartes,* t. 135, 1977, p. 137-144.

15. J. Mallon, *De l'écriture. Recueil d'articles publiés de 1937 à 1981,* Paris, CNRS, 1982.

16. *Chartae latinae antiquiores : Facsimile-Edition of the Latin Charters prior to the Ninth Century,* A. Bruckner et R. Marichal éd., Dietikon-Zurich, Urs Graf Verlag, Part XIII-XIX, *France I-VII,* publié par H. Atsma, J. Vezin *et al.,* 1981-1987.

17. P. Gasnault et J. Vezin, *Documents comptables de Saint-Martin de Tours à l'époque mérovingienne, publiés... avec une étude paléographique,* Paris, Bibliothèque nationale, 1975.

18. F. Gasparri, *L'Ecriture des actes de Louis VI, Louis VII et Philippe Auguste,* Genève, Droz, Paris, Minard, 1973.

19. Par exemple, M. Parisse, « Un scribe champenois et l'évolution de son écriture », *Archiv für Diplomatik,* t. 29, 1983, p. 229-241. O. Merisalo, *La Langue et les Scribes : études sur les documents en langue vulgaire de La Rochelle, Loudun, Châtellerault et Mirebeau au XIIIe siècle,* Helsinki, Societas scientiarum Fennica, 1988.

20. E. Poulle, *Paléographie des écritures cursives en France, du XVe au XVIIe siècle : recueil de fac-similés de documents parisiens...,* Genève, Droz, 1966.

21. H. Millet et E. Poulle, *Le Vote de la soustraction d'obédience en 1398,* t. 1, *Introduction. Edition des bulletins de vote. Fac-similé des bulletins de vote,* Paris, CNRS, 1988.

22. A signaler tout particulièrement : *Testaments provençaux du Moyen Age : documents paléographiques,* sous la direction d'A. Ramière de Fortanier, Marseille, Archives de la ville de Marseille et Institut historique de Provence, 1979.

23. *Catalogue des manuscrits en écriture latine portant une indication de date, de lieu ou de copiste,* sous la direction de Ch. Samaran et R. Marichal, Paris, CNRS, t. 1,

Musée de Condé et Bibliothèques parisiennes, 1959 ; t. 2-4 (1), *Bibliothèque nationale, Fonds latin, Nouvelles Acquisitions latines et Petits Fonds divers,* 1962-1981 ; t. 5, *Est de la France,* 1965 ; t. 6, *Bourgogne, Centre, Sud-Est et Sud-Ouest de la France,* 1968 ; t. 7, *Ouest de la France et Pays de Loire,* 1984.

24. J. Vezin, *Les « Scriptoria » d'Angers au XIe siècle,* Paris, Champion, 1974.

25. J. Dufour, *La Bibliothèque et le « Scriptorium » de Moissac,* Genève-Paris, Droz, 1972. M.-C. Garand, « Copistes de Cluny au temps de saint Maïeul (948-994) », *Bibliothèque de l'Ecole des chartes,* t. 136, 1978, p. 5-36.

26. M.-C. Garand, « Auteurs latins et autographes des XIe et XIIe siècles », *Scrittura e Civiltà,* t. 5, 1981, p. 77-104.

27. D. Muzerelle, *Vocabulaire codicologique : répertoire méthodique des termes français relatifs aux manuscrits,* Paris, CEMI, 1985.

28. *Les Techniques de laboratoire dans l'étude du manuscrit* (actes du colloque international du CNRS, Paris, 13-15 septembre 1972), Paris, CNRS, 1974.

29. M. Zerdoun Bat-Yehouda, *Les Encres noires au Moyen Age (jusqu'à 1610),* Paris, CNRS, 1983.

30. M. Zerdoun Bat-Yehouda, *Les Papiers filigranés médiévaux : essai de méthodologie,* Turnhout, Brepols, 1989, 2 vol.

31. *Histoire des bibliothèques françaises,* Paris, Promodis, 1988-1989, 2 vol. ; t. 1, *Les Bibliothèques médiévales, du Ve siècle à 1530,* sous la direction d'A. Vernet ; t. 2, *Les Bibliothèques sous l'Ancien Régime,* sous la direction de C. Jolly.

32. A.-M. Genevois, J.-F. Genest et A. Chalandon, *Bibliothèques de manuscrits médiévaux en France : relevé des inventaires, du VIIe au XVIIIe siècle,* Paris, CNRS, 1987.

33. A. Vernet, *La Bibliothèque de l'abbaye de Clairvaux, du XIIe au XVIIIe siècle,* t. 1, *Catalogues et Répertoires,* Paris, CNRS, 1980.

34. G. Ouy et V. Gerz-Von Büren, *Le Catalogue de la bibliothèque de l'abbaye de Saint-Victor de Paris, de Claude de Grandrue (1514),* Paris, CNRS, 1983.

35. D. Nebbiai-Dalla Guarda, *La Bibliothèque de l'abbaye de Saint-Denis en France, du IXe au XVIIIe siècle,* Paris, CNRS, 1985.

36. D. Willmann, *Bibliothèques ecclésiastiques au temps de la papauté d'Avignon,* Paris, CNRS, 1980.

37. C. Bozzolo et E. Ornato, « Pour une codicologie 'expérimentale' », *Scrittura e Civiltà,* t. 6, 1982, p. 263-302. C. Bozzolo, D. Coq, E. Ornato et D. Muzerelle, « Une machine au fonctionnement complexe : le livre médiéval », in *La Présentation du texte,* Paris, 1989.

38. C. Bozzolo et E. Ornato, *Pour une histoire du livre manuscrit au Moyen Age. Trois essais de codicologie quantitative,* 2e éd. avec supplément, Paris, CNRS, 1983.

39. C. Bozzolo, D. Coq, E. Ornato et D. Muzerelle, « Noir et blanc : premiers résultats d'une enquête sur la mise en pages dans le livre médiéval », in *Il Libro e il Testo* (convegno internazionale, Urbino, 1983), Urbino, Quattroventi, 1984, p. 195-222. —, « Page savante, page vulgaire : étude comparative de la mise en pages des livres écrits ou imprimés en France au XVe siècle », in *La Présentation du livre* (colloque de Paris-X-Nanterre, 1985), Nanterre, Centre de recherches du département de français de Paris-X-Nanterre, 1987, p. 121-133.

40. G. Nahon, « L'épigraphie », in *Art et Archéologie des Juifs en France médiévale,* sous la direction de B. Blumenkranz, Toulouse, Privat, 1980, p. 95-132.

41. R. Favreau, *Les Inscriptions médiévales,* Turnhout, Brepols (« Typologie des sources du Moyen Age occidental », 35), 1979.

42. R. Favreau, « L'épigraphie médiévale », *Cahiers de civilisation médiévale,* t. 12, 1969, p. 393-398. —, « L'épigraphie, reflet d'une culture et d'une foi » (congrès de Graz, 1988) (à paraître). —, « L'épigraphie médiévale : naissance et développement d'une discipline » *Comptes rendus de l'Académie des inscriptions et belles-lettres,* 1989. —, « Fonctions des inscriptions médiévales », *Cahiers de civilisation médiévale,* t. 32, 1989, p. 203-232.

43. L. Pressouyre, « Lecture d'une inscription du XIIe siècle à Saint-Antonin-Noble-Val, Tarn-et-Garonne », *Bulletin de la Société nationale des antiquaires de France,* 1986, p. 255-268. R. Favreau, « L'inscription du tympan nord de San Miguel d'Estella », *Bibliothèque de l'Ecole des chartes,* t. 123, 1975, p. 237-246. —, étude à paraître sur Cœlius Sedulius.

44. J. Duplessy, *Les Monnaies françaises royales de Hugues Capet à Louis XVI (987-1793),* t. 1, *Hugues Capet-Louis XII,* Paris, Platt, 1988.

45. La Commission internationale de numismatique publie, à l'occasion de chaque congrès international de numismatique, une bibliographie critique des travaux récents : *A Survey of Numismatic Research (1966-1971),* New York, International Numismatic Commission, 1973. —, *1972-1977,* Berne, International Numismatic Commission, 1979. —, *1978-1984,* Londres, International Association of Professional Numismatics Special Publication, n° 9, 1986.

46. J. Lafaurie, « Le gros tournois en France », *Numismaticky Sbornik,* t. 12, 1970-1971, p. 49-64.

47. J. Lafaurie, « Numismatique : des Carolingiens aux Capétiens », *Cahiers de civilisation médiévale,* t. 13, 1970, p. 117-137, pl. I-IV.

48. J. Duplessy, *Les Trésors médiévaux et modernes découverts en France,* t. 1, *751-1223,* Paris, Bibliothèque nationale, 1985.

49. F. Dumas, « Les monnaies de Raoul, roi de France (923-936) », in *Mélanges de numismatique, d'archéologie et d'histoire offerts à Jean Lafaurie,* Paris, Société française de numismatique, 1980, p. 212-222, pl. XI-XXII, à compléter par un article du même auteur dans la *Revue numismatique* de 1981 et diverses communications de J. Duplessy dans le *Bulletin de la Société française de numismatique.*

50. F. Dumas-Dubourg, « La monnaie dans le royaume au temps de Philippe Auguste », in *La France de Philippe Auguste* (actes du colloque 602 du CNRS, Paris, 29 sept.-4 oct. 1980), Paris, CNRS, 1983, p. 543-574: F. Dumas et J.-N. Barrandon, *Le Titre et le Poids de fin des monnaies sous le règne de Philippe Auguste,* Paris-Valbonne, CNAS (*Cahiers Ernest-Babelon,* t. 1), 1982.

51. F. Dumas, « Les monnaies normandes (X^{e}-XIIe siècle), avec un répertoire de trouvailles », *Revue numismatique,* 6e série, t. 21, 1979, p. 84-140, pl. XV-XXI, à compléter par diverses communications du même auteur et de J. Pilet-Lemière dans le *Bulletin de la Société française de numismatique.*

52. L. Musset *et al., Aspects de la société et de l'économie dans la Normandie médiévale (Xe-XIIIe siècle),* Caen, Annales de Normandie (*Cahiers des Annales de Normandie,* t. 22), 1988, en particulier p. 65-89.

53. F. Dumas-Dubourg, *Le Monnayage des ducs de Bourgogne,* Louvain-la-Neuve, Séminaire de numismatique Marcel-Hoc, 1988.

54. M. Bompaire, « La monnaie de Pont-de-Sorgues dans la première moitié du XIVe siècle », *Revue numismatique,* 6e série, t. 25, 1983, p. 139-176, et « La monnaie comtale de Blois au début du XIVe siècle », *Bulletin de la Société française de numismatique,* 39e année, 1984, p. 460-464. Pierre Capra, « Les espèces, les ateliers, les frappes et les émissions monétaires en Guyenne anglo-saxonne aux XIVe et XVe

siècles », *Numismatic Chronicle,* CXXXIX a., 1979, p. 139-154, et CXL a., 1980, p. 132-164. V. Chomel, « Le dauphin Humbert II et l'atelier monétaire de Visan (1338-1345) », *Provence historique,* t. 23, 1973, p. 139-145.

55. M. Bompaire, « Un livre de changeur languedocien du milieu du XIVe siècle », *Revue numismatique,* 6e série, t. 29, 1987, p. 118-183.

56. M. Pastoureau, *Traité d'héraldique,* Paris, Picard, 1979.

57. R. Gandilhon et M. Pastoureau, *Bibliographie de la sigillographie française,* Paris, Picard, 1982. M. Pastoureau, *Les Sceaux,* Turnhout, Brepols (« Typologie des sources du Moyen Age occidental », 36), 1983. A titre d'exemple R.-H. Bautier, « Echanges d'influences dans les chancelleries souveraines du Moyen Age d'après les types de sceaux de majesté », *Comptes rendus de l'Académie des inscriptions et belles-lettres,* 1968, p. 192-220.

58. Archives nationales, *Corpus des sceaux français du Moyen Age,* t. 1, *Les Sceaux des villes,* par B. Bedos, Paris, Archives nationales, 1980 ; t. 2, *Les Sceaux des rois de France,* par M. Dalas-Garrigues (sous presse).

59. P. Fabre, « Enquête sur l'enseignement et la recherche en onomastique dans les universités françaises », in *L'Onomastique témoin des langues disparues* (actes du colloque d'onomastique romane de Dijon), Dijon, ADBO, 1982, p. 1-14.

60. Près de 8 000 références sont recensées par M. Mulon, *L'Onomastique française : bibliographie des travaux publiés de 1960 à 1985,* Paris, Archives nationales, 1987.

61. A. Vincent, *Toponymie de la France,* Bruxelles, Librairie générale, 1937. A. Dauzat, *La Toponymie française,* éd. revue, Paris, Payot, 1960. —, *Traité d'anthroponymie française : les noms de famille de France,* 3e éd. revue et complétée par M.-Th. Morlet, Paris, Guénégaud, 1977.

62. Ch. Baylon et P. Fabre, *Les Noms de lieux et de personnes,* Paris, Nathan, 1982.

63. J.-M. Ricolfis, *Les Noms de lieux du pays niçois,* Lille, université Lille-III, Paris, Champion, 1980. P. Gauthier, *Toponymie de la côte vendéenne,* Lille, université Lille-III, 1977. P. Fabre, *L'Affluence hydronymique de la rive droite du Rhône,* Montpellier, Centre d'études occitanes, 1980. A. Compan, *Les Noms de personnes dans le comté de Nice aux XIIIe, XIVe et XVe siècles,* Lille, université Lille-III, Paris, Champion, 1976.

64. J. Herbillon, compte rendu de L. Pérouas, *Léonard, Marie, Jean et les Autres* (Paris, CNRS, 1984), in *Revue belge de philologie et d'histoire,* t. 66, 1988, p. 910.

65. *Genèse médiévale de l'anthroponymie moderne,* Tours, université François-Rabelais, 1989.

66. Cf. les nombreux travaux de Ch. Higounet et les actes des *VIIIe Journées internationales d'histoire (Flaran, 1986) : Toponymie et défrichements,* Auch, Commission d'histoire de Flaran, 1988.

67. Notamment *Nécrologe de la Confrérie des jongleurs et bourgeois d'Arras (1194-1361),* Arras, Commission départementale des Monuments historiques, 1963-1970, 2 vol.

Vingt ans d'informatique en histoire médiévale

Lucie Fossier
avec la collaboration de
Elisabeth Carpentier, Jean-Philippe Genet
Hélène Millet, Michel Parisse

I. Le cadre du travail

Par l'effet d'un heureux hasard, le point de départ choisi pour dresser le bilan de la recherche en histoire médiévale coïncide, à peu de chose près, avec le point de départ des traitements entrepris par les médiévistes au moyen des méthodes informatiques. Si nous tentons en effet de déceler les premiers indices de l'usage de l'ordinateur dans notre discipline, nous pensons au *Catasto* florentin de 1427 dont l'étude suscita en 1968 la création d'une RCP du CNRS[1], nous pensons à la création en 1966, à Nancy, du Centre de recherches et d'applications linguistiques, au sein duquel avait été immédiatement prévu le traitement des actes originaux antérieurs à 1200[2], nous pensons au Cadastre d'Orvieto traité en vue d'une thèse de doctorat dès le début des années soixante-dix[3], nous pensons à cette audacieuse thèse soutenue en 1970 dans la très traditionnelle Ecole des chartes, qui reposait entièrement sur l'exploitation informatique des registres notariaux de Carpentras[4]. Bien sûr, il y avait aussi une préhistoire : quelques années plus tôt, comptes portuaires[5] et mouvements des planètes[6] étaient mis sur ordinateur. Il n'en reste pas moins que les premiers jalons continus que nous pouvons poser sur notre parcours datent des années 1969-1970.

A cette date, l'informatique avait depuis longtemps fait son apparition dans d'autres disciplines de sciences humaines : les sciences économiques et sociales, la linguistique, l'archéologie, par exemple ; l'histoire contemporaine en faisait largement usage. Pourquoi de notre part cette timidité, cette réticence ? Les raisons en sont connues. Nous disposons pour la période médiévale d'un nombre relativement restreint de documents sériels, à vocation quantitative évidente : certes, les documents cités plus haut en sont et l'on peut, surtout pour les régions méridionales de la France, en accroître la liste. Mais c'est encore bien peu au regard de la documentation dont dispose plus généralement l'historien médiéviste (les textes), et qui est essentiellement « lacunaire, hermétique », équivoque dans ses acceptions, incertaine, variable pour les éléments sur lesquels on aimerait tabler avec certitude : les dates, les noms, les lieux. Et si les années soixante-dix marquent un tournant pour tous, un premier pas pour nous, c'est que l'informatique vint au-devant de nous, c'est qu'apparurent alors sur le marché les ordinateurs de troisième génération, les premiers à pouvoir traiter véritablement les données, même alphabétiques, « en clair ». Cela tombait bien : car, au même moment, les orientations nouvelles prises par l'Ecole historique du temps, et la conception d'histoire totale qui se fit alors jour, impliquaient un accroissement des besoins documentaires du médiéviste, un élargissement des types de sources auxquelles il aurait à puiser. Les rapports de conjoncture et d'activité du CNRS sont très significatifs à cet égard : « L'ordinateur », affirmait celui de 1969, « a jusqu'ici été considéré comme une machine à calculer. Il faut prévoir que l'informatique dans dix ans y verra une mémoire de documentation ». Et tous d'insister sur le nécessaire rassemblement des données, la constitution de corpus documentaires (somme toute, les futures banques de données...) qu'impliquaient les nouvelles exigences de l'histoire [7]. L'ordinateur semblait — tout au moins pour ce que l'on en savait — le meilleur outil pour assurer ce rassemblement des sources, et l'enthousiasme que suscita l'informatique en ses débuts et qui, vers les années soixante-dix, poussa l'ensemble des maîtres en Sorbonne à suivre les cours d'initiation organisés par IBM paraît digne d'être signalé. Retrouverait-on à l'heure actuelle un élan aussi unanime ?

Avant d'entrer dans le vif du sujet, arrêtons-nous sur les circonstances dans lesquelles les méthodes informatiques, si nouvelles, si mal connues, se sont progressivement implantées dans notre discipline : comment et dans quel cadre les projets ont-ils pris corps ? De quels moyens a-t-on disposé pour parvenir à une meilleure connaissance de cette science neuve ? Et de quelles possibilités de diffusion l'information a-t-elle fait l'objet ?

1. Les entreprises

A une époque où l'informatique était contraignante et où, une fois dépassé le stade de l'aiguille à tricoter et de la perforation marginale, elle coûtait cher, à une époque où l'Université ne disposait d'aucun équipement et pas davantage de crédits, le CNRS constituait le recours essentiel sinon unique et fut le berceau de bien des travaux. Si l'on excepte le CRAL déjà cité, laboratoire associé dès l'origine, et l'IRHT, laboratoire propre doté dès 1968 d'une section d'informatique, tout projet soumis au CNRS et accepté de lui déboucha sur la création d'une RCP (Recherche coopérative sur programme). Venue à terme au bout de six ans, la RCP qui avait fait ses preuves et souhaitait continuer ses travaux pouvait prendre la forme d'une ERA (Equipe de recherche associée), appelée plus tard UA (Unité associée), moyennant l'association à un organisme universitaire. C'est la trajectoire que suivirent les équipes médiévales qui se sont consacrées au traitement informatisé d'une source quelconque : traitement automatique des suppliques à Avignon [8], traitement automatique des sources du bas Moyen Age à Paris-I, UA dès le départ [9], Centre d'études médiévales à Poitiers [10]. Toutes datent des années 1976 à 1980. Peu d'équipes nouvelles sont venues s'adjoindre à ce premier lot : le GDR « Edition des actes des évêques avant 1200 », créé l'an dernier, en est, sauf erreur, le seul exemple [11]. En revanche, la mise en place de nouvelles structures, les Actions thématiques programmées (ATP), a permis de poursuivre l'effort dans des cadres plus ponctuels, et il serait bien souhaitable que la formule fût maintenue.

Les équipes ont malheureusement fonctionné dans des conditions précaires : RCP et UA ont été trop faiblement dotées en crédits et surtout en personnel qualifié pour mener une action suivie, sauf à recevoir une aide supplémentaire, qui d'une université (Poitiers par exemple), qui d'un institut scientifique voire d'une instance régionale (Avignon). Les ATP, quant à elles, ne peuvent que donner une impulsion à une problématique en vogue. Ce n'est déjà pas si mal, mais on peut dire que, durant ces vingt années, les progrès de la méthodologie informatique dans le domaine de l'histoire médiévale ont été constamment freinés par le manque de moyens. Et il faut savoir qu'en la matière les interruptions, les échecs, tout en décourageant les artisans, finissent par coûter aux décideurs plus cher que les réussites.

2. *L'initiation à l'informatique*

Les chercheurs désireux de s'initier aux méthodes informatiques ont eu les moyens de le faire, dès les années soixante-dix : conscientes de l'intérêt qu'il pouvait y avoir à capter cette curiosité naissante, les firmes commerciales firent les premiers pas : IBM ne ménagea pas conférences, démonstrations destinées à fournir les premiers éléments d'information ; et c'est grâce à la maison Bull que dom Froger put réaliser sa magistrale expérimentation d'une nouvelle critique des textes[12]. Des universités provinciales, Nancy et surtout Grenoble, prirent le relais en organisant des stages très poussés d'analyse et de documentation automatique. Quelques laboratoires, mieux dotés, comme l'Institut des Textes, prirent en charge, durant les premières années, l'organisation de cours ouverts à tous, et de « visites » de centres opérationnels. Le Laboratoire d'informatique en sciences humaines (LISH), la Formation permanente du CNRS, les UER d'histoire ou de littérature des universités ont, à leur tour, assuré cette initiation, mais plutôt dans le domaine de la statistique et plus récemment, bien sûr, dans celui de la micro-informatique. De cette initiation, les médiévistes ont pu largement disposer.

3. *L'information*

Mais l'initiation aux méthodes informatiques a cependant toujours été restreinte à un petit cercle ; elle a beaucoup dépendu des possibilités et des efforts locaux. Une grande partie des médiévistes serait à coup sûr restée à l'écart de cette vague déferlante de l'informatique si n'avaient été mis en place, durant ces vingt années, des moyens d'information répondant aux préoccupations qui étaient les leurs.

Rencontres

En 1975, l'implantation de l'informatique dans notre discipline, quoique encore timide, était suffisamment affirmée pour qu'il parût utile d'organiser sur son utilisation une concertation des médiévistes. C'est à l'Ecole française de Rome qu'en revient le mérite. Cette table ronde romaine [13] a réuni un grand nombre de médiévistes, les uns déjà confrontés sinon rompus aux méthodes informatiques, les autres hésitants, les troisièmes franchement hostiles. S'il convient d'insister sur cette réunion dont les discussions et les conclusions en matière d'informatique ont évidemment vieilli, c'est que la réflexion qui en fut l'objet portait avant tout sur les types de documents et leur aptitude (supposée) à être ou non traités par la machine. Aussi cette mise au point conserve-t-elle sa valeur et l'on y fait encore largement référence.

Ce premier rassemblement de médiévistes a été suivi de bien d'autres qui, pour n'avoir pas eu la même ampleur et pour avoir été centrés sur une problématique particulière (prosopographie, banques et bases de données, cadastres urbains...) [14] et pour concerner le plus souvent l'ensemble de la communauté des historiens, n'en ont pas moins contribué à resserrer les liens, à favoriser les échanges, à coordonner les efforts. Les colloques ont à coup sûr joué un rôle considérable dans le développement de l'informatique chez les historiens médiévistes.

Publications

L'une des conclusions du colloque de Rome avait été que l'on manquait d'information. Un questionnaire diffusé à l'ensemble des médiévistes permit le repérage de bien des projets, de bien des souhaits aussi, dont le manque de moyens condamnait la réalisation. Pour aller au-devant de ces aspirations, le meilleur moyen parut de créer une revue légère, *Le Médiéviste et l'Ordinateur,* dont l'objectif était triple : dispenser une information étroitement liée à l'exploitation de documents utilisés par les lecteurs ; s'exprimer dans un langage simple et compréhensible ; commenter des expériences concrètes et pas forcément positives. C'est faire preuve de peu de modestie que de dire que le bulletin remporta un certain succès ; mais ce succès est dû tout autant aux auteurs bénévoles des articles, aux lecteurs qui firent part de leurs réflexions qu'au Comité de rédaction : le dialogue avec la communauté des historiens médiévistes se poursuit ainsi depuis dix ans.

D'autres bulletins ou revues ont bien sûr contribué à informer le même public. Ce n'est pas le lieu de les énumérer car ils débordent le plus souvent la période médiévale ou les disciplines proprement historiques ; mais il ne conviendrait pas de passer sous silence le bulletin franco-canadien *Camdap-Infem,* qui jusqu'à 1988 a recensé projets et bibliographie relatifs aux études médiévales, ni la récente revue *Histoire et Mesure,* dont le titre définit la finalité, et qui doit son existence à l'un d'entre nous.

Entrons donc maintenant dans le domaine des réalisations. Pour en faire l'inventaire de façon claire, le découpage traditionnel selon les types de traitement effectués (traitement des textes, traitement des documents sériels, traitement documentaire) n'est pas plus mauvais qu'un autre. Il est cependant indispensable de marquer nettement la coupure intervenue au cours des années quatre-vingt, le progrès des nouvelles technologies ayant alors provoqué un bouleversement profond des méthodologies et des pratiques. Nous en tiendrons compte dans l'exposé.

II. L'INFORMATIQUE DE LA PREMIÈRE DÉCENNIE

Elle se caractérise par une très grande rigueur méthodologique résultant de contraintes techniques que l'on imagine mal maintenant : la saisie en était une, mais les deux principales, à mon sens, consistaient d'une part dans la taille réduite des mémoires qui influaient sur la présentation (codée) des données, d'autre part dans l'impossibilité de disposer immédiatement de résultats qui eussent permis de modifier, à vue, les interrogations, et d'améliorer les moyens d'exploitation d'un corpus. C'est donc durant ces premiers temps qu'ont été forgés les outils nécessaires à la réalisation de traitements strictement définis : dictionnaires et grammaires pour les traitements textuels, lexiques et thésaurus pour les traitements documentaires. Cet effort méthodologique considérable est la caractéristique essentielle de la première période. Nous ferons un rapide survol des travaux réalisés durant ces dix années [15].

1. Traitement automatique des textes

Le souci d'un rassemblement exhaustif des données apparaît dans l'essor que prit dès 1970 le traitement intégral des textes. La voie avait été depuis longtemps tracée dans d'autres disciplines, la linguistique ou les études littéraires. Il serait hors de propos de nous étendre sur ce point, mais citons tout de même, parmi les centres qui s'en sont fait une spécialité, le LASLA de Liège pour l'étude des textes anciens [16], et surtout le CETEDOC de Louvain [17] qui se consacre avant tout aux textes médio-latins, et rappelons que l'énorme *Index Thomisticus* du Père Busa, pour être paru en 1974, fut amorcé à Pise en 1956 [18].

En matière de traitement de textes, les choses ne sont pas simples pour les médiévistes. Leur objectif premier est une recherche de vocabulaire, ce qui implique l'examen des mots d'un texte, seuls ou dans un contexte, une concordance si l'on préfère. Il suppose que l'on procède pour plus de commodité au regroupement des mots sous leur lemme. Si cette opération première, dite lemmatisation, est relativement aisée pour une langue grammaticale correcte, elle est infiniment plus complexe quand interviennent (comme c'est le cas pour nous) variantes graphiques, anomalies grammaticales et, bien sûr, diversité des langues. Aussi le traitement de textes n'a-t-il pu être entrepris que dans des centres relativement outillés, capables de mettre au point une méthode qui prenne en compte, pour la lemmatisation, les spécificités d'un texte médiéval. Trois équipes ont fait cette tentative : L'UA 1004 de Paris-I avec le package ALINE, l'ERA 998 de Poitiers avec les programmes modulaires PECI, le département historique du CRAL (dénommé plus tard ARTEM), qui quant à lui traite le seul latin, puisque son terrain d'étude consiste dans les actes originaux antérieurs à 1200[19].

Pour ces trois centres, certes les index et les concordances ont constitué les produits de base. Mais les textes à partir desquels ils ont été élaborés ne sont pas de même type et les finalités des trois équipes diffèrent.

En se consacrant à l'enregistrement des chartes de haute époque, l'ARTEM s'attachait avant tout à l'étude du vocabulaire des institutions[20], dans des cadres géographiques et chronologiques précis (dates et lieux d'apparition de tel mot), au repérage des anachronismes et, partant, à la détection des faux[21]. Le CESCM de Poitiers a pris la même voie pour les actes poitevins antérieurs à l'an Mil. Dans une optique voisine, le Centre de Poitiers enregistre le corpus des inscriptions médiévales de la France qu'il élabore progressivement[22].

Tout autre est la matière sur laquelle a travaillé l'UA 1004 de Paris-I, qui consiste, le plus souvent, en textes de littérature politique du bas Moyen Age[23]. L'objectif est de suivre l'évolution de la pensée politique de l'époque; la méthode pour y parvenir, d'opérer des traitements de statistique lexicale (étude des fréquences, des co-occurrences, etc). L'équipe ne se limite d'ailleurs pas à ce type de textes : œuvres hagiographiques, *exempla*[24], préfaces d'œuvres historiques, lettres de rémission..., on voit que les choix ne sont pas limités.

C'est avec une méthode analogue (mais avec les programmes

PECI) que l'on a procédé à Poitiers à l'étude lexicologique et sociale des biographies royales et princières[25].

Autre direction encore prise à l'ARTEM de Nancy par l'Atelier Vincent-de-Beauvais[26] qui, par l'examen du vocabulaire en fonction des diverses parties du texte du *Speculum Majus,* s'efforce d'identifier les sources de cette compilation : on retrouve là l'une des préoccupations premières des spécialistes de littérature médiévale ; c'est aussi celle du CERDIC strasbourgeois pour l'étude du décret de Gratien[27].

2. Traitements statistiques

C'est une autre approche des documents que supposent les traitements statistiques. Ou plus exactement, il en existe deux[28]. Les documents peuvent constituer des séries homogènes, continues, comparables. Ce sont les sources sérielles qui, même à l'état brut, font l'objet d'une exploitation. On connaît leur rareté pour le Moyen Age mais il en existe tout de même, et qui ont suscité des travaux bien connus, pour lesquels l'ordinateur s'est révélé un auxiliaire précieux. Les cadastres constituent un morceau de choix : ceux d'Orvieto de 1292, du Comtat Venaissin de 1414, de Florence de 1427, le terrier d'Arles de 1427, les livres d'estimes ou compoix de Saint-Flour, d'Albi, les rôles fiscaux du Dauphiné, les documents fiscaux byzantins en sont autant d'exemples[29]. Mais bien entendu, relèvent aussi de cette première catégorie les comptes (comptes portuaires, péages[30]) autant que des relevés de loyers, des rendements céréaliers, et même des tables de position des planètes[31]. La moisson, on le voit, est loin d'être inexistante. Mais les sources auxquelles s'abreuve généralement le médiéviste sont plus diversifiées sans qu'il renonce pour autant au besoin d'en faire un traitement statistique. Force lui est alors, à partir de ces documents plus riches, de bâtir un questionnaire et, à l'aide des réponses qu'il pourra lui fournir, de constituer une « métasource » qui répondra aux exigences de sa recherche. « Ce qui est traité par la machine, ce n'est pas une source brute mais un ensemble d'informations organisé, pourvu d'un caractère sériel, et provenant donc de sources diverses[32]. » Cette seconde démarche permet d'élargir considérablement le stock de documents utilisables : ces derniers peuvent être encore assez stéréotypés pour se rattacher au type précédemment évoqué : registres notariaux, testaments, inventaires après décès[33], enquêtes de fiefs, lettres de rémission ; mais il est bien entendu que la grille établie ne retient d'eux que les informations nécessaires à l'objet de la recherche.

D'autres sont plus diversifiés. Ils suscitent quantité d'études de toute sorte, et par exemple le manuscrit médiéval en a inspiré quelques-unes, qu'elles se rapportent à l'examen du support, de la fabrication des livres, de la constitution des bibliothèques qui les ont conservés[34]. Mais la majeure partie de ces travaux concerne l'histoire sociale[35] et, plus spécialement, l'étude de l'individu dans le groupe social, l'étude prosopographique, qui constitue une veine particulièrement riche et bien adaptée à l'exploitation informatique. Bien que le plein développement de cette science nouvelle relève plutôt de notre seconde période (après 1980), les chanoines de Laon[36], les parlementaires parisiens[37], les historiens anglais[38] n'ont pas attendu ce moment pour faire l'objet de recherches bien connues de tous, à présent.

Quelques mots avant d'en terminer avec la statistique sur le cadre des recherches opérées et sur les traitements effectués. Contrairement aux entreprises de traitement des textes, les traitements statistiques ont souvent été menés dans le cadre d'une recherche individuelle (une thèse), et la débrouillardise a présidé dans bien des cas à la réalisation d'un projet. Quelques-uns de ces travaux ne nous sont donc sans doute pas connus ; mais la plupart ont débouché sur une publication, ce qui en permet un repérage facile.

Les traitements maintenant : les documents du premier type (= documents purement sériels), comportant des informations souvent réductibles à un code numérique ou alphanumérique, ont fait l'objet des traitements d'une statistique qu'il est convenu d'appeler traditionnelle (tris simples, croisés, analyses de régression, etc.). Mais la grande nouveauté fut, en particulier pour les documents du second type (métasource), l'application aux corpus élaborés des méthodes d'analyse des données, en particulier d'analyse factorielle des correspondances, adaptée au traitement des données qualitatives et non plus seulement quantitatives. Annoncée au colloque de 1975[39], l'analyse factorielle recevait peu après deux applications, l'une pour l'étude de la population florentine d'après le *Catasto* de 1427[40], l'autre pour celle des chanoines de Laon[41]. Depuis, elle se généralise, et les finances municipales de Dijon, autant que les ordres mendiants, y sont soumis[42]. Ce ne sont là bien sûr que des exemples parmi d'autres, soulignant la diversité des applications.

3. *Traitements documentaires*

L'analyse documentaire est pratiquée par qui souhaite disposer en machine d'une représentation du contenu conceptuel de ses documents. Certes, le texte peut sembler, de prime abord, le meilleur moyen d'accéder à ce contenu. En fait, la longueur des opérations, d'une part, la multivocité du vocabulaire et l'existence de notions implicites compromettent une exploitation exhaustive du contenu sémantique d'un texte en langage naturel. Tout cela a déjà été dit et nous n'y insistons pas[43]. La voie, dans le domaine de la construction d'un système documentaire comportant tout à la fois la représentation d'un contenu au moyen de descripteurs liés par des relations de type syntaxique ou autre et l'élaboration d'un thésaurus hiérarchisé destiné à faciliter la consultation des documents mémorisés, cette voie avait été tracée dès les années soixante par l'archéologue J.-C. Gardin. Les médiévistes pouvaient être tentés de s'y engager, mais la complexité du système impliquait que le terrain d'application fût un corpus documentaire d'une relative importance. Deux ou trois équipes s'y sont essayées : d'abord, la section de diplomatique de l'Institut des Textes[44] qui, avec le dépouillement de près de 500 cartulaires (environ 150000 actes), disposait d'une matière considérable et difficilement accessible. Mais, pour avoir débuté un peu tôt, à l'heure où les contraintes techniques (saisie sur cartes perforées, mémoires insuffisantes, interrogations en batch) pesaient lourd, le projet en resta au stade expérimental. Une réflexion solide sur la conceptualisation des textes diplomatiques, la création d'un thésaurus pour l'histoire médiévale constituent cependant des acquis non négligeables dont on peut envisager une réutilisation dans un environnement technologique meilleur. Le corpus des actes du Parlement de Paris du XIVe siècle[45], quant à lui, connut des jours meilleurs. Le logiciel SOCRATE, réalisé à Grenoble, était éprouvé. Le thésaurus dont J. Metman fut le maître d'œuvre est encore maintenant d'une consultation utile[46]. Mais là encore, le système un peu contraignant, et que sa créatrice avait pourtant tenté d'alléger, ne lui a pas survécu. D'autres entreprises furent envisagées, au Laboratoire d'archéologie médiévale d'Aix par exemple[47], pour le traitement des chartes avec le logiciel MISTRAL. Mais partout la lourdeur de ces systèmes et le manque de moyens ont provoqué leur échec ou leur abandon. En revanche, le corpus (on ne disait pas encore base de données) des suppliques d'Urbain V élaboré, avec le système STAIRS, à Avignon, a vu sa réalisation couronnée de succès[48]. Les moyens techniques mis à la disposition de l'entreprise (saisie en interactif, possibilités constantes d'interrogation) ont été l'une des conditions de la réussite. Mais il ne faut pas sous-estimer pour autant la persévérance dont l'équipe a fait preuve.

Si les systèmes documentaires élaborés dans les règles de l'art n'ont pas, à une exception près, connu un grand avenir dans notre domaine, les systèmes plus simples ont, en revanche, drainé un grand nombre d'entreprises en histoire médiévale. Ils sont adaptés à des documents comportant des informations répétitives prenant place dans une grille préétablie et qui, somme toute, ne diffère guère du « questionnaire » dont on a parlé au chapitre des traitements statistiques. Mais les finalités ne sont pas les mêmes : les tris sont ici réalisés dans une optique documentaire et ne débouchent, en matière quantitative, que sur des comptages sommaires. On prend garde, en revanche, à sauvegarder la diversité de l'information. L'un des logiciels les plus connus des historiens médiévistes durant cette première décennie fut le CLEO mis au point par l'équipe informatique de l'IRHT, et dont beaucoup d'entre eux ont pu disposer pour le traitement de leur documentation (comptes chartrains[49], registres notariaux[50], suppliques avignonnaises, actes originaux antérieurs à 1200, rôles de taille parisiens du XIIIe siècle, inventaires de bibliothèques anciennes, livres anciens, etc.)[51]. Bien sûr, les traitements documentaires ne se sont pas limités à ceux qu'a produits CLEO ; des répertoires ont été réalisés dans bien des domaines (sigillographie byzantine[52], institutions chrétiennes[53], procès au Parlement de Paris[54]...) avec des procédures et des résultats identiques.

4. Onomastique et indexation

Avant de conclure cette première partie, il convient de soulever un problème annexe (si l'on peut dire), celui ou plutôt ceux que pose le traitement des noms de personne et de lieu[55].

Le premier de ces problèmes est dû à la présence dans une documentation médiévale de très nombreuses variantes orthographiques. Tous ceux qui ont été appelés à manipuler des données sous une forme autre que numérique s'y sont heurtés, qu'il s'agisse du *Catasto* florentin[56], de celui d'Orvieto[57], des rôles de taille parisiens[58], des suppliques pontificales, du *Speculum Majus*[59], etc. Une normalisation des noms s'avère nécessaire surtout dans le cas (le plus fréquent) où les données sont couplées et où leur comparaison exige une similitude des formes[60], qu'il s'agisse de reconstitution de familles ou de reconstruction de parcellaires. Mais, sauf si l'on prévoit en mémoire un dictionnaire des formes variantes renvoyant à la forme normalisée choisie, la méthode aboutit à un appauvrissement de l'information auquel le médiéviste se résigne difficilement. On aimerait, de toute façon, obtenir de la machine qu'elle opère automatiquement regroupements et comparaisons. C'est ce qui fut pratiqué chez nos voisins d'outre-Rhin par l'équipe de Münster avec l'assistance constante (qui nous manque bien) de philologues[61], et l'on peut espérer que l'équipe mettra à profit son expérience pour l'indexation des chartes de Cluny qu'elle a entreprise en coopération avec la faculté de droit de Dijon. Une autre méthode (bien connue depuis les travaux d'Henry et Fleury), mise à l'étude pour le *Catasto* florentin, reprise à Göttingen dans le cadre du logiciel CLIO, est celle d'une « squelettisation » qui vise à « réduire le nom en une suite logique de lettres à caractère distinctif en éliminant les lettres qui n'ont pas de valeur distincte »[62]. Mais l'onomastique médiévale reste rétive. Une coopération plus effective avec les onomasticiens de métier (en particulier le Centre d'onomastique des Archives nationales) et avec des philologues est depuis longtemps souhaitée.

Le second des problèmes concerne la désignation des individus. On sait que celle-ci, tant que n'est pas définitivement fixée la patronymie, n'est pas immuable. Le couplage des données s'en trouve d'autant compliqué. L'ordinateur peut jouer un grand rôle dans cette identification de personnages différemment nommés, en multipliant des opérations de tri qui puissent favoriser les comparaisons. C'est ce à quoi visait l'opération « Rôles de taille parisiens du XIIIe siècle » menée à l'IRHT dans le cadre de l'ATP Prosopographie [63], tout en mettant à l'essai une méthode plus sophistiquée sur laquelle nous reviendrons dans notre seconde partie.

Enfin, on peut rattacher à ce problème d'onomastique celui de l'indexation, ou plutôt de la confection des index de noms de lieu et de personne : car qui d'entre nous n'a souhaité utiliser l'ordinateur pour remédier à la longueur des opérations que suppose la fabrication manuelle d'un index onomastique ? Se pose alors, nous venons de le voir, le problème du regroupement des formes variantes sous une forme normalisée, des flexions sous un lemme. Mais se pose aussi le problème du contexte à retenir, pour l'identification d'un personnage ou d'un lieu [64]. L'ARTEM et l'IRHT pour leur corpus de chartes originales de haute époque, l'équipe avignonnaise pour l'indexation automatique des suppliques d'Urbain V enregistrées en machine [65] s'y sont essayés. On retrouve évidemment les mêmes préoccupations chez tous ceux qui ont procédé à l'élaboration de répertoires et dont on a parlé plus haut.

III. L'INFORMATIQUE DE LA DEUXIÈME DÉCENNIE

Les années 1978-1980 vont marquer un tournant décisif dans l'application des méthodes informatiques aux documents médiévaux (ce mouvement dépassant au demeurant le cadre des études médiévales). Le paysage se trouve en effet modifié par l'apparition et le développement de techniques nouvelles que j'énumérerai rapidement :

— La substitution de la saisie magnétique à la saisie par perforation sur carte rigide représente le premier échelon du changement. Elle a contribué à accélérer les opérations de saisie et incité à renoncer progressivement aux données trop rigoureusement codées.

— Presque en même temps, l'on voit apparaître sur le marché logiciels commerciaux et packages : pour ne citer que les plus connus, OSIRIS, SAS pour la statistique, JEUDEMO pour le traitement du texte, TEXTO pour le documentaire (plus maniable que MISTRAL ou STAIRS), plus récemment CLIO de Göttingen pour tout traitement historique. Dans leur ensemble, ces logiciels ne sont pas — pas tous en tout cas — à la portée d'un médiéviste non averti. Mais l'implantation d'un grand nombre d'entre eux dans les centres de calcul a permis de remédier à la cruelle absence d'aide en programmation qui a marqué la première période.

— Troisième nouveauté (double) : d'une part le développement de l'interactif, appelé à jouer entre autres un rôle fondamental dans la recherche documentaire parce que seul il permet un cheminement satisfaisant de la recherche rétrospective ; la télétransmission, d'autre part (réseaux locaux, réseaux à grande distance), qui devrait favoriser l'organisation des banques de données à grande échelle[66].

— Quatrième événement, que l'on devine, le rush de la micro-informatique. Dans cet environnement si contraignant, tant au plan technique que financier, et qui contribua à étouffer tant d'entreprises, ce fut comme une bouffée d'oxygène. Voilà donc l'informatique devenue l'affaire de tous. Voilà le chercheur capable de piloter seul sa recherche (car les logiciels commerciaux prolifèrent), et à même, souvent, de faire l'acquisition de son matériel (car les prix des machines vont sans cesse décroissant). Le médiéviste prise particulièrement cette autonomie : la dernière enquête faite par *Le Médiéviste et l'Ordinateur* nous révèle que les trois quarts des universitaires médiévistes (du moins ceux dont nous avons obtenu réponse) se livrent aux joies de l'informatique, que 88 % de ces derniers s'adonnent exclusivement à la micro-informatique, et que 75 % possèdent leur propre matériel. Cet éparpillement rend désormais malaisé un inventaire précis des entreprises. On ne peut qu'esquisser certaines tendances, certaines orientations.

Bienfaits et méfaits de la micro-informatique

Dans quelques domaines, la micro-informatique s'avère bénéfique. Par exemple, elle est, bien entendu, à l'origine du développement de l'édition électronique[67] réalisée par des particuliers (la moitié des médiévistes possédant un micro l'utilisent seulement pour le traitement de textes). Chez les médiévistes comme ailleurs, on transmet sur disquette le texte d'un article, d'une communication. Mais rares sont encore ceux qui livrent au tirage offset un ouvrage entier réalisé par leurs soins[68]. En fait, le travail du médiéviste en la matière n'est pas aisé, surtout pour ce qui concerne l'édition critique, si l'on tient à en respecter les exigences traditionnelles. Mais il est surprenant que notre communauté ne s'informe pas davantage des logiciels, rares encore il est vrai, prenant en compte ces exigences[69]. Cela viendra. Signalons aussi que le développement des logiciels graphiques permet le traitement de textes en caractères non latins, ce qui n'est pas un mince avantage pour nous[70]. En revanche, nous ne marquons pas encore un pas décisif en matière de cartographie.

Dans un autre domaine, la micro-informatique favorise les traitements heuristiques : un chercheur qui construit sa méta-source en fonction de sa recherche sera particulièrement heureux de la mener d'un bout à l'autre et d'en recueillir lui-même les résultats. Le micro-ordinateur est particulièrement adapté par exemple aux besoins des prosopographes, dont les orientations méthodologiques se modifient d'ailleurs : on souhaite abandonner la réduction de l'information à un langage codé qui provoque un appauvrissement évident, sans pour autant renoncer à obtenir des résultats statistiques. S'opère donc comme une fusion de l'optique documentaire et de l'optique statistique. Ce changement se perçoit dans la polyvalence (au moins annoncée) des logiciels commerciaux et des packages : SAS ne dédaigne pas la prise en compte des chaînes de caractères, et s'articule assez aisément sur le logiciel de gestion documentaire DBase III, tandis que le SGBD ISIS promet de déboucher un jour sur les traitements statistiques. Mais seul est vraiment conçu en ce sens le logiciel PROSOP actuellement en cours d'écriture[71].

Pourtant, la micro-informatique a ses mauvais côtés : elle entraîne inévitablement un éparpillement des entreprises et, même à l'intérieur d'un groupe de travail, d'un laboratoire, un cloisonnement néfaste des projets. Il faut y prendre garde et, plus que jamais, songer aux regroupements[72] des travaux particuliers autour de thèmes centraux ; c'est ce qu'entreprennent certains d'entre nous dans le cadre de l'ATP Prosopographie : chanoines, universitaires, fonctionnaires royaux ou pontificaux, artisans de Paris, autant de groupes sociaux dont les cadres d'étude vont s'élargissant et dont les destinées s'entrecroisent.

C'est aussi dans ce sens que fonctionne le groupe de recherches « Edition des actes des évêques antérieurs à 1200 », qui regroupera progressivement dans une base de données les travaux en vue de publication effectués par chacun des participants.

L'informatique lourde en perte de vitesse

A l'autre bout, celui de la macro-informatique, les nouveautés technologiques (accroissement des mémoires, développement de l'interactif et de la télétransmission) devraient favoriser l'essor des banques de données, qu'elles soient de type référentiel, factuel, textuel. Mais il faut bien dire qu'en ce domaine la recherche médiévale française ne progresse guère. L'une des raisons en est peut-être la politique pratiquée par les centres de calcul qui ne favorisent pas, dans l'établissement de leurs tarifications, les exploitations de sciences humaines, économes de mémoire centrale mais dispendieuses en ce qui concerne les périphériques. En outre, la rentabilité de telles banques n'est pas certaine. Enfin l'individualisme bien connu du médiéviste ne l'incite guère à s'orienter vers les entreprises d'ensemble. Aussi, bien des projets des années soixante-dix, qui n'attendaient pour prendre corps que le développement des techniques, ont-ils finalement avorté : c'est à Oxford que l'UA 1004 (traitement automatique des textes du bas Moyen Age) engrange ses textes, abandonnant l'idée de développer sa banque de données MEDITEXT ; c'est au CETEDOC de Louvain que l'ARTEM de Nancy et l'équipe de Poitiers confient la lemmatisation de leurs chartes latines ; c'est la Rutgers University qui se propose d'abriter la base de données « Rôles de taille parisiens » de l'IRHT. Ne surnagent que les entreprises de laboratoires mieux dotés : à l'IRHT, MEDIUM, banque de données du manuscrit médiéval, interrogeable actuellement de Montréal, de Pise et de Rome[73] ; à l'INALF, FRANTEXT (qui ne comporte bien entendu que des textes de langue française)[74] ; à Avignon, la banque de données documentaire « Urbain V », interrogeable de Paris et de Rome ; et, dans le domaine de l'image, la banque de données iconographique de l'IRHT-Orléans intégrée dans l'ensemble mis en place par le ministère de la Culture.

On attendait également des développements technologiques (le travail en conversationnel en particulier) qu'ils facilitent la recherche documentaire et la manipulation des instruments de travail complexes (thésaurus, lexique) qu'elle exige. Il n'en est rien. Le conversationnel n'a fait que pousser l'utilisateur à dialoguer directement avec la machine, au moyen de « menus » sommaires, faisant une large part aux « bruits » devenus les garants de l'exhaustivité des réponses. Le développement de la micro-informatique a encore accéléré ces pratiques anarchiques et regrettables. En conséquence, la réflexion méthodologique et l'effort de conceptualisation qu'impliquait l'élaboration de ces outils et qui constituaient, pour un corpus documentaire, un enrichissement certain sont plus ou moins négligés. Pourtant, ne soyons pas trop pessimistes : l'analyse documentaire, au sens plein du terme, est pratiquée nécessairement pour la constitution de banques d'images[75] (même si l'arrivée du vidéodisque a tendance, là aussi, à en réduire la complexité) ; et si la plupart des logiciels documentaires commerciaux ne nous fournissent actuellement que des outils rudimentaires, le problème de l'utilisation d'un thésaurus commence à être évalué à sa mesure par quelques-uns d'entre eux[76]. Enfin, signalons que l'aide à la consultation d'un corpus documentaire, visant à accroître la performance des interrogations, constitue l'un des objectifs des systèmes experts [77].

Il est temps de conclure. En dépit des quelques zones d'ombre que nous avons soulignées et des mises en garde qu'il nous a semblé nécessaire de faire, le bilan n'est pas mauvais car l'informatique est entrée dans la vie quotidienne du médiéviste, à tel point que l'on néglige à présent de dire que l'on s'en sert et comment l'on s'en sert. Mais le bilan de la décennie prochaine fera état, certainement, de bouleversements au moins égaux à ceux qu'a introduits la décennie 1980-1990. Penchons-nous un bref instant sur ces nouvelles perspectives dans le domaine technologique comme dans le domaine méthodologique.

Dans le domaine technologique, le progrès viendra, on s'en doute, du développement des mémoires optiques, et des solutions qu'elles pourront offrir — qu'elles offrent déjà — à des problèmes restés entiers jusqu'à présent : problème du goulot d'étranglement que représente la saisie des données et que résoudra l'utilisation toujours plus fiable du lecteur optique (même si les expériences actuelles ont pu être encore douloureuses !) [78] ; problème de la comparaison d'un document original (ou de sa reproduction) avec les données qui le représentent en machine, toujours souhaitée par le chercheur de textes, indispensable pour l'iconographe, comparaison donc pour laquelle le disque optique numérique et le vidéodisque, dans certains cas le CDROM, offrent des solutions depuis vingt ans rêvées et qui déjà se concrétisent : que l'on songe au vidéodisque des manuscrits enluminés de la bibliothèque Sainte-Geneviève, de la Bibliothèque nationale, à celui de la section d'iconographie de l'IRHT, à celui des sceaux des Archives nationales. Malheureusement, et bien que promis à un brillant avenir, le disque optique numérique — indispensable pour la lecture des documents textuels — n'a fait encore l'objet que de quelques expérimentations [79].

Dans le domaine méthodologique, on a vu que les regroupements de recherches constituent un remède contre l'abandon des grandes entreprises, et la recherche documentaire, en perte de vitesse à la fin de la période précédente (alors qu'elle avait largement suscité l'engouement pour l'informatique des années soixante-dix), est peut-être appelée à connaître un regain de vigueur. Voilà en effet que l'on forge de puissants outils capables de tirer enfin le meilleur parti des nouveautés technologiques actuelles : nous avons parlé déjà de la renaissance des thésaurus ; un mot maintenant de l'intelligence artificielle et des systèmes experts qui pourront apporter une aide précieuse à la consultation des banques (n'oublions pas que c'est une base de données médiévales qui a servi de terrain d'expérimentation au système RESEDA, réalisé depuis déjà longtemps[80]) et à certains problèmes cruciaux comme celui de l'identification des personnages (actuellement étudié dans le cadre du projet « Rôles de taille parisiens » de l'ATP Prosopographie)[81]. Si de tels systèmes ne sont pas encore réellement à la portée (financière) des historiens médiévistes, il est certain que leur développement dans d'autres secteurs finira (comme ce fut le cas pour l'informatique) par rejaillir sur nos disciplines.

Dans le domaine de l'information, l'effort est mené de plus en plus largement : aux côtés des stages du CNRS se développe à présent l'enseignement de l'informatique dans des universités enfin dotées d'un matériel de base ; l'édition électronique autorise la publication de bulletins d'information répondant aux besoins des historiens, tel le nouveau *Mémoire vive,* organe de l'association « Histoire et informatique » (filiale française de l'History and Computing internationale).

Mais, pour conduire le médiéviste sur le chemin des entreprises informatiques, au-delà du simple traitement de texte, l'effort d'information et de diffusion devra rester adapté aux spécificités du document médiéval. C'est sans doute ce qui fera l'objet des discussions d'une rencontre organisée cette année même 1989 à l'occasion du dixième anniversaire du *Médiéviste et l'Ordinateur* et qui, reprenant les thèmes évoqués lors de la table ronde romaine de 1975, permettra de mesurer le chemin parcouru depuis.

Notes

1. RCP 181 ; création 1968 ; directeur : Ph. Wolff.

2. H. Naïs, « Présentation des travaux du Centre de recherche et d'applications linguistiques (CRAL) de Nancy », *Revue du LASLA,* 1970, n° 1, p. 71-79.

3. E. Carpentier, *Orvieto et son « contado ». Etude du cadastre de 1292.* La thèse fut soutenue en 1975 mais, bien entendu, les travaux informatiques et traitements statistiques sont antérieurs.

4. Ch. Castellani, *Positions des thèses de l'Ecole des chartes,* promotion 1970 ; les conclusions de ce travail ont été reprises dans « Le rôle de la communauté juive de Carpentras au début du XVe siècle », *Annales ESC,* 27e année, n° 3, mai-juin 1972, p. 583-611.

5. M. Mollat, « Comptes portuaires et informatique », in *Informatique et Histoire médiévale* (Actes de la table ronde de Rome, 20-22 mai 1975), Rome-Paris, Ecole française de Rome, 1977, p. 149-156.

6. O. Gingerich et E. Poulle, « Les positions des planètes au Moyen Age : application du calcul électronique aux Tables alphonsines », *Comptes rendus de l'Académie des inscriptions et belles-lettres,* novembre-décembre 1967, p. 531-548.

7. CNRS, *Rapport national de conjoncture scientifique 1969,* p. 105 ; *1974,* p. 188. Quelques années plus tard, le rapport d'activité de 1977 (p. 216) voyait dans l'ordinateur « un moyen extraordinairement performant de traitement pour les grands ensembles de données ».

8. RCP 484 ; création 1976 ; directeur : B. Guillemain. Devenue en 1983 UA 1011 avec l'intitulé « Institution ecclésiale du bas Moyen Age » ; directeur : Ch. Pietri, puis J.-C. Maire-Vigueur.

9. ERA 713 (à présent UA 1004) : création 1977 ; responsable : B. Guenée, puis J.-Ph. Genet.

10. ERA puis UA 998 ; responsable : R. Favreau, puis E. Carpentier.

11. GDR 0121, « Edition des actes des évêques de France des origines à 1200 » ; responsable : M. Parisse.

12. Dom J. Froger, *La Critique des textes et son automatisation,* Paris, Dunod, 1968.

13. La table ronde fut organisée, à l'initiative d'A. Vauchez, alors directeur des études médiévales à l'Ecole française de Rome, conjointement par l'Ecole française de Rome, l'université de Pise, le CNRS. Cf. L. Fossier, A. Vauchez et C. Violante, *Informatique et Histoire médiévale, op. cit.*

14. *Informatique et Prosopographie,* table ronde du CNRS (25-26 octobre 1984) ; *Standardisation et Echange de bases de données historiques,* colloque du LISH (15-16 mai 1987) ; *Cadastres anciens des villes et leur traitement par l'informatique,* colloque de l'ENS de Saint-Cloud (31 janvier 1985), etc. On trouvera une liste exhaustive de

ces colloques et des publications d'actes dont ils ont fait l'objet dans la bibliographie générale.

15. Cf., sur l'ensemble de ces problèmes, E. Carpentier, « Informatique et histoire sociale au Moyen Age », *Estudos Medievals,* Porto, 1987, p. 243-259.

16. Laboratoire d'analyse statistique pour les langues anciennes (Liège).

17. Centre de traitement électronique des documents (Louvain-la-Neuve). Cf. P. Tombeur, « Bilan des travaux et des recherches du CETEDOC, laboratoire d'informatique en sciences humaines de l'université catholique de Louvain », *Informatique et Sciences humaines,* juin-septembre 1984, p. 77-91.

18. *Index Thomisticus...,* R. Busa éd., Stuttgart, Bad Cannstatt, F. Frommann, G. Holzboog, 1974.

19. *Le Médiéviste et l'Ordinateur* a consacré son premier numéro aux problèmes du traitement de texte et aux diverses entreprises citées ici.

20. J. Schneider, « Lexicographie du latin médiéval et vocabulaire des institutions », in *La Lexicographie du latin médiéval...* (colloque du CNRS, 18-21 octobre 1978), Paris, CNRS, 1981, p. 197-215.

21. M. Parisse, « A propos du traitement automatique des chartes : chronologie du vocabulaire et repérage des actes suspects », *ibid.,* p. 241-251.

22. R. Favreau et J. Michaud, « Epigraphie et lexicographie : note sur les inscriptions carolingiennes en France », *ibid.,* p. 251-261.

23. J.-Ph. Genet, cf. par exemple « Ordinateur, lexique, contexte », *Informatique et Histoire médiévale, op. cit.,* p. 297-317.

24. M.-A. Polo de Beaulieu, « Etude statistique de la structure lexicale de l'*exemplum* médiéval, d'après la *Scala Coeli* de J. Gobi », *Histoire et Mesure,* 1986, t. 1, n°s 3-4, p. 47-80.

25. E. Carpentier, « Histoire et informatique. Recherches sur le vocabulaire des biographies royales françaises », *Cahiers de civilisation médiévale,* 1982, p. 5-30. —, « L'homme, les hommes et la femme. Etude sur le vocabulaire des biographies royales françaises », *Annales ESC,* 1986, n° 2, p. 326-346. —, « Le combattant médiéval : problèmes de vocabulaire de Suger à Guillaume le Breton », in *Actes du XVIIIe Congrès des médiévistes de l'enseignement supérieur public,* Montpellier, 1987 (à paraître).

26. M. Paulmier-Foucart et M.-Ch. Duchenne, « La maîtrise d'une œuvre monumentale : Vincent de Beauvais », *Le Médiéviste et l'Ordinateur,* n° 13, 1985, p. 12-15.

27. R. Metz et J. Schlick, « *L'Index verborum* du décret de Gratien (*ca.* 1140) en ordinateur : utilité et nécessité », in *Informatique et Histoire médiévale, op. cit.,* p. 319-334.

28. E. Carpentier, « Informatique et histoire sociale », article cité, p. 249.

29. On trouvera mention de l'ensemble de ces travaux dans *Informatique et Histoire médiévale, op. cit. ; Le Médiéviste et l'Ordinateur,* n° 3, 1979 ; *Les Cadastres anciens des villes et leur traitement par l'informatique* (Colloque de Saint-Cloud, 1985), Rome-Paris, Ecole française de Rome, 1989.

30. Y. Aufray et J. Guiral, « Les péages du royaume de Valence (1494) », *Mélanges de la Casa de Velázquez,* t. 12, 1965, p. 141-145.

31. O. Gingerich et E. Poulle, « Les positions des planètes », article cité.

32. F. Autrand, in *Informatique et Histoire médiévale, op. cit.,* p. 240. Cf. aussi F. Furet, « L'histoire quantitative et la construction du fait historique », *Annales ESC,* 1971, n° 1, p. 63-75.

33. Sur ce type de documents et leur exploitation informatique, cf. *Le Médiéviste et l'Ordinateur,* n° 3, 1979.

34. C. Bozzolo et E. Ornato, *Pour une histoire du livre manuscrit au Moyen Age : trois essais de codicologie quantitative,* 2e éd. Paris, CNRS, 1980. D. Coq et E. Ornato, « Les séquences de composition du texte dans la biographie du XVe siècle. Une méthode quantitative d'identification », *Histoire et Mesure,* t. 2, n°, 1987, p. 87-136. J.-Ph. Genet, « Matrices, genres, champs : une approche sur le long terme (1300-1600) », in Colloque *Mesure du livre,* Paris, Bibliothèque nationale, 25-26 mai 1989 (à paraître).

35. Ph. Braunstein, « La Toscane dans le premier tiers du XVe siècle : informatique et paysage social », *Annales ESC,* 1980, n° 1, p. 42-51.

36. Cf. note 6.

37. F. Autrand, « Le personnel du Parlement de Paris : traitement automatique d'une prosopographie en vue d'une étude sociale », in *Informatique et Histoire médiévale, op. cit.,* p. 239-243.

38. J.-Ph. Genet, « Histoire sociale et ordinateur », *ibid.,* p. 231-237.

39. *Ibid.*

40. Ch. Klapisch-Zuber et M. Demonet, « A Correspondance Analysis of a XVth. century census : the Florentine Catasto of 1427 », *The Journal of European Economic History,* t. 4, n° 2, 1975.

41. H. Millet, « La composition du chapitre cathédral de Laon : une analyse factorielle », *Annales ESC,* 1981, p. 117-138.

42. A. Guerreau, « Analyse factorielle et analyses statistiques classiques : le cas des ordres mendiants dans la France médiévale », *Annales ESC,* 1981, p. 869-912. —, « Analyse statistique des finances municipales de Dijon du XVe siècle. Observations de méthode sur l'analyse factorielle et les procédés classiques », *BEC,* t. 140, 1982, p. 5-34.

43. L. Fossier, « Les langages documentaires », in *Informatique et Histoire médiévale, op.cit.,* p. 351-359. Cf. également les nos 2 (1978) et 6 (1980) du *Médiéviste et l'Ordinateur* (analyse documentaire, thésaurus).

44. M. Créhauge et L. Fossier, « Un essai de traitement sur ordinateur des documents diplomatiques du Moyen Age », *Annales ESC* (1970), p. 249-284.

45. B. Auzary et J. Metman, « Les archives judiciaires et leur traitement informatique », *Informatique et Histoire médiévale, op. cit.,* p. 361-377.

46. J. Metman et P.-C. Timbal, *Thesaurus d'histoire médiévale : documents diplomatiques et judiciaires,* Centre d'études d'histoire juridique, Paris, CNRS, 1983.

47. M. Fixot, N. Nivelle et H. Garetta, « Analyse des cartulaires médiévaux du Sud-Est de la France », *Mélanges Michel de Boüard,* Genève-Paris, Droz, 1982, p. 143-146.

48. L. Fossier, « Les registres de suppliques et l'informatique », in *Genèse et Début du Grand Schisme d'Occident* (actes du Colloque international d'Avignon, 25-28 septembre 1978), Paris, CNRS, 1980, p. 377-383. — A.-M. Hayez et J.-M. Vola, « Traitement informatique des suppliques d'Urbain V », *ibid.,* p. 385-393. Cf. également l'article que B. Guillemain consacre à ce sujet dans les *Mélanges Jacques Stiennon,* 1982, p. 357-363, et dans sa communication à l'Académie des inscriptions et belles-lettres (comptes rendus des séances, 1977, p. 86-94).

49. C. Billot, *Le Médiéviste et l'Ordinateur,* n° 3, 1979.

50. M. Balard, « Les actes notariés génois », *ibid.,* n° 3, p. 3-5.

51. Tous ces travaux sont élaborés à l'IRHT : cf. les rapports d'activités du laboratoire.

52. J.-C. Cheynet, « Un exemple de l'utilisation de l'informatique appliquée à la sigillographie byzantine », in *Informatique et Prosopographie* (colloque du CNRS, Paris, 1984), Paris, CNRS, 1986, p. 195.

53. J. Allenbach *et al.*, *Biblia Patristica. Index des citations et allusions bibliques dans la littérature patristique,* Paris, CNRS, 1977. J. Schlick et M. Zimmermann, *Répertoire bibliographique des institutions chrétiennes,* Strasbourg, CERDIC, 1979.

54. M. Langlois, « Le fichier des noms des parties en procès devant le Parlement de Paris (1350-1363) », in *Informatique et Histoire médiévale, op. cit.,* p. 381-392.

55. Cf. *Le Médiéviste et l'Ordinateur,* n° 18, 1987 ; thème : onomastique médiévale et indexation automatique.

56. Ch. Klapisch-Zuber, « Exploitation démographique et anthroponymique du *Catasto* Florentin de 1427 », in *Informatique et Histoire médiévale, op. cit.,* p. 217, a retenu pour le *Catasto* la graphie moderne des prénoms et des noms telle que la présentent les index du XVIIe siècle, mais souhaiterait une squelettisation type Henry-Charbonneau (tentée par Lévi-Basci pour la Toscane).

57. E. Carpentier, « Les cadastres d'Orvieto », *Le Médiéviste et l'Ordinateur,* n° 3, 1979, p. 5.

58. L. Fossier, in *Informatique et Histoire médiévale, op. cit.,* p. 130.

59. Table ronde « Banque de données du *Speculum majus* de Vincent de Beauvais », Nancy, 3-4 juillet 1985 (non publié).

60. *Le Médiéviste et l'Ordinateur,* n° 4, 1979 (thème : « Les données couplées »), en fournit plusieurs exemples.

61. *Die Klostergemeinschaft von Fulda im früheren Mittelalter,* herausg. von K. Schmid, Munich, Fink, 1978, 5 vol. Cf. aussi M. Hillebrandt et F. Neiske, « L'identification des individus dans les nécrologes du haut Moyen Age », *Le Médiéviste et l'Ordinateur,* n° 5, 1980, p. 6-9.

62. J. Smets, *Le Médiéviste et l'Ordinateur,* n° 10, 1983, p. 8-11.

63. L. Fossier, « L'artisanat parisien à la fin du XIIIe siècle d'après les rôles de taille : critique d'une source » (table ronde *Informatique et Prosopographie,* 6-7 décembre 1985), *Mélanges de l'Ecole française de Rome. Moyen Age-Temps Modernes,* Rome, Ecole française de Rome, 1988, p. 125-135.

64. L. Fossier et G.P. Zarri, *L'Indexation automatique des sources documentaires anciennes,* Paris, CNRS, 1975.

65. Les index des noms de personne et de lieu contenus dans les suppliques d'Urbain V ont été élaborés au fur et à mesure de l'enregistrement en machine des registres. Ils sont consultables à Avignon même, à Paris (IRHT et Archives nationales), à Rome (Ecole française de Rome et Archives du Vatican) ; mais ils sont également reproduits à la demande.

66. R. Binisti et J.-L. Minel, « Informatique lourde : le problème des transmissions », *Le Médiéviste et l'Ordinateur,* n° 14, 1985, p. 8-14.

67. *Le Médiéviste et l'Ordinateur,* n° 16, 1986 (thème : « L'édition électronique »), présente tout un éventail d'expérimentations.

68. L'opinion la plus couramment répandue étant que l'on ne s'improvise pas imprimeur, et que la mise en pages est moins aisée qu'on ne l'imagine. Certains médiévistes sont parvenus cependant à des résultats satisfaisants : cf. J.-L. Lemaître, *Les Heures de Peyre de Bonetos,* Ussel-Paris, Musée du pays d'Ussel, 1987, ouvrage réalisé complètement par les soins de l'auteur.

69. Signalons en particulier les performances du logiciel TEX et son adaptation parfaite à nos problèmes (cf. J. André, « Traitement de textes et histoire des textes », *Le Médiéviste et l'Ordinateur,* n° 16, 1986, p. 19-34).

70. F. Micheau et J.-P. Molenat, *ibid.*, p. 13-18.

71. J.-Ph. Genet et M. Hainsworth, « PROSOP, un système de traitement automatique des données prosopographiques », in *Informatique et Prosopographie, op. cit.*, p. 279-297.

72. H. Millet, « Un appel à l'unité », *Le Médiéviste et l'Ordinateur,* n° 10, 1983, p. 118.

73. A. Guillaumont et J.-L. Minel, « Medium : Realities and Projects », *Computers and the Humanities,* t. 20, 1985, p. 269-271. Cf. également le n° 13, 1984, du *Médiéviste et l'Ordinateur,* p. 6-9.

74. E. Martin, « *FRANTEXT* », *Le Médiéviste et l'Ordinateur,* n° 17, 1986, p. 17-19.

75. F. Garnier, « L'image médiévale : problèmes d'analyse et d'interprétation », Colloque *Recherche et Histoire des textes : filmothèques, photothèques et techniques nouvelles,* IRHT, Paris-Orléans, 23-25 novembre 1987 (actes sous presse).

76. TEXTO a prévu l'articulation d'un module THESAU +, excellent logiciel pour la fabrication d'un thésaurus et pour son utilisation. ISIS semble prendre le même chemin. Signalons également le logiciel documentaire DOCUMENTA (articulé sur 4D), qui comporte un thésaurus hiérarchisé à neuf niveaux.

77. Cf. *Le Médiéviste et l'Ordinateur,* n° 19, 1988 ; thème : « Le renouveau de la recherche documentaire ». L. Fossier, « L'informatique documentaire : nouvelles perspectives », *Mémoires de la Société pour l'histoire du droit et des institutions des anciens pays bourguignons, comtois et romands,* 45e fasc. (Etudes d'histoire du droit médiéval en souvenir de Josette Metman), 1988, p. 145-153.

78. A. Demurger, « Le Kurzweil aux prises avec les textes imprimés », *Le Médiéviste et l'Ordinateur,* n° 17, 1987, p. 5-7. Le même numéro (thème : « Le lecteur optique ») relate d'autres expériences plus heureuses.

79. Cf., à ce sujet, *Le Médiéviste et l'Ordinateur,* n° 12, 1984 ; thème : « Le problème des entrées-sorties » ; et *Recherche et Histoire des textes, op.cit.* (communications de Ch. Baryla, J. Baschet, L. Fossier, F. Garnier, M. Parisse).

80. G.P. Zarri, « An overview of RESEDE, an Artificial Intelligence Question, Answering System Realing with a biographical Data Base », *Computers Applications to Medieval Studies,* A. Gilmour-Bryson éd., Kalamazoo, Medieval Institute Publications, 1984.

81. C. Bourlet et J.-L. Minel, « Constitution d'une base de données prosopographiques à l'aide d'un système expert », in *Standardisation et Echange de bases de données historiques* (Colloque LISH, Paris, 15-16 mai 1987), J.-Ph. Genet éd., Paris, CNRS, 1988, p. 313-317.

Conclusion : deux points de vue de médiévistes étrangers sur l'histoire du Moyen Age en France

1. Peter Lewis

Intervenir dans ce colloque, y prôner les fastes et éreinter les malheurs de l'historiographie médiévale française depuis vingt ans, c'est une chose délicate, ne pas dépasser les bornes de la discrétion, une chose difficile aussi pour quelqu'un qui se sent historien beaucoup plus français qu'anglais, cerner l'identité, de l'autre côté de la Manche, et l'originalité d'un monde où l'on se sentirait volontiers chez soi. Je pourrais faire appel, j'ai fait appel, à mes amis britanniques, j'ai fait des sondages auprès d'une bonne vingtaine d'entre eux, et je pourrais m'abriter derrière les opinions de cet autre monde, des opinions, des avis qui seraient peut-être communs, le jugement d'outre-Manche. Rien de plus décevant. Parce que j'ai trouvé, certes, chez mes confrères, des avis communs qui sont presque (ou trop) monnaie courante ; mais peu sur quoi je pourrais baser un schéma grandiose et magistral.

Je n'ai pas pu trouver chez mes amis matière à commenter les grands courants de l'historiographie médiévale française depuis 1969. Non pas qu'il n'existe, de l'autre côté de la Manche, aucune conscience de ces fameux combats pour l'histoire : nous aussi, nous avons nos fervents des *new ways in history*. Mais moi, je comprends aussi que l'attirance de la jeunesse pour l'histoire (ou de la vieillesse) est avant tout une question de goût. Certes, G. Duby nous déclare qu'« il n'y a pas en effet de 'nouveaux historiens'. Il y en a de bons, de moins bons [1] ». Mais que veut-on dire par « bon » ? Rien de plus que « ce qui me plaît » ? Autre chose. On a beau prêter chez les géographes, chez les ethnographes, chez les anthropologues, chez les linguistes des schémas, des vocabulaires, des systèmes qui ne sont pas infailliblement applicables à l'histoire, avec eux, on n'écrit pas nécessairement l'histoire, telle que je l'aime. Ces sacrées maîtresses restent inéluctablement elles-mêmes. Il y a un dicton assez bon en anglais : *Orthodoxy is my doxy, heterodoxy is your doxy :* l'orthodoxie est ma catin, l'hétérodoxie la tienne. A chacun ses goûts.

Je m'excuse donc de commenter des vagues plus ou moins nouvelles, vagues qui ont tendance de surcroît à retomber sur des rivages anciens : je pense aux propos de J. Le Goff dans le *Times Literary Supplement* du 14-20 avril 1989 [2]. Je n'ai rien à vous dire sur des attitudes d'outre-Manche envers l'« école des *Annales* ». « L'expression convient-elle, s'est-il agi jamais vraiment d'une école ? » nous demande tout bonnement G. Duby [3]. Qu'est-ce qui nous éblouit, nous autres Britanniques, chez nous, sur nos rives brumeuses ?

D'abord, génériquement, la production d'un système, la grande thèse. Rien vraiment de comparable chez nous. Donc je m'exempte de citer les noms, vos noms ; ce sont les mêmes noms que vous citeriez vous-mêmes. Mes confrères britanniques ont signalé les études de base régionale, ces solides études appelées « de tous ses vœux » par B. Guenée, il y a douze ans [4]. Etudes venant de cette base régionaliste si dure en France, études venant aussi de la base d'une institution, espèce de régionalisation humaine, études venant même d'une croyance, espèce de régionalisation spirituelle.

Ils ont signalé, en seconde place, *ex aequo* plutôt, les études sur les mentalités, de toute espèce. Nulle raison de s'avouer entiché d'un autre métier pour apprécier la force des idées, des images par exemple en matière politique, rien de plus positiviste. Il faut peut-être s'écarter un peu de ce « chemin de longue estude », le système de la grande thèse (qui n'offre pas, après tout, de nos jours, toute seule les *gradus ad Parnassum*), pour retrouver beaucoup d'ouvrages qu'on admire outre-Manche, même si on craint soi-même d'entreprendre chez soi des divagations si farfelues. Peu de trace également en Grande-Bretagne d'une histoire littéraire qui puisse recréer les espaces de ces idées, de ces moyens de persuasion. Les équipes qui se sont occupées de ces problèmes sont félicitées par mes confrères, là-bas.

De même les équipes éprises de l'informatique, autre moyen de cadrer nos pensées. Les apports ne sont pas nécessairement limités au quantitatif (et le quantitatif, en matière humaine, cache ses périls, d'où la nouvelle biographie) ; l'outil sert d'autres besoins, et sans vouloir déprécier l'activité de mes compatriotes dans ce domaine, je reçois volontiers *Le Médiéviste et l'Ordinateur.*

Responsable de la publication de textes, je me rends compte de la valeur de la machine. Utilisateur de textes, je me rends compte aussi de l'apport des médiévistes français au matériau de toutes nos constructions d'un style quelconque. Les séries de publications de textes progressent sans cesse, celles de la Société de l'histoire de France *primus,* peut-être, *inter pares.* Les séries d'inventaires ? Hormis les nouveaux *Etats des inventaires des Archives nationales,* j'ai l'impression qu'ici on marque le pas ; et les malheurs des archivistes-paléographes, exposés dans la *Gazette des archives* en 1984, m'ont navré : « Faut-il encore classer les fonds anciens des départements ? » disent-ils, « peu de gens travaillent sur les archives anciennes de X », « le classement des vastes fonds anciens n'est plus... une priorité »[5]. Ici on garde un peu d'amertume : de l'autre côté de la Manche, on considère la formation fournie par l'Ecole des chartes comme la meilleure du monde, et on déplore ces talents gaspillés.

Les sciences auxiliaires elles-mêmes n'ont peut-être pas à pleurer. S'y ajoutent de nos jours la bibliologie, l'histoire et l'archéologie du livre, science plutôt internationale, qui se réfère si souvent à l'histoire de l'édition française du Moyen Age ; le livre, ce ferment, voici un métier à part entière qui trouve ses systèmes et son vocabulaire en lui-même, non pas d'une frappe extrinsèque : une entreprise de grande envergure, pleine d'avenir. Il y a douze ans, mon ami B. Guenée écrivait : « Il est [...] abusif de parler de propagande à propos de ces petits traités confidentiels produits au XVe siècle par des humanistes en mal d'écrire et répandus à deux et trois exemples[6]. » D'accord, et comment ! Et il faut la bibliologie pour nous faire voir l'hermétisme de ces écrivains, ces « communicateurs » qui communient avec eux-mêmes.

Si on parle des « communicateurs », on est amené au sujet, peut-être épineux, de la vulgarisation. *Montaillou* a fait fortune ; *Le Nom de la rose* aussi. Pourtant il y a une vulgarisation moins à la mode, mais peut-être plus sérieuse : je pense à la série des biographies de Fayard, aux séries de Privat sur les villes et les provinces, de Beauchesne sur les diocèses Rien, peut-être, de lyrique, on ne les ramasse peut-être pas à la gare pour mieux faire passer le trajet en province, mais des ouvrages sérieux qui révèlent au lecteur attentif des choses sérieuses. Je ne suis pas fait, je le sais, pour apprécier un *Montaillou,* il y a des esprits plus élevés que moi, qui aiment pénétrer ainsi dans le passé ; l'analyse que je préfère est sans doute plus exsangue, tenons-nous-en là, c'est affaire de goût.

On me dit que, du côté de la Bretagne, il existe là-bas toute une subculture d'histoire populaire en plein essor, même chez un public sophistiqué, mais on me dit aussi qu'il y a également là-bas un niveau d'engagement dans l'histoire tout court qui n'existe pas de l'autre côté de la Manche, et que les sociétés savantes et leurs publications y fleurissent. De même, je crois, des grandes revues d'histoire, nous en avons aussi chez nous, bien entendu, mais pas, peut-être, si libérées, même notre *Past and Present.* Les revues d'histoire plus populaires, où nos confrères instruisent un public, nous en avons aussi. Mais, dans notre métier, souvent des choses très importantes passent par les périodiques savants ; vous le savez bien, il y a maintes fois de courts articles qui sont d'une grande influence, c'est, en effet, aussi un moyen d'éclairer un public, mais ce public est du métier. Un public un peu hermétique, peut-être, mais un public quand même.

Je ne suis pas un historien anglais, je l'ai dit, mais de France, donc français. Là-bas, de l'autre côté de la Manche, ils ont les pieds beaucoup plus sur terre, ils aiment le concret, et sont réalistes et, volontairement, beaucoup moins inventifs. Il n'y a presque pas d'histoire littéraire en Angleterre. On n'imagine pas là-bas une histoire des couleurs. Il faut traduire un Duby, un Le

Goff, un Le Roy Ladurie pour qu'il y en ait. Il n'y a pas non plus en Angleterre d'archivistes-paléographes. Il y a de bons techniciens, un peu autodidactes, mais il y a dans le métier beaucoup à apprendre tout seul. Il y a, je crois, des historiens assez bons en Grande-Bretagne. Finalement, que manque-t-il là-bas que l'on trouve ici ?

Une espèce de grandeur, peut-être, créée par l'envergure imposée par la discipline de la grande thèse ; une autorité technique, créée en partie par la discipline d'une grande école, l'Ecole des chartes ; une imagination, créée par de grands historiens qui ont su, de génération en génération, disposer le cas échéant des « trotte-bébés » tenus par leurs maîtres, si vénérés soient-ils. Les combats pour l'histoire, qui sentaient quelquefois, d'ailleurs, un peu le *over-kill,* sont gagnés ; on pourrait gracier les ennemis, si ennemis il y avait. De tout cela, pendant les vingt années écoulées depuis la création de cette société, sont sortis des ouvrages à foison dignes d'elle. Y a-t-il des choses à critiquer dans un scénario si heureux ?

Mes amis britanniques ont signalé des lacunes dans cette production. Exception faite de J. Richard, les Français, me dit-on, ont laissé l'espace des croisades à d'autres nations ; exception faite de M. de Boüard, ils ont laissé l'empire angevin à ses anciens possesseurs. A eux aussi ils ont abandonné l'Angleterre même. (Bien sûr, il n'y a pas une Casa de Velázquez, un Palais Farnèse en Angleterre... Ceux de mes amis qui s'occupent de l'histoire de l'Italie au Moyen Age m'ont fait remarquer le vif intérêt des Français pour la péninsule, et une production admirable. L'Ecole de Rome abrite pas mal d'érudits italianisants, ceux qui étudient l'histoire de la Papauté du Moyen Age aussi : être ancien élève là-bas, il nous paraît, à nous autres Britanniques, que ça promet.) Il y a des choses à critiquer, certes, une de mes amies se plaint d'une insistance sur les tripotages, à moi, qui apprécie tant ce titre d'un livre par un chartiste, ancien membre de l'Ecole française de Rome : *De la corruption*[7]. Mais si l'aire professionnelle des historiens médiévistes de l'enseignement supérieur a bien sûr ses limites, des limites se trouvent ailleurs dans notre monde aussi.

Un monde imparfait, d'accord. Mais, en France, on peut

monter, par exemple, cette ATP qu'anime J.-Ph. Genet sur la genèse de l'Etat moderne : pourrait-on envisager en Angleterre un tel appel aux érudits émanant de Downing Street ? Quoiqu'on se plaigne en France des exigences des finances, l'érudition ici connaît ses fastes ; pour nous autres là-bas, les malheurs. Beaucoup de congrès en France ; moins, je crois, de l'autre côté de la Manche. Enfin, en ce qui concerne l'organisation pédagogique, les grands séminaires qu'on anime en France n'ont pas vraiment d'équivalent en Angleterre. Donc peu de grands projets comme, disons, celui de B. Guenée sur l'historiographie médiévale.

J'ai terminé, je crois. J'espère n'avoir pas trop dépassé les bornes de la discrétion. Et je pourrais vous assurer que, vue de l'étranger, elle va très bien, notre Clio, en France.

2. Adriaan Verhulst

Pour son 20e congrès, tenu à Paris du 1er au 4 juin 1989, la Société des historiens médiévistes de l'enseignement supérieur avait choisi comme thème « L'histoire médiévale en France depuis vingt ans (1969-1989). Bilan et perspectives. »

Ce thème a été traité sous la forme de vingt rapports consacrés chacun à un secteur de l'histoire médiévale et dont les principaux étaient : les sciences auxiliaires et l'informatique, l'histoire des villes et des campagnes, ainsi que les structures de l'économie et de la société, l'histoire politique et institutionnelle, l'histoire de l'Eglise et de la vie religieuse, l'histoire intellectuelle et de la littérature, l'archéologie, l'histoire de l'art, l'anthropologie historique, le haut Moyen Age, Byzance, l'Islam, l'Italie médiévale, la péninsule Ibérique, l'Angleterre, l'Europe centrale, septentrionale et orientale.

Ce tableau fort large, et même un peu indigeste pour être présenté en trois jours, fut brossé, selon le goût et la personnalité des rapporteurs, qui étaient souvent le porte-parole d'un groupe de chercheurs, tantôt à grands traits, avec indication des grandes tendances de l'historiographie et sans trop de références bibliographiques, tantôt avec citations de noms et de titres d'ouvrages, difficiles à suivre au cours d'un exposé oral. On sera en tout cas heureux de voir imprimée dans un ou deux ans, si la Société des médiévistes maintient le rythme avec lequel elle est parvenue à publier la plupart des rapports de ses dix-neuf congrès depuis

1970, cette précieuse bibliographie qui témoigne, comme le 20e congrès lui-même, de la qualité et de la vitalité de la science historique française dans le domaine de l'histoire médiévale.

En attendant cette publication, l'observateur étranger mais voisin de la France, que nous avons eu le privilège d'être pendant trois jours à l'invitation de la Société des médiévistes, peut déjà donner, comme je l'ai fait lors du congrès au cours de quelques brèves interventions, non pas un compte rendu complet et objectif des travaux du congrès, mais seulement quelques impressions personnelles et, inévitablement, parfois subjectives à propos de l'historiographie sur le Moyen Age en France.

Ces impressions sont d'ailleurs confirmées par les observations générales des rapporteurs eux-mêmes, dont la plupart avaient travaillé en groupe par secteur de l'histoire, ainsi que par les tendances générales qui s'étaient dégagées, avant le congrès lorsque, en vue de celui-ci, nous avions dressé pour nous-mêmes une bibliographie sommaire de la production historique française dans le domaine du Moyen Age.

On n'étonnera personne en commençant par dire qu'il y a des secteurs forts et des secteurs faibles, qui ne correspondent pas toujours à ceux d'une période précédente.

Dans le domaine de l'érudition, par exemple, c'est-à-dire de l'édition de textes et des sciences auxiliaires, le bilan est plutôt négatif, à quelques exceptions près, comme l'épigraphie, la codicologie ou la sigillographie. Dans plusieurs secteurs de ce large domaine les rapporteurs eux-mêmes ont qualifié la situation de dramatique, notamment dans le secteur de la publication de textes diplomatiques (actes épiscopaux, comptes urbains, censiers), de la numismatique et de l'onomastique, quelques travaux de personnalités isolées mis à part (J. Vezin, J. Lafaurie, B. Delmaire). Même l'application de l'informatique, dont les perspectives sont bonnes, mais dont les réalisations sont encore très modestes et éparpillées (par exemple en prosopographie), n'a pas encore, malgré les efforts de l'Institut de recherche et d'histoire des textes sous la direction de Mme L. Fossier, remédié à cette situation, comme c'est déjà le cas en Belgique grâce à CETEDOC et à la collaboration entre cet organisme et la Commission royale d'histoire.

A certains égards cette situation est peut-être due au manque de moyens financiers, notamment dans le domaine de l'édition de textes, comme il a été dit au congrès par certains, mais certainement aussi, comme il a été constaté unanimement par celui-ci, au fait que les sciences auxiliaires, cantonnées dans l'Ecole des chartes, sont presque absentes du programme des cours d'histoire des universités françaises, contrairement à ce qui se passe dans les pays voisins de la France.

Cette situation a sans doute des répercussions dans d'autres domaines et explique par exemple la désaffection dont souffrent l'histoire du haut Moyen Age (malgré quelques thèses brillantes d'histoire régionale) et même celle des XIe, XIIe, XIIIe siècles (malgré la commémoration de Philippe Auguste), l'histoire des villes (dont le genre, cultivé encore principalement dans le cadre de grandes collections de certaines maisons d'édition, s'essouffle, a-t-on dit, et dont la problématique est restée celle du XIXe siècle) et l'histoire économique en général, même celle des campagnes, si florissante jadis en France.

L'intérêt des médiévistes français s'est visiblement déplacé — dans presque tous les secteurs et périodes — vers l'histoire sociale au sens très large, dont l'importance — certainement du point de vue quantitatif —, le dynamisme et l'ouverture aux apports d'autres sciences humaines, comme l'anthropologie, la sociologie, la psychologie et même la philosophie et la théologie, ont été unanimement reconnus par le congrès. L'histoire sociale, qui renouvelle même l'histoire politique et événementielle en orientant celle-ci vers la biographie et la prosopographie dans une perspective de longue durée, constitue sans aucun doute, au sein de la science historique française, aussi bien pour la période médiévale que pour toute autre période d'ailleurs, le domaine dont l'originalité et l'expansion sont en avance ou en tout cas à la pointe du progrès de l'historiographie européenne. L'explication de ce phénomène n'est pas facile : la renommée d'historiens célèbres comme G. Duby ou J. Le Goff et l'audience de la revue des *Annales* ne suffisent pas à l'expliquer. L'engouement pour le marxisme et le quantitatif, pendant les années cinquante et soixante, a sans doute engendré une réaction en sens inverse. Celle-ci ne renie cependant pas complètement l'apport des enthousiasmes de l'après-guerre, car il se traduit aujourd'hui non seulement dans le maintien du haut niveau de la démographie historique en France, mais aussi et surtout par l'intérêt pour l'homme comme être social et mental, surtout dans ses relations avec les autres (famille, clan) et avec la société, dans sa marginalité, ainsi que dans sa mentalité et sa spiritualité. Influencée aussi par une certaine philosophie (J. Lacan, M. Foucault) et prenant souvent des allures « littéraires », cette histoire sociale au sens très large se manifeste avec vigueur dans l'histoire anthropologique, c'est-à-dire dans celle des comportements et des attitudes (vis-à-vis de la famille, du corps humain, du sacré, etc.), ainsi que dans l'histoire de la vie religieuse, qui s'y apparente très fort (attitudes face à et autour de la mort, religion populaire et piété) et qui a relégué à l'arrière-plan l'histoire de l'Eglise comme institution (Papauté, évêques, clergé séculier et régulier). Cette histoire sociale au sens large a même envahi l'histoire intellectuelle, à laquelle un rapport était consacré et qui étudie désormais aussi les aspects sociaux de la vie des intellectuels du Moyen Age et des universités. L'influence d'autres disciplines se fait également sentir dans l'histoire de la littérature médiévale, où la réflexion critique s'inspire aujourd'hui largement de la psychanalyse, du structuralisme et de l'anthropologie, ce qui contribue sans doute à la qualité et surtout au succès de ce secteur également englobé, à juste titre d'ailleurs, dans le panorama du congrès. La même observation vaut dans une certaine mesure pour l'histoire de l'art médiéval qui, bien que cherchant souvent sa voie entre l'érudition d'une part et la vulgarisation des éditions de luxe de l'autre, se détourne de sa longue tradition, en délaissant l'étude du style et des formes, pour s'orienter vers les aspects sociaux et mentaux de l'art — surtout roman — où elle étudie non seulement à travers l'iconographie la culture populaire, mais aussi, à l'aide de l'archéologie, le cadre de vie, châteaux, mobilier, etc. L'archéologie médiévale est d'ailleurs apparue tout au long de ce 20e congrès l'un des espoirs de la médiévistique française. A côté de ce qu'elle ouvre comme perspectives à une histoire de l'art moins monumentale, elle est, non pas comme science auxiliaire, mais comme science totalement autonome, déjà en train de donner un nouvel élan à l'histoire rurale et à l'histoire écologique, comme certains appellent désormais la géographie historique (histoire du paysage et du peuplement), un peu délaissée ces derniers temps dans la France de Vidal de La Blache, L. Febvre et M. Bloch !

La science historique française, et celle du Moyen Age en particulier, a pendant les dernières décennies, non seulement donné à l'historiographie européenne ses plus grands noms et ses plus brillantes réalisations dans le cadre d'une histoire nationale, mais elle a aussi, par quelques-uns de ses érudits les plus sérieux, contribué de façon originale et stimulante à l'histoire médiévale de l'Italie et de la péninsule Ibérique ainsi qu'à celle de Byzance et de l'Islam, justifiant ainsi les rapports particuliers qui ont été présentés pendant la dernière journée de ce 20e congrès des historiens médiévistes de l'enseignement supérieur, dont on peut dire qu'il fut immense, tant par son contenu que par le nombre de ses participants (environ deux cents).

Notes

1. G. Duby, « Orientations des recherches historiques en France (1950-1980) », in *Mâle Moyen Age,* Paris, Flammarion, 1988, p. 238.
2. J. Le Goff, « After *Annales :* the Life as History », *The Times Literary Supplement,* n° 4, 489, 14-20 avril 1989, p. 394.
3. G. Duby, *op. cit.,* p. 260.
4. B. Guenée, *Politique et Histoire au Moyen Age,* Paris, Publications de la Sorbonne, 1981, p. 175.
5. *La Gazette des Archives,* nouvelle série, n°s 125-126 (numéro spécial), 1984, p. 170, 198, 212.
6. B. Guenée, *op. cit.,* p. 191.
7. J.-C. Waquet, *De la corruption. Morale et pouvoir à Florence aux* XVIIe *et* XVIIIe *siècles,* Paris, Fayard, 1984.

Biographies

Françoise Autrand, professeur d'histoire du Moyen Age à l'École normale supérieure.

Pierre-Yves Badel, professeur de littérature française du Moyen Age à l'université Paris-VIII.

Michel Balard, professeur d'histoire du Moyen Age à l'université Paris-Val-de-Marne.

Marianne Barrucand, professeur d'histoire de l'art à l'université Paris-Sorbonne.

Dominique Barthélemy, maître de conférences d'histoire du Moyen Age à l'université Paris-Sorbonne.

Robert-Henri Bautier, professeur émérite à l'École des Chartes, membre de l'Institut.

Guy Beaujouan, directeur d'études à l'École pratique des hautes études.

Irène Beldiceanu-Steinherr, directeur de recherches au Centre national de la recherche scientifique.

Nicoară Beldiceanu, directeur de recherches au Centre national de la recherche scientifique.

Jacques Berlioz, chargé de recherches au Centre national de la recherche scientifique.

Thierry Bianquis, maître de conférences à l'université Lyon-II.

Monique Bourin, professeur d'histoire du Moyen Age à l'université de Tours.

Henri Bresc, professeur d'histoire du Moyen Age à l'université Paris X-Nanterre.

Élisabeth Carpentier, professeur d'histoire du Moyen Age à l'université de Poitiers.

Bernard Chevalier, professeur émérite d'histoire du Moyen Age à l'université de Tours.

Jacques Chiffoleau, maître de conférences d'histoire du Moyen Age à l'université Lyon-II.

Philippe Contamine, professeur d'histoire du Moyen Age à l'université Paris-Sorbonne.

Gilbert Dagron, professeur au Collège de France.

Gilbert Dahan, directeur de recherches au Centre national de la recherche scientifique.

André Debord, professeur d'histoire du Moyen Age à l'université de Caen.

Jean Devisse, professeur émérite d'histoire du Moyen Age à l'université Paris-I.

Georges Duby, professeur au Collège de France, membre de l'Académie française.

Alain Ducellier, professeur d'histoire du Moyen Age à l'université de Toulouse-le-Mirail.

Françoise Dumas, conservateur en chef de la Bibliothèque de l'Institut de France.

Anne-Marie Eddé, maître de conférences d'histoire du Moyen Age à l'université Paris-Sorbonne.

Robert Favreau, professeur d'histoire du Moyen Age à l'université de Poitiers.

Lucie Fossier, ingénieur de recherches au Centre national de la recherche scientifique.

Robert Fossier, professeur d'histoire du Moyen Age à l'université Paris-I.

Jean-Claude Garcin, professeur d'histoire du Moyen Age à l'université d'Aix-Marseille-I.

Jean-Philippe Genet, maître de conférences d'histoire du Moyen Age à l'université Paris-I.

Claude Gilliot, professeur à l'université d'Aix-Marseille-I.

Gérard Giordanengo, professeur à l'École nationale des chartes.

Anita Guerreau-Jalabert, chargée de recherches au Centre national de la recherche scientifique.

Pierre Guichard, professeur d'histoire du Moyen Age à l'université Lyon-II.

Bernard Guillemain, professeur d'histoire du Moyen Age à l'université de Bordeaux-III.

Olivier Guyotjeannin, professeur à l'École nationale des chartes.

Claire Hardy-Guilbert, chargée de recherches au Centre national de la recherche scientifique.

Geneviève Hasenohr, directeur de recherches au Centre national de la recherche scientifique.

Jean Jolivet, directeur d'études à l'École pratique des hautes études.

Michel Kaplan, professeur d'histoire du Moyen Age à l'université Paris-I.

Jacques Le Goff, directeur d'études à l'École des hautes études en sciences sociales.

Michel Le Mené, professeur d'histoire du Moyen Age à l'université de Nantes.

Peter Lewis, professeur au All Souls College (Oxford).

Marie-Thérèse Lorcin, professeur d'histoire du Moyen Age à l'université Lyon-II.

Françoise Micheau, maître de conférences d'histoire du Moyen Age à l'université Paris-I.

Hélène Millet, chargée de recherches au Centre national de la recherche scientifique.

Marianne Mulon, conservateur en chef aux Archives nationales.

Denis Muzerelle, ingénieur de recherches au Centre national de la recherche scientifique.

Élisabeth Nortier, professeur d'histoire du Moyen Age à l'université Lille-III.

Marcel Pacaut, professeur émérite d'histoire du Moyen Age à l'université Lyon-II.

Michel Parisse, professeur d'histoire du Moyen Age à l'université Nancy-II.

Michel Pastoureau, directeur d'études à l'École pratique des hautes études.

Jean-Charles Picard, professeur d'histoire du Moyen Age à l'université Paris-X-Nanterre.

Léon Pressouyre, professeur d'histoire de l'art du Moyen Age à l'université Paris-I.

Pierre Racine, professeur d'histoire du Moyen Age à l'université Strasbourg-II.

Yusuf Ragib, directeur de recherches au Centre national de la recherche scientifique.

Mohamed Rekaya, maître de conférences à l'université Paris-III.

Jean Richard, professeur émérite d'histoire du Moyen Age à l'université de Dijon, membre de l'Institut.

Pierre Riché, professeur émérite d'histoire du Moyen Age à l'université Paris-X-Nanterre.

Bernard Rosenberger, maître de conférences à l'université Paris-VIII.

Michel Rouche, professeur d'histoire du Moyen Age à l'université Paris-Sorbonne.

Adeline Rucquoi, directeur de recherches au Centre national de la recherche scientifique.

Michel Sot, maître de conférences d'histoire du Moyen Age à l'université Paris-X-Nanterre.

Jacqueline Sublet, ingénieur de recherches au Centre national de la recherche scientifique (Institut de recherche et d'histoire des textes).

Pierre Toubert, professeur d'histoire du Moyen Age à l'université Paris-I.

Abdel-Magid Turki, directeur de recherches au Centre national de la recherche scientifique.

André Vauchez, professeur d'histoire du Moyen Age à l'université Paris-X-Nanterre.

BIOGRAPHIES

Jacques Verger, maître de conférences d'histoire du Moyen Age à l'École normale supérieure.

Adriaan Verhulst, professeur d'histoire du Moyen Age à l'université de Gand.

Michel Zink, professeur de littérature française du Moyen Age à l'université Paris-Sorbonne.

Index des auteurs cités

Table

IMP. SEPC À SAINT-AMAND (CHER)
DÉPÔT LÉGAL FÉVRIER 1991. N° 12561 (3213-2389)

DANS LA MÊME COLLECTION

DERNIERS TITRES PARUS

La Commune de Paris
par Charles Rihs

Éducation et Culture
dans l'Occident barbare, VIe-VIIIe siècle
par Pierre Riché

L'Enfant et la Vie familiale
sous l'Ancien Régime
par Philippe Ariès

Histoire générale
de l'Empire romain
par Paul Petit

Les Paysans contre la politique
par Suzanne Berger

Histoire politique de la revue *Esprit* (1930-1950)
par Michel Winock

Histoire et Psychanalyse
par Saul Friedländer

Histoire de la France rurale
sous la direction de Georges Duby et d'Armand Wallon
relié, quatre volumes

François de Wendel en République
L'argent et le pouvoir (1914-1940)
par Jean-Noël Jeanneney

La France et les États-Unis
par Jean-Baptiste Duroselle

Le Pain et le Cirque
par Paul Veyne

Le Coup de Prague 1948
par François Fetjö

Histoire économique et sociale de la Grande-Bretagne
1. Des origines au XVIIIe siècle
par Michael Postan et Christopher Hill

Histoire économique et sociale de la Grande-Bretagne
2. De la révolution industrielle à nos jours
par Eric Hobsbawm

Naissance de la famille moderne (XVIIIe-XXe siècles)
par Edward Shorter

L'Homme devant la mort
par Philippe Ariès

Lénine face aux moujiks
par Chantal de Crisenoy

La Droite révolutionnaire (1885-1914)
Les origines françaises du fascisme
par Zeev Sternhell

Histoire de la social-démocratie allemande
par Joseph Rovan

La République au village. Les populations du Var
de la Révolution à la IIe République
par Maurice Agulhon

Le Tribunal de l'impuissance
Virilité et défaillances conjugales
dans l'Ancienne France
par Pierre Darmon

L'Impossible Prison
Recherches sur le système pénitentiaire au XIXe siècle
réunies par Michelle Perrot

Magistrats et Sorciers en France au XVIIe siècle
par Robert Mandrou

L'Argent, l'Amour et la Mort en pays d'Oc
précédé du roman de l'abbé Fabre, *Jean-l'ont pris* (1756)
par Emmanuel Le Roy Ladurie

Histoire de la France urbaine
sous la direction de Georges Duby
relié, cinq volumes

Le Sexe et l'Occident
par Jean-Louis Flandrin

La Prostitution à Paris au XIXe siècle
par Alexandre Parent-Duchâtelet
texte présenté et annoté par Alain Corbin

Comprendre l'Ancien Régime russe
par Marc Raeff

Naissances
L'accouchement avant l'âge de la clinique
par Mireille Laget

Un temps pour embrasser
Aux origines de la morale sexuelle occidentale, VIe-XIe siècle
par Jean-Louis Flandrin

La Sorcière de Jasmin
par Emmanuel Le Roy Ladurie

Le Corps et l'Ame
La vie des religieuses au XIXe siècle
par Odile Arnold

Familles
Parenté, maison, sexualité dans l'ancienne société
par Jean-Louis Flandrin

Jeunesse de la grève
par Michelle Perrot

Les animaux ont une histoire
par Robert Delort

Théodore Desorgues ou la Désorganisation
par Michel Vovelle

La Mésopotamie
par Georges Roux

Le Propre et le Sale
par Georges Vigarello

Les Communistes français
dans leur premier demi-siècle, 1920-1970
par Annie Kriegel
avec la collaboration de Guillaume Bourgeois
éd. refondue et remaniée

Histoire de la vie privée
sous la direction de Philippe Ariès et de Georges Duby
relié, cinq volumes

Le Temps de l'Histoire
par Philippe Ariès
préface de Roger Chartier

Histoire des croquants
par Yves-Marie Bercé

Le Parti communiste français
des années sombres, 1938-1941
Actes du Colloque d'octobre 1983
sous la direction de
Jean-Pierre Azéma et Jean-Pierre Rioux

Mythes et Mythologies politiques
par Raoul Girardet

La Dérive fasciste
par Philippe Burrin

Lectures et Lecteurs
dans la France d'Ancien Régime
par Roger Chartier

La Vendée et la France
par Jean-Clément Martin

Les Galériens
par André Zysberg

Le Creuset français
Histoire de l'immigration, XIXe-XXe siècles
par Gérard Noiriel

Journal de la commune étudiante
Textes et documents. Novembre 1967-juin 1968
par Alain Schnapp et Pierre Vidal-Naquet

Pour sauver sa vie
par Natalie Zemon Davis

Histoire de la France religieuse
sous la direction de Jacques Le Goff et de René Rémond
relié, deux volumes ; vol. 3 et 4 à paraître

Pour une histoire politique
sous la direction de René Rémond

Les Juifs en France au XIXe siècle
De la Révolution française
à l'Alliance israélite universelle
Michael Graetz

L'homme médiéval
sous la direction de Jacques Le Goff

L'État en France
de 1789 à nos jours
par Pierre Rosanvallon

Les Origines culturelles
de la Révolution française
par Roger Chartier